Il Tedesco

Collana Senza Sforzo

di Maria ROEMER

Adattamento italiano
di Manuela BENETTON

Illustrazioni di J.-L. GOUSSÉ

ASSiMiL
Il dono delle lingue
C.P. 80 - Chivasso Centro
10034 Chivasso (TO)
Tel.: +39.011.91.31.965
www.assimil.it

ISBN 978-88-86968-51-5

Titolo originale: "L'Allemand - Collection Sans Peine"

Indice

Introduzione

Care lettrici, cari lettori,

complimenti per aver scelto *Il tedesco* nella nostra collana "senza sforzo"! Se ci seguirete con attenzione ed impegno costante, in pochi mesi riuscirete ad apprendere le principali regole grammaticali e il vocabolario di base del tedesco corrente. Grazie inoltre ai dialoghi presentati in questo libro, tratti da esempi di vita quotidiana in Germania, in brevissimo tempo questa bella lingua vi diventerà familiare.

Tutto quello che dovete fare è lasciarvi guidare e seguire coscienziosamente i nostri consigli: dedicate mezz'ora ogni giorno al vostro apprendimento, la costanza è fondamentale! Per cominciare, leggete o meglio ancora ascoltate una lezione e ripetetela a voce alta quante più volte possibile. Se non avete le registrazioni potete aiutarvi con la pronuncia figurata riportata sotto il testo. Non cercate di tradurre parola per parola e guardate la traduzione a lato solo dopo aver ripetuto il testo molte volte questo esercizio vi permetterà di familiarizzare con quelle costruzioni tedesche spesso intraducibili letteralmente.
Le espressioni particolari che non sono spiegate dalla traduzione in italiano o da quella letterale verranno esaminate in una nota, ciascuna delle quali è pensata per offrire una risposta ad ogni vostra domanda. Le spiegazioni dettagliate sui punti più importanti della grammatica sono invece riprese e sviluppate in modo strutturato ogni sette lezioni, in una lezione di ripasso. Questa "grammatica progressiva" può essere consultata in qualsiasi momento grazie all'appendice grammaticale che trovate alla fine del libro.
Nelle altre lezioni, una volta letto e ripetuto il dialogo, svolgete gli esercizi proposti, vi serviranno per assimilare in modo naturale i termini e le costruzioni incontrate nel dialogo attraverso esempi leggermente diversi da quelli visti fino a quel momento: questo vi aiuterà a mettere in pratica tutte le nuove nozioni incontrate.
Nel corso delle prime cinquanta lezioni, che noi chiamiamo la **fase passiva** dello studio, vi chiediamo solo di assimilare e di ripetere le frasi in tedesco; al termine di questa fase potrete finalmente iniziare a "riprodurre" attivamente quanto assimilato, proprio come

fanno i bambini che iniziano a parlare dopo essere rimasti a lungo in una fase di apprendimento passivo. Sarà dunque nel corso della cinquantesima lezione che entrerete nella **fase attiva** dello studio del tedesco e al momento giusto vi spiegheremo come.

Impazienti e curiosi di iniziare? Coraggio, saremo lieti di accompagnarvi lungo tutto il percorso del vostro apprendimento!

Nel seguente paragrafo vi daremo alcune spiegazioni sulla pronuncia del tedesco, affinché possiate acquisire sin dall'inizio un buon accento.

L'alfabeto tedesco e la pronuncia

La pronuncia del tedesco non è troppo complicata in quanto, rispetto ad altre lingue, questa presenta pochissime eccezioni alle regole. In ogni caso occorre un pò di tempo per potersi abituare ai suoni particolari di questa bella lingua che, contrariamente a quanto si tende a pensare, non è sorda e dura, ma sonora e melodiosa!

Per pronunciare il tedesco occorre innanzitutto conoscerne l'alfabeto. Abbiamo riportato qui sotto la trascrizione fonetica delle lettere che lo compongono:

a *a:*, **b** *be:*, **c** *tse:*, **d** *de:*, **e** *e:*, **f** *èf*, **g** *ghe:*, **h** *ha:*, **i** *i:*, **j** *iòt*, **k** *ka:*, **l** *èl*, **m** *èm*, **n** *èn*, **o** *o:*, **p** *pe:*, **q** *ku:*, **r** *èr*, **s** *ès*, **t** *te:*, **u** *u:*, **v** ***fau***, **w** *ve:*, **x** *iks*, **y** ***uep**silòn*, **z** *tsèt* ed ecco ancora quattro lettere che non esistono in italiano: **ß** *ès'tsét* e i dittonghi **ä** *è:*, **ö** *œ*, **ü** *ue*.

Occorre anche conoscere alcune regole generali:

• Tutte le lettere vanno pronunciate, anche se alcune si sentono appena. In questo caso parliamo di desinenze atone o "deboli", es: **heut***e*, *oggi*. La **e** finale, che non va mai omessa, si pronuncia come una **e** chiusa appena mormorata, quasi mangiata, come la **e** finale di "Signore".
Lo stesso vale per la desinenza non accentata **en**: per pronunciare la **n** occorre mormorare una **e** breve aspirata: **München**, *Monaco*, ***muen**chën* o *[**muen**ch'n]*.
Come potete vedere, nella trascrizione fonetica la **e** debole è indicata con una dieresi oppure con un semplice apostrofo.

• Dal momento che tutte le lettere si pronunciano, in tedesco non esistono nasali come in francese, ad eccezione del gruppo **ng** [*ñg*] che si pronuncia come nella parola "ping pong" *piñg pòñg* e delle nasali nelle parole francesi adottate dal tedesco: **Chance**, ***scañ:****së*.
• La pronuncia di una lettera può variare a seconda della posizione occupata all'interno di una parola. A fine parola **b**, **d**, **g** diventano sorde e si pronunciano rispettivamente *p*, *t*, e *k*. La **r** finale si pronuncia come una **a** breve aspirata, trascritta *a* nella nostra pronuncia figurata, dopo una vocale accentata o nella sillaba finale atona: **klar,** *chiaro* ***kl:****a*, **leider**, *purtroppo* ***lai****da*.
• Il tedesco ha tre dittonghi: **au** che si pronuncia *au*; **ei**, **ai**, **ey** che si pronunciano *ai;* **eu**, **äu**, **oi** pronunciate *oi.* La pronuncia della prima vocale del dittongo è più marcata della seconda.
Fate attenzione al dittongo **ie** di cui generalmente si sente solo la **i**: **viel**, *molto fi:l.* In alcuni casi però la pronuncia è *ië*. Es: **Familie**, *fa****mi****lië,* **Italien** *ita****li****ën.*
• E' il **ch** [*cH*] gutturale ad essere in gran parte responsabile della reputazione di lingua "dura" del tedesco. Infatti, il **ch** preceduto dalle vocali **a**, **au**, **o**, **u** si pronuncia in gola. Ne esiste anche uno dolce, quello preceduto dalle vocali **i**, **e**, **eu**, **ü**. Lo si pronuncia aspirandolo e spingendo la lingua contro i denti inferiori: **ich** *içh.*
• L'accento tonico è molto marcato in tedesco. Nella trascrizione fonetica e nei dialoghi sarà evidenziato in neretto, fatelo sentire bene perché è indispensabile per avere un buon accento!

Qui sotto trovate un elenco chiaro e strutturato delle lettere e dei gruppi consonantici la cui pronuncia può risultare complessa per un italiano.
Quando possibile, vi indicheremo una parola italiana con lo stesso suono, affinché possiate pronunciare in modo corretto:

Lettera	**Trascrizione**	**Come in**	**Esempio**
ä	*è:*	**Käse** ***kè:****zë*	severi
a aperta e breve	*a*	**hat** hat	gatti
e aperta	*è*	**Geld** *gèlt*	menta
e chiusa	*e*	**leben** ***le:****b'n*	nero
e debole finale	*ë, '*	**Tasse** ***ta****ssë*	
		haben ***ha:****b'n*	signore
i aperta	*ì*	**bist** *bìst*	Linda
i chiusa	*i*	**vital** *vi****ta:l***	vino
o aperta e breve	*ò*	**Sonne** ***zò****nnë*	nord

o chiusa	*o*	**Notar** *nota:a*	R<u>o</u>ma
u aperta	*ù*	**Mutter** *mùtta*	f<u>u</u>ngo
u chiusa	*u*	**Kulisse** *kulìssë*	<u>u</u>fo
c	*k, ts*	**Café** *kafe:*	<u>c</u>ucina,
		Celsius *tsèlziùs*	<u>ts</u>e <u>ts</u>e
h aspirata	*h*	**hat** *hat*	<u>h</u>otel
h dopo una vocale, allunga la vocale che la precede		**Sahne** *za:në*	-
j	*i*	**ja** *ia:*, **Jod** *iòt*	<u>j</u>uventus
ö	*œ*	**möchte** *mœçhtë*	-

Suono intermedio tra **e** e **o**, ottenuto articolando una **e** con le labbra nella posizione di **o** (come *-eu-* in francese).

q	*kv*	**Quittung** *kvitùñg*	-
s seguita da vocale	*z*	**Hase** *ha:zë*	<u>s</u>veglia
s finale	*s*	**Thomas** *to:mas*	<u>s</u>era
ü	*ue*	**Glück** *gluek*	-

Suono intermedio tra **i** e **u**, ottenuto articolando una **i** con le labbra nella posizione di **u** (come *-u-* in francese).

v	*f*	**Vater** *fa:ta*, **vier** *fi:a*	<u>f</u>atale
	v	**Vokabel** *voka:b'l*	<u>v</u>ocabolo
y	*ue*	**Symbol** *zuembo:l*	come **ü**
z	*ts*	**Zeit** *tsait*,	o<u>z</u>io
gn	*ghn*	**Gnade** *ghna:dë*	<u>g</u>atto

Pronunciate separatamente, la g è quella di gatto.

La **s** di **sch** (*sc*), **sp** (*scp*) e **st** (*sct*) si pronuncia come il suono **sc** di <u>sc</u>irocco: **Staat** *scta:t*, **später** *scpè:ta*.

tsch	*tsc*	**Deutsch** *dòitsc*	<u>c</u>inema
ch gutturale [1]	*cH*	**lachen** *lacH'n*	-
ch dolce [2]	*çh*	**ich** *içh*, **Küche** *kueçhë*	-
ß	*ss*	**Straße** *sctra:ssë*	pa<u>ss</u>o

[1] **ch gutturale** dopo **a**, **o**, **u**, **au**.
[2] **ch dolce** dopo **e**, **i**, **ü**, **ö**, **ä**, **eu**, **ai**, **ie**, **ei**.

: dopo una vocale, ne allungano il suono

˜ indica una nasale

Prima di incominciare è importante che leggiate l'introduzione, anche qualora non foste principianti.

1 Erste Lektion (*e:ªstë lèktsio:n*)

Viel Glück!

1 – **Gu**ten Tag ①!
2 **Heu**te ist ein **gro**ßer Tag.
3 – Wa**rum**?
4 – Sie **ler**nen ② Deutsch!
5 Wir **wün**schen ③ viel Ver**gnü**gen! □

Aussprache (*ausscpra:cHe*) - Pronuncia
*fi:l gluek! **1 gu**:t'n ta:k! **2 hòi**të ìst ain **gro**:ssª ta:k. **3** va**rùm**? **4** zi: **lèr**nën dòitsc! **5** vi:ª **vuen**sc'n fi:l fèª**ghnue**:g'n!*

Nelle prime lezioni vi daremo alcuni suggerimenti che serviranno a facilitare il vostro approccio con la pronuncia tedesca. I numeri cerchiati indicano le frasi a cui si riferiscono le note. Per spiegazioni più dettagliate fate riferimento a quanto riportato nell'introduzione.

1, **2**, **4**, **5**: La lettera **ë** che trovate nella pronuncia figurata (non esiste in tedesco!) è la trascrizione fonetica della **e** "debole", ovvero di una **e** appena mormorata e poco accentata: **heute** ***hòitë***, **lernen** ***lèr**nën*. Nella nostra pronuncia figurata questa **e** debole è

Note

① **Glück**, *fortuna, felicità* e **Tag**, *giorno*, si scrivono con la lettera iniziale maiuscola. In tedesco, tutti i sostantivi (non solo i nomi propri!) si scrivono con l'iniziale maiuscola.

② **Lernen**, *studiare, imparare*. Generalmente, tutti i verbi terminano per **-en** (o **-n**). Nella forma di cortesia, il verbo ▸

Nella traduzione italiana, le espressioni letterali tedesche sono messe tra parentesi tonde e quelle italiane tra parentesi quadre.

Prima lezione 1

Buona fortuna (*Molta fortuna*)!

1 – Buongiorno (*Buon giorno*)!
2 Oggi è un gran giorno.
3 – Perché?
4 – [Perché] (*Lei*) impara [il] tedesco!
5 Buon divertimento (*Noi auguriamo molto divertimento*)!

stata sostituita da un apostrofo quando la lettera che segue vi obbliga quasi a mangiarvela: **guten** ***gu**:t'n*, **Wünschen** ***vuen**sc'n*.
2: Non dimenticate di aspirare l'**h** quando la trovate sottolineata nella pronuncia figurata. Un buon esercizio per la pronuncia dell'**h** è provare a dire **heute** ***h̲òi**të* cercando di spegnere un fiammifero.
2, 5: La sillaba finale atona **-er**, così come la **r** che segue una vocale lunga su cui cade l'accento, si pronuncia come una **a** breve, leggermente aspirata: **großer** ***gro**:ssa*, **wir** ***vi**:a*. Esistono tuttavia altre parole in cui la sillaba **er**, pur non seguendo questa regola, viene pronunciata allo stesso modo. Questo è il caso, per esempio, dei sostantivi che iniziano per **er**, **ver** o **zer**: **Vergnügen** *fèa**ghnue**:g'n, piacere, divertimento.* Non temete! Ogni volta che incontreremo queste parole vi indicheremo come pronunciarle. La piccola a serve a ricordarvi di questo suono particolare.

▸ coniugato è identico all'infinito: **Sie lernen**, *Lei studia, Voi studiate*. Il pronome allocutivo di cortesia **Sie**, *Lei / Voi* si scrive sempre con l'iniziale maiuscola, come in italiano.

③ **Wir wünschen**, *noi auguriamo*, è la 1ª persona plurale. Come nella forma di cortesia, il verbo prende la desinenza **-en** dell'infinito: **wünschen**, *augurare, desiderare*.

1

Ecco qui, per la prima volta, i due esercizi che accompagneranno tutte le vostre lezioni e il cui svolgimento vi aiuterà a riprendere e ad assimilare quanto incontrato nei dialoghi. Il primo è un esercizio di traduzione, mentre nel secondo vi chiediamo di completare le frasi in tedesco. All'inizio ritroverete alcuni elementi del dialogo della lezione in corso; in seguito, invece, vi capiterà di incontrare il lessico e le strutture linguistiche esaminate nelle lezioni precedenti. Approfittate quindi di questi due esercizi di ripasso e non esitate a leggere le frasi a voce alta.

Übung 1 *(ue:bùñg ains)* - Esercizio 1:
Übersetzen Sie bitte! *(ue:bazèts'n zi: bìttë)* - Traducete, prego!

1 Sie lernen heute Deutsch. 2 Guten Tag! 3 Warum lernen Sie Deutsch? 4 Wir wünschen viel Glück! 5 Warum ist heute ein großer Tag?

Übung 2 *(ue:bùñg tsvai)* - Esercizio 2:
Ergänzen Sie bitte! *(èaghènts'n zi: bìttë)* - Completate, prego!
(Ogni puntino corrisponde a una lettera)

1 Studia (*Lei*) tedesco?
. . . . Deutsch?

2 Buon divertimento (*Noi auguriamo molto divertimento*)!
. . . . viel Vergnügen!

3 Oggi è un gran giorno.
. . . . . ist ein großer Tag.

4 (*Noi*) Studiamo tedesco.
. . . . Deutsch.

5 Buongiorno e buona fortuna!
Guten . . . und viel . . . . . !

Soluzioni dell'esercizio 1

❶ Oggi Lei impara [il] tedesco. ❷ Buongiorno! ❸ Perché studia (*Lei*) tedesco? ❹ Noi [Le] auguriamo buona fortuna! ❺ Perché oggi è un gran giorno?

Soluzioni dell'esercizio 2 - Parole mancanti

❶ Lernen Sie – ❷ Wir wünschen – ❸ Heute – ❹ Wir lernen – ❺ – Tag – Glück

Sì, vi auguriamo **viel Glück** *e anche... un po' di pazienza. Vedrete che in pochissimo tempo tutti questi suoni vi diverranno familiari. Ascoltate le frasi, leggetele a voce alta e ripetetele pure a modo vostro.*

2 Zweite Lektion (*tsvaitë lèktsio:n*)

Im ① Hotel

1 – **Gu**ten **A**bend!
2 – **Ha**ben Sie ② ein **Zi**mmer frei?
3 – Für **ei**ne Per**son** ③?
4 Sind Sie ④ al**lein**?
5 – Ja, ich bin al**lein** ⑤.

□

Aussprache
*ìm hotèl 1 gu:t'n **a:**b'nt! 2 **ha:**b'n zi: ain **tsìmm**a frai? 3 fue:a **ai**në pèr**zo:n**? 4 zìnt zi: al**lain**? 5 ia:, ìçh bìn al**lain**.*

Titolo 5: Non dimenticate che in tedesco tutte le lettere si pronunciano separatamente: **im** si pronuncia **i+m**: *ìm*, **bin**, **b+i+n**: *bìn*.

Note

① **Im** è la contrazione della preposizione **in**, *in, tra* e dell'articolo determinativo **dem**. Per il momento non vi diciamo altro, ma non preoccupatevi, presto vi tornerà utile.

② Per formulare una domanda si invertono, di regola, verbo e soggetto, sia esso sostantivo o pronome: **sie haben Glück**, (lett. Lei ha fortuna) *Lei è fortunato*, ma **haben Sie Glück?** (lett. ha Lei fortuna?) *È* (Lei) *fortunato?*

③ Perché si dice **ein Zimmer**, *una camera*, ma **eine Person**, *una persona*? La risposta è semplice. Avrete sicuramente sentito dire che il tedesco ha tre generi: maschile, femminile e neutro: **das** ▸

Übung 1: Übersetzen Sie bitte!

❶ Guten Tag, haben Sie ein Zimmer frei? ❷ Ein Zimmer für eine Person? – Ja. ❸ Sie haben Glück. ❹ Sarah ist allein. ❺ Warum bin ich allein?

In albergo

1 – Buona sera!
2 – Avete (*Voi*) una camera libera?
3 – Per una persona?
4 È (*Lei*) solo?
5 – Sì, (*io*) sono solo.

1, 4: La **d** finale si pronuncia **t**: **Abend** ***a:****b'nt*, **sind** *zìnt*.
2: Per pronunciare bene la **z** di **Zimmer** ***tsì****mma*, *camera, stanza,* pensate alla mosca tse tse.
5: Il **ch** di **ich** non ha lo stesso suono del **ch** italiano, che corrisponde invece a quello della **k** in tedesco! Per riuscire a pronunciarlo dovete aspirare e spingere la lingua contro i denti inferiori. La **c** con cediglia (*çh*) che trovate nella nostra trascrizione fonetica serve proprio a ricordarvi di questa pronuncia così particolare.

▸ **Zimmer**, *la camera, la stanza*, è neutro (l'articolo indeterminativo neutro è **ein**, *un / uno*), mentre **die Person**, *la persona*, è femminile (l'articolo indeterminativo femminile è **eine**, *un' / una*). Il maschile lo vedremo nella prossima lezione.

(4) Sappiamo che nella forma di cortesia il verbo è identico all'infinito: **haben**, *avere*, **Sie haben**, *Lei ha, Voi avete*. Il verbo **sein**, *essere*, è l'unica eccezione alla regola: **Sie sind**, *Lei è*, *Voi siete*.

(5) Diversamente dall'italiano, **allein**, *solo(a)*, è invariabile. Si tratta infatti di un avverbio che resta invariato tanto al singolare quanto al plurale e tanto al maschile quanto al femminile.

Soluzioni dell'esercizio 1

❶ Buongiorno, avete (*Voi*) una camera libera? ❷ Una camera per una persona? – Sì. ❸ (*Lei*) È fortunato. ❹ Sarah è sola. ❺ Perché sono (*io*) solo(a)?

3 **Übung 2: Ergänzen Sie bitte!**

1. Peter è solo.
   Peter ist . . . .
2. Sì, una camera è libera.
   Ja, ... ist frei.
3. È (*Lei*) fortunato?
   . . . . Glück?
4. Buona sera, è (*Lei*) solo(a)?
   . . . . , sind Sie allein?
5. Studia (*Lei*) tedesco? – Sì.
   . . . . Deutsch? – . . .

---

3 Dritte Lektion (*drìttë lèktsio:n*)

Das Foto

1 – Wer ist das ①?
2 – Der Mann ② heißt ③ **Tho**mas Frisch.

Aussprache
*das **fo:**to **1** ve:ᵃ ìst das? **2** de:ᵃ man haisst **to:**mas frìsc.*

1, **2**: La **-s** finale di **das** *das* e di **Thomas** ***to:**mas* è sorda. Non dimenticatelo!

Note

① **Das** non è solo l'articolo determinativo neutro, ma anche il pronome dimostrativo neutro che in italiano corrisponde a "questo/a", "quello/a": **das ist Thomas**, *questo è Thomas*.

② **Der** è l'articolo determinativo maschile "il/l'/lo": **der Mann**, ▸

Soluzioni dell'esercizio 2 - Parole mancanti

❶ – allein ❷ – ein Zimmer – ❸ Haben Sie – ❹ Guten Abend – ❺ Lernen Sie – Ja

Terza lezione 3

La foto

1 – Chi è questo?
2 – L'uomo [si] chiama Thomas Frisch.

2: Il segno **ß** sostituisce le due **s** dopo una vocale lunga o un dittongo e si pronuncia semplicemente come una doppia *s*.
2, **6**: Attenzione! L'accento tonico di **Tho**mas, di **Ju**lia e di **Gi**sela cade sulla prima sillaba.

▸ *l'uomo*. L'articolo indeterminativo maschile è **ein**, *un* (identico a quello neutro): **ein Freund**, *un amico*.

③ Generalmente, il verbo della 3ª persona singolare si forma aggiungendo la desinenza **-t** alla radice del verbo stesso: **heißen**, *chiamar[si]*, **er heißt**, *[si] chiama*. **Heißen** non è riflessivo (il verbo **sein**, *essere*, fa eccezione: **er ist**, egli è).

3 Er ④ ist ein Freund aus ⑤ Berl**in**.
4 – Und wer ist die Frau?
5 Sie ⑥ ist sehr schön.
6 – Das ist **Ju**lia, **ei**ne **Freun**din ⑦ von **Gi**sela. □

***3** e:a ìst ain fròint aus bèr**li:n** **4** ùnt ve:a ìst di: frau? **5** zi: ìst ze:a sciœ:n. **6** das ìst **iu:**lia, **ai**në **fròin**dìn fòn **ghi:**zëla.*

Note

④ **Er** è il pronome personale maschile "egli", nella lingua parlata, "lui".

⑤ **Aus** significa "di" come espressione di provenienza: **Peter ist aus Berlin**, *Peter è di Berlino*. Anche **von** significa "di" (vedi frase 6), ma esprime sia l'appartenenza: **der Freund von Thomas**, *l'amico di Thomas*, che la provenienza. Nella frase 3 avremmo potuto anche dire: **er ist ein Freund von Berlin**, *è un amico di Berlino*.

⑥ **Sie**, *ella / lei*, è identico al pronome allocutivo di cortesia **Sie**, solo che è scritto con l'iniziale minuscola: **Sie sind schön**, *Lei è bella / bello*, **sie ist schön**, *lei è bella*. Notate che l'aggettivo predicativo (l'aggettivo che troviamo, in genere, subito dopo il verbo essere) è invariabile: **schön** rimane quindi così, sia quando parliamo di una donna, che quando ci riferiamo ad un uomo: **er ist schön**, *è bello*, **sie ist schön**, *è bella*. Ebbene sì, in tedesco ci sono regole grammaticali più semplici di quelle italiane! ▸

Übung 1: Übersetzen Sie bitte!

❶ Das ist ein Foto von Thomas und Julia. ❷ Guten Tag, wer sind Sie? ❸ Die Frau von Thomas heißt Gisela. ❹ Sie ist aus Berlin. ❺ Thomas ist ein Freund.

3 Lui è un amico di Berlino.
4 – E chi è la donna?
5 (*Lei*) È molto bella.
6 – Questa è Julia, un'amica di Gisela.

6: Avete notato che la **j** tedesca si pronuncia semplicemente come una **i**: **Julia** *iu:lia* e che la **g** si pronuncia sempre - tranne quando è finale - come la **g** di gatto: ***ghi:**zëla*?

▸ ⑦ Nella maggior parte dei casi, la desinenza **-in**, aggiunta ad un sostantivo maschile, serve a costruire il suo corrispondente femminile: **ein Student**, *uno studente*, **eine Student<u>in</u>**, *una studentessa*. L'articolo indeterminativo femminile termina in **-e**: **ein<u>e</u>**, *un'/una*, proprio come l'articolo determinativo **di<u>e</u>**, *la*.

Soluzioni dell'esercizio 1

❶ Questa è una foto di Thomas e Julia. ❷ Buongiorno chi è Lei? ❸ La moglie di Thomas [si] chiama Gisela. ❹ (*Lei*) È di Berlino. ❺ Thomas è un amico.

4 **Übung 2: Ergänzen Sie bitte!**

1. Chi è l'amica di Julia?
   ... ist ... . von Julia?

2. Questa è Gisela, la moglie di Thomas.
   ... ... Gisela, ... Thomas.

3. Chi è questo?
   ... ist ... ?

4. L'amico di Thomas si chiama Peter.
   ... . von Thomas ..... Peter.

4 Vierte Lektion (*fi:ətë lèktsio:n*)

Das Frühstück ① im Café

1 – Was **wün**schen ② Sie?
2 – Ich **möch**te **bi**tte ein **Früh**stück mit Ei und zwei **Bröt**chen ③.

Aussprache
*das **frue:**-sctuek ìm ka**fe:** **1** vas **vuen**sc'n zi:? **2** içh **mœçh**të **bìt**të ain **frue:**sctuek mìt ai ùnt tsvai **brœ:t**çhën.*

Titolo, **3**: Il caffè (il luogo), si pronuncia così com'è scritto,

Note

① **Das Frühstück**, *la colazione,* è un sostantivo neutro. Ricordatevi che l'articolo indeterminativo neutro è **ein** (come quello maschile).

② **Wünschen**, *desiderare, augurare.* Pensate a **Wir wünschen viel Vergnügen!**, *Buon divertimento!* (lett. "Noi auguriamo molto divertimento")! ▸

5 Julia è un'amica di Berlino.
Julia ist .... Berlin.

Soluzioni dell'esercizio 2 - Parole mancanti
1 Wer – die Freundin – 2 Das ist – die Frau von – 3 Wer – das
4 Der Freund – heißt – 5 – eine Freundin aus/von –

Non preoccupatevi se in questa lezione avete incontrato tante cose nuove, per il momento basta che capiate il significato delle frasi in tedesco. Ripassate ogni giorno le lezioni svolte, leggetele a voce alta e ripetetele quante volte volete. Presto vi renderete conto che questo è il metodo più efficace per familiarizzare con quello che suona ancora "strano".

Quarta lezione 4

La colazione (*presto-pezzo*) al bar

1 – Cosa desidera (*Lei*)?
2 – (*Io*) Vorrei, per favore, una colazione con [un] uovo e due panini.

ovvero con l'accento sulla **e**. **Der Kaffee** (la bevanda) si scrive con la **k** e può essere pronunciato in due modi: mettendo l'accento sulla prima sillaba e pronunciando una **-e** finale breve ***kafe***, oppure alla francese con l'accento sulla **e** ***kafé:***.
1, 2, 5: Le tre lettere che hanno l'"Umlaut" sono **ä** (*è:*), **ö** (*œ*), **ü** (*ue*). Ricordatevi che la **ë** non esiste in tedesco, ma solo nella nostra trascrizione fonetica.

③ **Das Brötchen**, *il panino*, è il diminutivo di **das Brot**, *il pane*. Il diminutivo di un nome comune si forma aggiungendo il suffisso **-chen** al nome stesso e mettendo una dieresi ("Umlaut") sulla vocale accentata, sempre che questa ne possa avere una (vedi tavola della pronuncia): **die Wurst** → **das Würstchen**. Tutti i diminutivi sono neutri e al plurale restano invariati.

4 **3** – **Neh**men Sie **Ka**ffee **o**der Tee ④?
4 – Ich **trin**ke ⑤ Tee.

***

5 – Hier **bi**tte, ein **Früh**stück mit **Bröt**chen, **Kä**se und Wurst ⑥.
6 – **Da**nke!
7 – **Bi**tte ⑦!
8 – Und das Ei?
9 – Oh ja, das Ei! Es ⑧ kommt so**fort**. □

***3 ne:**mën zi: **ka**fe **o:**dₐ te:? **4** içh **trì**ñkë te:. **5** <u>h</u>i:ₐ **bìt**të, ain **frue:**sctuek mìt **brœ:t**çhën, **kè:**zë ùnt vùrst. **6 da**ñkë! **7 bìt**të! **8** ùnt das ai? **9** o: ia:, das ai! ès kòmt zo**fòrt**.*

4, **6**: Il simbolo ˜ sulla **ñ** di ***triñ**k'n* o di ***da**ñkë* serve a indicare il

Note

④ Anche in tedesco, **Kaffee** e **Tee** sono sostantivi maschili: **der Kaffee**, **der Tee**. In tedesco non esiste il partitivo: basta dire **Kaffee** per "del caffè" e **Tee** per "del tè". Pratico, no?

⑤ Il verbo della 1ª persona singolare termina, generalmente, in **e**: **ich trink<u>e</u>**, *io bevo*, **ich nehm<u>e</u>**, *io prendo*.

⑥ **Die Wurst**, *il salame*, *il würstel*, *la salsiccia* (di tutti i tipi), è un sostantivo femminile. Come in italiano, anche in tedesco non esiste una regola fissa o una chiara logica per la distribuzione dei generi. Si dice quindi **der Käse** (masch.), **die Wurst** (femm.) e **das Brot** (neutro).

⑦ **Bitte** traduce sia "per favore / cortesia", che "prego" in risposta a **bitte** o a **danke**. Potete iniziare ad allenarvi al "botta e risposta" di **bitte** e **danke** tipico delle buone maniere tedesche! ▸

3 – Prendc (*Lei*) [del] caffè o [del] tè?
4 – (*Io*) Bevo [del] tè.

***

5 – Ecco (*Qui prego*) una colazione con [dei] panini, [del] formaggio e [del] salame.
6 – Grazie.
7 – Prego.
8 – E l'uovo?
9 – Ah sì, l'uovo! Arriva (*Esso viene*) subito.

4

suono nasale della **n** prima della **-k** (come se ci fosse scritto **ñgk**). In italiano troviamo questo suono nella parola "banca". La vocale che precede la **n** va pronunciata chiaramente: la **a** di **danke** è una **a** ben aperta!

⑧ **Es** è il pronome personale di 3ª persona singolare neutro: **das Kind lernt Deutsch**, *il bambino impara il tedesco*; **es lernt Deutsch,** *impara il tedesco*

4 **Übung 1: Übersetzen Sie bitte!**

❶ Ich möchte bitte Tee und zwei Brötchen mit Käse. ❷ Trinkt er Kaffee oder Tee? ❸ Was ist das? – Das ist Wurst. ❹ Das Frühstück im Hotel ist ein Vergnügen. ❺ Ich komme sofort.

Übung 2: Ergänzen Sie bitte!

❶ (*Io*) Vorrei un uovo con [del] formaggio, per favore.
... . bitte ... .. mit Käse.

❷ *(Beve Lei)* Prende [del] caffè oppure [del] tè?
.... Kaffee .... Tee?

❸ Cosa desidera (*Lei*)? – (*Io*) Prendo un würstel con [un] panino.
Was .... ? – ... . ein Würstchen mit ....

❹ La colazione arriva subito.
... . sofort.

❺ Cos'è questo? – (*Questo*) È [del] pane con salame.
... ... ? – Das ist .... mit ....

Soluzioni dell'esercizio 1

❶ (*Io*) Vorrei [del] tè e due panini con [il] formaggio, per favore. ❷ Beve (*lui*) caffè oppure tè? ❸ Cos'è questo? – (*Questo*) È [del] salame. ❹ La colazione in albergo è un [vero] piacere ❺ (*Io*) Vengo subito.

Soluzioni dell'esercizio 2 - Parole mancanti

❶ Ich möchte – ein Ei – ❷ Trinken Sie – oder – ❸ – wünschen Sie – Ich nehme – Brötchen ❹ Das Frühstück kommt – ❺ Was ist das – Brot – Wurst

Frühstück: *Come forse sapete, i tedeschi sono generalmente mattinieri e la parola* Frühstück *ce lo dimostra (lett. "presto-pezzo"). Prima di iniziare una lunga giornata, i tedeschi usano fare una colazione abbondante: succo d'arancia, una scodella di* Müsli *(cereali), uova alla coque o al tegamino,* Brötchen *con affettati o formaggio e per finire... un croissant! Spesso si fa anche uno spuntino* (ein zweites Frühstück) *verso le 10: in ufficio, a casa oppure a scuola, dove gli alunni che non hanno con sé la merenda possono comprarsi cioccolata calda, dolci e ogni sorta di "snack" durante la pausa lunga* (die große Pause).

5 Fünfte Lektion *(fuenftë lèktsio:n)*

Ein Telefongespräch ①

klingeling!

1 – **Bach**mann.
2 – Ent**schul**digung ②, wie **hei**ßen Sie?
3 – **Klaus Bach**mann.
4 – Sie sind nicht ③ Herr **Spre**nger?
5 – Nein, mein **Na**me ④ ist **Bach**mann.

Aussprache

*ain tele**fo:n**-ghë**scprè:çh**, klìñgë**lìñg**! **1 bacH**man. **2** ènt**sciùl**dìguñg, vi: **hai**s'n zi:? **3 klaus bacH**man. **4** zi: zìnt nìçht hèr **scprèñ**gə? **5** nain, main **na:**më ìst **bacH**man.*

1, 3, 5: Il **ch** di **Bachmann** è il **ch** gutturale che, come dice la parola, va pronunciato in fondo alla gola. Nella nostra pronuncia

Note

① In tedesco è possibile unire più sostantivi e formare così delle parole composte. Ecco un esempio di parola formata dall'unione di due termini: **das Telefon**, *il telefono*, + **das Gespräch**, *la conversazione*, diventa **das Telefongespräch**, *la conversazione telefonica, la telefonata.* L'ordine delle parole è inverso rispetto a quello in italiano: in tedesco, il secondo termine è quello più importante e che cede il proprio articolo alla parola composta: **die Wurst** e **das Brot** → **das Wurstbrot**, *il panino al salame*. Avremo occasione di ritornarci su.

② **Entschuldigung**, *scusa*, è una parola che deriva dal verbo **entschuldigen**, *scusare.* Moltissimi sostantivi si formano aggiungendo la desinenza **-ung** alla radice del verbo. Notate che tutti i nomi che terminano in **-ung** sono femminili. ▸

Quinta lezione 5

Una conversazione telefonica
(*telefono-conversazione*)

drin-driiin!

1 – Bachmann.
2 – Scusi, come [si] chiama (*Lei*)?
3 – Klaus Bachmann.
4 – (*Lei*) Non è il Sig. Sprenger?
5 – No, [il] mio nome è Bachmann.

figurata, lo indichiamo ogni volta con una **c** seguita da una **H** maiuscola.
2, **4**, **7**, **8**: Esercitatevi a pronunciare l'**h** aspirata ripetendo, a voce alta, le parole **heißen**, **Herr**, **habe** e **Wiederhören**.
4: All'inizio di una parola, il gruppo consonantico **sp** si pronuncia come se fosse scritto **scp** *scp*. Il suono è quello di **sc** in scialle.

③ La negazione di un verbo, *non+verbo*, si costruisce con **nicht**: **sie sind nicht allein?** *non è sola?* In questo caso si può formulare una domanda senza l'inversione soggetto-verbo. Come in italiano, basta l'intonazione interrogativa: **Sie heißen nicht Sprenger?** (*Lei*) *non [si] chiama Sprenger?*

④ **Der Name**, *il nome*, è maschile. Come sapete, l'articolo indeterminativo di questo sostantivo è **ein**: **ein Name**, *un nome*. Per dire il "mio" nome basta aggiungere una **m** davanti ad **ein, mein**... il femminile diventa **meine**: **meine Frau**, *mia moglie*, e il neutro, **mein**, come al maschile: **mein Frühstück**, *la mia colazione*.

6 – Oh, ent**schul**digen Sie ⑤ **bi**tte!
7 Ich **ha**be **ei**ne **fal**sche **Nu**mmer ⑥.
8 Auf **Wie**derhören. □

6 o:, èntsciùldìg'n zi: bittë! 7 içh ha:bë ainë falscë nùmma. 8 auf vi:da-hœ:r'n.

Note

⑤ L'imperativo della 3ª persona plurale (forma di cortesia) si forma posponendo il pronome personale al verbo: **Kommen Sie!** *Venga!* **Entschuldigen Sie!** *(Mi) scusi!* In questo caso, il "mi" non è necessario.

* * *

Übung 1: Übersetzen Sie bitte!

❶ Entschuldigung, wer sind Sie? ❷ Das ist nicht meine Nummer, das ist eine falsche Nummer. ❸ Frau Bachmann, hier ist ein Telefongespräch für Sie. ❹ Nein, mein Name ist nicht Sprenger. ❺ Entschuldigen Sie, wie heißen Sie?

Übung 2: Ergänzen Sie bitte!

❶ [Mi] scusi, per favore, Lei è il Signor Bachmann?
. . . . , . . . bitte, ... Herr Bachmann?

❷ Buonasera, [il] mio nome è Gisela Frisch.
Guten Abend, ... ist Gisela Frisch.

❸ (*Io*) [Mi] chiamo Julia e Lei come [si] chiama?
. . . . Julia und wie . . . . ?

6 – Oh, scusi (*Lei per favore)*!
7 (*Io*) Ho un numero sbagliato (*falso*).
8 Arrivederci (*a risentirci*)

⑥ Come abbiamo visto, il genere di un sostantivo tedesco non corrisponde sempre al suo omologo italiano. Es.: **die Nummer**, *il numero*, in tedesco è femminile. Vi consigliamo di imparare ogni volta il sostantivo insieme al suo articolo. Se il genere di un nome non compare nella lezione che state svolgendo, cercatelo nella tavola lessicale alla fine del libro.

* * *

Soluzioni dell'esercizio 1

❶ [Mi] scusi, chi è Lei? ❷ Questo non è [il] mio numero, (*questo*) è un numero sbagliato. ❸ Signora Bachmann, c'è (*qui è*) una chiamata per Lei. ❹ No, [il] mio nome non è Sprenger. ❺ [Mi] scusi, come [si] chiama (*Lei*)?

❹ Chi è questa? – Questa è mia moglie.
. . . ist das? – Das ist . . . .

❺ No, Thomas non è qui.
. . . . , Thomas . . . . hier.

Soluzioni dell'esercizio 2 - Parole mancanti

❶ Entschuldigen Sie – sind Sie – ❷ – mein Name – ❸ Ich heiße – heißen Sie ❹ Wer – meine Frau ❺ Nein – ist nicht

6 **Andere Länder, andere Sitten** *(Altri paesi, altri costumi) - Paese che vai, usanze che trovi.*
Nei paesi di lingua tedesca, quando si risponde al telefono, si usa dire il proprio cognome e talvolta anche il proprio nome prima ancora di sapere chi sta chiamando. Molto presto apprezzerete anche voi quest'abitudine poichè, da una parte, non avete bisogno di domandare con chi state parlando e dall'altra, non rischiate di iniziare a raccontare cose alla persona sbagliata. Per salutarvi non dite auf Wiedersehen, *arrivederci, ma piuttosto* auf Wiederhören, *a risentirci; più logico di così...*

6 Sechste Lektion (*zèkstë lèktsio:n*)

Es ① ist noch nicht spät

1 – **Gu**ten **Mor**gen, Frau **Spiel**berg, wie geht es **Ih**nen ②?
2 – Sehr gut, **da**nke. Und **Ih**nen, Herr Schwab?

Aussprache
ès ìst nòcH nìçht scpè:t **1** *gu:t'n mòrg'n, frau scpi:lbèrk, vi: ghe:ët ès i:nën?* **2** *ze:a gu:t, dañkë. ùnt i:nën, hèr scva:p?*

Titolo: Non abbiate timore di aprire bene la bocca mentre pronunciate **spät** *scpè:t*. L'**ä** è una vocale lunga e aperta.

Note

① Il pronome personale neutro **es** è usato anche come soggetto dei verbi impersonali: **es ist spät**, *è tardi*, **es geht**, *va bene.* In italiano il soggetto è sottointeso.

② Tradotto letteralmente **Wie geht es Ihnen?** *Come sta? Come va?* ▶

Sesta lezione 6

Non è ancora (*è ancora non*) tardi

1 – Buongiorno (*Buon mattino*), Sig.na Spielberg, come va (*a Lei*)?
2 – Molto bene, grazie. E Lei (*a Lei*), Sig. Schwab?

1, **2**: Così come la **d** finale diventa **t**, anche le consonanti sonore **b** e **g** diventano sorde a fine parola. La **g** di **Spielberg** si pronuncia **k** ***scpi:l****bèrk*, mentre la **b** di **Schwab** si pronuncia **p**: *scva:p*.

▸ significa "Come va a Lei?". **Ihnen** (con la maiuscola) è il dativo (complemento di termine) del pronome allocutivo di cortesia **Sie**. Presto vi daremo altre spiegazioni. Per il momento ricordatevi che la risposta più semplice a questa domanda è: **Gut, danke, und Ihnen?** *Bene, grazie, e (a) Lei?*

6 **3** – Es geht auch gut ③, **da**nke.
4 Sind die Kol**le**gen ④ noch nicht da ⑤?
5 – Nein, aber sie ⑥ **ko**mmen **si**cher gleich ⑦.
6 Sie sind **i**mmer **pünkt**lich im Bü**ro**. □

***3** ès ghe:ët aucH gu:t, **dañ**kë. **4** zìnt di: kòl**le:**g'n nòcH nìçht da:? **5** nain, a:ba zi: **kòm**mën **zìç**ha glaiçh. **6** zi: zìnt **ìm**ma **pueñkt**lìçh ìm bue**ro:**.*

Note

③ Non sempre vi indichiamo quando l'ordine delle parole nella traduzione italiana non corrisponde a quello in tedesco, ma contiamo su di voi perché vi facciate attenzione! Vediamo un esempio: **noch nicht**, *non ancora* (ancora non). L'avete notato? Se sì, bene! Se no, pazienza: da domani avrete altre occasioni.

④ **Die Kollegen**, *i colleghi*, è il plurale di **der Kollege**, *il collega*. Per una donna, si dice **die Kollegin**, *la collega* e **die Kolleginnen**, *le colleghe*. Una bella notizia: al plurale, l'articolo determinativo è lo stesso per tutti e tre i generi: **die Männer**, *gli uomini*, **die Frauen**, *le donne*, **die Kinder**, *i bambini*.

⑤ **Da sein** significa *esserci*, *essere presente*: **die Kollegen sind da**, *i colleghi ci sono/sono presenti*. **Da** ha molti significati. Come avverbio di luogo traduce *qui / qua*, *lì / là*. Gli altri li vedremo più avanti. ▶

Übung 1: Übersetzen Sie bitte!

❶ Guten Tag, Julia, wie geht es? ❷ Es geht gut, danke. ❸ Herr Schwab ist noch nicht da, er ist nicht pünktlich. ❹ Entschuldigen Sie, sind Herr und Frau Spielberg da? ❺ Nein, aber sie kommen gleich.

3 – Bene (*va anche bene*), grazie. 6
4 (*Sono*) I colleghi [non ci sono] ancora (*non qui*)?
5 – No, ma arrivano sicuramente adesso (*loro vengono sicuramente subito)*.
6 Arrivano (*Loro sono*) sempre puntuali in ufficio.

▸ ⑥ A differenza dell'italiano, in tedesco esiste un solo pronome personale per la terza persona plurale: **sie**, *essi / esse* nel parlato *loro*. Il verbo coniugato è identico all'infinito: **sie kommen**, *loro vengono*. L'unica eccezione è **sie sind**, *loro sono*.

⑦ **Gleich**, *subito*, è un sinonimo di **sofort** (vedi lezione 4).

Soluzioni dell'esercizio 1

❶ Buongiorno, Julia, come va? ❷ Va bene, grazie. ❸ [Il] Sig. Schwab non [c']è ancora (*qui*), non è puntuale. ❹ [Mi] scusi, [ci] sono il Sig. e la Sig.ra Spielberg (*lì*)? ❺ No, ma arrivano (*vengono*) subito.

Übung 2: Ergänzen Sie bitte!

1. È molto tardi.
   Es ist ....

2. I colleghi arrivano (*vengono sicuramente*) subito.
   Die Kollegen ...... sicher ....

3. Come va? – Molto bene, grazie.
   ... . ? – .... , danke.

4. Perché (*loro*) non sono qui?
   Warum .... nicht da?

7 Siebte Lektion (*zi:ptë lèktsio:n*)

Wiederholung (ripasso)

Come spiegato nell'introduzione, ogni sette lezioni riprendiamo, ampliandole, le note grammaticali e il vocabolario delle sei lezioni precedenti. Leggete con attenzione e non vi preoccupate se qualcosa non è ancora perfettamente chiaro. Avremo modo di approfondire tutto nel corso delle prossime lezioni.

1 Il verbo e la coniugazione

Ricapitoliamo quanto visto fino a questo momento.

All'infinito, la maggior parte dei verbi termina in **-en**: **lernen**, *imparare*, *studiare*, **kommen**, *venire*, **haben**, *avere*, ecc.

Le desinenze del verbo cambiano alla 1ª e alla 3ª persona singolare (e naturalmente alla seconda, ma ogni cosa a suo tempo…).

Alla radice del verbo si aggiunge sempre una desinenza. La radice si ottiene dal verbo all'infinito senza **-en** (o **-n**): **lernen**, *imparare*, radice: **lern-**.

5 [La] Sig.ra Spielberg è sempre puntuale.
.... Spielberg ist ....

Soluzioni dell'esercizio 2 - Parole mancanti
1 – sehr spät 2 – kommen – gleich 3 Wie geht es – Sehr gut – 4 – sind sie – 5 Frau – immer pünktlich

Hallo, wie geht es Ihnen? *Iniziate ad assimilare alcune parole o delle piccole frasi? Benissimo! Continuate a ripetere le frasi a voce alta. Per fissare meglio tutte le conoscenze acquisite, riprenderemo quanto visto finora nella prima lezione di ripasso.*

Settima lezione 7

La desinenza della 1ª persona singolare è **-e**: **ich lerne**, *imparo*. Alla 3ª persona singolare il verbo termina in **-t**: **er / sie / es lernt**. Nella forma di cortesia e alla 3ª persona plurale il verbo coniugato è identico all'infinito: **Sie lernen**, *Lei impara*, **sie lernen**, *loro imparano*. L'unica differenza tra le due forme è data dall'iniziale maiuscola di **Sie**, *Lei / Voi*. **Sie** traduce anche il pronome personale soggetto *ella / lei*: **sie lernt**, *lei impara*. Non potete confondervi: alla 3ª persona singolare il verbo termina per **-t**.

2 I generi e gli articoli

In tedesco ci sono tre generi: maschile, femminile e neutro.

Al singolare, i tre articoli determinativi sono: **der**, *il / lo / l'*, **die**, *la / l'*, **das**, *il / lo / l' / la / l'*; quelli indeterminativi: **ein**, *un / uno*, **eine**, *una / un'*, **ein**, *un / uno / una / un'*.
• maschile: **der Freund**, *l'amico*, o **ein Freund**, *un amico*
• femminile: **die Freundin**, *l'amica*, o **eine Freundin**, *un'amica*
• neutro: **das Kind**, *il bambino*, o **ein Kind**, *un bambino*

Al plurale esiste un solo articolo determinativo per tutti e tre i generi: **die**, *i / gli / le*: **die Freunde**, *gli amici*, **die Freundinnen**, *le amiche*, **die Kinder**, *i bambini*.

7 Fatta eccezione per le persone e gli animali che hanno il proprio genere - il maschile per il maschio, il femminile per la femmina e il neutro per i bambini e i cuccioli (tranne **der Junge**, *il ragazzo*) - il genere di un sostantivo non è facile da stabilire. Talvolta può corrispondere a quello in italiano (**der Tag**, *il giorno*, **der Käse**, *il formaggio*), a volte no: **die Milch**, *il latte*, **das Zimmer**, *la camera*. Vedremo in seguito come alcune desinenze sono proprie di un genere. Vi consigliamo ancora una volta di imparare il sostantivo insieme al suo articolo!

3 I pronomi personali

Sicuramente avete già familiarizzato con il pronome personale **ich**, *io*, e con quello di cortesia **Sie**, *Lei*, *Voi.*

Il pronome personale soggetto della 3ª persona singolare può essere maschile, femminile o neutro a seconda del genere: **er**, *egli* (maschile), **sie**, *ella* (femminile) e **es**, *esso* o *essa* (neutro):
Das ist der Freund von Julia. Er heißt Thomas, *Questo è l'amico di Julia. Si chiama Thomas.*
Frau Berg kommt gleich. Sie ist pünktlich, *La Sig.ra Berg viene subito. È puntuale.*
Das Zimmer ist schön. Ist es frei?, *La camera è bella. È libera?*

Per la 3ª persona plurale c'è un unico pronome personale: **sie**, che traduce "loro", "essi" o "esse".

* * *

Dialogo di ripasso

Wer sind Sie? (2, 3)

1 – **Gu**ten Tag! **(1)**
2 – **Gu**ten Tag, wie geht es **Ih**nen, Frau **Spiel**berg? **(1, 6)**
3 – Gut, **dan**ke, **a**ber ich bin nicht Frau **Spiel**berg. **(2, 4, 6)**

Thomas und Klaus lernen Deutsch, sie haben Glück, *Thomas e Klaus imparano il tedesco, sono fortunati.*
Julia und Sarah kommen, sie sind pünktlich, *Julia e Sarah arrivano, sono puntuali.*
Die Zimmer sind schön. Sind sie frei?, *Le camere sono belle. Sono libere?*

4 L'aggettivo predicativo

Siamo felici di ricordarvi che l'aggettivo preceduto dal verbo essere è invariabile:
Der Mann ist schön, *L'uomo è bello.*
Die Frau ist schön, *La donna è bella*
Das Kind ist schön, *Il bambino è bello.*
Die Männer und die Frauen sind schön, *Gli uomini e le donne sono belle.*

Vi proponiamo ora un breve dialogo, in cui verranno riprese tutte le nozioni assimilate nel corso delle ultime sei lezioni. I numeri alla fine della frase rimandano alla lezione (o alle lezioni) in cui la parola o l'espressione è stata utilizzata. Ascoltatelo in tutta tranquillità e ripetete ogni frase più volte.
Che magnifica sensazione poter riconoscere le parole mentre ascoltate le registrazioni! L'avreste creduto possibile solo sei giorni fa?

* * *

Traduzione del dialogo di ripasso

Chi è Lei?

1 – Buongiorno!
2 – Buongiorno, come sta, Sig.ra Spielberg?
3 – Bene, grazie, ma (*io*) non sono la Sig.ra Spielberg.

8 4 – Oh, ent**schul**digen Sie, **bit**te! **(5)**
5 – **Bit**te! **(4)**
6 – Ist das nicht das Bü**ro** von Frau **Spiel**berg? **(1, 3, 6)**
7 – **Si**cher, aber Frau **Spiel**berg ist nicht da. **(5, 6)**
8 Sie trinkt **Ka**ffee, sie kommt so**fort**. **(3, 4)**
9 – Und wie **hei**ßen Sie? **(5)**
10 – Ich bin **Ju**lia **Bach**mann, **ei**ne Kol**le**gin. **(2, 6)**

---

8 Achte Lektion (*a**cH**të **lèktsio:n***)

Was trinken wir?

1 – **Gu**ten Tag, was **möch**ten Sie ①?
2 – Ich **möch**te bitte ein **Känn**chen ② **Ka**ffee.
3 Und du? Was trinkst du ③, Alex?
4 – Ich **neh**me ein Bier.
5 Ist das Bier kalt?

Aussprache

*vas **triñ**k'n vi:a? **1 gu:**t'n ta:k, vas **mœçh**tën zi:? **2** içh **mœçh**të **bìt**të ain **kèn**çhën **ka**fe. **3** ùnt du:? vas **triñ**kst du:, **a:**lèks? **4** içh **ne:**më ain bi:a. **5** ìst das bi:a kalt?*

Note

① **Sie möchten**, *Lei vorrebbe / Voi vorreste, Lei desidererebbe / Voi desiderereste*, e **ich möchte**, *vorrei*, *desidererei* sono la forma di cortesia e la 1ª persona singolare del condizionale di **mögen**, *volere*. Lo vedremo più avanti.

② **Das Kännchen** è il diminutivo di **die Kanne**, il bricco, o meglio **die Kaffeekanne**, *la "caffettiera"*: si tratta di un piccolo bricco ▸

4 – Oh, [mi] scusi, (*per favore*)!
5 – Si figuri (*prego*)!
6 – Questo non è l'ufficio della Sig.ra Spielberg?
7 – Certamente, ma [la] Sig.ra Spielberg non [c']è (*qui*).
8 Beve [un] caffè, (*Lei*) arriva subito.
9 – E Lei come [si] chiama?
10 – (*Io*) Sono Julia Bachmann, una collega.

La vostra prima settimana termina qui. Riposatevi. Vi aspettano molte cose interessanti domani.

Ottava lezione 8

Cosa beviamo?

1 – Buongiorno, cosa prendete (*vorreste Voi*)?
2 – (*Io*) Vorrei (*per favore*) un bricco ("*piccola caffettiera*") [di] caffè.
3 E tu? Cosa bevi tu, Alex?
4 – (*Io*) Prendo una birra.
5 È fresca la birra (*fredda*)?

▸ da due tazzine (**zwei Tassen**) di caffè. In Germania il caffè non è molto forte e in genere è piuttosto acquoso perché viene fatto per infusione e non con la classica Moka all'italiana... potete tranquillamente berne più di una tazza senza rischiare di rimanere svegli tutta la notte!

③ Ecco finalmente la 2ª persona singolare, *tu*. Al presente, la desinenza del verbo è sempre **-st**: **du trinkst**, *tu bevi*, **du kommst**, *tu vieni*, ecc. Quando la radice del verbo termina in **ss** o **-ß**, si aggiunge solo la **-t**: **wie heißt du?**, *come ti chiami?* Quando la radice termina per **-t**, si aggiunge una **-e** prima della desinenza **-st**: **möchtest**, *tu vorresti*.

8

6 – Aber na**tür**lich! **Möch**ten Sie auch **et**was essen ④?

7 – Ja, gern.

8 – Gut ⑤, ich **brin**ge die **Spei**sekarte und die Ge**trän**ke ⑥ so**fort**. □

6 ***a:***ba ***natue:***ɹlìçh! ***Mœçh****tën zi: aucH* ***è****tvas* ***è****ss'n? 7 ia:, ghèrn.*
8. gu:t, içh ***brì****ñghë di:* ***scpai****zë-****kar****të ùnt di: ghë****trè****ñkë zo****fòrt****.*

8: Per pronunciare **bringe** nel modo corretto, pensate all'**ng** di "ping-pong" in italiano. Lo stesso suono nasale lo ritroviamo quando abbiamo una **n** prima della **-k**, come in **trinken** o in **Getränke**. (Vedi *note sulla pronuncia*, lez. 4).

Note

④ Fate attenzione a questa regola: l'infinito che dipende da un altro verbo va posto sempre alla fine della frase: **Ich möchte etwas essen** (lett. "io vorrei qualcosa mangiare").

⑤ Ecco una buona notizia! Molto spesso l'avverbio è identico all'aggettivo! **Gut** può infatti significare sia "buono", che "bene": **der Kaffee ist gut**, *il caffè è buono*. **Sie sprechen gut Deutsch!**, *Lei parla bene tedesco!*

⑥ **Das Getränk**, *la bevanda*, **die Getränke**, *le bevande*; qui, il plurale si forma aggiungendo una **-e** al sostantivo. **Speisekarte**, ▸

* * *

Übung 1: Übersetzen Sie bitte!

❶ Was möchten Sie essen? ❷ Wir nehmen zwei Würstchen mit Brötchen. ❸ Er bringt sofort das Bier und die Speisekarte. ❹ Der Kaffee ist kalt! ❺ Möchtest du etwas trinken? – Nein danke.

6 – Ma certo! Vuole mangiare qualcosa anche Lei (*Vorrebbe Lei anche qualcosa mangiare*)? 8
7 – Sì, volentieri.
8 – Bene, (*io*) porto [subito] il menù (*cibo-carta*) e le bevande (*subito*).

8: La parola **die Speisekarte** è composta da **die Speise** e **die Karte**. L'accento dominante di una parola composta è dato dall'accento tonico del primo sostantivo; questo non vuol dire che il secondo sostantivo (o il terzo...) perda il proprio accento. Al contrario lo mantiene, pur rispettando "la gerarchia" tra gli accenti: il secondo sostantivo è solo meno marcato del primo: **Spei**se**kar**te.

▸ forma il suo plurale con una **-n**: **die Speisekarten**, *i menù*. Nella lezione precedente abbiamo visto: **der Mann**, **die Männer**, *l'uomo*, *gli uomini* e **die Frau**, **die Frauen**, *la donna*, *le donne*. Purtroppo non esiste una regola fissa per la formazione del plurale. Per il momento tutto quello che potete fare è rifarvi all'appendice lessicale alla fine del libro dove abbiamo indicato, tra parentesi, il plurale di ogni sostantivo.
Es.: **das Getränk (-e)**, **die Speisekarte (-n)**, **der Mann (¨er)**, **die Frau (-en)**.

* * *

Soluzioni dell'esercizio 1

❶ Cosa desiderate (*desidereste*) mangiare? ❷ Prendiamo due salsicce con [dei] panini. ❸ Porta subito la birra e il menù ❹ Il caffé è freddo! ❺ Vuoi (*Vorresti*) bere qualcosa? No grazie.

8 **Übung 2: Ergänzen Sie bitte!**

1. Buonasera, cosa desidera (*desidererebbe*)?
   Guten Abend, was . . . . ?
2. Bevi anche tu una birra? – Certo!
   . . . . auch . . . . ? – . . . .
3. Cosa prende? Un bricco di caffè oppure del tè?
   Was . . . . ? . . . . Kaffee oder Tee?
4. Come ti chiami? – Mi chiamo Alex.
   Wie . . . . ? – . . . . Alex.
5. Vuole (*Vorrebbe*) mangiare qualcosa? – Volentieri.
   Möchten Sie . . . . ? – . . . . . .

Soluzioni dell'esercizio 2 - Parole mancanti

❶ – möchten Sie ❷ Trinkst du – ein Bier – Natürlich ❸ – nehmen Sie – Ein Kännchen ❹ – heißt du – Ich heiße – ❺ – etwas essen – Gern

* * *

Die Speisekarte
(esempio di menù tedesco)

GETRÄNKE (bevande)

Tasse Kaffee	2,20 Euro
Kännchen Kaffee	3,50 Euro
Espresso	2,00 Euro
Capuccino	2,80 Euro
Tasse Tee	1,60 Euro
Tasse Trinkschokolade	2,50 Euro
Kännchen Trinkschokolade	3,50 Euro
Eine Portion Schlagsahne	0,50 Euro

Come vedete, è meglio precisare se desiderate eine Tasse Kaffee, *una tazza di caffè, oppure* ein Kännchen Kaffee, *un bricco di caffè. Normalmente, insieme al caffè, vi vengono servite delle piccole porzioni di panna pastorizzata. Per bere un vero caffelatte, occorre precisare al cameriere che desiderate* Kaffee mit Milch, *caffè con latte, o* Milchkaffee *(lett. "latte-caffè")! Se preferite un caffè con della panna vera, dovete dire:* mit Sahne *(*die Sahne, *la panna). E se vi propongono della panna montata (*die Schlagsahne*), non dite di no! Forse non sarà facile da digerire, ma è buonissima.*

9 Neunte Lektion *(noìntë lèktsio:n)*

Wer hat ① Geld?

1 – **Bi**tte, wir **möch**ten **zah**len.
2 Wie viel ② macht **a**lles zu**sa**mmen, **bi**tte?
3 – Ja, **al**so ein Bier, ein **Känn**chen **Kaf**fee und **zwei**mal ③ **Brat**wurst mit **Po**mmes (Frites),
4 das macht **fünf**zehn **Eu**ro ④ **fünf**zig.

Aussprache

ve:a. hat ghèlt? ***1 bìttë****, vi:a* ***mœçh****tën* ***tsa:****l'n.* ***2*** *vi: fi:l macHt* ***a****llës tsu****zam****mën,* ***bìt****të?* ***3*** *ia:,* ***al****zo: ain bi:a., ain* ***kèn****çhën* ***ka****fe ùnt* ***tsvai****-ma:l* ***bra:t****-vùrst mìt* ***pòm****mës,* ***4*** *das macHt* ***fuenf****tse:n* ***òi****ro* ***fuenf****tsìçh.*

3: "Pommes Frites", *patatine fritte*, si pronuncia alla francese, ma facendo sentire bene la **-s** finale di "Frites" *pòm* ***frits.*** Parlando, si dice per lo più "Pommes" ***pòm****mës*, *patatine*, come in italiano.

Note

① Avete imparato che per coniugare un verbo alla 3ª persona singolare dell'indicativo presente occorre aggiungere una **-t** alla radice del verbo: **machen**, *fare*, **das macht**, *questo fa*. **Er hat**, *egli ha*, è un'eccezione: la **b** di **haben**, *avere*, scompare. Lo stesso vale per la 2ª persona singolare: **du hast**, *tu hai*.

② **Wie viel?**, *quanto?* (lett. "come tanto"), può precedere sia un verbo: **wie viel macht das, bitte?** *quanto fa, per cortesia?*, che un nome (senza preposizione): **wie viel Geld hat er?** *quanti soldi ha?*

Chi ha soldi?

1 – Per favore, (*noi*) vorremmo pagare.
2 Quanto (*Come tanto*) fa [in tutto] (*tutto insieme, per favore*)?
3 – Sì, allora una birra, un bricco [di] caffè e due salsicce alla griglia (*due volte arrosto salsiccia*) con patatine (*fritte*),
4 (*questo*) fa 15 euro [e] 50.

4: Secondo le regole tradizionali della pronucia, la desinenza **-ig** andrebbe pronunciata come se fosse scritta **-ich** *-ìçh*: **fünfzig** ***fuenf**tsìçh*. I tedeschi del Sud, gli austriaci e gli svizzeri, invece, la pronunciano **-k**: ***fuenf**tsìk*. Nessuno avrà nulla da obiettare se preferite questa pronuncia a quella tradizionale. Allenatevi tuttavia a pronunciare **ch** *çh*. I numeri ve ne offrono l'occasione: **zwanzig** ***tsvan**tsìçh*, *venti*, **dreißig** ***drai**ssìçh*, *trenta*, **vierzig** ***fir**tsìçh*, *quaranta*…

③ **Einmal**, *una volta*, **zweimal**, *due volte*, **dreimal**, *tre volte*… niente vi impedisce di continuare da soli: **viermal**, **fünfmal**… I numeri di pagina vi aiuteranno.

④ Come molte parole di origine straniera, anche **der Euro**, *l'euro*, forma il suo plurale con l'aggiunta di una **-s**: **die Euros**. Tuttavia si dice **fünf Euro** (senza **-s**!). La regola è semplice: preceduti da un numerale, le unità di misura e i nomi maschili e neutri che indicano un'unità di misura restano invariati: **das Kilo**, **die Kilos**, ma **zwei Kilo**, *due chili*; **der Tee**, **die Tees**; al bar però si ordinano **zwei Tee**, *due tè*.

9 **5** – Mist ⑤, ich **ha**be kein Geld ⑥.
6 Hast du Geld?
7 – Klar, ich be**zah**le ⑦, ich **ha**be ge**nug**. □

5 *mìst, içh* ***ha****:bë kain ghèlt.* ***6*** *hast du: ghèlt?* ***7*** *kla:a, içh bë****tsa:****lë, içh* ***ha****:bë ghë****nu:k****.*

Note

⑤ **Mist!** è un'esclamazione molto frequente che ricorre in caso di dispiacere o di una sorpresa spiacevole; corrisponde a "*accidenti*", "*maledizione*", "*che sfortuna*", sebbene il suo primo significato sia "letame"!

⑥ **Geld** è neutro: **das Geld**, *il denaro, i soldi*. Abbiamo visto che l'articolo partitivo (del, della, dei, ecc.) non esiste in tedesco: **ich habe Geld**, *ho [dei] soldi*, mentre esiste l'articolo negativo **kein(e)**, *nessuno(a), non (un), non... alcuno*: **haben Sie kein Geld?** *non ha soldi (nessun soldo)?* Al plurale e al femminile, **kein** prende la desinenza **-e**: **ich nehme keine Milch**, *non prendo il latte*; **er hat keine Freunde**, *non ha amici*. ▶

* * *

Übung 1: Übersetzen Sie bitte!

❶ Ich möchte bitte zahlen. ❷ Gut, zwei Bier und ein Tee, das macht sechs Euro vierzig. ❸ Wie viel Geld hast du? ❹ Sie* haben kein Glück, wir haben kein Zimmer frei. ❺ Das macht zehn Euro fünfzig.

* Senza un contesto, non potete sapere se si tratta del pronome di cortesia o della 3ª persona plurale. Ma non preoccupatevi, nella vita di tutti i giorni non avrete problemi a capirlo.

5 – Accidenti, (*io*) non ho (*nessun soldo*) soldi.
6 Hai (*tu*) [dei] soldi?
7 – Certo (*chiaro*), pago io, (*io*) [ne] ho abbastanza.

▸ ⑦ Tra **zahlen** e **bezahlen**, *pagare,* non c'è nessuna differenza di significato. Fate comunque attenzione alle particelle, ovvero ai prefissi e alle preposizioni unite al verbo! Presto vedremo come, in generale, una particella può cambiare (a volte completamente) il senso di una parola.

* * *

Soluzioni dell'esercizio 1

❶ Vorrei pagare, per cortesia. ❷ Bene, due birre e un tè, fa 6 euro e 40. ❸ Quanti soldi hai ❹ Lei non è fortunato (*Voi non siete fortunati)*, non abbiamo nessuna camera libera. ❺ Fa 10 euro e 50.

Non sentitevi obbligati a memorizzare subito tutti i vocaboli nuovi, avete il diritto di dimenticarne uno o due! Prima o poi vi capiterà di incontrarli di nuovo e questo vi aiuterà a ricordarli meglio. Vi chiediamo solo di avere un po' di pazienza!

Übung 2: Ergänzen Sie bitte!

1. Chi paga? Io non ho soldi, tu non hai soldi e lui non ha soldi.
   ... ./.....? .... kein Geld, ..
   .... kein Geld und .. ... kein Geld.

2. In tutto *(insieme)* fa otto euro e cinquanta.
   ... . zusammen .... Euro ....

3. Cosa facciamo? – Io vorrei bere una birra, e tu?
   Was .... ? – Ich möchte gern ...
   .... und du?

---

10 Zehnte Lektion (*tse:ntë lèktsio:n*)

Das ist nicht dumm! ①

1 – Was machst du **mor**gen ②, Anna?
2 – Ich **ge**he ③ mit **Pe**ter in die Stadt.

Aussprache
das ìst nìçht dùm! ***1*** *vas macHst du:* ***mòr****g'n,* ***an****na?* ***2*** *içh* ***ghe:****ë mìt* ***pe:****ta ìn di: sctat.*

Note

① L'aggettivo **Dumm** è molto usato in tedesco: se riferito a persone corrisponde al nostro *stupido*, ad una situazione, invece, a *spiacevole* o *seccante*.

② L'unica differenza tra il sostantivo **der Morgen**, *il mattino*, e l'avverbio **morgen**, *domani*, è l'iniziale maiuscola.

③ In tedesco, al posto del futuro si preferisce usare la forma presente come spesso avviene in italiano; l'idea del futuro è data dall'avverbio o dal contesto: **ich gehe zweitausendfünfzig auf die Station Mars**, *[Nel] 2050 andrò (vado) sulla stazione di Marte.*

4 Che sfortuna! Non hanno la salsiccia alla griglia qui.
. . . . ! Sie haben . . . . hier.

5 Io pago la birra e tu paghi le patatine fritte.
Ich zahle . . . . und . . . . die Pommes.

Soluzioni dell'esercizio 2 - Parole mancanti
1 Wer bezahlt/zahlt – Ich habe – du hast – er hat – 2 Das macht – acht – fünfzig 3 – machen wir – ein Bier trinken – 4 Mist – keine Bratwurst – 5 – das Bier – du zahlst –

Decima lezione 10

(*Questo*) Non è stupido!

1 – Cosa fai (*tu*) domani, Anna?
2 – (*Io*) Vado in città con Peter.

2, **3**, **4**: L'**h** di **gehen**, di **ihr**, e di **ansehen** è un'**h** muta. Per quanto riguarda la pronuncia, basta allungare il suono della vocale che la precede.

10

3 – Was macht ihr ④ denn dort?
4 – Ges**chäf**te **an**sehen ⑤.
5 – **A**ber **mor**gen ist **Sonn**tag.
6 Die Ges**chäf**te sind ges**chlo**ssen ⑥!
7 – **Glück**licherweise ⑦! Wir **mü**ssen **spa**ren. □

***3** vas macHt i:a dèn dòrt? **4** ghës**cèf**të **an**ze:ën. **5** **a:**ba **mòr**g'n ìst **zòn**ta:k. **6** di: ghë**scèf**të zìnt ghë**sclòss**'n! **7** **glueк**lìçhavaizë! vi:a **mue**ss'n **scpa:**rën.*

3: Per non confondere **ihr** con **er**, bisogna pronunciare bene la **i**. Come tutte le **r** dopo una vocale tonica, la **-r** finale di **ihr** è come un "breve soffio" simile ad una **a** breve e chiusa: **ihr** *i:a*.

Note

④ Attenzione! Questa non è la forma di cortesia, che sappiamo sarebbe stata: **was machen Sie?** *cosa fa Lei? cosa fate Voi?;* **ihr**, *voi*, è il plurale di **du**, *tu*, ovvero il pronome allocutivo della 2ª persona plurale usato nel discorso colloquiale per rivolgersi a persone con cui esiste un rapporto di confidenza: **Kinder, kommt ihr?**, *bambini, venite?* La forma di cortesia non cambia se ci riferiamo ad una o più persone: **gehen Sie in die Stadt, Herr Schmidt?**, *va in città, Sig. Schmidt ?*; **gehen Sie in die Stadt, Herr und Frau Schmidt?**, *andate in città, Sig. e Sig.ra Schmidt?* Alla 2ª persona plurale dell'indicativo presente, il verbo prende la desinenza **-t** proprio come alla 3ª persona singolare: **ihr geht**, *voi andate*.

* * *

Übung 1: Übersetzen Sie bitte!

❶ Was machen Sie Sonntag, Herr und Frau Bachmann? ❷ Wir gehen in die Stadt Kaffee trinken. ❸ Das Café ist heute geschlossen. ❹ 4 Was macht ihr morgen, Kinder? ❺ Ihr spart nicht? Das ist sehr dumm.

3 – [E] cosa andate a fare (*cosa fate voi allora)* là?
4 – [A] guardare [i] negozi.
5 – Ma domani è domenica.
6 I negozi sono chiusi!
7 – Fortunatamente! (*Noi*) Dobbiamo risparmiare.

Ritroviamo la stessa **a** "aspirata" nella pronuncia della sillaba atona **-er**: **Peter** ***pe:ta*, aber *a:ba*.**
7: Non abbiate paura di non arrivare a pronunciare fino in fondo la parola **glücklicherweise**. Non solo avete il diritto, ma addirittura l'obbligo di fermarvi e di respirare tra **glücklicher** e **weise**.

⑤ **Ansehen**, *guardare*, deriva da **sehen**, *vedere*; **das Geschäft**, *il negozio*, *la boutique*, *l'affare*. In tedesco il complemento oggetto precede sempre l'infinito **Geschäfte ansehen**, *guardare i negozi*, **Geld sparen**, *risparmiare denaro*.

⑥ **Geschlossen**, *chiuso*, è il participio passato di **schließen**.

⑦ **Glücklich**, *fortunato*, *felice*, fa parte di quei rari aggettivi che comportano una forma avverbiale composta dall'aggettivo stesso + **-er** + **-weise** (**die Weise** *la maniera*, *il modo*). Es.: **Sind Sie glücklich?** *È fortunato?* **Glücklicherweise, ja!** *Fortunatamente, sì!*

* * *

Soluzioni dell'esercizio 1

❶ Cosa fate domenica, Sig. e Sig.ra Bachmann? ❷ Andiamo in città a bere [un] caffè ❸ Il caffè è chiuso oggi ❹ Cosa fate domani, bambini? ❺ Non risparmiate? Questo è molto stupido.

Übung 2: Ergänzen Sie bitte!

1. Cosa fate oggi, Anna e Peter ? – Studiamo tedesco!
   Was . . . . heute, Anna und Peter? – . . . . Deutsch!

2. Fortunatamente i negozi non sono chiusi oggi.
   . . . . sind . . . . heute nicht . . . .

3. Domani è domenica e andiamo in città a mangiare le patate fritte.
   . . . . . . ist . . . . und . . . . in die Stadt . . . .

11 Elfte Lektion *(**è**lftë lè**ktsio:n**)*

Eine Nachricht

1 – **Ha**llo **Thor**sten, hier ist Ja**ni**na.
2 Sag mal ①, wo bist du ②?

Aussprache
***ai**në **na:cH**rìçht **1** **h̲a**lo **tò**rst'n, **h̲i:**ᵃ ìst ia**ni:**na. **2** za:k ma:l, vo: bìst du:?*

Note

① Generalmente, l'imperativo con **du** si ricava dalla 2ª persona singolare del presente indicativo, omettendo la desinenza **-st**. Un tempo si aggiungeva anche una **-e**, ma oggi questa forma non si usa più nella lingua parlata e raramente in quella scritta: **sag(e)!**, *dimmi!* **Komm(e)!** *Vieni!*. Molto spesso, insieme ▶

④ Perchè non vai con Anna a guardare i negozi? – Risparmio [i soldi].
Warum . . . . nicht . . . Anna die Geschäfte . . . . ? – . . . .

⑤ Cosa? Dovete pagare e non avete i soldi? Oh, questo è seccante!
Was? Ihr . . . . . zahlen und . . . . kein Geld? Oh, ... dumm!

Soluzioni dell'esercizio 2 - Parole mancanti
① – macht ihr – Wir lernen – ② Glücklicherweise – die Geschäfte – geschlossen ③ Morgen – Sonntag – wir gehen – Pommes essen ④ – gehst du – mit – ansehen – Ich spare ⑤ – müsst – ihr habt – das ist –

Undicesima lezione 11

Un messaggio

1 – Ciao Thorsten, sono (*qui è*) Janina.
2 Dì un po' (*volta*), dove sei (*tu*)?

1: **hallo** si pronuncia aspirando l'**h** e facendo cadere l'accento sulla **a**. Per esercitarvi inspirate profondamente e poi lasciate uscire l'aria: **<u>h</u>allo**, **<u>h</u>ier**, **<u>H</u>aus**, **<u>H</u>andy**, **<u>h</u>abe**, **<u>h</u>eute**.

▸ all'imperativo, si utilizza l'espressione **mal**, *volta*; per alcuni serve a rafforzarlo, secondo altri, invece, ad alleggerirlo. Del resto **mal** è l'abbreviazione di **einmal**, *una volta* (vedi lez. 9, nota 3). Tuttavia, quando si tratta di formulare una richiesta occorre usare l'espressione di cortesia **bitte.**

② Ecco finalmente la 2ª persona singolare di **sein**, *essere*: **du bist**, *tu sei*.

11

3 Wann kommst du nach **Hau**se?
4 Dein **Han**dy ③ **ant**wortet ④ nicht.
5 Ich **ha**be zwei **Plä**tze ⑤ für die **O**per **heu**te **A**bend.
6 Ruf mich schnell **an** ⑥!
7 Ich **blei**be jetzt zu H**au**s ⑦.
8 Auf **Wie**derhören! □

***3** van kòmst du: na:cH **hau**zë? **4** dain **hèn**di **ant**vòrtët nìçht. **5** içh **ha:**bë tsvai **plèt**së fue:a di: **o:**pa **hòi**të **a:**b'nt. **6** ru:f mìçh scnèl an! **7** içh **blai**bë ièts tsu: haus. **8** auf **vi:**da-hœ:r'n!*

3, 7: Si può dire **nach Haus** o **nach Hause**, **zu Haus** o **zu Hause**;

Note

③ **Das Handy**, **die Handys**, *il cellulare*, *i cellulari*. Avete detto "inglesismo"? Ebbene sì: in Germania non solo si usano moltissime parole inglesi, ma addirittura se ne inventano di nuove (in inglese cellulare si dice "mobile" e non "handy")!

④ Quando la radice di un verbo termina per **-t** o **-d**, alla 2ª e 3ª persona singolare e alla 2ª persona plurale si aggiunge una **e** tra la radice e la desinenza del verbo stesso: **du antwortest**, *tu rispondi*, **er antwortet**, *lui risponde*, **ihr antwortet**, *voi rispondete*.

⑤ Il singolare di **die Plätze** è **der Platz**, *il posto*, *la piazza*!

⑥ L'infinito di **ruf an!**, *chiama!*, è **anrufen**, *chiamare* (al telefono), e non **rufen** che vuol dire "chiamare" nel senso di "gridare". La particella **an** viene separata dal verbo **rufen** coniugato e posta alla fine della frase: **ich rufe an**, *io chiamo*, **du rufst an**, *tu chiami*, ecc. Se nella frase ci sono altri elementi, questi vanno ▸

3 Quando arrivi (*tu*) a casa?
4 [Il] Tuo cellulare non risponde.
5 (*Io*) Ho due posti per l'opera questa (*oggi*) sera.
6 Chiamami presto *(in fretta)*!
7 (*Io*) Adesso rimango a casa.
8 A risentirci!

la **-e** finale è facoltativa. Attenzione! La **s** finale è sorda e si pronuncia *s*, mentre la **s** tra due vocali è sonora e si pronuncia *z*. Si dirà quindi *haus* oppure ***h**auzë* quando si opta per la versione con la-**e** finale
7: Non dimenticatevi che la **z** tedesca si pronuncia *ts*. Lo stesso suono lo ritrovate nella parola italiana "ozio": **zu** *tsu:*.

▸ posti tra il verbo e la particella al fondo della frase: **rufen Sie mich schnell an!**, *mi chiami presto!* Parlando, tale particella viene sempre accentata! Presto torneremo a parlarne.

⑦ **Das Haus, die Häuser**: *la casa, le case*; **nach Hause** o **nach Haus** (la **e** è facoltativa) significa "a casa" nell'accezione di "andare a casa": **ich gehe nach Haus(e)**, *vado a casa*; **zu Haus(e)**, significa anche "a casa", ma nell'accezione di "essere a casa": **ich bin zu Haus(e)**, *sono a casa*. Presto vedremo la differenza tra il complemento di moto a luogo (indicante uno spostamento verso una meta) e il complemento di stato in luogo (indicante la posizione occupata da qualcuno o qualcosa). **Nach**, *verso*, *a*, è una preposizione di luogo che indica un spostamento. **Zu Haus(e)** è un'eccezione di regola anche la preposizione **zu**, *in, a*, indica un movimento

11 **Übung 1: Übersetzen Sie bitte!**

❶ Warum sind die Kinder nicht zu Haus? ❷ Entschuldigung, bist du Julia oder bist du Anna? ❸ Haben Sie noch Plätze für die Oper morgen? ❹ Wann müssen wir nach Hause gehen? ❺ Ich bin im Büro, rufen Sie mich an!

Übung 2: Ergänzen Sie bitte!

❶ Dove sei? Il cellulare non risponde.
Wo . . . . . . ? Das Handy . . . . nicht.

❷ Lei chiama Thorsten, ma lui non è a casa.
. . . . Thorsten . . , aber er ist nicht . . . . . . (.) .

❸ Dì un po' (*volta*), hai un messaggio di Janina?
. . . . . . , hast du . . . . von Janina?

❹ Scusi, è (*il posto*) libero?
. . . . , ist . . . . frei?

❺ Va a casa e studia tedesco.
Er geht . . . . (.) und . . . . . Deutsch.

Soluzioni dell'esercizio 1

❶ Perché i bambini non sono a casa? ❷ Scusa, sei Julia oppure sei Anna? ❸ Avete ancora posti per l'opera domani? ❹ Quando dobbiamo andare a casa? ❺ Sono in ufficio, mi chiami!

Soluzioni dell'esercizio 2 - Parole mancanti

❶ – bist du – antwortet – ❷ Sie ruft – an – zu Haus(e) ❸ Sag mal – eine Nachricht – ❹ Entschuldigung – der Platz – ❺ – nach Haus(e) – lernt –

Quello che vi chiediamo è di dedicare trenta minuti al giorno allo studio del tedesco! La cosa più importante è leggere e ascoltare una lezione al giorno, ripetendo le frasi in tedesco molte volte. Per il momento non tentate di tradurre in italiano, ma accontentatevi di capire. Morgen ist auch noch ein Tag! *(Domani è anche ancora un giorno) Domani è un altro giorno*!

12 Zwölfte Lektion *(tsvœlftë lèktsio:n)*

Bist du's ①, Janina?

1 – **Gu**ten Tag! Hier ist der **An**rufbeantworter von Ja**ni**na **Fi**scher.
2 **Lei**der **ha**be ich ② im Mo**ment kei**ne Zeit ③.
3 Hinter**la**ssen ④ Sie **bi**tte **ei**ne **Nach**richt!

Aussprache

bìst du:'s, iani:na? 1 gu:t'n ta:k! hi:a ìst de:a anru:f-bëantvòrta fòn iani:na fìscia. 2 laida ha:bë ìçh ìm momènt kainë tsait. 3 hìntalass'n zi: bìttë ainë na:cHrìçht!

2: **der Moment**, si pronuncia come "momento" in italiano, ma senza la **o** finale; l'accento tonico cade infatti sull'ultima sillaba: *momènt*.
2, 4, 6: Parlando, la **e** finale del verbo alla 1ª persona singolare è spesso "mangiata": **hab' ich** *hap ìçh*, **ich ruf'** *ìçh ru:f*, **ich komm' gern** *ìçh kòm ghèrn*.

Note

① L'apostrofo indica l'eliminazione di una lettera, di solito la **e** di **es**, *esso / essa, lo / la, questo / questa* (neutro): **bist du's ?** = **bist du es?** *sei tu* (lett. *sei tu questo*)*?* Dall'ultima riforma ortografica, l'apostrofo non è più obbligatorio e la **s** può unirsi direttamente alla parola che la precede: **bist dus?** Diversamente dall'italiano, il pronome non è posposto al verbo: **ich bin es** (oppure **ich bin's / ich bins**), *sono io*; **er ist es (er ist's / ists)**, *è lui*; **wir sind es (wir sind's / sinds)**, *siamo noi*, ecc.

② Il soggetto e il verbo, in tedesco, non si invertono solo per formare l'imperativo della 3ª persona plurale: **lassen Sie!**, *lasci!* o per formulare une domanda: **bist du zu Haus?** *sei a casa?* L'inversione avviene anche nel caso di una proposizione affermativa quando il soggetto non occupa la posizione I. ▸

Sei tu (*questo*), Janina?

1 – Buongiorno! Questa è (*Qui è*) la segreteria telefonica (*chiamata-risponditore*) di Janina Fischer.
2 Purtroppo non sono libera al momento (*ho io al momento nessun tempo*).
3 (*Dietro*) Lasciate (*Voi*) un messaggio, per favore.

▸ Il verbo, invece, mantiene la posizione II: **leider bist du nicht zu Haus**, *sfortunatamente non sei* (*sei tu non*) *a casa*.

③ **Ich habe Zeit**, *ho tempo*, o **ich habe keine Zeit**, *non ho tempo*, significano anche: "sono libero" o "non sono libero". Avete notato che si dice **keine Zeit** (con la **-e**)? **Zeit** è femminile: **die Zeit**.

④ Si usa **hinterlassen**, (lett. *dietro-lasciare*), *lasciare*, solo quando si lascia effettivamente qualcosa "dietro di sé": **sie hinterlassen viel Geld**, *lasciano molti soldi* (per quelli che verrano dopo). Altrimenti, *lasciare* si traduce semplicemente **lassen**: **lass die Kreditkarte zu Hause, wir müssen sparen!** *lascia la carta di credito a casa, dobbiamo risparmiare!*

12

4 Ich **ru**fe zu**rück** ⑤. **Dan**ke und bis bald!
5 – **Ha**llo, Ja**ni**na, ich bin's, **Thor**sten.
6 Ich **ko**mme gern **heu**te Abend **mit** ⑥.
7 **Al**so bis **spä**ter! Tschüs. □

***4** içh **ru:**fë tsu**ruek**. **dañ**kë ùnt bìs balt! **5** **h**alo:, iani:na, içh bìn's, **tòr**st'n. **6** içh **kòm**më ghèrn **hòi**të **a:**b'nt mìt. **7** **al**zo: bìs **scpè:**ta ! tsciue:s.*

Note

⑤ Così come avviene con **anrufen**, *chiamare al telefono*, anche nel caso di **zurückrufen**, *richiamare*, la particella **zurück** si separa dal verbo coniugato e va alla fine della frase. L'avverbio **zurück** significa "[di] ritorno", "indietro" e può, se unito al verbo, fungere da particella separabile: **zurückkommen**, *ritornare*, **zurückgehen**, *tornare indietro*, ecc. Ogni volta che il verbo viene coniugato, **zurück** si stacca da esso e va al fondo della frase: **wann kommst du zurück?** *quando ritorni (ritornerai)?*

⑥ Qui **mit** funge da particella separabile del verbo **mitkommen** (lett. "venire con"), *accompagnare*, e da preposizione (*con*). Una preposizione è sempre seguita da un nome: **ich trinke Tee mit Milch**, *bevo il tè con il latte*. Una particella, invece, può trovarsi unita al verbo (prefisso) oppure da sola al fondo della frase. **Kommt ihr mit?**, *Venite con [noi]?* **Nein**, **wir kommen nicht mit**, *No, non veniamo con [voi]*.

* * *

Übung 1: Übersetzen Sie bitte!

❶ Warum hast du keine Zeit? ❷ Wir gehen in die Stadt, kommt ihr mit? ❸ Frau Fischer ist leider nicht zu Hause. ❹ Ich bleibe bis heute Abend hier, rufen Sie mich bitte zurück! ❺ Sind Sie's, Herr Spielberg? – Ja, ich bin's.

4 Richiamerò (*Chiamo io di ritorno*). Grazie e a presto!
5 – Ciao, Janina, sono io (*io sono questo*), Thorsten.
6 (*Io*) Vengo volentieri stasera (*oggi sera*) con [te].
7 Allora a più tardi! Ciao.

Tschüs oder Auf Wiedersehen? ***(Ciao o arrivederci?)***
La forma di saluto Tschüs, *arrivederci, ciao, è diventata popolare in Germania agli inizi degli anni'90 come ci dimostra il titolo di un articolo apparso allora su un importante quotidiano tedesco:* Die Deutschen nehmen Abschied vom "auf Wiedersehen"! *I tedeschi dicono addio all'arrivederci! Per molto tempo* tschüs *è stata solo un'espressione colloquiale di commiato, oggi invece sostiuisce* auf Wiedersehen, *arrivederci, non solo a casa, ma anche dal parrucchiere e persino in banca. L'origine di* tschüs *o* tschüss *(l'ortografia dipende dalla lunghezza della* ü *che varia da regione a regione e da persona a persona) è spagnola o francese:* tschüs *deriva infatti da "adiós" oppure da "adieu"! L'avreste indovinato? L'evoluzione è semplice: dite velocemente* adiós, adiós *e sostituite poi* di *con* dj; adiós *è diventato* adjüs, *come si pronunciava in "basso tedesco". Agli inizi del XX secolo,* adjüs *è diventato* atschüs, *da qui* tschüs, l'abbreviazione di atschüs…

* * *

Soluzioni dell'esercizio 1

❶ Perché non hai tempo? ❷ Andiamo in città, venite con [noi]? ❸ Purtroppo la Sig.ra Fischer non è a casa. ❹ Resto qui fino a stasera, mi richiami, per favore! ❺ È lei, Sig. Spielberg? – Sì, sono io.

Übung 2: Ergänzen Sie bitte!

1. Ciao, Thomas, sono io, Julia, richiamami, per favore!
   Hallo, Thomas, ... 's, Julia, . . . mich bitte . . . . . . !
2. Risponde la segreteria telefonica, (*loro*) non sono a casa.
   . . . . antwortet, ... nicht zu Hause.
3. Purtroppo, domenica non ha tempo.
   . . . . . . hat sie Sonntag . . . .
4. Vieni con [me] a bere una birra? – Certo, vengo (*con*).
   . . . . ein Bier trinken? – Natürlich . . . .

13 Dreizehnte Lektion (***drai**tse:ntë lè**ktsio:n***)

Ferienende

1 – Wo seid ihr ①, **Kin**der?
2 Kommt ② schnell, das **Ta**xi **war**tet ③.

Aussprache

***fe:**riën-**èn**dë **1** vo: zait **i:**a, **kìn**da? **2** kòmt scnèl, das **ta**ksi **var**tët.*

Titolo: **Ferienende**: Fate attenzione a dove termina ciascun sostantivo che forma una parola composta. Nella pronuncia figurata questo vi verrà indicato da un trattino. Non cercate di

Note

① Come avete potuto constatare, **sein**, *essere*, è irregolare. La 2ª persona plurale è **ihr seid**, *voi siete*. Non temete, è l'unico verbo che al presente non si coniuga regolarmente alle persone plurali: **wir sind**, *noi siamo*, **ihr seid**, *voi siete*, **sie sind**, *loro sono*. Alle persone plurali, anche **haben**, *avere,* si coniuga regolarmente: **wir haben**, *noi abbiamo*, **ihr habt**, *voi avete*, **sie haben**, *loro hanno*.

5 Lasciate un messagio, per favore. Ciao e a presto!

. . . . bitte . . . . !

Tschüs und bis . . . . !

Soluzioni dell'esercizio 2 - Parole mancanti

1 – ich bin – ruf – zurück 2 Der Anrufbeantworter – sie sind – 3 Leider – keine Zeit 4 Kommst du mit – komme ich mit 5 Hinterlassen Sie – eine Nachricht – bald

Tredicesima lezione 13

Fine delle vacanze (*vacanze-fine*)

1 – Dove siete (*voi*), bambini?

2 Venite presto, il taxi sta aspettando (*aspetta*).

legare i due termini che compongono la parola ***fe:riën-èndë*** e riprendete fiato prima di "ende": ***fe:riën-èndë***.

1, **3**, **7**: Anche se **ihr seid** e **wir sind** si scrivono con la **-d** finale, quest'ultima si pronuncia **-t**.

(2) L'imperativo della 2ª persona plurale si forma omettendo semplicemente il pronome personale: **ihr kommt**, *voi venite*, **kommt!**, *venite!* Non dimenticatevi che l'imperativo della forma di cortesia è: **kommen Sie!**, *venga!* Il pronome è posposto al verbo.

(3) Attenzione alla **-e** aggiuntiva alla 2ª e alla 3ª persona singolare e alla 2ª persona plurale: **du wartest**, *tu aspetti*, **er wartet**, *lui aspetta*, **ihr wartet**, *voi aspettate* (lezione 11, nota 4).

13 **3** – Wir sind **fer**tig, aber der **Kof**fer schließt nicht.

4 – Wie ist das **mög**lich?

5 Zeigt mal!

6 Iiii, was ist das denn ④?

7 – **Vor**sicht, das sind die **Kra**bben ⑤, die ⑥ **le**ben noch! □

3 *vi:ₐ zìnt* ***fèr****tìçh, a:bₐ de:ₐ* ***kòff****ₐ sclì:st nìçht.* ***4*** *vi: ìst das* ***mœ:k****lìçh?* ***5*** *tsaikt ma:l!* ***6*** *i:::, vas ìst das dèn?* ***7*** ***fo:ₐ****zìçht, das zìnt di:* ***krab****bën, di:* ***le:****bën nòcH!*

Note

④ In tedesco esistono alcune parole la cui unica funzione è quella di rafforzare il tono di un'esclamazione, sollecitazione o domanda. Una di queste è **mal**, che abbiamo già visto con l'imperativo. **Denn**, invece, si usa con una domanda, per sottolineare oppure "mitigare" lo stupore (tutto dipende dal tono e dal contesto). **Denn** si può tradurre con "dunque", "allora" "mai", o non tradurre affatto (spesso è la soluzione migliore, il senso della frase non cambia): **wie heißen Sie denn?** *come si chiama?*

⑤ Il singolare di **Krabben,** *i granchi*, è **die Krabbe**. In tedesco granchio è femminile, così come i nomi di molti altri animali ▸

* * *

Übung 1: Übersetzen Sie bitte!

❶ Wartet hier! Ich rufe ein Taxi. ❷ Sie haben Krabben? Zeigen Sie mal! ❸ Warum seid ihr noch nicht fertig, Kinder? ❹ Vorsicht! Dort kommt eine Krabbe. ❺ Das ist leider nicht möglich, wir haben keine Zeit.

3 – (*Noi*) Siamo pronti, ma la valigia non [si] chiude.
4 – Come è (*questo*) possibile?
5 Fate vedere (*Mostrate volta*)!
6 Ah, cos'è questo (*allora*)?
7 – Attenzione, (*questo*) sono i granchi, sono ancora vivi (*questi vivono ancora*)!

6: **i(iiii)** è un'esclamazione di disgusto. Quanto disgusto esprimiamo dipende solo dal tono e dall'insistenza dell'esclamazione! **Der Ton macht die Musik!** *È il tono che fa la musica!*
7: In genere, la **v** si pronuncia *f*: **viel** *fi:l*, **vier** *fi:ₐ*, tranne nelle parole di origine straniera: **bravo** ***bra****:vo*.

▸ il cui sesso non è evidente. **Die Ratte** si usa, ad esempio, sia per *il ratto* maschio che per la femmina. Quanto al gatto, se non se ne conosce il sesso si dice **die Katze**, *la gatta*; se invece si è certi che si tratti di un maschio si dice **der Kater**, *il gatto maschio*. Quasi tutti i nomi femminili di animali terminanti in **-e** formano il plurale aggiungendo una**-n**! **die Katze** → **die Katze<u>n</u>**, **die Ratte** → **die Ratte<u>n</u>**. È una buona notizia, no?

⑥ In questa frase, **die** è un pronome dimostrativo: "questi, quelli", "queste, quelle". Quasi tutte le forme del pronome dimostrativo sono identiche a quelle dell'articolo determinativo. Parlando lo si usa spesso al posto del pronome personale: **die Kinder? Die sind nicht zu Hause**, *i bambini?* (Questi) *Non sono a casa.* **Klaus? Der ist nicht hier!**, *Klaus ?* (Questo) *Non è qui!*

* * *

Soluzione dell'esercizio 1

❶ Aspettate qui! Chiamo un taxi. ❷ Ha dei granchi? Faccia vedere (*Mostri volta*)! ❸ Perché non siete ancora pronti, bambini? ❹ Attenzione! C'è un granchio (*là viene un granchio*). ❺ Purtroppo questo non è possibile, non abbiamo tempo.

14 **Übung 2: Ergänzen Sie bitte!**

1. Bambini, perché siete soli, dov'è [la] mamma?
   Kinder, warum .... allein, .. ist Mama?

2. Non mangio i granchi, (*questi*) vivono ancora.
   ... . die Krabben nicht, die ..... noch.

3. Fate presto, il taxi arriva subito.
   ...., das Taxi ..... gleich.

4. Ih, cos'è questo? Fate vedere (*Mostrate*)!
   Iiii, ... denn? ..... mal!

14 Vierzehnte Lektion (*firtse:ntë lèktsio:n*)

Wiederholung (ripasso)

1 La coniugazione: seconda parte

a) Come in italiano, anche in tedesco esistono tre persone singolari, **ich**, *io*, **du**, *tu*, e **er** / **sie** / **es**, *egli / ella / esso(a)* o *questo(a)* (neutro), e tre persone plurali, **wir**, *noi*, **ihr**, *voi*, **sie**, *loro*.

Tra queste due lingue esistono però tre differenze fondamentali:
• il pronome personale neutro **es** della 3ª persona singolare;
• la 3ª persona plurale, **sie**, vale per tutti i generi (maschile, femminile e neutro);
• la 3ª persona plurale, **Sie** con la **S** maiuscola, è il pronome allocutivo di cortesia "Lei" e "Voi".
La desinenza della 1ª persona singolare del presente indicativo è **-e**, della seconda **-st** e della terza **-t**. Alla 1ª e alla 3ª persona plurale, il verbo è identico all'infinito. La desinenza della 2ª persona plurale è **-t** (come per la 3ª persona singolare):

5 La valigia è molto grande e [si] chiude bene.
... . ist sehr groß und .. .. gut.

Soluzioni dell'esercizio 2 - Parole mancanti

1 – seid ihr – wo – 2 Ich esse – leben – 3 Macht schnell – kommt – 4 – was ist das – Zeigt – 5 Der Koffer – er schließt –

Domani vi attende la seconda lezione di ripasso. Se avete tempo, prima di affrontarla rileggete a voce alta i testi in tedesco delle sei lezioni precedenti. Non esitate ad annotare i vocaboli e a riportare ogni parola nuova insieme al suo articolo. Il lessico in appendice potrà esservi d'aiuto.

Quattordicesima lezione 14

	kommen	**warten**	**haben**		**sein**
	venire	*aspettare*	*avere*		*essere*
ich	komm-**e**	wart-**e**	habe	ma	**bin**
du	komm-**st**	wart- **e-st**	**hast**		**bist**
er, sie, es	komm-**t**	wart- **e-t**	**hat**		**ist**
wir	komm-**en**	wart- **en**	hab-**en**		**sind**
ihr	komm-**t**	wart- **e-t**	hab-**t**		**seid**
sie	komm-**en**	wart- **en**	hab-**en**		**sind**
Sie	komm-**en**	wart-**en**	hab-**en**		**sind**

Ricordatevi che la 2ª persona plurale **ihr**, *voi*, si utilizza quando ci si rivolge a più persone e che il "Voi" (pron. di cortesia) è **Sie**!

b) Avete voglia di testare quanto assimilato sinora? Vi proponiamo di completare le frasi della breve storia qui sotto, coniugando i verbi tra parentesi.
Es: **Es _______ (sein) Sonntag. Es ist Sonntag**, *È domenica.*

14 ❶ Janina und Sonja _______ (gehen) heute Abend mit Thorsten in die Oper. ❷ Sie _______ (sein) zu Hause und _______ (warten). ❸ Aber Thorsten _______ (kommen) nicht. ❹ Also _______ sie Thorsten ___ (anrufen). ❺ Aber der Anrufbeantworter _______ (antworten). ❻ Sie ___________ (hinterlassen) eine Nachricht: ❼ Hallo Thorsten, du _______ (sein) nicht zu Haus und es ______ (sein) spät. ❽ Wir _______ (gehen) allein in die Oper. Tschüs und bis gleich.

(La traduzione e le soluzioni si trovano alla fine della lezione).

2 Il nominativo e gli articoli

Per prima cosa sappiate che un sostantivo può avere diverse funzioni all'interno della frase. Può essere soggetto, complemento oggetto, di termine oppure complemento di specificazione. A ciascuna funzione corrisponde un caso. Quando un sostantivo è il soggetto della frase è al nominativo. Quando è complemento oggetto è all'accusativo. L'insieme dei casi è detta declinazione. Per saperne di più, consultate l'indice grammaticale.
Avete ormai imparato che in tedesco esistono tre generi (**der**, **die**, **das**), e che al plurale l'articolo è uno solo per tutti e tre (**die**). Al singolare, l'articolo indeterminativo **ein**, *un* e quello negativo **kein**, *nessuno*, sono identici al maschile e al neutro. Non esistono inoltre né il partitivo (del, della, dei, ecc), né l'articolo indeterminativo plurale: **ich trinke Bier**, *bevo [della] birra*; **er hat Freunde in Deutschland**, *ha [degli] amici in Germania.*

* * *

Dialogo di ripasso

Warum bleibt er allein? (9)

1 – Was machst du denn **heu**te, **Tho**mas? **(8, 9, 10)**
2 – Ich **ge**he in die Stadt. **(10)**
3 – Gehst du al**lein**? **(8, 2)**
4 – Nein, **Ju**lia kommt mit. **(12)**

	singolare			plurale
Articolo	*maschile*	*femminile*	*neutro*	
determinativo	**der**	**die**	**das**	**die**
indeterminativo	**ein**	**eine**	**ein**	-
negativo	**kein**	**keine**	**kein**	**keine**

Nelle ultime sei lezioni abbiamo avuto altre prove che il genere di un sostantivo in tedesco non corrisponde, se non raramente, a quello dello stesso sostantivo in italiano: **der Platz**, *la piazza*, **die Zeit**, *il tempo*, **das Haus**, *la casa*… Ricordatevi di imparare i sostantivi insieme agli articoli.

3 La negazione

L'articolo indeterminativo con funzione negativa è **kein(e)** tanto al singolare, quanto al plurale: **kein(e)**, *nessuno, non uno, neanche uno.* **Hat er ein Haus?**, *Ha una casa?* – **Nein, er hat kein Haus**, *No, non ha una casa.* Per negare i sostantivi con l'articolo determinativo si usa, **nicht**, *non*. Se neghiamo l'intera proposizione, **nicht** va in fondo alla frase: **Ich mache die Übungen <u>nicht</u>**, *Non faccio gli esercizi.* Se neghiamo un solo elemento della frase, **nicht** precede tale elemento: **Der Platz ist <u>nicht</u> frei**, *Il posto non è libero.* **Wir gehen <u>nicht</u> in die Oper**, *Non andiamo all'opera.*

Per ora basta con la grammatica: ne avete avuta abbastanza. Forse avrete ancora delle domande, ma non preoccupatevi. Domani riprenderemo i dialoghi più interessanti! Per il momento, vi chiediamo di rilassarvi e di gustarvi il dialogo qui sotto. Niente è più importante della pratica! Wir wünschen Ihnen viel Vergnügen! *(Vi auguriamo "molto divertimento"!)*

* * *

Traduzione del dialogo di ripasso

Perchè lui resta solo?

1 – Allora cosa fai oggi, Thomas?
2 – Vado in città.
3 – [Ci] vai da solo?
4 – No, Julia viene con [me].

5 – Ihr habt Glück, ihr seid zu**sam**men. **(9, 13)**
6 Ich bin **im**mer al**lein**. Wa**rum**? **(1, 6)**
7 – **Al**so komm mit! **(11)**
8 – Ja, wa**rum** nicht.
9 Was **ma**chen wir denn dort? **(10)**
10 – Ge**schäf**te **an**sehen, ein Bier **trin**ken, **o**der zwei… **(8, 10)**
11 – Ach, ich **ha**be kein Geld. **(9)**
12 Ich **blei**be zu **Haus** und **ler**ne Deutsch. **(11)**

* * *

Traduzione e soluzioni dell'esercizio 1b:
❶ – gehen – ❷ – sind – warten ❸ – kommt – ❹ – rufen – an ❺ – antwortet – ❻ – hinterlassen – ❼ – bist – ist – ❽ – gehen –

15 Fünfzehnte Lektion (*fuen**f**tse:ntë lèk**tsio:n***)

Entschuldigen Sie ① bitte, ich habe eine Frage…

1 – Wo ist **bit**te **ei**ne **U**-Bahn-Sta**tion** ②?

Aussprache
*ènt**sciùl**dìg'n zi: **bìt**të, içh **h**abë **ai**në **fra:**ghë… **1** vo: ìst **bit**të **ai**në **u:**-ba:n-scta**tsio:n**?*

Note

① Non dimenticate che per costruire l'imperativo nella forma di cortesia occorre posporre il pronome **Sie** al verbo: **Entschuldigen Sie!**, *Scusi!* **Warten Sie!**, *Aspetti!* Alla 2ª persona singolare e ▸

5 – Siete fortunati, siete insieme.
6 Io sono sempre solo. Perché?
7 – Allora vieni con [noi]!
8 – Sì, perché no?
9 Cosa facciamo (*allora*) là?
10 – Guardiamo [i] negozi (*guardare*), beviamo una birra o due (*bere*)…
11 – Oh, non ho soldi.
12 Resto a casa e studio tedesco.

* * *

❶ Janina e Sonja vanno all'opera con Thorsten stasera. ❷ Sono a casa e aspettano. ❸ Ma Thorsten non arriva (*viene*). ❹ Allora telefonano a Thorsten. ❺ Ma risponde la segreteria telefonica. ❻ Lasciano un messaggio: ❼ Ciao Thorsten, non sei a casa ed è tardi. ❽ Andiamo all'opera da sole. Ciao e a dopo.

Tschüs und bis morgen! *Ciao e a domani!*

Quindicesima lezione 15

[Mi] scusi per cortesia, ho una domanda…

1 – Dov'è una stazione della metropolitana, per cortesia?

▸ plurale dell'imperativo, il pronome personale soggetto è omesso: **entschuldige**, *scusa*, e **entschuldigt**, *scusate*.

② La **U** di **U-Bahn**, *metropolitana*, viene da **der Untergrund**, *il sottosuolo*. **Die Bahn** traduce *la ferrovia*, *la via* o *la strada*. **Die U-Bahn** vuole letteralmente dire "la ferrovia sotterranea" e **die Straßenbahn**, *il tram*, "la ferrovia della strada".

2 – **A**ber hier gibt es ③ **kei**ne **U**-Bahn, nur **ei**ne **Stra**ßenbahn.
3 – Ach so! Wo ist denn dann **bi**tte die **Stra**ßenbahn**hal**testelle?
4 – **Al**so, da **geh**en **Sie** ④ gerade**aus** und die **zwei**te **Stra**ße rechts,
5 dann die **er**ste **Stra**ße links ⑤ und dort **se**hen Sie schon die **Hal**testelle.
6 – **Vie**len Dank ⑥ für die **Aus**kunft.
7 – **Kei**ne **U**rsache! □

2 ***a:****ba* ***hi:****a ghi:pt ès* ***kai****në* ***u:****-ba:n, nu:a* ***ai****në* ***sctra:****ss'n-ba:n.* **3** *acH zo:! vo: ìst dèn dan* ***bì****ttë di:* ***sctra:****ss'n-ba:n-****hal****të-sctèllë?* **4** ***al****zo, da:* ***ghe:****ën zi: ghëra:dë-****aus*** *ùnt di:* ***tsvai****të* ***sctra:****ssë rèçhts,* **5** *dan di:* ***e:****astë* ***sctra:****ssë lìñks ùnt dòrt ze:ën zi: scio:n di:* ***hal****të-sctèllë.* **6** ***fi:****l'n dañk fue:a di:* ***aus****kùnft.* **7** ***kai****në* ***u:****azacHë!*

3: Non abbiate paura della parole composte! Pronunciate un termine alla volta: **Straßen-bahn-halte-stelle**. L'accento più forte cade sulla prima parola e tra **Straßenbahn** e **Haltestelle**,

Note

③ L'espressione italiana *c'è / ci sono* si traduce in tedesco non solo con la formula impersonale **es gibt**, ma, molto più spesso, con il verbo **sein**, *essere*, o con altri verbi di stato: **Ist hier keine U-Bahn-Station?** *Non c'è una stazione della metro qui?*
Es gibt è la 3ª persona singolare del verbo **geben**, *dare*, che è un verbo irregolare* in quanto la vocale radicale cambia. Al presente, questa variazione avviene solo alla 2ª e alla 3ª persona singolare: **ich gebe**, *io do*, ma: **du gibst**, *tu dai*, **er / sie / es gibt**, *lui / lei / esso* (neutro) *dà*. Il plurale è regolare.

④ In tedesco, l'inversione soggetto-verbo non si usa solo per formare l'imperativo o formulare una domanda, ma anche in ▸

2 – Ma qui non c'è nessuna stazione della metro, solo un tram.
3 – Ah, sì! Dov'è (*allora*) la fermata (*via-ferrovia-fermata-posto*) del tram, per cortesia?
4 – Allora, vada (*là va Lei*) dritto (*dritto-da*) e [prenda] la seconda via [a] destra,
5 poi la prima via [a] sinistra e [da] lì vede già (*vede Lei già*) la fermata.
6 – Molte grazie per l'informazione.
7 – Non c'è di che (*nessuna causa*)!

anche un tedesco è obbligato a riprendere fiato…
4: L'avverbio **geradeaus** è composto da **gerade** e dalla preposizione **aus**, che abbiamo già incontrato nella terza lezione. Ciascuna parola mantiene il suo accento; quello di **aus** è tuttavia quello dominante.
4, **5**: Fate sentire bene la **-s** finale di **rechts** *rèçhts* e di **links** *liñks*!
5: Vi ricordate che **st** ad inizio parola si pronuncia come *sc* di scialle: **die Straße** ***sctra:ssë***? All'interno di una parola, invece, *st* si pronuncia esattamente come è scritto: **erste** ***e:****astë*.

- una proposizione affermativa quando il soggetto non occupa la posizione I: **Dann gehst du geradeaus**, *Poi vai (vai tu) dritto*; il verbo mantiene la posizione II.

⑤ Generalmente, in tedesco, **links**, *[a] sinistra*, e **rechts**, *[a] destra*, si utilizzano senza preposizione: **Links ist die Oper und rechts sehen Sie das Café Kranzler**, *[A] sinistra [c']è l'opera e [a] destra vede (vede Lei) il caffé Kranzler.*

⑥ Diversamente dall'esclamazione/preposizione **danke**, *grazie*, il sostantivo **der Dank**, *il ringraziamento,* non ha la **e** finale e si scrive con l'iniziale maiuscola.

15 **Übung 1: Übersetzen Sie bitte!**

❶ Entschuldigen Sie, wo ist bitte die Oper? ❷ Gehen Sie die zweite Straße links. ❸ Gibt es hier keine U-Bahn? ❹ Die Straßenbahnhaltestelle ist gleich rechts. ❺ Die U-Bahn-Station ist heute geschlossen.

Übung 2: Ergänzen Sie bitte!

❶ Qui, non c'è la metropolitana, ma un tram.
Hier .... .. keine U-Bahn, aber ....

❷ Scusi, ho una domanda, dov'è un bar qui?
.... , ich habe ...., ... hier ein Café?

❸ Lei va a destra e poi sempre dritto.
Sie gehen ...... und dann immer ....

❹ Molte grazie per l'indicazione.
Vielen .... für ... .

❺ Prenda (*Vada*) la seconda via a sinistra, l'opera è subito a destra.
Gehen Sie ... . links, die Oper ... . rechts.

Soluzioni dell'esercizio 1

❶ [Mi] scusi, dov'è l'opera, per cortesia? ❷ Prenda (*vada*) la seconda via a sinistra. ❸ Non c'è la metropolitana qui? ❹ La fermata del tram è subito a destra. ❺ La stazione della metropolitana è chiusa oggi.

Soluzioni dell'esercizio 2 - Parole mancanti

❶ – gibt es – eine Straßenbahn ❷ Entschuldigen Sie – eine Frage, wo ist – ❸ – rechts – geradeaus ❹ – Dank – die Auskunft ❺ – die zweite Straße – ist gleich –

Non siate troppo perfezionisti già alle prime lezioni! Ripetete semplicemente le frasi in tedesco e accontetatevi di capirne il senso. Per il momento non dovete ancora costruire delle frasi da soli. Per fare questo, pazientate fino alla seconda parte del libro.

16 Sechzehnte Lektion

(***zèçh**tse:ntë lèk**tsio:n***)

Warum vergeht die Zeit so ① schnell?

1 – Um wie viel Uhr fährt dein Zug **ab** ②?
2 – In drei Mi**nu**ten, um **sech**zehn Uhr **ach**tzehn ③, Gleis zwölf.
3 – Das ist hier.
4 Komm, steig schnell **ein** ④!
5 – „**Ach**tung ⑤ an Gleis zwölf, die **Tü**ren **schlie**ßen.
6 Der Zug nach Han**no**ver fährt **ab**."

Aussprache

*va**rùm** fèaghe:ët di: tsait zo: scnèl?* ***1*** *ùm vi: fi:l **u:a** fè:at dain tsu:k **ap**?* ***2*** *ìn drai mi**nu:**tën, ùm **zèçh**-tse:n **u:a** **acHt**-tse:n, glais tsvœlf.* ***3*** *das ìst **hi:a**.* ***4*** *kòm, sctaik scnèl **ain**!* ***5*** ***acH**tùñg an glais tsvœlf, di: **tue:**rën **sclì:**ss'n.* ***6*** *de:a tsu:k na:cH hanno:fa fè:at **ap**.*

Note

① **So**, seguito da aggettivo o da avverbio, significa "così", "talmente", "tanto": **warum vergeht die Zeit so schnell?** *perché il tempo trascorre così in fretta?*

② **Fahren**, *andare in treno*, *in macchina*, ecc., ma non a piedi; **abfahren**, *partire*. In genere, la particella separabile **ab** evoca l'idea del distacco e dell'allontanamento. Notate che la **-a** della radice del verbo diventa **ä** alla 2ª e alla 3ª persona singolare: **du fährst**, **er / sie / es fährt**. Le altre forme sono tutte regolari: **ich fahre**, ecc.

③ Dal tredici al diciannove, i numeri sono tutti composti dall'unità + **-zehn** (*dieci*): **dreizehn** (*"tre-dieci" = tredici*), **vierzehn**, ecc. Date un'occhiata alla lezione 21, § 3. Per il ▸

Perché (*passa*) il tempo passa così in fretta?

1 – A che (*quanto tanto*) ora parte il tuo treno?
2 – Fra tre minuti, alle sedici e diciotto, binario dodici.
3 – (*Questo*) È qui.
4 Vieni, sali in fretta (*veloce*)!
5 – "Attenzione al binario 12, le porte [si] chiudono.
6 Il treno per (*verso*) Hannover è in partenza (*parte*)."

1, 4, 6: Parlando, le particelle separabili vengono accentate, sia quando il verbo è all'infinito, sia quando il verbo è coniugato. Inoltre, sono proprio questi prefissi, il cui senso è facilmente comprensibile, a determinare il vero significato di un verbo: **abfahren** e **einsteigen**: **Der Zug fährt ab, steigen Sie bitte ein!**

▸ momento, ricordatevi solo che **um** si utilizza per indicare l'ora esatta: **um fünfzehn Uhr**, *alle quindici*, e per formulare la domanda: **um wie viel Uhr?** *a che ora?*

④ Ricordatevi che, in generale, l'imperativo della 2ª persona singolare è identico alla radice del verbo: **Komm!**, *Vieni!* **Steig ein!** *Sali!* Volendo, si può aggiungere la desinenza **-e**: **Komme!** anche se nella lingua parlata questa forma è ormai caduta in disuso. Il contrario di **einsteigen** è **aussteigen**. **Steig aus!**, *Scendi!* Guardate fino a che punto è importante la particella separabile!

⑤ **Die Achtung**, *l'attenzione*, è sinonimo di **die Vorsicht. Vorsicht** si utilizza quando vogliamo attirare l'attenzione di qualcuno specie in caso di pericolo imminente.

7 – **Gute Reise**! Und ver**giss** ⑥ nicht: ich **lie**be dich ⑦!
8 – **War**te ⑧, gib mir noch **ei**nen Kuss ⑨! □

***7 gu:**të **rai**zë! ùnt fèa**ghìss** nìçht: içh **li:**bë dìçh! **8 var**të, ghi:p mi:a nòcH **ai**nën kùss!*

Note

⑥ **Vergessen**, *dimenticare*, è un verbo irregolare. Come per **geben**, *dare*, la vocale radicale diventa **i** alla 2ª e alla 3ª persona singolare del presente indicativo e alla 2ª persona singolare dell'imperativo: **Vergiss!** *Dimentica!* **Gib!**, *Dai!* All'imperativo, inoltre, i verbi la cui vocale radicale è una **e** che diventa **i** o **ie** non aggiungono mai la **e** finale: **Sieh mal!**, *Guarda* (volta)*!*

⑦ Quando è complemento oggetto (accusativo), **du**, *tu*, diventa **dich**, *ti*.

⑧ Per ragioni di pronuncia, i verbi la cui radice termina in **-d**, **-t**, **-ig** aggiungono una **-e** alla 2ª persona singolare dell'imperativo: **Warte!**, *aspetta!*, **Antworte!**, *rispondi!* ▸

* * *

Übung 1: Übersetzen Sie bitte!

❶ Um wie viel Uhr fährt der Zug nach Berlin ab? ❷ Thomas hat einen Platz für die Oper heute Abend. ❸ Gute Reise! Ruf mich von Berlin an! ❹ Gibst du mir noch einen Kuss? ❺ Warte! Ich nehme auch den Zug nach Hannover.

7 – Buon viaggio! E non dimenticare [che] ti amo!
8 – Aspetta, dammi ancora un bacio!

▸ ⑨ **Kuss**, *bacio* è maschile, pertanto il suo articolo determinativo è **der** e quello indeterminativo **ein**. Quando un sostantivo è il soggetto della frase, l'articolo viene messo al nominativo: **ein Kuss ist nicht genug**, *un bacio non è abbastanza*. Quando è complemento oggetto, l'articolo va invece all'accusativo: **ein** diventa **einen** e **der** diventa **den: ich möchte bitte einen Kuss**, *vorrei ancora un bacio, per favore*; **nehmen Sie den Zug?**, *prende il treno?* Una buona notizia: all'accusativo singolare cambia solo l'articolo determinativo maschile; all'accusativo e al nominativo, gli articoli femminile, neutro e plurale restano invariati.

* * *

Soluzione dell'esercizio 1

❶ A che ora parte il treno per Berlino? ❷ Thomas ha un posto per l'opera stasera ❸ Buon viaggio! Chiamami da Berlino! ❹ Mi dai ancora un bacio? ❺ Aspetta! Anch'io prendo (*anche*) il treno per Hannover.

16

Übung 2: Ergänzen Sie bitte!

1. Attenzione, le porte [si] chiudono, salga in fretta, per cortesia!
   .... , die Türen .... , ... bitte schnell ... !

2. Non dimenticarmi! Ti amo!
   .... mich ..... ! ... . dich!

3. Il treno per Colonia parte alle quindici e dieci.
   ... ... nach Köln ..... um fünfzehn Uhr zehn .. .

Primi cenni sulla Germania

Conoscete Hannover? Questa città si trova nella Germania del Nord, sebbene a circa 300 km a sud di Amburgo. Distrutta nel corso della seconda guerra mondiale, Hannover non è grande, né celebre e nemmeno bella, ma è la capitale di un Land, *ovvero di uno Stato federale. Se osservate bene una cartina della Germania, noterete l'esistenza di numerose frontiere che demarcano i 16* Länder tedeschi, *ovvero gli Stati federali autonomi della* Bundesrepublik Deutschland, *la Repubblica Federale Tedesca. Ogni* Land *ha la sua capitale. Quindi* Hannover *è la capitale del* Niedersachsen, *la Bassa Sassonia,* München, *Monaco, è la capitale del* Bayern, *Baviera,* Hamburg, *Amburgo, la capitale di...* Hamburg.
Oltre ad Amburgo, esitono altre due città che danno il nome anche allo Stato: Bremen *(Brema) e* Berlin (*Berlino*). *Sebbene ciascun* Land *abbia la propria costituzione, per principio vengono applicate anche le leggi federali. Le frontiere dei* Länder *si attraversano quasi senza accorgersene, ma quando si entra in un'osteria* (eine Kneipe) *di Berlino, Dresda, Monaco o Francoforte, le differenze si vedono e soprattutto si sentono: modi diversi di dire pane, birra o Schnaps (acquavite), modi diversi di accogliere le persone, ecc.*
Quando visitate i Länder *tedeschi, provate a far caso a tutte queste differenze!*

4 Prendiamo il treno alle sedici e cinque, è tra dieci minuti.
Wir nehmen … … um …….. Uhr …. , das ist .. …. ……. .

5 A che ora parte per Hannover?
.. … …. … fahren Sie …. Hannover?

Soluzioni dell'esercizio 2 - Parole mancanti
1 Achtung – schließen steigen Sie – ein 2 Vergiss – nicht Ich liebe – 3 Der Zug – fährt – ab 4 – den Zug – sechzehn – fünf – in zehn Minuten 5 Um wie viel Uhr – nach –

17 Siebzehnte Lektion

(***zi:p**tse:ntë lèk**tsio:n***)

Zahlen ① machen ② müde

1 – Ein Jahr hat zwölf **Mo**nate.
2 Ein **Mo**nat hat **drei**ßig oder **ein**und**drei**ßig ③ **Ta**ge.
3 Pro Tag schläft man ④ acht **Stun**den ⑤.
4 **Neun**zig **Ja**hre ⑥, das macht **neun**zigmal **dreihun**dert**fünf**und**sech**zig **Ta**ge:
5 al**so zwei**und**drei**ßig**tau**send**acht**hundert**fünf**zig, und man schläft ⑦…

Aussprache

***tsa:**lën **macH'n mue:**dë **1** ain **ia:**a hat tsvœlf **mo:**natë. **2** ain **mo:**nat hat **drai**ssìçh **o:**da **ain**-ùnt-**drai**ssìçh **ta:**ghë. **3** pro: ta:k sclè:ft man acHt **sctùn**dën. **4 nòin**tsìçh **ia:**rë, das macHt **nòin**tsìçhma:l **drai-hùnd**a**-fuenf**-ùnt'**zèçh**tsìçh **ta:**ghë: **5 al**zo **tsvai**-ùnt-**drai**ssìçh-**tau**zënt-**acHt**-hùnda-**fuenf**tsìçh, ùnt man sclè:ft…*

Note

① In tedesco **die Zahl**, *il numero / la cifra* è femminile. Ricordatevi di imparare ciascun sostantivo insieme al suo articolo. **Bezahlen** o **zahlen**, *pagare*, derivano da **Zahl**.

② Insieme ad un aggettivo, il verbo **machen**, *fare*, significa "rendere": **müde machen** (lett."rendere stanchi"), *affaticare*, *stancare*, **glücklich machen**, *rendere felice*, ecc.

③ Dal 21 al 99, l'unità viene prima della decina cui è legata dalla congiunzione **und**: **einundzwanzig** ("uno-e-venti"), **fünfundachtzig** ("cinque-e-ottanta"). Per ulteriori spiegazioni vi rimandiamo alla lezione 21, § 3.

④ Il pronome indefinito **man**, *si*, si usa quando non si può o non si vuole specificare il soggetto della frase: **man macht das nicht**, *questo non si fa*. Attenzione! In nessun caso **man** può ▶

I numeri stancano (*rendono stanchi*)

1 – Un anno ha dodici mesi.
2 Un mese ha trenta oppure trentuno giorni.
3 Dormiamo otto ore al giorno (*per giorno dorme si otto ore*).
4 Novant'anni, (*questo*) fa novanta volte trecentosessantacinque giorni:
5 quindi trentaduemilaottocentocinquanta, e si dorme…

4, 5: Come in italiano, i numeri scritti in lettere formano una sola parola. A differenza delle parole composte, i numeri composti possono avere più accenti tonici e tutti equivalenti. Fate una breve pausa tra una cifra e l'altra come se fossero scritte separate e riprendete fiato dopo ogni sillaba accentata! Questo è, d'altronde, l'unico modo per arrivare a pronunciare un numero fino alla fine; **zwei**unddreißig**tau**send**acht**hundert**fünf**zig non è il numero più lungo... Ne riparleremo nella lezione 21, § 3.

▸ sostituire **wir**, *noi*, come invece avviene con il "si" impersonale italiano.

⑤ **Die Stunde**, *l'ora*, indica una durata: **eine Stunde hat sechzig Minuten**, *un'ora ha sessanta minuti*. **Die Uhr**, *l'ora*, che significa anche "orologio", designa invece un'ora precisa: **um fünf Uhr**, *alle cinque*. Notate che **Uhr** è invariabile. A partire da un'ora e trenta, **Stunde** si mette al plurale: **eineinhalb Stunden**.

⑥ **Das Jahr**, *l'anno*, **der Monat**, *il mese*, **die Stunde**, *l'ora*. L'articolo determinativo plurale è per tutti e tre i generi **die**, *i, le, gli*: **die Jahre**, **die Monate**, **die Stunden**. Approfittate del lessico alla fine del libro per verificare il genere e il plurale dei sostantivi.

⑦ **Schlafen**, *dormire*, si coniuga come **fahren** (lezione 16, nota 1): **ich schlafe**, ma **du schläfst**, **er / sie / es schläft**.

6 Mensch ⑧ bin ich **mü**de!
7 Ich **zäh**le **mor**gen **wei**ter ⑨.
8 **Gu**te Nacht! □

6 *mènsc bìn iç̀h* ***mue:****dë!* ***7*** *iç̀h* ***tsè:****lë* ***mòr****g'n* ***vai****ta.* ***8*** ***gu:****të nacHt!*

Note

⑧ **Mensch!** è un'esclamazione colloquiale molto diffusa che esprime, secondo il tono con cui è fatta, un sentimento proprio dell'uomo. **Der Mensch** è "l'uomo" in quanto essere umano, la persona. In tedesco si distingue l'uomo, in quanto persona: **der Mensch**, (plurale: **die Menschen**), dall'uomo inteso come maschio: **der Mann**, (plurale: **die Männer**). L'espressione colloquiale **Mensch!** equivale a: *Cavoli!*, *Ragazzi!* ▸

Übung 1: Übersetzen Sie bitte!

❶ Wir machen die Übungen morgen weiter. ❷ Ein Jahr hat zwölf Monate und dreihundertfünfundsechzig Tage. ❸ Man schläft zweihundertvierzig Stunden pro Monat. ❹ Kinder, ich zähle bis drei und dann schlaft ihr! ❺ Mensch, macht schnell, der Zug wartet nicht!

6 Come sono (*Uomo sono io*) stanco!
7 Continuo a contare domani (*conto domani più avanti*).
8 Buona notte!

7: La dieresi (l'Umlaut) della **a** costituisce l'unica differenza tra **zählen** e **zahlen**. La **ä** è aperta e lunga.

▸ ⑨ Usato come particella separabile, **weiter**, (lett. "più avanti"), significa "continuare a": **zählen**, *contare* → **weiterzählen**, *continuare a contare*, **schlafen**, *dormire*, → **weiterschlafen**, *continuare a dormire*, **weitermachen**, *continuare a fare* (o semplicemente "continuare").

Ein Jahr hat zwölf Monate und dreihundertfünfundsechzig Tage.

Soluzioni dell'esercizio 1

❶ Continuiamo a fare gli esercizi domani. ❷ Un anno ha dodici mesi e trecentosessantacinque giorni ❸ Si dormono duecentoquaranta ore al mese. ❹ Bambini, conto fino a tre e poi dormite! ❺ (*Uomo, fate*) Svelti, il treno non aspetta!

Übung 2: Ergänzen Sie bitte!

1 Questo non si fa.
Das .... nicht.

2 Vorrei (*volentieri*) dormire. Buona notte!
Ich möchte gern .... !

3 Un giorno ha ventiquattro ore.
Ein Tag hat ....

4 (*Lui*) Dorme dodici ore a notte e in ufficio continua a dormire.
.. .. zwölf Stunden ... Nacht und im Büro ....

18 Achtzehnte Lektion

(***acHt**se:ntë lèk**tsio:n***)

Eine Postkarte aus München

1 **Lie**be ① **Mu**tti ②! Wie geht's dir?
2 Hier läuft ③ **al**les fan**tas**tisch.

Aussprache
*aïnë **pòst-kar**të aus **muençh'n** **1 li:**bë **mù**tti! vi: ghe:ts **di:**a?*
***2 hi:**a lòift **al**lès fan**tas**tìsc.*

Note

① **Lieb**, *caro*, *gentile*, viene dal verbo **lieben**, *amare*, ma **meine Liebe** vuol dire "mia cara" e non "amore mio"!

② **Mutti** è l'abbreviazione di **die Mutter**, *la madre*, così come **Vati** è l'abbreviazione di **der Vater**.

③ **Laufen**, *camminare*, *correre*, *andare*, si coniuga come i verbi **fahren** e **schlafen** (vedi nota 7, lezione 17). Avremmo potuto anche dire: **hier geht alles gut**, *qui va tutto bene*.

5 Il (*numero*) sette porta fortuna.
... . sieben ...... Glück.

Soluzioni dell'esercizio 2 - Parole mancanti
1 – macht man – 2 – schlafen Gute Nacht 3 – vierundzwanzig Stunden 4 Er schläft – pro – schläft er weiter 5 Die Zahl – bringt –

Siete delusi da questa lezione perché pensavate di allenarvi con l'accusativo? E non ne avete trovato neanche uno? Falso! In questa lezione ci sono due nomi all'accusativo, tra cui Ein Jahr hat zwölf Monate. *Se non lo avete notato è solo perché all'accusativo il femminile, il neutro e il plurale non cambiano.*

Diciottesima Lezione 18

Una cartolina da Monaco

1 Cara mamma, come stai?
2 Qui, va tutto a meraviglia (*fantasticamente*).

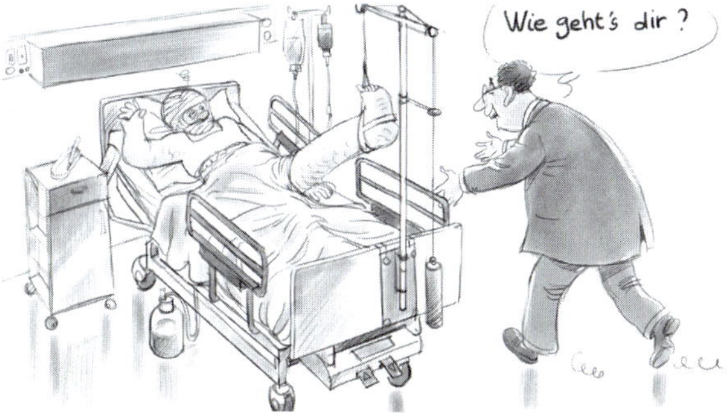

18

3 Mein **Zim**mer ist groß und schön und die **U**ni ④ ist nicht weit.
4 **Näch**ste ⑤ **Wo**che **se**he ich **mei**nen ⑥ Pro**fes**sor ⑦.
5 Man sagt, er sieht gut aus ⑧ und ist nett.
6 Ich bin ein **biss**chen **auf**geregt.
7 **Vie**le **lie**be **Grü**ße ⑨!
8 **Dei**ne **Me**lanie. □

*3 main **tsìm**ma ìst gro:ss ùnt sciœ:n ùnt di: **ù**ni ìst nìçht vait. 4 **nè:çh**stë **vò**cHë **ze:**ë ìçh **mai**nën pro**fès**so:a. 5 man za:kt, e:a zi:t gu:t **aus** ùnt ìst nèt. 6 ìçh bìn ain **bìss**çhën **auf**ghëre:kt. 7 **fi:**lë **li:**bë **grue:**ssë! 8 **dai**në **me**la:ni:.*

Note

④ **Uni** è l'abbreviazione di **die Universität**.

⑤ In tedesco l'aggettivo attributivo va posto sempre davanti al nome cui si riferisce: **nächste Woche**, *la prossima settimana*. Ne riparleremo quando ci occuperemo della declinazione dell'aggettivo. Per adesso sappiate solo che al femminile e al plurale si aggiunge la desinenza **-e**: **nette Kollegen**, *colleghi gentili*, diversamente dall'aggettivo predicativo che resta invariato: **die Kollegen sind nett**, *i colleghi sono gentili*.

⑥ Così come all'accusativo maschile, **ein**, *un*, diventa **einen**, **mein**, *mio*, diventa **meinen**.

* * *

Übung 1: Übersetzen Sie bitte!

❶ Frau Bachmann sieht heute sehr gut aus. ❷ Wir fahren nächste Woche in Ferien. ❸ Wie geht es dir, Melanie? ❹ Wann siehst du deinen Professor das nächste Mal? ❺ Das Hotel ist gut, die Zimmer sind schön.

3 La mia camera è grande e bella e l'università non è lontana.
4 [La] prossima settimana vedo (*io*) [il] mio professore.
5 Si dice [che] sia bello (*ha un bell'aspetto*) e gentile.
6 Sono un po' emozionata.
7 Tanti cari saluti.
8 [La] tua Melanie.

4: **nächst-** viene spesso pronunciato *nèkst-* anziché ***nèçhst-***.
6: Si dice che **bisschen** non sia facile da pronunciare, ma non è vero. Pronunciate **biss** senza pensare alla desinenza **-chen**. Ora che lo avete pronunciato, dite **-chen**: ***bissçhën***. Ecco fatto!

⑦ **Der Professor** è il docente universitario.

⑧ **Aussehen**, *sembrare*, *avere l'aspetto* o *l'aria di*, viene da **sehen**, *vedere*. La **e** della radice diventa **ie** alla 2ª e alla 3ª persona singolare dell'indicativo presente e alla 2ª persona singolare dell'imperativo: **du siehst müde aus**, *sembri stanco*; **sie sieht gut aus**, *(lei ha un bell'aspetto) è bella*. **Sieh mal!**, *Guarda!*

⑨ Se lo si usa come aggettivo, **viel**, *molto*, deve essere declinato: **sie haben viele Freunde**, *hanno molti amici*, ma **er hat viel Geld**, *ha molto denaro*. Di questo riparleremo più avanti. **Der Gruß**, **die Grüße**, *il saluto*, *i saluti*; **grüßen**, *salutare*.

* * *

Soluzioni dell'esercizio 1

❶ La Sig.ra Bachmann è molto bella (*ha un bell'aspetto*) oggi. ❷ Andiamo in vacanza la prossima settimana. ❸ Come stai, Melanie? ❹ Quando vedi il tuo professore la prossima volta? ❺ L'albergo è buono, le camere sono belle.

Übung 2: Ergänzen Sie bitte!

1. Perché corri? Non hai tempo?
   Warum . . . . denn? . . . . . . keine Zeit?
2. La prossima settimana vediamo il professore.
   . . . . sehen wir . . . .
3. Cara Sig.ra Spielberg, come sta?
   . . . . . Frau Spielberg, ... Ihnen?
4. Hai l'aria stanca, dormi un po'!
   . . . . müde . . . , schlaf . . . . !
5. A presto! Tanti saluti, [il] tuo Thomas.
   Bis bald! . . . . , ... Thomas.

Come si scrive una lettera a un amico?
La formula di apertura classica quando si scrive a un amico è liebe Susanne, lieber Paul, liebe Freunde, *ecc. Se preferite uno stile ancora più confidenziale, potete scrivere* hallo Susanne, hi Paul,

19 Neunzehnte Lektion

(***nòi**ntse:ntë lèk**tsio:n***)

Essen? Ja gern! Aber was?

1 – Jetzt **lau**fen wir schon zwei **Stun**den.
2 Sag mal, hast du **kei**nen **Hun**ger ①?

Aussprache
***è**ss'n? ia: ghèrn! **a:**ba vas? **1** iètst **lauf**'n vi:a scio:n tsvai **sctùn**dën. **2** za:k ma:l, h̲ast du: **kai**nën **h̲ùñ**ga?*

Note

① Per negare un sostantivo senza articolo si usa **kein-**: **Zeit haben**, ▸

Soluzione dell'esercizio 2 Parole mancanti

❶ – läufst du – Hast du – ❷ Nächste Woche – den Professor ❸ Liebe – wie geht es – ❹ Du siehst – aus – ein bisschen ❺ – Viele Grüße, dein –

wie geht's (Freunde)?, *come state (amici)? Se questa formula vi sembra ancora troppo classica o poco personalizzata, pazientate fino a quando il vostro tedesco vi permetterà di inventarvene una nuova. Ecco qualche esempio:* bester Freund, *migliore amico,* Hallo, altes Haus, *ciao "vecchio mio",* kleines Mäuschen, *topolino,* geliebtes Schmusekätzchen, *la cui traduzione in italiano potrebbe essere "coccolino". I saluti finali sono diversi a seconda delle convenzioni, delle persone e del grado di affettività che vi lega ad esse. La formula tradizionale è* viele Grüße, *"Tanti saluti". Da qui potete dare libero sfogo alla vostra fantasia:* tausend Grüße, *mille saluti,* eine Million Grüße, *saluti in quantità, un milione di saluti, e ancora:* liebe Grüße, *cari saluti,* herzliche Grüße, *cordiali saluti, oppure, associando due formule:* tausend herzliche Grüße, *ecc. Qualunque formula usiate, non dimenticate di scrivere* dein, *tuo,* deine, *tua,* Ihr(e), *Sua, davanti al vostro nome.*

Diciannovesima lezione 19

Mangiare? Sì, volentieri! Ma cosa?

1 – Camminiamo già da due ore.
(*Adesso camminiamo noi già due ore*).

2 Dì un po' (*volta*), non hai fame?

▸ *avere tempo,* **keine Zeit haben**, *non avere tempo,* **Hunger haben**, *avere fame,* **keinen Hunger haben**, *non avere fame.* La desinenza **-en** di **keinen** vi indica che **Hunger** è accusativo maschile. Se fosse stato accusativo neutro avremmo detto **kein**.

3 – Doch ②, na**tür**lich, und auch Durst ③.
4 – **Al**so, was **ma**chen wir?
5 – **Kau**fen wir **et**was zu ④ **es**sen!
6 – Wo denn? Hier gibt es ⑤ **kei**nen **Su**permarkt, **kei**ne **Knei**pe, nichts.
7 – **Su**chen wir ⑥ **ei**ne **Tank**stelle!
8 – Wo**zu** ⑦?
9 – Dort **fin**den wir **si**cher was ⑧. □

3 *dòcH, na**tue:**ᵊlìçh, ùnt aucH dùrst.* ***4*** ***al**zo, vas **ma**cH'n vi:ₐ?* ***5*** ***kau**f'n vi:ₐ **èt**vas tsu: **ès**s'n!* ***6*** *vo: dèn? **hi:**ₐ ghi:pt ès **kai**nën **zu:**pᵊ-markt, **kai**në **knai**pë, nìçhts.* ***7*** ***zu**:cH'n vi:ₐ **ai**në **tañk**-sctèllë!* ***8*** *vo**tsu:**?* ***9*** *dòrt **fin**dën vi:ₐ **zì**çhₐ vas.*

Note

② "Sì", come risposta positiva ad un' affermazione o domanda negativa, si traduce con **doch**: – **Heißen Sie nicht Sonja?**, *Non si chiama Sonja ?* – **Doch, natürlich, ich bin Sonja**, *Sì, certo, sono Sonja.* **Doch** equivale ai nostri: "certo", "certo che sì", "sicuro", "come no?".

③ **Durst**, *sete*, è maschile proprio come **Hunger**. **Er hat Durst**, *Ha sete*. **Er hat keinen Durst**, *Non ha sete.*

④ **Zu** davanti ad infinito significa "a", "di" "da" o "per", a seconda dei casi. **Wir haben keine Zeit zu schlafen**, *Non abbiamo tempo per dormire*. **Sie haben nichts zu trinken**, *Non hanno niente da bere*.

⑤ **Es gibt**, *c'è / ci sono*, regge l'accusativo. **Es gibt noch einen Platz**, *C'è ancora un posto.* Avete notato, dalla declinazione, che **Supermarkt** è maschile e **Kneipe**, femminile?

⑥ Esattamente come l'imperativo nella forma di cortesia, l'imperativo della 1ª persona plurale si forma posponendo il pronome al verbo: **Gehen wir!**, *Andiamo!* **Gehen Sie!**, *Vada!* ▸

3 – Certo (*naturalmente*) e anche sete.
4 – Allora, cosa facciamo (*facciamo noi*)?
5 – Compriamo qualcosa da mangiare.
6 – Dove (*allora*)? Qui non c'è un supermercato, un'osteria, niente.
7 – Cerchiamo un distributore di benzina.
8 – Per [fare] cosa?
9 – Là troviamo (*troviamo noi*) sicuramente qualcosa.

6: L'unica differenza tra **nichts** e **nicht** è la **-s** finale. Non dimenticatevi di pronunciarla!
7: La parola **die Tankstelle** è composta da **die Stelle** (il posto) e dal verbo **tanken** (fare benzina). La **-a** è aperta: ***tañkën***.

⑦ La formula interrogativa **wozu?**, *a che fine, per che cosa, perché?*, è spesso sostituita dal pronome interrogativo **warum**. Tuttavia, quando vogliamo conoscere esattamente lo scopo di un'azione dobbiamo usare **wozu**: **Wozu lernen Sie Deutsch?**, *Perché* (= A quale scopo) *impara il tedesco?* – **Ich möchte in Berlin arbeiten**, *Vorrei lavorare a Berlino*. Ricordatevi che l'infinito che dipende da un altro verbo va posto alla fine della frase.

⑧ **Was** è spesso usato al posto di **etwas**, *qualcosa*: **möchten Sie was trinken?** *Vuole bere qualcosa?*

Übung 1: Übersetzen Sie bitte!

❶ Hast du keinen Hunger? – Doch! ❷ Was gibt es heute zu essen? ❸ Komm, kaufen wir etwas zu trinken! ❹ Ich warte schon eine Stunde, warum kommst du so spät? ❺ Die Kneipe ist geschlossen, was machen wir jetzt?

Übung 2: Ergänzen Sie bitte!

❶ Vuole bere qualcosa? – Sicuro!
Möchten Sie .... ? – ...... !

❷ No grazie, non ho fame.
Nein ..... , ich habe ....

❸ Rimaniamo ancora un giorno! – A che scopo? Qui non c'è niente da vedere.
Bleiben wir noch .... ! – .... ? Hier .... .. nichts .. ..

❹ Non c'è un supermarket qui? [Lo] cerco già da due ore.
Gibt es hier .... ? Ich suche schon ....

20 Zwanzigste Lektion

(*tsvantsìçhstë lèktsio:n*)

Am Bahnhof ①

1 – **Hal**lo **Ga**bi! Ich bin am **Bahn**hof in Köln.

Aussprache
am ba:n-ho:f 1 halo: ga:bi! içh bìn am ba:n-ho:f ìn kœln.

Soluzioni dell'esercizio 1

❶ Non hai fame? – Certo che sì ! ❷ Cosa c'è oggi da mangiare? ❸ Vieni, compriamo qualcosa da bere! ❹ Aspetto già [da] un'ora, perchè arrivi così tardi? ❺ L'osteria è chiusa, cosa facciamo (*facciamo noi*) adesso ?

❺ Il distributore di benzina non è lontano, là troveremo (*troviamo noi*) qualcosa da mangiare.

... . ist nicht weit, dort .... etwas .. ..

Soluzioni dell'esercizio 2 - Parole mancanti

❶ – etwas trinken – Sicher ❷ – danke – keinen Hunger ❸ – einen Tag – Wozu – gibt es – zu sehen ❹ – keinen Supermarkt – zwei Stunden ❺ Die Tankstelle – finden wir – zu essen

Ventesima lezione 20

Alla stazione

1 – Ciao, Gabi ! Sono alla stazione, a Colonia.

Note

① Il termine **der Bahnhof**, *la stazione*, è composto da **die Bahn**, *il treno*, *il binario*, che conosciamo ormai bene, e **der Hof**, *il cortile*. Ricordatevi che è l'ultimo elemento a determinare il genere della parola composta. **Am** è la contrazione della preposizione **an** è dell'articolo **dem**. Ne riparleremo.

2 Ich **ha**be den **An**schluss nach **Ham**burg ver**passt** ②.
3 – Oh, das ist **scha**de! **Wel**chen ③ Zug nimmst du denn jetzt?
4 – Ich **neh**me den ICE ④ um fünf vor sechs.
5 Kommst du mich **ab**holen ⑤?
6 – Na**tür**lich **ho**le ich dich **ab**.
7 Um wie viel Uhr kommt dein Zug ge**nau** **an**?
8 – Ich **glau**be um **zwan**zig nach zehn ⑥.
9 – **Pri**ma ⑦! Ich **freu**e mich ⑧. □

***2** içh **h̲a:**bë de:n **an**sclùs na:cH **h̲am**bùrk fèₐ**past**. **3** o: das ìst **scia:**dë! **vèl**çhën tsu:k nìmst du: dèn iètst? **4** içh **ne:**më de:n i:-tse:-e: ùm fuenf fo:ₐ zèks. **5** kòmst du mìçh **ap**h̲o:l'n? **6** na**tue:**ₐlìçh **h̲o:**l(ë) içh dìçh **ap**. **7** ùm vi: fi:l u:ₐ kòmt dain tsu:k ghë**nau** **an**? **8** içh **glau**bë ùm **tsvan**tsìçh na:cH tse:n. **9** **pri:**ma! içh **fròi**ë mìçh.*

2, **3**: Attenzione a far sentir bene la differenza tra l'articolo **den** e l'avverbio **denn**. La **e** di **den** è lunga e chiusa *e:*, la **e** di **denn**,

Note

② **verpasst**, *perso*, *mancato*, è il participio passato di **verpassen**. Per il momento notate solo che il participio passato si trova alla fine della frase.

③ I pronomi interrogativi **welcher**, **welche**, **welches**, *quale*, *che*, si declinano come gli articoli determinativi **der**, **die**, **das**. All'accusativo maschile, **welcher** prende la desinenza **-en**: **welch<u>en</u> Käse möchten Sie, d<u>en</u> aus Holland oder d<u>en</u> aus Frankreich?**, *che formaggio desidera, quello olandese o quello francese?*

④ **ICE** è l'abbreviazione di **I**nter**c**ity **E**xpress, il treno veloce tedesco.

⑤ **Abholen** vuol dire - in una sola parola - "andare a prendere" o "venire a prendere": **sie holt Thomas am Bahnhof ab**, *va a prendere Thomas alla stazione.* **Holen Sie mich ab?**, *Mi viene* ▸

2 Ho perso la coincidenza per (*verso*) Amburgo (*perso*).
3 – Oh, che peccato! Che treno prendi adesso?
4 – Prendo l'ICE alle sei meno cinque (*cinque prima sei*).
5 Mi vieni (*vieni tu me*) [a] prendere?
6 – Certo [che] ti vengo (*vengo io te*) [a] prendere.
7 A che ora arriva il tuo treno esattamente?
8 – Credo alle dieci e venti (*venti dopo dieci*).
9 – Che bello! Sono contenta (*mi rallegro*).

invece, è breve e aperta a causa delle due consonanti che la seguono: è.
3, **4**: La **e** della radice di **nehmen** è lunga e chiusa e alla 2ª e alla 3ª persona singolare diventa una **-i** breve: **du nimmst**.
6, **7**: Qui **ab** è in neretto per ricordarvi che, parlando, l'accento dell'intera frase cade sulla particella separabile: **Holst du mich ab?** Quando cercate il verbo sul dizionario non dimenticatevi di riattaccarla all'infinito…

▸ *a prendere?* Così come all'accusativo **du** diventa **dich**, **ich** diventa **mich**

⑥ Nella lingua parlata il tempo si indica con **nach**, *dopo*, e **vor**, *prima* (vedi frase 4): **es ist zehn nach acht**, *sono le otto e dieci* (dieci dopo otto); **es ist zwanzig vor sieben**, *sono le sette meno venti* (lett. "venti prima sette"). Con **sieben**, *sette*, si indicano sia le sette del mattino, che le sette di sera. Alla radio o alla televisone vi capiterà di sentir dire: **acht Uhr zehn**, *otto e dieci* (mattino), **zwanzig Uhr zehn**, *venti e dieci* (sera).

⑦ Per esprimere il proprio entusiasmo si possono usare le esclamazioni: **prima**, **toll**, **super** (con l'accento sulla prima sillaba ***zu:***pa), o **klasse**, ecc. È come sempre una questione generazionale oltre che di moda.

⑧ **Sich freuen**, *rallegrarsi*, *essere contento*, è un verbo molto usato e che rivedremo tra poco. Per il momento sappiate solo che la 1ª persona singolare è: **ich freue mich**, *mi rallegro*, *sono contento*.

20

Übung 1: Übersetzen Sie bitte!

❶ Peter kommt um zwanzig nach fünf in Köln an. ❷ Nehmen Sie den ICE um achtzehn Uhr fünf! ❸ Um wie viel Uhr kommt der nächste Zug aus Hamburg an? ❹ Warten Sie am Bahnhof, ich hole Sie ab. ❺ Ich komme um sechzehn Uhr in Hannover an.

Übung 2: Ergänzen Sie bitte!

❶ A che ora vieni a prendermi?
. . . . kommst du mich . . . . ?

❷ Credo [che] ci siano (*sono*) due treni per Bonn, quale prendi tu?
. . . . , ... zwei Züge . . . . Bonn, ... nimmst du?

❸ Peccato, l'ICE delle (*alle*) sette e quattro non parte oggi.
. . . . . . , der ICE . . . . fährt heute nicht.

❹ Ha perso la coincidenza, arriva un'ora dopo.
Sie hat . . . . verpasst, ... eine Stunde später . . . .

❺ Certo, veniamo a prenderti alla stazione.
– Che bello, sono contento.
Wir holen dich . . . . am Bahnhof . . . .
– Prima, ...

Soluzioni dell'esercizio 1

❶ Peter arriva a Colonia alle cinque e venti. ❷ Prenda l'ICE delle diciotto e cinque! ❸ A che ora arriva il prossimo treno da Amburgo? ❹ Aspetti alla stazione, vengo a prenderLa. ❺ Arrivo a Hannover alle sedici.

Soluzioni dell'esercizio 2 :

❶ Um wie viel Uhr – abholen ❷ Ich glaube es gibt – nach – welchen – ❸ Schade – um sieben Uhr vier – ❹ – den Anschluss – sie kommt – an ❺ – natürlich – ab – ich freue mich

21 Einundzwanzigste Lektion
(*ain-ùnt'tsvantsìçhstë lèktsio:n*)

Wiederholung (ripasso)

1 Il verbo e le sue particolarità al presente

Nel corso delle ultime sei lezioni abbiamo incontrato alcune forme verbali particolari:

a) I verbi irregolari (detti verbi forti)
I verbi irregolari sono tutti quei verbi che cambiano la vocale della radice. Al presente, la vocale cambia solo alla 2ª e alla 3ª persona singolare. La 1ª persona singolare e plurale sono regolari (il verbo **sein**, *essere* fa eccezione. Vedi coniugazione dei verbi, lezione 14, § 1).

Le vocali possono cambiare in diversi modi:
- **a** diventa **ä**: **schlafen**, *dormire* → **ich schlafe**, ma: **du schläfst**, **er/sie/es schläft**;
- **au** diventa **äu**: **laufen**, *camminare*→ **ich laufe**, ma: **du läufst**, **er/sie/es läuft**;
- **e** diventa **i**: **geben**, *dare* → **ich gebe**, **du gibst**, **er / sie / es gibt**;
- **e** diventa **ie**: **sehen**, *vedere* → **ich sehe**, **du siehst**, **er / sie / es sieht**.
Le altre variazioni le vedremo quando sarà il momento.
Alcuni verbi seguono regole più complicate, ma a forza di incontrarli, anche questi vi diverranno presto familiari. Es: **nehmen**, *prendere*: **du nimmst**, **er nimmt**.

La 2ª persona singolare dell'imperativo dei verbi la cui **e** della radice cambia in **i** o **ie** è identica alla 2ª persona singolare del presente indicativo senza **-st**: **nimm!** *prendi!*, **sieh!**, *vedi!* In questo caso si omette la **-e** finale.

Tutti gli altri verbi formano l'imperativo a partire dalla radice dell'infinito, cui vengono aggiunte le desinenze **-(e)**, **-t**, **-en**, **-en**:
2ª persona singolare **lern(e)!**, *impara!*
2ª persona plurale: **lernt!** *imparate!*
forma di cortesia: **lernen Sie!** *Impari! Imparate!*
1ª persona plurale: **lernen wir!** *impariamo!*

b) I verbi e le particelle separabili
Non possiamo nascondervi che, in tedesco, i verbi separabili hanno una grande importanza e che dovete farci l'abitudine quanto prima; incominciate facendo caso se alla fine di una frase c'è una parolina che "traina" il verbo: se sì, mettetela all'inizio del verbo per capire di quale infinito si tratta.
Per esercitarvi, vi inviatiamo a rispondere alle seguenti domande:
a) Qual è l'infinito in questa frase: **machen Sie bitte die Tür auf!**, *aprite la porta, per favore!* L'avete trovato?
Benissimo! è proprio **aufmachen**, *aprire,* e non **machen**, *fare.*
b) Cosa significa **Sie gibt viel Geld aus?** No, la traduzione non è "dà molto denaro", ma "spende molto denaro": **geben**, *dare*, **ausgeben**, *spendere.* Ancora una volta vediamo che la differenza è enorme!

2 L'accusativo e gli articoli

Ricapitoliamo quello che abbiamo imparato sulla declinazione degli articoli:
• Un articolo è al nominativo quando il sostantivo che precede è il soggetto della frase o l'attributo del soggetto:
der Professor ist ein Freund von Claudia, *il professore è un amico di Claudia.*
Al nominativo, l'articolo determinativo maschile è **der**, *il / lo*; quello indeterminativo, **ein**, *un / uno.*

• L'articolo è all'accusativo quando il sostantivo che precede è un complemento oggetto:
der Student sieht den Professor, *lo studente vede il professore.*
der Professor trinkt einen Kaffee, *il professore beve un caffè.*
All'accusativo, l'articolo determinativo maschile singolare è **den**, quello indeterminativo, **einen**.

21 All'accusativo, gli articoli femminile, neutro e plurale restano invariati. Vediamo lo schema:

	maschile	femminile	neutro	plurale
nominativo	**der / ein**	**die / eine**	**das / ein**	**die / –**
accusativo	**den / einen**	**die / eine**	**das / ein**	**die / –**

Per oggi accontentiamoci di aggiungere ancora che gli articoli negativi **kein(e)**, *nessun, nessuna* e gli aggettivi possessivi **mein(e)**, *mio, mia*, **dein(e)**, *tuo, tua*, ecc. si declinano come l'articolo indeterminativo **ein(e)**: **Thomas hat keinen Koffer**, *Thomas non ha la valigia*; **er nimmt immer meinen Koffer**, *prende sempre la mia valigia.*

3 I numeri cardinali

Se avete sempre fatto attenzione ai numeri di pagina, allora questo paragrafo non è che un semplice ripasso:
Dall'1 al 12: **eins** *ains*, **zwei** *tsvai*, **drei** *drai*, **vier** *fi:ą*, **fünf** *fuenf*, **sechs** *zèks*, **sieben** *zi:b'n*, **acht** *acHt*, **neun** *nòin*, **zehn** *tse:n*, **elf** *èlf*, **zwölf** *tsvœlf*.

Approfittiamone ora per rivedere alcuni punti delicati della pronuncia:
1. Tutte le lettere si pronunciano. Fate sentire bene la **-s** finale di **eins**. 2. Per pronunciare bene la **z**, esercitatevi con i numeri **zwei**, **zehn**, **zwölf**; è un suono molto duro che ricorda il fischio della pentola a pressione "tsssssss…". Del resto, "fischiare" "sibilare" si dice **zischen** con una **z** iniziale. Si tratta dunque di un'onomatopea.
3. La **v** di **vier** si pronuncia come la **f** di **fünf**.
4. **sechs** e **Sex** si pronunciano allo stesso modo: *zèks*.
5. **acht** ci dà l'occasione per raschiarci la gola…
6. Per dire **zehn** *tse:n*, pronunciate prima la **-e** lunga e chiusa come in "gel", e poi aggiungete la **-n**.

Dal 13 al 19, i numeri si dicono "al contrario", ovvero prima l'unità e poi la decina: **dreizehn**, **vierzehn**, **fünfzehn**, **sechzehn**, **siebzehn**, **achtzehn**, **neunzehn**.
Attenzione a **sechzehn** e a **siebzehn**.

Dal 20 al 90, le decine prendono la desinenza **-zig** (o **-ßig** per il 30): **zwanzig**, **dreißig**, **vierzig**, **fünfzig**, **sechzig**, **siebzig**, **achtzig**, **neunzig**.
Ricordiamo che **-ig** a fine parola si pronuncia *içh*, tranne nelle regioni del Sud dove si pronuncia *-ik*. Nessuno vi impedisce di farvi passare per uno di quelle zone.

Dal 21 al 99, l'unità viene prima della decina cui è legata dalla congiunzione **und**: **einundzwanzig**, **zweiundzwanzig**, ecc., fino a **neunundneunzig**.

Dal 100 (**hundert** invariabile), si dicono prima le centinaia, poi le unità e infine le decine: **(ein)hundertsiebenundachtzig** (*187*), oppure **dreihundertfünfundvierzig** (*345*).
Contrariamente all'italiano, **tausend**, *mille*, è invariabile:
(ein)tausend (*1000*) *mille*, **siebentausend** (*7000*), *settemila*, ecc.

Ultime note:

Ein può essere omesso prima di cento o mille:
tausendvierhundertfünfzig (*1450*); ma non quando cento o mille sono contenuti in un numero più grande:
tausendeinhundertfünfzig (*1150*).

Notate che **eins** (*un*) diventa **ein-** quando è seguito da un altro numero: **einundsiebzig** (*71*) e che va declinato quando è seguito da un sostantivo: **Wir bleiben einen Tag**, *Restiamo un giorno.*

Per oggi fermiamoci qui. Solo una "domandina". Riuscite a scrivere in lettere il numero 969.897?
(La soluzione è alla fine di questa lezione.)

Non avete più fiato? Allora è giunto il momento di rilassarsi ascoltando il prossimo dialogo. Avete tutto il tempo che volete! Non siete voi a dover prendere il treno...

Die Bahnhofsauskunft (15, 20)

1 – **Gu**ten **Mor**gen, um wie viel Uhr fährt der **nächs**te Zug nach **Ham**burg, **bi**tte? **(16, 18)**
2 – Ein ICE fährt um **drei**zehn Uhr **zwei**und**drei**ßig. **(16, 17, 18, 20)**
3 – Was? In sechs **Stun**den? So spät? **(17)**
4 Gibt es **kei**nen Zug **heu**te **Mor**gen? **(15, 19)**
5 – Doch, **ei**nen **Schnell**zug, **a**ber der fährt in vier Mi**nu**ten **ab**. **(16, 20)**
6 – **Pri**ma, den **neh**me ich. **(20)**
7 **Sa**gen Sie schnell, **wel**ches Gleis? **(16, 18, 20)**
8 – Gleis zehn, Sie **ge**hen rechts und dann **im**mer gerade**aus**! **(15, 16)**
9 – **Vie**len Dank! Sie sind sehr nett. **(15, 18)**
10 – **Kei**ne **Ur**sache, aber ver**pas**sen Sie nicht den Zug! **(15, 20)**
11 **Lau**fen Sie! Die Zeit ver**geht** schnell! **(15, 16, 19)**

* * *

Soluzioni del paragrafo 3:

Neunhundertneunundsechzigtausendachthundertsieben-undneunzig.
nòinhùndat'nòinùntzèçhtsìçh'tauzënt'acHthùndat'zi:bën'-ùnt'nòintsìçh
È bello, no?

Traduzione del dialogo di ripasso

Le indicazioni (*l'indicazione*) alla stazione

1 – Buongiorno (*Buon mattino*), a che ora parte il prossimo treno per Amburgo, per cortesia?
2 – C'è un intercity (*un intercity parte*) alle 13 e 32.
3 – Cosa? Tra sei ore? Così tardi?
4 Non c'è un treno 'sta (*oggi*) mattina?
5 – Certo, un espresso, ma (*questo*) parte tra quattro minuti.
6 – Che bello, lo prendo (*lo prendo io*).
7 [Mi] dica presto, [a] che binario?
8 – Binario 10, vada a destra e poi sempre dritto.
9 – Molte grazie. Lei è molto gentile.
10 – Non c'è di che, ma non perda il treno!
11 Corra! Il tempo passa in fretta!

22 Zweiundzwanzigste Lektion

(*tsvai-ùnt'tsvantsìçhstë lèktsio:n*)

Das Geburtstagsfest

1 – Was für **ei**ne ① **Hit**ze!
2 Die **Schü**ler **ha**ben Glück, sie **ha**ben **hit**zefrei.
3 – Ja, wir sind zu ② alt, für ③ uns ist das vor**bei**.

Aussprache

*das ghë**bu:ats**-ta:ks-fèst **1** vas fue:a **ai**në **hì**tsë! **2** di: **sciu:**la **ha:**b'n gluek, zi: **ha:**b'n **hì**tsë-frai. **3** ia:, vi:a zìnt tsu: alt, fue:a ùns ìst das fo:a**bai**.*

Note

① **Was für ein(e)...**, *quale, che genere / tipo di...* si usa per formulare un'esclamazione o una domanda: **was für ein Tag!**, *che giornata!* **was für einen Mann suchen Sie?**, *che tipo di uomo cerca?* **ein(e)** si declina come l'articolo indeterminativo; al plurale non ci sono articoli: **was für Probleme hat er?**, *che genere di problemi ha?*

② **Zu** seguito da aggettivo o da avverbio significa "troppo" : **es ist zu heiß**, *fa troppo caldo*. Abbiamo già visto **zu**, *da, a, per*, + infinito (lezione 19): **ich habe nichts zu essen**, *non ho niente da mangiare*, e nella locuzione **zu Haus(e)**, *a casa* (essere a casa), in opposizione a **nach Haus(e)**, *a casa* (andare a casa).

③ **Für**, *per*, regge l'accusativo; **uns** è l'accusativo di **wir**, *noi* (soggetto).

La festa di compleanno (*nascita-giorno-festa*)

1 – Che caldo (*Cosa per un caldo*)!
2 Gli studenti (*scolari*) sono fortunati, fanno vacanza per il gran caldo (*hanno caldo libero*).
3 – Sì, siamo troppo vecchi, per noi questo [tempo] è passato.

Titolo: In tedesco le parole composte si formano aggiungendo la cosiddetta **s** di congiunzione: una **s** posta tra due sostantivi, ma attaccata al primo dei due: **das Geburts-tags-fest**.

4 – Sag mal, wie alt ④ bist du **ei**gentlich?
5 – Ich bin **fünf**und**zwan**zig ⑤, **a**ber nicht mehr ⑥ **lan**ge.
6 – Wa**rum**? Wann ist denn dein Ge**burts**tag?
7 – Am 4. Au**gust** ⑦ **wer**de ich **sechs**und**zwan**zig.
8 – Mensch, das ist **Sams**tag!
9 Weißt du ⑧ was, wir **ge**ben **ei**ne Ge**burts**tagsparty für dich! □

***4** za:k ma:l, vi: alt bìst du: **ai**gh'ntlìçh? **5** ìçh bìn **fuenf-**ùnt-**tsvan**tsìçh, **a:**bₐ nìçht me:ₐ **lañ**ghë. **6** va**rùm**? van ìst dèn dain*

Note

④ Le domande: "in quale misura?", "quanto?", ecc. sono introdotte dall'avverbio **wie?**, *quanto?* seguito dall'aggettivo (invariabile): **wie alt sind Sie?**, *quanti anni ha?* (lett. "quanto vecchio è Lei?"), **wie groß ist er?**, *quanto è alto?* (lett. "quanto alto è lui?").

⑤ Per indicare gli anni di una cosa o persona non si usa **haben**, *avere*, come in italiano, ma **sein**, *essere*: "ha dodici anni" si dice **er ist 12 Jahre alt** (lett. "è 12 anni vecchio"), o più semplicemente: **er ist zwölf** (lett. "è dodici").

⑥ **Nicht mehr**, *non... più*, si accompagnano sempre: **er trinkt nicht mehr**, *non beve più*.

⑦ Nella data si utilizzano i numeri ordinali. Il punto subito dopo ▶

* * *

Übung 1: Übersetzen Sie bitte!

❶ Weißt du was, ich trinke nicht mehr. ❷ Wie alt sind die Kinder? ❸ Am 19. (neunzehnten) August gebe ich eine Party, kommen Sie? ❹ Was für ein Geburtstagsfest und was für eine Hitze! ❺ Samstag gibt Thorsten eine Geburtstagsparty für Janina.

4 – (*Dì volta*) [Dimmi], quanti anni hai (*quanto vecchio sei tu*) esattamente?
5 – Ho venticinque anni (*sono venticinque*), ma non (*più*) per molto.
6 – Perché? Quando è (*mai*) il tuo compleanno?
7 – Il (*Al*) 4 (*quarto*) agosto, compio (*divento*) ventisei [anni].
8 – Cavoli (*Uomo*), [ma] è sabato!
9 – Sai (*tu*) cosa[?], daremo (*diamo*) una festa di compleanno per te!

*ghë**bu:ats**-ta:k? **7** am **fi:a**tën au**gùst ve:a**dë içh **zèks**-ùnt-**tsvan**tsìçh. **8** mènsc, das ìst **zams**ta:k! **9** vaist du: vas, vi:a **ghe:**b'n **ai**në ghë**bu:ats**-ta:ks-pa:ati fue:a dìçh!*

▸ il numero è obbligatorio: **am 4. August**, *il 4 agosto*, si legge **am vierten August**, (lett. "al quarto" agosto), **am 15. Mai**, *il 15 maggio*, **am fünfzehnten Mai** (lett. "al quindicesimo" maggio). Ne riparleremo nella lezione 28, § 5. Per il momento ricordate solo che **am** si usa per indicare un giorno preciso.

⑧ Il verbo **wissen**, *sapere*, non segue le regole di coniugazione viste finora: **ich weiß**, **du weißt**, **er/sie/es weiß**. Riparleremo anche di questo. Nell'espressione **weißt du was?** *sai cosa?* (*sai tu cosa?*) "**was**" è l'abbreviazione di **etwas**, *qualche cosa, qualcosa*.

* * *

Soluzioni dell'esercizio 1

❶ Sai cosa? Non bevo più. ❷ Quanti anni hanno i bambini? ❸ Il 19 agosto darò una festa, viene? ❹ Che festa di compleanno e che caldo! ❺ Sabato Thorsten dà una festa di compleanno per Janina.

23 **Übung 2: Ergänzen Sie bitte!**

1. Che giornata! Perchè non ci danno una vacanza per il gran caldo *(caldolibero)*?
   ... ... Tag! ..... haben wir nicht .... ?
2. Non è più una studentessa (*scolara*)? – Ma no, ho finito (*è finita*)!
   Sie sind .... Schülerin? – Aber nein, ... !
3. Le patatine fritte sono per noi, non per te solo.
   Die Pommes Frites sind ... ..., nicht ...

L'estate in Germania
Contrariamente a quanto si pensa, in Germania il clima non è per niente spiacevole in estate. È pur vero che, secondo la media annuale, ci sono meno giornate di sole rispetto ai paesi mediterranei e che per questa ragione l'estate è molto corta: solo luglio e agosto! Tuttavia può fare molto caldo. Nel Bade-Württemberg o in Baviera la colonnina di mercurio sale facilmente sopra i trenta gradi, temperatura oltre la quale le scuole vengono chiuse per il troppo caldo. Al nord, die

23 Dreiundzwanzigste Lektion

(***drai**-ùnt'**tsvan**tsìçhstë lèk**tsio:n***)

Eine gute Organisation

1 – **Möch**test du im **Gar**ten **o**der im Haus **fei**ern?

Aussprache
***ai**në **gu:**të òrganiza**tsio:n** **1** **mœçh**tëst du: ìm **gar**tën **o:**dₐ ìm*

. . . .   allein.

4 Il 16 agosto è il compleanno di Anna.
. .   16. (sechzehnten) . . . . . .   ist . . . .   von Anna.

5 Quanti anni ha esattamente? Trentuno o trentadue?
. . .   . . .   sind Sie . . . . ? Einunddreißig oder . . . . ?

Soluzioni dell'esercizio 2 - Parole mancanti

1 Was für ein – Warum – hitzefrei 2 – nicht mehr – das ist vorbei 3 – für uns – für dich – 4 Am – August – der Geburtstag – 5 Wie alt – eigentlich – zweiunddreißig

Hitzewellen, *le ondate di calore, sono invece più rare. La gente approfitta quindi del minimo raggio di sole per uscire all'aperto, ad esempio in giardino (i tedeschi ne hanno una gran cura), a lavorare, mangiare o prendere il sole (anche se con un cappotto pesante). Organizzare una festa in giardino,* Gartenfeste *oppure* Grillfeste, *è un'usanza simpatica e conviviale, con un unico svantaggio per chi non è invitato: ritrovarsi, la sera in cui ha deciso di mangiare vegetariano, circondato dall'odore di carne alla griglia del vicino...*

Ventitreesima lezione 23

Una buona organizzazione

1 – Vuoi festeggiare in giardino oppure in casa (*vorresti... festeggiare*) ?

haus ***fai****ən?*

23

2 – Im **Gar**ten. Ich mag ① **Gar**tenfeste.
3 – Gut! Wen ② **la**den wir **ein**?
4 – Klaus und **sei**ne ③ **Freun**din, **Son**ja und **ih**ren ④ Mann, **dei**ne Schwester und **ih**re Fa**mi**lie, **mei**ne **Brü**der ⑤, das Or**ches**ter…
5 – Wird ⑥ das nicht zu viel?
6 Das wird **teu**er.
7 – Nein, das wird **lus**tig ⑦.
8 **Al**le **brin**gen **et**was zu **es**sen oder zu **trin**ken **mit**. □

***2** ìm **gar**tën. içh ma:k **gar**tën-fèstë. **3** gu:t! ve:n **la:**dën vi:a **ain**? **4** klaus ùnt **zai**në **fròin**dìn, **zo**nia ùnt **i:**rën man, **dai**në scvèsta ùnt **i:**rë fa**mi:**lië, **mai**në **brue:**da, das òr**kès**ta… **5** vìrt das nìçht tsu: fi:l? **6** das vìrt **tòi**a. **7** nain, das vìrt **lùs**tìçh. **8** **al**lë **brì**ñgën*

Note

① **Ich mag**, *mi piace,* è la 1ª persona singolare dell'indicativo presente di **mögen**, di cui voi conoscete già il condizionale: **ich möchte, du möchtest, Sie möchten,** *io vorrei, tu vorresti, Lei vorrebbe / Voi vorreste.*

② Il pronome interrogativo **wer?**, *chi ?* si declina come l'articolo determinativo maschile **der**, *il / lo / l'*. Quando è complemento oggetto, **wer?** va all'accusativo e diventa **wen?**: **wen laden wir ein?**, *chi invitiamo?*

③ *Suo* (di lui) si dice **sein**; *sua, suoi, sue*, **seine**. *Suo* (di lei) si dice invece **ihr**; *sua, suoi, sue*, **ihre**. L'uso del pronome possessivo di 3ª persona singolare è diverso da quello in italiano dove non occorre specificare se qualcosa appartiene "a lui" o "a lei": **sein Geburtstag ist am 4. Mai und ihr Geburtstag ist ein Tag später**, *il suo compleanno [di lui] è il 4 maggio e il suo compleanno [di lei] (è) un giorno dopo.* Attenzione! In tedesco, davanti ai possessivi (pronomi o aggettivi) non si mette mai l'articolo. Notate inoltre che l'aggettivo possessivo davanti a **Freund** o **Freundin** indica che non si tratta di un amico o di un'amica qualunque, ma del "ragazzo / fidanzato" o della "ragazza / fidanzata" di qualcuno: ▸

2 – In giardino. Mi piacciono [le] feste in giadino.
3 – Bene. Chi invitiamo?
4 – Klaus e la sua ragazza, Sonja e suo marito (*uomo*), tua sorella e la sua famiglia, i miei fratelli, l'orchestra…
5 – Non sarà (*diventa questo*) troppo?
6 Sarà (*diventa*) costoso.
7 – No, sarà (*diventa*) divertente.
8 Tutti porteranno (*portano*) qualcosa da mangiare oppure da bere (*con*).

***è**tvas tsu: **è**ss'n **o:**da tsu: **trink**'n mìt.*

4: La **-l** di **Familie** *fami:liё*, si deve sentire bene, così come la **-l** di **Julia** *iu:lia:* .

▸ **mein Freund** è quindi "[il] mio ragazzo", **deine Freundin**, "[la] tua ragazza". Allo stesso modo, **ihr Mann**, è "suo marito".

④ Gli aggettivi possessivi e l'articolo determinativo di questa frase sono all'accusativo perché i sostantivi cui si riferiscono sono tutti complementi oggetto del verbo separabile **einladen**, *invitare*: **wir laden ihr<u>en</u> Freund, seine Schwester, das Orchester und alle Freunde ein**, *invitiamo* [il] *suo ragazzo, sua sorella [di lui], l'orchestra e tutti [gli] amici.*

⑤ **Brüder** (con la dieresi) è il plurale di **der Bruder**, *il fratello*. **die Schwester** forma il plurale con **-n**: **die Schwestern**. In un'unica parola **die Geschwister** vuol dire "fratello e sorella / fratelli". **Maria und Klaus sind Geschwister**, *Maria e Klaus sono fratello e sorella / fratelli*; **ich habe zwei Geschwister: ein Bruder und eine Schwester**, *ho due fratelli: un fratello e una sorella.*

⑥ **Werden**, *diventare*, è irregolare: **ich werde, du wirst, er / sie / es wird**. Seguito da aggettivo o avverbio, **werden** esprime l'idea del cambiamento di stato, dell'evoluzione (del "divenire qualcosa"): **das wird zu viel**, *sarà* (diventa) *troppo*; **ich werde müde**, *comincio a essere* (divento) *stanco*.

⑦ **Lustig** vuol dire *allegro, divertente*.

23 **Übung 1: Übersetzen Sie bitte!**

❶ Daniels Bruder ist neunzehn und seine Schwester dreiundzwanzig. ❷ Am 5. (fünften) Mai feiern wir den Geburtstag von Anna. ❸ Klaus lädt Sonja und ihre Schwester ein. ❹ Bringt nichts mehr mit! Das wird zu viel. ❺ Sie sieht ihren Freund um fünfzehn Uhr im Café.

Übung 2: Ergänzen Sie bitte!

❶ Chi invitate? Anna e i suoi fratelli e Thomas e la sua ragazza.
... ladet ihr ein? Anna und .... und Thomas und ....

❷ Vuoi (*Vorresti*) una festa in giardino oppure in casa?
.... ein Fest .. .. oder .. .... ?

❸ Anna e Klaus ci hanno invitato (*invitano*) per sabato sera, sarà sicuramente divertente.
Anna und Klaus ..... uns für Samstagabend ... , ... sicher lustig.

❹ Va a prendere suo fratello e sua sorella alla stazione.
Sie holt .... und .... am Bahnhof ab.

❺ La festa non sarà (*diventa*) costosa. Tutti porteranno (*portano*) qualcosa.
Das Fest .... nicht ....., alle .... etwas ... .

Soluzioni dell'esercizio 1

❶ Il fratello di Daniel ha 19 anni e sua sorella 23. ❷ Il 5 (*Al quinto*) maggio festeggiamo il compleanno di Anna. ❸ Klaus invita Sonja e sua sorella (*di lei*). ❹ Non portare più niente! Diventa troppo. ❺ Vede il suo ragazzo alle 15 in un caffè.

Soluzioni dell'esercizio 2 - Parole mancanti

❶ Wen – ihre Brüder – seine Freundin ❷ Möchtest du – im Garten – im Haus ❸ – laden – ein das wird – ❹ – ihren Bruder – ihre Schwester – ❺ – wird – teuer – bringen – mit

24 Vierundzwanzigste Lektion

(*fi:ə-ùnt'tsvantsìçhstë lèktsio:n*)

Komm, wir gehen einkaufen!

1 – Wir **ha**ben das **Grill**fleisch, die Kar**to**ffeln und den **Ap**felsaft ①.
2 Was **brau**chen ② wir noch?
3 – Nichts, das ist **a**lles.
4 – Gut, dann g**e**hen wir **zah**len.
5 – Halt, wir **ha**ben den Sekt ③ ver**ge**ssen ④.

Aussprache

kòm, vi:ə ghe:ën ***ain****'kauf'n* **1** *vi:ə* ***ha:****b'n das* ***grìl****-flaisc, di: kar****tòff****'ln ùnt de:n* ***apfl****-zaft.* **2** *vas* ***brau****cH'n vi:ə nòcH?*

Note

① **Der Saft**, *il succo*, **der Apfel**, *la mela*. Vi ricordate come si formano le parole composte? La prima in italiano diventa l'ultima in tedesco: *il succo d'arancia*, **der Orangensaft**.

② **Brauchen**, *aver bisogno, servire*, regge l'accusativo: **ich brauche etwas**, *ho bisogno [di] qualcosa.*

③ **Der Sekt**, lo "spumante" tedesco è più un vino con molta anidride carbonica (!) che uno spumante vero e proprio, ma è assolutamente indispensabile quando si vuole festeggiare un avvenimento. Nonostante costi meno dello champagne, offrirne o berne è indice di lusso e benessere (se si può offrire del vero champagne, in tedesco **Champagner** *sciam****pan****iə*, il lusso è certamente maggiore!).

Vieni, (*noi*) andiamo a comprare!

1 – Abbiamo la carne da fare alla griglia, le patate e il succo di mela.
2 Cosa ci serve ancora?
3 – Niente, (*questo*) è tutto.
4 – Bene, allora andiamo a pagare!
5 – Alt, abbiamo dimenticato lo spumante (*abbiamo... dimenticato*).

***3** nìçhts, das ìst **all**ès. **4** gu:t, dan ghe:ën vi:a **tsa:**l'n. **5** halt, vi:a **ha:**b'n de:n zèkt fèa**ghèss**'n.*

1, **5** e **6**: Pronunciare l'**h** aspirata non è più un problema, vero?

④ Il participio passato di **vergessen**, *dimenticare*, è identico all'infinito. Tuttavia questo non accade con tutti i verbi. Vi ricordate di **geschlossen**, *chiuso*?, l'infinito è **schließen**. Presto vedremo la formazione del participio passato. Per il momento ricordate solo che il participio passato va posto alla fine della frase e che l'ausiliare coniugato occupa la posizione II: **er hat alles vergessen**, *ha dimenticato tutto*.

6 – Stimmt! Ich **ho**le ⑤ ihn ⑥.
7 – O**kay**, ich **ge**he schon mal an ⑦ die **Ka**sse und **ste**he **Schla**nge ⑧. □

***6** sctìmt! içh **ho**:lë i:n. **7 oké:**, içh **ghe:**ë scion ma:l an di: **kas**së ùnt **scte:**ë **sclañ**gë.*

Note

⑤ Esattamente come **abholen**, il verbo **holen** traduce, in una sola parola, "andare a prendere" e "venire a prendere": **ich hole Brot**, *vado a prendere [il] pane*. La particella **ab** evoca sia l'idea della separazione, del distacco, che quella dell'attesa: **Freunde am Flughafen abholen**, *andare a prendere (aspettare) gli amici all'aeroporto*, **ein Paket abholen**, *andare a prendere un pacco*.

⑥ All'accusativo, **er**, *egli*, diventa **ihn**, *lui / lo*: **sie liebt ihn**, *lo ama* mentre i pronomi personali **sie**, *ella*, e **es**, *esso / -a* (neutro) restano invariati. **Er liebt sie**, *La ama*. **Wo ist das Brot? – Ich hole es.** *Dov'è il pane? – Vado a prenderlo.*

* * *

Übung 1: Übersetzen Sie bitte!

❶ Sie brauchen Ferien, Herr Spielberg, das ist alles. ❷ Ich mag nicht Schlange stehen. ❸ Sie kauft einmal pro Woche ein. ❹ Haben Sie keinen Sekt? – Doch, ich hole ihn. ❺ Was möchten Sie? Zwei Kilo Kartoffeln?

6 – Giusto! Vado a prenderlo.
7 – Ok, io vado (*già una volta*) alla cassa e faccio [la] coda.

⑦ **An**, *a*, *su*, *in riva a*: **ich gehe an die Kasse**, *vado alla cassa*. **Frankfurt am Main**, *Francoforte sul Meno*.

⑧ Ai supermercati tedeschi non si fa "la coda", ma "il serpente". L'espressione **Schlange stehen**, *fare la coda*, *stare in coda* è composta dal sostantivo **die Schlange**, *il serpente*, + il verbo **stehen**, *stare*, *trovarsi*.

* * *

Soluzioni dell'esercizio 1

❶ Ha bisogno di vacanze, Sig. Spielberg, questo è tutto. ❷ Non mi piace stare in coda. ❸ Va a fare la spesa una volta alla settimana. ❹ Non ha dello spumante? – Certo, vado a prenderlo. ❺ Cosa desidera (*desidererebbe*)? Due chili di patate?

Übung 2: Ergänzen Sie bitte!

1. Perchè hai dimenticato le patate e non la birra?
   Warum hast du … ………. vergessen und nicht … …. ?
2. Cosa Le serve? – Niente, grazie.
   … brauchen Sie? – …… , danke.
3. Lei va alla cassa e lui va (*ancora*) a prendere velocemente lo spumante.
   Sie geht .. … ….. , und .. …. noch schnell den Sekt.
4. Vorrei un succo d'arancia per favore, (*e questo*) è tutto.
   Ich möchte bitte ….. ……….. und das ist ….. .

25 Fünfundzwanzigste Lektion

(*fuenf-ùnt'tsvantsìçhstë lèktsio:n*)

Ist Ihr ① Terminkalender ② auch zu voll?

1 Ich bin Ver**tre**ter für Com**pu**ter.

Aussprache

*ist i:a tèrmi:n-kalènda aucH tsu: fòl? **1** içh bìn fèatre:ta fue:a còmpiu:ta*

Note

① **Ihr**, con l'iniziale maiuscola, vuol dire "Suo / Vostro"; **Ihre**, invece, "Sua / Sue / Suoi" e "Vostra / Vostre / Vostri" (forma di cortesia): **machen Sie bitte Ihre Übungen!**, *per favore faccia*

(5) Quando andate a fare la spesa? Ho bisogno di qualcosa da bere.
Wann geht ihr . . . . ? Ich brauche . . . . . zu trinken.

Soluzione dell'esercizio 2 - Parole mancanti

(1) – die Kartoffeln – das Bier (2) Was – Nichts – (3) – an die Kasse – er holt – (4) – einen Orangensaft – alles (5) – einkaufen – etwas –

Non sentitevi sovraccaricati di nozioni: non siete obbligati a ricordarvi subito tutto! Continuate a ripetere più volte e a voce alta le frasi di ogni lezione e dite tranquillamente a voi stessi: Es ist noch kein Meister vom Himmel gefallen *(lett. Nessun maestro è ancora caduto dal cielo), nessuno nasce maestro.*

Venticinquesima lezione 25

(*È*) Anche [la] Sua agenda è troppo fitta?

1 Sono [un] rappresentante (*per*) di computer.

▸ *i Suoi esercizi!* Vi ricordiamo che in tedesco l'aggettivo possessivo non è mai preceduto dall'articolo.

(2) **Der Termin**, *il termine, la data (prefissata), l'appuntamento*, e **der Kalender**, *l'agenda*. **Der Termin** si usa per indicare un appuntamento ufficiale, per esempio dal medico: **Freitag hat er einen Termin bei Doktor Schmidt**, *Venerdì ha un appuntamento dal (da) Dottor Schmidt*.

25 **2** Am **Mon**tag **flie**ge ich ③ nach Barce**lo**na.
3 **Diens**tag**nach**mittag ④ **kom**me ich zu**rück**.
4 **Mitt**woch**vor**mittag **ha**ben wir **ei**ne **Si**tzung ⑤.
5 **Do**nnerstag ⑥ **tre**ffe ich **Kun**den.
6 Ich **ho**ffe, **ih**re ⑦ Ma**schi**nen funktion**ie**ren.
7 Am **Frei**tag **ar**beite ich im Bü**ro**.
8 Und am **Sams**tag repar**ie**re ich zu **Hau**se… den Com**pu**ter. □

***2** am **mo:n**ta:k **fli:**ghë içh na:cH bartse**lo:**na. **3** **di:ns**ta:k-**na:cH**mìtta:k **kòm**më içh tsu**ruek**. **4** **mìt**vòcH-**fo:a**mìtta:k **ha:**bën vi:a **ai**në **zì**tsuñg. **5** **dòn**nasta:k **trè**ffë içh **kùn**dën. **6** içh **hò**ffë, **i:**rë ma**sci:**nën fùñktsio**ni:**rën. **7** am **frai**ta:k **ar**baitë içh ìm bue**ro:**. **8** ùnt am **zams**ta:k repa**ri:**rë içh tsu: **hau**zë… de:n còm**piu:**ta.*

Note

③ In una frase affermativa, il verbo coniugato occupa la posizione II subito dopo il soggetto: **ich fliege am Montag nach Barcelona**, o subito dopo un altro elemento della frase: **am Montag fliege ich nach Barcelona**, oppure: **nach Barcelona fliege ich am Montag**. Potremmo soffermarci più a lungo sulla struttura delle frasi in tedesco, ma preferiamo darvi un po' di tempo per familiarizzare con quanto appreso finora. Leggete attentamente ciascuna frase e ripetetela a voce alta; senza notarlo svilupperete gli automatismi propri del tedesco.

④ Il termine **Dienstagnachmittag** è composto da **Dienstag**, *martedì*, e da **der Nachmittag**, *il pomeriggio* (**nach**, *dopo* + **Mittag**, *mezzogiorno*). **Der Vormittag**, *la mattina*, letteralmente "prima-mezzogiorno", è composto invece da **vor**, *prima* + **Mittag**, *mezzogiorno*. Ricordatevi che **nach** non significa solo "dopo": usato con un verbo di moto, significa "a", "per", "verso". **Er fliegt nach Barcelona**, *Va a Barcellona in aereo.*

2 Lunedì vado (*volo*) a Barcellona.
3 Martedì pomeriggio, ritorno (*vengo io di ritorno*).
4 Mercoledì mattina, abbiamo una riunione.
5 Giovedì incontro [dei] clienti.
6 Spero [che] le loro macchine funzionino (*funzionano*).
7 Venerdì, lavoro in ufficio.
8 E sabato riparo… il computer a casa.

6, 8: In tedesco i verbi terminanti in **-ieren** sono molti e sono tutti di origine francese. L'accento tonico cade sul dittongo **ie** di cui si sente solo la **i** (suono lungo): **funktionieren** *fùñktsioni:rën*, **reparieren** *repari:rën*, **studieren** *sctudi:rën*, **telefonieren** *telefoni:rën*, ecc.

⑤ **Die Sitzung**, *la riunione, la seduta*, è un termine derivante dal verbo **sitzen**, *essere seduti*. Molti sostantivi si formano allo stesso modo, ovvero aggiungendo la desinenza **-ung** alla radice del verbo. Conosciamo già **die Entschuldigung**, *la scusa*, da **entschuldigen**, *scusare*. A titolo informativo: tutti i sostantivi che terminano in **ung** sono femminili e formano il plurale con **-en**: **die Sitzungen**, *le riunioni*.

⑥ Per indicare il giorno della settimana si dice semplicemente **Donnerstag**, (*di*) *giovedì*, o **am Donnerstag**.

⑦ Sappiamo che il pronome di 3ª persona singolare femminile è identico a quello di 3ª persona plurale: **sie trinkt Kaffee**, *Beve caffè*, **sie trinken Kaffee**, *bevono caffè*. L'aggettivo possessivo **ihr(e)**, scritto minuscolo, significa "*suo / sua / sue / suoi*" (di lei) oppure "*loro*": **sie trifft ihre Freundin**, *incontra la sua amica*; **die Kinder treffen ihre Freunde**, *i bambini incontrano i loro amici*. Avete notato che la prima **e** del verbo **treffen**, *incontrare*, diventa una **i** alla 2ª e alla 3ª persona singolare?

25 **Übung 1: Übersetzen Sie bitte!**

❶ Am Dienstag fahren wir nach Berlin. ❷ Haben Sie nächste Woche Zeit? ❸ Am Mittwoch arbeitet sie zu Hause. ❹ Fliegen Sie Freitagvormittag nach München? ❺ Ich möchte bitte einen Termin mit Doktor Bachmann.

Übung 2: Ergänzen Sie bitte!

❶ Cosa fa sabato? – Ho una riunione.
Was machen Sie .. .. ? – Ich habe ....

❷ Klaus ritorna venerdì sera da Barcellona.
Klaus ..... Freitagabend aus Barcelona ....

❸ Quando incontrate i Vostri clienti? – Lunedì.
Wann .... Kunden? – ....

❹ Il suo computer *(di lei)* non funziona più, lui lo ripara.
... Computer .... nicht mehr, ... ihn.

❺ Mercoledì la mia agenda è troppo fitta [di impegni], ma giovedì mattina ho tempo.
.... ist mein .... zu voll, aber .... habe ich Zeit.

Die Wochentage, I giorni della settimana
I nomi dei giorni hanno tutti una loro storia e questo ci permette di ricordarli meglio: Sonntag *è il giorno del sole (*die Sonne*, il sole)* *e* Montag *il giorno della luna (*der Mond*, la luna).* Dienstag *non è il giorno del servizio (*der Dienst*, il servizio) come pensano molti, ma il giorno di Things o Tyr, il dio germanico della guerra che i romani hanno identificato con Marte. Martedì e* Dienstag *hanno quindi la stessa origine storica.* Mittwoch *è il giorno a metà settimana:* die Mitte*, il centro, il mezzo,* die Woche*, la settimana.* Donnerstag *deve il suo nome a Donar, dio germanico del tuono (*der

Soluzioni dell'esercizio 1

❶ Martedì andiamo a Berlino. ❷ Ha tempo la prossima settimana? ❸ Mercoledì, lavora a casa. ❹ Va a Monaco (*in aereo*) venerdì mattina? ❺ Vorrei un appuntamento con il Dott. Bachmann, per cortesia.

Soluzioni dell'esercizio2 - Parole mancanti

❶ – am Samstag – eine Sitzung ❷ – kommt – zurück ❸ – treffen Sie Ihre – Montag ❹ Ihr – funktioniert – er repariert – ❺ Mittwoch – Terminkalender – Donnerstagvormittag –

Donner, *tuono), mentre il giovedì deve il proprio a Giove, il suo equivalente romano. Un giorno della settimana è stato infine dedicato a una dea: Frija o Freya, sposa di Wotan, "il dio degli dei" germanici. È la dea della fertilità e del matrimonio, che i romani hanno identificato con Venere. Così il giorno di Venere (venerdì) è diventato per i Germanici il giorno di Frija,* Freitag. Samstag *non deve il suo nome ad un dio, bensì all'espressione romena "sambata" (settimo giorno), giunta in Germania attraverso il Danubio e il Reno. È proprio per questo che* Samstag *è molto diffuso a sud e a sud-ovest, mentre nella Germania del Nord si preferisce dire* Sonnabend ovvero *"la sera / la vigilia della domenica".*

26 Sechsundzwanzigste Lektion

(***zèksùnt'tsvantsìçhstë lèktsio:n***)

Was machen wir heute Abend, Liebling ①?

1 – Hast du Lust ②, ins ③ Theater zu **ge**hen?
2 – Nein, ich **fin**de The**a**ter zu **an**strengend.
3 – Wir **kön**nen **ei**nen Spa**zier**gang ④ **ma**chen.
4 – Ach nein, es **reg**net ⑤ **si**cher bald.
5 – Wir **neh**men **ei**nen **Re**genschirm ⑥ mit.

Aussprache

*vas **macHën** vi:a **hòitë a:**b'nt, **li:p**liñg? **1** hast du: lùst, ins tea:ta tsu: ghe:ën? **2** nain, içh **fin**dë tea:ta tsu: **an**sctrèñgënt. **3** vi:a **kœn**nën **ai**nën scpa**tsi:a**gañg **ma**cHën. **4** acH nain, ès*

Note

① **Liebling**, *caro(a)*, è invariabile: lo si può rivolgere tanto a una donna quanto a un uomo. Il suo articolo rimane al maschile: **der Liebling**.

② Dopo alcune espressioni o verbi come **Lust haben**, *avere voglia*, **Zeit haben**, *avere tempo*, **sich freuen**, *essere contenti / rallegrarsi*, l'infinito con funzione di complemento oggetto è preceduto dalla preposizione **zu**: **er hat Lust, eine Pizza zu essen**, *ha voglia di mangiare una pizza*, e si trova alla fine della frase. Dall'ultima riforma ortografica, la virgola per separare la costruzione infinitiva dalla frase principale non è più obbligatoria. Tuttavia molte persone continuano a usarla, un po' per abitudine, un po' per assicurare una migliore comprensione della frase stessa: **ich freue mich (,) Sie zu sehen**, *sono contenta di vederLa*. ▸

Cara, cosa facciamo stasera?

1 – Hai voglia di andare a (*in*) teatro?
2 – No, trovo [il] teatro troppo impegnativo.
3 – Possiamo fare una passeggiata (*fare*).
4 – Ah no, (*piove*) pioverà sicuramente tra poco.
5 – Ci portiamo un ombrello.

***re:g**nët **zìçh**a balt.* ***5** vi:a **ne:**mën **ai**nën **re:g**'n-scìrm mìt.*

1: La desinenza **-er** di **Theater**, in quanto àtona, si pronuncia a.

③ **Ins** è la contrazione della preposizione **in**, *in*, e dell'articolo **das**.

④ Avete notato che il termine **Spaziergang** è maschile? Se fosse stato neutro avremmo detto **ein** e se fosse stato femminile, **eine**! Sì, qui **Spaziergang** è all'accusativo. Un infinito che dipende da un modale occupa l'ultimo posto della frase, ma non è mai preceduto da **zu**: **wir können eine Pizza <u>essen</u>**, *possiamo mangiare una pizza (possiamo... mangiare)*.

⑤ I verbi la cui radice termina con una consonante seguita da **n** o **m** utilizzano una **-e** aggiuntiva davanti alle desinenze **-st**, **-t** proprio come i verbi la cui radice termina per **-t** o **-d**. Es.: **regnen**, *piovere*, **es regnet**, *piove*. È facile capire perché: provate a pronunciare **regnt** senza la **e** tra **n** e **t**...

⑥ Spesso al posto di **der Regenschirm** si dice solo **der Schirm**, letteralmente "pioggia-protezione". Notate che si dice **der Regen**, *la pioggia*, ma **reg<u>n</u>en**, con la **-n**, *piovere*.

6 – Och, ich habe **kei**ne Lust.
7 – Dann **blei**ben wir zu Haus und **la**ssen ⑦ **Pi**zzas **ko**mmen,
8 was meinst du?
9 – Au ja, **das** ist **ei**ne **gu**te **Idee**. □

6 **6** *òcH, içh* ***ha:****bë* ***kai****në lùst.* **7** *dan* ***blai****b'n vi:ₐ tsu: haus ùnt* ***lass****'n* ***pìts****as* ***kòm****mën,* **8** *vas mainst du:?* **9** *au ia:,* ***das*** *ìst* ***ai****në* ***gu:****të* ***ide:****.*

6, **9**: L'esclamazione **och** si usa per esprimere stanchezza o noia

Note

⑦ **Lassen** significa "lasciare" o "far [fare] qualcosa": **sie lässt ihren Regenschirm zu Haus**, *lascia il suo ombrello a casa*; **sie lässt ihren Computer reparieren**, *fa riparare il suo computer.*

* * *

Übung 1: Übersetzen Sie bitte!

❶ Machen wir einen Spaziergang! ❷ Habt ihr keine Lust, ein Bier zu trinken? ❸ Lassen Sie bitte ein Taxi kommen! ❹ Es regnet und ich habe keinen Regenschirm! ❺ Einkaufen ist anstrengend!

6 – Boh, non [ne] ho voglia.
7 – Allora restiamo a casa e ordiniamo (*facciamo*) [delle] pizze (*venire*),
8 cosa [ne] pensi?
9– Oh, sì, [questa] è una buona idea.

ed è simile alle nostre espressioni: *boh*, *mah*, *oh*.
Au ja è un'esclamazione di gioia, usata anche per esprimere la piena approvazione di qualcosa: *ah, sì!* Attenti all'intonazione!

* * *

Soluzioni dell'esercizio 1

❶ Facciamo una passeggiata! ❷ Non avete voglia di bere una birra? ❸ Faccia arrivare un taxi, per favore. ❹ Piove e io non ho l'ombrello! ❺ Comprare è faticoso!

Übung 2: Ergänzen Sie bitte!

1. Hai voglia di andare a mangiare? – Sì, volentieri.
   .... , essen zu gehen? – Ja, ...

2. Non possiamo restare a casa?
   Können wir nicht .. .. ?

3. Non ha tempo di andare a teatro.
   Sie hat .... Theater .. gehen.

4. Cara, cosa vorresti fare stasera?
   ... möchtest du .... machen,
   .... ?

---

27 Siebenundzwanzigste Lektion

*(**zi:**b'n-ùnt'**tsvan**tsìçhstë lèk**tsio:n**)*

Na, schmeckt's ①?

1 – Sehr gut! Das **Ess**en ② ist **wirk**lich **aus**ge**zei**chnet.

Aussprache
na, scmèkts? ***1*** *ze:a gu:t! das* ***èss****'n ìst* ***vìrk****lìçh* ***aus****ghë****tsai****çhnët.*

Note

① **Schmeckt's?**, *È buono?*, o **wie schmeckt's?** *Come lo trova / trovi?* è forse la domanda più frequente che i tedeschi rivolgono quando si mangia. **Schmecken** significa infatti "assaporare", "avere sapore o gusto di". **Das schmeckt!** da solo vuol dire "è buono!", "ha un buon sapore!". Possiamo comunque aggiungere **gut**, *buono*, **sehr gut**, *molto buono*, **ausgezeichnet**, *squisito, ottimo.*

5 Non piove più, non abbiamo bisogno dell'ombrello.
.. .. nicht mehr, wir brauchen ......
....

Soluzioni dell'esercizio 2 - Parole mancanti
1 Hast du Lust – gern 2 – zu Haus bleiben 3 – keine Zeit, ins – zu – 4 Was – heute Abend – Liebling 5 Es regnet – keinen Regenschirm

Ventisettesima lezione 27

Allora, è buono (*ha un buon sapore*)?

1 – Buonissimo! Il cibo è veramente ottimo.

1: Nella parola **ausgezeichnet**, l'accento principale cade sulla particella **aus**, quello secondario, sulla radice **zeich**.

② Qualsiasi verbo può diventare un sostantivo; basta scriverne l'iniziale in maiuscolo: **essen**, *mangiare* → **das Essen**, *il pasto, il mangiare*, **lesen**, *leggere* → **das Lesen**, *la lettura*, ecc.
Gli infiniti sostantivati, è così che si chiamano, sono tutti neutri.

27

2 – Ja, die **Vor**speisen ③ **schme**cken **köst**lich.
3 – Und die **Haupt**speisen ④ sind noch **be**sser!
4 – **A**ber ich **fin**de die Porti**o**nen zu groß.
5 – Ich auch, ich bin schon to**tal** satt ⑤.
6 – Wie **bi**tte? Wollt ihr **kei**nen **Nach**tisch?
7 Der Schoko**la**denkuchen schmeckt hier so gut!
8 – Nein **dan**ke, ich kann nicht mehr.
9 – Ich auch nicht ⑥, ich **neh**me auch **kei**nen.
10 – Ich ver**ste**he euch ⑦ nicht.
11 Der **Nach**tisch ist das **Bes**te ⑧! □

2 ia:, di: ***fo:a****-spaiz'n* ***scmè****k'n* ***kœst****lìçh.* ***3*** *ùnt di:* ***haupt****-spaiz'n zìnt nòcH* ***bèss****a!* ***4*** ***a:****ba içh* ***fin****dë di: pòr****tsio:****nën tsu: gro:ss.* ***5*** *içh aucH, içh bìn scio:n to****ta:l*** *zat.* ***6*** *vi:* ***bìt****të? vòlt i:a* ***kai****nën* ***na:cH****tìsc?* ***7*** *de:a sciokol****a:****dën-ku:cH'n scmèkt hi:a zo: gu:t!* ***8*** *nain* ***dañ****kë, içh kan nìçht me:a.* ***9*** *içh aucH nìçht, içh* ***ne:****më aucH* ***kai****nën.* ***10*** *içh fèa****scte:****ë òiçh nìçht.* ***11*** *de:a* ***na:cH****tìsc ìst das* ***bès****të!*

Note

③ **Die Vorspeise**, *l'antipasto*, significa letteralmente "il prima-cibo". Così "il dolce" è **die Nachspeise**, ("il dopo-cibo"), o **der Nachtisch**, ("il dopo-tavolo"). Attenzione! **der Nachtisch** è maschile perché **der Tisch**, *il tavolo*, è maschile.

④ **Die Hauptspeise**, *il piatto principale*, *il primo*, è composto dai termini **das Haupt**, *la testa*, e **die Speise**. **Das Haupt** si usa solo in senso figurato: **Opa ist das Haupt der Familie**, *papà è il capo (la testa della) famiglia*, o nelle parole composte col significato di "centrale, principale": **der Hauptbahnhof**, *la stazione centrale*, *principale*, **die Hauptstadt**, *la città principale*, *la capitale*.

⑤ **Sind Sie satt?** (lett. "È sazio?"), si preferisce tradurlo con "ne vuole ancora?" In Germania è buona educazione rispondere ▶

2 – Sì, gli antipasti hanno un sapore delizioso.
3 – E le portate principali sono ancora meglio!
4 – Ma trovo [che] le porzioni [siano] troppo grandi.
5 – Anch'io (*io anche*), sono già *(completamente)* sazio.
6 – Come prego? Non volete il dolce?
7 La torta al cioccolato è (*qui*) così buona qui!
8 – No grazie, non [ce la] faccio (*posso*) più.
9 – Neanche io, anch'io non la prendo (*io prendo anche alcuno*).
10 – Non vi capisco,
11 Il dolce è la cosa (*il*) migliore!

6, **9**: I tedeschi pronunciano appena, se non per niente, la **e** finale del verbo della 1ª persona singolare e la desinenza **-en** degli articoli **ein** e **kein** all'accusativo. Vi capiterà quindi di sentire: **ich nehm' kein' Nachtisch** al posto di **ich nehm<u>e</u> kein<u>en</u> Nachtisch**. La **-e** "debole" è spesso "mangiata".

▸ alla domanda: **wollen Sie noch ein bisschen?**, *[ne] vuole ancora un po'*, con: **nein danke, ich bin satt**, *no grazie, non ho più fame* ("sono sazio"). **Ich bin total satt** è piuttosto colloquiale.

⑥ In tedesco, **auch** vuol dire "*anche*", e **auch nicht**, (lett. "anche non") *neanche*. **Du verstehst das nicht? Ich auch nicht!** *Non lo capisci? Neanch'io.*

⑦ **Euch** è l'accusativo di **ihr**, *voi* (nominativo). Vi ricordate che non si tratta del pronome allocutivo di cortesia, che è **Sie**, ma del plurale di "tu"? **Kinder, wo seid ihr? Ich sehe euch nicht**, *Bambini, dove siete? Non vi vedo.*

⑧ Con **das Beste**, *il migliore*, (neutro) si intende "la <u>cosa</u> migliore": "la cosa migliore che abbia mai visto, mangiato o ascoltato".

27 **Übung 1: Übersetzen Sie bitte!**

❶ Schmeckt der Apfelkuchen gut? ❷ Guten Tag, entschuldigen Sie, verstehen Sie Deutsch? ❸ Nein, danke, wir nehmen keinen Nachtisch. ❹ Das schmeckt köstlich, ich möchte bitte ein bisschen mehr. ❺ Ich nehme keine Vorspeise, und du?

Übung 2: Ergänzen Sie bitte!

❶ Sig.ra Spielberg, la sua torta al cioccolato è davvero ottima.
Frau Spielberg, ...
schmeckt wirklich . . . .

❷ Qui gli antipasti sono la cosa migliore (*il meglio*), [ne] prendo due.
. . . . sind hier . . . . , . . .
. . . . . zwei.

❸ Bambini, perché non volete mangiare? Non è buono?
Warum . . . . nicht essen, Kinder?
. . . . nicht?

❹ Lui non la capisce, le porzioni sono piccole, ma lei le trova troppo grandi.
. . . . sie nicht, ... sind
klein, aber . . . . sie . . . .

❺ Molte grazie, non voglio (*vorrei*) il dolce. Neanch'io, sono sazia.
Vielen Dank, ich möchte . . . .
– Ich . . . . , ich bin . . . . .

Soluzioni dell'esercizio 1

❶ È buona la torta di mele? ❷ Buongiorno, mi scusi, capisce il tedesco? ❸ No, grazie, non prendiamo il dolce. ❹ È delizioso, ne vorrei ancora un po' (*un po' più*), per favore. ❺ Io non prendo l'antipasto e tu?

Soluzioni dell'esercizio 2 - Parole mancanti

❶ – Ihr Schokoladenkuchen – ausgezeichnet ❷ Die Vorspeisen – das Beste, ich nehme – ❸ – wollt ihr – Schmeckt es – ❹ Er versteht – die Portionen – sie findet – zu groß ❺ – keinen Nachtisch – auch nicht – satt

Prima di iniziare la lezione 28, vi raccomandiamo di rileggere i testi in tedesco dalla lezione 22 alla lezione 27, perché le spiegazioni da sole non servono a molto. Bisogna metterle in pratica...

28 Achtundzwanzigste Lektion

(***acHt**-ùnt'**tsvan**tsìçhstë lèk**tsio:n***)

Wiederholung (ripasso)

1 I pronomi personali e l'accusativo

L'accusativo non è più una novità per voi. In poche lezioni, infatti, siete riusciti ad acquisire una certa familiarità. Ora però dovete esercitarvi ad usarlo; per aiutarvi abbiamo riportato qui sotto la tabella dei pronomi personali.

		singolare	
	1ª pers.	2ª pers.	3ª pers
nominativo	**ich**	**du**	**er/sie/es**
accusativo	**mich**	**dich**	**ihn/sie/es**

		plurale		**sing./plur.**
	1ª pers.	2ª pers.	3ª pers.	cortesia
nominativo	**wir**	**ihr**	**sie**	**Sie**
accusativo	**uns**	**euch**	**sie**	**Sie**

Anche a rischio di ripeterci, vi ricordiamo alcune regole:
I pronomi personali femminile, neutro e plurale non cambiano all'accusativo. Anche il pronome allocutivo di cortesia, che a parte l'iniziale maiuscola è uguale alla 3ª persona plurale, resta invariato all'accusativo. Non dimenticate che il pronome allocutivo **ihr**, *voi*, si usa nel discorso colloquiale per rivolgersi a (più) persone con cui si ha un rapporto di confidenza. All'accusativo, il pronome personale maschile termina in **-n**: **ihn**, *lo / lui*, come l'articolo determinativo maschile singolare **den**.

2 L'aggettivo possessivo

Singolare:
1ª pers.: **mein(e)**, *mio, mia, miei, mie.*
2ª pers.: **dein(e)**, *tuo, tua, tuoi, tue.*
3ª pers.: **sein(e)**, *suo, sua, suoi, sue* (di lui, maschile o neutro)
ihr(e), *suo, sua, suoi, sue* (di lei)

Herr Berg ist allein, seine Frau ist in Ferien, *Il Sig. Berg è solo, sua moglie è in vacanza.*
Frau Berg ist auch allein, ihr Mann ist in Deutschland, *Anche la Sig.ra Berg è sola, suo marito è in Germania.*

L'aggettivo possessivo di 3ª persona plurale e nella forma di cortesia è identico all'aggettivo possessivo di 3ª persona singolare femminile:
ihr(e), *loro*; scritto in maiuscolo - **Ihr(e)**, *Suo, Sua, Suoi, Sue, Vostro, Vostra, Vostri, Vostre.*
Herr und Frau Berg treffen ihre Kollegen, *Il Sig. e la Sig.ra Berg incontrano i loro colleghi.*
Und wann treffen Sie Ihre Kollegen?, *E [Lei], quando incontra i Suoi colleghi ?*

3 I pronomi interrogativi: wer? welcher, welche, welches? was für (ein)?

Il pronome **wer?**, *chi?* si declina come l'articolo determinativo maschile **der**, *il / lo / l'*: **wer ist das?**, *chi è questo?*, **wen treffen sie um fünfzehn Uhr?**, *chi incontrano alle 15?*

I pronomi **welcher, welche, welches?**, *quale, che?* si declinano come gli articoli determinativi **der**, **die**, **das**.
Welcher Zug fährt nach Bonn? *Che treno va a Bonn?*
Welche Vorspeise nimmst du? *Che antipasto prendi?*
Welches Essen ist das Beste? *Quale cibo è il migliore?*
Welchen Freund triffst du Sonntag und welchen siehst du Montag? *Quale amico incontri domenica e quale vedi lunedì?*

"Quale?" nel senso di "che genere di…, che tipo di… ?" si traduce con **was für…? / was für ein(e)…? Ein** va declinato: **was für eine Sitzung haben Sie morgen?**, *che tipo di riunione ha domani?*, **was für ein Fest ist das?**, *che tipo di festa è questa?*, **was für einen Nachtisch möchtest du?**, *che tipo di dolce vuoi (vorresti)?*

28 Come per l'articolo indeterminativo, al plurale non ci sono articoli: **was für Speisen gibt es hier?**, *che tipo di piatti ci sono qui?* **Was für ein ...!** può diventare anche un'esclamazione: **was für eine Idee!**, *che idea!* **was für ein Tag!**, *che giornata!*

4 La posizione del verbo

In tedesco esistono modi diversi di costruire una frase. Quelli che abbiamo visto insieme li abbiamo riassunti qui sotto, gli altri li scopriremo più avanti.

a) Il verbo coniugato occupa la posizione I

– in una domanda sì / no[1] (come in italiano): **haben Sie Hunger?**, *ha fame?*
– in un'esortazione o comando (come in italiano): **machen Sie schnell!**, *faccia presto!*

[1] Una domanda cui si risponde semplicemente "sì", "no" o "forse", ecc., a differenza di un'interrogativa aperta, introdotta, in genere, da avverbi / pronomi interrogativi (vedi paragrafo successivo).

b) Il verbo coniugato si colloca sempre[2] in posizione II

Ogni frase è composta da determinati componenti: soggetto, verbo, complemento, ecc. che rispettano una determinata successione. Prima di definire la posizione II all'interno di una frase affermativa, occorre innanzitutto capire qual è il primo elemento che la compone; può trattarsi di una parola sola o di un gruppo di parole. Il verbo coniugato occupa sempre la posizione II, subito dopo l'elemento introduttivo: il soggetto (o più soggetti), il complemento oggetto / di luogo / di tempo, un avverbio, ecc.

– in una domanda introdotta da avverbi / pronomi interrogativi:

Wie heißen Sie? *Come si chiama?*
Wer trinkt keinen Kaffee? *Chi non beve [il] caffè?*
Um wie viel Uhr kommt Ihr Zug an? *A che ora arriva il suo treno?*

– in una frase dichiarativa, ovvero una frase che non è né una domanda, né un'esortazione o comando, ma una frase in cui si stabilisce un fatto:

Thomas arbeitet heute nicht, *Thomas non lavora oggi.*
Heute arbeitet Thomas nicht, *Oggi, Thomas non lavora.*

Seine Freundin arbeitet auch nicht, *Anche la sua ragazza non lavora.*
Morgen Abend gehen sie in die Oper, *Domani sera vanno all'opera.*

[2] Come al solito ci sono delle eccezioni, ma le vedremo più avanti.

c) L'infinito (preceduto o meno da **zu**) che dipende da un altro verbo è posto alla fine della frase:

Ich möchte im Garten Geburtstag feiern, *Vorrei festeggiare il compleanno in giardino* (festeggiare).
Er hat keine Lust, nach Hause zu gehen, *Non ha voglia di andare a casa* (a casa di andare).

Non preoccupatevi se tutto questo vi sembra complicato. Con la pratica, vi diverrà naturale.

5 I numeri ordinali e la data

a) Dall'1 al 19, i numeri ordinali si formano con il suffisso **-te**. Uniche eccezioni: **der erste**, *il primo*, **der dritte**, *il terzo* e **der siebte** (anziché **siebente**), *il settimo.*

1. **erste**
2. **zweite**
3. **dritte**
4. **vierte**
5. **fünfte**
6. **sechste**
7. **siebte**
8. **achte**
9. **neunte**
10. **zehnte**
11. **elfte**
12. **zwölfte**
13. **dreizehnte**
14. **vierzehnte**
15. **fünfzehnte**
16. **sechzehnte**
17. **siebzehnte**
18. **achtzehnte**
19. **neunzehnte**

28 Dal 20 in poi, si aggiunge **-ste**: **der zwanzigste**, *il ventesimo*, **der einundzwanzigste**, *il ventunesimo*, ecc.
I suffissi **-te** e **-ste** si declinano. All'accusativo singolare, diventano **-ten** e **sten**:
er ist der erste (nominativo), *è il primo*, ma **er hat den ersten Platz** (accusativo), *ha il primo posto.*

b) Nelle date si utilizzano i numeri ordinali

Le date si formulano in due modi:
• con il verbo essere:
heute ist Dienstag, der 25. Mai, *oggi è Martedì, (il) 25 maggio.*
Si legge **"fünfundzwanzigste"** perché dopo il numero c'è un punto. Il punto è obbligatorio!

* * *

Die Geburtstagsparty von Melanie (22, 23)

1 – Guten Abend, ich bin **Son**ja, **ei**ne **Freun**din von **Me**lanie. **(23)**
2 Die **Par**ty ist **su**per, **fin**den Sie nicht? **(22, 27)**
3 – Stimmt, **a**ber was für **ei**ne **Hi**tze! **(22)**
4 – Ach, ich **glau**be, es **reg**net bald. **(26)**
5 – **Möch**ten Sie **et**was **trin**ken? **(23)**
6 – Au ja, das ist **ei**ne **gu**te I**dee**. **(26)**
7 – **War**ten Sie, ich **ho**le ein Glas Sekt für Sie. **(24)**
8 Ich **kom**me gleich zu**rück**. **(25)**

***

9 **Hal**lo, wo sind Sie? Hier ist Ihr Sekt! **(24, 25)**
10 – **Vie**len Dank. Sie **trin**ken **kei**nen? **(23)**
11 – Nein, ich **fah**re, ich **trin**ke **Ap**felsaft. **(24)**
12 – Sind Sie der **Bru**der von **Me**lanie? **(23)**

• con il verbo avere:
heute haben wir den 25. Mai, lett: *oggi abbiamo il 25 maggio, oggi ne abbiamo 25.* Qui si dice **"fünfundzwanzigsten"**, con la **-n**, perché la data è all'accusativo.

La data è spesso preceduta dalla preposizione **am (an + dem)**: **Wann ist Ihr Geburtstag?**, *Quand'è il suo compleanno?* – **Am 3. (dritten) September**, *Il 3 settembre.* Se il vostro compleanno è a maggio o a luglio, non siate tristi... ecco qui i dodici mesi: **Januar, Februar, März, April, Mai, Juni, Juli, August, September, Oktober, November, Dezember**.
Ne approfittiamo per dirvi anche i nomi delle quattro stagioni: **der Frühling**, *la primavera*, **der Sommer**, *l'estate*, **der Herbst**, *l'autunno*, e **der Winter**, *l'inverno.* Sono tutti maschili!

Il nostro dialogo vi darà occasione di mettere in pratica quanto appena incontrato.

* * *

Il compleanno di Melanie

1 – Buonasera, sono Sonja, un'amica di Melanie.
2 La festa è super, non trova?
3 – Vero, ma che caldo!
4 – Oh, credo [che] pioverà (*piove*) presto.
5 – Vuole (*vorrebbe*) bere qualcosa?
6 – Ah sì, è una buona idea.
7 – Aspetti, prendo un bicchiere di spumante per Lei.
8 Torno subito.

***

9 Ehilà, dov'è? Ecco (*qui è*) il suo spumante.
10 – Molte grazie. Lei [non] beve (*nessuno*)?
11 – No, devo guidare (*io guido*), bevo succo di mela.
12 – Lei è (*è Lei*) il fratello di Melanie?

13 – Nein, ich bin ihr Kol**le**ge, wir **ar**beiten zu**sam**men. **(23, 25)**
14 – Ach, Sie sind das, jetzt ver**ste**he ich. **(25, 27)**
15 – Was ver**ste**hen Sie? **(27)**
16 – **Me**lanie **fin**det **ih**ren Kol**le**gen sehr nett. **(22, 27)**
17 – Ach **wirk**lich? Das ist **lus**tig.
18 Sie **fin**det **ih**re **Freun**din auch prima... **(23, 27)**

29 Neunundzwanzigste Lektion

(*nòin-ùnt'tsvantsìçhstë lèktsio:n*)

Man kann ① nicht immer Glück haben

1 – Sag mal, ist es noch weit?
2 – Nein, viel**leicht** noch **fünf**zehn Kilo**me**ter.
3 – Gott sei Dank, die Ben**zin**uhr ② ist auf null.

Aussprache

*... kan ... **1** ... vait? **2** ... fil**laiçht** ... kilo**me:**ta **3** gòt zai ... bèn**tsi:n**-u:a ... nùl.*

13 – No, sono [il] suo collega, lavoriamo insieme. 29
14 – Ah, è Lei (*Lei è questo*), adesso capisco.
15 – Cosa capisce?
16 – Melanie trova il suo collega molto simpatico.
17 – Oh davvero, (*questo è*) divertente.
18 Trova [che] anche la sua amica [sia] formidabile...

Vi rendete conto della conversazione che potreste già sostenere se domani partecipaste ad un Gartenparty*? Non è forse necessario saper fare un po' di "small talk" (come si dice in "buon tedesco")? Non siamo sicuri che questa storia avrà un seguito, ma cosa importa? Però di una cosa siamo certi... che vi ritroveremo qui anche domani.* Bis morgen!

Ventinovesima lezione 29

Non si può sempre avere fortuna

1 – Dì un po' (*volta*), è ancora lontano?
2 – No, forse ancora quindici chilometri.
3 – Grazie a Dio (*Dio sia grazie*), l'indicatore della benzina è sullo zero.

Note

① L'infinito di **kann** è **können**, *potere, essere capace di*... che come tutti i modali ha le sue regole di coniugazione. (Vedi lezione 35, § 1).

② **Die Benzinuhr** si scompone in **die Uhr**, *l'orologio, l'ora*, e **das Benzin**, *la benzina*.

4 – **Se**it wann? Schon **lan**ge?
5 – **Un**gefähr **zwan**zig Kilo**me**ter ③.
6 – Dann **kön**nen wir es theo**re**tisch **scha**ffen ④.
7 Wa**rum** hältst du denn **an** ⑤?
8 – Es ist Schluss ⑥, wir **ha**ben kein Ben**zin** mehr.
9 – Ver**flixt** ⑦, **das** ist der **Un**terschied **zwi**schen theo**re**tisch und **prak**tisch. □

4 *zait van? ... **lañ**ghë?* ***5 ùn**ghëfè:a ...* ***6 kœn**nën ... teo**re:**tìsc sciaff'n.* ***7** ... hèltst...* ***8** ... sclùss ...* ***9** fèa**flìkst**, ... **ùn**tasci:t **tsvì**sc'n ... **prak**tìsc.*

9: **das** è stato messo in neretto per ricordarvi che il soggetto della frase, in tedesco, è molto enfatizzato: **<u>das</u> ist der Unterschied**.

Note

③ La maggior parte dei sostantivi maschili e neutri terminanti in **-er** forma il plurale prendendo semplicemente un “Umlaut”: **der Vater**, **die Väter**, *il padre*, *i padri*, o, addirittura, restando invariati: **der Kilometer**, **die Kilometer**, *il chilometro*, *i chilometri*, **das Zimmer**, **die Zimmer**, *la camera*, *le camere*. Ne approfittiamo per ricordarvi che i nomi maschili e neutri utilizzati come unità di misura sono, in genere, invariabili: **zehn Euro** (e non **Euro<u>s</u>**).

④ Il verbo **schaffen** può essere tradotto in vari modi. Usato qui nel senso di “riuscire a fare”, “farcela”, è un verbo transitivo, ovvero che può reggere un complemento oggetto: **er schafft die Arbeit nicht**, *non riesce [a fare] il lavoro*; **ich schaffe <u>es</u> nicht**, *non (ce la) faccio*.

⑤ Abbiamo già visto **halt!**, *alt*, *stop!* Il verbo **anhalten**, o anche solo **halten**, *fermare*, *trattenere,* si utilizza quando ci riferiamo all'arresto volontario di un veicolo o di qualcosa in movimento. ▶

4 – Da quando? Già [da] molto?
5 – [Da] Circa venti chilometri.
6 – Allora possiamo teoricamente (*lo*) farcela.
7 Perchè [ti] fermi allora?
8 – È finita (*fine*), non abbiamo più benzina (*nessuna benzina più*).
9 – Maledizione (*maledetto*), questa è la differenza tra teoria (*teoricamente*) e pratica (*praticamente*).

Ormai conoscete a memoria la pronuncia figurata di alcune parole. A partire da oggi vi indicheremo unicamente quella delle parole che non avete ancora incontrato o di quelle appena introdotte, in questo modo potrete riconoscere subito i nuovi vocaboli della lezione.

▸ La **-a** della radice diventa **ä** alla 2ª e alla 3ª persona singolare: **du hältst**, **er/sie/es hält**. **Nicht öffnen, bevor der Zug hält**, *Non aprire prima dell'arresto del treno* (prima che il treno [non] ferma).

⑥ **Der Schluss**, *la fine*, appartiene alla stessa famiglia di **schließen**, **geschlossen**, *chiudere*, *chiuso*. **Schluss** e **geschlossen** si scrivono con **-ss**, perché la vocale che le precede è breve; dopo una vocale lunga, come nel caso di **schlieẞen**, si utilizza il segno **ß**.

⑦ **Verflixt!** è non solo un'esclamazione colloquiale simile a **Mist!** (lezione 9, nota 5), ma anche l'aggettivo "maledetto": **die verflixte Benzinuhr funktioniert nicht!**, *il maledetto indicatore della benzina non funziona!* Notate, a questo proposito, che l'aggettivo attributivo concorda con il nome che precede diversamente da quello predicativo che è invariabile.

29 **Übung 1: Übersetzen Sie bitte!**

❶ Schaffen Sie das allein oder brauchen Sie mich? ❷ Seit wann funktioniert die Benzinuhr nicht mehr? ❸ Theoretisch kann er das, aber praktisch ist er zu dumm. ❹ Halten Sie bitte an, ich möchte einen Kaffee trinken. ❺ Der Unterschied zwischen „Mist" und „verflixt" ist nicht sehr groß.

Übung 2: Ergänzen Sie bitte!

❶ Grazie a Dio, non è più [così] lontano.
Gott sei .... , es ist ....

❷ Maledizione, non ho più benzina e qui non c'è nessun distributore.
Verflixt, ich habe .... , und hier ist ....

❸ Lasciami, posso farcela da solo.
Lass mich, ... das allein ....

❹ Da quando studia tedesco? – Non molto (*Ancora non molto*), circa quattro settimane.
.... lernen Sie Deutsch? – Noch nicht ..... , ... vier Wochen.

❺ Quando [ci] fermiamo? Vorrei bere un caffè.
Wann .... ? Ich möchte ....

Soluzioni dell'esercizio 1

❶ Ce la fa da solo o ha bisogno di me? ❷ Da quando non funziona più l'indicatore della benzina? ❸ In teoria può, ma in pratica è troppo stupido. ❹ Si fermi per favore, vorrei bere un caffè. ❺ La differenza tra "che sfortuna" e "maledizione" non è molto grande.

Soluzioni dell'esercizio 2 - Parole mancanti

❶ – Dank – nicht mehr weit ❷ – kein Benzin mehr – keine Tankstelle ❸ – ich kann – schaffen ❹ Seit wann – lange ungefähr – ❺ – halten wir an – einen Kaffee trinken

30 Dreißigste Lektion
(***drai**ssiçhstë lèk**tsio:n***)

Dienst ist Dienst und Schnaps ist Schnaps ①

1 – Ich **bit**te Sie, **blei**ben Sie doch noch ein **we**nig ②!
2 Es ist nicht spät.
3 – Ich weiß, **a**ber ich muss ③ **mor**gen früh **auf**stehen ④.
4 – Wa**rum müs**sen Sie denn so früh **auf**stehen?
5 – **Mor**gen ist **Diens**tag ⑤ und **diens**tags ⑥ kontrol**liert** mein Chef per**sön**lich die **An**kunftszeit.

Aussprache
*di:nst ... scnaps ... **1** ... **ve:**nìçh! **3** ... mùss ... **auf**scte:'n. **4** ... **mue**ss'n ... **5** ... **di:ns**ta:ks kòntròl**i:rt** ... pèr**zœ:n**lìçh ... **an**kùnfts-tsait.*

Note

① La traduzione letterale del titolo è: "Servizio è servizio, acquavite è acquavite" (**der Dienst**, *il servizio*, e **der Schnaps**, *l'acquavite*).

② **Wenig** significa "poco": **ein wenig** è sinonimo di **ein bisschen**, *un po'*.

③ L'infinito di **muss** è il verbo modale **müssen**, *dovere, essere costretto / obbligato a*. Alle persone singolari, la **ü** diventa **u**: **ich muss**, **du musst**, **er/sie/es muss**.

④ **Aufstehen**, *alzar[si]*, non è un verbo riflessivo come in italiano: **ich stehe auf**, *io [mi] alzo*, **du stehst auf**, *tu [ti] alzi*, **er steht auf**, *lui [si] alza*, ecc.

Una cosa è il lavoro, un'altra è il divertimento

1 – La prego, rimanga (*dunque*) ancora un po'!
2 Non è tardi.
3 – Lo so, ma devo alzarmi presto domani.
4 – Perché mai si deve alzare così presto (*deve Lei mai così presto alzare*)?
5 – Domani è martedì e il martedì il mio capo controlla personalmente l'ora di arrivo.

5: La **-s** aggiuntiva unita al primo termine che compone la parola **Ankunftszeit (Ankunfts-zeit)** ***an****kùnfts-tsait*, serve, come sempre, a separarlo dal secondo.

⑤ Molte persone pensano che **Dienstag** voglia dire "giorno di servizio" e **Freitag** "giorno libero" (**frei**, *libero*). Assolutamente falso! Per rivedere l'origine dei nomi dei giorni vi rimandiamo alla nota culturale della lezione 25.

⑥ Non dimenticatevi della **-s** finale di **dienstags**, dal momento che è proprio quest'ultima a cambiare il significato di **Dienstag**, *martedì*, in "tutti i martedì". Aggiungendo una **-s** ai nomi dei giorni della settimana o alle ore del giorno e scrivendone l'iniziale in maiuscolo si esprime la periodicità e la ripetitività di un'azione: **der Morgen** → **morgens**, *il mattino, tutte le mattine*, **Freitag** → **freitags**, *venerdì, tutti i venerdì*, **freitagabends**, *i venerdì sera*, ecc.

6 – Aber nein, **mor**gen ist nicht **Diens**tag, **son**dern ⑦ **Mitt**woch.
7 Sie **kön**nen noch **blei**ben!
8 – Ach, **Diens**tag, **Mitt**woch oder **Don**nerstag, das ist das**sel**be ⑧ für **mei**nen Chef.
9 **Wi**ssen Sie, für ihn ist **je**der ⑨ Tag „**Dienst**-tag”. □

6 ... **zòn**dan ... **8** ... das-**zèl**bë ... **9** ... **ie:**da ...

Note

⑦ In tedesco, il “ma” avversativo è **aber**. “Al contrario, bensì”, quando ci si appresta a correggere un’espressione negativa data in precedenza, si dice invece **sondern**: **ich heiße nicht Claudia, sondern Anna**, *non mi chiamo Claudia, ma Anna*; **er kommt nicht aus Italien, sondern aus Frankreich**, *non viene dall’Italia, bensì dalla Francia.*

⑧ **Dasselbe** è un pronome / aggettivo dimostrativo e significa “lo stesso”, “il medesimo”: **es ist immer dasselbe!**, *è sempre la stessa cosa* (lo stesso)! **Dasselbe** è neutro, **derselbe**, *lo stesso*, è maschile e **dieselbe**, *la stessa*, femminile. La prima parte dell’aggettivo / pronome dimostrativo (*der* / *die*, *das*) si declina come l’articolo determinativo, la seconda (-*selbe*) come un aggettivo. Non temete, ne riparleremo più avanti.

* * *

Übung 1: Übersetzen Sie bitte!

❶ Sonntags essen wir nicht zu Hause. ❷ Jede Woche trifft sie einmal ihre Freundin. ❸ Es ist immer dasselbe, sie steht zu spät auf! ❹ Ich muss leider gehen, meine Frau wartet schon lange. ❺ Trinken Sie nicht zu viel Schnaps!

6 – Ma no, domani non è martedì, bensì mercoledì. **30**
7 Può ancora restare!
8 – Oh, martedì, mercoledì o giovedì, per il mio capo (*questo*) è lo stesso.
9 Sa (*Lei*), per lui ogni giorno è [un] "giorno di servizio" (*servizio-giorno*).

⑨ I pronomi indefiniti **jeder**, **jede**, **jedes**, *ciascuno*, *ogni*, si declinano come gli articoli determinativi: **jede<u>r</u> Mann**, *ogni uomo*, **jed<u>e</u> Frau**, *ogni donna*, **jede<u>s</u> Kind**, *ogni bambino*.

* * *

Soluzioni dell'esercizio 1

❶ La domenica non mangiamo a casa. ❷ Incontra la sua amica una volta la settimana. ❸ È sempre la stessa cosa, si alza troppo tardi! ❹ Purtroppo devo andare, mia moglie aspetta già da molto. ❺ Non beva troppa acquavite!

Übung 2: Ergänzen Sie bitte!

❶ (*Lui*) Deve andare a casa, è già tardi e prende servizio alle sei.

.. .... nach Haus gehen, es ist schon ....
und er hat um sechs Uhr ....

❷ Ti prego, resta ancora un po', ogni minuto è un piacere per me.

... . dich, ... doch noch ... .,
.... ist ein Vergnügen ... mich.

❸ Oggi non è mercoledì, ma giovedì.

Heute ist .... , ...
Donnerstag.

31 Einunddreißigste Lektion

Guter ① Rat ist teuer

1 – **Tho**mas, Sie **so**llen ② zum ③ Chef **ko**mmen!

Aussprache
***gu:**ta ra:t ... **1** ... **zò**ll'n ...*

Note

① Quando un sostantivo è preceduto da un aggettivo attributivo senza articolo, è proprio quest'ultimo che, prendendo le stesse desinenze dell'articolo determinativo, ce ne indica il genere (e il caso): **guter Rat**, *buon consiglio*, **gute Laune**, *buon umore* (frase 6). **Rat** è maschile: **der Rat**, e **Laune**, femminile: **die Laune**.

② **Sollen**, *dovere*, esprime un comandamento, una legge, un

④ È sempre la stessa cosa: al mattino si va in ufficio e la sera si beve birra e acquavite.
Es ist immer .... : .... geht man ins Büro und ...... trinkt man .... und ....

⑤ Si alzi, prego, devo controllarLa.
.... bitte ... , ... Sie ....

Soluzioni dell'esercizio 2 - Parole mancanti

① Er muss – spät – Dienst ② Ich bitte – bleib – ein wenig jede Minute – für – ③ – nicht Mittwoch sondern – ④ – dasselbe – morgens – abends – Bier – Schnaps ⑤ Stehen Sie – auf ich muss – kontrollieren

Trentunesima lezione 31

Un bel pasticcio
(*Buon consiglio è costoso*)

1 – Thomas, deve venire dal capo (*dal capo venire*)!

▸ ordine impartito da qualcun altro, dalla società o dalla propria morale. Di conseguenza, **sollen** traduce un obbligo meno impellente di **müssen** che esprime, invece, una necessità assoluta per colui che parla. La differenza non è sempre evidente: **müssen oder sollen wir Geld verdienen?**, *siamo "assolutamente obbligati" o dobbiamo guadagnare dei soldi?* Ne riparleremo in un'altra occasione.

③ La preposizione **zu**, *verso*, *a*, *in*, si utilizza con i verbi di moto. L'unica eccezione è data dalla locuzione: **zu Hause sein**, *essere a casa*. **Zum** è la contrazione di **zu** + **dem**. Presto riparleremo anche di **dem**.

2 – Soll ich oder muss ich?
3 – Das **müs**sen Sie **wis**sen ④!
4 **Ich** weiß nur, dass der Chef will ⑤, dass Sie **kom**men.
5 – Halt, **war**ten Sie, das ⑥ ist nicht so **ein**fach.
6 Hat er **gu**te **Lau**ne **o**der **schlech**te **Lau**ne?
7 – **E**her **schlech**te **Lau**ne, **den**ke ich.
8 Er scheint **ziem**lich ner**vös** zu ⑦ sein.
9 – **Se**hen Sie, jetzt ist **al**les klar:
10 ich **muss hin**gehen ⑧,
11 ich **ha**be **kei**ne Wahl. □

5 … *ain*fac*H.* **6** … ***gu:****të* ***lau****në* … ***sclèçh****të* … **7** ***e:****a* … ***dèñ****kë* … **8** … *sciaint* ***tsi:m****lìçh* *nèr****vœ:s*** … **10** … ***hìn****ghe:ën,* **11** … *va:l.*

Note

④ **Wissen**, *sapere*, è l'unico verbo che segue lo stesso schema di coniugazione dei verbi modali. La vocale della radice cambia alla 1ª, 2ª e 3ª persona singolare; la 1ª e la 3ª persona plurale sono identiche: **ich weiß**, **du weißt**, **er / sie / es weiß**. Le forme plurali sono regolari.

⑤ **Ich will, du willst, er / sie / es will** sono la 1ª, la 2ª e la 3ª persona singolare del verbo modale **wollen**, *volere*. **Wollen** a differenza dell'italiano non vuole il congiuntivo: **der Chef will, dass Sie kommen**, *il capo vuole che Lei venga* (*viene*).

⑥ Avete notato la differenza ortografica tra la congiunzione **dass**, *che*, scritta con due **s** e il pronome dimostrativo **das**, *questo / -a, quello / -a, ciò*?

⑦ **Scheinen**, *sembrare*, *parere*, è sempre seguito dall'infinito preceduto da **zu**: **sie scheint müde zu sein**, *sembra essere stanca (stanca di essere)*.

2 – Dovrei (*Devo-io*) o sono (*devo-io*) obbligato?
3 – Questo deve saper[lo] Lei (*questo deve Lei sapere*)!
4 Io so solo che il capo vuole che Lei venga (*viene*).
5 – Alt, aspetti, (*questo*) non è così facile.
6 È [di] (*Ha lui*) buon umore o [di] cattivo umore?
7 – Più [di] cattivo umore, credo (*penso io*).
8 Sembra (*di*) essere piuttosto nervoso.
9 – Vede (*Vede Lei*), adesso è tutto chiaro:
10 sono obbligato ad andare.
11 Non ho (*nessuna*) scelta.

⑧ La particella **hin** ci indica che la persona che sta parlando si sta dirigendo verso una meta. Spesso la si traduce in italiano con l'avverbio di luogo *ci*. **Du gehst morgen in die Oper? Ich gehe auch hin**, *Vai all'opera domani? Ci vado anch'io.*

Übung 1: Übersetzen Sie bitte!

❶ Frau Spielberg, Sie sollen Ihren Mann anrufen! ❷ Müsst ihr wirklich schon nach Hause gehen? ❸ Sie scheinen sehr nervös zu sein, was haben Sie? ❹ Es muss leider sein, Sie haben keine Wahl. ❺ Die Kinder sollen zum Essen kommen!

Übung 2: Ergänzen Sie bitte!

❶ Attenzione, oggi il capo è di cattivo umore.
Vorsicht, ... hat heute ....
..... .

❷ Perché non vuoi andare alla festa?
Warum .... nicht ... . gehen?

❸ È semplice; non abbiamo scelta.
Das ist .... ; wir haben ....

* * *

Muss es sein? – Ja, es muss sein! *Così dev'essere? Sì!*

Tradotte letteralmente queste parole vogliono dire: "Deve ciò essere? – Sì, ciò deve essere" Solitamente sono pronunciate con decisione, in quanto esprimono una necessità assoluta, qualcosa di inevitabile. Non si tratta di una decisione presa tra tante altre, ma dell'unica decisione che si potesse prendere. La valutazione di ciò che è realmente necessario è tuttavia molto soggettiva...
Prendiamo l'esempio in cui un padre dice ai suoi figli: ihr müsst jetzt schlafen!, *adesso dovete dormire! E a quest'ordine i bambini rispondono:* wir müssen aber unser Spiel zu Ende machen!, *ma dobbiamo assolutamente finire di giocare! Vi lasciamo immaginare il seguito della storia...*
O ancora, vostro marito o vostra moglie dice: wir müssen einkaufen gehen!, *dobbiamo assolutamente andare a comprare! Potete naturalmente tentare di difendervi con un:* muss das

Soluzioni dell'esercizio 1

❶ Sig.ra Spielberg, dovrebbe (*deve*) chiamare suo marito! ❷ Dovete veramente andare già a casa? ❸ Sembra (*essere*) molto nervosa. Cos'ha? ❹ Così dev'essere, purtroppo, Lei non ha scelta. ❺ I bambini devono venire a mangiare!

❹ Sembrano non sapere che (*lui*) è piuttosto nervoso.
... . nicht .. .. , dass er .... ist.

❺ Dovrebbe o è obbligato (*Lei*) a fare una lezione al giorno?
...... oder ...... Sie eine Lektion pro Tag ...... ?

Soluzioni dell'esercizio 2 - Parole mancanti

❶ – der Chef – schlechte Laune ❷ – willst du – zum Fest – ❸ – einfach – keine Wahl ❹ Sie scheinen – zu wissen – ziemlich nervös – ❺ Sollen – müssen – machen

* * *

wirklich sein?, *bisogna veramente? Se la risposta è:* das muss sein!, *Sì, bisogna! allora non potete che piegarvi alla volontà di vostra moglie o di vostro marito...*
È inoltre interessante constatare che al giorno d'oggi si dice: ich muss arbeiten, *devo "assolutamente" lavorare, quando non molto tempo fa si affermava:* ich soll arbeiten, *devo lavorare. In generale,* müssen *sta sostituendo sempre di più il verbo* sollen. *Sarà forse segno di una maggiore accettazione dei doveri cui siamo sottoposti?*

Come sapete, noi vi consigliamo di leggere una lezione al giorno. Sta a voi decidere se si tratta di un obbligo assoluto o relativo... Nel primo caso direte: ich muss eine Lektion pro Tag machen, *"devo assolutamente" fare una lezione al giorno, e nel secondo:* ich soll eine Lektion pro Tag machen, *"devo" fare... Qualunque cosa decidiate, constatiamo con piacere che siete giunti alla trentunesima lezione e pertanto vi auguriamo buon proseguimento.*

32 Zweiunddreißigste Lektion

Ein gefährliches Missverständnis ①

1 – Oh, der ist süß ②!
2 Wie alt ist der ③?
3 Darf ④ ich den s**trei**cheln?
4 – Wenn Sie **wol**len.

Aussprache
*... ghëfè:*ₐ*lìçhès* ***mìss****fè*ₐ*sctèntnìs* ***1*** *... zue:s!* ***3*** *darf ...* ***sctrai****çhln?* ***4*** *vèn ...*

Note

① Qui capiamo che **das Missverständnis**, *il malinteso*, *il fraintendimento*, è neutro perché la desinenza dell'aggettivo **gefährlich**, *pericoloso*, è **-es**; l'articolo indeterminativo **ein**, infatti, può precedere anche un sostantivo maschile (in questo caso la desinenza dell'aggettivo sarebbe **-er**. Vedi Lez. 31): **guter Rat** o **ein guter Rat**, *(un) buon consiglio*. La regola è semplice: se l'articolo non ci aiuta a capire il genere di un sostantivo, è l'aggettivo attributivo a farlo. Osservate inoltre che la particella **miss-** ("dis-", "mal") serve a negare un concetto. **Das Verständnis** è "la comprensione", "l'accordo", quindi se **verstehen** è *capire,* **missverstehen**, è il suo contrario: *capire male*, *fraintendere*.

② **Süß** significa "carino / grazioso" e "dolce / zuccherato": **das ist ein süßes Kind**, *è un bambino grazioso*; **der Nachtisch ist zu süß**, *il dessert è troppo dolce*.

Un pericoloso malinteso

1 – Oh, [che] (*questo è*) carino!
2 Quanto ha?
3 Posso (*lo*) accarezzarlo?
4 – Se vuole.

③ Qui **der** significa "questo", "quello". Il pronome dimostrativo **der** è identico all'articolo determinativo, tranne al "genitivo" (lo vedremo più avanti…). Spesso sostituisce il pronome personale quando ci si riferisce a qualcuno o qualcosa che si è visto in precedenza o che si vuole indicare. **Wie alt ist der (er)?**, *Quanti anni ha?* **Darf ich den (ihn) streicheln?**, *Posso accarezzarlo?*, **Was macht die hier?**, *Cosa fa (quella) qui?* (Vedi anche lezione13, nota 6.).

④ L'infinito di **darf** è **dürfen**, *avere il diritto, potere.* Contrariamente a **können**, *potere, essere capace di…*, **dürfen** indica che l'azione non dipende dalle nostre possibilità, ma dall'autirizzazione di qualcun'altro: **ich kann in Ferien fahren**, *posso andare in ferie* (= ho i mezzi / la possibilità per farlo); **ich darf in Ferien fahren**, *posso andare in ferie* (= ho il permesso).

5 – Au, der beißt ja (5), au, **au**a!
6 Mensch, das tut weh!
7 **Hal**ten Sie doch **end**lich **Ih**ren Hund zu**rück**!
8 Sie **dür**fen so **ei**nen Hund nicht frei **lau**fen **las**sen (6)!
9 Sind Sie ver**rückt**?
10 – Tut mir Leid (7), ich **ken**ne den Hund nicht.
11 Das ist nicht **mei**ner (8). □

*5 au ... baisst ia: ... **au**a! 6 ... tu:t ve:! 7 ... **ènt**liçh ... 8 ... **duer**f'n ... 9 ... fèa**ruekt**? 10 ... lait, ... **kèn**në... 11 ... **mai**na*

Note

(5) **Ja**, *sì*, serve anche a conferire enfasi a un'esclamazione di stupore (come il "ma" italiano): **es regnet ja!**, *ma piove!*

(6) Notate qui il doppio infinito: **laufen lassen** (lett. "correre lasciare"). **Lassen** con il doppio significato di "lasciare" e "far fare", è sempre il secondo dei due infiniti: **man muss Kinder spielen lassen**, *bisogna lasciar giocare [i] bambini*; **wo kann ich bitte mein Handy reparieren lassen?**, *dove posso far riparare il mio cellulare, per cortesia?* (Lezione 26, nota7).

* * *

Übung 1: Übersetzen Sie bitte!

1 Mama, warum dürfen wir den Apfelkuchen nicht essen? 2 Er hat ein Handy, aber er nimmt immer meins. 3 Achtung! Mein Hund beißt! 4 Oh, das Kind ist süß! 5 Tut mir Leid, Sie dürfen hier nicht telefonieren.

5 – Ahi, ma morde (*sì*), ahi, ahi!
6 (*Uomo*) Ragazzi, fa male!
7 Insomma tenga (*ma infine*) il Suo cane!
8 Non può lasciare andare libero un (*così un*) cane come questo!
9 È pazzo?
10 – Mi dispiace, non conosco il cane.
11 (*Questo*) Non è mio.

5: **au** e **aua** sono esclamazioni di dolore. Più acuto è il dolore, tanto più lunga è la **u** *u* dopo la **a**: *auu*... Non confondete **aua** con **au ja**, esclamazione di entusiasmo (lezione 26).

⑦ "**Tut mir Leid**" o "**Das / es tut mir Leid**", *Mi dispiace,* (lett:"questo fa a me dolore"). Il verbo **tun**, *fare*, è sinonimo di **machen** e si usa in alcune espressioni idiomatiche. Abbiamo appena incontrato: **das tut weh!**, *fa male!*

⑧ **Mein<u>er</u>** (masch.), *il mio*, **mein<u>e</u>** (femm.), *la mia / le mie / i miei*, **mein(<u>e</u>)<u>s</u>** (neutro), *il mio / la mia.* Il pronome possessivo non è altro che l'aggettivo possessivo più la desinenza dell'articolo determinativo. **Der Regenschirm dort? Ist das deiner?**, *[Quell'] ombrello lì? È il tuo?* **Nein, ich habe keinen**, *No, non [ce l'] ho (alcuno)*. **Dann gebe ich dir meinen**, *Allora ti do il mio*.

* * *

Soluzioni dell'esercizio 1

❶ Mamma, perché non possiamo mangiare la torta di mele? ❷ Ha un cellulare, ma prende sempre il mio ❸ Attenzione! il mio cane morde ❹ Oh, il bambino è carino! ❺ Mi dispiace non può telefonare qui.

33 **Übung 2: Ergänzen Sie bitte!**

1. Mi dispiace, il mio cane morde tutti.
.. .. , mein Hund ..... alle.

2. Posso chiamarLa domani? – Se vuole.
.... Sie morgen anrufen? – Wenn ...
....

3. Oh, la mia torta è troppo dolce e la tua com'è?
Iiii, mein Kuchen ist .. ... , und wie ist
...... ?

33 Dreiunddreißigste Lektion

Die Stadtbesichtigung ①

1 – **Mei**ne **Da**men und **Her**ren,
2 **ge**gen**ü**ber ist der **Bahn**hof,
3 und links **seh**en Sie den **Köl**ner Dom ②.
4 Wir **müs**sen jetzt **aus**steigen und zu Fuß ③ **wei**tergehen.

Aussprache
di: ***sctat**-bë**zìçh**tìguñg* ***1*** *...* ***da:**mën ... **h̲è**rrën,* ***2*** ***ghe:**g'n-**ue:**ba ...* ***3*** *...* ***kœl**na do:m.* ***4*** *... tsu: fu:ss ...*

Note

① Tutti i sostantivi terminanti in **-ung** sono femminili (vedi lezione 25, nota 5). Il sostantivo **die Besichtigung**, *la visita*, si forma a partire dal verbo **besichtigen**, *visitare*.

❹ Si può lasciar correre liberamente il proprio cane?
.... seinen Hund frei .... ?

❺ (*Ma questo*) [C']è un malinteso! Non è pericoloso, è solo un po' pazzo!
Aber das ist ... . ! Er ist nicht .... , er ist nur ... .
.... !

Soluzioni dell'esercizio 2 - Parole mancanti
❶ Es tut mir Leid – beißt – ❷ Darf ich – Sie wollen ❸ – zu süß – deiner ❹ Darf man – laufen lassen ❺ – ein Missverständnis – gefährlich – ein wenig verrückt

---

Trentetreesima lezione 33

La visita della città

1 – (*Miei*) Signore e Signori,
2 [Qui] di fronte [c']è la stazione,
3 e a sinistra, (*vedete*) il Duomo di Colonia.
4 Adesso dobbiamo scendere e proseguire a piedi (*più lontano andare*).

② **Der Dom von Köln** oppure **der Kölner Dom**, si può dire in entrambi i modi. In genere, il complemento di specificazione del nome di una località si forma con il suffisso **-er**: **die Berliner Universität**, *l'università di Berlino*, **die Frankfurter Würstchen**, *i würstel di Francoforte.*

③ **Der Fuß**, **die Füße**, *il piede*, *i piedi*, **zu Fuß**, *a piedi.*

5 Um ④ den Dom ist **ei**ne **Fuß**gängerzone ⑤.
6 Wir **wol**len zu**erst** den Dom be**sich**tigen und dann die **Alt**stadt.
7 Zum Schluss **dür**fen Sie ein „Kölsch" ⑥ **trin**ken, das **ty**pische Bier von hier.
8 Und wer ⑦ kein Bier mag ⑧, be**ko**mmt ein Glas **Ap**felschorle. □

5** …**fu:ss**-gèñgə-tso:në.* ***6 *…* *tsu-**e:əst*** *…bëzì**çh**tìghën …* ***alt**-sctat* *…* ***7*** *…* *kœlsc…* ***tue:**pìscë* *…* ***8*** *…* *bë**kò**mt* *…* *…**apfl**-sciòrlë.*

Note

④ Qui **um** è una preposizione di luogo e significa "intorno a…". **Um** regge l'accusativo: **um <u>den</u> Dom**, *intorno al Duomo*. Abbiamo visto che **um**, usato per indicare l'ora, significa "a": **um drei Uhr**, *alle tre*.

⑤ **Die Zone**, *la zona*, **der, die Fußgänger**, *il pedone*, *i pedoni*. Ricordatevi che i nomi maschili terminanti in **-er** non cambiano al plurale, ad eccezione di alcuni che prendono la dieresi: **der, die Arbeiter**, *il lavoratore*, *i lavoratori*, ma **der Bruder**, *il fratello*, **die Brüder**, *i fratelli*.

⑥ Notate che si dice **ein** o **das "Kölsch"**; in tedesco **das Bier**, *la birra*, è neutro. Anche quando si parla della birra chiamandola con il nome della sua marca, l'articolo rimane quello del sostantivo.

⑦ Conosciamo già il pronome interrogativo **wer?**, *chi*? In questo caso **wer** è un pronome relativo che, in un'unica parola, traduce "chi", "colui / colei che". Tuttavia si può anche dire: **wer** …, **der** …. In questo caso **der** va all'inizio della proposizione principale, separato da **wer**. Il pronome relativo **wer** introduce, invece, una subordinata; il verbo (coniugato) è in ultima posizione: **wer nicht pünktlich ist, (der) bekommt**

5 Intorno al duomo [c']è una zona pedonale.
6 Per prima cosa visiteremo (*Vogliamo prima*) il duomo (*visitare*) e poi la città vecchia.
7 Alla fine potrete (*potete*) bere una"Kölsch", la birra tipica di qui.
8 E chi non ama la birra, avrà (*riceve*) un bicchiere [di] "Apfelschorle"*.

* Vedi nota culturale.

▸ **nichts**, *chi non è puntuale, non riceverà* (riceve) *niente*. Notate infine che la subordinata è sempre separata dalla principale da una virgola!

⑧ Abbiamo già incontrato **ich mag**, *mi piace*, e il suo infinito **mögen** (lezione 23, nota 1). Il suo significato è molto simile a quello di amare, tuttavia è meno forte. **Mögen** esprime più un gusto che un sentimento: **ich mag kein Bier**, *non amo la birra*; **ich mag Rap**, *mi piace il rap*, ma anche **ich mag dich**, *mi piaci* (più moderato di **ich liebe dich**, *ti amo*). Ricordatevi che **ich möchte** (congiuntivo di **mögen**) vuol dire "vorrei" ed è molto simile a **ich will**, *io voglio*: **ich möchte ein Bier**, *vorrei una birra*; **ich will kein Bier**, *non voglio birra.*

33 **Übung 1: Übersetzen Sie bitte!**

❶ Wir fahren nächstes Wochenende nach Köln. ❷ Wer nicht zu Fuß gehen will, nimmt die U-Bahn. ❸ Zum Schluss wollen wir den Dom besichtigen. ❹ Ich mag keine Frankfurter Würstchen und Sie? ❺ Sie müssen hier aussteigen.

Übung 2: Ergänzen Sie bitte!

❶ Non le piace la birra, vorrebbe un bicchiere [di] vino.
… … kein Bier, … …… ein Glas Wein.

❷ Arriviamo ora alla zona pedonale e naturalmente andremo (*andiamo*) avanti a piedi.
Wir kommen jetzt in … ………… und gehen natürlich .. … weiter.

❸ Conosce la città vecchia di Amburgo?
Kennen Sie die ……… ……… ?

❹ Domani non posso, faccio una visita della città.
Morgen …. … nicht, ich mache …. ………………… .

* * *

Apfelschorle und Bier, die deutschen Nationalgetränke
"Apfelschorle" e birra, le bevande nazionali tedesche

*Diversamente dal sidro (*Apfelwein*, lett. "mela-vino"), l'*Apfelschorle *è un mix analcolico di succo di mela e* Sprudel*, acqua gassata. È così buono e rinfrescante che in estate lo bevono tutti, tranne... coloro che preferiscono la birra. Da nessun'altra parte come in Germania esistono così tanti tipi diversi di birra (circa 5000!) e da nessun'altra parte se ne beve in così grande quantità. Da secoli esistono numerosissime birrerie e la lista di produttori di qualità è*

Soluzioni dell'esercizio 1

❶ Andremo (*andiamo*) a Colonia il prossimo fine settimana. ❷ Chi non vuole andare a piedi, prende la metro. ❸ Per finire (*alla fine*), vogliamo visitare il duomo. ❹ A me non piacciono i würstel di Francoforte e a Lei? ❺ Deve scendere qui.

❺ Chi vuole visitare il Duomo di Colonia deve scendere qui.
... den Kölner Dom .... ,
muss hier ....

Soluzioni dell'esercizio 2 - Parole mancanti

❶ Sie mag – sie möchte – ❷ – die Fußgängerzone – zu Fuß – ❸ – Hamburger Altstadt ❹ – kann ich – eine Stadtbesichtigung ❺ Wer – besichtigen will – aussteigen

* * *

lunga tanto quanto la loro tradizione. La celebre Reinheitsgebot, *"legge sulla purezza", emanata nel 1516 dal duca Guglielmo IV di Baviera e tutt'ora in vigore, prevede che "per fare la birra si utilizzino solo orzo, luppolo e acqua". Forse pochi sanno che nel Medio Evo il maggior centro di produzione di questa nobile bevanda era situato più a nord, ad Amburgo e nella Bassa Sassonia, in quanto le valli del Reno e la Baviera erano regioni vinicole. Ma l'amore per la birra ha cambiato velocemente queste terre e già dal XVI secolo Monaco e Dortmund sono diventate le capitali della birra. Anche se a Dortmund si produce la celebre* Dortmunder, *solo cinquanta chilometri più in là, a Colonia, si beve quasi esclusivamente la birra locale:* das Kölsch, *birra leggera detta* helles Bier, *birra chiara, il contrario di birra scura,* dunkles Bier. *Tuttavia non fidatevi: se ne bevete troppa anche questa vi renderà* total betrunken, *ovvero "completamente ubriachi".*

34 Vierunddreißigste Lektion

Was ① man darf und was man nicht darf

1 – Man darf nicht bei Rot ② die **Stra**ße über**que**ren.
2 – Man darf nicht be**tru**nken **Fahr**rad **fah**ren ③.
3 – Man darf nicht **sa**gen, dass **je**mand ver**rückt** ist ④.
4 – Aber man darf in Shorts spa**zie**ren **geh**en,
5 – und man darf San**da**len mit **So**cken **tra**gen!
6 – **Ei**gentlich darf man **al**les **ma**chen, was ⑤ die **an**deren nicht stört.

Aussprache

1 *... ro:t ... ue:ba**kve:**rën.* ***2*** *... bë**trùñ**k'n **fa:**ara:t ...* ***3*** *... **ie:**mant...* ***4*** *... sciòrts ...* ***5*** *... zan**da:**l'n ... **zò**k'n **tra:**ghën!* ***6*** *... **an**dërën ... sctœ:rt.*

1: Attenzione! **qu** si pronuncia *kv*.

Note

① **Was** (come **wer**) può essere sia pronome interrogativo: **was machst du?**, *cosa fai?*, che pronome relativo: **was sie macht, ist verboten**, *quello che fa, è proibito.*

② Nell'espressione **bei Rot gehen / fahren**, *passare (a piedi / in macchina) con il rosso*, **rot**, *rosso*, è scritto in maiuscolo perchè è sostantivo e non aggettivo: "il colore rosso".

③ Al posto di **das Fahrrad**, *la bicicletta*, si preferisce dire **das Rad**, *la ruota*, per evitare la ripetizione nell'espressione **Fahrrad fahren**, *andare in bici.*

④ In una subordinata introdotta da una congiunzione, in questo caso **dass**, *che*, o da un pronome relativo (vedi nota 1), il verbo occupa l'ultima posizione: **ich weiß, dass du verrückt bist,** ▸

Quello che si può e quello che non si può fare

1 – Non si può attraversare (*con il rosso*) la strada col rosso.
2 – Non si può andare in biciclетta ubriachi (*ubriachi bicicletta guidare*).
3 – Non si può dire, che qualcuno è pazzo (*è*).
4 – Ma si può andare a passeggio in pantaloncini
5 e si possono indossare [i] sandali con [le] calze!
6 – In realtà si può fare tutto quello che non disturba gli altri.

▸ *so, che sei pazzo* (*pazzo sei*). Avete notato la virgola che separa la principale dalla subordinata? Ricordatevi che in tedesco la virgola è assolutamente necessaria.

⑤ **Was**, *che*, *quello / ciò che*, può essere usato anche dopo **alles**, *tutto*, **nichts**, *niente*, **etwas**, *qualcosa* e fungere tanto da soggetto, quanto da complemento oggetto. **Machen Sie nichts, was die anderen stört!**, *Non fate niente che disturbi* (*disturba*) *gli altri!* **Ich mache alles, was du willst**, *Faccio tutto quello che vuoi.*

34

7 – Ja, man darf nach zehn Uhr **a**bends **we**der ⑥ laut ⑦ Mu**sik hö**ren noch **Sa**xofon **spie**len.
8 – Kurz, man darf **ma**chen, was er**lau**bt ⑧ ist, und nicht **ma**chen, was ver**bo**ten ist… □

> ***7** … **ve:**dₐ laut mu**zi:k** … **za**ksofo:n **scpi:**l'n. **8** kùrts, … èₐ**laupt** … fèₐ**bo:**tën …*

Note

⑥ **Weder… noch…**, *né… né….*

⑦ Il contrario di **laut**, *forte*, *rumoroso*, *ad alto volume*, *chiassoso*, è **leise**, "appena udibile": *basso*, *dolce*, *leggero*. **Die Musik ist** ▸

* * *

Übung 1: Übersetzen Sie bitte!

❶ Ihr dürft alles machen, was ihr wollt, Kinder. ❷ Es ist verboten, die Straße bei Rot zu überqueren. ❸ Thomas hat weder Zeit noch Lust Rad zu fahren. ❹ Man darf die anderen nicht stören. ❺ Hallo, ist hier jemand?

Übung 2: Ergänzen Sie bitte!

❶ Indossa [i] sandali con [le] calze?
…… … Sandalen … …… ?

❷ Non puoi farlo, non è permesso dopo le dieci di sera.
.. …… das nicht …… , das ist ….
…. … nicht ……. .

❸ Dica pure quello che vuole, non mi disturba.
Sagen Sie doch, … … …… , das …..
mich …… .

7 – Sì, dopo le dieci [di] sera, non si deve né ascoltare la musica alta, né suonare il sassofono.
8 – In breve, si può fare ciò che è permesso e non fare quello che è proibito.

▸ **zu laut**, *La musica è troppo forte*. Qui **laut Musik hören** potrebbe essere tradotto con "ascoltare la musica ad un volume che disturba gli altri".

⑧ **Erlaubt** e **verboten** sono i participi passati di **erlauben**, *permettere*, e **verbieten**, *proibire*. Li vedremo più avanti.

* * *

Soluzioni dell'esercizio 1

❶ Potete fare tutto quello che volete, bambini. ❷ È proibito attraversare la strada con il rosso. ❸ Thomas non ha né tempo, né voglia di andare in bici. ❹ Non si devono disturbare gli altri. ❺ Ehilà, c'è qualcuno qui (*è qui qualcuno*)?

❹ È ubriaco e va in bici, (*questo*) è proibito!
Er ist . . . . und . . . . , das ist . . . . !

❺ Si prega di non disturbare, non voglio la colazione.
Bitte nicht . . . . . . , ... kein Frühstück.

Soluzioni dell'esercizio 2 - Parole mancanti

❶ Tragen Sie – mit Socken ❷ Du darfst – machen – nach zehn Uhr – erlaubt ❸ – was Sie wollen – stört – nicht ❹ – betrunken – fährt Rad – verboten ❺ – stören, ich will –

35 Fünfunddreißigste Lektion

Wiederholung (ripasso)

1 I verbi modali e la loro coniugazione

I sei verbi modali – o "ausiliari modali" – sono: **können**, *potere, essere capace di*, **wollen**, *volere*, **sollen**, *dovere*, **müssen**, *essere obbligati, dovere, bisognare*, **dürfen**, *avere il permesso di, potere* e **mögen**, *volere, piacere*. I modali hanno alcune caratteristiche in comune con il verbo **wissen**, *sapere*:
- la vocale radicale cambia alle tre persone singolari (**sollen** fa eccezione);
- la 1ª e la 3ª persona singolare sono identiche: non prendono desinenze (né la **-e** alla 1ª persona, nè la **-t** alla 3ª!). La desinenza della 2ª persona singolare rimane **-st**.

	können	**wollen**	**sollen**	**müssen**	**dürfen**	**mögen**
ich	kann	will	soll	muss	darf	mag
du	kannst	willst	sollst	musst	darfst	magst
er / sie / es	kann	will	soll	muss	darf	mag
wir	können	wollen	sollen	müssen	dürfen	mögen
ihr	könnt	wollt	sollt	müsst	dürft	mögt
sie	können	wollen	sollen	müssen	dürfen	mögen

• I modali sono quasi sempre seguiti da un infinito che viene collocato al fondo della frase:
er kann morgen nicht kommen, *non può venire domani* (domani... venire);
wir müssen jetzt nach Hause gehen, *dobbiamo andare a casa adesso* (adesso a casa andare).

• Il verbo modale occupa la posizione che spetta generalmente al verbo coniugato, ovvero:
- la posizione II quando la frase è affermativa:

leider kann er morgen nicht kommen, *purtroppo domani non può venire.*

- la posizione I quando la frase è interrogativa:
müssen wir wirklich nach Haus gehen?, *dobbiamo veramente andare a casa?*

- la posizione II in una frase interrogativa introdotta da un pronome interrogativo:
warum dürfen wir kein Bier trinken, Mama?, *mamma, perché non possiamo bere birra?*

2 Due parole sul significato dei verbi di modo

1. La differenza tra **müssen**, *essere obbligati a, dovere* e **sollen**, *dovere*, è piuttosto sottile. **Müssen** si usa per esprimere un obbligo assoluto cui ci si attiene perché non si hanno altre possibilità. **Sollen**, invece, si usa per esprimere un dovere impartito da terzi o dalla propria coscienza morale. Attenzione: con una negazione **müssen** significa "non essere obbligati"! Sono **nicht sollen** e **nicht dürfen** che significano "non dovere, non potere": **nicht sollen** esprime più che altro una richiesta o un consiglio mentre **nicht dürfen**, un'autorizzazione rifiutata.
Du musst das nicht machen, *Non sei obbligato a farlo.*
Du sollst das nicht machen, *Non devi farlo.*
Du darfst das nicht machen, *Non puoi farlo.*

2. **Ich möchte**, *vorrei, desidererei*, condizionale di **mögen**, *volere*, esprime una volontà, un desiderio, mentre **ich mag** si usa per esprimere ciò che piace o non piace.
Ich mag Schokaladenkuchen, *Mi piace la torta al cioccolato.*
Ich möchte Schokoladenkuchen, *Vorrei della torta al cioccolato.*

Non preoccupatevi! La pratica vi aiuterà ad assimilare i diversi significati di questi verbi.

35 3 L'aggettivo

Ecco un primo assaggio della "declinazione dell'aggettivo". Abbiamo imparato che l'aggettivo predicativo (in genere subito dopo il verbo **sein**, *essere*) è invariabile.
Der Hund ist süß, *Il cane è carino.*
Die Chefin ist süß, *La capa è carina.*
Das Baby ist süß, *Il neonato è carino.*

L'aggettivo attributivo, che in tedesco si trova sempre prima del nome cui si riferisce, si declina. Al nominativo, se preceduto dall'articolo determinativo, prende la desinenza **-e**:
der süße Hund, *il cane carino,*
die süße Chefin, *la capa carina,*
das süße Baby, *il neonato carino.*

L'aggettivo attributivo indica il genere di un sostantivo quando questo è senza articolo o è preceduto dall'articolo indeterminativo. Se il sostantivo è maschile, prenderà la desinenza del maschile (**er**), se è femminile, quella del femminile (**e**), se è neutro, quella del neutro (**es**): **(ein) süßer Wein**, *(un) vino dolce*, **(eine) süße Marmelade**, *(una) marmellata dolce*, **(ein) süßes Brot**, *(un) pane dolce.*

La declinazione dell'aggettivo è quindi utile per riconoscere, e di conseguenza ricordare, il genere di un sostantivo.

4 La subordinata

Una subordinata dipende sempre da una frase principale, da cui è separata per mezzo di una virgola. Quando è introdotta da una congiunzione, un pronome relativo o un elemento interrogativo il verbo si trova alla fine della frase.
Wir wissen, dass Sie Deutsch lernen, *Sappiamo che studia tedesco* (impara).
Können Sie uns sagen, warum Sie kein Bier mögen?, *Può dirci perché non ama la birra* (ama)*?*
Sie müssen ein bisschen warten, wenn Sie nicht alles verstehen, *Deve aspettare un po' se non capisce tutto (capisce).*
Heute wissen wir nicht, was morgen kommt, *Oggi non sappiamo quello che succede[-rà] domani* (viene).

Die Woche hat sieben Tage: Montag, Dienstag, Mittwoch, Donnerstag, Freitag, Samstag (oder Sonnabend) und Sonntag, *La settimana ha sette giorni: lunedì, martedì, mercoledì, giovedì, venerdì, sabato e domenica.*
Der Tag teilt sich in: der Morgen, der Vormittag, der Mittag, der Nachmittag, der Abend und die Nacht, *Il giorno si divide in: mattino, mattinata, mezzogiorno, pomeriggio, sera e notte.*

Per indicare un giorno della settimana è sufficiente dirlo così com'è o utilizzare la preposizione **am** + il giorno (vedi lezione 28, § 5/b).
(Am) Montag fahre ich nach Deutschland, *Lunedì, vado in Germania.*
(Am) Samstagabend feiere ich meinen Geburtstag, *Sabato sera, festeggio il mio compleanno.*

Per esprimere la ripetitività o la ricorrenza di un'azione basta aggiungere una **s** al sostantivo che indica il giorno o l'ora del giorno, formando così un avverbio.
Montags arbeite ich, *Il lunedì lavoro.*
Abends bleibe ich zu Hause, *La sera, rimango a casa.*
Und was machen Sie sonntags?, *E cosa fa la domenica?*
Il sostantivo, essendo diventato avverbio, si scrive in minuscolo (tranne quando si trova all'inizio della frase).

Wir wollen jetzt die Grammatik ein bisschen vergessen!,
Dimentichiamo per un momento la grammatica!
Hier kommt unser Dialog!,
Ecco (qui viene) *il nostro dialogo.*

* * *

Ein netter Mann

1 – **Sa**gen Sie mal, ist das Ihr Hund? **(29, 32)**
2 – Ja, das ist **mei**ner, wa**rum**? **(32)**
3 – **Hun**de **dür**fen nicht in den Dom. **(33, 34)**
4 – Aber mein Hund beißt nicht. **(32)**
5 – Das macht **kei**nen **Un**terschied: ver**bo**ten ist ver**bo**ten. **(29, 30, 34)**
6 – Aber ich **kom**me von weit und **möch**te den Dom be**sich**tigen. **(29, 33)**
7 – Das **kön**nen Sie auch, aber **oh**ne **Ih**ren Hund. **(29, 32)**
8 Sie **ha**ben **kei**ne Wahl. **(31, 32)**
9 – Viel**leicht** können Sie ihn fünf Mi**nu**ten **neh**men? **(29)**
10 – Sind Sie ver**rückt**? Ich bin im Dienst! **(30, 32)**
11 Und er kennt mich nicht. **(32)**
12 – Das macht nichts, er mag **je**den. **Dan**ke. Bis gleich! **(30, 33)** (wau, wau, wau…)
13 – Halt, halt das ist nicht so **ein**fach, **war**ten Sie, **war**ten Sie doch! **(29, 31)**
14 – He, Sie da! **Spre**chen Sie **lei**se! **(34)**
15 Und **Hun**de sind hier ver**bo**ten! **(34)**

Un uomo gentile

1 – [Mi] dica, è (*questo*) il Suo cane?
2 – Sì, è il mio, perché?
3 – [I] cani non possono [entrare] nel Duomo.
4 – Ma il mio cane non morde.
5 – Non fa nessuna differenza: [se è] proibito è proibito.
6 – Ma io vengo da lontano e vorrei visitare il Duomo.
7 – Questo può farlo (*questo può Lei anche*), ma senza il (*Suo*) cane.
8 Non ha scelta.
9 – Magari può tenerlo Lei cinque minuti (*prendere*)?
10 – È pazzo? Sono in servizio!
11 E non mi conosce.
12 – Non fa niente, lui ama tutti (*ognuno*). Grazie. A dopo! (bau, bau, bau…)
13 – Aspetti (*Alt*), non è così facile, aspetti, ma aspetti!
14 – Ehi, Lei (*là*)! Parli piano!
15 E qui [i] cani [non] sono ammessi qui (*qui proibiti*)!

36 Sechsunddreißigste Lektion

Eine gute Partie (1)

1 – Guck mal, **Clau**dia, kennst du den Mann dort?
2 – Den da? Den **gro**ßen **blon**den?
3 – Ja, den. Sprich ① doch nicht so laut!
4 Er soll ② **schreck**lich reich sein.
5 – Wo**her** ③ weißt du das?
6 – Ich **ha**be es **ges**tern ge**hört** ④.
7 – Wo denn?

Aussprache
*... parti: **1** kùk ... kènst ... **2** ... **blòn**dën? **3** ... scprìçh ...*
***4** ... **scrèk**lìçh raiçh ... **5** vo**h**e:a ... **6** ... ghë**h**œ:at.*

Titolo: Essendo una parola di origine francese, l'accento tonico di **die Partie** cade sull'ultima sillaba, *parti:*, quello di **die Party**,

Note

① **Sprich**! è l'imperativo della 2ª persona singolare di **sprechen**, *parlare*.

② Qui **sollen**, *dovere*, può essere sostituito con "dicono che": **es soll regnen**, *deve piovere*, nel senso di "ho sentito dire che pioverà". Questo è perché il verbo **sollen** traduce sempre un'indicazione o un invito formulato da terzi (lezione 31, nota 2). Vi ricordate che dopo un verbo modale l'infinito va alla fine della frase?

③ **Woher?**, *da dove?*, serve a formulare una domanda sulla provenienza o sull'origine di qualcuno o qualcosa: **woher kommt sie?**, *da dove viene?* Avremmo potuto anche dire **wo kommt sie her?**, *da dove viene?*

④ **Gehört**, *sentito*, è il participio passato di **hören**, *sentire / ascoltare*. La maggior parte dei participi passati si riconosce dal prefisso **ge**. I verbi regolari aggiungono una **-t** alla radice. Il participio passato, lo ricordiamo, va posto alla fine della frase.

Un buon partito

1 – Guarda (*volta*), Claudia, conosci [quel]l'uomo laggiù?
2 – Quello là? Quello alto biondo?
3 – Sì, quello. Ma non parlare così forte!
4 Dicono che sia terribilmente ricco (*essere*).
5 – Come lo sai (*Da dove sai tu questo*)?
6 – L'ho sentito [dire] ieri.
7 – Dove (*allora*)?

parola inglese, cade invece sulla prima: ***pa:****rti:*
1: La **g** di **gucken** si pronunicia **k: kucken** ***kuk****'n.*
1, **2**, **3**, **7**, **11**: Ricordiamoci che la **e** di **den** è lunga e chiusa: *de:n*, mentre quella di **denn** (frase 7) è breve e aperta a causa delle due consonanti che la seguono: *dèn.*
6, **8**, **9**: Come tutte le particelle inseparabili, il prefisso **ge-** del participio passato non è mai accentato.

8 – **Zwei Mäd**chen **ha**ben im **Su**permarkt über ⑤ ihn ge**re**det ⑥.
9 – Und was **ha**ben sie ge**sagt**?
10 – Sie **fin**den, dass er **ei**ne interes**san**te **Beu**te ist: reich, **le**dig, ein **biss**chen alt, **a**ber nicht zu **häss**lich.
11 He, **war**te! Wo**hin** ⑦ willst du denn? □

*(**Fort**setzung folgt)*

***8** … ghë**re:**dët. **9** … ghë**za:**kt? **10** … ìntërès**san**të **bòi**të … **le:**dìçh … **hès**slìçh. **11** he: … vo**hìn** … **fòrt**zètsùñg fòlkt.*

Note

⑤ Qui la preposizione **über** significa "di" ed è retta dal verbo **reden**: **reden über...** o **sprechen über**, *parlare di…* In questo caso **über** regge l'accusativo. Come preposizione di luogo, **über** significa "sopra". Spesso le preposizioni hanno diverse funzioni, ma ne riparleremo.

⑥ **Geredet** è il participio passato di **reden**, *parlare*, sinonimo di **sprechen**. Attenzione! Per dire "parlare una lingua" si usa **sprechen**: **ich spreche kein Spanisch**, *non parlo spagnolo*.

⑦ **Wohin?**, *dove?*, serve a formulare una domanda sulla direzione di qualcuno o qualcosa. **Wohin geht sie**? *Dove va?* ▶

Übung 1: Übersetzen Sie bitte!

❶ Kennen Sie die Frau dort? ❷ Seine Frau soll viel Geld haben. ❸ Wohin gehen wir heute Abend? Ins Theater oder in die Oper? ❹ Was hast du gesagt? Warum sprichst du so leise? ❺ Haben Sie gehört, wohin er fährt?

8 – Due ragazze parlavano (*hanno*) di lui al supermercato (*parlato*).
9 – E cos'hanno detto (*cos'hanno loro detto*)?
10 – Trovano che sia (*lui è*) un partito interessante (*un'interessante preda*): ricco, celibe, un po' vecchio, ma non troppo brutto.
11 Ehi, aspetta! Dove vuoi [andare]?

Segue

10: Nella parola **interessant**, le due vocali accentate (la **i** e la **a**) sono brevi e aperte: *intërèss**ant***.

▸ (o **Wo geht sie hin?**). Come nel caso di **woher** (nota 3), **wohin**, implicando già l'idea di spostamento, non ha bisogno del verbo di moto (è sottointeso), specie dopo un modale: **wohin wollt ihr?**, *dove volete [andare]*? Spesso non ha neanche bisogno del modale. **Das Restaurant ist geschlossen. Wohin jetzt?**, *Il ristorante è chiuso. Dove [andiamo] adesso?* Vi ricordate che quando non si vuole conoscere la direzione o la provenienza di qualcuno o qualcosa, "dove?" si dice **wo?**: **wo bist du denn?**, *allora dove sei?*

Soluzioni dell'esercizio 1

❶ Conosce la donna laggiù? ❷ Si dice che sua moglie abbia molti soldi. ❸ Dove andiamo stasera? A teatro o all'opera? ❹ Cosa hai detto? Perché parli così piano? ❺ Ha sentito dove va?

Übung 2: Ergänzen Sie bitte!

1. Dove l'ha sentito? Io non ho sentito niente.
   ..... wissen Sie das? Ich .... nichts
   ....

2. Guardi! È un buon partito.
   ...... Sie mal! Das ist ....

3. Abbiamo parlato di tutto.
   ... . über alles ....

4. Ma aspetti! Dove vuole andare?
   .... doch! ..... wollen Sie denn?

---

37 Siebenunddreißigste Lektion

Eine gute Partie (2)

(Fortsetzung)

1 Sie geht **wirk**lich **hin** ①.
2 Das darf nicht wahr sein!
3 Und jetzt spricht sie ihn so**gar an**!
4 Was kann sie ihm ② **sa**gen?

Aussprache
2 *... va:a ...* ***3*** *... zo**ga:**a ...* ***4*** *... i:m ...*

Note

① La particella separabile **hin** sostituisce il complemento di luogo (come l'avverbio "ci" in italiano): **sie geht zu dem Tisch**, *va verso il tavolo* → **sie geht <u>hin</u>**, *ci va.*

② **Ihm**, *a lui*, è il "dativo" di **er**, *egli*. Il dativo è il terzo caso che ▶

5 Non parlare così forte, ci possono sentire!
. . . . . . nicht . . . . , man kann uns . . . . . . !

Soluzioni dell'esercizio 2 - Parole mancanti

1 Woher – habe – gehört 2 Gucken – eine gute Beute 3 Wir haben – geredet 4 Warten Sie – Wohin – 5 Sprich – so laut – hören

Vi ricordate di leggere ad alta voce le frasi dei dialoghi e quelle degli esercizi? Benissimo! Ascoltatevi bene e se quello che sentite vi piace solo a metà, ripetete la stessa frase lentamente...

Trentasettesima lezione 37

Un buon partito

(Seguito)

1 – Ci va veramente (*verso quel luogo*).
2 Non può essere vero!
3 E adesso gli parla persino!
4 Cosa può dirgli?

1, **3**, **5**: L'accento tonico dell'intera proposizione cade sull'ultima parolina che chiude la frase, ovvero sulla particella separabile: ***hin*gehen**, ***an*reden**, e ***an*bieten**.

▸ incontriamo dopo il nominativo e l'accusativo. È il caso del complemento di termine: **sie zeigt ihm die Stadt**, *[gli] mostra* (a lui) *la città*. La desinenza del dativo maschile singolare è sempre **-m**, sia quest'ultimo un pronome, un articolo o aggettivo senza articolo (lezione 42, § 1).

5 Er lacht, er **bie**tet ihr ③ **ei**nen Platz **an**.
6 Sie setzt sich **ne**ben ihn, ganz nah!
7 Sie ist to**tal über**geschnappt.
8 Sie unter**hal**ten sich, er sieht hier**her** ④.
9 Was **ma**che ich nur? Sie **win**ken mir ⑤.
10 Ich muss zu **ih**nen ⑥ **ge**hen.
11 – **Hal**lo, **An**ja, darf ich dir **mei**nen **Va**ter **vor**stellen?
12 Er wohnt in Bra**si**lien und ver**bringt sei**nen **Ur**laub ⑦ in Eu**ro**pa. □

***5** … lacHt … **bi:**tët i:a … **6** … zètzt zìçh **ne:**bën i:n, gants na:!* ***7** … to**ta:l** **ue:**baghëscnapt. **8** …ùnta**hal**tën zìçh, … zi:t hi:a**he:**a. **9** … **vìñ**k'n **mi:**a. **11** … **an**ia … **di:**a … **fo:**asctèln? **12** … **vo:**nt ìn bra**zi:**liën … fèa**brìñkt zai**nën **u:**alaup ìn òi**ro:**pa.*

Note

③ **Ihr**, *a lei*, *le*, è il dativo di **sie**, *ella*. La desinenza del dativo femminile singolare è **-r**, proprio come quella dell'articolo determinativo femminile (sempre al dativo): **er bietet der Frau einen Platz an**, *offre un posto alla donna* (alla donna un posto).

④ **Her** si utililizza quando c'è un avvicinamento verso la persona che sta parlando. È il contrario di **hin** che indica, invece, un allontanamento. Allo stesso modo di **hin**, anche la particella **her** può unirsi all'avverbio di luogo: **komm hierher**, *vieni qui,* o fungere da particella separabile: **herbringen**, *portare* (verso) *qui*.

5 Ride, le dice di sedersi (*offre a lei un posto*).
6 Si siede accanto a lui, molto vicino!
7 È completamente impazzita.
8 Stanno parlando (*si intrattengono*), lui guarda da questa parte (*verso qui*).
9 Cosa faccio (*solo*)? Mi fanno segno (*a me*).
10 Devo andare verso di loro.
11 – Ciao, Anja, ti posso (*a te*) presentare mio padre?
12 Abita in Brasile e trascorre le (*sue*) vacanze in Europa.

6: Attenzione alla pronuncia di **ganz** *gants*.
12: Ricordatevi che l'**eu** di **Europa** si pronuncia **o+i**: *òiro:pa*.

⑤ **Mir**, *a me*, *mi*, è il dativo di **ich**, *io*: **gib mir bitte den Käse!** *dammi il formaggio, per favore!* Due frasi dopo incontrerete **dir**, *a te*, *ti*, dativo di **du**, *tu*.

⑥ **Ihnen**, (*a*) *loro*, è il dativo di **sie**, *essi / esse*. La preposizione **zu**, *verso*, *a*, è sempre seguita dal dativo. Sì! Ci sono delle preposizioni che reggono il dativo e altre l'accusativo, come **für**, *per* (lezione 22, nota 9). E altre ancora che reggono sia il dativo, che l'accusativo! Ma niente panico, ci ritorneremo e vi ci abituerete in fretta.

⑦ **Der Urlaub**, *la* (-e*) vacanza* (-e*)*, è sempre singolare. Invece, **die Ferien**, *le vacanze / ferie*, è sempre plurale.

37 **Übung 1: Übersetzen Sie bitte!**

❶ Hallo, Thomas, wohin gehst du? ❷ Kann ich dir etwas zu trinken anbieten? ❸ Anja, kannst du bitte herkommen? ❹ Wo verbringen Sie Ihre Ferien? In Europa oder in Brasilien? ❺ Der Chef winkt mir, das darf nicht wahr sein!

Übung 2: Ergänzen Sie bitte!

❶ Posso presentarti la mia ragazza?
Darf ich ... meine Freundin .... ?

❷ Ti fanno segno, bisogna che tu (*ci*) vada.
... . dir, du musst .... !

❸ Non parla che in tedesco, è impazzita.
... . nur noch Deutsch, sie ist ....

❹ Perché non si siede? Il posto è libero.
Warum .... sich nicht? ... . ist frei.

❺ Cosa gli hai detto?
Was .... .. ihm ...... ?

Soluzioni dell'esercizio 1

❶ Ciao Thomas, dove vai? ❷ Posso offrirti qualcosa da bere? ❸ Anja, puoi venire qui, per favore? ❹ Dove trascorre le (*Sue*) vacanze? In Europa o in Brasile? ❺ Il capo mi fa segno, non può essere vero!

Soluzioni dell'esercizio 2 - Parole mancanti

❶ – dir – vorstellen ❷ Sie winken – hingehen ❸ Sie spricht – übergeschnappt ❹ – setzen Sie – Der Platz – ❺ – hast du – gesagt

38 Achtunddreißigste Lektion

Alles zu seiner Zeit

1 – **Gu**ten Tag, kann ich **Ih**nen ① **hel**fen?
2 – Ja, ich **su**che **ei**nen **fest**lichen **An**zug.
3 – **Schau**en Sie mal, hier **ha**ben wir **ei**nen **Smo**king ②.
4 Der Preis ist sehr **güns**tig.
5 – Nein, ich will **kei**nen **Smo**king, ich **ha**be nach ③ **ei**nem **An**zug ge**fragt**!
6 – Darf ich **fra**gen, für **wel**che Ge**le**genheit?

Aussprache
1 *... <u>**h**</u>**è**lf'n?* ***2*** *...* ***fèst****lìçhën* ***an****tsu:k.* ***3 sciau****ën ...* ***smo:****kiñg.*
4 *... prais ...* ***guen****stiçh.* ***5*** *... ghë****fra:kt****.* ***6*** *... ghë****le:****g'n<u>h</u>ait?*

Note

① **Ihnen**, *a Lei / Voi, Le / Vi*, (con la maiuscola!), è il dativo del pronome allocutivo di cortesia **Sie**, *Lei / Voi.* In tedesco **helfen**, *aiutare*, regge il dativo: **ich helfe der Frau**, *aiuto (alla) la donna.*

② Avrete notato, grazie all'articolo **einen**, che **Anzug** e **Smoking** sono nomi maschili: **der Anzug** e **der Smoking**.

③ **Nach** (seguito dal dativo) non ha, in questo caso, nessun significato temporale o locale (lezione 25, nota 4). È semplicemente la preposizione che accompagna **fragen**, *chiedere, domandare.* **Die Touristen fragen nach dem Weg**, *I turisti chiedono* (dopo) *la strada.* In seguito incontrerete altri verbi reggenti una preposizione (nota 5: **gratulieren zu**).

Ogni cosa a suo tempo
(*Tutto a suo tempo*)

1 – Buongiorno, posso aiutarLa?
2 – Sì, cerco un abito da cerimonia.
3 – Guardi (*volta*), qui abbiamo uno smoking.
4 Il prezzo è molto vantaggioso.
5 – No, non voglio uno (*nessuno*) smoking; ho chiesto (*dopo*) un abito!
6 – Posso chiedere per quale occasione?

38

7 – Ich will **hei**raten ④.
8 – Oh, wann denn? Ich gratu**lie**re ⑤.
9 Was trägt denn **Ih**re **zu**künftige Frau?
10 – Ich weiß nicht, ich **ken**ne sie noch nicht.
11 Ich **su**che sie, wenn ich den **An**zug **ha**be ⑥.
12 Eins ⑦ nach dem **an**deren. □

*7 … **hai**ra:t'n. **8** … gratu**li:**rë. **9** … **tsu:**kuenftìghë … **12** ains na:cH de:m **an**dërën.*

Note

④ **Heiraten** significa "sposare" o "sposar[si]": **er hat eine reiche Frau geheiratet**, *ha sposato una donna ricca.* Invece, "sono sposato / -a" si dice **ich bin verheiratet**.

⑤ **Gratulieren**, *congratular*[si], *augurare, fare gli auguri*, si usa per compleanni, matrimoni, esami, ecc., seguito da **zu** + dativo: **wir gratulieren Ihnen zum Geburtstag**, *le auguriamo buon compleanno*. **Zum** è la contrazione di **zu** + **dem** e **dem** è il dativo dell'articolo maschile singolare **der**!

⑥ **Habe** si trova in fondo alla frase perché… (adesso ve lo dovreste ricordare) in una subordinata introdotta da una congiunzione, il verbo occupa l'ultima posizione e la congiunzione è preceduta da una virgola! **Wenn** può essere ▸

Übung 1: Übersetzen Sie bitte!

❶ Guten Abend, darf ich Ihnen meinen Mann vorstellen? ❷ Wann heiraten Sie? Nächste Woche? ❸ Sie suchen einen Anzug? Für welche Gelegenheit? ❹ Sie haben mich nach dem Weg zur Oper gefragt. ❺ Liebling, ich gratuliere dir zum Geburtstag.

7 – [Mi] Voglio sposare.
8 – Oh, quando (*allora*)? Congratulazioni (*io congratulo*).
9 Cosa indosserà (*indossa allora*) la Sua futura sposa?
10 – Non [lo] so, ancora non la conosco.
11 La cercherò (*cerco*), quando avrò (*ho*) un abito.
12 Una [cosa] alla volta (*dopo l'altro*).

▸ usato sia in senso temporale: "quando", che per formulare un'ipotesi: "se". **Ich komme, wenn ich kann**, *Vengo se posso*. In genere è il contesto che ci aiuta a capire se **wenn** ha valore temporale o ipotetico. **Wann**, *quando*, ha sempre valore temporale (vedi frase 8) e lo si utilizza nelle domande dirette e indirette. **Wann haben Sie Zeit?**, *Quando ha tempo?* **Ich weiß nicht, wann er kommt**, *Non so, quando viene [verrà]*.

⑦ **Eins** o **eines** è il pronome indefinito neutro, *uno / -a, un / un'*, usato anche con l'accezione di "una cosa". "L'altra cosa" si dice **das andere**. Al dativo, l'articolo determinativo e pronome dimostrativo neutro è identico a quello maschile: **das** diventa quindi **dem**: **dem anderen**. Qui **anderen** termina per **-n**, nella prossima lezione vi spiegheremo perché.

Soluzioni dell'esercizio 1

❶ Buonasera, posso presentarLe mio marito? ❷ Quando si sposa? La settimana prossima? ❸ Cerca un abito? Per quale occasione? ❹ Mi hanno chiesto la strada per [andare all'] opera. ❺ Amore, tanti auguri di buon compleanno.

Übung 2: Ergänzen Sie bitte!

❶ Non so chi sia (*è*), non lo conosco!
... . , wer das ist, ... ihn nicht!

❷ Posso chiederLe come si chiama (*il Suo nome*) e offrirLe qualcosa (*invitarLa*)? Non così in fretta, una cosa alla volta.
Darf ich Sie .... fragen und Sie einladen? – Nicht so .... , eins ....

❸ Cosa cerca? Posso aiutarLa?
Was .... ? Kann ich .... ?

39 Neununddreißigste Lektion

Die Zeiten ändern sich ①

1 – Wem ② **schrei**bst du, wenn ③ ich **fra**gen darf?

Aussprache
*... **ènd**ₐn ... **1** ve:m **scrai**pst ...*

Note

① **(sich) ändern** significa "cambiare" nel senso di "modificare" (e non "sostituire" o "cambiarsi") e può essere transitivo: **er ändert seine Pläne**, *cambia i suoi piani,* o riflessivo: **man muss sie nehmen, wie sie ist, sie ändert sich nicht mehr**, *bisogna prenderla, [così] com'è, non* (si) *cambierà* (cambia) *più.* ▸

4 Prendo l'abito, il prezzo è vantaggioso.
Ich nehme ... . , der Preis ist ....

5 Posso presentarLe la mia futura moglie?
.... Ihnen meine ....
vorstellen?

Soluzioni dell'esercizio 2 - Parole mancanti
1 Ich weiß nicht – ich kenne – 2 – nach Ihrem Namen – schnell – nach dem anderen. 3 – suchen Sie – Ihnen helfen 4 – den Anzug – günstig 5 Darf ich – zukünftige Frau –

Trentanovesima lezione 39

I tempi cambiano

1 – A chi scrivi, se posso chiedere (*posso*)?

(2) Abbiamo visto che il pronome interrogatovo **wer?**, *chi?* si declina come l'articolo determinativo maschile. Al dativo, **wer?** diventa **wem?**, *a chi?*

(3) Qui **wenn** ha chiaramente il valore ipotetico del "se": **wenn ich fragen darf**, *se posso chiedere.* Osservate che in questa frase, è il verbo "coniugato" - e non l'infinito - a trovarsi alla fine della subordinata introdotta da **wenn** e che una virgola separa la principale dalla secondaria.

39 **2** – **Mei**nem **On**kel ④ in A**me**rika.
3 – Du hast **ei**nen **On**kel in A**me**rika?
4 – Klar, **al**le **ha**ben doch Ver**wan**dte ⑤ dort.
5 – **Au**ßer mir ⑥, ich **ha**be **nie**mand dort.
6 – Das ist **wirk**lich Pech!
7 – Wa**rum** denn? Ich ver**ste**he dich nicht.
8 – Na, wem schickst du denn **Brie**fe, wenn ⑦ du Geld brauchst?
9 – Kein Prob**lem**! Ich **schrei**be **mei**ner **Tan**te ⑧ in **Chi**na. □

***2 mai**nem **òñ**k'l ... **ame:**rika. **4** ... fè$_a$**van**të... **5 auss**$_a$ ... **ni:**mant ... **6** ...**pèçh!** **8** ... **scìkst** ... **bri:**fë ... **9** ... pro**ble:m** ... **tan**të ... **çhi:**na.*

Note

④ Il dativo traduce il complemento di termine senza bisogno della preposizione; è la declinazione stessa a sostituirla. **Er schreibt seinem Onkel**, *Scrive a suo zio.* Allo stesso modo dell'articolo indeterminativo **ein**, gli aggettivi possessivi **mein / dein / sein,** ecc. prendono la desinenza **-em** del dativo maschile e neutro singolare.

⑤ La parola **Verwandte** fa riferimento a tutta la parentela: **Onkel**, *zio,* **Tante**, *zia*, **Großmutter**, *nonna*, ecc. **Die Familie**, invece, include solo **Vater, Mutter und Kinder**, *padre*, *madre e figli*.

⑥ La preposizione **außer**, *eccetto*, *tranne*, *fuorché*..., regge il dativo: **alle haben Geld außer meinem Vater**, *tutti hanno soldi, tranne mio padre.*

2 – A mio zio in America.
3 – Tu hai uno zio in America?
4 – Certo, tutti hanno [dei] parenti laggiù.
5 – Tranne me, io non ho nessuno là.
6 – [Che] (*questa è veramente*) sfortuna!
7 – Perché mai? Non ti capisco.
8 – Beh, a chi spedisci [le] lettere quando hai bisogno [di] soldi?
9 – Nessun problema! Scrivo a mia zia in Cina.

⑦ Qui **wenn** ha valore temporale: *quando*, *ogni volta che*, *nel momento in cui*. (Lezione 38, nota 6)

⑧ Il dativo femminile singolare termina sempre in **-r**, che si tratti dell'articolo determinativo, indeterminativo, del pronome indefinito o dell'aggettivo possessivo: **er schreibt de<u>r</u> / eine<u>r</u> / seine<u>r</u> Freundin**, *scrive all' / a un' / alla sua amica.*

Übung 1: Übersetzen Sie bitte!

❶ Sie ändert sich nicht mehr. ❷ Mein Onkel aus China verbringt immer seinen Urlaub in Europa. ❸ Wem schreiben Sie? Ihrem Chef? ❹ Sagen Sie mir, wenn Sie Geld brauchen. ❺ Alle außer ihm haben Verwandte in Amerika.

Übung 2: Ergänzen Sie bitte!

❶ Mia zia mi aiuta quando ho bisogno [di] soldi.
Meine Tante ...., wenn ... .
....

❷ Trascorriamo le (*nostre*) ferie in Cina.
... . unsere Ferien .. ..

❸ Non capisco cosa dice.
... . , was Sie sagen.

40 Vierzigste Lektion

Der Autokauf

1 – **Gu**ten Tag, Herr **Fi**scher, **ha**ben Sie **ei**nen **neu**en **Wa**gen ①?

Aussprache
*... **au**to-kauf **1** ... **nòi**ën **va:**gn?*

Titolo: Ricordatevi che il dittongo **au** si pronuncia semplicemente **a** più **u** come in italiano: **Autokauf** *auto-kauf*.

Soluzioni dell'esercizio 1

❶ Non cambia [cambierà] più. ❷ Mio zio della Cina trascorre sempre le vacanze in Europa. ❸ A chi scrive? Al Suo capo? ❹ Mi dica se ha bisogno di denaro ❺ Tutti, tranne lui, hanno parenti in America.

❹ A chi scrive? Conosco questa persona?
... schreiben Sie? .... die Person?

❺ Io ho molti parenti, ma Klaus ha solo uno zio.
Ich habe viele .... , aber Klaus hat nur ....

Soluzioni dell'esercizio 2 - Parole mancanti

❶ – hilft mir – ich Geld brauche ❷ Wir verbringen – in China ❸ Ich verstehe nicht – ❹ Wem – Kenne ich – ❺ – Verwandte – einen Onkel

---

Quarantesima lezione 40

L'acquisto [di un'] auto

1 – Buongiorno, Sig. Fischer, ha una nuova macchina?

Note

① Avete notato che si tratta di un accusativo maschile? Infatti **der Wagen** è maschile. È per questo che si dice **der Mercedes**, **der BMW** *(be: èm ve:)*, ecc. **Das Auto**, *la macchina, l'auto*, è neutro come lo sono, generalmente, tutti i sostantivi di origine straniera.

2 – Ja, den (2) **ha**be ich **letz**ten **Mo**nat ge**kauft**.
3 Ge**fällt** (3) er **Ih**nen?
4 – Und wie! Der ist **wirk**lich **gro**ße **Kla**sse.
5 – Den **an**deren **Freun**den (4) ge**fällt** er auch sehr gut.
6 – Der ist doch **si**cher sehr **teu**er, nicht wahr?
7 – Stimmt (5), er ist nicht **bil**lig.
8 **A**ber ich **ha**be den **Wa**gen von (6) **mei**ner Frau ver**kauft** (7).
9 – Und was macht **Ih**re Frau jetzt?
10 – Sie hat ein **neu**es **Fahr**rad ge**kriegt** (8).
11 Das ist **um**weltfreundlicher (9). □

2 … *ghë**kauft**.* **3** *ghë**fèlt*** … **4** … ***klas**së.* **5** *de:n **an**dërën **fròin**dën* … **7** … ***bil**liçh.* **8** … *fèª**kauft**.* **10** … *ghë**kri:kt**.* **11** … ***ùm**vèlt-**fròint**liçhª*

Note

(2) Anziché **ich habe den gekauft** avremmo potuto usare **ihn**, *lo*, e dire: **ich habe ihn gekauft**, *l'ho comprata* (la macchina); nella lingua parlata si preferisce usare il pronome dimostrativo.

(3) **Er gefällt mir**, *mi piace* (piace a me). L'infinito non ha la dieresi: **gefallen**, *piacere*.

(4) Al dativo, l'articolo plurale **die**, *i*, *gli*, *le*, diventa **den**: **die Freunde**, *gli amici*, **den Freunden**, *agli amici*. Notate questa particolarità: al dativo plurale il sostantivo prende una **-n** finale (a meno che questo non termini già per **-n**).

(5) **Stimmt** è la 3ª persona singolare del verbo **stimmen**, che significa "accordare", ma anche "essere giusto / esatto / vero": **das stimmt** o semplicemente **stimmt** è una formula cui si ricorre per dire "[è] vero", "giusto", "effettivamente", "è così" (lezione 24).

(6) La preposizione **von**, *di*, regge sempre e solo il dativo.

2 – Sì, (*questa ho io*) l'ho comprata [il] mese scorso. Le piace (*piace egli a Lei*)? 40
4 – E[c]come! È veramente [di] gran lusso (*grande classe*).
5 – Anche agli altri amici piace molto (*molto bene*).
6 – Ma è sicuramente molto costosa, (*non*) vero?
7 – Effettivamente (*Giusto*), non costa poco (*non è a buon mercato*).
8 Ma ho venduto l'auto di mia moglie.
9 – E come (*cosa*) fa Sua moglie adesso?
10 – Ha una nuova bici (*preso*).
11 È più ecologica.

⑦ **Verkauft**, *venduto*, è il participio passato di **verkaufen**, *vendere*. I verbi inseparabili non formano il participio passato con il prefisso **ge-**. Notate che il participio passato di **kaufen**, *comprare*, è **gekauft**, *comprato* (frase 2).

⑧ **Kriegen** è forse il verbo più usato in tedesco e quello con più accezioni. Può voler dire: "avere", "ottenere", "ricevere", "riuscire" e persino "prendere" (**krieg keinen Schnupfen!**, *non prendere il raffreddore!*).

⑨ **Umweltfreundlich** (lett. "ambiente-amichevole"), *ecologico*. La parola **die Umwelt**, *l'ambiente*, è composta da **um**, *intorno*, e **die Welt**, *il mondo*. L'aggettivo **freundlicher**, con la desinenza **-er**, significa "più amichevole": si tratta di un comparativo di maggioranza. Ne riparleremo presto.

Übung 1: Übersetzen Sie bitte!

❶ Ich finde den neuen Kollegen sehr nett, er gefällt mir. ❷ Mir gefällt er auch, er gefällt allen. ❸ Wir haben unser Auto verkauft und Fahrräder gekauft! ❹ Fahrräder sind umweltfreundlich, sie fahren ohne Benzin. ❺ Er hat von seinen Eltern zum Geburtstag einen Anzug gekriegt.

Übung 2: Ergänzen Sie bitte!

❶ Dov'è la tua macchina? – L'ho venduta.
.. ... dein Wagen? ... . ihn ....

❷ Cosa hai ricevuto al tuo compleanno?
Was ...... denn zum Geburtstag .... ?

❸ Il suo abito mi piace, Sig. Berg. Dove l'ha comprato?
Ihr Anzug ...., Herr Berg. Wo .... den .... ?

❹ È caro. – È vero, non è a buon mercato.
Das ist ..... . – Das stimmt, das ist ....

❺ Porti ancora una birra ai miei amici. Pago io.
Bringen Sie meinen .... noch ein Bier! Ich ..... .

Das „Kult-Objekt" Auto, *L'auto, "oggetto di culto"*

L'auto occupa un posto molto importante nella vita dei tedeschi e a più titoli: oltre al fatto che le automobili e i garage sono molto spaziosi, la Germania è il terzo produttore d'automobili al mondo. Chi non conosce le grandi case tedesche: Audi, Mercedes, BMW

Soluzioni dell'esercizio 1

❶ Trovo il nuovo collega molto simpatico (*gentile*), mi piace. ❷ Anche a me piace (*lui anche*), piace a tutti. ❸ Abbiamo venduto la nostra auto e comprato [delle] bici. ❹ Le biciclette sono ecologiche, vanno senza benzina. ❺ Per il suo compleanno, ha ricevuto un abito da[i] suoi genitori.

Soluzioni dell'esercizio 2 - Parole mancanti

❶ Wo ist – Ich habe – verkauft ❷ – hast du – gekriegt ❸ – gefällt mir – haben Sie – gekauft ❹ – teuer – nicht billig ❺ – Freunden – zahle

(Bayerische Motoren-Werke, *"bavaresi motori-fabbriche"), per non parlare della VW, la celebre* Volkswagen *(macchina del popolo)? L'auto poi è un vero e proprio simbolo di prestigio e pertanto i tedeschi ne hanno molta cura: il tedesco medio, infatti, spende moltissimo per il suo "gioiellino", tanto che esistono diversi supermercati specializzati: gli* Automärkte. *Bisogna dire che in Germania aver cura della propria macchina non è solo un piacere, ma anche un dovere, in quanto i controlli tecnici sono molto severi: ogni due anni tutte le automobili devono passare il controllo del* "TÜV" (Technischer Überwachungsverein), *ente per il collaudo tecnico periodico. Durante questi controlli si presta attenzione ad ogni minimo dettaglio, anche alle macchie di ruggine! Tuttavia per i movimenti ecologisti l'automobile resta il nemico numero uno, ma state tranquilli: anche chi è contrario spesso ne possiede una fantastica! Ancora un consiglio: in Germania non posteggiate come in Italia, dove capita... neanche se pensate di fermarvi poco. Rischiate di farvi molti nemici!*

41 Einundvierzigste Lektion

Die Stadt Dresden ist eine Reise wert ①

1 – Wir **möch**ten **Deutsch**land **be**sser **ken**nen **ler**nen.
2 Wo**hin sol**len wir **fah**ren?
3 Kannst du uns **ei**nen Rat ② **ge**ben?
4 – **Si**cher! Ihr müsst **un**bedingt nach **Dres**den **fah**ren!
5 – Wo liegt ③ das denn?
6 – Im **Os**ten ④. **Dres**den ist die **Haupt**stadt von **Sach**sen.
7 – Und was gibt es ⑤ dort zu **se**hen?

Aussprache
... ***dre:***sd'n ... ve:ɑt. **1** ... ***dòitsc****lant* ***bèss****ɑ* ... **3** ... *ra:t* ... **4** ... ***ùn****bĕdiñkt* ... **5** ... *li:kt* ... **6** *ìm* ***òs****tĕn.* ... ***haupt****-sctat* ... ***zaks****'n.*

Note

① **Wert sein**, *valere*: **das ist viel wert / das ist nichts wert**, *questo vale molto / questo non vale niente*. **Der Wert**, *il valore*.

② In questa frase, **der Rat**, *il consiglio*, è all'accusativo in quanto complemento oggetto. Il complemento di termine **uns**, *a noi*, *ci*, è invece al dativo. Come in italiano, anche in tedesco esistono molti verbi che reggono due complementi, tra cui **geben**, *dare* e **bringen**, *portare*: **sie gibt dem Kind einen Apfelsaft**, *dà un succo di mela al bambino* (al bambino un succo di mela).

③ Qui **liegen** vuol dire "trovarsi".

④ Abbiamo visto che **im** è la contrazione della preposizione **in** + ▶

La città [di] Dresda vale un viaggio

1 – Vorremmo conoscere meglio la Germania (*conoscere, imparare*).
2 Dove possiamo (*dobbiamo*) andare?
3 Puoi darci un consiglio?
4 – Certo! Dovete assolutamente andare a Dresda.
5 – Dove si trova (*allora*)?
6 – A est. Dresda è la capitale della (*di*) Sassonia.
7 – E cosa c'è lì da vedere?

6: Come tutte le **h** all'inizio di una parola, anche quella di **Hauptstadt** è aspirata. Il dittongo **au** si pronuncia **a** più **u**…

▸ l'articolo **dem**. Ormai sappiamo che **dem** è sia dativo maschile, che neutro: **der Osten**, *l'est*, **im Osten**, *all'est*. In un complemento di stato in luogo, la preposizione regge il dativo. **Wo wohnen Sie?**, *Dove abita?* – **Im Zentrum**, *In centro*. Non dimenticate che **wo?**, *dove?* introduce un complemento di stato in luogo e che si utilizza **wohin?**, *dove?* per introdurre un complemento di moto a luogo. **Wohin fahren Sie?**, *Dove va?* – **Nach Hamburg**, *Ad Amburgo*.

⑤ Abbiamo già visto l'espressione **es gibt**, *c'è, ci sono*. L'infinito che dipende da **es gibt** è preceduto da **zu** e occupa l'ultima posizione: **es gibt hier nichts <u>zu</u> sehen**, *qui non c'è niente da vedere*. Ne approfittiamo per ricordare che il sostantivo preceduto da **es gibt** va messo all'accusativo: **gibt es hier keinen Supermarkt?**, *non c'è un supermercato qui?*

41

8 – Viel. Es ist eine **al**te Ba**rock**stadt mit **lan**ger ⑥ Ge**schich**te.

9 Ich **schwö**re euch ⑦, die **Rei**se lohnt ⑧ sich. □

***8** … **al**të ba**ròck**-sctat … **lañg**a ghë**sciç**htë. **9** … **scvœ:**rë òiçh, … **lo:**nt zìçh.*

Note

⑥ **Die Geschichte** significa sia "la Storia" con la S maiuscola, che "la storia", nel senso del racconto. La preposizione **mit**, *con*, regge sempre e solo il dativo. Notate che in questa frase manca l'articolo; l'aggettivo va infatti al dativo dove prende la desinenza **-er**: **lang**, *lungo*, ma **mit langer Geschichte**, *con una lunga storia.*

Übung 1: Übersetzen Sie bitte!

❶ Ich möchte München besser kennen lernen. ❷ Du musst unbedingt in den Englischen Garten gehen. ❸ Wo liegt Sachsen? – Im Osten von Deutschland. ❹ Ich gebe euch einen Rat, erzählt mir keine Geschichten! ❺ Was gibt es denn hier zu sehen?

8 – Molto. È una vecchia città barocca con [una] lunga storia. 41
9 Vi giuro [che] il viaggio [ne] vale la pena.

8: Secondo alcuni, **Geschichte** è difficile da pronunciare. Effettivamente, **sch** seguito da **ch** non è poco. Pensate allora a **ich** e pronunciate semplicemente **sch** *sc* prima di *ch* → *içh*.

⑦ **Euch**, *a voi*, *vi*, è il dativo di **ihr**, *voi*. Ricordatevi che non si tratta della forma di cortesia, ma del plurale di tu (altrimenti avremmo detto **Ihnen**, *a Voi / Lei*, *Le / Vi*).

⑧ **Sich lohnen**, deriva da **der Lohn**, *la ricompensa*, *il salario*. Si tratta di un verbo riflessivo ricorrente nell'espressione idiomatica: **das lohnt sich / lohnt sich nicht** (lett. "questo si paga / non si paga"), *vale la pena / non ne vale la pena*, *merita / non merita*.

Soluzioni dell'esercizio 1

❶ Vorrei conoscere meglio Monaco. ❷ Devi assolutamente andare al Giardino Inglese. ❸ Dove si trova [la] Sassonia? – Nella Germania orientale. ❹ Vi do un consiglio, non raccontatemi storie! ❺ Cosa ci sarà (*c'è*) mai da vedere qui?

41 **Übung 2: Ergänzen Sie bitte!**

1. Cerchiamo un buon ristorante, potete darci un consiglio?
   ... . ein gutes Restaurant, könnt ihr ... . ?

2. Non ne vale la pena, non c'è niente da vedere laggiù.
   Das .... nicht, ... dort ...... zu sehen.

3. Dove va? A Dresda? Dove si trova?
   ..... fahren Sie? Nach Dresden? .. .. das denn?

Besichtigen Sie Dresden !, *Visitate Dresda!*
Dresda è una bellissima città barocca del sud della Germania orientale ed è soprannominata la "Firenze del Nord" per la magnifica architettura, la mitezza del clima e la fertilità della sue terre. Situata al confine tra il sud cattolico e il nord protestante, tra l'ovest romano e l'est slavo, Dresda fu un importante crocevia europeo fin dalla sua fondazione, ottocento anni fa. La città visse la sua epoca d'oro nella prima metà del XVIII secolo sotto il regno di August der Starke *(Augusto il Forte), conte di Sassonia e Re di Polonia. Le bellissime costruzioni barocche, tra cui il* Dresdner Zwinger, *antica fortezza destinata alle feste di corte, il castello* Pillnitz, *la via reale e la cattedrale, testimoniano ancora oggi lo splendore di quell'epoca. Presso la Galleria degli Antichi Maestri allo Zwinger si possono inoltre ammirare le splendide collezioni d'arte del tesoro reale, la superba collezione di porcellane cinesi e giapponesi e soprattutto le più belle porcellane di Meißen*, fin dalla sua fondazione nel 1708.*
Nel XIX secolo, grazie all' artigianato di altissima qualità e alla

4 Nella Germania Orientale, è la capitale della Sassonia.

... . von Deutschland, das ist ...
.... von Sachsen.

5 Perché l'hai comprata? Non vale niente.

Warum ...... das .... ? Das ist ......
..... .

Soluzioni dell'esercizio 2 - Parole mancanti

1 Wir suchen – uns einen Rat geben 2 – lohnt sich – es gibt – nichts – 3 Wohin – Wo liegt – 4 Im Osten – die Hauptstadt – 5 – hast du – gekauft – nichts wert

sua strategica posizione geografica, Dresda è divenuta una delle città più ricche e prospere della Germania e ancora oggi è lì che si trovano i migliori alberghi, lussuose testimonianze di un passato fiorente. Nel corso dei secoli, la città ha resistito miracolosamente ai colpi del destino ed oggi, grazie ad un lungo lavoro di restauro, non rimangono che pochissime delle terribili tracce lasciate dalle guerre, in particolare dal secondo Conflitto Mondiale. Dopo aver completato la visita della città non dimenticate di fare una gita sull'Elba su uno degli antichi battelli a vapore: potrete godere di una vista indimenticabile e ammirare un paesaggio tra i più suggestivi.

* *La piccola cittadina di Meißen si trova a venti chilometri a nord-ovest di Dresda.*

42 Zweiundvierzigste Lektion

Wiederholung (ripasso)

1 Il dativo, l'articolo e i pronomi personali

Dopo il nominativo (soggetto) e l'accusativo (complemento oggetto), il dativo è il terzo (e penultimo) caso della declinazione. Il dativo si utlizza, in primo luogo, per tradurre il complemento di termine.

Der Mann gibt dem Hund den Käse, *L'uomo dà il formaggio al cane* (al cane il formaggio).
Il soggetto è al nominativo: **der Mann**.
Il complemento oggetto risponde alla domanda "che cosa dà?": **den Käse**.
Il complemento di termine, che risponde alla domanda "a chi / a che cosa?" è al dativo: **dem Hund**, *al cane.*

Come sappiamo, l'ordine delle parole in tedesco non corrisponde sempre a quello in italiano. In tedesco il dativo precede sempre l'accusativo, tranne quando uno dei due è un pronome personale. In questo caso il pronome precede il nome: **der Mann gibt ihm den Käse**, *l'uomo gli dà il formaggio*; **der Mann gibt ihn dem Hund**, *l'uomo lo dà al cane*. Nel caso si abbiano due pronomi, quello all'accusativo precede il pronome al dativo: **der Mann gibt ihn ihm**, *l'uomo glielo dà.*

Ecco la tavola della lezione 21 cui abbiamo aggiunto il dativo:

a) <u>Articoli determinativi e indeterminativi</u>

	maschile	*femminile*	*neutro*	*plurale*	
nominativo	**der/ein**	**die/eine**	**das/ein**	**die/ –**	
accusativo	**den/einen**	**die/eine**	**das/ein**	**die/ –**	
dativo	**dem/einem**	**der/einer**	**dem/einem**	**den/-**	**-<u>n</u>**

Notate due cose:
Al dativo singolare l'articolo maschile e quello neutro sono identici.
Al dativo plurale non solo l'articolo, ma anche il sostantivo prende la desinenza **-n** (a meno che non termini già per **-n**):
die Kinder spielen im Garten, *i bambini giocano in giardino*;
der Vater gibt den Kinder<u>n</u> Schokolade, *il padre dà il cioccolato ai bambini.*

b) <u>I pronomi personali</u>

		singolare	
	1ª pers.	2ª pers.	3ª pers.
nominativo	**ich**	**du**	**er/sie/es**
accusativo	**mich**	**dich**	**ihn/sie/es**
dativo	**mir**	**dir**	**ihm/ihr/ihm**

		plurale		**sing. + plurale**
	1ª pers.	2ª pers.	3ª pers.	cortesia
nominativo	**wir**	**ihr**	**sie**	**Sie**
accusativo	**uns**	**euch**	**sie**	**Sie**
dativo	**uns**	**euch**	**ihnen**	**Ihnen**

2 La formazione del participio passato (o participio II) dei verbi regolari

La maggior parte dei verbi forma il participio passato con il prefisso **ge-**. Tutti i participi passati dei verbi regolari terminano per **-t** oppure per **-et** se la radice del verbo termina in **-t** o **-d** (ci vuole una "e" aggiuntiva).
Quindi: **ge- + radice del verbo + t** = participio passato.

machen, *fare* → **gemacht**, *fatto*
sagen, *dire* → **gesagt**, *detto*
reden, *parlare* → **rede<u>e</u>t**, *parlato*
arbeiten, *lavorare* → **gearbeit<u>e</u>t**, *lavorato.*

42 Attenzione! I verbi inseparabili non prendono il prefisso **ge-**:

verkaufen, *vendere* → **verkauft**, *venduto*
erzählen, *raccontare* → **erzählt**, *raccontato*.

Ci occuperemo della formazione del participio passato dei verbi separabili nelle prossime lezioni.

3 **wo?**, *dove?*, **wohin?**, *dove?* (moto a luogo), **woher?**, *da dove?*

In tedesco bisogna fare una distinzione tra:
– il luogo in cui ci si trova (stato in luogo). Il complemento risponde alla domanda **wo?**,
– il luogo verso cui si è diretti (moto a luogo). Il complemento risponde alla domanda **wohin?**,
– e il luogo da cui si proviene (moto da luogo). Il complemento risponde alla domanda **woher?**

a) **Wo sind Sie?**, *Dov'è?*

b) **Wohin gehen Sie?** o **Wo gehen Sie hin?**, *Dove va?*

c) **Woher kommen Sie?** o **Wo kommen Sie her?**, *Da dove viene?*

Nella risposta corrispondente abbiamo **hin** quando c'è un allontanamento e **her** quando c'è un avvicinamento verso colui che parla. **Hin** e **her** sono indispensabili nelle risposte.

a) **Ich bin hier, ich bin dort**, *Sono qui, sono là.*

b) **Ich gehe hier<u>hin</u>, ich gehe dort<u>hin</u>**, *Vado qui, vado là.*

c) **Ich komme hier<u>her</u>, ich komme dort<u>her</u>**, *Vengo da qui, vengo da là.*

4 I quattro punti cardinali, la Germania e i suoi "16 Bundesländer", *16 Stati federali* 42

der Norden / il nord

der Westen / l'ovest **der Osten / l'est**

der Süden / il sud

Baden-Württemberg
Bayern
Berlin
Brandenburg
Bremen
Hamburg
Hessen
Mecklenburg-Vorpommern
Niedersachsen
Nordrhein-Westfalen
Rheinland-Pfalz
Saarland
Sachsen
Sachsen-Anhalt
Schleswig-Holstein
Thüringen

42 **Le conoscenze geografiche possono servire!**

Per svolgere l'esercizio che segue, guardate la cartina di p.202 dove abbiamo riportato, in ordine alfabetico, i nomi di tutti i **Länder**.

Nelle soluzioni abbiamo indicato a quale numero corrisponde ciascun **Land** sulla carta.

* * *

Die Welt ist klein

1 – **Tho**mas! Das darf nicht wahr sein! **(37)**
2 Was machst du hier in **Dres**den im **Smo**king? **(38, 41)**
3 Wo**hin** gehst du denn? **(36)**
4 Wo**her** kommst du? **(36)**
5 Was hast du die **gan**ze **Zei**t ge**ma**cht? **(37, 38, 40)**
6 Wie geht's dir? **(37, 40)**
7 Hast du **mei**ne **Brie**fe nicht ge**kriegt**? **(39, 40)**
8 Du musst mir **un**bedingt **sa**gen, wo du wohnst… **(37, 41)**
9 – **Si**cher, **Me**lanie, aber **war**te, lass mich dir **ant**worten. **(36, 37, 41)**
10 Eins nach dem **an**deren. **(38)**
11 **Al**so: mir geht's sehr gut. **(37)**
12 Ich bin mit **mei**nem Or**ches**ter für zwei **Ta**ge hier. **(41)**
13 Wir **spie**len **heu**te Abend in der **O**per. **(34)**
14 Ich **ha**be **dei**ne **Brie**fe **lei**der nicht ge**kriegt**. **(39, 40)**
15 Wir **ha**ben die **letz**ten sechs **Mo**nate in **Chi**na ge**spielt**. **(38, 39)**
16 **A**ber hör mal: ich **freu**e mich sehr, dich zu **se**hen! **(20, 41)**
17 Du siehst fan**tas**tisch aus! **(18)**
18 Du ge**fä**llst mir **wirk**lich. **(37, 40)**
19 Wa**rum** lachst du? Ich bin **le**dig und nicht **häß**lich. **(36, 37)**
20 Und ich **schwö**re dir, bald bin ich reich. **(36, 41)**

Scrivete a fianco di ciascuna città nella lista il nome del ***Land*** *di cui è capitale. Le soluzioni sono in fondo alla pagina.*

Berlin ( ), **Bremen** ( ), **Dresden** ( ), **Düsseldorf** ( ), **Erfurt** ( ), **Hamburg** ( ), **Hannover** ( ), **Kiel** ( ), **Magdeburg** ( ), **Mainz** ( ), **München** ( ), **Potsdam** ( ), **Saarbrücken** ( ), **Schwerin** ( ), **Stuttgart** ( ), **Wiesbaden** ( ).

* * *

Il mondo è piccolo

1 – Thomas! Non può essere vero!
2 Cosa fai qui a Dresda in smoking?
3 Ma dove vai?
4 Da dove vieni?
5 Cosa hai fatto tutto questo tempo (*l'intero tempo fatto*)?
6 Come stai?
7 Non hai ricevuto le mie lettere?
8 Devi dirmi assolutamente dove vivi…
9 – Certo, Melanie, ma aspetta, lasciami (*a te*) rispondere.
10 Una [cosa] alla volta (*dopo l'altra*).
11 Allora: sto benissimo.
12 Sono qui con la mia Orchestra per due giorni.
13 Questa sera suoniamo all'opera.
14 Purtroppo non ho ricevuto le tue lettere.
15 Abbiamo suonato in Cina [ne]gli ultimi sei mesi.
16 Ma ascolta (*volta*): sono molto contento di vederti!
17 Hai un aspetto fantastico!
18 Mi piaci veramente
19 Perché ridi? Sono celibe e non [sono] brutto.
20 E ti giuro [che] presto sarò (*sono*) ricco.

Soluzioni § 4 : Berlin (Berlin, 7), Bremen (Bremen, 3), Dresden (Sachsen, 12), Düsseldorf (Nordrhein-Westfalen, 4), Erfurt (Thüringen, 10), Hamburg (Hamburg, 2), Hannover (Niedersachsen, 13), Kiel (Schleswig-Holstein, 1), Magdeburg (Sachsen-Anhalt, 11), Mainz (Rheinland-Pfalz, 8), München (Bayern, 16), Potsdam (Brandenburg, 6), Saarbrücken (Saarland, 9), Schwerin (Mecklenburg-Vorpommern, 5), Stuttgart (Baden-Württemberg, 15), Wiesbaden (Hessen, 14).

43 Dreiundvierzigste Lektion

Die Mücke

1 – War**um** hast du das Licht **an**gemacht ①?
2 – Ich kann nicht **schla**fen.
3 Ich **ha**be **ei**ne **Mü**cke ge**hört**.
4 – Oh nein! Wo ist sie?
5 – Sie sitzt ② auf der **Lam**pe.
6 – Schnell, gib mir die **Zei**tung! (*klatsch!*)
7 **Scha**de, zu spät, sie ist **weg**geflogen ③.
8 – Wo**hin** denn? Siehst du sie?
9 – Ja, dort, jetzt fliegt sie auf die ④ **Lam**pe zu**rück**.

Aussprache
*... **mue**kë **1** ... lìçht **an**ghëmacHt? ... **5** ... zìtst ... **lam**pë*
***6** ... **tsai**tùñg! **7** **scia:**dë ... **wek**ghëflo:g'n.*

Note

① **Angemacht**, *acceso*, è il participio passato di **anmachen**. **An** è la particella separabile che precede il prefisso **ge-** del participio passato. Il contrario di **anmachen** è **ausmachen**, *spegnere*, il cui participio passato è **ausgemacht**: **ich habe das Licht ausgemacht**, *ho spento la luce* (vedi frase 13).

② **Sitzen** significa "sedere, essere seduti" (eh sì, in Germania le zanzare si "siedono"!).

③ **Weggeflogen** è il participio passato di **wegfliegen**, *volar via*. ▶

Quarantatresima lezione 43

La zanzara

1 – Perché hai acceso la luce?
2 – Non riesco a dormire.
3 Ho sentito una zanzara.
4 – Oh no! Dov'è?
5 – È (*siede*) sulla lampada.
6 – Presto, dammi il giornale! (*paff!*)
7 Peccato, troppo tardi, è volata via.
8 – Dove? La vedi (*Vedi tu lei*)?
9 – Sì, là, adesso vola di nuovo verso la (*sulla*) lampada (*di ritorno*).

1, 7, 9, 11: Parlando, l'accento cade sulla particella separabile: *zu**rück**fliegen*, ***run**terfallen*, ***an**gemacht*, ***weg**geflogen*. Non dimenticatelo.

▸ La particella separabile **weg**, il cui primo significato è "via", va posta davanti al **ge-** del participio passato (vedi nota 1). Il participio passato di **fliegen**, *volare*, è **geflogen**. Si tratta di un participio irregolare.

④ In questa frase la preposizione di luogo **auf**, *su*, regge l'accusativo: **auf die Lampe**, *sulla lampada*; mentre nella frase 5, il dativo: **auf der Lampe**. Nella frase 5 abbiamo un complemento di stato in luogo in quanto la zanzara si trova già sulla lampada. Nella frase 9, invece, un complemento di moto a luogo (la lampada è la meta da raggiungere). Lo vedremo meglio nella lezione di ripasso.

10 **Dieses** ⑤ Mal ent**kommt** sie mir nicht!
11 – **Vor**sicht, fall nicht **run**ter ⑥! (*klatsch!*)
12 – Ich **ha**be sie! **End**lich **ha**be ich ⑦ sie.
13 – Dann **kön**nen wir ja ⑧ das Licht **aus**machen.
14 **Gu**te Nacht! □

Aussprache

***10 di**:zës ma:l ènt**kòmt** ... **11** ... **rùnt**a! **12** ... **ènt**lìçh ...*

10: Parlando la particella inseparabile non è mai accentata: *ent**kom**men.*

Note

⑤ I pronomi dimostrativi **dieser**, **diese**, **dieses**, *questo*, *questa*, *questo* (neutro), si declinano come gli articoli determinativi **der**, **die**, **das**.

⑥ **Runter**, "verso il basso", è l'abbreviazione di **herunter**. Come tutte le particelle separabili, anche **herunter** si attacca al verbo: **runterfallen**, *cadere*, **runtergehen**, *scendere* (ad esempio, le scale), **runtergucken**, *guardare in basso* ecc.

⑦ Ecco un ottimo esempio per ripassare l'inversione. Se il soggetto non è in posizione I vuol dire che è invertito, ovvero che viene subito dopo il verbo in posizione II: **ich habe sie endlich** è uguale a **endlich habe ich sie**, il senso non cambia. ▸

Übung 1: Übersetzen Sie bitte!

❶ Onkel Klaus sitzt mit der Zeitung im Garten. ❷ Wir fliegen nicht, wir fahren mit dem Auto nach Italien. ❸ Mach bitte das Licht aus, die Mücken kommen. ❹ Im Sommer sind sie nach Brasilien geflogen. ❺ Was machst du auf dem Auto? Komm sofort runter!

10 Questa volta non mi sfugge!
11 – Attenzione, non cadere giù! (*verso il basso*). (*paff!*)
12 – L'ho [presa]! Finalmente l'ho [presa].
13 – Allora possiamo (*sì*) spegnere la luce.
14 Buona notte!

⑧ Abbiamo già visto che **ja** non è solo “sì”. Infatti, se lo usiamo in una proposizione affermativa diamo ad intendere che siamo certi che l'altra persona appoggerà la nostra proposta o è d'accordo con noi: **dann können wir ja gehen**, *allora possiamo [proprio] andare* (sottointeso: sei d'accordo). **Ja** serve anche a conferire enfasi ad un'esclamazione (lezione 32, nota 5): **da sitzt ja eine Mücke!**, *[ma] c'è una zanzara qui!*

Soluzioni dell'esercizio 1

❶ [Lo] zio Klaus è seduto in giardino con il giornale. ❷ Non prendiamo l'aereo, andiamo in Italia con la macchina. ❸ Spegni la luce per favore, arrivano le zanzare. ❹ (*In*) Quest'estate sono andati in Brasile *(in aereo)*. ❺ Cosa fai sopra la macchina? Scendi subito!

Übung 2: Ergänzen Sie bitte!

1. Accendi la luce per favore, non vedo più niente.
.... bitte das Licht .. , ... nichts mehr.

2. Dov'è la zanzara? – Sulla lampada.
.. sitzt ... . ? – Auf ... .

3. Questa volta non è volata via, alla fine l'ho [presa].
.... ist sie nicht ...., ... sie endlich.

4. Hanno spento la luce, vogliono dormire.
Sie haben ... ., sie wollen ....

44 Vierundvierzigste Lektion

Der 31. Dezember ①

1 – Es ist fünf vor zwölf ②, hol schnell den Cham**pa**gner.
2 – Wo ist er denn?

Aussprache
... ***ain***-*ùnt*-***drai****ssikstë de:***tsèmb***a* **1** ... *sciam***pani***a*

Note

① Non dimenticatevi del punto dopo il numero; è indispensabile per dire la data nel modo corretto: **der einunddreißigste Dezember** (il "trentunesimo" dicembre).

5 Finalmente hai [preso] il granchio? Attenzione, non lasciarlo scappare!
. . . . . . endlich die Krabbe? . . . . , lass sie nicht . . . . !

Soluzioni dell'esercizio 2 - Parole mancanti
1 Mach – an, ich sehe – 2 Wo – die Mücke – der Lampe 3 Dieses Mal – weggeflogen, ich habe – 4 – das Licht ausgemacht – schlafen 5 Hast du – Vorsicht – entkommen

Quarantaquattresima lezione 44

Il 31 dicembre

1 – È mezzanotte meno cinque (*cinque prima dodici*), svelto prendi lo champagne.
2 – Ma dov'è?

(2) Letteralmente, **fünf vor zwölf** significa sia "cinque prima dodici", che "cinque [minuti] prima mezzanotte / mezzogiorno". Nella lingua parlata **zwölf**, *dodici*, sta sia per mezzogiorno, che per mezzanotte. Quando volete precisare che si tratta del mattino o della sera dite: **zwölf Uhr mittags**, *mezzogiorno*, **zwölf Uhr nachts**, *mezzanotte*. "Mezzanotte" si dice anche **Mitternacht**, o **vierundzwanzig Uhr**, *ventiquattro ore*.

44 **3** – Er steht ③ na**tür**lich im **Kühl**schrank.
4 – Da ist er nicht, ich **ha**be **ü**berall **nach**gesehen ④.
5 – Das kann nicht sein!
6 – Liegt er oder steht er im **Kühl**schrank?
7 – Ich bin **sic**her, ich **ha**be ihn in die Tür vom **Kühl**schrank ge**stellt** ⑤.
8 – In der Tür steht nur **e**ine **Fla**sche O**li**venöl.
9 Seit wann stellst du Öl in den **Kühl**schrank?
10 – Ach, jetzt weiß ich, wo**hin** ich den Cham**pag**ner ge**stellt ha**be ⑥! □

3 *... scte:ët ...* ***ku:l****-scrañk.* ***4*** *...* ***ue****:ba-al* ***na:cH****ghëze:ën.* ***6*** *li:kt ...* ***7*** *...* ***tue:a*** *... ghë****sctèlt****.* ***8*** *... o****li:****v'n-œ:l.*

8: Essendo **Olive** una parola di origine straniera, la lettera **v** si pronuncia *v* come in italiano e non *f*.

Note

③ **Stehen**, *stare / trovarsi, essere in piedi / dritto*, si usa in riferimento a qualcosa che si trova "in piedi", "verticale"; il suo contrario è **liegen**, *essere, trovarsi per lungo/steso, in posizione orizzontale*: **die Flasche steht im (in dem) Kühlschrank**, *la bottiglia è* (dritta / in piedi) *nel frigo*, ma: **die Flasche liegt im Kühlschrank**, *la bottiglia è stesa nel frigo*.

④ **Nachgesehen** è il participio passato di **nachsehen** (lett. "dopo-vedere"), *verificare, controllare*.

⑤ **Gestellt** è il participio passato regolare di **stellen**, *mettere, posare*, che indica che l'oggetto posato è "in piedi": **er stellt** ▶

3 – È (*in piedi*) nel frigo, naturalmente.
4 – Lì non [c']è, ho guardato dappertutto.
5 – Non può essere.
6 – È steso o in piedi (*in frigo*)?
7 – Sono sicura, l'ho messo (*in piedi*) nella porta del frigo.
8 – Nella porta, [c']è (*in piedi*) solo una bottiglia di olio d'oliva.
9 Da quando metti l'olio nel frigo?
10 – Ah, adesso so dove ho messo lo champagne!

▸ **die Flasche auf den Tisch**, *mette la bottiglia sul tavolo.* Ricordatevi che con un verbo indicante uno spostamento verso una direzione precisa (in questo caso il tavolo), la preposizione di luogo regge l'accusativo: **auf den Tisch**, *sul tavolo*.

⑥ Qui **habe** è in ultima posizione in quanto non si tratta di una domanda diretta, in quel caso avremmo detto: **wohin habe ich den Champagner gestellt?**, *dove ho messo lo champagne?*, ma di una proposizione secondaria che dipende dalla principale, ovvero di una subordinata. Fate attenzione alla virgola che precede **wohin** e ricordatevi che la principale e la subordinata sono sempre separate da una virgola.

44 **Übung 1: Übersetzen Sie bitte!**

❶ Wohin habt ihr die Flaschen gestellt? ❷ Kannst du bitte nachsehen, wie viel Uhr es ist? ❸ Wo ist die Zeitung? Liegt sie auf dem Kühlschrank? ❹ Es ist fünf vor sechs und wir haben noch kein Brot geholt. ❺ Holen wir Champagner, wir müssen das feiern!

Übung 2: Ergänzen Sie bitte!

❶ Metti (*in piedi*) la bottiglia in frigo, la beviamo stasera.
..... die Flasche .. .., wir trinken sie ....

❷ A che ora è il nostro appuntamento? Aspetti, devo controllare.
.. .. ist unser Termin? – ...., ich muss ....

❸ Non so più dove ho messo (*in piedi*) lo champagne.
... . nicht mehr, ... ich den Champagner ....

❹ Sono sicura, le patate sono (*stese*) nell'armadio.
Ich bin ......, die Kartoffeln ....

Soluzioni dell'esercizio 1

❶ Dove avete messo le bottiglie? ❷ Puoi controllare, per favore, che ore sono? ❸ Dov'è il giornale? È sul frigo? ❹ Sono le sei meno cinque e non siamo ancora andati a prendere il pane. ❺ Andiamo a prendere dello champagne, dobbiamo festeggiare (*questo*)!

❺ Vai a prendermi velocemente il giornale! – Da quando sei il mio capo?
. . . mir . . . . die Zeitung! – . . . .
bist du . . . . ?

Soluzioni dell'esercizio 2 - Parole mancanti

❶ Stell – in den Kühlschrank – heute Abend ❷ Um wie viel Uhr – Warten Sie – nachsehen ❸ Ich weiß – wohin – gestellt habe ❹ – sicher – liegen im Schrank ❺ Hol – schnell — Seit wann – mein Chef

Cominciate a prendere confidenza con il participio passato? È solo questione di abitudine, come per la declinazione e i verbi separabili. Tuttavia molte nozioni vi sono già familiari, nicht wahr?, *vero?*

45 Fünfundvierzigste Lektion

In der letzten Minute

1 – Wo warst ① du denn so **la**nge?
2 – Auf dem Klo ② war ③ eine **Schla**nge.
3 – **Hof**fentlich ④ hat das Stück noch nicht **an**gefangen ⑤.
4 – Wo **sit**zen ⑥ wir? **Un**ten **o**der **o**ben?
5 – **Un**ten, ganz vorn, in der **zwei**ten **Rei**he. Komm!
6 – Oh, es ist schon **dun**kel.
7 – Ich **glau**be, hier sitzt **nie**mand.

Aussprache
1 *... va:ast ...* ***2*** *... klo: va:a ...* ***3*** ***hòff****'ntlìçh ...* ***an****ghëfañg'n.*
4 *...* ***ùn****tën ...* ***o:****b'n?* ***5*** *... fòrn, ...* ***rai****ë.* ***6*** *...* ***dùñ****k'l.*

Note

① **Du warst**, *tu eri*, è la 2ª persona singolare del preterito, **präteritum**, ovvero del passato, di **sein**, *essere*.

② "Il bagno" si dice **das Klo** o **die Toilette**: **ich muss aufs** (= **auf das**) **Klo**, o **ich muss auf (die) Toilette**, *devo [andare] al bagno* (attenzione: bisogna dire **auf**, *sul*, e non **in**, *nel / dentro*...!). **Klo** è l'abbreviazione di **Klosett**, dall'inglese "water-closet" (parlando si usa l'espressione abbreviata **WC** che si pronuncia *ve: tse:*).

③ Al preterito, la desinenza della 3ª persona singolare non è mai **-t**: **er / sie / es war**, *lui*, *lei*, *esso / -a* (neutro) *era*. Notate che **sein**, *essere*, è usato spesso al preterito, diversamente dagli altri verbi che, nella lingua parlata, sono utilizzati esclusivamente al passato prossimo. Il **präteritum**, inoltre, ricorre soprattutto nel tedesco scritto.

All'ultimo minuto

1 – Ma dove sei stato (*eri*) così a lungo?
2 – In (*Sul*) bagno [c']era la (*una*) coda.
3 – Speriamo [che] il pezzo non sia (*ha*) ancora cominciato.
4 – Dove siamo seduti? In basso o in alto?
5 – In basso, (*tutto*) davanti, in seconda fila. Vieni!
6 – Oh, hanno già spento le luci (*è già buio*).
7 – Penso [che] non [ci] sia (*è*) seduto nessuno qui.

4, **8**: Attenzione a pronunciare bene la vocale radicale; è l'unica differenza tra **sitzen**, e **setzen**.
13: Non dimenticatevi che la **j** si pronuncia **i**: **jemand** *ie:mant*.

④ **Hoffentlich** è l'avverbio derivante dal verbo **hoffen**, *sperare*, il quale può essere sostituto da **ich hoffe**, *spero*, o, **wir hoffen**, *speriamo*: **ich hoffe, das Stück hat noch nicht angefangen**, *spero [che] il pezzo non sia (ha) già cominciato*. Quando pensiamo che siano tutti ad augurarsi la stessa cosa, **hoffentlich** va tradotto con "speriamo che": **hoffentlich regnet es nicht**, *speriamo che non piova (*piove).

⑤ **Angefangen** è il participio passato di **anfangen**, *incominciare, iniziare*. Attenzione alla particella separabile! **Fangen** da solo vuol dire "afferrare"…

⑥ **Sitzen**, *sedere, essere seduti*, è dopo **stehen**, *essere in piedi*, e **liegen**, *essere per lungo / stesi*, il terzo verbo di stato che incontriamo. Il suo participio passato è **gesessen**, *seduto* (vedi frase 13).

8 **Set**zen ⑦ wir uns bis zur ⑧ **Pau**se **hier**hin.
9 – **Hil**fe! Oh, ent**schul**digen Sie **bit**te!
10 – Pst! **Kön**nen Sie nicht still sein? **Ru**he, **bit**te!
11 – Was war denn? (*ge**flüs**tert*)
12 Wa**rum** hast du ge**schrien** ⑨?
13 – Auf **mei**nem Platz hat schon **je**mand ge**ses**sen! □

***8 zèts**'n ... bìs tsu:ª **pauzë** ... 9 **h̲ìl**fë ... 10 pst ... sctìl zain? **ru:**ë ... 11 ... (ghë**fluest**ªt) 12 ... ghë**scri:'n**? 13 ... **ie:**mant ghë**ze:s**sën!*

Note

⑦ **Sich setzen**, *sedersi*, è un verbo riflessivo. Fatta eccezione per il pronome riflessivo di terza persona singolare e plurale, **sich**, *si*, i pronomi riflessivi sono identici ai pronomi personali all'accusativo: **ich setze mich**, *io mi siedo*, **du setzt dich**, *tu ti siedi,* ecc.

⑧ **Bis zu**, *fino a*; **zur** è la contrazione di **zu** + **der**. Ricordatevi che la preposizione **zu**, *a*, regge sempre e solo il dativo. **Die Pause** è pertanto femminile…

Übung 1: Übersetzen Sie bitte!

❶ Ich bin müde, ich setze mich fünf Minuten hierhin. ❷ Können wir anhalten? Ich muss aufs (auf das) Klo. ❸ Komm schnell, hoffentlich gibt es keine Schlange. ❹ Thomas hat ganz allein unten gesessen und Musik gehört. ❺ Kommt da jemand? – Nein, da kommt niemand.

8 Sediamoci qui fino alla pausa.
9 – Aiuto! Oh, scusi (*per cortesia*)!
10 – Shh! Non potete stare zitti (*calmi essere*)? Silenzio, per favore!
11 – Cos'era (*mai*)? (*sussurrato*)
12 Perché hai urlato?
13 – Al mio posto [c']era (*ha*) già seduto qualcuno (*seduto*)!

⑨ **Geschrien** viene da **schreien**, *gridare*, *urlare*. Spesso il dittongo **ei** dell'infinito diventa **ie** al participio passato.

Soluzioni dell'esercizio 1

❶ Sono stanco, mi siedo qui cinque minuti. ❷ Possiamo fermarci? Devo [andare] al bagno ❸ Vieni presto, speriamo non ci sia (*è*) la coda. ❹ Thomas si è seduto tutto solo [là] in basso e [ha] ascoltato [la] musica. ❺ Arriva (*viene qui*) qualcuno? – No, (*qui viene*) nessuno.

Übung 2: Ergänzen Sie bitte!

① Credo [che] il pezzo sia (*ha*) già cominciato.
... . , das Stück ... schon
....

② Non sederti al mio posto o grido!
.... nicht auf .... oder ...
.... !

③ Mi scusi, è seduto al mio posto.
.... , Sie sitzen ... .
..... .

46 Sechsundvierzigste Lektion

„Der Mensch denkt und Gott lenkt"

1 – **Ha**ben Sie **schö**ne **Fe**rien ver**bracht** ①, Herr Sturm?
2 – Nein, das kann man nicht **sa**gen.
3 – Oh, das tut mir Leid für Sie.
4 Was ist denn pas**siert** ②?

Aussprache
... lèñkt ***1*** *... fè*ə***bracHt****, ... sctùrm?* ***4*** *... pas****si:***ə***t****?*

Note

① **Verbracht** è il participio passato "completamente" irregolare di **verbringen**, *passare, trascorrere*. In quanto particella inseparabile, **ver-** si mette al posto di **ge-**, ovvero del prefisso

4 Dov'eri? Adesso dobbiamo aspettare fino alla pausa.
Wo .... ? Jetzt müssen wir ... ... warten.

5 Aiuto! – Ma perché ha gridato? Spero stia bene.
..... ! – Warum .... denn .... ? .... geht es Ihnen gut.

Soluzione dell'esercizio 2 - Parole mancanti
1 Ich glaube – hat – angefangen 2 Setz dich – meinen Platz – ich schreie 3 Entschuldigen Sie – auf meinem Platz 4 – warst du – bis zur Pause – 5 Hilfe – haben Sie – geschrien – Hoffentlich –

Quarantaseiesima lezione 46

"L'uomo propone (*pensa*) e Dio dispone (*guida*)..."

1 – Ha trascorso delle belle vacanze, Sig. Sturm ?
2 – No, questo non si può [proprio]dire.
3 – Oh, mi dispiace per Lei.
4 Ma cos'è (*allora*) successo?

▸ che solitamente precede il participio passato. Il participio passato di **bringen**, *portare*, è **gebracht**, e quello di **mitbringen**, *portare* (con sé), **mitgebracht**.

2 **Passiert** è il participio passato di **passieren**, *succedere*, *accadere*. I verbi di origine francese terminanti in **-ieren** non vogliono il prefisso **ge-**.

5 – Wir sind in die **Ber**ge ge**fah**ren ③ wie **je**des Jahr um **die**se **Zeit**.
6 Nor**ma**lerweise ist im **Ju**ni das **Wet**ter ④ sehr schön.
7 Aber **die**ses Jahr hat es in den **Ber**gen ⑤ nur ge**reg**net.
8 Die **ers**ten **Ta**ge sind wir **trotz**dem **raus**gegangen ⑥.
9 Aber nach vier **Ta**gen **Re**gen **hat**ten ⑦ wir ge**nug**.
10 Wir sind nach **Hau**se ge**fah**ren.
11 Und kaum zu **Hau**se **an**gekommen ⑧, war der **Him**mel blau und das **Wet**ter **herr**lich! □

***5** … **bèr**ghë ghë**fa:**rën … **ie:**dës … **6** nòr**ma:**lə**vai**zë … **iu:**ni … **vèt**tə … **7** … ghë**re:g**nët. **8** … **tròts**de:m **raus**-ghëgañgën. **9** … **re:**gh'n **hat**tën … ghë**nu:k** **11** … kaum … **an**ghëkòmmën … **hìm**mël blau … **hèr**lìçh.*

Note

③ Attenzione! Tutti i verbi indicanti un movimento formano il participio passato con l'ausiliare **sein**, *essere*: **ich bin nach Köln gefahren**, *sono andato a Colonia*.

④ **Das Wetter** è il tempo atmosferico, **die Zeit**, invece, il tempo cronologico.

⑤ **In den Bergen**, *in montagna*, è dativo plurale: **der Berg**, *la montagna*, **die Berge**, *le montagne*. Ricordatevi che al dativo plurale, il sostantivo, allo stesso modo dell'articolo, prende la desinenza **-n**. Qui abbiamo usato il dativo perché si tratta di un complemento di stato in luogo (siamo già in montagna); il complemento risponde alla domanda: **wo hat es geregnet?**, *dove ha piovuto*? Nella frase 5 usiamo invece l'accusativo: **in die Berge**, perché le montagne sono la meta da raggiungere (dobbiamo ancora arrivarci); il complemento risponde alla domanda: **wohin fahren wir?**, *dove andate?*

5 – Siamo andati in montagna come ogni anno in (*verso*) questo periodo.
6 Normalmente (*è*) a giugno il tempo è molto bello.
7 Ma quest'anno in montagna non ha smesso di piovere (*ha esso nelle montagne solo piovuto*).
8 I primi giorni siamo comunque usciti.
9 Ma dopo quattro giorni [di] pioggia [ne] avevamo abbastanza.
10 Siamo tornati a casa (*a casa andati*).
11 E appena arrivati a casa, il cielo era blu e il tempo magnifico!

5, 7: Fatta eccezione per alcune parole, il dittongo **ie** si pronuncia semplicemente come una **i** lunga; la **e** non si sente per niente: **diese** si pronuncia ***di:*****zë** e **dieses *di:*****zës**. Il dittongo **ei** si pronuncia invece *ai*: **die Zeit** *di: tsait.*

⑥ **Rausgegangen** è il participio passato irregolare di **rausgehen**, *andare fuori, uscire*. **Raus** è l'abbreviazione colloquiale di **heraus**, *fuori*, così come **runter**, quella di **herunter**, *in* (verso il) *basso* (lezione 43, nota 6).

⑦ **Wir hatten**, *noi avevamo / avemmo*, è il preterito di **haben**, *avere*. Per la coniugazione del preterito vi rimandiamo alla lezione 49, § 3. Per il momento vi basti sapere che non c'è nessuna differenza di significato tra preterito e passato prossimo. Anziché **wir hatten genug**, potremmo dire **wir haben genug gehabt**. È una questione di stile. Il preterito è più che altro il tempo della narrazione. Generalmente, nella lingua parlata, solo i verbi **haben**, *avere*, **sein**, *essere*, e i modali sono usati al preterito.

⑧ **Angekommen** è... come state pensando, il participio passato di **ankommen**, *arrivare*.

46 **Übung 1: Übersetzen Sie bitte!**

❶ Ich habe meine Ferien zu Hause verbracht. ❷ Wir sind wie jedes Jahr nach Italien gefahren. ❸ Wir hatten herrliches Wetter. ❹ In den Bergen hat es die ganze Zeit geregnet. ❺ Diese Woche bin ich nicht rausgegangen.

Übung 2: Ergänzen Sie bitte!

❶ Purtroppo non si può dirlo.
...... kann man das ....

❷ Sono andati in montagna a giugno.
... . im Juni .. ..

❸ Dove hai trascorso la notte? Cos'è successo?
Wo .... .. die Nacht .... ? Was ist denn .... ?

❹ Appena arrivati, sono tornati di nuovo a casa.
Kaum ...., sind sie wieder .... gefahren.

Soluzioni dell'esercizio 1

❶ Ho trascorso le vacanze a casa. ❷ Siamo andati in Italia come ogni anno. ❸ C'era (*Noi avevamo*) un tempo magnifico. ❹ In montagna ha piovuto tutto il tempo. ❺ Questa settimana non sono uscito.

❺ In montagna il tempo era magnifico, ma a Monaco ha solo piovuto.
.. .. war das Wetter .... ,
aber in München ... es nur ....

Soluzioni dell'esercizio 2 - Parole mancanti

❶ Leider – nicht sagen ❷ Sie sind – in die Berge gefahren ❸ – hast du – verbracht – passiert ❹ – angekommen – nach Hause – ❺ In den Bergen – herrlich – hat – geregnet

Vi rendete conto dei continui progressi che state facendo? Non credete che sia herrlich, *magnifico? Continuate a leggere e a ripetere le frasi di ogni lezione, perché è solo grazie a un esercizio costante che riuscirete ad assimilare senza troppi sforzi.*

47 Siebenundvierzigste Lektion

Im Vorzimmer des Chefs ①

1 – **Gu**ten Tag, ich **möch**te **bit**te Herrn ② **Dok**tor ③ **Han**sen **spre**chen ④.
2 – Ja, **gu**ten Tag, wen darf ich **mel**den?
3 – Ich bin **Dok**tor **Büch**ner von der **Fir**ma **Schnei**der & Co.
4 Ich **ha**be um 14 (**vier**zehn) Uhr mit ihm **ei**ne Ver**ab**redung.
5 – **Set**zen Sie sich ⑤ doch **bit**te! Ich bin gleich zu**rück**.

***

Aussprache
*... **fo:a**tsìmma dès scèf<u>s</u> **1** ... hèrn **dòk**to:a **<u>h</u>an**z'n ... **2** ... **mèl**dën? **3** ... **bueçh**na ... **scnai**da ùnt ko:. **4** ... fèr**a**prè:duñg.*

Note

① Qui **des Chefs** è al genitivo, in quanto si tratta di un complemento di specificazione. Al genitivo, l'articolo determinativo maschile singolare è **des** mentre il sostantivo prende una **-s**: **der Chef**, *il capo*, ma **des Chef<u>s</u>**, *del capo*. Il genitivo è spesso sostituito da **von** + dativo. Avremmo potuto anche dire **das Vorzimmer vom (von dem) Chef**, *l'anticamera del capo.*

② Qui **Herr**, *Signore*, termina per **-n** perché è all'accusativo (nota 4). **Herr Büchner ist ein Kollege**, *[Il] Signor Büchner è un collega*; ma **kennen Sie Herr<u>n</u> Büchner?**, *conosce il Sig.* ▶

Nell'anticamera (*avanti-camera*) del capo

1 – Buongiorno, vorrei parlare [con il] (*Sig.*) Dott. Hansen per cortesia.
2 – Sì, buongiorno, chi devo (*posso*) annunciare?
3 Sono il Dott. Büchner della ditta Schneider & Co.
4 Ho (*un*) appuntamento con lui alle 14.
5 – Si sieda prego! Torno subito.

***

▸ *Büchner?* Alcuni nomi maschili prendono la desinenza **-n** o **-en** in tutti i casi, tranne al nominativo singolare. Questi sostantivi sono detti "maschili deboli" o della seconda declinazione. Ma state tranquilli, non ce ne sono molti. Li vedremo quando sarà il momento.

(3) Nei paesi di lingua tedesca, il titolo "Doktor" non viene tenuto per sé, anzi: lo si dice appena ci si presenta, lo si riporta sul biglietto da visita e... ci si aspetta che gli altri ne tengano conto. Ma attenzione: in Germania "Doktor" non è, come in Italia, colui che ha una laurea, ma colui che ha fatto un dottorato. Si tratta del più alto grado accademico e lo si riporta anche nei documenti di identità.

(4) **Sprechen**, *parlare*, nel senso di "incontrare / vedere qualcuno", regge l'accusativo: **der Chef will <u>Sie</u> sprechen**, *il capo Le vuole parlare / vuole vederLa.*

(5) **Sich** è il pronome riflessivo nella forma di cortesia: **setzen Sie sich bitte!** *si sieda, prego!*

6 Herr **Dok**tor **Han**sen, **Dok**tor **Büch**ner ist ge**ra**de ⑥ ge**kom**men.

7 – Oh, ich **ha**be mein **Ves**perbrot noch nicht ge**ges**sen.

8 **Ge**ben Sie mir noch eine **Vier**telstunde.

***

9 – Herr **Dok**tor **Büch**ner, tut mir Leid, **Dok**tor **Han**sen ist noch nicht vom **Mit**tagessen ⑦ zu**rück**gekommen.

10 **Kön**nen Sie sich **bit**te **ei**nen **Au**genblick ⑧ ge**dul**den? □

7 … fèspa-bro:t … ghëghèss'n. 8 … fìrt'l-sctùndë. 9 … mìtta:k-èss'n … 10 … aug'n-blìk ghëdùldën?

Note

⑥ Abbiamo imparato che **gerade** significa "dritto" e **geradeaus**, *sempre dritto*, (lezione 15). Usato insieme al passato prossimo come in questo caso, **gerade**, che traduce anche "esatto, esattamente", serve ad esprimere un passato recente (un'azione che si è appena svolta) e corrisponde al nostro *appena*: **ich bin gerade angekommen**, *sono appena arrivata* (lett. "sono esatto arrivata").

⑦ **Das Mittagessen**, *il pranzo*, lett."mezzogiorno-pranzo". La cena o il cenare si dice **das Abendessen**; **vom** è la contrazione di **von** + **dem**. Ricordatevi che la preposizione **von** regge il dativo.

Übung 1: Übersetzen Sie bitte!

❶ Unsere Verabredung ist um 16 Uhr. ❷ Frau Büchner ist leider noch nicht da. ❸ Setzen Sie sich bitte, der Chef kommt gleich zurück. ❹ Wen möchten Sie sprechen? Herrn Hansen? ❺ Gedulden Sie sich bitte eine Viertelstunde.

6 Dott. Hansen, il Dott. Büchner è arrivato in questo momento.
7 – Oh, non ho ancora finito (*mangiato*) il mio spuntino.
8 Mi dia ancora un quarto d'ora.

***

9 – Dott. Büchner, mi dispiace. Il Dott. Hansen non è ancora rientrato dal pranzo.
10 Può (*sé*) pazientare ancora un attimo?

⑧ **Der Augenblick**, (lett. "occhio-sguardo"), *l'attimo* è anche sinonimo di **der Moment**, *il momento*. Notate che il complemento di tempo è all'accusativo: **ich bleibe nur einen Augenblick**, *resto solo un momento*.

Soluzioni dell'esercizio 1

❶ Il nostro appuntamento è alle 16. ❷ Purtroppo la Sig.ra Büchner non è ancora arrivata (*là*). ❸ Si sieda, prego, il capo torna subito. ❹ [Con] chi vuole parlare? [Con il] Sig. Hansen? ❺ Pazienti un quarto d'ora, per cortesia.

Übung 2: Ergänzen Sie bitte!

1. Ho aspettato un quarto d'ora, torno domani.
Ich habe .... gewartet, ... morgen ....

2. L'auto del capo non è ancora arrivata, pazienti ancora un momento!
Der Wagen ... . ist noch nicht ...., ... bitte einen Moment!

3. Posso parlare con il Sig. Schneider, per favore? Mi dispiace è appena uscito.
Kann ich bitte ..... Schneider .... ? – ... ... , er ist ...... rausgegangen.

Usanze alimentari
In Baviera, Austria e Alto Adige das Vesper *è la merenda, lo spuntino, in genere a base di pane e affettati.* Vesper, *però, vuol dire anche "vespro", la messa serale. Questo termine deriva dal latino "vespera", che designa le ore serali a partire dalle 18 e infatti in Austria e nella Germania del Sud* Vesper *è anche il pasto serale,* das Abendbrot *(lett. "pane della sera"), che si consuma dopo le 18. Per molto tempo nei paesi germanici la cena consisteva in un pasto piuttosto frugale, uno spuntino, da cui l'antico proverbio: "la mattina si mangia come un re, a*

48 Achtundvierzigste Lektion

Ein schwieriger Samstagmorgen

1 – Wo **kom**men nur **al**le **die**se **Au**tos her?

Aussprache
... scvi:rìga ...

❹ A che ora è il nostro appuntamento? Alle 15?
Um wie viel Uhr ist . . . . ? . .
fünfzehn . . . ?

❺ Si segga, la annuncio subito.
. . . . doch, ich . . . . gleich.

Soluzioni dell'esercizio 2 - Parole mancanti

❶ – eine Viertelstunde – ich komme – zurück ❷ – des Chefs – angekommen, gedulden Sie sich – ❸ – Herrn – sprechen – Tut mir Leid – gerade – ❹ – unsere Verabredung Um – Uhr ❺ Setzen Sie sich – melde Sie –

mezzogiorno come un nobile e la sera come un mendicante". Sebbene quest'usanza continui presso molte famiglie, dove la sera non si mangia che una zuppa o del pane con salumi e formaggi, oggi le cose sono piuttosto cambiate e questo per varie ragioni, la prima delle quali è che das Mittagessen *(il pranzo) non è più un pasto che riunisce tutta la famiglia, specie durante la settimana. I bambini, anche se vanno a scuola la mattina, non tornano a casa tutti alla stessa ora e spesso, quando rientrano, si prendono soltanto qualcosa dal frigo. Per gli adulti la situazione non è poi tanto diversa: solo una persona su sei pranza a casa, una su quattro mangia in mensa, una su dieci al ristorante o al fast-food, mentre due persone su cinque si portano il pranzo in ufficio e gli altri non mangiano niente. Ecco perché alla sera si ha molta più fame... E poi, ci sono sempre più madri che lavorano e che non riescono più a preparare due pasti caldi al giorno.*

Quarantottesima lezione 48

Un sabato mattina difficile

1 – Da dove arrivano (*solo*) tutte queste macchine?

2 Warum **müssen alle Leu**te am **Sams**tag**mor**gen **ein**kaufen **fah**ren ①?
3 – Wahr**schein**lich aus dem**sel**ben ② Grund wie wir, **Pa**pa.
4 – **Wer**de nicht frech! Ich **par**ke jetzt hier.
5 – **A**ber das geht nicht, das ist die **Aus**fahrt der Poli**zei** ③.
6 – Das ist mir e**gal**.
7 **Sams**tags **ar**beiten die sowie**so** nicht, und wir sind in **ei**ner **hal**ben **Stun**de zu**rück**.
8 *Zehn Mi**nu**ten **spä**ter im **Groß**markt.*

3 *va:ₐ**sciain**lìçh … de:m**zèl**bën grùnt …**4 ve:**ₐdë … frèçh! … **par**kë … **5** … **aus**'fa:ₐt **de:**ₐ poli**tsai**. **6** … **ega:l**. **7** … zovi**zo:** … **<u>h</u>al**bën … **8** … **gro:ss**-markt.*

3: L'accento tonico di **<u>Pa</u>pa** e **<u>Ma</u>ma** cade sulla prima sillaba!

Note

① **Einkaufen gehen** o **fahren**, *andare a fare la spesa* (*a piedi* o *in macchina*), **kaufen**, *comprare*, **verkaufen**, *vendere*… Dubitate ancora dell'importanza delle particelle "in/separabili"?

② Vi ricordate di **dasselbe**, *la stessa cosa* (lezione 30)? I pronomi dimostrativi **derselbe**, **dieselbe**, **dasselbe**, *lo stesso*, *la stessa*, *lo stesso* (neutro) sono composti, come in italiano, dall'articolo determinativo **der**, **die**, **das**, e da **selb-** che significa "stesso". Benché l'articolo determinativo e l'aggettivo **selb-** siano attaccati, si declinano separatamente. Si dice infatti **aus <u>dem</u>selbe<u>n</u> Grund** perché **der Grund**, *il motivo*, *la ragione*, è maschile e la preposizione **aus** regge il dativo (**dem** è quindi dativo maschile). **Selb-**, prende la desinenza **-en** in tutti i casi ▸

2 Perché tutta [la] gente deve andare a fare la spesa il sabato mattina?
3 – Probabilmente per (*da*) il [nostro] stesso motivo (*come noi*), papà.
4 – Non essere (*diventare*) sfacciato! Adesso parcheggio qui.
5 – Ma non va [bene], è l'uscita della polizia.
6 – Fa lo stesso.
7 Al sabato comunque non lavorano e [poi] saremo (*siamo*) di ritorno tra una mezz'ora.
8 *Dieci minuti dopo all'ipermercato.*

(tranne al nominativo singolare dove prende la desinenza **-e**). Uff! Le spiegazioni, a volte, sono più complicate della pratica! Vi presenteremo la declinazione dell'aggettivo nella lezione 56... ma da qui ad allora tutto questo vi sembrerà molto più semplice!

③ **Der Polizei** è il genitivo di **die Polizei**, *la polizia*. Il genitivo femminile è identico al dativo (femminile).

9 – Der Be**sit**zer des **Fahr**zeugs ④ HH ⑤ – DY – 349 soll bitte so**fort sei**nen **Wa**gen **weg**fahren.
10 Sein **Fahr**zeug bloc**kiert** die **Ein**fahrt der Poli**zei**wagen ⑥! □

*9 … bë**zìtsa** dès **fa:**a-tsòiks ha: ha: – de: **uep**silòn – **drai-hùn**da't'**nòin**ùnt'**fir**tsìçh … 10 … blò**ki:**a't … **ain**fa:a't …*

Note

④ **Des Fahrzeugs** è il genitivo di **das Fahrzeug**, *il veicolo*. Il genitivo neutro è identico a quello maschile: l'articolo termina in **-es** e il sostantivo prende una **-s**: **(das Ende) des Regenwetters**, (*la fine*) *del tempo piovoso*. Per altre spiegazioni riferitevi alla lezione 49, § 1.

Übung 1: Übersetzen Sie bitte!

❶ Hier dürfen Sie nicht parken, das ist eine Ausfahrt! ❷ Werden Sie nicht frech, oder ich rufe die Polizei! ❸ Die Freunde der Kinder kommen in einer halben Stunde. ❹ Eine alte Frau ist die Besitzerin des Großmarkts. ❺ Samstags bleibe ich aus demselben Grund wie Sie zu Hause.

Übung 2: Ergänzen Sie bitte!

❶ La mamma della mia amica fa la spesa di lunedì.
Die Mutter .... geht montags ....

❷ La macchina della polizia blocca l'entrata dell'ipermercato.
... . blockiert die Einfahrt ... .

❸ Hanno la nostra stessa macchina? Per me è indifferente.
Sie haben .... wie wir ? Das ist ... .

9 – Il proprietario del veicolo [targato] HH-DY-349 è pregato (*deve per cortesia*) di spostare immediatamente la propria auto. 48

10 Il (*suo*) veicolo blocca l'entrata delle auto della polizia!

⑤ Le prime lettere sulla targa d'immatricolazione indicano la città di provenienza del veicolo. HH sono le iniziali di "**Hansestadt Hamburg**" (*città anseatica Amburgo*).

⑥ In questa frase, **der Polizeiwagen** è un genitivo plurale. L'articolo del genitivo plurale è **der**; il sostantivo resta invariato. **Der Polizeiwagen** è anche nominativo singolare in quanto **der Wagen** è un sostantivo maschile. Tuttavia non temete di fare confusione: il genitivo dipende sempre da un altro sostantivo.

Soluzioni dell'esercizio 1

❶ Non può parcheggiare qui, questa è un'uscita! ❷ Non sia (*diventi*) sfacciato o chiamo la polizia! ❸ Gli amici dei bambini arrivano tra mezz'ora ❹ Una donna anziana è la proprietaria dell'ipermercato. ❺ Il sabato rimango a casa per il Suo stesso motivo.

❹ Perché sei così sfacciato? Non sei il capo della ditta.
Warum bist du so ..... ? Du bist nicht ... . der Firma.

❺ Il proprietario del veicolo é probabilmente al supermercato.
... . des Fahrzeugs ist .... im Supermarkt.

Soluzioni dell'esercizio 2 - Parole mancanti

❶ – meiner Freundin – einkaufen ❷ Der Polizeiwagen – des Großmarkts ❸ – denselben Wagen – mir egal ❹ – frech – der Chef – ❺ Der Besitzer – wahrscheinlich –

49 **Un sabato in Germania**
*Per molti anni, una legge tedesca (*das Ladenschlussgesetz, *negozio-fine-legge) ha imposto ai commercianti di rispettare orari di apertura che obbligavano la maggior parte delle persone a fare gli acquisti per l'intera settimana di sabato mattina: dal lunedì al venerdì i negozi chiudevano alle 18.00 o alle 18.30 e il sabato, fatta eccezione per il primo sabato del mese, alle 13 o alle 14. Durante la settimana le donne, soprattutto le casalinghe, facevano la spesa tutti i giorni al mattino dopo aver accompagnato i bambini a scuola o al pomeriggio prima di cena. A partire dalle 18.30 / 19.00 le strade diventavano deserte e ognuno restava a casa propria.*

49 Neunundvierzigste Lektion

Wiederholung (ripasso)

1 Il genitivo e l'articolo

Il genitivo è l'ultimo dei quattro casi della declinazione.
È il caso del complemento di specificazione indicante la proprietà di qualcuno o qualcosa: **der Wagen des Chefs**, *la macchina del capo*. **Des Chefs**, *del capo*, è il complemento di specificazione e risponde alla domanda: *di chi? di che cosa?*

Ecco la tabella completa della declinazione degli articoli determinativi e indeterminativi:

	maschile	femminile	neutro	plurale
nom.	**der/ein**	**die/eine**	**das/ein**	**die/ –**
acc.	**den/einen**	**die/eine**	**das/ein**	**die/ –**
dativo	**dem/einem**	**der/einer**	**dem/einem**	**den/- -n**
genitivo	**des/eines -s**	**der/einer**	**des/eines -s**	**der/ –**

Fate ora attenzione ai tre punti che seguono:

1 Al genitivo singolare, gli articoli maschile e neutro sono identici; in entrambi i casi, il sostantivo, ovvero il possessore, prende la

La Germania ha poi cominciato, agli inizi del XXI secolo, a uniformarsi agli orari europei e adesso i negozi possono rimanere aperti fino alle 21, oltre che il sabato pomeriggio. Tuttavia, nonostante la legge sia stata modificata per facilitare la vita delle persone, la mentalità è rimasta la stessa, specie nelle città piccole o in campagna dove la spesa settimanale si continua a fare di sabato mattina. Bisogna anche dire che i tedeschi non hanno troppa voglia di cambiare le abitudini del sabato pomeriggio, tradizionalmente consacrato dagli uomini alle attività sportive (vere o davanti alla TV) e dalle donne ai lavori domestici o alla preparazione del dolce per la domenica.

Quarantanovesima lezione 49

desinenza **-(e)s**. La presenza o l'assenza della **-e** è perlopiù una questione di pronuncia. La maggioranza dei sostantivi prende solo la **-s**:
der Erste des Monats (genitivo maschile di **der Monat**), *il primo del mese*;
die Tür des Büros (genitivo neutro di **das Büro**), *la porta dell'ufficio.*

La desinenza **-es** si aggiunge a tutti i sostantivi monosillabici terminanti in **-d**, **-t**, **-sch**, **-st** o **-ch**:

der Rat des Freund<u>es</u>, *il consiglio dell'amico*;
das Fahrrad des Kind<u>es</u>, *la bicicletta del bambino*;

e a tutti i sostantivi terminanti in **-s, -ß, -tsch, -tz, -x, -z, -zt**, (la **-s** da sola non si sentirebbe):

die Tür des Hauses, *la porta della casa.*

2 Al dativo e al genitivo femminile singolare gli articoli sono identici. Il sostantivo resta invariato:

49 **das Kind der** (genitivo) **Frau**, *il bambino della signora*;
er spricht mit der (dativo) **Frau**, *parla con la signora*.

3 Al genitivo, l'articolo determinativo plurale **der** è identico all'articolo determinativo maschile (nominativo) e all'articolo determinativo femminile nei casi dativo e genitivo, ma non temete di fare confusione: il genitivo dipende sempre da un altro sostantivo e riconoscerlo è semplice:

der Tag der Männer, *il giorno degli uomini,*
der Tag der Frauen, *il giorno delle donne,*
der Tag der Kinder, *il giorno dei bambini.*

Non preoccupatevi, è meno complicato di quanto possa sembrare. Considerate poi che la preposizione **von** *+ dativo sostituisce sempre più spesso l'uso del genitivo:* **das Büro von dem (vom) Chef**, *l'ufficio del capo.*

2 Le particolarità del participio passato (o participio II)

a) La formazione del participio passato dei verbi irregolari

Ricordiamo che il participio passato dei verbi regolari (o deboli) si forma con il prefisso **ge-** + radice del verbo + **-t**:
parken → geparkt, **kaufen → gekauft**, **melden → gemeldet**

Il participio passato dei verbi irregolari (o "forti") termina per **-en**. Tra il prefisso **ge-** e la desinenza **-en** troviamo la "radice vera e propria" del verbo. Generalmente i verbi forti cambiano la vocale della radice, ma per verbi come **fahren**, *andare in auto*, **kommen**, *venire*, o **schlafen**, *dormire*, la vocale invece non cambia. I loro participi passati sono rispettivamente: **gefahren**, **gekommen** e **geschlafen**. Alcuni verbi cambiano invece l'intera radice. Abbiamo già visto che il participio passato di **gehen**, *andare*, è **gegangen**, quello di **sitzen**, *sedere*, **gesessen**, quello di **schreien**, *gridare*, **geschrie(e)n**, ecc.

Non dovete memorizzare subito tutti i participi passati dei verbi irregolari. Li assimilerete un po' alla volta a forza di incontrarli.

b) Il participio passato con o senza il prefisso ge-

I verbi separabili* formano il participio passato con il prefisso **ge-** posto tra la particella separabile e la radice del verbo. Il tutto forma una sola parola:
anmachen, *accendere* → **an<u>ge</u>macht**, *acceso*,
runterfallen, *cadere* → **runter<u>ge</u>fallen**, *caduto*,
zurückkommen, *ritornare* → **zurück<u>ge</u>kommen**, *ritornato*.

I verbi inseparabili non vogliono il prefisso **ge-**:

erlauben, *permettere* → **erlaubt**, *permesso*,
verbieten, *proibire* → **verboten**, *proibito*,
bekommen, *ricevere* → **bekommen**, *ricevuto*.

(**be-** , **er-**, **ver-** sono particelle inseparabili e sostituiscono il prefisso **ge-** del participio passato).

Anche i verbi terminanti in **-ieren-** formano il participio passato senza il prefisso **ge-**:

studieren, *studiare* → **studiert**, *studiato*,
telefonieren, *telefonare* → **telefoniert**, *telefonato*.

* Ne aprofittiamo per ricordare che, al presente, la particella separabile si stacca del verbo e va ad occupare l'ultima posizione della frase principale: **ich mache das Licht <u>an</u>**, *accendo la luce*. Parlando, l'accento cade sulla particella separabile, in quanto è proprio quest'ultima a conferire significato al verbo: **ich mache das Licht <u>aus</u>**, *spengo la luce*.

3 Il preterito di sein (*essere*) e di haben (*avere*)

In tedesco, l'uso del passato è simile a quello in italiano. Il preterito, lo si considera principalmente il tempo della narrazione. Nella lingua scritta corrisponde all'imperfetto e al passato remoto italiano. Il passato prossimo si usa, invece, nella lingua parlata per riportare un fatto, un'azione che si è svolta nel passato. Tuttavia, anche parlando, **sein** e **haben** si usano preferibilmente al preterito.

49 Ecco la loro coniugazione:

	sein	**haben**
ich	war	hatt**e**
du	war**st**	hatt**est**
er/sie/es	war	hatt**e**
wir	war**en**	hatt**en**
ihr	war**t**	hatt**et**
sie	war**en**	hatt**en**

Spesso si paragona la coniugazione del preterito a quella dei verbi modali all'indicativo presente (lezione 35, § 1) in cui la 1ª e la 3ª persona singolare sono identiche. Alla 3ª persona la **-t** scompare! Riparleremo del preterito nel corso delle prossime lezioni.

4 Le preposizioni di luogo seguite da dativo e accusativo

Abbiamo visto che in tedesco si fa sempre una distinzione tra stato in luogo e moto a luogo (lezione 42, § 3).

In una domanda questa differenza è data dall'avverbio **wo?**, *dove?* (stato in luogo) e **wohin?**, *dove?* (moto a luogo).

Nella risposta, la differenza è data sia dalla preposizione:

ich wohne in Deutschland (stato), *abito in Germania*
(ma **ich fahre nach Deutschland** (moto), *vado in Germania*),

die Kinder sind zu Hause (stato), *i bambini sono a casa*
(ma **die Kinder gehen nach Hause** (moto), *i bambini vanno a casa*).

sia dal caso retto dalla preposizione. Nel caso di preposizioni miste, ovvero reggenti sia l'accusativo che il dativo, la preposizione regge il dativo con il complemento di stato in luogo e l'accusativo con il complemento di moto a luogo: **in**, *in*, *a*, **auf**, *sopra*, **unter**, *sotto*, **neben**, *accanto*, ecc.:

wir sitzen in dem* (dativo) **Garten** (stato), *siamo seduti in giardino*,
gehen wir in den (acc.) **Garten** (moto.), *andiamo in giardino*.
* Si può anche dire **im Garten**. **Im** è la contrazione di **in + dem** usata perlopiù nella lingua parlata.

Questa costruzione è molto pratica; basta fare attenzione al complemento per sapere se si sta parlando di un luogo in cui avviene qualcosa o di un luogo verso cui si è diretti:

in der Stadt (stato), *in città* (ci si trova),
in die Stadt (dir.), *in città* (ci si va).

Con un modale, il verbo di moto può essere omesso. **Es ist fünf vor acht, ich muss schnell ins Büro** (moto), *Sono le otto meno cinque, devo [andare] velocemente in ufficio.* – **Wohin** (moto) **musst du ?**, *Dove devi [andare]?* **Ins Büro**, *In ufficio*.

5 Gli aggettivi dimostrativi: dieser, diese, dieses

Gli aggettivi dimostrativi hanno le stesse desinenze dell'articolo determinativo di cui prendono il posto:
ich habe diesen Mann noch nicht gesehen, *non ho ancora visto quest'uomo*. Potremmo anche dire: **ich habe den Mann noch nicht gesehen**, sottolineando "**den**".

Per meglio abituarvi alla declinazione vi invitiamo a completare il seguente esercizio inserendo, a vostra scelta, l'articolo determinativo o l'aggettivo dimostrativo (le soluzioni sono nella pagina seguente):

1) **Wer ist _____ Frau?** *Chi è questa donna?*
2) **Hat sie nicht _______ kleinen Hund, der so süß ist?**, *Non ha un cagnolino, che è tanto carino?*

3) **Wohin fährt _______ Auto ?**, *Dove va quest'auto?*
4) _____ **Straße ist für Autos verboten**, *Questa strada è vietata alle auto.*

5) **Warum nimmst du nicht _______ Anzug, Liebling?**, *Perché non prendi quest'abito, caro?*
6) _____ **Anzug gefällt mir wirklich**, *Quest'abito mi piace veramente.*
7) **Mit ______ Anzug siehst du ganz neu aus**, *Con quest'abito, hai un aspetto nuovo.*

49 **Soluzioni del § 5 :**
1 diese/die 2 diesen/den 3 dieses/das 4 Diese/Die 5 diesen/den 6 Dieser/Der 7 diesem/dem

* * *

Gesagt ist gesagt (46)

1 – Du bist **si**cher, dass der Be**si**tzer des **Hau**ses nicht da ist? **(44, 48)**
2 – **Ga**nz **si**cher, der ver**bringt sei**ne **Fe**rien **im**mer im **Ju**ni in den **Ber**gen. **(46)**
3 – Ich weiß nicht. **Wie** viel, sagst du, liegt im **Geld**schrank? **(44)**
4 – **Je**des Jahr um **die**se Zeit ist der **Ge**ldschrank bis **o**ben voll. **(44, 45, 46)**
5 Er ist ge**ra**de aus **Süd**amerika zu**rück**gekommen, **(47, 48)**
6 und hat **ei**nen **Kof**fer voll Geld **mit**gebracht. **(46, 47)**
7 – Und wo steht der **Geld**schrank? **(44)**
8 – Auf dem Klo, gleich **ne**ben der Tür. **(44, 47, 48)**
9 – Um **Got**tes **wil**len! Wa**rum** hat er ihn **dort**hin ge**stellt**? **(43, 44)**
10 – Er glaubt **si**cher, **nie**mand sucht ihn dort. **(45)**
11 Ich **schwö**re dir, es ist **wirk**lich nicht **schwie**rig. **(48)**
12 – Ach nein, lass mal, ich will nicht **wie**der **an**fangen. **(45)**

Per oggi basta grammatica. Nel dialogo qui sotto vi chiediamo di applicare quanto imparato nelle ultime sei lezioni.

* * *

[Quel che è] detto, è detto

1 – Sei sicuro che il padrone di casa non c'è?
2 – Sicurissimo, a giugno, trascorre sempre le vacanze in montagna .
3 – Non so. Quanto dici [che c']è nella cassaforte (*soldi- armadio*)?
4 – Ogni anno, in questo periodo, la cassaforte è piena fino in cima (*fino in alto*).
5 È appena tornato dal Sud America
6 e ha portato una valigia pieda [di] soldi.
7 – E la cassaforte dov'è (*in piedi*)?
8 – In bagno, subito accanto alla porta.
9 – Per Dio! Perché l'ha messa (*in piedi*) là?
10 – [Di] sicuro pensa [che] nessuno la cercherà (*cerca*) lì.
11 Ti giuro [che] non è (*davvero*) difficile.
12 – Ah no, lascia [perdere], non voglio ricominciare (*di nuovo cominciare*).

13 – Mensch, nur noch **die**ses Mal : **ein**mal ist **kein**mal. **(43)**

14 – Nein, tut mir Leid, ich kann **wirk**lich nicht. **(46, 47)**

15 Wir **ha**ben **ei**ne **herr**liche Zeit zu**sam**men ver**bracht**. **(46, 47)**

16 **A**ber ich **ha**be der **Mu**tter **mei**ner **Kin**der ge**sagt**, ich **fa**nge nicht **wie**der **an**. **(45, 48)**

La seconda ondata - Die zweite Welle
Finora vi abbiamo chiesto di ascoltare, leggere, possibilmente a voce alta, ripetere e tradurre dal tedesco in italiano. Questa prima fase, che chiamiamo "passiva", termina qui. A partire dalla prossima lezione entrerete nella cosiddetta fase "attiva". Cos'è? Semplice! Si tratta di applicare "attivamente" quanto assimilato "passivamente": da domani, dopo aver svolto la vostra lezione quotidiana, ne ripasserete un'altra a partire dalla prima (vi diremo noi quale) e ne tradurrete a voce alta il testo dall'italiano

50 Fünfzigste Lektion

Anzeigen ① für Ferienwohnungen

1 – Hör mal, wie **fin**dest du das?

2 **Wun**derschöne **Lu**xus-**Fe**rienwohnung in **Spa**nien zu ver**mie**ten.

Aussprache
an*tsaig'n … **fe:**riën-**vo:**nuñg'n* **2** ***vùn**da-sciœ:në **lù**ksùs-… fèa**mi:**tën.*

2: Nella parola **wunderschön**, l'accento principale cade sulla prima sillaba ***vùn**da*. Per conferire maggior enfasi, basta far cadere l'accento su **shön**.

13 – (*Uomo*) Solo (*ancora*) [per] questa volta: una volta (*è nessuna volta*) sola non fa numero. 50
14 – No, mi dispiace, non posso davvero.
15 Abbiamo trascorso un periodo magnifico insieme.
16 Ma ho detto alla madre dei miei figli [che] non ricomincerò (*ricomincio*).

al tedesco, tenendo coperto l'originale. Questo piccolo esercizio di traduzione vi permetterà di ripassare, in soli dieci minuti, il vocabolario e le strutture grammaticali viste finora. Siamo certi che vi stupirete di quanto avete appreso, quasi senza accorgervene, nel corso di tutte queste lezioni. Viel Spaß!, *Buon divertimento (Molto divertimento)!*

Cinquantesima lezione 50

Annunci di (*per*) appartamenti per le vacanze

1 – Ascolta (*volta*), cosa [ne] pensi [di] questo (*come trovi tu questo*)?
2 Magnifico appartamento di lusso in affitto in Spagna.

Note

① *L'annuncio*, in tedesco, è sia **die Anzeige**, che **die Annonce**. Per semplificarvi la vita, ricordatevi che quasi tutti i nomi che terminano per **-e** sono femminili e formano il plurale aggiungendo una **-n** (**die Anzeige<u>n</u>, die Annonce<u>n</u>**, *gli annunci*).

3 **Herr**lich an der **Küs**te ge**le**gen ②.
4 **So**nniges ③, **gro**ßes **Wohn**zimmer, **zwei** **Schlaf**zimmer, **hel**le **Kü**che und Bad.
5 **Gro**ßer Bal**kon** (**Süd**seite) mit **schö**ner ④ Aussicht auf das Meer.
6 Sie **brau**chen kein **Spa**nisch.
7 Die **Spa**nier ⑤ **spre**chen sehr gut Deutsch.

*3 … **kues**të ghë**le:**g'n. 4 **zon**nìghès, **gro:**ssès **vo:n**-tsìmma, … **scla:f**-tsìmma, **hèl**lë **kue**çhë… ba:t. 5 … bal**ko:n** (**zue:t**-zaitë) … **scœ:**na **aus**zìçht … me:a. 6 … **scpa:**nìsc. 7 …**scpa:**nia …*

Note

② **Gelegen** si traduce qui con "situato". Si tratta del participio passato di **liegen**, *giacere, essere disteso / sdraiato*. Ne riparleremo nella lezione di ripasso.

③ Come sapete, la declinazione dell'aggettivo attributivo è determinata dal genere del sostantivo cui si riferisce e dall'articolo da cui è preceduto. Vi ricorderete quindi che è l'aggettivo ad indicarci il genere di un sostantivo senza articolo (lezione 56, § 1). **Sonniges** (con **-es**) ci segnala che **Wohnzimmer** è neutro: **das Wohnzimmer**, così come **helle**, che **Küche** è femminile: **die Küche**. Nella frase dopo, **großer** (con **-er**) ci indica che **Balkon** è maschile: **der Balkon**.

④ Quando l'aggettivo non è preceduto dall'articolo si declina come l'articolo determinativo: qui, **schön** prende la desinenza del dativo femminile **-er**; la preposizione **mit** regge il dativo e **die Aussicht**, *la vista*, è femminile. Se avessimo un articolo, ▸

3 Meravigliosamente situato sulla costa.
4 Ampio salone soleggiato, due camere da letto, cucina luminosa e bagno.
5 Grande balcone (*lato sud*) con splendida (*bella*) vista sul mare.
6 Non avete bisogno [dello] spagnolo.
7 Gli spagnoli parlano tedesco molto bene.

5, **8**: Quando le parole sono di origine francese, l'accento tonico cade sull'ultima sillaba: **der Balkon** *bal**ko:n***, **der Frisör** *fris**œ:**a*.

▸ questo andrebbe messo al dativo e l'aggettivo prenderebbe la desinenza **-en**, detta desinenza "debole": **mit einer schönen Aussicht**, *con una bella vista*. Ne riparleremo, non vi preoccupate.

⑤ **Der Spanier**, **die Spanier**, *lo spagnolo*, *gli spagnoli*, ma **das Spanisch**, *lo spagnolo* (lingua). In tedesco, la nazionalità di una persona si esprime con il sostantivo e non con l'aggettivo di nazionalità: **er ist Deutscher**, *è tedesco* (un tedesco), **sie ist Deutsche**, *è tedesca* (una tedesca). Il nome della lingua di un paese è identico all'aggettivo di nazionalità, ma in quanto sostantivo è scritto in maiuscolo: **ich spreche Deutsch**, *parlo tedesco*. Presto vedremo le altre nazionalità e le rispettive lingue.

50 **8** Es gibt so**gar** **e**inen **deu**tschen **Zahn**arzt und Fris**ör**.
9 – Das klingt gut, **a**ber sie **sa**gen nicht, wie viel die **Woh**nung **kos**tet.
10 Außerdem **möch**te ich nach ⑥ **Spa**nien, um **Spa**nisch zu ⑦ **ler**nen… □

*8 … **dòitsc'n tsa:n**-a:ɐtst … fris**œ:**ɐ **10** … **auss**ɐde:m…*

8: Il termine **Arzt** può essere pronunciato in due modi: ***a:**ɐtst* (a

Note

⑥ **Ich möchte nach Spanien**, *Vorrei* (andare) *in Spagna*. In tedesco, lo ricordiamo, non serve precisare **gehen**, *andare*, poiché la preposizione **nach**, da sola, sottointende già uno spostamento.

⑦ In una subordinata finale, ovvero indicante lo scopo o il fine di un'azione, la costruzione "per", "a" più infinito si ottiene con **um… zu**; **um** introduce la subordinata, mentre l'infinito, preceduto da **zu**, occupa l'ultima posizione: **ich bin gekommen, um Sie zu sehen**, *sono venuto per vederLa.* Come potete vedere, **um… zu** serve anche ad esprimere un desiderio.

Übung 1: Übersetzen Sie bitte!

❶ Meine Wohnung hat ein großes Wohnzimmer. ❷ Er geht nach Südamerika, um Spanisch zu lernen. ❸ Zu vermieten: großes Haus am Meer mit vier Schlafzimmern. ❹ Unser Zahnarzt wohnt jetzt in Spanien. ❺ Er hat ein Haus mit herrlicher Aussicht auf das Meer gekauft.

8 Ci sono persino un dentista (*dente medico*) e un parrucchiere tedeschi. **50**

9 – (*Questo*) Suona bene, ma non dicono quanto costa (*l'appartamento*).

10 E poi (*Inoltre*) vorrei [andare] in Spagna per imparare [lo] spagnolo…

lunga), oppure ***artst*** (**a** breve). Attenzione all'ortografia! Anche se nella pronuncia figurata abbiamo ***tst***, la **t** finale che sentiamo è una sola; l'altra è compresa nel suono ***ts*** della **z** .

Soluzioni dell'esercizio 1

❶ Il mio appartamento ha un grande salone. ❷ Va in Sud America per imparare lo spagnolo. ❸ Da affittare: grande casa sul mare con quattro camere da letto. ❹ Adesso il nostro dentista abita in Spagna. ❺ Ha comprato una casa con [una] splendida vista sul mare.

51 **Übung 2: Ergänzen Sie bitte!**

① Quante stanze ha il loro appartamento? – Un grande salone e cinque camere da letto.
Wie viele Zimmer hat .... ? – Ein ...... Wohnzimmer und fünf ....

② E in più, hanno un grande balcone con una splendida vista.
Und außerdem haben sie .... mit ....

③ La casa è sulla costa e non è cara (*non costa molto*).
Das Haus ... an der Küste .... und ...... nicht viel.

51 Einundfünfzigste Lektion

Eine Radiosendung

1 – **Gu**ten Abend, **mei**ne **Da**men und **Her**ren!
2 **Herz**lich will**kom**men bei **un**serer ① **Sen**dung „Be**rühm**te **Deu**tsche ②".

Aussprache
*...**ra:**dio-**zèn**duñg* **2** *... vìl**kòm**mën ... bë**rue:m**të ...*

Note

① La preposizione **bei** ha più significati, tra cui *in*, *presso*, *vicino a*, ecc. e regge sempre e solo il dativo. Abbiamo già visto che l'articolo femminile **die** diventa **der** al dativo; allo stesso modo, **unsere**, *nostra*, prende la desinenza **-r** al dativo singolare: **bei unsere<u>r</u> Sendung.**

❹ Affittiamo il nostro lussuoso appartamento in Spagna a maggio e a giugno.
... . unsere Luxuswohnung .. .. im Mai und .... .

❺ Ho bisogno dello spagnolo per fare un viaggio in Spagna.
Ich brauche .... , .. in Spanien eine Reise .. ..

Soluzioni dell'esercizio 2 - Parole mancanti
❶ – ihre Wohnung – großes – Schlafzimmer ❷ – einen großen Balkon – einer herrlichen Aussicht ❸ – ist – gelegen – kostet – ❹ Wir vermieten – in Spanien – Juni ❺ – Spanisch, um – zu machen

Zweite Welle (seconda ondata)**: Prima lezione**

Cinquantunesima lezione 51

Una trasmissione radiofonica (*radio-trasmissione*)

1 – Buonasera signore e signori!
2 (*Cordialmente*) Benvenuti alla nostra trasmissione "[I] tedeschi famosi".

② L'aggettivo prende la desinenza **-e** al nominativo plurale quando non è preceduto dall'articolo (**die**): **berühmte Deutsche**, *[dei] tedeschi famosi*. Al contrario, preceduto da **die**, *i / gli / le*, prende la desinenza "debole" **-en**: **die berühmten Deutschen**, *i tedeschi famosi*. Per il momento, vi chiediamo solo di prendere confidenza con le diverse desinenze dell'aggettivo e di cercare di memorizzarle.

51

3 Wir **möch**ten **Ih**nen **heu**te **ei**nen sehr be**deu**tenden **Dich**ter ③ **vor**stellen.

4 Er ist im **Jah**re ④ 1749 (**sieb**zehn**hun**dert**neun**und**vier**zig) in **Frank**furt ge**bo**ren.

5 Er hat in **Straß**burg und **Leip**zig **Ju**ra stu**diert**.

6 Mit **sei**nem **ers**ten Ro**man** „Die **Lei**den ⑤ des **jun**gen **Wer**ther" ist er be**rühmt** ge**wor**den ⑥.

7 **A**ber sein **Le**benswerk war „Faust".

8 Er **hat**te viel **Ein**fluss auf **sei**ne Genera**tion** und die Genera**tio**nen da**nach** ⑦.

9 Die **deu**tsche **Klas**sik hat mit ihm **auf**gehört ⑧.

10 Er ist am 22. (**zwei**und**zwan**zigsten) März 1830 (**acht**zehn**hun**dert**drei**ßig) ⑨ in **Wei**mar ges**tor**ben ⑩ □

***3** … bë**dòi**tëndën **dìçht**a … **4** … **zi:**ptse:n-**h̲ùnd**at-**nòin**-ùnt-**fi:**rtsìçh … ghë**bo:**rën. **5** … **sctra:s**bùrk … **laip**tsìçh **iu:**ra sctu**di:at**. **6** … ro**ma:**n … **lai**dën dès **iùñ**ghën **ve:**ata … ghë**vor**dën. **7** … **le:**b'ns-vèrk … faust. **8** … **ain**flùss … ghenëra**tsio:n** … **9** … **klas**sìk … **auf**ghëh̲œ:rt. **10** … **tsvai**-ùnt'**tsvan**tsìçhstën mèrts **acHt**se:n-**h̲ùnd**at-**drai**ssìçh … **vai**mar ghë**sctòr**b'n.*

7: Nella parola **Lebenswerk** *le:b'nsvèrk,* la **-s** aggiuntiva tra **Werk** e **Leben** è unita al primo sostantivo.

Note

③ **Der Dichter** traduce sia poeta, che scrittore.

④ La **-e** finale di **im Jahr(e)**, *nell'anno*, è facoltativa in quanto si tratta di una desinenza del dativo caduta ormai in disuso. Per indicare l'anno, si dice **im Jahr(e)** seguito dall'anno oppure

3 Oggi vorremmo presentarvi un poeta molto importante (*significativo*).
4 È nato a Francoforte nel (*anno*) 1749.
5 Ha studiato legge a Strasburgo e a Lipsia.
6 È diventato celebre con il suo primo romanzo "I dolori del giovane Werther".
7 Ma il suo capolavoro (*vita-opera*) è (*era*) il "Faust".
8 Ha avuto una grande influenza sulla sua generazione e su quelle (*generazioni*) successive (*dopo*).
9 Il classicismo tedesco si è fermato con lui.
10 È morto a Weimar il 22 marzo 1830.

▸ solo l'anno senza preposizione: **Ich bin 1982 (neunzehnhundertzweiundachtzig) geboren**, *Sono nato [nel] 1982.*

⑤ **Die Leiden**, *i dolori*, *le sofferenze*, è il plurale di **das Leid**, che traduce anche "il male", "il malessere".

⑥ **Geworden** è il participio passato di **werden**, *diventare*.

⑦ Con funzione avverbiale, ovvero quando non è seguito dal sostantivo, "dopo / poi" si dice **danach**: **ich gehe ins Theater und danach gehe ich nach Hause**, *vado a teatro e dopo a casa*.

⑧ **Aufgehört** è il participio passato di **aufhören**, *terminare*, *smettere*. Nella lezione precedente abbiamo incontrato **hören**, *ascoltare*, *sentire*. L'avete capito: la particella può cambiare completamente il significato del verbo.

⑨ Il complemento di tempo precede, generalmente, quello di luogo.

⑩ **Sterben**, *morire*, **gestorben**, *morto (-a)*. Il participio passato in ultima posizione si comporta come un aggettivo predicativo, ovvero resta invariato; il soggetto può essere tanto femminile o maschile, quanto singolare o plurale. **Wann ist Goethe gestorben?**, *Quando è morto Goethe?* **Und wann ist seine Frau gestorben?**, *E quando è morta sua moglie?*

51 **Übung 1: Übersetzen Sie bitte!**

❶ Darf ich mich vorstellen? Ich bin Thomas Büchner. ❷ Ihre Kinder sind groß geworden! ❸ Wann sind Sie geboren? Am 1. April? ❹ Es hat seit drei Wochen nicht aufgehört zu regnen. ❺ Ich lerne eine Viertelstunde Deutsch und danach gehe ich essen.

Übung 2: Ergänzen Sie bitte!

❶ (*Cordialmente*) Benvenuti nella nostra città!
.... in unserer Stadt!

❷ Questa trasmissione radiofonica era molto interessante.
.... sehr interessant.

❸ Quest'uomo è molto importante e ha molta influenza.
Dieser Mann ist .... und er hat
....

❹ Mia nonna è nata nel 1917 ed [è] morta nel 1998.
Meine Großmutter ist 1917 .... und
1998 ....

❺ Buonasera Sig. Hansen, posso presentarLe mia moglie?
.... Herr Hansen, darf ich .....
meine Frau .... ?

Soluzioni dell'esercizio 1

❶ Posso presentarmi? Sono Thomas Büchner. ❷ I Suoi figli sono diventati grandi.❸ Quando è nato? Il 1° aprile ? ❹ Non smette (*ha smesso*) di piovere da tre settimane. ❺ Studio tedesco un quarto d'ora e poi vado a mangiare.

Soluzioni dell'esercizio 2 - Parole mancanti

❶ Herzlich willkommen – ❷ Diese Radiosendung war – ❸ – sehr bedeutend – viel Einfluss ❹ – (neunzehnhundertsiebzehn) geboren – (neunzehnhundertachtundneunzig) gestorben ❺ Guten Abend – Ihnen – vorstellen

52 ***Johann Wolfgang von Goethe***
È sicuramente uno dei personaggi più importanti della letteratura tedesca. In tutte le città tedesche si possono trovare ein Goetheplatz *o* eine Goethestraße *(o entrambe) e anche* eine Goetheschule, *o perfino tutte le tre insieme. Goethe era un genio universale: non solo è stato il più grande scrittore classico tedesco, il saggista e filosofo che ha saputo avvicinare le culture orientale e occidentale, ma anche avvocato, ministro, consigliere, sceneggiatore, direttore di teatro, geologo, disegnatore, fisico e naturalista. È stato autore, oltre che di romanzi, di opere teatrali, di poemi, di scritti scientifici sulle piante e la sua celebre "teoria dei colori" (*Farbenlehre*) è ancora attuale. Quest'importante autore viveva di scienza e per la scienza, all'epoca considerata il principale strumento per raggiungere la felicità umana. È dunque ancora più stupefacente che nel "Faust", il suo più grande capolavoro, egli*

52 Zweiundfünfzigste Lektion

Pünktlichkeit ① ist die Höflichkeit der Könige

1 – Was ist denn pas**siert**?
2 Du bist nicht **zu**verlässig.
3 Wir **wa**ren um **Vier**tel vor acht ② ver**ab**redet.
4 Und du kommst fünf nach acht.

Aussprache
pueñkt*lìçhkait… **h̲œ:f**lìçhkait de:a **kœ:**nìghë. **1** …pas**si:at**? **2** … **tsu:**fèalèssìçh. **3** …**firt**ël fo:a acHt …*

Note

① Alcuni sostantivi si formano aggiungendo il suffisso **-keit** all'aggettivo: **pünktlich**, *puntuale* → **die Pünktlichkeit**, **höflich**, *cortese* → **die Höflichkeit**. Questi sostantivi sono tutti femminili e al plurale prendono la desinenza **-en**, come i sostantivi terminanti in **-ung** (lezione 50, nota 1). Gli aggettivi ▶

metta in discussione il valore del sapere scientifico. Pensiamo alle parole del protagonista: "Ich habe, ach, Philosophie, Juristerei[1] und Medizin, und leider auch Theologie, durchaus studiert, mit heißem Bemühen. Da steh' ich nun, ich armer Tor, und bin so klug als wie zuvor." *(Ahimé ho studiato filosofia, diritto e medicina e, purtroppo, anche teologia da cima a fondo con ardente zelo. Ed eccomi qui, povero pazzo, non più intelligente di prima.) Disperato, Faust conclude un patto con il diavolo Mefistofele, cui promette la propria anima in cambio dell'amore per la vita...*

[1] *Utilizzando* die Juristerei *al posto* die Jura, *Goethe intende conferire un tono canzonatorio al termine "diritto".*

Zweite Welle: Zweite Lektion

Cinquantaduesima lezione 52

La puntualità è la cortesia dei re

1 – Ma cos'è successo?
2 Non si può contare su di te (*non sei affidabile*).
3 Avevamo appuntamento alle otto meno un quarto.
4 E tu arrivi [alle] otto e cinque.

▸ terminanti in **-lich** si formano, generalmente, a partire dal sostantivo: **der Punkt**, *il punto*, e **der Hof**, *il cortile.*

② Letteralmente, **Viertel vor acht** significa "quarto prima otto". Abbiamo già incontrato **fünf vor zwölf**, *mezzogiorno (mezzanotte) meno cinque*. In tedesco, quando mancano ancora alcuni minuti all'ora in punto, questa è preceduta dalla preposizione **vor**, *prima* (che traduce il "meno" italiano). Se invece sono già trascorsi alcuni minuti dall'ora in punto, questi sono seguiti dalla preposizione **nach**, *dopo* (che corrisponde alla congiunzione "e" in italiano): **viertel nach acht**, *otto e un quarto* (lett. "quarto dopo otto"); **fünf nach acht**, *otto e cinque*... (frase 4).

5 – Ich weiß, ent**schul**dige bitte.
6 Ich **konn**te ③ erst ④ um halb acht ⑤ aus dem Bü**ro** weg ⑥.
7 Dann **wa**ren na**tür**lich über**all** die **Stra**ßen ver**stopft**.
8 Und **schließ**lich bin ich 10 (zehn) Mi**nu**ten he**rum**gefahren ⑦, um **ei**nen **Par**kplatz zu **fin**den.
9 – Wo**hin** hast du denn das **Au**to ge**stellt**?
10 – Mach dir **kei**ne **Sor**gen, es ist **al**les in **Ord**nung.
11 Komm, die **las**sen **nie**mand mehr rein ⑧, wenn es **ein**mal **an**gefangen hat ⑨. □

*(**Fort**setzung folgt)*

*6 ...**kòn**të... vèk. 7 ...fè**asctòpft**. 8 ...**sclì:ss**lìçh ...hè**rùm**ghëfa:rën ... 10 ...**zòr**g'n, ...ìn **òrd**nùñg. 11 ... rain...*

Note

③ **Ich konnte**, *io potevo*, è la 1ª persona singolare del preterito di **können**, *potere*. Ricordatevi che al preterito, la 1ª e la 3ª persona singolare sono identiche: **er / sie / es konnte**, *egli / ella / esso* (neutro) *poteva*, e che in italiano il preterito è spesso tradotto con il participio passato o l'imperfetto.

④ Come in italiano, l'avverbio di tempo **erst**, *non...che*, *solo* nel senso di "non prima di", si usa quando qualcosa avviene molto tempo dopo di quanto ci si aspettasse o desiderasse: **er ist erst um 10 Uhr gekommen**, *non è arrivato che alle 10*, (sarebbe dovuto / potuto arrivare prima), oppure quando ci si accorge che non è così tardi come si pensava: **es ist erst 15 Uhr**, *sono solo le quindici*.

⑤ **Halb**, *mezzo (-a)*. Per dire che sono trascorsi trenta minuti dall'ora in punto, bisogna sempre considerare l'ora che verrà dopo: **halb sieben**, *sei e mezza*, **halb drei**, *due e mezza*, **halb** ▸

5 – [Lo] So, scusa, (*per favore*).
6 Sono potuto (*potevo*) andare via dall'ufficio solo alle sette e mezza (*mezzo otto*).
7 Poi, naturalmente, le strade erano tutte (*dappertutto*) bloccate (*intasate*).
8 E alla fine ho girato dieci minuti per trovare (*un*) parcheggio.
9 – Ma dove hai messo la macchina?
10 – Non ti preoccupare (*Fatti a te nessuna preoccuppazione*), è tutto a posto (*in ordine*).
11 Vieni, non fanno più entrare nessuno una volta che è (*quando ha*) cominciato.

(Segue)

▸ **elf**, *dieci e mezza*, ecc. Non è difficile e ci farete presto l'abitudine.

⑥ **Weg** *via*, *partito (-a)*: **der Zug ist weg**, *il treno è partito*; **ich kann jetzt nicht weg**, *adesso non posso andare* (via). Come sappiamo, **weg** è anche una particella separabile: **weggehen**, *andarsene* → **ich gehe weg**, *me ne vado*.

⑦ Anziché **herumfahren**, si potrebbe semplicemente dire **rumfahren** (vedi nota sucessiva).

⑧ **Rein** si usa nel parlato al posto di **herein** o **hinein**. Ricordatevi che si dice **her** in caso di avvicinamento e **hin** in caso di allontanamento, cosa che non è sempre facile da stabilire. In questa frase avremmo potuto dire: **die lassen niemand mehr herein** (verso di loro), prendendo come riferimento il soggetto (**sie**, *loro*) all'interno della sala, o **die lassen niemand mehr hinein**, considerando la persona che sta parlando e che si trova all'esterno. L'uso di **rein** è quindi molto pratico (non occorre fare questo tipo di ragionamento).

⑨ Come sappiamo, la congiunzione **wenn**, "quando" o "se", rimanda il verbo coniugato (e non il participio passato) al fondo della frase: **wir können nicht mehr reingehen, wenn sie angefangen haben,** *se hanno iniziato, non possiamo più entrare*.

Übung 1: Übersetzen Sie bitte!

❶ Natürlich waren am Sonntag alle Autobahnen verstopft. ❷ Um wie viel Uhr waren wir verabredet? ❸ Er ist schließlich um neun Uhr gekommen. ❹ Wir sind eine Stunde rumgefahren, um das Hotel zu finden. ❺ Wir lassen Sie nicht rein, wenn Sie nicht pünktlich kommen.

Übung 2: Ergänzen Sie bitte!

❶ Non si preoccupi, si può contare su di lui (*è affidabile*), arriva sempre puntuale.

Machen Sie sich . . . . , er ist . . . . , er kommt immer . . . .

❷ Ma cos'è successo? – Niente, è tutto a posto.

Was ist denn . . . . ? – Nichts, alles ist . . . .

❸ Ho un appuntamento con il Sig. Hansen alle cinque e mezza. Mi dispiace è già andato via.

Ich bin um . . . . mit Herrn Hansen . . . . – Tut mir Leid, ... schon . . . .

❹ Nessuno può entrare, una volta che è incominciato.

. . . . darf . . . . , wenn es einmal . . . .

❺ Alla fine è arrivata alle quattro meno un quarto.

. . . . ist sie um . . . . gekommen.

Soluzioni dell'esercizio 1

❶ Naturalmente domenica tutte le autostrade erano intasate. ❷ A che ora avevamo appuntamento? ❸ Alla fine è arrivato alle nove. ❹ Abbiamo girato un'ora per trovare l'hotel. ❺ Se non siete puntuali non Vi lasciamo entrare.

Soluzioni dell'esercizio 2 - Parole mancanti

❶ – keine Sorgen – zuverlässig – pünktlich ❷ – passiert – in Ordnung ❸ – halb sechs – verabredet – er ist – weg ❹ Niemand – rein, angefangen hat ❺ Schließlich – Viertel vor vier –

53 ***Pünktlichkeit und Zuverlässigkeit**, la puntualità e l'affidabilità insieme alla voglia di lavorare sono, secondo la tradizione e le statistiche, le virtù che contraddistinguono i paesi di lingua tedesca. Si tratta di qualità strettamente connesse le une alle altre: chi non è puntuale, infatti, non è nemmeno affidabile! Se ricevete un invito a cena o se avete un appuntamento, siate puntuali, a meno che sul vostro invito non ci sia scritto "c.t.", cum tempore: è un modo ufficiale di darvi il diritto di arrivare con un quarto d'ora di ritardo. Altrimenti, ogni ritardo è considerato una negligenza, se non una mancanza di rispetto nei confronti dell'altro. Arrivare in ritardo può comportare diversi problemi, non solo al lavoro, ma anche nella vita privata: i ritardatari possono provocare la rottura di amicizie e persino di matrimoni. Tuttavia questa concezione del tempo è piuttosto recente. Nei secoli scorsi, infatti, la vita delle persone era regolata dal giorno*

53 Dreiundfünfzigste Lektion

Er ist nicht auf den Mund gefallen ①

*(**Fort**setzung)*

1 – Ich bin schon **la**nge nicht mehr in **e**inem so **gu**ten ② Kon**zert** ge**we**sen ③.

Aussprache
*... mùnt ... **1** ... zo: **gu:**tën kòn**tsèrt** ghë**ve:**zën.*

Note

① **Gefallen** è il participio passato di **fallen**, *cadere*.

② In questa frase la preposizione di luogo **in**, *in*, regge il dativo in quanto è accompagnata dal verbo **sein**, *essere*. Si tratta infatti di un complemento di "stato in luogo" (ci si trova già lì). **Das Konzert**, *il concerto*, è neutro in tedesco. Al dativo, *e dalla notte... e dalle campane della chiesa: all'inizio per non dimenticare l'ora della preghiera, in seguito per meglio organizzare la vita del villaggio o della città... La puntualità ha assunto importanza nel momento in cui si è iniziato a retribuire le persone per il tempo che impiegavano a svolgere il proprio lavoro e non solo per il risultato finale. Da quel momento,* Zeit, *il tempo, è diventato* Geld, *denaro, anche se fu solo alla fine del XIX secolo che la maggioranza dei Paesi concordò la standardizzazione del tempo: da allora tutti viviamo attaccati all'orologio e dei popoli germanici si dice addirittura che ce l'abbiano in testa. Ma sapete chi ha detto:* "Pünktlichkeit ist die Höflichkeit der Könige"? *No, non è stato un germanico, ma Luigi XVIII!*

Zweite Welle: Dritte Lektion

Cinquantatreesima lezione 53

Ha sempre la risposta pronta
(Non è caduto sulla bocca)

(Continuazione)

1 – È (*già*) da tempo [che] non vedevo (*sono più*) (*in*) un concerto così bello (*stato*).

▸ l'articolo indeterminatvo neutro **ein** diventa **einem**. L'aggettivo **gut**, *buono*, prende la desinenza "debole" **-en** dato che è l'articolo a prendere la desinenza del caso (dativo) e del genere del sostantivo: **in ein<u>em</u> gut<u>en</u> Konzert** (lezione 50, nota 4).

③ Avete imparato che con **sein**, *essere*, si preferisce usare il preterito e non il passato prossimo. Tuttavia il passato prossimo di **sein** esiste e lo si coniuga, come in italiano, con l'ausiliare **sein**: **ich bin gewesen**, *sono stato*, **du bist gewesen**, *tu sei stato*, ecc.

53 **2** Hat es dir auch ge**fal**len ④?
3 – Ja, es war **traum**haft ⑤.
4 – Komm, ich **ha**be **ei**nen **Bä**ren**hun**ger ⑥.
5 Dort steht **un**ser **Au**to.
6 – **Gu**ten **A**bend, Poli**zei**! Ist das Ihr **Wa**gen?
7 – Der hier? Eh, nein, den **ha**be ich nie ge**se**hen. Wa**rum** denn?
8 – **Sei**en ⑦ Sie froh, für den Be**sit**zer wird das **teu**er.
9 – Ach ja? Der **Ar**me ⑧! Na dann, **gu**te Nacht!
10 – Du bist gut, und wie **fah**ren wir nach **Hau**se?
11 – Das weiß ich im **Au**genblick noch nicht.
12 **Ge**hen wir erst ⑨ mal **es**sen.
13 Mit **lee**rem ⑩ **Ma**gen kann ich nicht **nach**denken. □

3 *…* ***traum****haft.* ***4*** *…* ***bè:****rën-****hùñ****ga.* ***8*** ***zai****ën … fro: …* ***9*** *…* ***ar****më …* ***13*** *…* ***le:****rëm* ***ma:****g'n …* ***na:cH****'dèñk'n.*

Note

④ Il participio passato di **fallen**, *cadere* e quello di **gefallen**, *piacere*, sono identici, ma poichè formano i tempi composti con ausiliari diversi, rispettivamente **haben** e **sein**, non rischiate di confonderli: **der Film hat mir gefallen**, *il film mi è piaciuto*; **er ist aus dem Fenster gefallen**, *è caduto dalla finestra*.

⑤ La parola **traumhaft**, *fantastico*, *da sogno*, è composta da **der Traum**, *il sogno* e dal suffisso **-haft** che, aggiunto al sostantivo o al verbo, serve a formare l'aggettivo: **das Kind ist lebhaft**, *il bimbo è vivace* (pieno di vita).

2 È piaciuto anche a te?
3 – Sì, era fantastico (*come in un sogno*).
4 – Vieni, ho una fame da lupi (*da orsi*).
5 La nostra auto è là.
6 – Buonasera, Polizia! Quella è la vostra macchina?
7 – Quella lì? No, non l'ho mai vista. Perché?
8 – Siete fortunati (*Siate contenti*), al (*per il*) proprietario costerà parecchio (*diventa questo caro*).
9 – Ah sì? (*Il*) Povero! Allora, buona notte!
10 – Sei bravo (*buono*), e come andiamo a casa?
11 – Al momento non [lo] so ancora.
12 Prima andiamo a mangiare (*volta*).
13 Non riesco a pensare a stomaco vuoto.

⑥ **Der Bär**, *l'orso*, e **der Hunger**, *la fame*. Avete visto? In Germania si ha una fame da orsi e non da lupi! In tedesco **Hunger** è maschile e non femminile come in italiano.

⑦ **Seien Sie!**, *Sia! Siate!* è l'imperativo nella forma di cortesia di **sein**, *essere*.

⑧ **Der Arme**, *il povero*. Avete visto? L'aggettivo **arm**, *povero*, è diventato un nome e in quanto tale è scritto in maiuscolo. Gli aggettivi sostantivati si declinano come gli aggettivi attributivi. All'accusativo, **der Arme** diventa **den Armen** (con una **-n**).

⑨ **Erst** viene da **zuerst**, *dapprima*, *primo*, *in primo luogo*.

⑩ Si dice **mit leer<u>em</u> Magen** perché **der Magen**, *lo stomaco*, è maschile e la preposzione **mit** regge il dativo. Se vogliamo usare l'articolo non dobbiamo dimenticarci di declinarlo nel caso del dativo e di aggiungere **-en** all'aggettivo che in questo modo diventa "debole": **mit ein<u>em</u> leer<u>en</u> Magen**, (con uno) *a stomaco vuoto*.

53 **Übung 1: Übersetzen Sie bitte!**

❶ Bist du schon in Deutschland gewesen? ❷ Er kann zu Hause nicht nachdenken. ❸ Kennen Sie diesen Mann? – Den da? Nein. ❹ Wann essen wir? Ich habe einen Bärenhunger! ❺ Hat Ihnen dieser Abend gefallen? – Ja, es war traumhaft.

Übung 2: Ergänzen Sie bitte!

❶ Dov'è la nostra auto? Non la vedo.
.. .. unser Wagen? Ich sehe ... nicht.

❷ Non lo so più, devo pensarci.
... . mehr, ich muss ....

❸ Il concerto era fantastico, ma adesso ho una fame da lupi.
Das Konzert war .... , aber jetzt habe ich ....

❹ Dove ha messo lo champagne? Lo cerco da un po' (*tempo*).
.... den Champagner ....?
Ich suche ihn ....

❺ Si ritenga fortunato (*Sia contento*), non ha lo stomaco vuoto.
.... , Sie haben keinen ......
....

Soluzioni dell'esercizio 1

❶ Sei già stato in Germania? ❷ A casa non riesce a pensare. ❸ Conosce quest'uomo? – Quello lì? No. ❹ Quando mangiamo? Ho una fame da lupi! ❺ Le è piaciuta questa serata? – Sì, è stata fantastica.

Soluzioni dell'esercizio 2 - Parole mancanti

❶ Wo steht – ihn – ❷ Ich weiß nicht – nachdenken ❸ – traumhaft – einen Bärenhunger ❹ Wohin haben Sie – gestellt – schon lange ❺ Seien Sie froh – leeren Magen

Complimenti per averci seguito fin qui! Le conoscenze che avete consolidato e i progressi fatti sono frutto di un impegno costante. Adesso si tratta di non lasciarsi scoraggiare, specie dalla declinazione dell'aggettivo che, in effetti, è un po' complicata, ma non preoccupatevi e fate piuttosto come i tedeschi che si "mangiano" le desinenze...

Zweite Welle: Vierte Lektion

54 Vierundfünfzigste Lektion

Kopf hoch!

1 **Ha**nd **a**ufs ① Herz, Sie **ha**ben die **Na**se voll?
2 Man hat **Ih**nen Sand in die **Au**gen ge**streu**t und **gol**dene **Ber**ge ver**spro**chen ②?
3 Und Sie **ha**ben den Kopf ③ ver**lo**ren ④?
4 Jetzt **schä**men Sie sich und **den**ken na**tür**lich, dass **al**les zu **En**de ist?
5 **Hö**ren Sie, wir **wol**len uns ja nicht in **Ih**re **An**gelegenheiten **mi**schen…

Aussprache

*kòpf ho:cH! **1** hant aufs hèrts, … **na**:zë … **2** … zant … **au**g'n ghë**sctròi**t … **gòl**dënë … fè**ascprò**cH'n? **3** … fè**alo:**rën **4** … **scè:**mën … **5** **hœ:**rën … **an**ghële:g'nhaitën **mì**scën…*

Note

① **Aufs** è la contrazione di **auf** + **das**. In questa frase, il verbo **legen**, *mettere*, *posare*, è sottointeso: **die Hand aufs Herz legen** significa letteralmente "posare la mano sul cuore". **Legen**, *posare*, *mettere*, si usa in riferimento a qualcuno o qualcosa che si troverà, dopo esser stato posato, "allungato", "steso", o "in posizione orizzontale": **ich lege die Hand auf das Herz**, *mi metto la mano sul cuore*; **die Hand liegt auf dem Herz**, *la mano è* (stesa) *sul cuore*. **Auf** è una preposizione mista reggente sia l'accusativo, che il dativo: vuole l'accusativo con **legen**, *posare*, *mettere* (moto a luogo) e il dativo con **liegen**, *essere situato*, *steso* (stato in luogo). ▶

Coraggio (*Testa alta*)!

1 – Siate sinceri (*Mano sul cuore*), [ne] avete le scatole piene (*il naso pieno*)?
2 Vi hanno gettato (*cosparso*) la polvere (*sabbia*) negli occhi o promesso mari e monti (*montagne dorate*)?
3 E avete perso la testa?
4 Adesso vi vergognate e pensate (*naturalmente*) che sia tutto perduto (*alla fine è*)?
5 Ascoltate, non vogliamo farci (*immischiarci nei*) gli affari vostri…

② **Versprochen** è il participio passato di **versprechen**, *promettere*. **Gesprochen**, quello di **sprechen**, *parlare*.

③ Avete notato che in tedesco, "la testa" e "la bocca" (lezione 53) sono nomi maschili: **der Kopf**, **der Mund**, che "il naso" è femminile: **die Nase**, e "l'occhio" neutro: **das Auge**? I loro plurali sono rispettivamente: **die Köpfe**, **die Münder**, **die Nasen**, **die Augen**.

④ **Verloren** è il participio passato di **verlieren**, *perdere*.

6 Aber **Träu**me **hän**gen an ⑤ **ei**nem **sei**denen ⑥ **Fa**den, der kann leicht **rei**ßen.
7 Dann **spi**nnt man **ei**nen **neu**en!
8 Sie **mei**nen, wir **ha**ben nichts ka**piert** ⑦?
9 Sie **ir**ren sich, wir **ha**ben Sie sehr gut ver**stan**den, denn ⑧ auch wir sind schon **trau**rig und ver**zweif**elt ge**we**sen.
10 **Ma**chen Sie also **kei**n Ge**si**cht wie **drei** **Ta**ge **Re**gen**we**tter, **so**ndern **gie**ßen Sie sich **ei**nen **hi**nter die **Bi**nde ⑨.
11 Bald **lä**chelt For**tu**na ⑩ **wie**der, **a**ber **Vor**sicht, dass Sie **mor**gen **kei**nen **Ka**ter ⑪ **ha**ben! □

*6 … **trò**imë **h̲è**ñghën … **zai**dënën **fa:**dën … **rai**ssën 7 …scp**ì**nnt … 8 … ka**pi:r**t? 9 … **ir**rën … **trau**rìçh … fèa**tsvai**fëlt … 10 … ghë**zìçht** … **ghi:**ssën … **hìn**ta … **bìn**dë. 11 … **lè**çhëlt fòr**tu:**na … **ka:**ta …*

Note

⑤ **Hängen an…**, *essere appeso a…* La preposizione **an** significa "a" nel senso di "appoggiato a" "contro a" con contatto: **das Bild hängt an der Wand**, *il quadro è appeso al muro* (contro il) *muro*. **Hängen** è usato anche in senso transitivo con l'accezione di "appendere, attaccare" (lezione 56, § 5).

⑥ L'aggettivo **seiden**, da **die Seide**, *la seta*, ha preso la desinenza debole **-en**, perché l'articolo indeterminativo **ein** ha già preso quella del dativo maschile. **Einem** ci indica che **der Faden** è maschile.

⑦ **Kapieren** si usa nel linguaggio colloquiale come sinonimo di **verstehen**, *comprendere, capire*: **er kapiert sehr schnell,** *capisce* (comprende) *molto velocemente*.

6 Ma [i] sogni sono appesi a un filo (*di seta*), che può facilmente spezzar[si].
7 Allora se [ne] tesse uno nuovo!
8 Volete dire che non abbiamo capito niente?
9 Vi sbagliate, vi abbiamo capito molto bene, perché anche noi siamo (*già*) stati tristi e disperati.
10 Allora non fate [quel]la faccia da funerale (*come tre giorni di pioggia tempo*), piuttosto bevetevi un bicchiere (*versatevi uno dietro la fascia*).
11 Presto la fortuna tornerà a sorrider[vi] (*sorride di ritorno*), ma attenzione, che domani non abbiate mal di testa per la sbornia (*avete "gatto"*)!

(8) La congiunzione causale **denn**, *poiché*, *perché*, è sinonimo di **weil**, *perché*. Attenzione! A differenza di **weil**, **denn** non rimanda il verbo alla fine della frase: **sie lächelt, denn er hat ihr goldene Berge versprochen**, *ride perché lui le ha promesso mari e monti.*

(9) **Die Binde**, *la benda*, *la fasciatura*, viene da **binden**, *unire*, *legare*, *vincolare*. È anche un termine antico per "cravatta". Oggi si dice **die Krawatte**.

(10) **Fortuna** è la dea romana della buona sorte. Quando vi sorride, la buona sorte è con voi…

(11) **Der Kater**, *il gatto*, è il corrispettivo maschile di **die Katze**, *la gatta*. Vi ricordiamo che in tedesco, quando non si conosce il sesso dell'animale in questione, bisogna usare il femminile. "Avere i postumi della sbronza" o "il mal di testa per la sbronza" si dice **einen Kater haben** ("avere un gatto").

54 **Übung 1: Übersetzen Sie bitte!**

1 Es ist besser, nicht den Kopf zu verlieren. 2 Ich bin sicher, dass du nichts kapiert hast. 3 Irren Sie sich nicht, er lächelt immer, aber er ist oft traurig. 4 Ich finde, dass er dir zu viel Sand in die Augen streut. 5 Hand aufs Herz, haben Sie manchmal die Nase voll von Deutsch?

Übung 2: Ergänzen Sie bitte!

1 Attenzione, il quadro è solo appeso a un filo, può cadere giù!
Achtung, das Bild . . . . . nur . . . .
. . . . . , es kann . . . . !

2 Si sbaglia, non ha perso la testa, è sempre stato così.
. . . . , er hat nicht . . . .
verloren, ... immer so . . . . !

3 Non fare [quel]la faccia da funerale, niente è perduto!
Mach . . . . wie drei Tage
. . . . , nichts ist . . . . . . !

4 Lui le promette mari e monti e lei sorride.
. . . . ihr goldene Berge und . . .
. . . .

Soluzioni dell'esercizio 1

❶ È meglio non perdere la testa. ❷ Sono sicuro che non hai capito niente. ❸ Non si sbagli, sorride sempre, ma è spesso triste. ❹ Trovo che ti getti troppa polvere negli occhi. ❺ Siate sinceri, qualche volta ne avete le scatole piene del tedesco?

❺ Ieri era disperato perché ha perso molti soldi e oggi ha mal di testa per la sbronza.
Gestern war er . . . . , denn . . . . . viel Geld . . . . , und heute hat er . . . .

Soluzioni dell'esercizio 2 - Parole mancanti

❶ – hängt – an einem Faden – runterfallen ❷ Sie irren sich – den Kopf – er ist – gewesen ❸ – kein Gesicht – Regenwetter – zu Ende ❹ Er verspricht – sie lächelt ❺ – verzweifelt – er hat – verloren – einen Kater

Zweite Welle: Fünfte Lektion

55 Fünfundfünfzigste Lektion

„Der Apfel fällt nicht weit vom Stamm"

1 – Wa**rum** hast ① du dich in **mei**nen **Ses**sel ge**setzt**, **Da**niel?
2 Los ②! Steh auf!
3 Du weißt ge**nau**, das ist mein **Ses**sel, wenn wir **fern**sehen ③.
4 – Wa**rum** denn? Ich **sit**ze **heu**te hier. Dort steht ein **an**derer Stuhl.
5 – Mach **kei**nen Quatsch und hau ab ④!
6 – Nee, der Film fängt gleich **an**, und ich **blei**be hier **sit**zen.

Aussprache
*... **apf'l** ... sctam **1** ... **mai**nën **zèss'l** ghë**zètst**, **da:**nièl? **2** lo:s, scte: auf! **3** ... **fèrn**ze:ën. **4** ... **an**dëra sctu:l. **5** ... kvatsc ... hau ap! **6** ne: ... film ...*

Note

① Vi ricordiamo che a differenza dell'italiano, i verbi riflessivi formano il passato prossimo con l'ausiliare **haben**, *avere*: **er hat sich gesetzt**, *si è seduto*.

② La particella **los** è usata anche come esortazione per "invitare" qualcuno a sbrigarsi o a partire (o le due cose insieme), la traduzione è data dal contesto: **es ist spät, los!**, *è tardi, "andiamo!" / "vai!" / "forza!" / "dai!" / "sbrighiamoci!" / "sbrigati!"...*

③ **Fernsehen**, *guardare la televisione*. La particella **fern**, che

Cinquantacinquesima lezione 55

Tale padre tale figlio
(*La mela non cade lontano dal tronco*)

1 – Perché ti sei (*hai tu ti*) seduto sulla mia poltrona, Daniel?
2 Forza! (*Via!*) Alzati!
3 Sai benissimo (*esattamente*) [che] questa è la mia poltrona quando guardiamo la tv (*lontano-guardare*)
4 – Perché (*mai*)? Oggi mi siedo io qui. Là [c']è un'altra sedia.
5 – Non dire (*fare*) sciocchezze e vattene (*taglia la corda*)!
6 – No, il film sta iniziando (*inizia subito*) e io resto seduto qui.

6: **nee** è la versione colloquiale di **nein**. Le due **ee**, che in realtà possono essere anche più di due, servono a conferire enfasi a quello che vogliamo esprimere: dallo stupore al disgusto, passando per un no secco. Provate ad usarlo, è molto pratico!

▸ vuol dire "lontano" è separabile: **wir sehen heute fern**, *oggi guardiamo la televisione*. Nella frase **wenn wir fernsehen**, la particella **fern** è unita a **sehen** perché **wenn** rimanda il verbo alla fine della frase.

④ **Abhauen** ha come primo significato quello di "staccare". Qui è usato nell'accezione colloquiale di *svignarsela, tagliare la corda*. **Hauen** (senza particella) significa "picchiare", "buttare". Per essere più cortesi, al posto di **hau ab!** dite **geh bitte!**, *vattene, per favore!* o **gehen Sie bitte!**, *se ne vada, per cortesia!*

7 – Das **wer**den wir gleich **se**hen ⑤!
8 – Spinnst ⑥ du? Hör auf mich zu **schla**gen! Lass mich in **Frie**den!
Au, **a**ua, **au**, au!
9 – Was ist denn hier los ⑦? Seid ihr ver**rückt** ge**wor**den?
10 Hört so**fort** mit **eu**rem Ge**schrei** ⑧ **auf**!
11 – Oh, **hal**lo, **Pa**pa, du bist schon zu**rück**?
12 – Ja, wie ihr seht. Steh auf, **A**lex, du weißt ge**nau**, dass das mein **Ses**sel ist! □

***8** …**fri:**dën! au, aua, au! **10** … **òi**rëm ghë**schrai** …*

Note

⑤ Siete sorpresi di trovare un vero futuro in tedesco? Ebbene sì il futuro esiste, solo che spesso è sostituito dalla forma presente, anche se la sua costruzione è abbastanza semplice: **werden** + infinito di un verbo = futuro. **Werden** occupa la posizione che spetta generalmente al verbo coniugato, mentre l'infinito è rimandato al fondo della frase: **wir werden das Futur in Lektion 56 sehen**, *vedremo il futuro nella lezione 56.*

⑥ Il primo significato di **spinnen** è "tessere (un filo)" (vedi lezione precedente); il secondo, "essere matti", "dare i numeri". **Die Spinne**, *il ragno*, si usa nel linguaggio

Nota di approfondimento

Ancora una volta e anche a rischio di annoiarvi, vorremmo portare la vostra attenzione sul genere dei sostantivi. Lo facciamo per il vostro bene, affinché riusciate a riconoscerlo da soli. In questa lezione ci sono due sostantivi di cui non è possibile determinare il genere in quanto non si hanno elementi. Si tratta di: **der Frieden**, *la pace*, (maschile) e **das Geschrei**, *le urla*, (neutro singolare). Ma avete capito a quale genere appartengono **Sessel**, **Stuhl** e **Quatsch?** Lo vediamo subito. **Sessel** è chiaramente maschile: **der Sessel**,

7 – Questo è da vedere (*vedremo subito*).
8 – Sei pazzo? Smettila di picchiarmi! Lasciami in pace!
Ahi, ahi, ahia, ahi!
9 – Cosa succede qui? Siete diventati matti?
10 Smettetela subito di urlare (*con vostre grida*)!
11 – Oh, ciao papà, sei già tornato?
12 – Sì, come vedete. Alzati, Alex, sai benissimo che questa è la mia poltrona!

▸ colloquiale come appellativo per "donna orribile", "arpia".

⑦ Qui **los** non ha niente a che vedere con il **los** della nota 3. Si tratta semplicemente di un'espressione idiomatica: **was ist los?**, *che succede?*

⑧ **Das Geschrei**, *le urla*, *le grida*, è sempre singolare come **der Quatsch**, *la sciocchezza*, *le stupidaggini*. L'aggettivo possessivo **euer**, **eure**, *vostro*, *vostre*, non è quello della forma di cortesia, ma il plurale di **dein**, *tuo*. Alla forma di cortesia avremmo detto: **hören Sie auf mit Ihrem Geschrei!**, *la smetta con queste* (Sue) *urla*!

Axel infatti dice **du hast dich in meinen Sessel gesetzt**, *ti sei seduto sulla mia poltrona* (**meinen** è un accusativo maschile). Anche **Stuhl** è maschile: **der Stuhl**, Daniel dice **ein anderer Stuhl steht dort**, *là c'è un'altra sedia* (la desinenza **-er** di **ander-** è quella del nominativo maschile); al femminile avremmo avuto **eine andere** e al neutro **ein anderes**. **Quatsch** (pronunciato *kvatch*) è maschile: Axel dice **mach keinen Quatsch** (**keinen** è l'accusativo maschile singolare che dipende da **der Quatsch**, *le sciocchezze*, in tedesco sempre al singolare). Vedete... è semplice!

55 **Übung 1: Übersetzen Sie bitte!**

1 Setzt euch ins Auto! Wir müssen los! 2 Komm! Wir müssen schnell abhauen! 3 Die Kinder wissen genau, dass das der Sessel ihres Vaters ist. 4 Dieses Geschrei muss sofort aufhören! 5 Daniel und Alex spinnen, sie sehen den ganzen Tag fern.

Übung 2: Ergänzen Sie bitte!

1 Non fate stupidaggini, bambini, i vostri genitori torneranno presto.

.... , Kinder, ... Eltern ...... bald ....

2 Lasciatemi in pace, Axel e Daniel, voglio guardare la televisione.

Lasst mich .. .. , Alex und Daniel, ich will ....

3 Alzatevi bambini, sono già le sei e mezza.

.... , Kinder, es ist schon ....

4 Si sieda presto, il film è già cominciato.

.... sich schnell, der Film ... schon ....

5 Che succede là? – Lo vedrà subito.

... ... dort ... ? – Das .... gleich ..... .

55

Soluzioni dell'esercizio 1

① Sedetevi in macchina! Dobbiamo andare! ② Vieni! Dobbiamo svignarcela in fretta! ③ I bambini sanno benissimo che quella è la sedia di loro padre. ④ Queste urla devono cessare subito! ⑤ Daniel e Alex sono matti, guardano la tv tutto il giorno.

Soluzioni dell'esercizio 2 - Parole mancanti

① Macht keinen Quatsch – eure – werden – zurück sein ② – in Frieden – fernsehen ③ Steht auf – halb sieben ④ Setzen Sie – hat – angefangen ⑤ Was ist – los – werden Sie – sehen

Daniel und Alex spinnen, sie sehen den ganzen Tag fern.

Zweite Welle: Sechste Lektion

56 Sechsundfünfzigste Lektion

Wiederholung

1 La declinazione dell'aggettivo attributivo

L'aggettivo attributivo si declina a seconda dell'articolo che lo precede: se l'articolo determina il sostantivo, ovvero se si accorda per genere e caso al sostantivo stesso, l'aggettivo termina per **-e** o **-en**. In questo caso si parla di desinenza "debole" dell'aggettivo. Al contrario, se l'articolo non determina il sostantivo o in assenza dell'articolo, l'aggettivo è declinato in base al genere e al caso del sostantivo cui si riferisce.

a) L'aggettivo preceduto dall'articolo determinativo:

	maschile	femminile
nom.	**der alt-e Mann** *l'uomo anziano*	**die jung-e Frau** *la giovane donna*
acc.	**den alte-n Mann**	**die jung-e Frau**
dativo	**dem alte-n Mann**	**der jung-en Frau**
genitivo	**des alte-n Mann(e)s**	**der jung-en Frau**

	neutro	plurale
nom.	**das klein-e Kind** *il bambino piccolo*	**die gut-en Freunde** *i buoni amici*
acc.	**das klein-e Kind**	**die gut-en Freunde**
dativo	**dem klein-en Kind**	**den gut-en Freunden**
genitivo	**des klein-en Kind(e)s**	**der gut-en Freunde**

Per riassumere possiamo dire che:

preceduto dall'articolo determinativo, l'aggettivo termina sempre per **-en**, tranne al nominativo singolare e all'accusativo singolare femminile e neutro dove prende la desinenza **-e**.

b) L'aggettivo preceduto dall'articolo indeterminativo **ein** o dall'articolo negativo **kein** si declina come se fosse preceduto dall'articolo determinativo, tranne al nominativo singolare e all'accusativo femminile e neutro singolare dove prende le desinenze dell'articolo determinativo:

	maschile	femminile
nom.	**(k)ein alt-er Mann** *(ness)un uomo anziano*	**(k)eine jung-e Frau** *(ness)una giovane donna*
acc.	**(k)einen alt-en Mann**	**(k)eine jung-e Frau**
dativo	**(k)einem alt-en Mann**	**(k)einer jung-en Frau**
genitivo	**(k)eines alt-en Mann(e)s**	**(k)einer jung-en Frau**

	neutro	plurale
nom.	**(k)ein klein-es Kind** *(ness)un bambino piccolo*	**keine gut-en Freunde**
acc.	**(k)ein klein-es Kind**	**keine gut-en Freunde**
dativo	**(k)einem klein-en Kind**	**keinen gut-en Freunden**
genitivo	**(k)eines klein-en Kind(e)s**	**keiner gut-en Freunde**

c) L'aggettivo senza articolo
L'aggettivo prende le desinenze dell'articolo determinativo – (vedi tavola a), tranne al genitivo maschile e neutro singolare:

	maschile	femminile
nom.	**alt-er Mann** *uomo anziano*	**jung-e Frau** *giovane donna*
acc.	**alt-en Mann**	**jung-e Frau**
dativo	**alt-em Mann**	**jung-er Frau**
genitivo	**alt-en Mann(e)s**	**jung-er Frau**

	neutro	plurale
nom.	**klein-es Kind** *bambino piccolo*	**gut-e Freunde** *(dei) buoni amici*
acc.	**klein-es Kind**	**gut-e Freunde**
dativo	**klein-em Kind**	**gut-en Freunden**
genitivo	**klein-en Kind(e)s**	**gut-er Freunde**

2 Il futuro

Sappiamo che in tedesco l'indicativo presente è usato al posto del futuro semplice, specie quando è accompagnato da un avverbio o da un complemento di tempo.

Er kommt bald zurück, *Tornerà presto*.
Wir fahren nächstes Jahr nach Italien, *Il prossimo anno andremo in Italia.*

Nei due esempi precedenti avremmo potuto usare il futuro sebbene in tedesco si preferisca il presente. Nel caso in cui l'idea del futuro non sia suggerita dal contesto o da un complemento di tempo, si ricorre alla perifrasi **werden** + infinito: **es wird regnen**, *pioverà*. Ricordatevi che l'infinito occupa sempre l'ultima posizione: **sie werden das leicht schaffen**, *ci* (lo) *riuscirà facilmente.*

Unser Rat, *Il nostro suggerimento*: **werden** non è solo l'ausiliare che serve a costruire il futuro, ma anche il verbo "diventare" il quale esprime un cambiamento di stato ovvero un "divenire" e da qui l'idea del futuro:

Es wird dunkel, *Comincia a far buio* (diventa scuro).

Werden forma il futuro con... l'ausiliare **werden**.

Es wird bald dunkel werden, *Presto farà buio* .

Nel corso della prossima lezione avrete modo di familiarizzare con le diverse funzioni di questo verbo: **sie werden es selbst sehen**, *lo vedrete da voi*.

3 Come si traduce "per"?

1 per + sostantivo o pronome si traduce, generalmente, **für** + accusativo.

Ich habe zwei Plätze für das Konzert am Samstag, kommst du mit?, *Ho due posti per il concerto di sabato, vieni con [me]?*
Das ist für dich, *Questo è per te.*

2 <u>per + infinito</u> (con valore finale, "al fine di") si traduce **um… zu**; **um** introduce la subordinata e **zu** precede l'infinito alla fine della frase.

Wir brauchen das Auto, <u>um</u> nach Hause <u>zu</u> fahren, *Abbiamo bisogno [del]la macchina per tornare a casa.*
Er fährt nach Spanien, <u>um</u> Paella <u>zu</u> essen, *Va in Spagna per mangiare la paella.*
Man braucht nur gute Laune, <u>um</u> Deutsch <u>zu</u> lernen, *Per imparare [il] tedesco, serve solo [il] buon umore.*

4 L'aggettivo possessivo (Fortsetzung, *continuazione*)

Tutti gli aggettivi possessivi sono elencati al paragrafo 2 della lezione 28, tranne **unser**, *nostro*, e **euer**, *vostro*.

Maschile: **unser König ist nicht euer König**, *il nostro re non è il vostro re.*
Femminile: **unsere Welt ist nicht eure Welt**, *il nostro mondo non è il vostro mondo.*
Neutro: **aber euer Glück ist unser Glück**, *ma la vostra felicità è la nostra felicità.*
Plurale: **Und eure Freunde sind auch unsere Freunde**, *E i vostri amici sono anche i nostri amici.*

Al singolare, l'aggettivo possessivo si declina come l'articolo determinativo, al plurale, invece, come l'articolo indeterminativo con valore negativo **kein**.

5 I verbi di stato e i verbi d'azione

a) I verbi di stato:

I verbi di stato sono tutti quei verbi che indicano il luogo o la posizione in cui si trovano persone e oggetti.

I quattro verbi di stato che conosciamo sono:

56 **stehen**, *essere in posizione verticale, in piedi*: **der Mann steht auf der Straße**, *l'uomo è* (in piedi) *sulla strada.*

sitzen, *sedere, essere seduti*: **die Frau sitzt auf dem Stuhl**, *la donna è seduta sulla sedia.*

liegen, *essere stesi, in posizione orizzontale*: **der Mann liegt in seinem Bett**[1], *l'uomo è sdraiato nel suo letto.*

hängen, *essere appeso*: **das Kind hängt am Trapez**[2], *il bambino è appeso al trapezio.*

[1] **das Bett (-en)**, *il letto*
[2] **das Trapez (-e)**, *il trapezio*

Dal momento che la persona o la cosa occupa sempre la stessa posizione, la preposizione regge il dativo!

L'uso dei verbi di stato non risulta particolarmente difficile quando ci si riferisce a persone o a oggetti la cui posizione è deducibile.

Eine Tasse steht auf dem Tisch[3], *C'è una tazza sul tavolo* (una tazza è in piedi, verticale).
Das Buch liegt auf dem Tisch, *Il libro è* (steso) *sul tavolo.*
Der Mantel hängt an der Garderobe[4], *Il cappotto è* (appeso) *nel guardaroba.*

[3] **der Tisch (-e)**, *il tavolo*
[4] **die Garderobe (-n)**, *il guardaroba, il vestiario (es: rifarsi il guardaroba)*

Ma cosa usiamo nel caso di un piatto? È in piedi o steso sul tavolo? È in piedi perché si tiene su da solo: **der Teller steht auf dem Tisch**.
Allora perché diciamo: **das Buch liegt auf dem Tisch**, *il libro è* (steso) *sul tavolo*? Vediamo: il libro non è "in piedi" sul tavolo, ma lo è in biblioteca: **das Buch liegt auf dem Tisch, aber es steht in der Bibliothek...**Capite la differenza?

Ancora una precisazione: i verbi di stato sono intransitivi e irregolari. Al participio passato diventano: **stehen → gestanden**, **sitzen → gesessen**, **liegen → gelegen** e **hängen → gehangen**. Li rivedrete nella prossima lezione

b) I verbi "d'azione":

Come abbiamo appena visto, i verbi di stato indicano la posizione occupata da un oggetto o da una persona. I verbi d'azione, invece, indicano la posizione che le persone o gli oggetti occuperanno una volta che verranno sistemati da qualche parte. Ad ogni verbo di stato corrisponde un verbo d'azione:

stellen, *posare, mettere* (qualcuno o qualcosa che in seguito si troverà in posizione verticale, "in piedi"),
setzen, *posare, mettere, sedere* (qualcuno o qualcosa che in seguito si troverà seduto),
legen, *posare, mettere* (qualcuno o qualcosa che in seguito si troverà in posizione orizzontale, "steso"),
hängen, *posare, attaccare, appendere* (qualcuno o qualcosa che in seguito si troverà "appeso").
Das Kind stellt die Puppe auf den Stuhl, *Il bambino mette la bambola* (in piedi) *sulla sedia.*
Das Kind setzt die Puppe auf den Tisch, *Il bambino mette la bambola* (seduta) *sulla tavola.*
Das Kind legt die Puppe in das Bett, *Il bambino mette la bambola a letto* (sdraiata).
Das Kind hängt die Puppe über ihr Bett, *La bambina appende la bambola sopra il suo letto.*

Poiché l'azione del posizionare comporta uno spostamento, la preposizone del complemento di luogo regge l'accusativo!

I verbi d'azione che abbiamo appena visto sono tutti transitivi, ovvero sono sempre seguiti dal complemento oggetto. Sono regolari e formano il participio passato con il prefisso **ge** + radice del verbo +**t**: **gestellt**, **gesetzt**, **gelegt** e **gehängt**.

Bene! Kopf hoch! *Basta grammatica per oggi! Non vi resta che ascoltare il dialogo della pagina seguente per rendervi conto degli enormi progressi che siete riusciti a fare!*

Traum und Wirklichkeit

1 – Hand aufs Herz, **ha**ben Sie schon **ei**ne so **wun**derschöne **Aus**sicht ge**se**hen? **(50, 55)**

2 Ich **lie**be **die**se **Aus**sicht: **blau**es Meer, **blau**er **Him**mel, **gol**dene **Ber**ge in der **Son**ne. **(46, 50, 55)**

3 Was braucht man mehr? **(50, 54)**

4 Nur **die**se **Leu**te **ü**berall, ich kann sie nicht mehr **se**hen. **(50, 52)**

5 Ich bin 1957 (**neun**zehn**hun**dert**sie**benund**fünf**zig) ge**bo**ren, da war kein Mensch hier. **(51)**

6 Genera**tio**nen **ha**ben hier **ru**hig und in **Frie**den ge**lebt**. **(51, 55)**

7 Dann sind die **ers**ten Tou**ris**ten* ge**kom**men. **(53, 55)**

8 **Un**ser **traum**haftes **Plätz**chen ist be**rühmt** ge**wor**den. **(51, 53)**

9 Und jetzt sind die **Stra**ßen ver**stopft**. **(52, 54)**

10 Man muss **Stun**den he**rum**fahren, um **ei**nen **Park**platz zu **fin**den. **(52)**

11 – Ja, das ist ver**rückt**. Sie **ha**ben **im**mer hier ge**wohnt**? **(50, 54)**

12 – Na**tür**lich nicht. Mit 20 bin ich **ab**gehauen, ich **hat**te die **Na**se voll. **(54, 55)**

13 Hier war nichts los, **kei**ne **Ar**beit, **kei**ne **Knei**pe, kein **Ki**no… **(55)**

14 Ich bin 25 (**fünf**und**zwan**zig) **Ja**hre nicht hier ge**we**sen. **(53)**

* **der Tourist**, *il turista*, è un termine preso in prestito dall'inglese "tourist" e si pronuncia come "turista" in italiano senza la **a** finale.

285 • **zweihundertfünfundachtzig**

Sogno e realtà

1 – Sinceramente, avete mai (già) visto un paesaggio (*vista*) così bello (*meraviglioso*)?
2 Amo questa vista: mare blu, cielo blu, montagne dorate dal (*nel*) sole…
3 Cosa si vuole (*serve*) di più?
4 Solo questa gente dappertutto, non la posso più vedere.
5 Sono nato nel 1957, a quel tempo (*là*) non c'era nessuno (*qui*).
6 Generazioni hanno vissuto qui tranquillamente e in pace.
7 Poi sono arrivati i primi turisti.
8 Il nostro fantastico posticino è diventato famoso.
9 E adesso le strade sono intasate.
10 Per trovare (*un*) parcheggio bisogna girare [per] ore.
11 – Sì, è pazzesco. Ha sempre vissuto qui?
12 – Certo [che] no. A vent'anni, me la sono "svignata", ne avevo la scatole piene.
13 Qui non succedeva niente, nessun lavoro, nessuna osteria, nessun cinema…
14 Non ho (*sono stato*) vissuto qui [per] 25 anni.

15 – Wo **wo**hnen Sie denn jetzt? **(50, 54)**
16 – Hier. Ich bin der Be**si**tzer **die**ses Ho**tels**. **(53)**
17 Ich be**si**tze noch drei **an**dere Ho**tels** hier. **(53, 55)**
18 **Wol**len Sie **et**was **trin**ken?
19 **Kom**men Sie, ich **la**de Sie ein.

57 Siebenundfünfzigste Lektion

Wer wird das alles essen?

1 – **Mö**gen Sie **Mo**zartkugeln?
2 **Wis**sen Sie, **die**se **run**den **Nou**gatpra**li**nen, die so **hei**ßen, weil **Mo**zart sie so gern ge**ges**sen hat?
3 **We**nigstens sagt man das, aber **lei**der kann es nicht **stim**men.
4 **Mo**zart war **näm**lich ① schon **lan**ge tot, als ② der **Salz**burger Kon**di**tor *Paul Fürst* 1890 (**acht**zehn**hun**dert**neun**zig) das „**Mo**zartbonbon" er**fun**den hat.

Aussprache
*1 … **mo:**tsart-kugëln? 2 … **run**dën **nu:**ga't-pra**li:**nën …*

Notes

① La congiunzione **nämlich**, *infatti, siccome*, serve a spiegare o a giustificare un'affermazione precedentemente fatta. Il suo significato è simile a **denn**, *poiché*. Ma attenzione! Diversamente da **denn**, **nämlich** non introduce mai una proposizione causale e in genere si trova subito dopo il verbo: ▸

15 – Dove vive adesso?
16 – Qui. Sono il proprietario di quest'hotel.
17 Qui possiedo altri tre hotel.
18 Vuole bere qualcosa?
19 Venga, offro io.

Zweite Welle: Siebte Lektion

Cinquantasettesima lezione 57

Chi mangerà tutto (*questo*)?

1 – Le piacciono le "Mozartkugeln"?
2 Sa, quei cioccolatini rotondi [al] nougat, che hanno questo nome (*così chiamano*) perché erano i preferiti da Mozart (*loro così volentieri mangiato ha*)?
3 Almeno così si dice, ma purtroppo non può essere vero.
4 Infatti Mozart era morto (*già*) da tempo quando, [nel] 1890, il pasticcere salisburghese Paul Fürst ha inventato le "palle di Mozart".

*ghëgèss'n ... **3** ... **ve:**nikstëns ... **4** ... to:t, als ... **zals**burgª ko'n**dito**:r paul fuerst ... -boñgboñg èª**fun**dën ...*

▸ **er weiß das; er war nämlich da**, *lo sa; infatti era lì,* = **er weiß das, denn er war da**, *lo sa, perché era lì.*

② La congiunzione **als** traduce "quando" in riferimento ad azioni o a fatti che si sono svolti una sola volta nel passato: **wir haben in Salzburg gewohnt, als ich Kind war**, *quand'ero bambino, vivevamo a Salisburgo.*

57

5 Die **größ**te ③ **Mo**zartkugel-**Schach**tel hat **ei**nen **In**halt von 2500 (**zwei**tausend**fünf**hundert) Stück und al**lein** der **De**ckel wiegt 120 (**ein**hundert**zwan**zig) **Ki**logramm.

6 Noch viel **schwe**rer ④ ist **a**ber die **höch**ste ⑤ **Eis**torte* der Welt (sie ist drei **Me**ter **vier**zig hoch!).

7 Ein **Eiskondi**tormeister und **sei**ne Ge**sel**len **ha**ben sie in **sie**ben **Ta**gen bei **Mi**nus 30 (**drei**ßig) Grad ⑥ ge**baut**.

* Falls Sie das Re**zept** interes**siert**, Sie **brau**chen: 1 200 **Li**ter Milch, 155 **Li**ter **Sah**ne, 27 **Ki**logramm Ka**kao**, 85 kg Schoko**la**de, **über** 100 kg **Erd**beeren und **un**gefähr 15 kg **Him**beeren.

*5 ... **grœ:**stë ... -**sciacH**tël ... **ìn**halt ... **dèck'l** vi:kt ... **6** ... **scve:**ra ... **hœ:çh**stë (o: **hœ:k**stë) **ais**-tòrtë ...*

Note

③ **Größte** è il superlativo relativo di **groß**, *grande*, *grosso*, *alto*. In genere, il superlativo relativo si forma aggiungendo il suffisso **-ste** (es.: **teuer**, *caro*, **teuerste**), e talvolta la dieresi, all'aggettivo stesso. In questo caso si aggiunge solo il suffisso **-te**, dal momento che **groß** termina già per **ß** la quale, come ben sapete, sostituisce la doppia **s** dopo una vocale lunga.

④ **Schwerer** è il comparativo di maggioranza di **schwer**, *pesante* e "difficile" in senso figurato. Il comparativo si forma aggiungendo **-er** e talvolta la dieresi all'aggettivo stesso; quindi, il comparativo di **groß** è **größer**, quello di **schön**, **schöner**, ecc.

⑤ **Höchste** è il superlativo "regolare" di **hoch**, *alto*. Attenzione! **Hoch** è uno dei cinque aggettivi "irregolari" in quanto perde la **c** al comparativo di maggioranza: **höher**. Se siete curiosi, date uno sguardo agli altri aggettivi nella lezione di ripasso: § 2-A c. ▸

5 La scatola più grande di Mozartkugel contiene (*ha un contentuto di*) 2500 pezzi e solo il coperchio pesa 120 kg.

6 La torta gelato più alta al (*del*) mondo è ancora più pesante (è alta tre metri e quaranta!).

7 Un mastro gelataio e i suoi operai l'hanno preparata (*costruita*) in sette giorni a 30 gradi sottozero.

* Nel caso la ricetta vi interessasse (*interessa*), (*Vi*) occorrono: 1200 l [di] latte, 155 l [di] panna, 27 kg [di] cacao, 85 kg [di] cioccolato, più di 100 kg [di] fragole e circa 15 kg [di] lamponi.

* ... re**tsèpt** intërès**si:rt** : **tau**zënt-**tsvai**hundət **li:**tə ... **hund**ət-**fuenf**-ùnt'**fuenf**tsìçh ... **zi:**bën-ùnt-**tsvan**tsìçh ... ka**ka:o**, **fuenf**-ùnt'**acH**tsìçh ... **e:**ə**rt**-be:rën ... **hìm**be:rën.

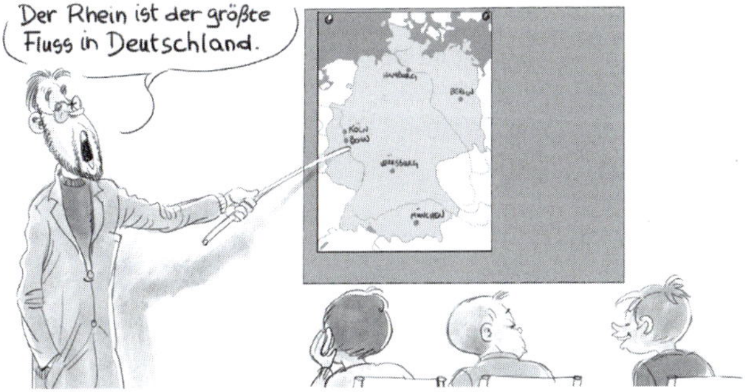

⑥ Preceduto da un'unità di misura, **der Grad**, *il grado*, resta invariato (sempre singolare). Stiamo parlando di gradi Celsius!

57 **8** **Den**ken Sie jetzt **a**ber nicht, dass sich in **deut**schen **Lan**den ⑦ **al**les um das **Es**sen dreht ⑧! □

*7 … kòn**di:**to:ə-maistə … ghë**zèl**lën … **mi:**nùs … gra:t ghë**baut**. 8 … **dòit**sc'n **lan**dën … dre:t.*

Note

⑦ Il plurale di **das Land**, *il paese*, è **die Länder**. **Lande**, invece, è la forma plurale che ricorre nell'espressione **in deutschen** ▸

Übung 1: Übersetzen Sie bitte!

❶ Was ist schwerer? Ein Kilo Sand oder ein Kilo Papier? ❷ Mozart ist im Jahr siebzehnhunderteinundneunzig gestorben. ❸ In unserer Familie dreht sich alles um die Kinder. ❹ Es hat nicht geregnet, weil es bei minus 4 Grad nicht regnet. ❺ Der Rhein ist der größte Fluss in Deutschland.

Übung 2: Ergänzen Sie bitte!

❶ Come si chiamano quei cioccolatini rotondi al nougat che Le piace tanto mangiare?
… …… diese …… Nougatpralinen, die Sie so …. ….. ?

❷ Cosa credi (*pensi*)? A meno 30, non si mangia il gelato!
Was …… .. ? … ….. 30 Grad isst man …. … !

❸ Sa chi ha inventato le "Mozartkugeln"?
…… … , … die Mozartkugeln …….. … ?

8 Ora non pensate che nei Paesi germanici tutto ruoti intorno al cibo! 57

▸ **Landen** (la **-n** è quella del dativo plurale). Usando due forme plurali diverse si evita di confondere i "**Länder**" (stati federali) della Germania con i Paesi germanici.

(8) **Sich drehen um...** (+ acc.), *girar*(si), *ruotar*(si) *intorno a*, è il verbo riflessivo ricorrente nell'espressione idiomatica **es dreht sich um...**, *si tratta di*, *verte su...*

Soluzioni dell'esercizio 1

❶ Cosa pesa di più? Un chilo di sabbia o un chilo di carta? ❷ Mozart è morto nel 1791. ❸ Nella nostra famiglia tutto ruota intorno ai bambini. ❹ Non ha piovuto, perchè a meno 4 gradi non piove. ❺ Il Reno è il fiume più grande della Germania.

❹ Al giorno d'oggi tutto ruota intorno ai soldi; almeno così dicono.
Heute .... alles .. das Geld; .... sagt man das.

❺ Mio nonno era morto (*già*) [da] tempo quando sono nato io.
Mein Großvater ... schon lange ... , ... ich .... bin.

Soluzioni dell'esercizio 2 - Parole mancanti

❶ Wie heißen – runden – gern essen ❷ – denkst du – Bei Minus – kein Eis ❸ Wissen Sie, wer – erfunden hat ❹ – dreht sich – um – wenigstens – ❺ – war – tot, als – geboren –

Zweite Welle: Achte Lektion

58 Achtundfünfzigste Lektion

Der Hase und der Igel (1)

(nach **ei**nem **Mär**chen der **Brü**der Grimm)

In tedesco, il tempo della narrazione è solitamente il **Präteritum**. Pensando alla fatica dei Fratelli Grimm per trovare una forma che fosse più vicina alla gente comune, ci siamo permessi, qui, di svolgere tutto al passato prossimo, più usato nella lingua parlata. Notate inoltre che il discorso diretto è introdotto dalle virgolette in basso e chiuso dalle virgolette in alto!

1 An **ei**nem **schö**nen **Sonn**tagmorgen **ha**ben sich der **I**gel und der **Ha**se auf **ei**nem Feld ge**trof**fen ①.

2 Der **I**gel hat **höf**lich ge**grüßt** und den **Ha**sen ge**fragt** ②:

Aussprache

*... **ha**:zë ... **i**:g'l ... (... **mè:**açhën ... **brue:**da grìmm)* **1** *... fèlt ghë**tròff**'n.* **2** *... ghë**gruesst** ... **ha**:z'n ghë**fra:kt**:*

Note

① **Getroffen** è il participio passato di **treffen**, *incontrare*. Diversamente dall'italiano, i verbi riflessivi formano il passato prossimo con l'ausiliare **haben**: **sie haben sich um 15 Uhr getroffen**, *si* (hanno) *sono incontrati alle 15.* ▸

La lepre e il riccio (1)

(da una fiaba dei Fratelli Grimm)

1 (*A*) Una bella domenica mattina, il riccio e la lepre si sono incontrati in (*su*) un campo.
2 Il riccio ha cortesemente salutato e [ha] chiesto alla (*la*) lepre:

② **Fragen** vuol dire "domandare" nel senso di "interrogare", "informarsi". La persona cui si rivolge la domanda è posta all'accusativo: **er fragt den Hasen**, *chiede* (la) *alla lepre*. Attenzione! **Der Hase**, *la lepre*, *il coniglio*, fa parte dei "nomi maschili deboli" o della seconda declinazione (lez. 47, nota 2).

58

3 „Ach, Sie **ge**hen auch bei **die**sem **schö**nen **Wet**ter spa**zie**ren ③?"

4 Der **Ha**se hat das sehr **lus**tig ge**fun**den und ge**ant**wortet: „Ja, ich **ge**he spa**zie**ren, **a**ber was **ma**chen Sie mit **Ih**ren **krum**men **Bei**nen?"

5 **Die**se **Wor**te ④ **ha**ben den **I**gel tief ver**letzt**:

6 „Was **wol**len Sie **da**mit **sa**gen?", hat er ge**ru**fen. „Ich kann **schnel**ler **lau**fen als ⑤ Sie!"

7 Da hat der **Ha**se laut ge**lacht**:

8 „Sie? **Schnel**ler **lau**fen als ich? Da **la**che ich mich ja tot ⑥."

9 „O**kay**", hat der **I**gel ge**sagt**, „**wet**ten wir, dass ich **schnel**ler **lau**fe als Sie!"

***4** … ghë**ant**vòrtët: … **krùm**mën … **5** … **vòr**të… ti:f fèa**lètst** **6** … ghë**ru:**f'n … **scnèl**la … **9** o**ke:** … **vèt**t'n …*

Note

③ "Passeggiare" o "andare a spasso" si dice **spazieren gehen** (**spazieren** da solo non si usa praticamente più). Il primo dei due infiniti va messo alla fine della frase come una particella separabile: **wir gehen jeden Sonntagmorgen spazieren**, *andiamo a spasso tutte le domeniche mattina.*

④ **Das Wort**, *la parola*, ha due plurali: **die Worte** quando si intendono "le parole": **das sind nur schöne Worte**, *non sono che belle parole* e **die Wörter**, *le parole* quando si intendono "i vocaboli": **ein Satz mit sechs Wörtern**, *una frase di* (con) *sei parole.*

3 "Ah, anche Lei va a spasso con questo bel tempo?"
4 La lepre ha trovato la cosa (*questo*) molto divertente e [ha] risposto: "Sì, vado a spasso, ma come fa Lei con quelle (*Sue*) gambe storte?"
5 Queste parole hanno profondamente ferito il riccio:
6 "Cosa vuole dire (*con questo*)?", ha gridato, "Io posso correre più veloce di Lei!"
7 Allora (*là*) la lepre ha riso forte:
8 "Lei? Correre più veloce di me? (*Là,*) Muoio dal ridere."
9 "Ok", ha risposto (*detto*) il riccio, "scommettiamo che corro più veloce di Lei!"

▸ ⑤ La congiunzione **als** ha diverse funzioni. In un comparativo di maggioranza o di minoranza, corrisponde al nostro "di": **ich laufe schneller als du**, *corro più veloce di te*; **er ist kleiner als ich**, *è più basso di me.* Ricordatevi del suo uso temporale: **als der Hase das gehört hat, ist er vor Lachen fast erstickt**, *quando la lepre ha sentito ciò, è quasi crepata* (soffocata) *dalle risate* (nota 2 della lezione precedente).

⑥ Letteralmente **sich totlachen** vuol dire "ridersi morto": **ich habe mich totgelacht**, *sono morto dalle risate.*

58 10 Der **Ha**se ist vor **La**chen fast er**stickt**: „**Ein**verstanden ⑦, **ma**chen wir **ei**nen **Wett**lauf, und wer ge**winnt**, be**kommt** **ei**nen **Gold**taler und **ei**ne **Fla**sche Schnaps.

11 **Fan**gen wir gleich **an**!"

12 „Halt, **ei**nen Mo**ment**", hat der **I**gel er**wi**dert, „ich muss nur schnell nach **Hau**se ⑧ und **mei**ner Frau Be**scheid** **sa**gen ⑨.

13 Ich bin gleich zu**rück**." □

*(**Fort**setzung folgt)*

***10** … è**rsctìkt**: **ainfè**ₐsctand'n, … **vèt**-lauf. … ghë**vìnnt**, … **gòlt**-ta:llₐ … **12** … bë**sciait** …*

Note

⑦ **Einverstanden** traduce le esclamazioni: "d'accordo!", "intesi!". "Essere d'accordo / consenziente" si dice **einverstanden sein**. Come tutti gli aggettivi predicativi anche **einverstanden** è invariabile: **sie ist einverstanden**, *è d'accordo*; **sie sind einverstanden**, *sono d'accordo*. ▸

Übung 1: Übersetzen Sie bitte!

❶ Sie haben sich auf der Terrasse eines Cafés getroffen. ❷ Er ist kleiner als seine Schwester, aber er läuft schneller als sie. ❸ Können Sie mir bitte Bescheid geben, wenn Sie zurück sind? ❹ Der Igel war tief verletzt, weil der Hase sich fast totgelacht hat. ❺ Dieser Mann hat mich gegrüßt, aber ich kenne ihn nicht.

10 La lepre (*si*) è quasi crepata (*soffocata*) dalle risate: "D'accordo, facciamo una gara e chi vince, riceve un tallero d'oro e una bottiglia di acquavite.

11 Cominciamo subito!"

12 "Alt, un momento", ha risposto (*replicato*) il riccio, "devo (*solo*) [andare] velocemente a casa e informare mia moglie.

13 Torno subito."

(Segue)

⑧ **Ich muss nach Haus(e)** traduce l'espressione "devo [andare] a casa". Come già sapete, **nach Haus(e)** indica il moto a luogo.

⑨ **Bescheid sagen** o **geben**, è un modo molto diffuso per dire "informare", "avvertire", "far sapere": **wenn ich zurück bin, sage ich dir Bescheid**, *quando torno, ti avverto*; **geben Sie uns Bescheid, wenn Sie mehr wissen**, *ci informi quando saprà (sa) di più.*

Soluzioni dell'esercizio 1

❶ Si sono incontrati sulla terrazza di un bar. ❷ È più piccolo di sua sorella, ma corre più veloce di lei. ❸ Per cortesia, può farmi sapere quando sarà di ritorno? ❹ Il riccio era profondamente ferito perchè la lepre era quasi morta dal ridere. ❺ Questo signore mi ha salutato, ma io non lo conosco.

58 Übung 2: Ergänzen Sie bitte!

1. Scommettiamo che corro più veloce di te?
   .... , dass ich .... laufe ... .. ?

2. Ci incontriamo venerdì prossimo allo stesso bar? – D'accordo.
   .... nächsten Freitag in demselben Café? – ....

3. Vi faremo (*facciamo*) sapere quando inizieremo (*iniziamo*).
   ... . Ihnen .... , wenn ... .

4. Dobbiamo rientrare in fretta perchè abbiamo scommesso che saremo a casa per primi.
   Wir müssen schnell .... , weil ... ., dass wir die ersten .. .. sind.

5. Lei gli ha chiesto come si chiamasse (*chiama*), ma lui non ha risposto.
   Sie hat ... . , wie er ..... , aber er hat nicht ....

Soluzioni dell'esercizio 2 - Parole mancanti

❶ Wetten wir – schneller – als du ❷ Treffen wir uns – Einverstanden ❸ Wir sagen / geben – Bescheid – wir anfangen ❹ – nach Hause – wir gewettet haben – zu Hause – ❺ – ihn gefragt – heißt – geantwortet

Wer kennt nicht die Märchen der Brüder Grimm?
Chi non conosce le fiabe dei Fratelli Grimm?
I fratelli Jacob e Wilhelm Grimm, entrambi brillanti germanisti, pubblicarono la loro prima raccolta di fiabe nel 1812. Jacob fu bibliotecario del re di Westfalia e professore di storia medievale a Göttingen. Wilhelm, più giovane di un anno, lavorò anche lui come assistente bibliotecario.
Già da bambini amavano ascoltare i racconti popolari e più tardi, mossi dall'interesse per le fiabe del Medio Evo germanico, cominciarono a raccoglierle e a trascriverle in una lingua semplice e alla portata di tutti, attenendosi il più fedelmente possibile agli originali. Per loro si trattava di un tesoro da salvare a qualsiasi prezzo, prima che cadesse nell'oblio.
Diversamente da Perrault, che aveva già pubblicato alcune fiabe prima di loro, ma in una lingua più letteraria, i fratelli Grimm difendevano la poesia popolare, cosa che suscitò molte critiche da parte di alcuni poeti dell'epoca. Al contrario, il pubblico era entusiasta e lo è rimasto fino ai giorni nostri.
Tuttavia il grande successo delle loro fiabe ha quasi eclissato il loro sapiente lavoro sulla lingua tedesca e le sue origini, infatti pochi sanno che i Fratelli Grimm hanno pubblicato anche una grammatica e un dizionario della lingua tedesca.

Zweite Welle: Neunte Lektion

59 Neunundfünfzigste Lektion

Der Hase und der Igel (2)

*(**Fort**setzung)*

1 Der **I**gel ist schnell nach **Hau**se ge**lau**fen ①.
2 **Sei**ne Frau war beim **Ko**chen ②, als er zu **Hau**se **an**gekommen ist.
3 **A**ber er hat nur ge**ru**fen: „Lass das, Frau, zieh dich an ③ und komm schnell mit!
4 Ich **ha**be mit dem **Ha**sen ge**wet**tet, dass ich **schnel**ler **lau**fen kann als er."
5 „Oje, oje", hat da die Frau ge**ja**mmert.

Aussprache
2 *... baim* ***kò****cH'n ...* **3** *... tsi: dìçh an ...* **5** *oie: ... ghë****iamm****at.*

Note

① **Gelaufen** è il participio II di **laufen**, *correre*, *andare a piedi*. Ricordatevi che tutti i verbi di moto formano il passato prossimo con l'ausiliare **sein**, *essere*: **ich bin gelaufen, weil es geregnet hat**, *ho* (sono) *corso perché pioveva.*

② **Kochen** può voler dire "far bollire", "far cuocere", "bollire", "cuocere" oppure "cucinare". **Der Koch** è *il cuoco* mentre **die Köchin**, è *la cuoca*. La costruzione **beim** (o **bei dem**) + verbo sostantivato serve ad esprimere la contemporaneità d'azione. In italiamo la traduciamo con il gerundio oppure con una subordinata temporale introdotta dalle congiunzioni *mentre*, *nel*

La lepre e il riccio (2)

(Seguito)

1 Il riccio è corso velocemente a casa.
2 Quando è arrivato a casa, sua moglie stava cucinando.
3 Ma lui si è limitato a urlare (*ha solo gridato*): "Lascia tutto (*questo*), moglie, vestiti e vieni velocemente con [me]!
4 Ho scommesso con la lepre che so correre più veloce di lei."
5 "Oddio, oddio (*ahi, ahi*)", ha detto (*lamentato*) allora la moglie.

▸ *momento in cui*, ecc.: **wir waren beim Essen, als Freunde angerufen haben**, *stavamo mangiando quando gli amici hanno telefonato*. **Beim Essen**, da solo, significa *mangiando* e **beim Laufen**, *correndo*, ecc.

③ **Sich anziehen**, *vestirsi*: **ich ziehe mich an**, *mi vesto*, ecc. L'imperativo della 2ª persona singolare si forma, come sempre, omettendo il pronome e la desinenza **-st**: **zieh dich an**!

59

6 „**Ha**be **kei**ne Angst! Wenn du mir ④ hilfst, geht **al**les ⑤ gut", hat der Igel sie be**ru**higt.

7 „Siehst du den **gro**ßen **A**cker ⑥ dort?

8 Wir **lau**fen dort **un**ten los ⑦, der **Ha**se in **ei**ner **Fur**che und ich in **ei**ner **an**deren.

9 Du ver**steckst** dich **o**ben am **A**cker, und wenn der Hase **an**kommt, dann rufst du: ich bin schon da!

10 Hast du ver**stan**den?"

11 Die **I**gelfrau hat nur mit dem Kopf ge**nickt** ⑧.

12 „Gut, **al**so geh schnell auf **dei**nen Platz, der **Ha**se **war**tet auf ⑨ mich." □

*(**Fort**setzung folgt)*

***6** … añgst … hìlfst … bë**ru:**ìçht. **7** … zi:st … **a**kₐ … **8** … **fù**rçhë … **an**dërën. **9** … fèₐ**sctèkst** … **11** … **i:**g'l-frau … ghë**nìkt**.*

Note

④ A differenza dell'italiano, il verbo **helfen**, *aiutare* regge il dativo: si dice infatti **jemandem helfen**, *aiutare* (a) *qualcuno*: **sie hilft ihrer Mutter**, *aiuta* (a) *sua madre*.

⑤ Se la frase iniziale è una subordinata, nella principale avremo l'inversione soggetto-verbo: **wenn ich gewinne, bekomme ich eine Flasche Champagner**, *se vinco io, riceverò* (ricevo io) *una bottiglia di champagne.* Ricordatevi che il **wenn** ipotetico si traduce con "se", e il **wenn** temporale con "quando".

⑥ **Der Acker** è "il campo coltivato / arato"; "il campo" in generale è **das Feld**.

⑦ **Los**, come avverbio o particella separabile unita al verbo, evoca l'idea dell'allontanamento o della separazione. In questo

6 “Non avere paura! Se mi aiuti, tutto andrà (*va*) bene”, l’ha rassicurata (*calmata*) il riccio.
7 “Vedi il grande campo laggiù?
8 Partiamo da lì (*sotto*), la lepre in un solco e io in un altro.
9 Tu ti nascondi in cima al campo e quando la lepre arriva, (*allora*) urli: sono già qui!
10 Hai capito?”
11 La moglie del riccio ha fatto semplicemente di sì col capo (*annuito*).
12 “Bene, allora vai velocemente al tuo posto, la lepre mi sta aspettando (*aspetta*).”

(Segue)

▸ caso il suo significato corrisponde a “via” in italiano. **Um wie viel Uhr fahren wir los?**, *A che ora partiamo?* **Es ist spät, wir müssen los!**, *È tardi dobbiamo andare* (*via*)*!* Vedi lezione 55, nota 2.

⑧ **Mit dem Kopf nicken**, o più semplicemente **nicken**, significa “piegare la testa verso il basso” ovvero “annuire in segno d’approvazione”, “fare sì con la testa”. È il contrario di **mit dem Kopf schütteln**, *scuotere* (con) *la testa, fare no con il capo in segno di disapprovazione.*

⑨ **Warten <u>auf</u> jemanden** o **etwas**, significa *aspettare* (su) *qualcuno* o *qualcosa*: **er wartet auf seinen Freund**, *aspetta* (su) *il suo amico*; **ich warte auf den Bus**, *aspetto* (su) *l’autobus.*

59 **Übung 1: Übersetzen Sie bitte!**

❶ Wenn wir um acht Uhr losfahren, kommen wir um zwölf Uhr an. ❷ Die Kinder waren beim Fernsehen, als die Mutter sie gerufen hat. ❸ Ich muss los, meine Kollegen warten auf mich. ❹ Ich kann mich nicht allein anziehen, kannst du mir bitte helfen? ❺ Als ich sie gefragt habe: „Sprechen Sie Deutsch?", hat sie genickt.

Übung 2: Ergänzen Sie bitte!

❶ Aspettami! Non riesco a correre così veloce!
.... ! Ich kann nicht so .... !

❷ Se è d'accordo, faccia di sì con la testa.
.... Sie .... sind, nicken Sie ... ...

❸ "Non abbia paura, l'aiuto io", l'ha rassicurata.
„Haben Sie .... , ... Ihnen", hat er sie ....

❹ Il cane si è nascosto sotto la poltrona, non lo vedi?
Der Hund ... . unter dem Sessel .... , ... ihn nicht?

❺ Mentre si vestiva ha ascoltato "La piccola serenata notturna" di Mozart.
.... hat sie „die Kleine Nachtmusik" ... Mozart ....

Soluzioni dell'esercizio 1

❶ Se partiamo alle otto, arriviamo alle dodici. ❷ I bambini stavano guardando la televisione, quando la mamma li ha chiamati. ❸ Devo andare, i (*miei*) colleghi mi aspettano. ❹ Non riesco a vestirmi da solo, mi puoi aiutare? ❺ Quando le ho chiesto: "parla tedesco?", ha fatto sì con la testa.

Soluzioni dell'esercizio 2 - Parole mancanti

❶ Warte auf mich – schnell laufen ❷ Wenn – einverstanden – mit dem Kopf ❸ – keine Angst, ich helfe – beruhigt ❹ – hat sich – versteckt, siehst du – ❺ Beim Anziehen – von – gehört

Zweite Welle: Zehnte Lektion

60 Sechzigste Lektion

Der Hase und der Igel (3)

*(**Fort**setzung und **En**de)*

1 „Hier bin ich **wie**der, wir **kön**nen **an**fangen."
2 „Gut, **fan**gen wir **an**", hat der Hase ge**sagt** und **an**gefangen, bis drei zu **zäh**len ①: eins, zwei…
3 Bei drei ist er **los**gelaufen so schnell wie ② er **konn**te.
4 Der **I**gel da**ge**gen hat nur ein paar ③ **Schrit**te ge**macht**.
5 Dann ist er **si**tzen ge**blie**ben und hat **ru**hig ge**war**tet.
6 Als der **Ha**se **o**ben **an**gekommen ist, hat die **I**gelfrau ge**ru**fen: „Ich bin schon da!"
7 „Noch **ein**mal", hat der **Ha**se to**tal** ver**wirrt** ge**schrien**.
8 Aber **un**ten **an**gekommen hat der Igel ge**ru**fen: „Ich bin schon da!"

Aussprache
2 … ***tsè:**l'n*… **4** … *da**ghe:**g'n* … *pa:ₐ* ***scrìt**të* … **5** … *ghë**bli:**bën*… **7** … *fèₐ**vìrt*** …

Note

① Non confondete **zählen**, *contare* (con l'Umlaut), con **zahlen**, *pagare*!

La lepre e il riccio (3)

(Seguito e fine)

1 "Sono tornato (*qui sono io di ritorno*), possiamo cominciare."
2 "Bene, cominciamo", ha detto la lepre e [ha] iniziato a contare fino a tre: uno, due, …
3 Al tre, è partita correndo più veloce che poteva.
4 Il riccio, invece, ha fatto solo un paio di passi.
5 Poi è rimasto seduto e ha aspettato tranquillo.
6 Quando la lepre è arrivata in cima, (*ha*) la moglie del riccio ha urlato: "sono già qui!"
7 "Ancora una volta", ha gridato la lepre completamente confusa.
8 Ma arrivata in basso il riccio ha urlato: "sono già qui!"

(2) Nei comparativi di uguaglianza, "come", "quanto" o "tanto... quanto" si dice **wie**: **ich bin so groß wie du**, *sono alto quanto te*. Ricordatevi che nei comparativi di maggioranza e in quelli di minoranza "di" si traduce **als**: **er ist viel jünger als seine Frau**, *è molto più giovane di sua moglie* (lezione 58, nota 5).

(3) **Ein paar**, *qualche*, *un paio*, è invariabile, proprio come **ein bisschen** e **ein wenig**, *un po' di*… Attenzione: **das Paar** con l'iniziale maiuscola significa "la coppia"!

9 Der **Ha**se, der **im**mer **wü**tender ④ ge**wor**den ist, ist **drei**und**sieb**zigmal ⑤ ge**lau**fen.

10 Beim **vier**und**sieb**zigsten Mal ist er vor Er**schö**pfung tot **um**gefallen ⑥.

11 Der **I**gel und **sei**ne Frau sind ver**gnügt** ⑦ nach **Haus** ge**gan**gen.

12 Ja, was **nüt**zen die **läng**sten ⑧ **Bei**ne, wenn man **ei**nen **kur**zen Ver**stand** hat? □

***9** … **vu:**tënda … **drai**-ùnt'**zi:p**tsìçhma:l … **10** … **fi:**a-ùnt**zi:p**tsìçhstën … **fo:**a èa**sciœ**pfuñg … **ùm**ghëfall'n. **11**…*

Note

④ **Wütend** viene dal verbo **wüten**, *essere furiosi / in collera*, e dal sostantivo **die Wut**, *il furore / la collera*. Come sapete, **werden** indica un cambiamento di stato: **müde werden**, lett. "diventare stanco" vuol dire *stancarsi*; **wütend werden** lett. "diventare furioso", *infuriarsi*. La costruzione **immer** + comparativo traduce l'espressione "sempre più": **immer wütender**, *sempre più furioso*, **immer kälter**, *sempre più freddo*, ecc.

⑤ Come nel caso di **einmal**, *una volta*, o **fünfmal**, *cinque volte*, la particella **mal** si unisce al sostantivo anche se si tratta di una

Übung 1: Übersetzen Sie bitte!

❶ Warum läufst du immer schneller? ❷ Der Hase war ganz verwirrt, als er die Igelfrau gesehen hat. ❸ Er hat längere Beine als sie, aber einen kürzeren Verstand. ❹ Seine Freundin hat am Bahnhof auf ihn gewartet. ❺ Bei diesem schönen Wetter können wir nicht zu Hause sitzen bleiben.

9 La lepre, che [ormai] era sempre più furiosa (*diventata è*), ha (*è*) corso [avanti e indietro per] settantatre volte. **60**

10 Alla settantaquattresima volta è caduta a terra morta per lo sfinimento.

11 Il riccio e sua moglie sono tornati a casa contenti.

12 (*Sì*) [A] cosa servono (*le*) gambe più lunghe quando si ha poco cervello (*un intelletto corto*)?

*fè**gnue:kt** … ghë**gañ**g'n.* **12** *…* ***nuet**sën … **lèñ**gstën … **kùr**tsën fè**scta**nt …*

parola molto lunga. Si dice però: **ein zweites Mal**, *una seconda volta*, **ein anderes Mal**, *un'altra volta*. In questo caso **Mal** è un nome (si scrive in maiuscolo).

6 **Tot umfallen**, *cadere morto*. **Umfallen** vuol dire "cadere a terra" nel senso di "rovesciarsi".

7 Vi ricordate di **das Vergnügen**, *il piacere, il divertimento, la gioia*?

8 **Lang**, *lungo*, **länger**, *più lungo*, **längste**, *il più lungo*. L'aggettivo al grado comparativo o superlativo va declinato secondo le regole che abbiamo imparato: **der längste Fluss Europas**, *il fiume più lungo d'Europa*; **die längsten Flüsse der Welt**, *i fiumi più lunghi del mondo*.

Soluzioni dell'esercizio 1

1 Perché corri sempre più veloce? 2 La lepre era totalmente confusa quando ha visto la moglie del riccio. 3 Ha le gambe più lunge di lei, ma meno cervello. 4 La sua amica l'ha aspettato in stazione. 5 Con questo bel tempo non possiamo restare (*seduti*) a casa.

60 Übung 2: Ergänzen Sie bitte!

1. Conto fino a tre e poi partiamo! Avete capito?
   ... . bis drei, und dann ....
   ... ! Habt ihr .... ?

2. Non serve a niente infuriarsi, avete perso.
   Es ..... nichts, ... zu ...... , ihr
   ....

3. Ha gridato più forte che poteva, ma non è arrivato nessuno.
   .. ... so laut .... er konnte, aber
   niemand ... .

4. Quando ha iniziato a studiare tedesco?
   Wann .... , Deutsch zu
   ...... ?

***Der deutsche Hase, seine Geschichte und Symbolik**,*
La lepre tedesca, la sua storia e la sua simbologia
Nonostante la fiaba dei Fratelli Grimm, per i tedeschi la lepre è un animale intelligente e simpatico. Difatti, nei libri per bambini la lepre (o il coniglio) è spesso un personaggio colto, come nel caso del precettore Meister Lampe. *Per secoli, quest'animale è stato venerato per le sue capacità riproduttive: per i greci, i romani e i germani, la lepre era l'attributo della dea della fecondità e del dio dell'amore. In seguito la Chiesa cattolica* l'ha condannata per la stessa ragione, perché simbolo di "lubricità" e di "fornicazione". Nell'VIII secolo, un Papa ne ha persino proibito il consumo! Poi, nel XVII secolo, è riapparsa come* Osterhase, *il coniglio pasquale: in alcune regioni si pensava che fosse un coniglio a portare* die Ostereier, *le uova pasquali e non era un'idea poi tanto cattiva, dato che non lo si vede praticamente mai, che è più veloce di una gallina e che anche i bambini sanno che le galline non fanno le uova colorate! Ma a fargli concorrenza c'erano altri animali: la volpe nel Brandeburgo, il cuculo a Berlino, il gallo in Turingia e le campane nella regione di Aquisgrana, di cui si raccontava*

(5) Sono arrivati a casa felici perché la lepre è caduta a terra morta. **60**

... . vergnügt zu Haus .... ,
weil der Hase ... .

Soluzioni dell'esercizio 2 - Parole mancanti

(1) Ich zähle – laufen wir los – verstanden (2) – nützt – wütend – werden – habt verloren (3) Er hat – geschrien wie – ist gekommen (4) – haben Sie angefangen – lernen (5) Sie sind – angekommen – tot umgefallen ist

*che prendessero il volo da Roma il Giovedì Santo per poi ritornare a Pasqua insieme alle uova. L'*Osterhase *ha infine avuto la meglio sugli avversari, tanto che oggi nessuno oserebbe mettere in dubbio la sua esistenza: ogni anno si vendono più di 12000 tonnellate di* Schokoladenosterhasen*. In fatto di cioccolato, la lepre ha battuto persino Babbo Natale!*

* *Nelle rappresentazioni medievali, la si trova ai piedi della Vergine, come simbolo del trionfo della purezza sulla lascività.*

Zweite Welle: Elfte Lektion

61 Einundsechzigste Lektion

Ein überzeugendes ① Argument

1 – Restau**rant Schloss**garten, **gu**ten Tag.
2 – **Gu**ten Tag, ich **möch**te für **Diens**tag**a**bend **nächs**ter **Wo**che **ei**nen Tisch reser**vie**ren.
3 – Für wie **vie**le ② Per**so**nen?
4 – Für zwei Per**so**nen. Ist es **mög**lich, **drau**ßen zu **sit**zen?
5 – Selbstver**ständ**lich ③, wenn uns das **Wet**ter **kei**nen Strich ④ durch die **Rech**nung macht.
6 Um wie viel Uhr **wün**schen Sie zu ⑤ **es**sen?
7 – Um neun Uhr.

Aussprache
*... ue:bətsòighëndës argu**mènt** **1** ... **sclòss**-gartën ...*

Note

① **Überzeugend** è il participio presente del verbo **überzeugen**, *convincere, persuadere.* In genere, il participio presente si forma aggiungendo una **-d** all'infinito. Utilizzato come aggettivo attributivo, il participio presente segue le stesse regole di declinazione dell'aggettivo. **Das Argument** è neutro, pertanto si dice **ein überzeugend<u>es</u> Argument** (lezione 56, § 1).

② Abbiamo visto che **viel**, in quanto aggettivo, si declina. Al plurale si declina come l'aggettivo senza articolo: **viele Argumente**, *molti argomenti*. Al contrario, **wie viel**, *quanto*, non va declinato: **wie viele** (o **wie viel**) **Leute sitzen draußen?** Attenzione! Davanti a quantità o concetti indefiniti **viel** resta invariato: **wie viel Uhr ist es?**, *che ora è?*

③ **Selbstverständlich** è un avverbio composto da **selbst**, *stesso*,

Sessantunesima lezione 61

Un argomento convincente

1 – Ristorante Schlossgarten (*castello-giardino*), buongiorno.
2 – Buongiorno, vorrei prenotare un tavolo per martedì sera della prossima settimana.
3 – Per quante persone?
4 – Per due persone. È possibile sedersi fuori?
5 – Certo, se il tempo non (*ci*) manda all'aria i piani.
6 A che ora desiderate cenare (*mangiare*)?
7 – Alle nove.

***2** … rezèr**vi:**rën. **3** … pèr**zo:**nën? **5** … zèlpst-fè_a**sctènt**lìçh, … sctrìçh dùrçh … **rèçh**nuñg …*

▸ *in persona*, *"da solo"* nel senso di *"da sé"* (**ich mache das selbst,** *lo faccio da solo*), e da **verständlich**, *chiaro*, *comprensibile*. **Das ist selbstverständlich**, letteralmente "si capisce da sé", corrisponde ai nostri "ovviamente", "ovvio", "chiaro", "si capisce", "è naturale", "certo".

④ **Einen Strich machen**, *Fare una riga*, ma **einen Strich durch die Rechnung machen**, *mandare all'aria i piani* (il calcolo), *mettersi contro*. **Die Rechnung** significa "il conto", "il calcolo", da **rechnen**, *calcolare*, *contare*.

⑤ L'infinito che dipende da **wünschen**, *desiderare*, *augurare*, è sempre preceduto dalla preposizione "zu": **wünschen Sie sofort zu essen?** *desidera mangiare subito?* Si tratta tuttavia di una formula di cortesia un po' antiquata. In genere, **wünschen** è usato senza la costruzione infinitiva: **ich wünsche Ihnen ein schönes Wochenende**, *le auguro un buon fine settimana*.

8 – Das ist **et**was ⑥ spät, die **Kü**che schließt in der **Wo**che um 22 (**zwei**undzwanzig) Uhr 30 (**drei**ßig).

9 Und das ist **scha**de, wenn Sie **ei**nen **un**serer **köst**lichen **Nach**tische ver**su**chen **wol**len.

10 – Wenn wir um 20 Uhr 30 **kom**men, ist der **Nach**tisch nicht mehr in Ge**fahr**?

11 – Nein, dann **ha**ben wir ge**nug** Zeit. Auf **wel**chen **Na**men ⑦ darf ich reser**vie**ren?

12 – Mein **Na**me ist Ralf **Buch**holz.

13 – Gut, Herr **Buch**holz, der Tisch ist für 20 Uhr 30 reser**viert**. **Al**so bis **Diens**tag.

14 – Ich **dan**ke **Ih**nen ⑧, auf **Wie**derhören. □

***9** … fèa**zu:**cHën … **10** … ghëfa:a? **12** … **bu:cH**hòlts.*

Note

⑥ **Etwas** non significa solo “qualcosa”, ma anche “un po”.

⑦ **Der Name**, *il nome*, è un sostantivo maschile debole. Vedi lezione 58, nota 2.

Übung 1: Übersetzen Sie bitte!

❶ Deine Argumente überzeugen mich leider nicht. ❷ Das Wetter hat uns einen Strich durch die Rechnung gemacht. ❸ Ich danke dir für deine Hilfe. ❹ Selbstverständlich können Sie draußen essen, wenn Sie es wünschen. ❺ Auf welchen Namen haben Sie reserviert?

8 – È un po' tardi, durante (*nel*) la settimana la cucina chiude alle 22.30.
9 Ed è un peccato se volete provare uno dei nostri deliziosi dolci.
10 – Se arriviamo alle 20.30, il dolce non è più in pericolo?
11 – No, in questo caso (*allora*) c'è (*abbiamo abbastanza*) tempo. A nome di chi devo prenotare?
12 – (*Mio nome è*) Ralf Buchholz.
13 – Bene, Sig. Buchholz, il tavolo è prenotato per le 20.30. A martedì allora.
14 – La ringrazio, arrivederci (*a risentirci*).

⑧ Il verbo **danken**, *ringraziare*, regge il dativo (complemento di termine): **wir danken unseren Freunden**, *ringraziamo* (a) *i nostri amici*. "Ringraziare per / di"... si dice **danken für... Ich danke Ihnen für die Auskunft**, *La ringrazio* (a Lei) *dell'* (per l') *informazione*.

Soluzione dell'esercizio 1

❶ Purtroppo i tuoi argomenti non mi convincono. ❷ Il tempo ha mandato all'aria i nostri progetti. ❸ Ti ringrazio per il tuo aiuto. ❹ Naturalmente potete mangiare fuori se lo desiderate. ❺ A nome di chi ha prenotato?

Übung 2: Ergänzen Sie bitte!

1 Buonasera, per quante persone ha prenotato?
Guten Abend, … … …. ……..
haben Sie ………. ?

2 Non è un'argomento convincente, dobbiamo cercare di trovarne uno migliore.
Das ist …. ………… …….. , wir
müssen ……… , ein besseres .. ……

3 La ringraziamo per il suo aiuto - La prego, è naturale!

… …… ….. für Ihre Hilfe. – … …..
Sie, das ist doch ………………. !

4 Se (*Lei*) non arriva subito, non abbiamo abbastanza tempo.
Wenn … nicht sofort …… , ….. …
nicht ….. Zeit.

62 Zweiundsechzigste Lektion

Eine schlaue Verkäuferin im Reisebüro

1 – **Gu**ten Tag, ich **möch**te **ei**ne **Rei**se in die **Son**ne **bu**chen ①.

Aussprache
*… sclauë fèₐ**kòi**fërin … **1** … **bu:**cH'n.*

⑤ Porti il conto per favore, vorremo pagare.
Bringen Sie bitte … ……… , wir möchten …… !

Soluzioni dell'esercizio 2 - Parole mancanti
① – für wie viele Personen – reserviert ② – kein überzeugendes Argument – versuchen – zu finden ③ Wir danken Ihnen – Ich bitte – selbstverständlich ④ – Sie – kommen, haben wir – genug – ⑤ – die Rechnung – zahlen

Vi ricordate di ripassare una lezione al giorno? Di leggerla a voce alta e soprattutto di tradurla "attivamente" dall'italiano al tedesco? Ripetere un vocabolo più volte non basta a ricordarlo: ogni nozione va consolidata attraverso la pratica. Wir hoffen, dieses Argument überzeugt Sie, *Speriamo che questo argomento sia convincente!*

Zweite Welle: Zwölfte Lektion

Sessantaduesima lezione 62

Una commessa furba in agenzia viaggi

1 – Buongiorno, vorrei prenotare un viaggio al sole.

Note

① **Buchen**, *prenotare / riservare un posto*, si utilizza per un volo, un viaggio o una camera d'albergo. Il suo primo significato è "registrare", "annotare" su un libro / un registro (il libro = **das Buch**).

2 – Oh, da kann ich **Ih**nen **ei**nige **Schnäpp**chen ② **an**bieten.

3 Wie **lan**ge **wol**len Sie denn **blei**ben und wann **wol**len Sie **los**fliegen?

4 – **Flie**gen? Wer hat denn von **Flie**gen ge**spro**chen?

5 – Ach, Sie **flie**gen nicht gern ③?

6 – Nicht gern? Ich **has**se es!

7 **Wis**sen Sie nicht, wie **vie**le **Flug**zeuge **letz**tes Jahr **ab**gestürzt ④ sind?

8 – Nein, und ich **möch**te es **lie**ber ⑤ nicht **wis**sen.

9 Ich **flie**ge **näm**lich **ü**bermorgen in die **Son**ne, nach **Ku**ba, zu **ei**nem fan**tas**tischen Preis!

2 *...scnè**pp**çhën **an**bi:tën.* ***4*** *... ghë**scprò**cH'n?* ***6*** *... **hass**ë ...* ***7*** *... **flu:k**–tsòigë...**ap**ghësctùrtst...* ***8*** *...**li:**ba ...* ***9*** *... **ku:**ba...*

Note

② **Das Schnäppchen**, *l'offerta, l'affare, la buona occasione*. Si tratta di un neologismo di uso colloquiale derivante dal verbo **schnappen**, *agguantare, afferrare, azzannare*.

③ **Gern**, o **gerne** con la **-e**, serve a sostituire i verbi "piacere", "amare" in italiano: **ich reise gern(e)**, *amo / mi piace viaggiare* (lett. "viaggio volentieri").

④ **Abstürzen**, *precipitare, scendere rapidamente*, indica una violenta caduta da una grande altezza (la particella **ab** evoca l'idea del distacco, della separazione). Senza la particella, il verbo **stürzen** vuol dire cadere. Si tratta tuttavia di una caduta ▸

2 – Oh, allora Le posso proporre alcune offerte (*offrire*).
3 Quanto tempo vuole *(quindi)* rimanere e quando vuole prendere l'aereo (*volare*)?
4 – L'aereo (*volare*)? Chi ha mai parlato di andare in aereo?
5 – Ah, non Le piace viaggiare in aereo (*Lei non vola volentieri*)?
6 – Non mi piace (*Non volentieri*)? Lo odio!
7 (*Non*) Sa quanti aerei sono precipitati l'anno scorso?
8 – No, e preferisco (*vorrei più volentieri*) non saperlo.
9 Infatti, dopodomani vado (*volo*) al sole, a Cuba, ad (*per*) un prezzo fantastico.

▸ "più morbida": **er ist von seinem Rad gestürzt**, *è caduto dalla bicicletta.*

⑤ **Lieber**, *più volentieri*, comparativo di **gern**, *volentieri*, si usa per esprimere una preferenza: **ich reise lieber mit dem Zug als mit dem Flugzeug**, *preferisco viaggiare* (viaggio più volentieri con il) *in treno piuttosto che in aereo.*

10 **Stel**len Sie sich vor ⑥, **al**les **in**begriffen: Flug, **Un**terkunft mit **Voll**pension, so**gar** die Fahrt vom **Flug**hafen zum Ho**tel**.

11 – Das klingt **wirk**lich interes**sant**!

12 – Ja, das ist **un**ser **bes**tes ⑦ **An**gebot, aber **scha**de, für Sie kommt es nicht in **Fra**ge.

13 – **War**ten Sie mal, viel**leicht** kann ich **ein**mal **ei**ne **Aus**nahme **ma**chen.

14 **Schließ**lich ist **Flie**gen laut Sta**tis**tik am **si**chersten ⑧.

□

*10 … **in**bëgrìff'n … **ùnt**ₐkùnft …**fòll**-pènzio:n, … **flu:k**-ha:f'n … 12 … **bès**tës **an**ghëbo:t … 13 … **aus**na:më …*

Note

⑥ Quando **sich vorstellen** è usato nel senso di "immaginarsi", il pronome riflessivo è messo al dativo. Es: **stell dir vor, wir gewinnen**, *immagina*(ti)*, se vincessimo (vinciamo)!* Quando è usato nel senso di "presentarsi", il pronome riflessivo è messo all'accusativo: **darf ich mich vorstellen?**, *posso presentarmi?* (lezioni 37, frase 11, e 51, frase 3). L'infinito che dipende dal verbo **sich vorstellen**, *immaginarsi*, è sempre preceduto dalla preposizione **zu**. Es: **sie stellen sich vor die Besten <u>zu</u> sein**, *pensano di essere i migliori.*

▸

Übung 1: Übersetzen Sie bitte!

❶ Wir haben zu einem fantastischen Preis eine Reise nach Marokko gebucht. ❷ Nehmen Sie lieber den Zug oder das Auto, um in die Ferien zu fahren? ❸ Er ist gestern Nachmittag auf der Straße gestürzt. ❹ Haben Sie keine Angst, wenn Sie fliegen? ❺ Unsere Schnäppchen sind die besten, die es auf dem Markt gibt.

10 Immagini (*Si*), tutto compreso: volo, pernottamento a pensione completa, persino il trasferimento (*tragitto*) dall'aeroporto all'albergo. **62**
11 – Sembra (*Suona*) davvero interessante!
12 – Sì, è la nostra migliore offerta, ma peccato, per Lei è fuori (*non viene in*) questione.
13 – Aspetti, forse potrei (*posso*) fare un'eccezione [per] una volta.
14 Dopo tutto (*finalmente*), secondo [le] statistiche, volare è (*il*) più sicuro.

*14 **scli:ss**lìçh … laut sctat**ì**stik am **zìçh**ₐstën.*

⑦ **Gut**, *buono / bene*, **besser**, *meglio / migliore*, **beste**, *il / la migliore*, *il meglio*. Come in italiano, il superlativo relativo si usa quando si comparano più elementi: **das beste Angebot von allen**, *la migliore di tutte le offerte*, ma **das bessere Angebot (von zwei)**, *l'offerta migliore (tra due)*.

⑧ **Am …sten** serve a formare il superlativo avverbiale il quale può essere usato anche col verbo essere: **am sichersten ist es zu Hause zu bleiben**, *restare a casa è* (al) *più sicuro* (la cosa più sicura).

Soluzioni dell'esercizio 1

❶ Abbiamo prenotato un viaggio in Marocco ad un prezzo fantastico. ❷ Preferisce prendere il treno o la macchina per andare in vacanza? ❸ Ieri pomeriggio è caduto per strada. ❹ Non ha paura di volare (*quando vola*)? ❺ Le nostre offerte sono le migliori (*che ci sono*) sul mercato.

63 **Übung 2: Ergänzen Sie bitte!**

1. È la commessa più furba che si possa (*può*) immaginare.
Das ist ... ., die man .... kann.

2. Vorrei prenotare una camera a pensione completa per il fine settimana.
... . ein Zimmer ... . für das Wochenende ....

3. Preferisce bere la birra o la grappa?
.... Bier oder .... ?

4. [Il] volo, [il] pernottamento e persino le bevande sono incluse nel prezzo.
.... , ... und ..... die Getränke sind im Preis ....

63 Dreiundsechzigste Lektion

Wiederholung

1 I verbi forti o irregolari e il loro participio passato

I verbi forti sono quelli che modificano la vocale radicale. Essi si distinguono in:

A. verbi forti la cui radice termina in *a*

La **a** diventa **ä** alla 2ª e alla 3ª persona singolare dell'indicativo presente, ma resta **a** al participio II:
schlafen, *dormire* → **schläfst, schläft** → **geschlafen**, *dormito*,
fahren, *andare (in auto / in treno)*, *guidare* → **gefahren**, *andato, guidato*.

5 La Sua offerta sembra (*molto*) buona, ma mio marito non ama prendere l'aereo (*volare*).

... . klingt .... , aber mein Mann ...... leider nicht .... .

Soluzioni dell'esercizio 2 - Parole mancanti

1 – die schlauste Verkäuferin – sich vorstellen – 2 Ich möchte – mit Vollpension – buchen 3 Trinken Sie lieber – Schnaps 4 Flug Unterkunft – sogar – inbegriffen 5 Ihr Angebot – sehr gut – fliegt – gern

Zweite Welle: Dreizehnte Lektion

Sessantatreesima lezione 63

B. <u>verbi forti la cui radice termina in *e*</u>

a) La **e** diventa **i** o **ie** alla 2ª e alla 3ª persona singolare dell'indicativo presente, ma resta **e** al participio II:
geben, *dare* → **gibst, gibt** → **gegeben**, *dato*,
sehen, *vedere* → **siehst, sieht** → **gesehen**, *visto*.

b) La **e** diventa **i** alla 2ª e alla 3ª persona singolare dell'indicativo presente e diventa **o** al participio II:
helfen, *aiutare* → **hilfst, hilft** → **geholfen**, *aiutato*,
sprechen, *parlare* → **sprichst, spricht** → **gesprochen**, *parlato*.

63 C. <u>verbi forti la cui radice termina in *ei*</u>

a) Il dittongo **ei** diventa **ie** al participio II, ma resta invariato all'indicativo presente:
schreien, *gridare* → **geschrien**, *gridato*.

b) Il dittongo **ei** diventa **i** (breve) al participio II, ma resta invariato all'indicativo presente:
beißen, *mordere* → **gebissen**, *morso*.

D. <u>verbi forti la cui radice termina in *i*</u>

a) La **i** diventa **u** al participio II, ma resta **i** all'indicativo presente:
trinken, *bere* → **getrunken**, *bevuto*,
finden, *trovare* → **gefunden**, *trovato*.

b) La **i** diventa **o** al participio II, ma all'indicativo presente non cambia:
beginnen, *iniziare* → **begonnen**, *iniziato*.

E. <u>verbi forti la cui radice termina in *ie*</u>

Il dittongo **ie** diventa **o** al participio II, ma resta invariato all'indicativo presente:
fliegen, *volare* → **geflogen**, *volato, andato in aereo*,
verbieten, *proibire* → **verboten**, *proibito*.

F. <u>I verbi forti "senza regola"</u>

Sono tutti quei verbi che non seguono le regole appena viste:
kommen, *venire* → **gekommen**, *venuto*,
sein, *essere* → **gewesen**, *stato*,
liegen, *essere disteso*→ **gelegen**, *(essere stato) disteso*, *(essere) collocato*,
sitzen, *essere seduto* → **gesessen**, *(essere stato) seduto*,
stehen, *essere in piedi* → **gestanden**, *(essere stato) in piedi*, ecc.

Come avete potuto constatare, questi verbi sono piuttosto numerosi e poiché non esiste una regola precisa bisogna impararli a memoria! Questo non significa che dovete memorizzare una lista di vocaboli nuovi al giorno (rischiereste di dimenticarveli subito);

al contrario, approfittate del nostro metodo di apprendimento quotidiano per impararli uno alla volta. Rivedendoli e applicandoli in contesti differenti riuscirete a memorizzarli quasi senza accorgervene.

2 I comparativi

A. Il comparativo e il superlativo

a) Regola generale

Il comparativo di maggioranza o di minoranza si forma, in genere, aggiungendo **-er** all'aggettivo (o avverbio), mentre il superlativo si forma con il suffisso **-ste***:
schnell, *rapido / veloce* → **schneller**, *più rapido / veloce* → **schnellste**, *il più rapido, il più veloce*,
schön, *bello* → **schöner**, *più bello* → **schönste**, *il più bello*,
klein, *piccolo* → **kleiner**, *più piccolo* → **kleinste**, *il più piccolo.*
*Più precisamente dovremmo dire che il superlativo si forma con **st-** + desinenza dell'aggettivo e che è sempre accompagnato dall'articolo determinativo; il comparativo e il superlativo si declinano come l'aggettivo attributivo (lezione 56, § I): **das schnellste Auto**, *l'auto più veloce*, ma **die schnellsten Autos**, *le auto più veloci*,

b) Eccezioni

• Alcuni aggettivi/avverbi prendono l'Umlaut:
jung, *giovane* → **jünger**, *più giovane*, → **jüngste**, *il più giovane*,
arm, *povero* → **ärmer**, *più povero*, → **ärmste**, *il più povero.*

Lo stesso vale per: **groß**, *grande*, **dumm**, *stupido*, **stark**, *forte*, **schwach**, *debole*, **kalt**, *freddo*, **warm**, *tiepido, caldo,* **lang**, *lungo*, **kurz**, *corto*, **alt**, *vecchio* (la lista non è completa; vedremo gli altri nelle prossime lezioni).
• Per questioni di pronuncia, la maggior parte degli aggettivi terminanti in **-d**, **-t**, **-s**, **-ß**, **-x**, o **-z**, aggiunge una **e** davanti alla desinenza **-ste** del superlativo:
berühmt, *famoso* → **berühmter**, *più famoso* → **berühmteste**, *il più famoso*,
heiß, *caldo* → **heißer**, *più caldo* → **heißeste**, *il più caldo.*

63 Dopo il gruppo consonantico **-sch**, la **e** è facoltativa:
frisch, *fresco* → **frischer**, *più fresco* → **frisch(e)ste**, *il più fresco*, ma: **groß**, *grande* → **größer**, *più grande* → **größte**, *il più grande*.

c) Forme irregolari

Non sono molte:
gut, *buono / bene* → **besser**, *migliore, meglio* → **beste**, *il migliore, il meglio*,
viel, *molto* → **mehr**, *più* → **meiste**, *il più, la maggior parte*,
gern, *volentieri* → **lieber***, *più volentieri* → **am liebsten**, *il più volentieri*,
hoch, *alto* → **höher**, *più alto* → **höchste**, *il più alto*,
nah, *vicino* → **näher**, *più vicino* → **nächste**, *il più vicino*.
* È anche il comparativo di **lieb**, *caro*, **lieber**, **liebste**.

B. L'uso del comparativo e del superlativo

a) Il comparativo di uguaglianza: "tanto… quanto", "come" si traduce **so** (o **ebenso**) **… wie**.

Er ist ebenso schlau wie du, *È furbo quanto te.*
Daniel ist noch nicht so groß wie sein Vater, *Daniel non è ancora alto come suo padre.*

b) Il comparativo di maggioranza o di minoranza è una forma di paragone tra due elementi. Dopo il grado comparativo dell'aggettivo, "di" si traduce sempre **als**.

Peter ist schlauer als du, *Peter è più furbo di te*.
Der Eiffelturm ist höher als der Turm von dem Kölner Dom, *La torre Eiffel è più alta della torre del Duomo di Colonia.*

c) Il superlativo relativo è una forma di paragone con più elementi di un gruppo. Dopo il superlativo, "di" si traduce **von**.

Daniel ist der Größte von allen, *Daniel è il più alto di tutti.*
Der Kölner Dom ist die größte gothische Kathedrale in deutschen Landen, *Il Duomo di Colonia è la più grande cattedrale gotica dei paesi germanici.*

Attenzione a quanto segue: anche gli avverbi possono essere comparati. Il superlativo avverbiale si forma con **am** + aggettivo + **-sten**.

Wer von uns läuft am schnellsten?, *Chi di noi corre più veloce?*
Von allen Frauen kocht meine Mutter am besten, *Di tutte le donne [è] mia madre [quella che] cucina meglio.*

Questa forma può essere utilizzata anche insieme a **sein**, *essere*.

Du bist der Beste, o **am besten**, *Sei il migliore* (al meglio).
Deine Augen sind die Schönsten o **am schönsten**, *I tuoi occhi sono i più belli* (al più bello).

3. Le congiunzioni temporali "als" e "wenn"

Entrambe vogliono dire "quando", tuttavia il loro uso è differente.

- **als**, *quando*, si usa in riferimento ad azioni che si sono svolte una sola volta nel passato.

Als ich am Bahnhof angekommen bin, haben meine Freunde auf mich gewartet, *Quando sono arrivato in stazione, i miei amici mi aspettavano* (hanno aspettato).
Als er jung war, hat er ein Jahr in Amerika gearbeitet, *Quando era giovane, ha lavorato un anno in America.*

- Invece, **wenn**, *quand*o, si usa

• tanto al passato, in riferimento ad azioni che si sono ripetute più volte (in questo caso possiamo anche dire **jedes Mal, wenn**, *ogni volta che*): **jedes Mal / wenn sie sich getroffen haben, waren sie glücklich**, *ogni volta che / quando si incontravano erano contenti*; **jedes Mal / wenn er nach Amerika geflogen ist, haben ihn seine Freunde am Flughafen abgeholt**, *ogni volta che / quando andava in America (in aereo), i suoi amici andavano a prenderlo all'aeroporto.*

• quanto al presente e al futuro per azioni che si svolgono una sola volta.

63 **Ruf mich an, wenn du in Köln bist!** *Chiamami quando sarai* (sei) *a Colonia!*
Wenn Sie ihn sehen, grüßen Sie ihn von mir, *Quando* lo vedete salutatelo da parte mia* (da me).
* Ricordatevi che **wenn** svolge anche la funzione ipotetica del "se". In questa frase avremmo potuto dire: *se* (nel caso in cui) *lo vedete* (vediate), *salutatelo*... Il contesto vi aiuterà a tradurlo nel modo corretto.

•"quando", nel senso di "a che ora?", "in quale momento?" si traduce **wann**.
Wann kommt ihr Zug an? *Quando arriva il suo treno?*
Ich frage mich, wann wir uns wiedersehen, *Mi chiedo quando ci rivedremo.*

* * *

Hans im Glück
(nach den **Brü**dern Grimm)

1 Hans **hat**te **sie**ben **Jah**re bei **ei**nem **Meis**ter ge**ar**beitet, als er zu ihm ge**sagt** hat: „Ich bin gern hier, aber ich **möch**te **mei**ne **Mut**ter **wie**dersehen, die **im**mer **äl**ter wird." **(57, 60, 62)**

2 Der **Mei**ster hat ihm für **sei**ne **Dien**ste ein **Gold**stück ge**ge**ben, das so groß wie der Kopf von Hans war, und Hans hat sich da**mit** so schnell wie er **konn**te auf den Weg ge**macht**. **(58, 59, 60)**

3 **A**ber das Gold war so schwer, dass er vor Er**schö**pfung fast **um**gefallen ist. **(57, 58, 60)**

4 Gott sei Dank hat er **ei**nen Mann mit **ei**nem Pferd ge**trof**fen, der ihn **freund**lich ge**grüßt** hat. **(58)**

Questo riassunto delle regole grammaticali vi sembra troppo pesante? State tranquilli. Volevamo solo precisare alcuni punti. Se avete dubbi o domande, nell'appendice alla fine del libro troverete una lista completa degli argomenti trattati nelle lezioni di ripasso. Non esitate a consultarla!

Al posto del solito dialogo di ripasso, abbiamo pensato di proporvi un'altra fiaba dei Fratelli Grimm che vi permetterà di applicare le conoscenze appena assimilate.

Ecco qui quattro vocaboli nuovi che troverete nel testo: **das Pferd**, *il cavallo*, **die Kuh**, *la mucca*, **melken**, *mungere*, e **das Schwein**, *il maiale*.

* * *

Giannetto fortunato *(nella fortuna)*
(da una fiaba dei Fratelli Grimm)

1 Giannetto aveva lavorato sette anni presso un mastro, quando gli ha detto: "Mi piace stare qui, ma vorrei rivedere mia madre che sta invecchiando (*diventa sempre più vecchia*)".

2 Per il suo lavoro (*servizi*) il mastro gli ha dato una moneta d'oro, che era grossa quanto la testa di Giannetto e Giannetto si è messo in marcia più veloce che poteva.

3 Ma l'oro era così pesante che per la fatica è quasi caduto a terra.

4 Grazie a Dio ha incontrato un uomo con un cavallo che lo ha salutato gentilmente.

63 5 „Sie **ha**ben mehr Glück als ich. Sie **ha**ben **näm**lich ein Pferd", hat er zu ihm ge**sagt**, „und so sind Sie viel **schnel**ler als ich und **we**niger **mü**de." **(58, 59, 62)**

6 „Ich **ma**che dir ein **An**gebot", hat der Mann ge**ant**wortet, "ich **ge**be dir mein Pferd, wenn du mir dein **Gold**stück gibst." **(58, 62)**

7 „Nichts **lie**ber als das", hat Hans er**wi**dert und hat sich so**fort** auf das Pferd ge**setzt**. **(57, 58, 62)**

8 „Ich bin der **glück**lichste Mensch auf der Welt", hat er sich ge**sagt** und hat **lus**tig "hopp, hopp" ge**schrien**. **(57, 58, 60)**

9 Da ist das Pferd so schnell **los**gelaufen, dass Hans **run**tergefallen ist. **(57, 59)**

10 In **die**sem Mo**ment** ist ein Mann mit **ei**ner Kuh ge**kom**men. **(60)**

11 „Sie **ha**ben Glück", hat Hans ge**ru**fen, „eine Kuh ist **ru**higer als ein Pferd und **au**ßerdem gibt sie Milch." **(57, 58, 60)**

12 „Wenn du willst, **neh**me ich dein Pferd für **mei**ne Kuh", hat der Mann ange**bo**ten. **(62)**

13 Hans war so**fort** **ein**verstanden und beim **Wei**tergehen hat er sich ge**sagt** : „Ich bin **wirk**lich der **glück**lichste Mensch auf der **Er**de." **(58, 59)**

14 Ein paar **Stun**den **spä**ter **hat**te er **gro**ßen Durst. **(60, 61)**

15 **Al**so ist er mit der Kuh **ste**hen ge**blie**ben und hat ver**sucht**, die Kuh zu **mel**ken. **(60, 61)**

16 **A**ber die Kuh ist **im**mer **wü**tender geworden und hat ihm Angst ge**macht**. **(59, 60)**

17 In **die**sem **Au**genblick hat Hans **ei**nen Mann ge**se**hen, der mit **sei**nem Schwein zum Markt ge**gan**gen ist. **(60)**

5 “Lei è più fortunato (*ha più fortuna*) di me. Infatti ha un cavallo”, gli ha detto, “quindi è più veloce di me e meno stanco”

6 “Ti faccio un’offerta”, ha risposto l’uomo, “se tu mi dai la (*tua*) moneta d’oro, io ti do il (*mio*) cavallo”.

7 “Niente mi farebbe più piacere (*niente più volentieri di questo*)”, ha risposto Giannetto, e si è subito seduto a cavallo.

8 “Sono l’uomo più fortunato del mondo”, si è detto e contento ha urlato “hop hop, via!”.

9 Allora il cavallllo è partito così veloce che Giannetto è caduto.

10 In quel momento è arrivato un uomo con una mucca.

11 “È fortunato”, ha gridato Giannetto, “una mucca è più tranquilla di un cavallo e in più fa (*dà*) il latte”.

12 “Se vuoi prendo il tuo cavallo in cambio (*per*) [della] (*mia*) mucca”, ha proposto l’uomo.

13 Giannetto ha subito acconsentito (*era subito d’accordo*) e lungo il cammino si è detto: “Sono veramente la persona più felice della terra”.

14 Un paio d’ore dopo aveva [una] gran sete.

15 Allora si è fermato (*in piedi*) con la mucca e a cercato di mungerla.

16 Ma la mucca è diventata sempre più furiosa e lo ha spaventato.

17 In quel momento Giannetto ha visto un uomo che (*è andato*) andava al mercato con il suo maiale.

18 „**Scha**de", hat er zu ihm ges**agt**, „ich **möch**te auch **lie**ber ein Schwein **ha**ben als **ei**ne so **dum**me Kuh." **(61, 62)**

19 Sie **kön**nen sich **si**cher **vor**stellen, wie die Ges**chich**te **wei**tergeht… **(62)**

20 Als Hans nach **Hau**se ge**kom**men ist, **hat**te er nichts mehr, aber er war über**zeugt**, der **glück**lichste Mensch auf der Welt zu sein. **(57, 61)**

64 Vierundsechzigste Lektion

Berlin, die Hauptstadt der Bundesrepublik Deutschland

1 – Ber**lins** ① Ver**gan**genheit ist – wie Sie **wis**sen – sehr **au**ßergewöhnlich.

2 Fast **drei**ßig **Jah**re lang war **die**se Stadt durch **ei**ne **Mau**er in zwei ge**teilt**.

Aussprache

*… **bùn**dës-repu**bli:k** … **1** bèrli:ns fè**agañ**gënhait … **auss**a-ghë**vœ:n**lìçh. **2** … **mau**a … ghë**tailt**.*

Note

① Il genitivo sassone, ovvero il complemento di specificazione "all'inglese", si può fare solo con i nomi propri, cui si aggiunge una **-s** finale. Lo troviamo subito prima del sostantivo senza articolo: **Giselas Vergangenheit**, *il passato di Gisela*, o subito dopo il sostantivo preceduto dall'articolo: **die Vergangenheit Giselas**, *il passato di Gisela*. Anche in questo caso il genitivo può essere sostituito dalla preposizione **von** (+ dativo): **die Vergangenheit von Gisela**, *il passato di Gisela*.

18 "Peccato", gli ha detto, "anch'io vorrei (*più volentieri*) avere un maiale anziché questa stupida mucca (*una mucca così stupida*)".
19 Sicuramente potete immaginarvi il seguito della storia (*come la storia continua*)…
20 Quando Giannetto è arrivato a casa non aveva più niente, ma era convinto di essere la persona più felice del mondo.

Bis morgen! *A domani!*

Sessantaquattresima lezione 64

Berlino, (*la*) capitale della Repubblica federale tedesca

1 – Il passato di Berlino è, come sapete, davvero (*molto*) straordinario.
2 [Per] Circa trent'anni (*lungo*), questa città è stata (*era*) divisa in due da un muro.

3 Am 9. (**neun**ten) Novem**b**er 1989 ② fiel ③ die **Mau**er.

4 **Ost**- und **West**berliner ④ **konn**ten ⑤ sich **end**lich **wie**der in **ih**rer Stadt frei be**we**gen.

5 Ein Jahr **spä**ter, am 3. (**dri**tten) Ok**to**ber 1990 **fei**erte ⑥ man die Ver**ei**nigung von **Ost**- und **West**deutschland.

6 Seit**her** ⑦ ist der **dri**tte Ok**to**ber der **deut**sche Natio**nal**feiertag.

7 Ber**lin** **wur**de ⑧ die **Haupt**stadt der **neu**en **Bun**desrepublik.

***3** … **nòin**tse:n'**hund**at'**nòin**-ùnt'**acH**tsìçh fi:l … **4** … bë**ve:**g'n.*
5** … **nòin**tse:n'**hund**at'**nòin**tsìçh **fai**atë … fè**aai**nìguñg … **6

Note

② Per dire la data si usa il numerale ordinale preceduto da **am** o dall'articolo determinativo: **am neunten November**, **der dritte Oktober**. Fino al 2000, gli anni sono espressi in centinaia: **neunzehnhundertneunundachtzig** (1989), dopo le cose sono più facili: **zweitausendeins** (2001), **zweitausendsiebzehn** (2017).

③ **Fiel** viene da **fallen**, *cadere*. Si tratta della forma del preterito che corrisponde all'imperfetto, al passato prossimo e al passato remoto in italiano. Per ulteriori spiegazioni vi rimandiamo alla lezione 70, §1. Per il momento sappiate solo che al preterito la vocale radicale dei verbi forti cambia e che alla 3ª persona singolare il verbo non termina mai per **-t**!

④ **Der Berliner**, *il berlinese,* **die Berlinerin**, *la berlinese*, **die Berliner**, *i berlinesi*. Nella maggior parte dei casi, il nome degli abitanti di una città si forma aggiungendo **-er** al nome della città stessa: per alcune località, si omette la **e** della sillaba finale:

3 Il muro cadde il 9 novembre 1989.
4 I berlinesi dell'est e dell'ovest poterono (*finalmente*) di nuovo muoversi liberamente nella loro città.
5 Un anno dopo, il 3 ottobre 1990, si celebrò la [ri]unificazione della Germania dell'Est e dell'Ovest.
6 Da allora, il 3 ottobre è la festa nazionale tedesca (*nazionale-festa-giorno*).
7 Berlino divenne la capitale della nuova Repubblica federale.

*zait**he:**a … natsio**na:l**-faia-ta:k.* ***7*** *… **vùr**dë …*

▸ **München** → **ein Münchner**, **Dresden** → **ein Dresdner**, oppure si cambia la desinenza **-en** in **-er**: **Bremen** → **ein Bremer**, **eine Bremerin**.

(5) **Konnten** è il preterito della 3ª persona plurale di **können**, *potere*. Come gli altri verbi di modo, **können** perde la dieresi pur mantendo le desinenze del preterito dei verbi regolari.

(6) Al preterito, i verbi regolari prendono la desinenza **-te** alla 1ª e alla 3ª persona singolare: **ich feierte**, *io festeggiavo / festeggiai*, **er feierte**, *egli festeggiava / festeggiò*.

(7) L'avverbio **seither** ha lo stesso significato di **seit dieser Zeit**, *da quel tempo*, *da allora* (la preposizione **seit** regge il dativo).

(8) **Wurde** è la 1ª e la 3ª persona singolare del preterito di **werden**, *diventare*.

64 **8** H**eu**te ist **die**se Stadt **gleich**zeitig ein Sym**bol** für Zer**stö**rung und **Wie**deraufbau, **Tren**nung und Ver**ei**nigung.

9 **Zö**gern Sie nicht, nach Ber**lin** zu ⑨ **kom**men.

10 Mit **je**dem Schritt er**le**ben ⑩ Sie ein Stück Ge**schich**te, **Welt**geschichte! □

***8** … **glaiçh**tsaitìçh … zuem**bo:l** tsèa**sctœ:**ruñg …**vi:**daaufbau **trèn**nuñg … **9 tsœ:**gan … **10** … èa**le:**bën …*

Note

⑨ **Zögern**, *esitare*, regge la costruzione infinitiva. L'infinito della secondaria è sempre preceduto da **zu**: **er zögert (,) das Auto zu nehmen**, *esita a prendere l'auto* (la virgola è facoltativa).

Übung 1: Übersetzen Sie bitte!

❶ Ich habe das noch nie gehört, das ist eine außergewöhnliche Geschichte. ❷ Meine Mutter ist mit 5 Jahren nach Westdeutschland gekommen. ❸ Wissen Sie, warum der 3. Oktober der Nationalfeiertag Deutschlands ist? ❹ Claudias Bruder fiel von einer Mauer und konnte sich nicht mehr bewegen. ❺ Berlin ist ein Symbol für die Vereinigung zwischen Ost und West.

8 Oggi, questa città è contemporaneamente un simbolo di (*per*) distruzione e ricostruzione, [di] divisione e unificazione. 64

9 Non esitate a venire a Berlino.

10 Ad (*Con*) ogni passo vivrete (*vivete*) un pezzo [di] storia, [di] storia del mondo (*mondo-storia*)!

8: La **y**, in tedesco **ypsilon** *uepsilòn*, si pronuncia come la **ü** (*ue*): **das Symbol** *zuembo:l*.

⑩ **Erleben** significa "conoscere", "vedere" nel senso di "vivere qualcosa", "fare esperienza di...": **was hast du auf deiner Reise erlebt?**, *cosa hai visto durante il tuo viaggio?*

Soluzioni dell'esercizio 1

❶ Non l'ho (*ancora*) mai sentito, è una storia straordinaria. ❷ Mia madre è arrivata nella Germania dell'Ovest a cinque anni. ❸ Sa perché il 3 ottobre è festa nazionale in Germania? ❹ Il fratello di Claudia è caduto da un muro e non ha più potuto muover(*si*). ❺ Berlino è il (*un*) simbolo (*per l'*) dell'unificazione tra Est e Ovest.

64 **Übung 2: Ergänzen Sie bitte!**

1. Come sapete, Berlino è la capitale della Germania.
   ... ... , ist Berlin ... . Deutschlands.

2. Berlino Est e Berlino Ovest furono separate (*in due*) da un muro [per] circa trent'anni.
   ...- und .... waren fast dreißig Jahre .... in zwei ....

3. La sorella di Gisela è berlinese; abita a Berlino dal 1990.
   .... Schwester ist .... ; sie wohnt .... in Berlin.

***Die Bundesrepublik Deutschland**,*
La Repubblica federale tedesca
Nel 1999 sono stati celebrati due importanti eventi storici per la nazione tedesca: il cinquantesimo anniversario della fondazione della Repubblica attraverso la ratifica della costituzione tedesca, das Grundgesetz, *e il decimo anniversario della caduta del muro (*der Mauerfall*) di Berlino che il 3 ottobre 1990 ha segnato la riunificazione delle due Germanie dopo oltre 40 anni di divisione. Lo stesso giorno i cinque* Länder* *dell'ex Repubblica Democratica Tedesca (RDT) entrarono a far parte della Repubblica Federale Tedesca (RFT): il Brandeburgo (regione in cui si trovano Berlino e Potsdam), il Mecklemburgo-Pomerania, "paese dei mille laghi", la Sassonia con la sua capitale Dresda, la Sassonia-Anhalt, terra di Martin Luther e Otto von Bismarck, di Georg Friedrich Haendel e Kurt Weill, e infine la Turingia, dove si trova la celebre città di Weimar. Dalla riunificazione, il 3 ottobre è festa nazionale,* der Tag der deutschen Einheit, *il giorno dell'unità tedesca.*

4 Lei esita a prendere ancora un pezzo di torta.
... . , noch ... . Kuchen .. nehmen.

5 Il passato di quest'uomo è straordinario; ha visto veramente tante cose.
... . dieses Mannes ist .... ; .. ... wirklich viel ....

Soluzioni dell'esercizio 2 - Parole mancanti
1 Wie Sie wissen – die Hauptstadt – 2 Ost – Westberlin – durch eine Mauer – geteilt 3 Giselas – Berlinerin – seit neunzehnhundertneunzig – 4 Sie zögert – ein Stück – zu – 5 Die Vergangenheit – außergewöhnlich – er hat – erlebt

La Germania è uno Stato federale, ciò significa che i suoi 16 Länder non sono solo province, ma stati autonomi. A capo della Bundesrepublik Deutschland *c'è il* Bundespräsident, *il Presidente federale, che svolge funzioni di tipo rappresentativo e viene eletto dall'Assemblea federale ogni cinque anni. Le questioni di politica nazionale e internazionale spettano invece al* Bundestag, *il Parlamento tedesco, che viene eletto dal popolo ogni quattro anni. Il* Bundestag *nomina il Cancelliere,* der Bundeskanzler, *il quale forma il gabinetto,* die Bundesregierung, *il Governo federale.*
Dal 2001 la sede del Bundestag *e quella del* Bundesregierung *non si trovano più a Bonn, ex capitale della Germania ovest, ma a Berlino, all'interno dell'edificio del* Reichstag *nei pressi della Porta di Brandeburgo.*

* *Per i* Länder *(Stati), vedi lezione 42, §4.*

Zweite Welle: Fünfzehnte Lektion

65 Fünfundsechzigste Lektion

Wie wird man reich?

Loriot verrät uns das Geheimnis ①

1 – Das Ge**heim**nis, war**um** nur so **we**nige ② reich sind, ist **ei**gentlich **kei**nes ③.
2 **Je**der ver**steht** mit ein **biss**chen Über**le**gung, dass reich **wer**den Geld **kos**tet.
3 **Des**halb ④ sind **näm**lich nur **we**nige reich.
4 Wenn ich **ei**nen Fri**seur**salon er**öff**nen will ⑤, **brau**che ich nicht nur ein Di**plom**, **ei**nen Kamm und **gu**ten Willen ⑥, **son**dern auch Kapi**tal**.

Aussprache

*… lori**o:** fè**a**rè:t … ghë**h**aimnìs* **1** *… **kai**nës.* **2** *… ue:b**a****le:**guñg …* **4** *… fri**zœ:**a-za**lo:ñg** è**a**œfnën … di**plo:**m, …kamm … vìllën, … kapi**ta:l**.*

Note

① **Ein Geheimnis verraten**, *tradire, svelare, rivelare un segreto.* **Das Geheimnis** traduce sia segreto, che mistero (vedi frase 1).

② Qui **wenige** sottointende **Leute / Personen**: **nur wenige haben Glück im Leben**, *solo poche persone sono fortunate nella vita / sono in pochi ad essere fortunati nella vita.*

③ **Kein<u>es</u>** (o **kein<u>s</u>**), *nessun-*, è neutro perché si riferisce ad un sostantivo neutro (**das Geheimnis**).

④ **Deshalb** significa "quindi", "perciò", "per questo motivo". **deshalb** risponde alla domande **warum?** e **weshalb?**. Entrambi i pronomi interrogativi significano "perché".

Come si diventa ricchi?

Loriot ci svela (*tradisce*) il segreto.

1 – Non è un mistero che solo poche persone siano ricche (*Il mistero, perché solo così poche persone sono ricche, è in realtà nessuno*).
2 Tutti capiscono, se ci riflettono un po', (*Ciascuno capisce con un po' di riflessione*), che diventare ricchi costa denaro.
3 Quindi, di fatto, solo poche persone sono ricche.
4 Se voglio aprire un salone da parrucchiere, non mi servono solo un diploma, un pettine e [la] buona volontà, ma anche [il] capitale.

1: Poiché la **e** di **keines** è un'**e** muta che si pronuncia appena, possiamo scrivere sia **keins**, che **keines**.
4: **der Friseur** o **Frisör**. Alla francese o alla tedesca, **der Salon** si pronuncia sempre *zal**oñg***.

⑤ Notate che nelle proposizioni introdotte da **wenn**, *se*, il verbo coniugato occupa l'ultima posizione: **wenn du nicht kommen kannst,** *…se non puoi venire…* mentre il soggetto e il verbo della principale sono invertiti: …**muss ich allein essen**, *…devo* (devo io) *mangiare da solo.*

⑥ Come tutti i nomi maschili deboli, **der Wille**, *la volontà*, prende una **-n** in tutti i casi, tranne al nominativo singolare (lezione 47, nota 2).

65 **5** Wenn das Kapi**tal** fehlt, muss ich **mei**ne **Kun**den auf dem **Geh**weg oder im Wald ⑦ fri**sie**ren.

6 Und das ist **stres**sig.

7 Ich wieder**ho**le **al**so: Man muss reich sein, um es zu **wer**den.

8 Ich emp**feh**le **Ih**nen **des**halb, bei **Ih**rer Ge**burt** reich zu sein.

9 **Je**der **an**dere Ver**such** ⑧ reich zu **wer**den, ist sehr **müh**sam und kann **Ih**nen die **Lau**ne und die Ge**sund**heit ver**der**ben. □

5 *… fe:lt, …* ***ghe:****-vè:k … valt fri****zi:****rën.* ***6*** *…* ***sctrès****siçh.* ***7*** *… vi:da****ho:****lë …* ***8*** *… èm****pfe:****lë …* ***9*** *…* ***mue:****za:m … ghë****zùnt****hait fèa****dèr****bën.*

Note

⑦ Il plurale di **der Wald**, *il bosco, la foresta è* **die Wälder.** Vi ricordate, ogni tanto, di verificare il genere dei sostantivi? ▸

Übung 1: Übersetzen Sie bitte!

❶ Wenn Sie nicht verstehen, müssen Sie es sagen. ❷ Reisen kostet Geld, deshalb bleibe ich zu Hause. ❸ Sie können sehen, dass dieses Problem eigentlich keins ist. ❹ Wir können noch kein Restaurant eröffnen: das Kapital fehlt uns. ❺ Mit dem Fahrrad darf man nicht auf dem Gehweg fahren.

5 Se manca il capitale, dovrò (*devo io*) pettinare i miei clienti sul marciapiede (*andare-strada*) o nel bosco.
6 E questo è stressante.
7 Ripeto (*quindi*): bisogna essere ricchi per diventarlo.
8 Perciò Vi consiglio di essere ricchi dalla (*alla Vostra*) nascita.
9 Ogni altro tentativo di diventare ricchi è (*molto*) faticoso e può rovinarVi l'umore e la salute.

⑧ L'infinito con funzione di complemento di specificazione è sempre preceduto da **zu**: **alle Versuche, Deutsch zu sprechen, sind ausgezeichnet**, *ogni tentativo* (tutti i tentativi) *di parlare tedesco è degno di nota* (sono eccellenti).

Soluzioni dell'esercizio 1

❶ Se non capisce, deve dirlo. ❷ Viaggiare costa denaro, perciò rimango a casa. ❸ Può vedere che, in realtà, questo non è un problema. ❹ Non possiamo ancora aprire un ristorante, ci manca il capitale. ❺ Non si può andare in bicicletta sul marciapiede.

65 Übung 2: Ergänzen Sie bitte!

1. Non posso rivelarvelo; è un segreto.
Ich darf euch das nicht .... ; das ist ... .

2. Sa come si diventa ricchi? – Con un po' [di] ingegno (*riflessione*) e [di] buona volontà!
Wissen Sie, ... reich wird? – ... ein bisschen .... und gutem ...... !

3. Se manca il capitale, qualsiasi altro tentativo non serve a niente.
.... das Kapital ..... , nützt .... auch nichts.

Nato il 12 novembre 1923 a Brandeburgo città, Bernard Victor Christoph Carl von Bülow, in arte Loriot* *è senza dubbio uno degli attori comici più amati in Germania. Sua madre morì quando aveva solo sei anni, mentre di suo padre, un ufficiale prussiano molto serio e distinto, Loriot racconta come fosse capace di burlarsi di sé e dei propri insuccessi. Fu proprio questa sua caratteristica a farne il modello per il suo personaggio principale, un ometto grasso con il naso a patata, che negli anni'50 suscitò una dura reazione del pubblico tedesco, offeso da questa caricatura. In una serie televisiva degli anni'70 Loriot ha interpretato lui stesso questo personaggio, che diceva rappresentasse in tutto e per tutto il tedesco medio. Da quel momento le persone hanno iniziato a scrivergli chiedendo come facesse a sapere quello che accadeva nelle loro case... I personaggi che interpreta sono caricature di persone serie e un po' ingenue, ma che si danno un gran da fare... con conseguenze disastrose! Ed è proprio questo genere tragicomico a divertire così tanto. I suoi film - in cui emerge un comportamento borghese tipico - sono tutti pensati per il pubblico tedesco, motivo per il quale egli non ha mai voluto esportarli: Loriot spera che vedendoli le persone possano cambiare.*

4 Ripeta, per favore, credo [che] non ho capito bene.
.... bitte, ich glaube, ... nicht richtig ....

5 Le consiglio di non guastarmi l'umore!
... . , mir nicht die Laune .. .. !

Soluzioni dell'esercizio 2 - Parole mancanti
1 – verraten – ein Geheimnis 2 – wie man – Mit – Überlegung – Willen 3 Wenn – fehlt – jeder andere Versuch – 4 Wiederholen Sie – ich habe – verstanden 5 Ich empfehle Ihnen – zu verderben

Vi consigliamo di andare a vedere tutto quello che ha fatto nel corso della sua carriera. Imparerete molte cose sui tedeschi che difficilmente riuscirete a scoprire altrove.

** Come pseudonimo ha scelto il nome francese dell'animale araldico della sua famiglia: l'oriolo.*

Zweite Welle: Sechzehnte Lektion

66 Sechsundsechzigste Lektion

Ein perfekter Ehemann ①

1 – **Gu**ten **A**bend, Schatz! Bin ich froh, **end**lich zu **Hau**se zu sein!
2 Ich **ha**tte **ei**nen sehr **an**strengenden ② Tag. Und wie gehts dir?
3 – Och, ich **ha**be die **Na**se **ziem**lich voll.
4 – Wa**rum** denn? Was ist denn los?
5 – Seit **Ta**gen ver**su**che ich im Restau**rant** **Schloss**garten **an**zurufen ③, **a**ber es ist **im**mer be**setzt**.

Aussprache
*... pèr**fèkt**ₐ **e:**ë-mann* **1** *... sciats ...* **2** *... **an**sctrèñghëndën ...*
5 *...bë**zètst***

Note

① **Die Ehe** significa "il matrimonio", "le nozze" nel senso di "vita coniugale": **eine gute Ehe führen**, *avere un matrimonio felice*. **Die Hochzeit** (frase 6) è, invece, la cerimonia di matrimonio, il giorno delle nozze.

② **Ein anstrengender Tag**, *una giornata faticosa* è letteralmente una giornata che richiede molti sforzi: **die Anstrengung** è infatti "lo sforzo"; **(sich) anstrengen**, *sforzarsi*.

③ **Versuchen**, *provare, tentare*, regge la costruzione infinitiva. L'infinito che dipende da **versuchen** è sempre preceduto dalla preposizione **zu**. Qui si tratta del verbo separabile **anrufen**, *chiamare, telefonare* e in questo caso **zu** viene posto tra la particella separabile e la voce del verbo, formando un'unica parola: **er versucht anzurufen, aber niemand antwortet**, *cerca di chiamare, ma non risponde nessuno.*

Un marito perfetto

1 – Buonasera tesoro! [Come] sono contento di essere finalmente a casa!
2 Ho avuto (*avevo*) una giornata davvero pesante (*molto faticosa*). E tu come stai?
3 – Uff, non ne posso più (*ho il naso piuttosto pieno*)!
4 – Perché? Cosa succede (*passa*)?
5 – Da giorni, cerco di chiamare il (*nel*) ristorante *Schlossgarten*, ma è sempre occupato.

6 Ich **woll**te **ei**nen Tisch für **un**seren **Hoch**zeitstag **über**morgen reser**vie**ren ④,

7 da**mit** ⑤ wir ihn dort **fei**ern, wo wir uns **ken**nen ge**lernt** ⑥ **ha**ben.

8 **Heu**te **A**bend ist das Restau**rant** ge**schlos**sen und **mor**gen ist es **si**cher zu spät.

9 – Na**tür**lich bist du jetzt **fürch**terlich ent**täuscht**, nicht wahr?

10 – Klar, ich **hat**te mich so da**rauf** ge**freut** ⑦, mit dir **wie**der dort**hin** zu **ge**hen.

11 – Also, wenn es nur das ist, mein **Lieb**ling, dann hast du **kei**nen Grund **trau**rig zu sein!

12 Hast du ver**ges**sen, dass du mit **ei**nem **Su**permann ver**hei**ratet bist?

13 Ich habe na**tür**lich schon vor ⑧ **ei**ner **Wo**che ge**nau** dort **ei**nen Tisch reser**viert**… □

***6** … **hòcH**tsaits-ta:k … rezèr**vi:**rën, **9** … **fuerçh**talìçh ènt**tòisct** … **10** … ghë**fròit** … **11** … grùnt **trau**rìçh … **12** … **zu:**pamann fèa**hai**ra:tët …*

Note

④ L'infinito che dipende da un modale non è mai preceduto dalla preposizione **zu**: **wollen Sie das bitte nicht vergessen?** *vuole, per cortesia, non dimenticarlo?*

⑤ La congiunzione **damit**, *al fine di… affinché…* rimanda il verbo alla fine della subordinata che introduce. A differenza dell'italiano, **damit** non vuole il congiuntivo.

⑥ Tradotto letteralmente, **kennen lernen** significa "conoscere, imparare". Lo si usa soprattutto in riferimento a persone col significato di "fare la conoscenza".

⑦ **Sich freuen**, *essere contenti / felici, rallegrarsi*, è un verbo molto usato in tedesco: **ich freue mich, Sie zu sehen**, *sono* ▶

6 Volevo prenotare un tavolo per il nostro anniversario (*giorno*) di matrimonio dopodomani, **66**
7 per festeggiarlo (*festeggiamo*) là dove ci siamo conosciuti (*conoscere imparato*).
8 Stasera il ristorante è chiuso e domani è sicuramente troppo tardi.
9 – Naturalmente adesso sarai (*sei*) terribilmente delusa, (*non*) vero?
10 – Chiaro, ero così contenta (*avevo me così di questo rallegrata*) di ritornarci con te.
11 – Beh, se è solo questo, mia cara, allora non hai ragione di essere triste!
12 Hai dimenticato che sei sposata con un "super uomo"?
13 Naturalmente ho prenotato un tavolo proprio lì (*già*) una settimana fa…

▸ *contenta / felice di vederLa.* **Sich auf etwas / jemanden freuen** significa "rallegrarsi, essere contenti in prospettiva di (*su*) qualcosa o qualcuno (un evento che si svolgerà nel futuro)". **Darauf** sostituisce **auf das**, *di ciò*: **ich freue mich darauf, Sie morgen zu treffen**, *sono contenta di incontrarLa domani* .

⑧ Attenzione a distinguere bene **vor Tagen**, (prima) *giorni fa*, che colloca un evento nel passato, da **seit Tagen**, *da giorni*, che stabilisce l'inizio di un'azione che si sta ancora svolgendo nel momento in cui si parla: **vor einer Stunde war sein Telefon besetzt**, *un'ora fa il suo telefono era occupato*; ma: **seit einer Stunde ist sein Telefon besetzt**, *il suo telefono è occupato da un'ora.* Entrambe le preposizioni reggono il dativo.

66 **Übung 1: Übersetzen Sie bitte!**

❶ Sie hat ihren Freund vor drei Jahren in Berlin kennen gelernt. ❷ Die Kinder freuen sich auf die nächsten Ferien. ❸ Sie haben keinen Grund, enttäuscht zu sein. ❹ Seit Wochen hat er sehr anstrengende Tage. ❺ Wann haben Sie versucht mich anzurufen?

Übung 2: Ergänzen Sie bitte!

❶ Sono molto contento di conoscerLa.

... . mich sehr, Sie ...... zu ....

❷ Si sono conosciuti sei settimane fa e oggi celebrano già [il loro] matrimonio.

Sie haben sich ... sechs ...... kennen gelernt, und heute .... schon ....

❸ È contento di essere finalmente a casa, la giornata è stata terribilmente faticosa.

Er ist .... , ... zu Haus .. .... , der Tag war ....

❹ Affinché lei non sia delusa o triste, la chiama tutte le sere (*ogni sera*).

.... nicht .... oder .... ist, ... er sie jeden Abend .. .

Soluzioni dell'esercizio 1

❶ Ha conosciuto il suo ragazzo tre anni fa a Berlino. ❷ I bambini sono contenti [in prospettiva] delle prossime vacanze. ❸ Non ha motivo di essere deluso. ❹ Da settimane ha delle giornate pesanti. ❺ Quando ha provato a chiamarmi?

❺ Se è solo per questo, allora non ha motivo di non parlare con lei da giorni.
.... es nur das ... , dann hat er ......
.... nicht mit ihr .. ..

Soluzioni dell'esercizio 2 - Parole mancanti

❶ Ich freue – kennen – lernen ❷ – vor – Wochen – feiern sie – Hochzeit ❸ – froh endlich – zu sein – fürchterlich anstrengend ❹ Damit sie – enttäuscht – traurig – ruft – an ❺ Wenn – ist – keinen Grund seit Tagen – zu sprechen

Zweite Welle: Siebzehnte Lektion

67 Siebenundsechzigste Lektion

Und was ist für Sie das Paradies?

1 – **Al**so, Sie sind der ① **Mei**nung, dass es **zwi**schen ② den Nationali**tä**ten **kei**ne **Un**terschiede gibt?

2 Ich ver**ste**he Sie nicht. Da ③ bin ich ganz **an**derer **Mei**nung.

3 **Ken**nen Sie nicht die Ge**schich**te vom Para**dies** und der **Hö**lle?

4 – **Wel**che **mei**nen Sie? Er**zäh**len Sie mal!

5 – Das Para**dies** ist dort, wo der Koch Fran**zo**se ④, der **Au**tomechaniker **Deut**scher ⑤, der Ban**kier** **Schwei**zer, der **Lieb**haber Ita**lie**ner und der Poli**zist** **Eng**länder ist.

Aussprache

*... para**di:s**? **1** ... **mai**nuñg, ... natsionali**tè:**tën ... **3** ... h̲œllë?*
***4** **vèl**çhë ... **5** ... kòcH fran**tso:**zë ... **au**to-mèçha:nika **dòit**scia,*
*... bañ**kié:** **scvai**tsa, ... **li:**ph̲a:ba ... **èñg**lènda ...*

titolo: L'accento tonico di **das Paradies** cade sull'ultima sillaba.

Note

① Si tratta del genitivo femminile di **die Meinung**, *l'opinione, l'avviso*: **ich bin Ihre<u>r</u> Meinung**, *sono <u>del</u> Suo avviso*. Come la maggior parte dei sostantivi terminanti in **-ung**, anche il termine **Meinung** si forma a partire dal verbo, in questo caso **meinen**, *essere dell'avviso, credere, voler dire, intendere* (frase 4).

② Qui **zwischen**, *tra*, non è una preposizione di luogo e pertanto regge il dativo: **zwischen dir und mir gibt es einen großen Unterschied**, *tra me e te c'è una grande differenza.* ▸

E cos'è per Lei il paradiso?

1 – Allora, è dell'idea che non ci siano (*sono*) differenze tra le nazionalità?
2 Non La capisco. In questo caso, sono di tutt'altro avviso.
3 Non conosce la storia del paradiso e dell'inferno?
4 – Quale intende? Racconti (*volta*)!
5 – Il paradiso è là, dove il cuoco è francese, il meccanico tedesco, il banchiere svizzero, l'amante italiano e il poliziotto inglese.

Non dimenticate di pronunciare la **-s** finale quando dite *para**di:s**.*
5: Nella parola **der Bankier**, la prima sillaba, **bank**, si pronuncia con la **a** bene aperta seguita dalla **n**, la quale ha un suono un po' nasale per via della **k** che precede (***ba**ñk*). La seconda e la terza sillaba si pronunciano "alla francese", ovvero con l'accento sulla **e**: *bañ**kié:**.*

③ Abbiamo visto che con funzione avverbiale, **da** traduce *qui / qua, lì / là,* (**ich bin da**, *sono qui*). Spesso però (proprio perché indica un luogo) **da** è usato come congiunzione concessiva nel senso di "in questo caso", "allora": **da kann man nichts machen**, *in questo caso non si può fare niente.*

④ Per indicare la nazionalità di una persona si usa il sostantivo: **er ist Franzose**, *è francese*, e non l'aggettivo di nazionalità, **französisch**. I nomi degli abitanti di paesi e continenti si formano in diversi modi: si dice **der Engländer**, *l'inglese*, ma **der Deutsche**, *il tedesco.* Ne riparleremo nella lezione di ripasso.

⑤ Attenzione! **Der Deutsche**, *Il tedesco*, è un sostantivo che si declina come l'aggettivo attributivo: **ein Deutscher**, ma **eine Deutsche**, *una tedesca.*

6 – Ah ja ⑥? Das ist ja sehr interes**sant**. **A**ber wa**rum** denn?

7 – **War**ten Sie, die Ges**chich**te ist noch nicht zu **En**de ⑦.

8 Die **Höl**le ist da**ge**gen dort, wo der Koch **Eng**länder, der **Au**tomechaniker Fran**zo**se, der Ban**kier** Ita**lie**ner, der **Lieb**haber **Schwei**zer und der Poli**zist** **Deu**tscher ist.

9 – Ach, **wis**sen Sie, für mich ist das Para**dies** da, wo **mei**ne **Mut**ter kocht, **un**ser **Nach**bar **Au**tomechaniker ist, wo es **kei**ne Poli**zei** gibt, und ich selbst Ban**kier** und **Lieb**haber bin…

***9** … nacHba:a …*

Note

⑥ A seconda dell'intonazione, **ah ja?** può esprimere sia stupore, che un dubbio: *ah sì? davvero?* Invece **ah ja!**, o **ach ja!**, seguito dal punto escalamativo, serve ad esprimere che abbiamo finalmente capito: *ah sì! ma sì!* **Ja** ha due funzioni: quella di rafforzare un'affermazione e quella di insinuare un dubbio. Quindi, a seconda del tono, la frase **Sie sind ja intelligent**, che ▸

Übung 1: Übersetzen Sie bitte!

❶ Sie möchte einen Bankier heiraten, weil sie Geld liebt. ❷ Engländer und Franzosen sind oft ganz anderer Meinung. ❸ Meinen Sie, dass es zwischen den Ländern große Unterschiede gibt? ❹ Meine Mutter kochte sehr gut, meine Frau leider nicht! ❺ Man sagt, die Deutschen leben, um zu arbeiten und die Franzosen arbeiten, um zu leben.

6 – Ah sì? È (*sì*) molto interessante. Ma perché (*dunque*)?
7 – Aspetti, la storia non è ancora finita.
8 L'inferno, al contrario, è là dove il cuoco è inglese, il meccanico francese, il banchiere italiano, l'amante svizzero e il poliziotto tedesco.
9 – Ah, sa per me il paradiso è qui, dove mia mamma cucina, [il] nostro vicino è meccanico, dove non [c']è polizia e io stesso sono banchiere e amante...

▸ significa *ma Lei è* (sì) *intelligente!*, può essere sia un complimento che una presa in giro.

⑦ **Das Ende**, *la fine*, **zu Ende sein**, *essere terminato* (alla fine), ma attenzione: **<u>am</u> Ende sein**, *essere sfinito*. Non smetteremo mai di ripetervelo: le preposizioni in tedesco sono importanti!

Soluzioni dell'esercizio 1

❶ Vorrebbe sposare un banchiere perché ama il denaro. ❷ Inglesi e francesi hanno (*sono*) spesso opinioni diverse (*di tutt'altro avviso*). ❸ Crede che ci siano (*sono*) grosse differenze tra i paesi? ❹ Mia madre cucinava benissimo, mia moglie purtroppo no! ❺ Si dice [che] i tedeschi vivono per lavorare e [che] i francesi lavorano per vivere.

68 Übung 2: Ergänzen Sie bitte!

1 Può scegliere (*Lei ha la scelta*) tra un tedesco e un italiano; ma vorrebbe uno svizzero.
... ... die Wahl zwischen .... und .... ; aber sie möchte ....

2 Aspettiamo un po'! Sembra [che] questa storia non sia (*è*) ancora terminata.
.... ein bisschen! Es scheint, dass .... noch nicht .. .... ist.

3 Sono dell'avviso che tra inferno e paradiso ci sia (*è*) una grossa differenza
Ich bin ... ., dass es .... und ... . einen großen Unterschied gibt.

68 Achtundsechzigste Lektion

Zehn Fragen zu Ihrer Allgemeinbildung ①

*Die **Ant**worten **fin**den Sie am **En**de dieser **Lek**tion.*

1 Wer er**fand** ② die Relativi**täts**theo**rie**?
a. **New**ton b. **Ein**stein c. Gali**lei**

Aussprache
*... alghë**main**-bìlduñg **1** ... èa**fant** ... relativi**tè:ts**-teori:*

1: In tedesco si cerca di pronunciare i nomi propri rispettando la lingua d'origine: **I**saac **New**ton si pronuncia *izaac **niu:**t'n.*

4 Cosa racconti (*là*), (*questo*) non capisco.
Was .... da? Das .... nicht!

5 Quale lingua le piace di più? [L']inglese o [il] tedesco?
...... Sprache gefällt ..... besser? .... oder .... ?

Soluzioni dell'esercizio 2 - Parole mancanti
1 Sie hat – einem Deutschen – einem Italiener – einen Schweizer
2 Warten wir – diese Geschichte – zu Ende – 3 – der Meinung – zwischen der Hölle – dem Paradies – 4 – erzählst du – verstehe ich – 5 Welche – Ihnen – Englisch – Deutsch

Zweite Welle: Achtzehnte Lektion

Sessantottesima lezione 68

Dieci domande di (*alla vostra*) cultura generale

Le risposte, le trovate alla fine di questa lezione.

1 Chi ha inventato la teoria della relatività?
a. Newton b. Einstein c. Galilei

Note

① **Allgemein** significa "comune", "generale" e **die Bildung**, *la cultura, l'educazione, la formazione* e *l'istruzione.*

② **Erfand** è il preterito di **erfinden**, *inventare.* A scuola i verbi irregolari si studiano a memoria nelle tre forme base: infinito, preterito, participio passato (paradigma): **erfinden, erfand, erfunden**. È una buona idea, no?

68 **2** Wen **nann**te ③ man den **ei**sernen **Kanz**ler?
a. **O**tto von **Bis**marck b. **Kon**rad **A**denauer
c. **Hel**mut Kohl

3 Wem **brach**ten ④ die **Grie**chen ein Pferd vor die **Stadt**tore ⑤?
a. den Ger**ma**nen b. den Tro**ja**nern
c. den **Rö**mern

4 **Wes**sen ⑥ Frau war die **Kai**serin "**Sis**si"?
a. **Kai**ser Franz Josephs b. **Phi**lipps des **Zwei**ten ⑦ c. **Pe**ters des **Gro**ßen

5 Wann **ka**men ⑧ die **Gar**tenzwerge nach **Deutsch**land?
a. im 18. Jahr**hun**dert b. im 19. Jahr**hun**dert c. im 20. Jahr**hun**dert

***2** … **nan**ntë … **ai**zanën **kants**la? **3** … **bracH**tën … **gri:**çh'n … **sctat**-to:rë … ghèr**ma:**nën … tro**ia:**nan … **rœ:**man **4** **vès**s'n … **kai**zarìn … **kai**za … io:zèfs … **fi:**lìps dès **tsvai**t'n … **5** …*

Note

③ **Nannte** è il preterito di **nennen**, *chiamare*, *nominare*.

④ **Brachten** è il preterito di **bringen**; anche il participio passato è irregolare: **gebracht**, *portato*.

⑤ **Das Tor** è una porta molto più grande di **die Tür**, *la porta*: **das Brandenburger Tor**, *la Porta di Brandeburgo*.

⑥ **Wessen?**, *Di chi?* è la forma interrogativa del genitivo. Notate che **wessen** è sempre seguito dal sostantivo: **wessen Buch ist das?**, *di chi è questo libro* (lett. "di chi libro è questo")*?* ▸

2 Chi venne soprannominato (*chiamava si*) il Cancelliere di ferro?
a. Otto von Bismarck b. Konrad Adenauer
c. Helmut Kohl

3 A chi i greci portarono un cavallo davanti alla porta della città?
a. ai Germani b. ai Troiani c. ai Romani

4 L'imperatrice Sissi di chi era moglie?
a. [dell']imperatore Francesco Giuseppe b. [di] Filippo II c. [di] Piero il Grande

5 Quando arrivarono in Germania i nani da giardino?
a. nel XVIII secolo b. nel XIX secolo c. nel XX secolo

ka:mën ... ***gar***t'n-tsvèrghë ... ***acHt***'tse:n<u>të</u>n ia:ə-***<u>h</u>und***ət...

4: Pronunciate bene la **s** finale di **Franz Joseph**, **Philipp** e **Peter** (genitivo "sassone").

⑦ Al nominativo, **Philipp II.** si dice **Philipp der Zweite**, "il secondo". All'interno di una frase, il numerale, in quanto aggettivo, va declinato: **Elisabeth war die Frau Philipps II. (de<u>s</u> Zweite<u>n</u>)**, *Elisabetta era la moglie di Filippo II*, **sie war mit Philipp II. (dem Zweiten) verheiratet**, *era sposata con Filippo II.*

⑧ **Kamen** è il preterito di **kommen**, *venire, arrivare.*

6 Wo saß ⑨ die Lore**lei**?
a. in **ei**nem Schiff b. auf **ei**nem **Fel**sen
c. am **U**fer

7 Wo**her stamm**ten die Teu**to**nen?
a. aus **Süd**deutsc**h**land und der Schweiz
b. aus **Ost**deutschland und **Po**len
c. aus **Nord**deutschland und **Dä**nemark

8 **Wel**che der **fol**genden **O**pern kompo**nier**te ⑩ **Beet**hoven?
a. Fi**de**lio b. die **Zau**berflöte c. die **Lus**tige **Wi**twe □

*6 …za:s …lo:rë**lai**? …sciff …**fèl**z'n …**u**:fa 7 … **sctamm**t'n … tòi**to:**nën? 8 … kòmpo**ni:r**të **be:t**ho:f'n? … **tsau**ba-flœ:të … **lùs**tighë **vìt**vë*

Note

⑨ **Saß** è il preterito di **sitzen**, *essere seduti*. Ricordatevi che **sitzen** è un verbo di "stato", ovvero che non indica uno spostamento e che la preposizione di luogo che accompagna ▸

Übung 1: Übersetzen Sie bitte!

❶ Die Kaiserin Elisabeth lebte von achtzehnhundertsiebenunddreißig bis achtzehnhundertachtundneunzig. ❷ Wem haben Sie die Blumen gebracht? Der Frau des Kanzlers? ❸ Mozart, der aus Salzburg stammte, komponierte die Zauberflöte. ❹ Die Lorelei saß auf einem Felsen und kämmte* ihre langen, blonden Haare. ❺ Können Sie mir sagen, wessen Ehemann Philipp der Zweite war?

* Vi ricordate di **der Kamm**, *il pettine*? **kämmen** è il verbo da cui deriva questo termine.

6 Dov'era seduta la Lorelei ?
a. in una barca b. su una rupe c. sulla riva
7 Da dove provenivano i Teutoni?
a. dalla Germania del Sud e dalla Svizzera
b. dalla Germiana dell'Est e dalla Polonia
c. dalla Germania del Nord e dalla Danimarca
8 Quale delle seguenti opere è stata composta da Beethoven?
a. Fidelio b. Il flauto magico c. La vedova allegra

▸ il verbo regge il dativo: **sie sitzt am (= an dem) Ufer**, *è seduta* (a) *sulla riva*.

10 Il preterito dei verbi terminanti in **-ieren** è regolare, pertanto la 3ª persona singolare prende la desinenza **-te**: **er komponier<u>te</u>**, *egli componeva*.

Soluzioni dell'esercizio 1

1 L'imperatrice Elisabetta visse dal 1837 al 1898. 2 A chi ha portato i fiori? Alla moglie del cancelliere? 3 Mozart, che era originario di Salisburgo, ha composto il Flauto Magico. 4 La Lorelei era seduta su una rupe e si pettinava i suoi lunghi, biondi capelli. 5 Sa dirmi di chi Filippo II era il marito?

Übung 2: Ergänzen Sie bitte!

1. Sa forse chi ha inventato i nani da giardino e in quale secolo?
   Wissen Sie vielleicht, . . . die Gartenzwerge . . . . . . und . . . . ?

2. Di dov'erano originari i vostri nonni? Della Germania o della Svizzera?
   Woher . . . . eure Großeltern? Aus . . . . oder aus . . . . ?

3. Quali delle sinfonie di Beethoven è per Lei (*trova*) la più bella? – Io preferisco la quinta.
   . . . . . . der Symphonien . . . . finden Sie . . . . ? – Ich mag . . . . am liebsten.

4. Chi chiamavi Sissi quand'eri piccolo? L'amica di Peter o la sorella di Helmut?
   . . . . Sissi, . . . du klein warst? . . . . . . Freundin oder . . . . Schwester?

69 Neunundsechzigste Lektion

Man nimmt sich niemals genug in Acht ①

1 – Ent**schul**digen Sie, ich **su**che den **Haus**meister.

Note

① **Sich in Acht nehmen**, *badare a se stessi, essere prudenti*; **Acht**, ▸

5 I greci portarono un cavallo davanti alle porte della città affinché i troiani venissero fuori.

Die Griechen .... ein Pferd ... ... , damit ... . aus der Stadt ....

Soluzioni dell'esercizio 2 - Parole mancanti

1 – wer – erfand – in welchem Jahrhundert 2 – stammten – Deutschland – der Schweiz 3 Welche – Beethovens – am schönsten – die fünfte – 4 Wen nanntest du – als – Peters – Helmuts – 5 – brachten – vor die Stadttore – die Trojaner – kamen

Antworten zu Lektion 68: 1 b. 2 a. 3 b. 4 a. 5 c. 6 b. 7 c. 8 a.

Zweite Welle: Neunzehnte Lektion

Sessantanovesima lezione 69

Non si è mai abbastanza prudenti
(*Ci si prende mai abbastanza in cura*)

1 – Scusi, sto cercando (*cerco*) il custode.

▸ *cura, premura*, è un'antica parola tedesca che ritroviamo nel termine **Achtung**, *attenzione*.

2 – Da **ha**ben Sie Pech ②, es gibt schon **lan**ge **kei**nen ③ mehr bei uns.
3 – So was **Dum**mes ④! Ich muss **drin**gend mit **ei**nem **Mie**ter **spre**chen.
4 – Zu wem ⑤ **wol**len Sie denn?
5 – Zu Herrn **Wör**le, **ken**nen Sie ihn?
6 – Mmm…, der **Na**me ist mir nicht ganz **un**bekannt.
7 Was **wol**len Sie denn von ihm?
8 – Das ist ver**trau**lich, das darf ich ihm nur per**sön**lich **sa**gen.
9 – Ich ver**ste**he. Ist es **et**was sehr **Schlim**mes?
10 – Schlimm? Aber nein! **Ganz** im **Ge**genteil!
11 **Un**ter uns – **a**ber sagen Sie es **nie**mandem **wei**ter – er hat im **Lo**tto ge**wo**nnen ⑥.

Aussprache
*3 … **drìñ**ghënt … **mi:**ta … 5 … **vœr**lë … 8 … fèa**trau**lìçh … pèr**zœ:n**lìçh … 9 … scl**ìm**mès? 11 … **lòt**to ghë**vòn**nën.*

Note

② Il primo significato di **das Pech** è “la pece”, mentre il secondo, “la sfortuna”, “la scarogna”.

③ **Keinen**, *nessuno,* è l’accusativo maschile del pronome indefinito **keiner** *nessuno.* Il femminile e il neutro sono rispettivamente, **keine** e **keins**, *nessuna*, *nessun* (neutro).

④ Nell’esclamazione **so was (etwas) Dummes!**, *che seccatura!* (lett. “così qualcosa stupido”), l’aggettivo **dumm**, *sciocco*, *stupido*, è neutro ed è sostantivato (notate la maiuscola). Lo stesso vale per la frase 9: **etwas Schlimmes**, *qualcosa di grave*.

⑤ Vi ricordate che **gehen** può essere omesso in tedesco perché la preposizione **zu** presuppone già uno spostamento? Quando c’è un movimento, “da” si traduce con **zu**; senza movimento, con **bei** (frase 2).

2 – In questo caso è sfortunato, (*c'è*) non ne abbiamo più uno (*nessuno*) da tempo (*da noi*).
3 – Che seccatura! Devo parlare urgentemente con un inquilino.
4 – Da chi vuole [andare]?
5 – Da[l] Sig. Wörle, lo conosce?
6 – Mmm…, il nome non mi è del tutto nuovo (*sconosciuto*).
7 Cosa vuole da lui?
8 – È riservato, lo posso dire solo a lui personalmente.
9 – Capisco. È qualcosa [di] molto grave?
10 – Grave? Ma no! (*Del tutto*) Al contrario!
11 [Detto] tra noi – ma non lo dica a nessuno (*più lontano*) – ha vinto al Lotto.

⑥ **Gewonnen** è il participio II di **gewinnen**, *vincere*. Attenzione! La particella **ge-** non è quella del passato; come vedete si trova già unita al verbo al presente: **wer wagt, gewinnt!** (lett. "chi osa, vince"), *la fortuna aiuta gli audaci*.

12 – Was **sa**gen Sie da? **Hö**ren Sie, ich bin Herr **Wör**le.

13 Wie viel ist es denn?

14 – **Lei**der nicht viel, Herr **Wör**le, ver**zei**hen Sie mir **bit**te die **Lü**ge!

15 In **Wahr**heit **kom**me ich **näm**lich ⑦ vom Fi**nanz**amt ⑧ und muss mich mit **Ih**nen ein **biss**chen unter**hal**ten. □

***14** ... fè**a**tsaiën ... **lue:**ghë! **15** ... **va:**ahait ... fi**nants**-amt ...*

Note

⑦ Vi ricordate che **nämlich**, così come **denn**, *poiché*, serve a giustificare un'affermazione appena fatta? **Das darf ich nicht sagen, das ist nämlich vertraulich = denn das ist**

Übung 1: Übersetzen Sie bitte!

❶ Was suchen Sie? Einen Zahnarzt? Hier gibt es keinen mehr. ❷ Was ich Ihnen jetzt sage, ist vertraulich! ❸ Der Name ist mir leider unbekannt. ❹ Nimm dich in Acht! Der Mann scheint vom Finanzamt zu kommen. ❺ Ich muss Sie dringend persönlich sprechen.

12 – Cosa dice (*là*)? Ascolti, io sono il Sig. Wörle! **13** Di quanto si tratta (*Quant'è dunque*)? **14** – Purtroppo non molto, Sig. Wörle, mi perdoni la bugia (*per favore*)! **15** In verità vengo (*infatti*) dall'intendenza di finanza e devo discutere (*intrattenermi*) un po' con Lei.

▸ **vertraulich**, *non lo posso dire, perché è riservato* (lezione 57, nota 1).

(8) **Das Amt** è un ufficio pubblico, un'amministrazione: **das Arbeitsamt**, *l'ufficio di collocamento*, **das Zollamt**, *l'ufficio doganale*, ecc. **Das Amt** traduce anche "la carica", "l'impiego".

Soluzioni dell'esercizio 1

(1) Cosa cerca? Un dentista? Qui non c'è (*nessuno*) più. (2) Quello che Le dico adesso è riservato! (3) Questo nome purtoppo non mi è noto. (4) Sii prudente! Quest'uomo sembra venire dall'intendenza di finanza. (5) Devo parlarLe urgentemente di persona.

Übung 2: Ergänzen Sie bitte!

1 Scusi, cerchiamo il custode; non ce n'è uno qui?
. . . . , wir suchen . . .
. . . . ; gibt es hier . . . . . . ?

2 È una menzogna! Faccia attenzione perché noi conosciamo tutta la verità.
Das ist . . . . ! Nehmen Sie sich . .
. . . . , wir kennen nämlich alle . . .
. . . .

3 Devo [andare] urgentemente dal Sig. Wörle. Lo conosce?
Ich muss . . . . Wörle. . . . . . .
. . . . . . ?

70 Siebzigste Lektion

Wiederholung

1 Il preterito

Insieme al passato prossimo, il preterito è la forma verbale del passato più usata in tedesco. Sebbene parlando si ricorra per lo più al passato prossimo, il preterito resta il tempo verbale che si preferisce usare nella lingua scritta. Dal punto di vista grammaticale, il preterito corrisponde all'imperfetto e al passato remoto in italiano. Tuttavia lo si utilizza per tradurre anche il passato prossimo.

4 Devo parlarLe di persona, ho qualcosa di molto interessante da dirLe.

Ich muss Sie .... , ich habe Ihnen .... zu sagen.

5 So che (*lei*) ha vinto al lotto, ma questo deve rimanere tra noi.

Ich weiß, dass ... im Lotto .... , aber das muss .... bleiben.

Soluzioni dell'esercizio 2 - Parole mancanti
1 Entschuldigen Sie – den Hausmeister – keinen – 2 – eine Lüge – in Acht – die Wahrheit 3 – dringend zu Herrn – Kennen Sie ihn 4 – persönlich sprechen – etwas sehr Interessantes – 5 – sie – gewonnen hat – unter uns –

Zweite Welle: Zwanzigste Lektion

Settantesima lezione 70

a) La coniugazione del preterito

La 1ª e la 3ª persona singolare sono sempre identiche; di conseguenza, la desinenza della 3ª persona singolare non è mai **-t** come all'indicativo presente.

• I verbi regolari (o deboli) prendono le desinenze **-te**, **-test**, **te**, **ten**, **tet**, **ten**. I verbi la cui radice termina per **-t**, **-d** o per **-m** o **-n** precedute da consonante aggiungono una **-e** tra la radice e la desinenza:

70

	fragen, *domandare, chiedere*	**antworten**, *rispondere*	**öffnen**, *aprire*
ich	**frag-te**,	**antwort-e-te**	**öffn-e-te**
du	**frag-test**	**antwort-e-test**	**öffn-e-test**
er/sie/es	**frag-te**	**antwort-e-te**	**öffn-e-te**
wir	**frag-ten**	**antwort-e-ten**	**öffn-e-ten**
ihr	**frag-tet**	**antwort-e-tet**	**öffn-e-tet**
sie	**frag-ten**	**antwort-e-ten**	**öffn-e-ten**

• I verbi irregolari (o forti) cambiano la vocale radicale e prendono le desinenze del presente tranne alla 1ª e alla 3ª persona singolare che sono identiche (come per tutti i verbi al preterito):

	kommen, *venire*	**gehen** *andare*	**nehmen**, *prendere*	**ziehen**, *tirare*
ich	**kam**	**ging**	**nahm**	**zog**
du	**kamst**	**gingst**	**nahmst**	**zogst**
er/sie/es	**kam**	**ging**	**nahm**	**zog**
wir	**kamen**	**gingen**	**nahmen**	**zogen**
ihr	**kamt**	**gingt**	**nahmt**	**zogt**
sie	**kamen**	**gingen**	**nahmen**	**zogen**

• I verbi misti sono quei verbi che cambiano la vocale radicale e prendono le desinenze del preterito dei verbi regolari. State tranquilli, non ce ne sono che otto:

bringen, *portare* → **ich brachte, du brachtest, …**
allo stesso modo: **denken**, *pensare.*
nennen, *chiamare* → **ich nannte, du nanntest, …**
allo stesso modo: **brennen**, *bruciare*, **kennen**, *conoscere*, e **rennen**, *correre.*
wenden, *girare* → **ich wandte, du wandtest, …** (anche **ich wendete**)
allo stesso modo: **senden**, *spedire.*

Questi verbi formano il participio passato aggiungendo una **-t** alla radice del preterito: **gebracht**, *portato*, **genannt**, *chiamato*, **gewandt**, *girato.*

• Al preterito, i verbi di modo e il verbo **wissen** prendono le desinenze dei verbi regolari, ma perdono l'Umlaut. Al presente, invece, prendono le desinenze dei verbi forti (lezione 35, §1):

infinito	1ª pers. preterito	1ª pers. presente
können *potere*	**ich konnte**	**ich kann**
müssen *dovere, essere obbligati*	**ich musste**	**ich muss**
sollen *dovere*	**ich sollte**	**ich soll**
dürfen *avere il permesso* *dovere, potere*	**ich durfte**	**ich darf**
wollen *volere*	**ich wollte**	**ich will**
mögen, *piacere*	**ich mochte***	**ich mag**
wissen, *sapere*	**ich wußte**	**ich weiß**

*Occorre pronunciare bene la **o** seguita dal **ch** gutturale: ***mocHte*** altrimenti si rischia che venga confuso con **ich möchte**, *vorrei*, congiuntivo II, la cui pronuncia è ***mœçhtë***

b. La vocale radicale al preterito

Nell'ultima lezione di ripasso, abbiamo visto alcuni casi-tipo in cui la vocale radicale dei verbi forti cambia al participio passato. Adesso possiamo completare lo schema aggiungendo il preterito. Nell'appendice alla fine del libro, i verbi irregolari più importanti sono riportati secondo il seguente schema:

schlafen, *dormire*	**schlief**	**geschlafen**
geben, *dare*	**gab**	**gegeben**
sprechen, *parlare*	**sprach**	**gesprochen**
bleiben, *restare*	**blieb**	**geblieben**
trinken, *bere*	**trank**	**getrunken**
beginnen, *cominciare*	**begann**	**begonnen**
verbieten, *proibire*	**verbot**	**verboten**

70 Sebbene esistano alcune regole sul cambio della vocale radicale, pensiamo sia meglio imparare i verbi uno alla volta. Da parte nostra, faremo il possibile affinché li possiate incontrare spesso. Ma perché non copiarli ed incollarli sullo specchio in bagno… o dove preferite, in modo da averli sempre sotto gli occhi? Potreste addirittura impararli cantando o “rappando” sotto la doccia... in questo caso vi consigliamo di plastificare la lista!

2 I pronomi interrogativi “wer?”, “was?” e “welcher?”

a) Wer?, *Chi?*, si declina come l’articolo determinativo maschile (tranne al genitivo).

Nominativo: **wer?**, *chi ?* (soggetto) → **Wer bist du? – Karl**, *Chi sei? – Karl.*
Accusativo: **wen?**, *chi?* (complemento oggetto) → **Wen liebst du? – Sylvia**, *Chi ami? – Sylvia.*
Dativo: **wem?**, *a chi?* → **Wem zeigst du die Stadt? – Sylvia**, *A chi mostri la città? – A Sylvia.*
Genitivo: **wessen?**, *di chi ?* → **Wessen Freund bist du ? – Sylvias Freund / Der Freund von Sylvia**, *Di chi sei amico? – ... di Sylvia.*

In risposta a **Wer?** abbiamo quasi sempre il nome di una persona. I nomi propri non si declinano, tranne al genitivo sassone (come in inglese), dove prendono la **-s**: **Sylvias Freund**, *l’amico di Sylvia.*

Quando nella risposta non c’è un nome proprio, è l’articolo ad essere declinato nel caso del pronome interrogativo:

Wer spricht gut Deutsch? *Chi parla bene tedesco?*
– Der Onkel aus Amerika
Wen treffen Sie um 15 Uhr? *Chi incontra alle 15?*
– Den Onkel aus Amerika
Wem schreiben Sie einen Brief? *A chi scrive una lettera?*
– Dem Onkel aus Amerika
Wessen Auto ist das? *Di chi è la macchina?*
– Das Auto des Onkels* aus Amerika o **Das Auto von dem Onkel aus Amerika.**

* Notate che il genitivo, che è il caso del complemento di specificazione, è sempre accompagnato da un sostantivo (in questo caso **das Auto**).

b) Il **was?** *cosa?* neutro esiste solo al nominativo e all'accusativo ed è usato per riferirsi a un animale, a una cosa o a un concetto:
Was ist das? *Cos'è?*
– **Die Hölle**, *L'inferno.*
Was essen Sie? *Cosa mangia?*
– **Hasenfrikassee**, *Fricassea [di] coniglio.*

c) Welcher?, *quale?* (maschile), **welche?**, *quale?* (femminile), **welches?**, *quale?* (neutro) si declinano come gli articoli determinativi. Il genitivo di **welcher** non si usa più.

Welcher von Beiden ist dein Freund? *Quale dei due è il tuo amico?* – **Der Linke**, *Quello [di] sinistra.*
Welche der Frauen ist deine Tante? *Quale della donne è tua zia?* – **Die Rechte**, *Quella [di] destra.*
Welches der Bücher hast du noch nicht gelesen? *Quale dei libri non hai ancora letto?* – **Das Dickste**, *Il più spesso.*

Ricordatevi che, in un'interrogativa indiretta, il verbo coniugato occupa l'ultima posizione:

Frag Papa, wen man "Sissi" nannte, *Chiedi [a] papà chi veniva chiamata* (si chiamava) *"Sissi".*
Wissen Sie, wessen Freundin sie ist? *Sa di chi è amica lei?*
Er will wissen, welches der Bücher am interessantesten ist, *Vuole sapere quale dei libri è il più interessante.*

State tranquilli, queste spiegazioni sono solo a titolo informativo. Non ci aspettiamo che vi ricordiate tutto: desideriamo solo farvi conoscere poco a poco i misteri di questa bella lingua.

70 3 Die Länder und ihre Einwohner, *I Paesi e i loro abitanti*

I nomi dei paesi e dei continenti sono generalmente neutri e non prendono l'articolo, tranne quando sono preceduti dall'aggettivo o seguiti da una frase relativa, es:
England, *[l']Inghilterra*, **Belgien**, *[il] Belgio*, **Preußen**, *[la] Prussia*, **Europa**, *[l']Europa*.

Österreich liegt im Süden Mitteleuropas. Es hat neun Bundesländer, *L'Austria si trova nel Sud dell'Europa centrale.* (neutro) *Ha nove Stati federali.*

Das Europa, das wir aufbauen, wird immer stärker, *L'Europa che costruiamo, sarà sempre più forte.*
Das alte Preußen war eine Konkurrenz für Bayern, *L'antica Prussia era concorrente della Baviera* (una concorrenza per la Baviera).

I seguenti paesi fanno eccezione:

– sono maschili: **der Libanon**, *il Libano*, **der Sudan**, *il Sudan*, **der Irak**, *l'Irak,* **der Iran**, *l'Iran.*

– sono femminili: **die Bundesrepublik**, *la Repubblica federale*, **die Tschechische République** (o **Tschechien**), *la Repubblica Ceca*, **die Slowakische Republik** (o **die Slowakei**), *la Repubblica Slovacca*, **die Schweiz**, *la Svizzera*, **die Türkei**, *la Turchia*, **die Antarktis**, *l'Antartide*,

– sono neutri: **das Elsass**, *l'Alsazia*, **das Engadin**, *l'Engadina*, **das Tessin**, *il Ticino*.

– prendono l'articolo del plurale: **die Antillen**, *le Antille*, **die USA = die Vereinigten Staaten**, *gli Stati Uniti*, **die Niederlande**, *i Paesi Bassi*.

Per quanto riguarda i nomi degli abitanti, le cose si complicano un pochino, in quanto esistono diverse categorie e ancora più eccezioni. A grandi linee, e solo per la vostra curiosità, eccone elencati alcuni. Riguardateveli anche in futuro:
a) i sostantivi maschili forti terminano in **-er** e al plurale restano invariati:

der Italiener, der Spanier, der Äthiopier, der Engländer, der Thailänder, der Japaner, der Schweizer, der Norweger, der Österreicher, der Amerikaner, der Iraner, der Brasilianer, ecc.
Il femminile si forma con **-in** al singolare e **-innen** al plurale:

die Italienerin / Italienerinnen, die Engländerin / Engländerinnen, die Japanerin / Japanerinnen, die Peruanerin / Peruanerinnen, ecc.

b) alcuni sostantivi maschili forti terminanti in **-i** formano il plurale aggiungendo una **-s**:

der Israeli (-s), der Pakistani (-s) (oppure **der Pakistaner), der Somali (-s)**

Il femminile si forma aggiungendo solo la **-n** al singolare e **-nnen** al plurale: **die Israelin, die Israelinnen**

c) I sostantivi maschili deboli prendono una **-n** in tutti i casi, tranne al nominativo singolare:

der Franzose, der Chinese, der Rumäne, der Pole, der Senegalese, der Grieche, *il greco*, **der Ungar**, *l'ungherese*, **der Schwede**, *lo svedese*, **der Finne**, *il finlandese*, ecc.

Il femminile si forma omettendo la **e** finale, se ce n'è una, e aggiungendo **-in** al singolare o **-innen** al plurale (vedi punto **a**):

die Französin (attenzione alla dieresi!), **die Chinesin, die Polin, die Ungarin, die Finnin**, **die Russin**, ecc.

d) l'aggettivo sostantivato (si declina come l'aggettivo attributivo) e c'è solo un caso:

70 **der Deutsche**, *il tedesco*, → **ein Deutscher**, *un tedesco*, **die Deutsche**, *la tedesca*, → **eine Deutsche**, *una tedesca*, **die Deutschen**, *i tedeschi*, → **Deutsche**, *[dei] tedeschi.*

Il femminile plurale non esiste, ma possiamo sempre dire **die deutschen Frauen**, *le donne tedesche.*

* * *

Woher stammen eigentlich die Germanen? (65, 68)

1 – **Vie**le **Deu**tsche **fah**ren in den **Fe**rien nach **Ita**lien, **Frank**reich, **Grie**chenland **o**der **Spa**nien. **(67)**

2 Ich **ha**be das auch fast **zwan**zig **Jah**re lang ge**macht**. **(64)**

3 Ich **dach**te, man er**lebt** mehr, wenn man in ein **an**deres Land fährt. **(64, 65, 68)**

4 **Heut**e bin ich **an**derer **Mei**nung. **(67)**

5 **Ei**gentlich **ha**be ich es schon **i**mmer **an**strengend ge**fun**den, am Meer zu **si**tzen und nichts zu tun. **(65, 66, 68)**

6 **Mei**ne Frau hat das nie ver**stan**den, im **Ge**genteil! **(67, 69)**

7 Wenn sie am Meer saß, **Zei**tung las und Eis aß, **fühl**te sie sich wie im Para**dies**. **(65, 67, 68)**

8 **A**ber als wir vor zwei **Jah**ren nach Mal**lor**ca ge**fah**ren sind, war sie auch ent**täuscht. (66)**

9 Sie **sag**te: „Wenn **a**lle **Nach**barn **Deu**tsche sind, kann ich **e**benso gut in **Deutsch**land **blei**ben." **(64)**

Per ricopensarvi degli sforzi vi lasciamo ora al dialogo di ripasso che, come sempre, vi permetterà di applicare quanto appena visto.

* * *

Da dove provengono veramente i Germani?

1 – Molti tedeschi vanno in vacanza in Italia, Francia, Grecia o Spagna.
2 L'ho fatto anch'io [per] circa vent'anni.
3 Ho pensato [che] si fanno più [esperienze] quando si va in un altro paese.
4 Oggi sono di un altro avviso.
5 Infatti ho (*già*) sempre trovato faticoso stare seduti al mare e non far niente.
6 Mia moglie non l'ha mai capito, al contrario!
7 Quando si sedeva [in riva] al mare, leggeva il giornale e mangiava il gelato, si sentiva come in paradiso.
8 Ma quando siamo andati a Maiorca due anni fa, era delusa anche lei.
9 Diceva: "Se tutti i vicini sono tedeschi, posso (*ben*) restarmene in Germania".

70

10 **Des**halb **wo**llen **mei**ne Frau und ich **un**seren 24. **Hoch**zeitstag nicht auf den Bale**a**ren **fei**ern, **son**dern im **Teu**toburger Wald. **(64, 65, 66)**

11 Dort hat **näm**lich der Ger**ma**ne **Her**mann – die **Rö**mer **nann**ten ihn *Ar**mi**nius* – mit ein **biss**chen Über**le**gung die **Rö**mer ge**schla**gen. **(65, 66, 68)**

12 Ja, die **Rö**mer **ha**tten Pech. **(69)**

13 **Un**sere Ge**schich**te ist **wirk**lich sehr interes**sant**. **(64, 67)**

14 Ich kann **Ih**nen nur em**pfeh**len, auch Ihre **näch**sten **Fe**rien in **Deutsch**land zu ver**bri**ngen. **(65)**

15 **Au**ßerdem ist es sehr gut für die Allge**mein**bildung… **(68)**

Der Teutoburger Wald, *la Selva di Teutoburgo è una catena collinare (*ein Mittelgebirge, una mezza montagna*) in Westfalia, nella Germania nord-occidentale, tra le città di Kassel e Hannover. Per ricordare la vittoria dei germani sui romani nel 9 d.C a* Grotenburg, *una collina alta 386 m vicino a Detmold, la capitale del principato di* Lippe, *è stato eretto* das Hermannsdenkmal, *il monumento a Hermann. Con i suoi 53,46 m di altezza e un peso di oltre 40 tonnellate,* Hermann, *con la spada eretta, domina tutta la montagna. La statua è stata inaugurata nel 1875 alla presenza dell'imperatore Guglielmo I e del principe di Lippe e da allora ha ricevuto più di 20 milioni di visitatori.*

10 Perciò mia moglie ed io non vogliamo festeggiare il nostro 24° anniversario di matrimonio alle Baleari, ma nel bosco del Teutoburg.
11 Là, infatti, il germano *Hermann* – i romani lo chiamavano *Arminius* –, ha battuto, con un po' di astuzia (*riflessione*), i Romani.
12 Sì, i Romani hanno avuto sfortuna.
13 La nostra storia è davvero interessante.
14 [Non] Posso [che] (*solo*) consigliarvi di trascorrere (*anche*) le vostre prossime vacanze in Germania.
15 Inoltre è molto importante (*bene*) per la cultura generale…

Zweite Welle: Einundzwanzigste Lektion

71 Einundsiebzigste Lektion

„Vater werden ist nicht schwer, Vater sein dagegen sehr."

1 – **Kin**der, wacht auf ①!
2 Es ist halb **sie**ben ②, ihr müsst **auf**stehen.
*Nach **ei**ner **Vier**telstunde*
3 Wo bleibt ihr denn? Ich **ha**be euch vor **ei**ner **Vier**telstunde ge**weckt** ③.
4 Los, raus aus den **Bet**ten, sonst kann ich euch nicht in die **Schu**le **mit**nehmen!
5 Be**eilt** euch! Ich muss **spä**testens zehn nach **sie**ben los ④.

Aussprache
*1 … vacHt **auf**! 3 … ghë**vèkt**. 4 … **bèt**tën, zònst … **sciu:**lë … 5 bë**ailt** … **scpè:**tëstëns …*

Note

① A differenza dell'italiano, i verbi **aufwachen**, *svegliar[si]*, e **aufstehen**, *alzar[si]*, non sono riflessivi in tedesco: **ich wache auf**, *io [mi] sveglio*, **wir stehen auf**, *noi [ci] alziamo.*

② Per non arrivare in ritardo al vostro primo appuntamento in Germania, vi ricordiamo che **halb sieben**, letteralmente "metà sette", significa "sei e mezza"; per indicare la mezz'ora occorre sempre riferirsi all'ora in punto che verrà dopo: 1:30 = **halb zwei**, 4:30 = **halb fünf**, ecc.

③ "Svegliare qualcuno" si dice **jemanden wecken**. Attenti a non confondervi con **aufwachen**, *svegliarsi* (nota 1). **Der Wecker**, *la sveglia* (lett. "colui che sveglia"), vi aiuterà a ricordarlo.

“Diventare padre non è difficile, essere padre invece [lo è] molto”.

1 – Bambini, svegliatevi!
2 Sono le sei e mezza, [vi] dovete alzare.
Un quarto d’ora dopo (*Dopo un quarto d’ora*)
3 Allora dove siete (*restate*)? Vi ho svegliato (*prima*) un quarto d’ora [fa].
4 Forza, in piedi (*fuori dai letti*), altrimenti non riesco a portarvi a scuola.
5 Sbrigatevi! Devo partire al massimo alle sette e dieci.

④ Insieme a un verbo modale la particella **los** significa “andare via”, “partire”: **wir müssen los**, *dobbiamo partire, bisogna andare via.*

*Zehn Mi**nu**ten **spä**ter*

6 Hört mal! Es ist fast **sie**ben und ihr habt euch noch nicht mal ⑤ ge**wa**schen.

7 Ich ver**ste**he nicht, was mit euch los ⑥ ist.

8 Habt ihr **kei**ne Lust **auf**zustehen oder seid ihr **ein**fach **wie**der **ein**geschlafen ⑦?

9 – Nee, **Pa**pa, das ist es nicht.

10 – So? Was ist es denn dann?

11 – Wir **ge**hen ab **heu**te nicht mehr in die **Schu**le.

12 – Wie **bit**te? Wann habt ihr denn das be**schlos**sen ⑧?

13 – **Ges**tern **A**bend, als du uns er**klärt** hast, dass das **Le**ben die **bes**te **Schu**le ist.

14 Wir **fin**den das auch. □

6 *… ghë**va**sc'n.* ***8*** *… **ain**ghëscla:f'n?* ***12*** *… bë**sclòs**s'n?*
13 *… èa**klè:rt** …*

Note

⑤ Attenzione! **Nicht mal** e **nicht einmal** (utilizzati nella lingua parlata) vogliono dire "neanche", "nemmeno" e non "non una sola volta", che in realtà si dice **nicht ein einziges Mal**. ▸

Übung 1: Übersetzen Sie bitte!

❶ Er ist um halb fünf aufgewacht, aber gleich wieder eingeschlafen. ❷ Ich finde nicht, dass Deutsch schwer ist. ❸ Beeilen Sie sich bitte! Wir müssen in fünf Minuten los. ❹ Können Sie mich bitte morgen früh um Viertel vor sieben wecken? ❺ Sie haben mir nicht einmal „Guten Tag" gesagt!

Dieci minuti dopo (più tardi)

6 Ascoltate (*volta*)! Sono quasi le sette e non vi siete (*avete*) nemmeno lavati.
7 Non capisco cosa vi prende.
8 Non avete voglia di alzarvi o [vi] siete semplicemente riaddormentati?
9 – No, Papà, non è questo.
10 – Ah sì? Allora cosa (*è*)?
11 – A partire da oggi non andremo (*andiamo*) più a scuola.
12 – Come prego? Ma quando l'avete deciso?
13 – Ieri sera, quando ci hai spiegato che la miglior scuola è la vita.
14 Anche secondo noi (*Troviamo questo anche*).

⑥ Conosciamo già l'espressione **Was ist los?**, *Che succede?* Vediamola ora in versione "personalizzata": **was ist los mit dir (euch / ihm ...)?**, *cosa ti (vi / gli ...) prende?*, *cosa succede (a voi / a lui...)?*

⑦ **Einschlafen**, *addormentar[si]*, non è un verbo riflessivo: **ich schlafe ein**, *io [mi] addormento*. In genere, in tedesco, i verbi che indicano un cambiamento di stato non sono riflessivi e formano il passato prossimo con l'ausiliare **sein**: **ich bin eingeschlafen**, *[mi] sono addormentato*.

⑧ **Beschlossen** è il participio II di **beschließen**, *decidere*. Ricordatevi di **schließen**, *chiudere*, e del suo participio II **geschlossen**.

Soluzioni dell'esercizio 1

❶ Si è svegliato alle 04.30, ma [si è] subito riaddormentato. ❷ Non trovo che il tedesco sia (*è*) difficile. ❸ Si sbrighi per favore! Dobbiamo partire tra cinque minuti. ❹ Potrebbe (*Può*) svegliarmi domani mattina alle sette meno un quarto, per favore? ❺ Non mi hanno nemmeno detto "Guten Tag"!

Übung 2: Ergänzen Sie bitte!

① A che ora si è alzata (*Lei*) oggi?
Um wie viel Uhr .... heute ....?

② Sbrigati, altrimenti arriviamo troppo tardi.
.... , ... kommen wir zu spät.

③ Forza, dovete alzarvi, sono già le sette e mezza.
... , ihr müsst .... , es ist schon ....
..... .

④ Quando ha deciso (*Lei*) di non andare più in ufficio?
Wann .... , nicht mehr ins Büro .. .. ?

72 Zweiundsiebzigste Lektion

Dreimal dürfen Sie raten

Die Lösungen finden Sie am Ende der Lektion.

1 Wer ist der **Schrift**steller,
2 *a* – der oft **ei**ne **Bas**kenmütze trug, ob**wohl** ① er **Deut**scher war?

Aussprache
***1** … **scrìft**-sctèlla **1a** … **bask**'n-muetsë…, opv**o:l** …*

Note

① Dopo la congiunzione **obwohl**, *sebbene*, *benché*, *nonostante*, si usa l'indicativo. **Obwohl er sehr müde ist, geht er nicht ins** ▶

5 Tre giorni fa non riuscivo a svegliarmi e oggi non riesco ad addormentarmi, tu lo capisci?
... . konnte ich nicht ....
und heute kann ich nicht .... ,
.... ?

Soluzioni dell'esercizio 2 - Parole mancanti
1 – sind Sie – aufgestanden 2 Beeil dich, sonst – 3 Los – aufstehen – halb acht 4 – haben Sie beschlossen – zu gehen 5 Vor drei Tagen – aufwachen – einschlafen – verstehst du das

Zweite Welle: Zweiundzwanzigste Lektion

Settantaduesima lezione 72

Potete (*Avete il permesso di*) indovinare tre volte

Le soluzioni sono alla fine della lezione.

1 Chi è lo scrittore,
2 *a* – che spesso indossava un (*berretto*) basco, nonostante fosse tedesco (*era*)?

▸ **Bett**, *sebbene sia* (è) *molto stanco, non va a letto*. Se iniziate un discorso con una subordinata introdotta da una congiunzione, ricordatevi di invertire il soggetto e il verbo nella principale!

72 **3** *b* – den **kei**ne **Un**gerechtigkeit **gleich**gültig ließ ②?
4 *c* – dem man 1972 (**neun**zehn**hun**dert**zwei**und**sieb**zig) den No**bel**preis für Litera**tur** ver**lieh** ③?
5 *d* – **des**sen ④ **Kriegs**erzählungen **Tau**sende zu ⑤ Pazi**fis**ten **mach**ten?

6 Wer ist die **blon**de **Schau**spielerin,
7 *a* – die als **Lo**la in dem Film „Der **blaue Eng**el" be**rühmt wur**de?
8 *b* – die nicht nur die **Män**ner, **son**dern auch **vie**le **Frau**en ver**göt**terten?
9 *c* – der die **größ**ten Regis**seu**re **Haupt**rollen **an**boten ⑥?
10 *d* – **de**ren **Stim**me noch **heu**te leicht zu er**ken**nen ist, weil sie ein **we**nig „**rau**chig ⑦" klingt?

***1b** … **un**ghërèçhtìçhkait … **glaiçh**gueltìçh li:s. **1c** … **nòin**tse:n'**hund**ət'**tsvai**-ùnt'**zi:p**tsìçh … nò**bèl**-prais … lìtëra**tu:**a*

Note

② **Ließ** è la 3ª persona singolare del preterito di **lassen**, *lasciare*. Al participio passato, la vocale radicale non cambia: **gelassen**, *lasciato*.

③ L'infinito di **verlieh** è **verleihen**, il participio passato diventa **verliehen**.

④ Alla forma singolare, i pronomi relativi sono identici agli articoli determinativi, tranne al genitivo: **dessen**, *del quale* (masch.), **deren**, *della quale* (femm.) e **dessen**, *del / della quale* (neutro). Altra particolarità del genitivo: il pronome relativo è sempre seguito da un sostantivo: **das ist ein Schriftsteller, dessen** ▶

3 *b* – cui nessuna ingiustizia lasciava indifferente?
4 *c* – cui hanno conferito il premio Nobel per la letteratura nel 1972?
5 *d* – i cui racconti di guerra resero pacifiste migliaia [di persone]?

6 Chi è l'attrice bionda,
7 *a* – che divenne celebre per aver interpretato il ruolo di (*come*) Lola nel film "L'Angelo blu"?
8 *b* – che non solo gli uomini, ma anche molte donne idolatravano?
9 *c* – cui i più grandi registi offrirono i ruoli principali (*principali ruoli*)?
10 *d* – [la] cui voce è ancora oggi facile da riconoscere perché un po' "rauca" (*fumosa suona*)?

*fèa**li:**? **1d – dèss**'n **kri:ks**-èa**tsè:**luñg'n … patsi**fis**tën … **2** … **sciau**-scpi:lërin **2a** … **èñ**g'l … **2b** … fèa**gœtt**atën. **2c** … regìs**sœ:**rë … **2d – de:**rën **sctìm**më … **rau**cHìçh …*

▸ **Bücher niemanden gleichgültig lassen,** *è uno scrittore i cui libri non hanno lasciato indifferente nessuno.*

⑤ **Jemanden zu etwas machen**, *Fare qualcosa di qualcuno*: **sie machte ihn zu ihrem Liebhaber**, *ha fatto di lui il suo amante.* Ricordatevi che **zu** regge sempre e solo il dativo.

⑥ **Anboten** è la 3ª persona plurale del preterito di **anbieten**, *offrire, proporre.* Nella frase secondaria introdotta da una congiunzione o da un pronome relativo, la particella separabile, in questo caso **-an**, deve essere riattaccata al verbo: **der Kaffee, den er uns anbot, war gut**, *il caffè che ci ha offerto era buono.*

⑦ **Rauchig**, lett. "fumoso", viene da **rauchen**, *fumare.*

11 Wie **hei**ßen die **bei**den ⑧ **deut**schen **Dich**ter,
12 *a* – die sich **Hun**derte von **Brie**fen **schrie**ben?
13 *b* – die man „die **gro**ßen **deu**tschen **Kla**ssiker" nennt?
14 *c* – von **de**nen ⑨ **a**lle **Schul**kinder **min**destens ein Werk stu**die**ren **müs**sen?
15 *d* – **de**ren **Sta**tue vor dem The**a**ter in **Wei**mar steht? □

*3 ... **bai**dën ... **3c** ... **de:**nën ... **mìn**dëstëns ... vèrk ... **3d** ... **scta:**tuë ...*

Note

⑧ **Die beiden**, *i due*, *entrambi*. Si può dire anche **beide**; l'articolo è facoltativo.

⑨ **Denen** è il dativo plurale del pronome relativo **die**.

Übung 1: Übersetzen Sie bitte!

❶ Sie erkennt sofort die Stimme des Mannes, der sie anruft. ❷ Wissen Sie, wer den letzten Nobelpreis für Literatur bekommen hat? ❸ Heinrich Böll wurde durch seine Kriegserzählungen berühmt. ❹ Wie heißt der deutsche Dichter, dessen Namen alle Schulkinder kennen? ❺ Marlene Dietrich, deren Geburtsstadt Berlin ist, ist in Paris gestorben.

11 Come si chiamano i due poeti tedeschi,
12 *a* – che si scrissero centinaia di lettere?
13 *b* – che sono chiamati (*si nomina*) "i grandi classici tedeschi"?
14 *c* – di cui tutti gli studenti (*scolari*) devono studiare almeno un'opera?
15 *d* – la cui statua si trova davanti al Teatro di Weimar?

2c: **der Regisseur** e **die Regie** sono parole prese in prestito dal francese e che si pronunciano "alla francese": la **g** ha lo stesso suono della **g** nell'ultima sillaba di **garage** in italiano. La **e** finale di *regis**sœ:**rë* è una **e** appena mormorata.

Soluzioni dell'esercizio 1

❶ Riconosce subito la voce dell'uomo che le telefona. ❷ Sa chi ha ricevuto l'ultimo premio Nobel per la letteratura? ❸ Heinrich Böll è diventato famoso per i suoi racconti di guerra. ❹ Come si chiama il poeta tedesco di cui tutti gli studenti conoscono il nome? ❺ Marlene Dietrich, la cui città natale è Berlino, è morta a Parigi.

72 Übung 2: Ergänzen Sie bitte!

1. Chi è la donna la cui foto si trova sulla tua scrivania?
   Wer ist ... . , ... auf deinem Schreibtisch ..... ?

2. L'attore di cui ho dimenticato il nome ha interpretato il ruolo principale in molti film.
   ... . , ... Namen ich vergessen habe, hat in vielen Filmen ... .

3. Chi era lo scrittore che ha scritto "Faust"?
   ... war ... . , ... „Faust" .... hat?

Der Schriftsteller und Bundesbürger Heinrich Böll,
Lo scrittore e cittadino (federale) tedesco Heinrich Böll
Heinrich Böll (1917 - 1985) non solo è, insieme a Günter Grass e Christa Wolf, lo scrittore tedesco più celebre del dopoguerra, ma è anche un personaggio pubblico molto importante della vita intellettuale e politica della Repubblica federale. Il mestiere di scrittore era per lui inscindibile dall'impegno politico e sociale: non ha mai smesso di lottare per la pace, la tolleranza e la libertà individuale, rispettando tuttavia il proprio dovere civico. Böll è stato un simbolo di integrità e d'incorruttibilità per molti giovani della Germania dell'Est che, nel mondo post-nazista e in pieno boom economico, cercavano dei valori spirituali in cui credere. Il suo primo libro, pubblicato nel 1949, è una raccolta di racconti di guerra dal titolo Der Zug war pünktlich, "Il treno era in orario". *Sono stati in seguito pubblicati una seconda raccolta di novelle,* Wanderer, kommst du nach Spa..., "Viandante, se giungi a Spa...", *e il suo primo romanzo:* Wo warst du Adam?, "Dov'eri Adamo?", *sull'assurdità* (Sinnlosigkeit) *del morire in guerra, nonché della guerra stessa, e sulla difficoltà di ricostruirsi una vita in cui credere.*

4 Ancor'oggi ha amici a cui scrive una lettera almeno una volta l'anno.
Er hat .... Freunde , ... er .... einmal im Jahr .... schreibt.

5 Sebbene non abbia (*ha*) mai fumato, ha una voce che viene chiamata "da fumatrice" (*fumosa*).
...... sie nie ...., hat sie .... , ... man „.......“ nennt.

Soluzioni dell'esercizio 2 - Parole mancanti
1 – die Frau, deren Foto – steht 2 Der Schauspieler, dessen – die Hauptrolle gespielt 3 Wer – der Schriftsteller, der – geschrieben – 4 – heute noch – denen – mindestens – einen Brief – 5 Obwohl – geraucht hat – eine Stimme, die – rauchig –

Per tutta la vita, infine, Heinrich Böll si occupò del destino della "piccola gente", cui appartenevano gli (anti-)eroi dei suoi successivi romanzi: Billiard um halb zehn, "Biliardo alle nove e mezza", Ansichten eines Clowns, "Opinioni di un Clown", Gruppenbild mit Dame, "Foto di gruppo con signora", *da cui è stato tratto un celebre film con Romy Schneider, o ancora* Die verlorene Ehre der Katharina Blum, "L'onore perduto di Katharina Blum".

Siete spaventati perché vedete che il numero di vocaboli nuovi aumenta di giorno in giorno? Non c'è nulla da temere! Procedete tranquilli e senza porvi troppe domande, nelle prossime lezioni ritroverete molte di queste espressioni... A forza di incontrarle ve le ricorderete sicuramente.

Risposte:* *1...5*, *Heinrich Böll;* *6...10*, *Marlene Dietrich;* *11...15*, *Johann Wolfgang Goethe und Friedrich Schiller.

Zweite Welle: Dreiundzwanzigste Lektion

73 Dreiundsiebzigste Lektion

Ein Tierfreund ①

1 – Wenn ich **rich**tig ver**stan**den **ha**be, **spre**chen Sie **al**so zwölf **Fremd**sprachen **flie**ßend ②?
2 Darf ich Sie nach ③ **Ih**rem **Wun**dermittel **fra**gen?
3 – **Wun**dermittel **ha**be ich gar keins ④.
4 **Mei**ne Me**tho**de ist die **ein**fachste, die man sich **vor**stellen kann ⑤:
5 Sie **spre**chen, **hö**ren, **le**sen und **den**ken – das ist sehr **wich**tig – nur in der **Spra**che, die Sie **ler**nen.
6 – Sie **mei**nen, Sie **fah**ren in das Land, **des**sen **Spra**che Sie **ler**nen?
7 – **A**ber nein! Ich **blei**be zu **Hau**se, ich bin doch nicht von **ges**tern!

Aussprache
*... **ti:a**-fròint. **1** ... **frèmt**-scpra:cH'n **fli:**ss'nt? **2** ... **vùnd**a-mìtt'l ... **3** ... ga:a ... **4** ... meto:dë ...*

Note

① Anche se **das Tier**, *l'animale*, è neutro, si dice **der Tierfreund** perché **der Freund**, *l'amico*, è maschile. Molti sostantivi che indicano un'inclinazione o un debole per qualcosa si formano con il suffisso **-freund**: **der Menschenfreund**, *il filantropo*, **der Musikfreund**, *l'amante della musica*, **der Käsefreund**, *l'amante del formaggio*, ecc.

② **Fließend** è il participio presente del verbo **fließen**, *scorrere*, *fluire*, il quale funge sia da avverbio, che da aggettivo: **sie**

Settantatreesima lezione 73

Un amico degli animali

1 – Se ho capito bene (*giusto*), Lei parla fluentemente dodici lingue?
2 Posso domandarLe [qual è] il Suo metodo miracoloso (*miracolo mezzo*)?
3 – Non ho (*affatto*) nessun metodo miracoloso.
4 Il mio metodo è il più semplice che si possa (*si*) immaginare (*può*):
5 Lei parla, ascolta, legge e pensa – questo è molto importante – solo nella lingua che impara.
6 – Vuol dire [che] va nel paese di cui impara la lingua?
7 – Ma no! Resto a casa, non sono mica [nato] (*di*) ieri!

▸ **spricht fließend Englisch**, *parla inglese fluentemente*; **er antwortet mir in fließendem Deutsch**, *mi risponde in [un] tedesco fluente.*

③ Abbiamo visto che con **fragen**, *chiedere*, *domandare*, la persona cui si rivolge una domanda è posta all'accusativo: **sie fragt den Mann / die Frau**, *chiede [al-]l'uomo / [al-]la donna.* L'oggetto della domanda è invece preceduto dalla preposizione **nach** + dativo: **sie fragt die Frau nach dem Weg** (lett. "chiede la donna dopo la strada"), *chiede la strada [al]la donna.*

④ **Gar** si usa per rafforzare una negazione e si traduce con "affatto". In questa frase il pronome indefinito **keins** (o **keines**), *nessuno / -a*, è neutro perché si riferisce al sostantivo neutro **das Wundermittel**.

⑤ Se nella frase principale abbiamo un superlativo, il verbo della subordinata relativa è all'indicativo: **er ist der schönste Mann, den ich kenne**, *è l'uomo più bello che io conosca* (conosco).

8 Wo**zu** **le**ben wir in **ei**ner Welt, in der es **Ka**belfernsehen und **In**ternet gibt?
9 – **O**k**ay**, **a**ber wie **ma**chen Sie das kon**kret** im **All**tag?
10 Ich **stel**le mir das **schwie**rig vor ⑥.
11 – Da **ha**ben Sie ganz Recht ⑦!
12 **Mei**ne **ers**te Frau ist mir **weg**gelaufen, als ich Ita**lien**isch ge**lernt** **ha**be, und **mei**ne **zwei**te, als ich **an**gefangen **ha**be, Chi**ne**sisch zu **ler**nen.
13 Ich **ha**be mir dann **ei**nen Papa**gei** ge**kauft**, der be**geis**tert ist, wenn ich mit mir selbst **re**de. □

*8 … **ka:**b'l-fèrn'ze:ën … **ìnt**ənèt … 9 … kòñ**kre:t** … 12 … ita**lie:**nìsc … sci**ne:**zìsc … 13 … papa**gai** (o **pa**pagai) … bë**gais**tət …*

Note

⑥ Vi ricordiamo che **sich vorstellen** significa sia "presentarsi", che "immaginarsi": **ich stelle mich vor**, *mi presento*, ma **stell dir mal sein Gesicht vor!**, *immaginati la sua faccia!* In questo caso il pronome riflessivo è messo al dativo perché quello che ci si immagina è già all'accusativo (lez. 62 n. 6, e lez. 77, § 2).

Übung 1: Übersetzen Sie bitte!

❶ Sie haben vor zehn Wochen angefangen, Deutsch zu lernen. ❷ Unser Großvater hat fünf Sprachen gelernt, als er Kind war. ❸ Es ist schwierig, sich ein Leben ohne Fernsehen und Internet vorzustellen. ❹ Sie hat sich diese Schuhe in dem Geschäft gekauft, dessen Besitzer der Vater ihres Freundes ist. ❺ Er hat mich in fließendem Chinesisch nach dem Weg gefragt.

8 A quale scopo viviamo in un mondo dove (*nel quale*) ci sono [la] televisione via cavo e Internet?
9 – D'accordo, ma come fa (*questo*) concretamente nella vita quotidiana?
10 (*M'*) Immagino (*questo*) [che sia] difficile.
11 – In questo ha completamente ragione!
12 [La] mia prima moglie se ne è andata (*è a me scappata*) quando ho imparato [l']italiano, e [la] (*mia*) seconda, quando ho iniziato a studiare cinese.
13 Poi mi sono comprato un pappagallo, che è entusiasta quando parlo da solo (*con me stesso*).

⑦ **Das Recht**, *il diritto* o *la ragione*, **das Unrecht**, *il torto, l'ingiustizia*. Come in italiano, le espressioni **Recht haben**, *avere ragione*, e **Unrecht haben**, *avere torto,* non prendono l'articolo.

Soluzione dell'esercizio 1

❶ Hanno iniziato a studiare tedesco dieci settimane fa. ❷ Quando era bambino, nostro nonno ha imparato cinque lingue . ❸ È difficile immaginarsi una vita senza televisione e Internet. ❹ Si è comprata queste scarpe nel negozio il cui proprietario è il padre del suo fidanzato. ❺ Mi ha chiesto la strada in [un] cinese fluente.

Übung 2: Ergänzen Sie bitte!

1. Per parlare una lingua fluentemente, bisogna andare nel paese di cui si apprende la lingua.
Um eine Sprache .... zu sprechen, muss man in ... . fahren, ... man lernt.

2. È [nato] (*di*) ieri; non conosce né la televisione via cavo né internet.
Er ist ... . ; er kennt weder .... noch Internet.

3. Sono entusiasta di sentire che Suo marito non è ancora scappato (*a Lei non ancora scappato*).
Ich bin .... zu hören, dass Ihr Mann ..... noch nicht ....

74 Vierundsiebzigste Lektion

„Ich bin von Kopf bis Fuß auf Liebe eingestellt" *

1 – Stell doch mal ① das **Ra**dio ab und den **Fern**sehapparat an ②!

* Si tratta della celebre canzone cantata da Marlene Dietrich ne "L'Angelo blu", in cui interpreta il ruolo di Lola. Il testo continua con le parole: ...***und das ist meine Welt, und sonst gar nichts!***, *...e questo è il mio mondo, e nient'altro.*

Note

① **Doch mal** serve ad "addolcire" il tono di comando che si

4 Non pensi che sempre più persone parlano da sole (*con loro stesse*)? – Sì, in questo hai ragione.

.... nicht, dass immer mehr Leute mit sich .... ? – Ja, da ....

5 Perché lo fa? Se L'ho capita bene (*giusto*), (*questo*) non è per niente importante.

.... machen Sie das? Wenn ich Sie .... verstanden habe, ist das ... nicht ....

Soluzioni dell'esercizio 2 - Parole mancanti
1 – fließend – das Land – dessen Sprache – 2 – von gestern – Kabelfernsehen – 3 – begeistert – Ihnen – weggelaufen ist 4 Denkst du – selbst reden – hast du Recht 5 Wozu – richtig – gar – wichtig

Zweite Welle: Vierundzwanzigste Lektion

Settantaquattresima lezione 74

"Sono piena d'amore dalla testa ai piedi" (*programmata da testa fino piede sull'amore*)

1 – Spegni (*dunque volta*) la radio e accendi la tele, [vuoi]?

▸ esprime con l'imperativo, il quale diventa più una domanda che un ordine. È per questo motivo che nella traduzione abbiamo aggiunto il "vuoi?": **komm doch mal her!**, *"vieni dunque* (volta) *qui!"*, *vieni qui, vuoi?*

2 I verbi **anstellen**, *accendere*, e **abstellen**, *spegnere*, si usano nel caso di apparecchi o macchine. Sono sinonimi rispettivamente di **anmachen** e **ausmachen** (lezione 43).

2 Im **Zwei**ten ③ kommt gleich **ei**ne **Sen**dung **ü**ber Mar**le**ne **Die**trich, die ich gern **se**hen **möch**te.

3 – Hat die nicht die “Ka**me**liendame” ge**spielt**?

4 – Nein, du ver**wech**selst sie mit **Gre**ta **Gar**bo, **ih**rer ④ **größ**ten Ri**va**lin.

5 – Ach ja, jetzt weiß ich, wer das ist: ihr hat der **Schwa**nenfedermantel ge**hört** ⑤, den wir im **Film**museum ge**se**hen **ha**ben.

6 – Ja, ganz **rich**tig. Aber es ist er**staun**lich, dass du dich noch an den **Man**tel er**in**nerst ⑥.

Aussprache

2 *... **zèn**duñg ... **3** ... ca**me:**liën-da:më ... **4** ... fèa**vèk**sëlst ... riva:lin ... **5** ... **scva:**nën-**fe:**da-**man**tël ... **film**-muze:ùm ... **6** ... èa**sctaun**lìçh ... èa**ìnn**ast.*

Note

③ Si dice **im zweiten Programm** o semplicemente **im Zweiten** o **im ZDF**, che è l’abbreviazione di **im Zweiten Deutschen Fernsehen**, *sul* (nel) *secondo [canale] tedesco della televisione.*

④ **Ihrer** è il dativo femminile retto dalla preposizione **mit** anche se questa non è ripetuta.

⑤ Notate che l’infinito di **gehören**, *appartenere*, ha già un prefisso: **ge** e che il suo participio passato è identico a quello di **hören**, *sentire, ascoltare*: **gehört**. Non temete, è impossibile confonderli; **gehören**, *appartenere*, è sempre seguito dal

2 (*Nel*) Sul secondo danno (*viene subito*) un programma su Marlene Dietrich che mi piacerebbe (*volentieri*) vedere.
3 – Non ha fatto (*recitato*) "La signora delle camelie"?
4 – No, la confondi con Greta Garbo, [la] sua più grande rivale.
5 – Ah sì! Adesso mi ricordo (*so chi è*): apparteneva a lei il mantello con le piume di cigno che abbiamo visto al museo del cinema.
6 – Sì, (*completamente*) giusto. Ma è stupefacente che ti ricordi ancora del mantello.

- complemento di termine (dativo): **das Buch gehört mir**, *il libro mi appartiene.*

⑥ **Sich an etwas / jemanden erinnern**, *ricordarsi di qualcosa, qualcuno*. Qui **an** è una preposizione e non una particella separabile. A differenza di quest'ultima, una preposizione non forma mai un'unica parola con il verbo da cui è retta.

7 Du warst **da**mals erst ⑦ acht **Jah**re alt.
8 – Ich er**in**nere mich auch an das **fleisch**farbene ⑧ Kleid, das sie **un**ter dem **Man**tel ge**tra**gen hat.
9 Wenn sie **ih**ren **Man**tel **auf**gemacht ⑨ hat, hat man zu**erst** ge**dacht**, sie ist nackt da**run**ter ⑩.
10 – Ja, das war be**ein**druckend.
11 **Al**lerdings ist das, was sie in **ih**rem **Le**ben ge**leis**tet hat, noch be**ein**druckender.
12 Ich **glau**be, sie war **wirk**lich sehr **mu**tig. □

*8 … èa**in**nërë … **flaisc**-farbënë klait … 9 … nakt da**rùn**ta. 10 … bëa**in**drùk'nt… 11 **al**ladìñgs …ghë**lais**tët … bëa**in**drùk'nda. 12 … **mu:**tìçh.*

Note

⑦ **Erst**, *non… che*, *solo*, *soltanto*, *appena*, esprime una restrizione soggettiva: **er ist erst zehn Jahre alt**, *non ha che dieci anni* (è giovane!).

⑧ **Das Fleisch** significa “la carne” e “la polpa”; **-farben**, che esiste solo nelle parole composte, viene da **die Farbe**, *il colore*.

Übung 1: Übersetzen Sie bitte!

❶ Gleich kommt eine interessante Sendung über die österreichische Literatur. ❷ Er hat im Kino mit seiner Schwester den „Blauen Engel” gesehen. ❸ Er erinnert sich nicht an die „Kameliendame”, obwohl ihm dieser Film gut gefallen hat. ❹ Ich glaube, Sie verwechseln diesen Mann mit einem anderen. ❺ Wem gehörte der Mantel, der aus Schwanenfedern gemacht war?

7 Non avevi che otto anni all'epoca.
8 – Mi ricordo anche del vestito color carne che portava sotto (*al mantello portato ha*).
9 Quando ha aperto [il] (*suo*) mantello, si è pensato per prima [cosa che] sotto fosse (*è*) nuda.
10 – Sì, era impressionante.
11 Tuttavia quello che ha fatto nella (*sua*) vita è ancora più impressionante.
12 Credo [che] fosse davvero molto coraggiosa.

⑨ **Aufmachen** e **zumachen** sono sinonimi rispettivamente di **öffnen**, *aprire*, e **schließen**, *chiudere*.

⑩ Qui **darunter**, *sotto*, sostituisce **unter dem Kleid**, *sotto il vestito*. Molti avverbi pronominali si formano in questo modo, ovvero a partire dalla preposizione cui si aggiunge il prefisso **da** (**+r** se la preposizione inizia per vocale): **sie erinnert sich nicht daran**, *non se ne ricorda* (di questo).

Soluzioni dell'esercizio 1

❶ Ora trasmettono (*subito*) un programma interessante sulla letteratura austriaca. ❷ Ha visto "L'Angelo blu" al cinema con sua sorella. ❸ Non si ricorda de "La signora delle camelie" sebbene questo film gli sia (*è bene*) piaciuto. ❹ Credo [che] confonda (*confonde*) quest'uomo con un altro. ❺ A chi apparteneva il mantello che era fatto di piume di cigno?

74 Übung 2: Ergänzen Sie bitte!

1. Mi sa dire perché così tante persone confondono “a destra” con “a sinistra”?

   . . . . sagen, warum so viele Leute „rechts” und „links” . . . . ?

2. A chi appartiene il mantello con le piume di cigno? A te o a tua sorella?

   Wem . . . . . . der Mantel mit . . . . ? . . . oder . . . . ?

3. Perché non hai aperto la porta? – Ero nudo.

   Warum . . . . . . nicht die Tür . . . . ? – Ich war . . . . . .

4. Ti ricordi dell’attore che ha interpretato il ruolo principale nel film *M il mostro (assassino)*?

   . . . . den Schauspieler, . . . die Hauptrolle in dem Film *„M” der Mörder* . . . . ?

5. Posso accendere il televisore? Vorrei vedere una trasmissione su Heinrich Böll.

   Darf ich . . . . ? Ich möchte . . . . über Heinrich Böll . . . . . .

Soluzioni dell'esercizio 2 - Parole mancanti
❶ Können Sie mir – verwechseln ❷ – gehört – den Schwanenfedern Dir – deiner Schwester ❸ – hast du – aufgemacht – nackt ❹ Erinnerst du dich an – der – gespielt hat ❺ – den Fernsehapparat anstellen – eine Sendung – sehen

***Marlene Dietrich** è ancor'oggi la più grande star tedesca del cinema internazionale. La si paragona a Marylin Monroe per i suoi capelli biondi e per la sua bellezza, ma soprattutto per il suo fascino e il suo carisma, di cui sono stati vittime uomini e donne. Marlene, il cui vero nome era Marie, nacque nel 1901 a Berlino. Nel 1930, il regista Josef von Sternberg le offrì il ruolo principale nel film "L'Angelo blu", che la rese per sempre celebre. Subito dopo la prima del film a Berlino, Marlene seguì Josef von Sternberg negli Stati Uniti, da cui non fece più ritorno malgrado i numerosi tentativi dei nazisti di riportarla in Germania. Nel 1939 divenne cittadina americana e nel 1943/44 cantò davanti ai soldati americani la celebre canzone di Lale Anderson "Lili Marlen". Dopo la guerra ricevette il più importante riconoscimento dell'esercito degli Stati Uniti, "The Medal of Freedom", e divenne Cavaliere e in seguito Ufficiale della Legione d'Onore in Francia. Nel 1960, la sua tournée in Europa la portò per l'ultima volta in Germania. Nel 1976 si trasferì a Parigi nell'appartamento di avenue Foch.*
Per tutta la vita rimase legata alla sua immagine giovanile e all'età di 77 anni decise che non avrebbe più lasciato il suo appartamento, ordinando che non le fossero più scattate foto. Morì a Parigi nel 1992, ma venne seppellita nel cimitero di Friedenau a Berlino. Proprio a Berlino, al "Filmmuseum", oggi è custodita la sua eredità: la più grande collezione completa di opere d'arte appartenute ad un'artista del XX secolo, che comprende anche i costumi di scena e le lettere personali da parte di colleghi e amanti. Se avete l'occasione di vedere uno dei suoi film, non lasciatevela sfuggire!

Zweite Welle: Fünfundzwanzigste Lektion

75 Fünfundsiebzigste Lektion

„Was der Bauer nicht kennt, isst er nicht."

1 – Sie **kom**men auch aus **Nord**deutschland, nicht wahr? Ich **hö**re es an ① **Ih**rem Ak**zent**.
2 – Ja, ich **kom**me aus Kiel, **a**ber ich **woh**ne schon ② zehn **Jah**re hier in **Mün**chen.
3 – Ach, schon so **lan**ge? Ich bin erst zwei **Jah**re hier.
4 Ich bin **mei**nem Mann ③ ge**folgt**, als er die **Fir**ma ge**we**chselt hat.
5 – Sie **schei**nen da**rü**ber nicht **glück**lich zu sein, **ha**ben Sie sich hier nicht gut **ein**gelebt ④?

Aussprache
*… baua … **1** … ak**tsènt**. **2** … ki:l … **4** … **fir**ma ghë**vèks**'lt …*
***5** … **glueklìçh** … **ain**ghële:pt?*

Note

① **Hören an** + dativo, *sentire da*, nel senso di "capire / riconoscere da"…: **ich höre es an deiner Stimme**, *lo sento dalla tua voce*.

② **Schon**, *già*, è il contrario di **erst**, *non… che, solo*: **er wohnt schon zwanzig Jahre in Kiel, aber sie wohnt erst fünf Jahre dort**, *vive a Kiel già [da] vent'anni, ma abita là solo [da] cinque* (anni).

③ Il verbo **folgen**, *seguire* regge il dativo: **er folgt dem Mann**, *segue* (al-)*l'uomo*.

"Il contadino non mangia quello che non conosce"

1 – Viene anche Lei dalla Germania del Nord, (*non*) vero? Lo sento dal Suo accento.
2 – Sì, vengo da Kiel, ma abito qui a Monaco già [da] dieci anni.
3 – Ah, (*già*) così tanto? Io sono qui solo [da] due anni.
4 Ho seguito mio marito quando ha cambiato (*la*) ditta.
5 – Non sembra esserne contenta, non si è (*ben*) ambientata qui?

④ **Sich einleben** vuol dire "adattarsi", "acclimatarsi" all'ambiente in cui si vive, "ambientarsi": **er hat sich schnell in dem neuen Land eingelebt**, *si è adattato presto al nuovo paese.*

75

6 – Na ja, wie Sie **wis**sen ist es für **Nord**deutsche nicht leicht **un**ter ⑤ **Ba**yern zu **le**ben.

7 – Oh, ich **ha**be mich schnell an die **bay**rische **Le**bensart ge**wöhnt** ⑥.

8 Ich **tra**ge zwar **im**mer noch **kei**ne **kur**zen **Le**derhosen*, **a**ber zum **Bei**spiel auf **Weiß**würste oder **Schweins**haxen **möch**te ich nicht mehr ver**zich**ten.

9 – Was? Sie **es**sen **die**se „Schweine**rei**en" ⑦? Das ist ja **ek**lig!

10 – **Ha**ben Sie schon **ein**mal **ei**ne **Weiß**wurst pro**biert**? Nein? Das **ha**be ich mir ge**dacht**.

11 **Kom**men Sie, wir **ge**hen in den **Bier**garten ⑧ hier. Ich **la**de Sie ein.

12 Wir **trin**ken **ein** oder, **bes**ser noch, zwei **Weiß**bier da**zu**.

13 Und ich garan**tie**re Ihnen, Sie **wer**den die **Ba**yern mit **an**deren **Au**gen **se**hen. □

* Si tratta del costume tradizionale che indossano gli uomini in Baviera e in Tirolo, insieme al cappello ornato da un ciuffo di barba di camoscio. Le donne, invece, portano il "Dirndl", il tipico vestito di queste regioni.

***6** … **bai**an … **7** … **le:**b'ns-art ghë**vœ:nt**. **8** … tsva:a … **le:**da-ho:z'n … tsùm **bai**scpi:l … **vaiss**-vuerstë … **scvains**-haksën … fèa**tsìçh**tën. **9** …scvainë**rai**ën … **e:k**lìçh! **13** … garan**ti:**rë …*

6 – Beh, come sa, per [i] tedeschi del Nord non è facile vivere tra i Bavaresi.
7 – Oh, io mi sono abituato in fretta al modo di vivere (*vita-modo*) bavarese.
8 Certo, non porto sempre (*ancora*) i pantaloncini di pelle (*corti pelle-pantaloni*), ma ad esempio non vorrei rinunciare (*più*) alle salsicce bianche o allo stinco di maiale.
9 – Cosa? Lei mangia queste porcherie (*lett. "porcata"*)? Ma è disgustoso!
10 – Ha già assaggiato (*una volta*) la (*una*) salsiccia bianca? No? Lo sospettavo (*questo ho io a me pensato*)!
11 Venga, andiamo al (*in*) "Biergarten" qui. Offro io (*La invito*).
12 [Ci] Beviamo una o, meglio ancora, due birre bianche (*birra bianca*) come accompagnamento (*con questo*).
13 E Le garantisco, vedrà i bavaresi con altri occhi.

Note

(5) La preposizione **unter** significa sia "sotto", "al di sotto di", che "tra", "fra". In questo caso regge sempre il dativo: **Wir waren unter Freunden**, *Eravamo tra amici.*

(6) **Sich an etwas** (acc.) **gewöhnen**, *abituarsi a qualcosa*: **sie kann sich nicht an die deutsche Küche gewöhnen**, *non riesce ad abituarsi alla cucina tedesca.*

(7) Si tratta di un gioco di parole. **Die Schweinerei**, *la porcheria*, non ha niente a che vedere con i salumi ricavati dal maiale che si chiamano "**alles vom Schwein**".

(8) **Der Biergarten** (lett. "birra-giardino") è una specie di birreria all'aperto dove, quando il tempo lo permette, è possibile bere e mangiare.

75 **Übung 1: Übersetzen Sie bitte!**

1 Mein Mann war sehr glücklich über die Lederhosen, die ich ihm mitgebracht habe. 2 Sie war die einzige Süddeutsche unter den Leuten, die eingeladen waren. 3 Erinnerst du dich an den Biergarten, wo wir unsere erste Weißwurst gegessen haben? 4 Er wohnt zwar schon zehn Jahre hier, aber er scheint die Stadt nicht gut zu kennen. 5 Es ist nicht immer leicht, sich an andere Lebensarten zu gewöhnen.

Übung 2: Ergänzen Sie bitte!

1 Le garantisco [che] è della Germania del Sud; lo capisco dal suo accento.

Ich garantiere ..... , er ist ... .; das .... seinem Akzent.

2 A Monaco deve assaggiare la birra bianca e mangiarci insieme (*con*) una salsiccia bianca.

.. .. müssen Sie das Weißbier .... und dazu .... essen.

3 Quando ho cambiato ditta, mia moglie mi ha seguito nella Germania del Nord.

... ich die Firma .... , ist ... meine Frau nach Norddeutschland ....

Soluzione dell'esercizio 1

❶ Mio marito era molto contento dei pantaloni di pelle che gli ho portato. ❷ Tra le persone (*che erano*) invitate, lei era l'unica tedesca del Sud. ❸ Ti ricordi del "Biergarten" dove abbiamo mangiato la nostra prima salsiccia bianca? ❹ Abita qui già da dieci anni, ma non sembra conoscere bene la città. ❺ Non è sempre facile abituarsi ad altri modi di vivere.

❹ Si è subito (*in fretta*) abituata al modo di vivere tedesco, nonostante venga dall' Europa del Sud.
... ... schnell .. die deutsche Lebensart .... , obwohl sie ... . kommt.

❺ Vivono qui solo da sei mesi, ma si sono già ambientati.
Sie leben .... sechs Monate .... , aber ... . schon gut ....

Soluzioni dell'esercizio 2 - Parole mancanti

❶ – Ihnen – aus Süddeutschland – hört man an – ❷ In München – probieren – eine Weißwurst – ❸ Als – gewechselt habe – mir – gefolgt ❹ Sie hat sich – an – gewöhnt – aus Südeuropa – ❺ – erst – hier – sie haben sich – eingelebt

Zweite Welle: Sechsundzwanzigste Lektion

76 Sechsundsiebzigste Lektion

Im Dunkeln ① geschehen komische Dinge

1 – Na, wie ② hat dir der Film ge**fal**len?
2 – Ich **ha**be ihn **ziem**lich lang ge**fun**den, um nicht zu **sa**gen **lang**weilig ③.
3 – Ich gar nicht! Das ist der **span**nendste **Kri**mi ④, den ich seit **lan**gem ge**se**hen **ha**be.
4 Bis zur **letz**ten Mi**nu**te **ha**be ich mich ge**fragt**, ob ⑤ es **wirk**lich **Selbst**mord war.
5 Das **En**de hat mich to**tal** über**ra**scht, auch wenn es mir jetzt ganz **lo**gisch er**scheint**.
6 – Ich **glau**be, ich muss mir den Film ein **zwei**tes Mal **an**sehen.
7 Ich **ha**be von dem, was pas**siert** ⑥ ist, nicht viel **mit**gekriegt ⑦.

Aussprache

*... **dùñ**k'ln ghë**sce:**ën **ko:**mìscë **dìñ**gë* **2** *... **tsìm**lìçh ... **lañg**vailìçh.* **3** *... **scpan**nëntstë **krì**mi ...* **4** *... **zèlpst**-mòrt ...* **5** *... ue:ba**rasct** ... **lo:**gìsc èa**sciaint**.* **7** *... **mìt**ghëkri:kt.*

Note

① **Das Dunkel**, non è altro che l'aggettivo **dunkel**, *buio*, *oscuro*, sostantivato: "il buio", "l'oscurità". Nell'espressione **im Dunkeln** l'aggettivo termina in **-n** perché, in quanto sostantivo, è stato declinato! Si può anche dire **die Dunkelheit**, *l'oscurità*.

② **Wie gefällt dir…?** è sinonimo di **wie findest du… ?**, *come trovi / cosa ne pensi di…?*

Al buio accadono cose strane

1 – Allora, ti è piaciuto il film (*come ha a te il film piaciuto*)?
2 – L'ho trovato piuttosto lungo, per non dire noioso.
3 – Io proprio per niente! È il poliziesco più avvincente che abbia visto da tempo (*ho*).
4 Fino all'ultimo minuto mi sono chiesto se fosse (*era*) davvero [un] suicidio (*auto-morte*).
5 Il finale mi ha totalmente sorpreso, anche se adesso mi sembra assolutamente logico.
6 – Credo [che] mi dovrò (*devo a me*) vedere il film una seconda volta.
7 Io non ho capito molto di quello che è successo.

③ L'aggettivo-avverbio **langweilig**, *noioso*, viene dal verbo **sich langweilen**, *annoiarsi*: **er hat sich den ganzen Abend gelangweilt**, *si è annoiato tutta la sera.*

④ **Der Krimi** sta per **der Kriminalfilm**, *il film poliziesco*, o **der Kriminalroman**, *il romanzo poliziesco.*

⑤ In un'interrogativa indiretta, il "se" si traduce **ob** e non **wenn**: **ich frage mich, ob**..., *mi chiedo se*...; **ich weiß nicht, ob**... *non so se*...; **ich will wissen, ob**..., *voglio sapere se*...

⑥ **Passieren**, *accadere*, *succedere*, è sinonimo di **geschehen** (vedi titolo): **was ist denn passiert / geschehen?** *cos'è successo?*

⑦ Usato in senso figurato nel linguaggio colloquiale, **mitkriegen**, (lett. "con-ricevere"), significa: *capire*, *comprendere*, *rendersi conto di.*

76 8 **Je**des Mal, wenn du mich ge**weckt** hast, **wa**ren **ir**gendwelche ⑧ Schläge**rei**en im Gang.
9 Sag mal, hast du mich nicht **schla**fen **las**sen ⑨, weil du Angst **hat**test?
10 – Quatsch! Ich **ha**be nicht ein**mal** ge**merkt**, dass du ge**schla**fen hast.
11 – Was sagst du da? Wer hat mich denn dann **je**des Mal am Ohr ge**kit**zelt?
12 – Ich wars ⑩ auf **al**le **Fäl**le nicht. □

***8** … ìrgëntvèlçhë sclè:ghë**rai**ën … gañg. **10** … ghë**mèrkt** …*
***11** … ghë**kìt**sëlt? **12** … **fè**llë …*

Note

⑧ Davanti all'articolo indeterminativo o ai pronomi **einer, eine, welche, wer, was, jemand,** ecc., la particella **irgend-** serve a conferire vaghezza all'elemento che precede, il quale prende il significato di "qualunque" o "qualsiasi": **ich habe gestern irgendeinen Krimi gesehen**, *ieri ho visto un film poliziesco qualsiasi.*

⑨ Se preceduto da un infinito, il participio passato del verbo **lassen** occupa l'ultima posizione della frase nella forma dell'infinito: **er hat sich gehen lassen** (e non ***gelassen***), *si è lasciato andare*. La stessa regola vale anche per i modali: ▸

Übung 1: Übersetzen Sie bitte!

❶ Jedes Mal, wenn man mich kitzelt, glaube ich zu sterben. ❷ Es ist schon dunkel und ich habe das nicht einmal gemerkt. ❸ Alle haben sich gefragt, ob es Mord oder Selbstmord war. ❹ Welchen Film willst du sehen? – Irgendeinen Krimi, der spannend ist. ❺ Warum haben Sie mich so lange schlafen lassen?

8 Tutte le volte che (*ogni volta quando*) mi hai svegliato [c']era(*no*) ogni sorta di rissa (*risse*) in corso.
9 Di' un po', non mi hai lasciato dormire perché avevi paura?
10 – Sciocchezze! Non ho nemmeno (*una volta*) notato che dormivi (*dormito hai*).
11 – Cosa dici (*là*)? Allora chi mi ha solleticato l'(*all'*)orecchio ogni volta?
12 – In tutti i casi non ero io.

▸ **er hat nicht kommen können** (e non **gekonnt**), *non è potuto venire.* Questa regola è detta del "doppio infinito".

⑩ **Wars**, scritto anche con apostrofo **war's**, è la contrazione di **war es**: **ich war es**, (*"ero questo"*), *ero io*. Abbiamo già incontrato casi simili, tra cui l'espressione idiomatica: **wie geht es?**, *come va* (*va questo*)? Le forme contratte **wie geht's?** e **wie gehts?** sono entrambe corrette.

Soluzioni dell'esercizio 1

❶ Ogni volta che mi fanno il solletico, credo di morire. ❷ È già buio e non me ne sono neanche accorta. ❸ Tutti si sono chiesti se fosse (*era*) omicidio o suicidio. ❹ Che film vuoi vedere? – Qualsiasi poliziesco che sia (*è*) avvincente. ❺ Perché mi ha lasciato dormire così a lungo?

Übung 2: Ergänzen Sie bitte!

1. Il film mi è piaciuto molto. E come (*ha esso a Lei piaciuto*) l'ha trovato Lei?
   Mir hat … …. sehr gut ……… . Und … hat er ….. …….. ?

2. Ti ho chiesto tre volte se volevi vedere questo film oppure un altro qualsiasi.
   Ich habe …. dreimal ……. , .. du diesen Film sehen wolltest oder ……….. anderen.

3. In ogni caso preferisco vedere (*vedo più volentieri*) film senza risse.
   … …. ….. sehe ich lieber Filme ohne …………. .

77 Siebenundsiebzigste Lektion

Wiederholung

1 I pronomi relativi: der, die, das, die (plurale)

I pronomi relativi sono identici agli articoli determinativi, tranne al dativo plurale e a tutte le forme del genitivo:

	maschile	femminile	neutro	plurale
nom.	**der**	**die**	**das**	**die**
acc.	**den**	**die**	**das**	**die**
dativo	**dem**	**der**	**dem**	**denen**
genitivo	**dessen**	**deren**	**dessen**	**deren**

4 Da tempo non vedevo (*ho più visto*) cose così strane, non ne ho nemmeno capito la metà.

.... habe ich nicht mehr so .... gesehen, ... nicht mal die Hälfte ....

5 È il film più noioso che abbia (*ho*) visto negli ultimi anni.

Das ist ... . , den ... in den letzten Jahren ....

Soluzioni dell'esercizio 2 - Parole mancanti

1 – der Film – gefallen – wie – Ihnen gefallen 2 – dich – gefragt, ob – irgendeinen – 3 Auf alle Fälle – Schlägereien 4 Seit langem – komische Dinge – ich habe – mitgekriegt 5 – der langweiligste Film – ich – gesehen habe

Zweite Welle: Siebenundzwanzigste Lektion

Settantasettesima lezione 77

a) Scelta del pronome relativo

Prima di usare il pronome relativo occorre ricordare che:

• il pronome relativo concorda in genere e in numero con il sostantivo da cui dipende.

Der Schriftsteller, der die Blechtrommel schrieb, war Günter Grass, *Lo scrittore che ha scritto "Il tamburo di latta" è Günter Grass.*

Die Schauspielerin, die so gut spielt, heißt Hildegard Knef, *L'attrice che recita così bene è Hildegard Knef.*

77 **Das Mädchen, das einen roten Pullover trägt, ist meine Schwester**, *La ragazza che indossa un pullover rosso è mia sorella.*

Die meisten Leute, die in München leben, sprechen fließend bayrisch, *La maggior parte delle persone che vivono a Monaco parla bavarese fluentemente .*

• la funzione svolta dal pronome relativo (il caso) è determinata dalla frase relativa stessa (può essere soggetto, complemento oggetto, di termine, di specificazione…).

Der Film, den (accusativo maschile) **wir gesehen haben, hat uns gut gefallen**, *Il film che abbiamo visto ci è piaciuto.*

Die Frau, der (dativo femminile) **ich gerade Guten Tag gesagt habe, ist unsere Hausmeisterin**, *La signora a cui ho appena detto buongiorno è la nostra custode.*

Der Schriftsteller, dessen (genitivo maschile) **Namen*** **ich immer vergesse, ist in Köln geboren**, *Lo scrittore di cui dimentico sempre il nome è nato a Colonia.*

* al genitivo, il pronome è sempre seguito dal sostantivo cui si riferisce, il quale non ha mai l'articolo: **dessen Namen**, ma può essere preceduto dall'aggettivo.

Sonja, deren kleiner Bruder in München wohnt, fährt oft in die bayrische Hauptstadt, *Sonja, il cui fratello minore abita a Monaco, va spesso nella capitale bavarese.*

b) L'uso del pronome relativo

• Il pronome relativo può essere preceduto da una preposizione:

Ist das nicht der Mann, mit dem Claudia gestern im Kino war?
Non è l'uomo con cui Claudia era al cinema ieri?

Ich kenne die Leute nicht, von denen Sie sprechen, *Non conosco le persone di cui parla.*

• I pronomi relativi **wer**, *colui / colei che*, *chi*, e **was**, *cosa*, *ciò che*.

Wer nicht pünktlich kommt, kriegt nichts mehr, *Chi arriva in ritardo non riceverà* (riceve) *più niente.*

Ich habe leider nicht verstanden, was Sie gesagt haben, *Purtroppo non ho capito cosa ha detto.*

Was può essere usato anche dopo **alles**, *tutto*, **etwas**, *qualcosa*, **nichts**, *niente*, **vieles**, *molto* e dopo un aggettivo indefinito neutro al grado superlativo.

Das Beste, was ich in den Ferien gegessen habe, war die Schweinshaxe, *La cosa migliore* (*il meglio*/neutro) *che ho mangiato in ferie era lo stinco di maiale.*

Ma: **ich habe die schönsten Ferien erlebt, die man sich vorstellen kann**, *ho trascorso* (vissuto) *le vacanze più belle che si possano immaginare* (può).

Notate che, in tedesco, il pronome relativo è sempre preceduto dalla virgola e che il verbo della relativa è generalmente all'indicativo.

2 I pronomi riflessivi

a) La declinazione del pronome riflessivo

I pronomi riflessivi si usano all'accusativo e al dativo. La loro forma è identica a quella dei pronomi personali tranne alla 3ª persona singolare e alla 3ª plurale dove abbiamo sempre **sich**, *si.*

	singolare			plurale		
acc.	**mich**	**dich**	**sich**	**uns**	**euch**	**sich**
dativo	**mir**	**dir**	**sich**	**uns**	**euch**	**sich**

Fate ora attenzione alle due coniugazioni del verbo **sich waschen**, *lavarsi*. Il pronome riflessivo va all'accusativo quando è complemento oggetto e al dativo quando il verbo regge già un altro complemento oggetto:

77 **Sich waschen**, *lavarsi* (con pronome riflessivo all'accusativo):

ich wasche mich, *mi lavo*
du wäschst dich, *ti lavi*
Claudia wäscht sich, *Claudia si lava*
wir waschen uns, *noi ci laviamo*
ihr wascht euch, *voi vi lavate*
sie waschen sich, *loro si lavano*

Sich etwas waschen, *lavarsi qualcosa* (con pron. rifl. al dativo):

ich wasche mir die Augen, *mi lavo gli occhi*
du wäschst dir die Haare, *tu ti lavi i capelli*
Claudia wäscht sich das Gesicht, *Claudia si lava la faccia*
wir waschen uns die Hände, *noi ci laviamo le mani*
ihr wascht euch die Füße, *voi vi lavate i piedi*
sie waschen sich die Ohren, *loro si lavano le orecchie*

Notate che i verbi accompagnati dal pronome riflessivo formano i tempi composti con l'ausiliare **haben** (e non con **sein** come in italiano!).

Igitt, du hast dich seit drei Tagen nicht gewaschen? *Puah, non ti sei* (hai) *lavato da tre giorni?*

b) La posizione del pronome riflessivo

In una proposizione principale, il pronome riflessivo viene subito dopo il verbo o subito dopo il soggetto in caso di inversione.

Er erinnert sich gut an seine erste Freundin, *Si ricorda bene della sua prima fidanzata.*

Nach vielen Jahren erinnert er sich noch an seine erste Freundin, *Dopo tanti anni si ricorda ancora della sua prima fidanzata.*

c) I verbi con o senza pronome riflessivo

Alcuni verbi sono accompagnati dal pronome riflessivo in tedesco, mentre non lo sono in italiano.

Sich ändern, *cambiare*: **die Zeiten haben sich geändert**, *i tempi sono cambiati.*

Sich bedanken, *ringraziare*: **hat er sich bedankt?**, *ha ringraziato?*

Al contrario, esistono verbi che in italiano sono strettamente collegati ad un pronome riflessivo, mentre non lo sono in tedesco.

Aufstehen, *alzarsi*: **wir sind um 8 Uhr aufgestanden**, *[ci] siamo alzati alle 8.*

Aufwachen, *svegliarsi*: **um wie viel Uhr bist du aufgewacht?**, *a che ora [ti] sei svegliato?*

Weggehen, *andarsene*: **warum ist sie so früh weggegangen?**, *perché [se ne] è andata così presto?*

Anhalten, *fermarsi*: **kannst du bitte an der nächsten Tankstelle anhalten?**, *puoi fermarti al prossimo distributore, per favore?*

Vedete, non è poi così difficile: occorre solo leggere bene le frasi e ripeterle quante più volte possibile.

3 Come si traduce "se": wenn o ob?

• Con funzione ipotetica "se" si traduce **wenn**.

Wenn du um zwölf Uhr nicht da bist, esse ich allein, *Se non sei qui alle dodici, mangio da sola.*

Ich gehe mit Ihnen, wenn Sie wollen, *Vengo con Lei, se vuole.*

• In un'interrogativa indiretta, "se" si traduce **ob** (per essere certi che sia un'interrogativa indiretta, potete aggiungere **oder nicht**, "o no").

Wissen Sie, ob der Goetheplatz rechts oder links von uns liegt?, *Sa se la Goetheplatz si trova a (*nostra*) destra o a (*nostra*) sinistra?*

77 **Sie fragt sich, ob er verheiratet ist (oder nicht),** *Si chiede se sia* (è) *sposato (o no).*

Er zögert, ob es besser ist, den Zug zu nehmen oder das Flugzeug, *Si domanda* (esita) *se sia* (è) *meglio prendere il treno o l'aereo.*

* * *

Manchmal können noch Wunder geschehen (73, 76)

1 Als Klaus um halb fünf am **Mor**gen **auf**wachte, **wuss**te er nicht mehr, wo er war. **(71)**

2 Er **konn**te sich **we**der an das **Zim**mer noch an die Per**son**, die **ne**ben ihm schlief, er**in**nern. **(74)**

3 **Lang**sam ge**wöhn**ten sich **sei**ne **Au**gen an die **Dun**kelheit. **(72, 75, 76)**

4 **A**ber **al**les, was er sah, war ihm fremd. **(73, 75)**

5 Nein! Nicht **al**les! Dort an der Tür hing der **Schwa**nenf**e**dermantel von Mar**le**ne **Diet**rich. **(75)**

6 In **die**sem Mo**ment** er**in**nerte er sich **wie**der an das **Wun**der, das ihm **pas**siert war. **(73, 74)**

7 Er war **ges**tern **A**bend al**lein** im **Bier**garten ge**we**sen. **(71, 75)**

8 An **ei**nem **an**deren Tisch **sa**ßen ein paar **Män**ner, die schon **ziem**lich viel ge**trun**ken **hat**ten. **(75, 76)**

9 **Un**ter **ih**nen war **ei**ne **ein**zige Frau, die sich zu **lang**weilen schien. **(71, 76)**

10 Sie war **wun**derschön und sehr blond. **(72)**

11 Er **glaub**te zu **träu**men, **a**ber als er den **Schwa**nenf**e**dermantel sah, den sie trug, war er **si**cher: **(74)**

12 Es war die **Schau**spielerin Mar**le**ne **Diet**rich, die er ver**göt**terte! **(72, 75)**

Questa volta vi proponiamo di ascoltare (o di leggere a voce alta) il racconto di un sogno. In questo modo potrete rendervi conto della quantità di cose nuove che avete imparato questa settimana:

* * *

Talvolta (*possono*) i miracoli accadono ancora (*accadere*)

1 Quando Klaus si è svegliato alle quattro e mezza del mattino, non sapeva più dove fosse (*era*).
2 Non riusciva a ricordarsi né della stanza, né della persona che dormiva accanto a lui.
3 Lentamente i suoi occhi si sono abituati al buio.
4 Ma tutto quello che vedeva gli era sconosciuto.
5 No! Non tutto! Là, sulla porta, era appeso il mantello con le piume di cigno di Marlene Dietrich.
6 In quel momento, si ricordò di nuovo del miracolo che gli era accaduto.
7 La sera prima (*Ieri sera*) era andato (*stato*) da solo al “Biergarten” (*birreria all’aperto*).
8 Ad un altro tavolo erano seduti un paio di uomini che avevano già (*piuttosto*) bevuto parecchio.
9 Tra loro c’era un’unica donna che sembrava annoiarsi.
10 Era bellissima e biondissima (*molto bionda*).
11 Credeva di sognare, ma quando vide il mantello con le piume di cigno che indossava, [ne] fu certo:
12 Era l’attrice Marlene Dietrich che lui idolatrava!

77

13 Eine Ver**wechs**lung war **un**möglich. **(75)**

14 Er **hat**te zwar schon zwei Bier ge**trun**ken, **a**ber sein Kopf war **im**mer noch klar. **(74, 75)**

15 Und dann… ist die Frau **auf**gestanden und zu ihm ge**kom**men! **(71)**

16 „**Gu**ten **A**bend”, hat sie mit ihrer **rau**chigen **Stim**me gesagt, „darf ich mich zu **Ih**nen **set**zen?” **(72, 74)**

17 „**A**ber na**tür**lich, gern”, hat er über**rascht** und **glück**lich ge**ant**wortet. **(73, 75, 76)**

18 Sie sprach **flie**ßend Deutsch, **a**ber mit **leich**tem ameri**ka**nischen Ak**zent**. **(73, 75)**

19 Sie **ha**ben **ei**ne **Vier**telstunde ge**re**det und am **En**de hat sie **ein**fach gesagt: „**Kom**men Sie! Ich **neh**me sie mit zu mir.” **(71, 72, 73, 76)**

20 Und er hat sich nicht lang ge**fragt**, ob er ihr **fol**gen **soll**te… **(73, 75)**

21 **Al**les war **al**so ganz **lo**gisch. **(72, 73, 74, 76)**

22 **Vor**sichtig be**weg**te er sich im Bett und **sag**te zu der Frau, **de**ren **blon**de **Haa**re ihn an der **Na**se **kit**zelten: „Mar**le**ne, **Lieb**ling!” **(71, 72, 76)**

23 „Wach auf, Klaus! Es ist halb **sie**ben. **(71)**

24 Du musst die **Kin**der in die **Schu**le **mit**nehmen.” **(71)**

Vi rendete conto degli enormi progressi che avete fatto? Non possiamo che farvi i complimenti!
Schönen Tag und bis morgen! *Buona giornata e a domani!*

13 Era impossibile confondersi (*uno scambio*).
14 Certo, aveva già bevuto due birre, ma aveva ancora le idee chiare (*sua testa era sempre ancora chiara*).
15 E poi… la donna si è alzata ed [è] andata (*venuta*) verso di lui!
16 "Buonasera", ha detto con la sua voce rauca, "posso sedermi con (*da*) Lei?"
17 "Ma certo, volentieri", ha risposto sorpreso e felice.
18 Parlava tedesco fluentemente ma con [un] leggero accento americano.
19 Hanno parlato [per] un quarto d'ora e alla fine lei ha semplicemente detto: "Venga! La porto a casa mia"
20 E lui non si è domandato a lungo se dovesse (*doveva*) seguirla…
21 Tutto era (*interamente*) logico.
22 Si mosse nel letto facendo attenzione e disse alla donna, i cui biondi capelli gli solleticavano (*al*) il naso: "Marlene, cara!"
23 "Svegliati, Klaus. Sono le sei e mezza.
24 Devi portare i bambini a scuola."

Zweite Welle: Achtundzwanzigste Lektion

78 Achtundsiebzigste Lektion

Der Vorteil flexibler Arbeitszeiten

1 – **Mahl**zeit ① und bis **spä**ter.
2 – Was? Du machst schon **Mit**tagspause?
3 Wie spät ② ist es denn?
4 – Es ist fünf vor halb zwölf ③, **a**ber ich **ha**be schon um **sie**ben **an**gefangen.
5 Nach **vier**einhalb ④ **Stun**den **Ar**beit tut mir der Kopf weh und **au**ßerdem knurrt ⑤ mein **Ma**gen.

Aussprache
*... **fòr**tail flè**ksi:**blа **ar**baits-tsaitën **1 ma:l**-tsait ... **5** ... **fi:**аainhalp ... knùrrt ... **ma:**g'n.*

Note

① **Die Mahlzeit** (lett. "il tempo in cui si mangia"), *il pasto*. **Das Mahl** è ormai un termine piuttosto obsoleto che traduce "il pasto": **das war eine ausgezeichnete Mahlzeit**, *è stato un pasto eccellente*. Quando si è seduti a tavola o ci si congeda dagli altri commensali si usa augurare **Mahlzeit!** o **gesegnete Mahlzeit**, (benedetto) *buon appetito*.

② **Wie spät ist es?** (lett. "quanto tardi è?") è sinonimo di **wie viel Uhr ist es?**, *che ora è?, che ore sono?*

③ **Fünf Minuten vor halb zwölf** o più semplicemente **fünf vor halb zwölf** (lett. "cinque minuti prima mezzo dodici"), sono le 11.25. Come ormai sappiamo, **halb zwölf** ("mezzo dodici") sono le 11.30 e cinque minuti prima ... le 11.25. Logico, no? Questa formula è molto più usata di **fünfundzwanzig nach elf**... ▸

Il vantaggio [degli] orari di lavoro flessibili

1 – Buon appetito (*pasto*) e a più tardi.
2 – Cosa? Fai già [la] pausa pranzo (*mezzogiorno*)?
3 Ma che ora (*quanto tardi*) è?
4 – Sono le undici e venticinque, ma ho (*già*) iniziato alle sette.
5 Dopo quattro ore e mezza [di] lavoro mi fa male la testa (*fa a me la testa male*) e in più mi brontola lo stomaco (*brontola mio stomaco*).

④ **Viereinhalb**, *quattro e mezzo*, si scrive tutto attaccato. Non dimenticatevi che **die Stunde** corrisponde a una durata di 60 minuti, mentre **die Uhr** è l'ora segnata dall'orologio: **es ist ein Uhr dreißig**, *è l'una e mezza* (trenta minuti dopo l'ora intera), ma **sie wartet schon eineinhalb Stunden**, *aspetta già [da] un'ora e mezza.*

⑤ Il primo significato di **knurren** è "ringhiare", come farebbe un cane quando gli si vuole portar via l'osso.

6 Ich **brau**che **drin**gend **fri**sche Luft und was ⑥ zu **es**sen.

7 – **Fri**sche Luft? **Da**von gibt es **drau**ßen ge**nug** bei der **Käl**te!

8 Ich **ge**he bei dem **Sau**wetter ⑦ nicht raus: mir ist hier **drin**nen schon kalt.

9 – Auch nicht, wenn ich dir **sa**ge, dass ich zu **Hen**kels ⑧ in die „**Al**te **Müh**le" **ge**he, und dass es bei **de**nen ⑨ **heu**te **haus**gemachte Kar**tof**felknödel ge**füllt** mit **Le**berwurst gibt?

10 – Das ist na**tür**lich was **an**deres.

11 Wa**rum** hast du das nicht gleich ge**sagt**?

12 Halt mir **ei**nen Platz frei! Ich **kom**me in zehn Mi**nu**ten nach. □

*6 … **frì**scë lùft … 7 … **kèl**të. 8 … **zau**-vètta … 9 … **hèñ**këls … … **mue:**lë … kar**tòff**'l-**knœ:**dël ghë**fuelt** … **le:**ba-vùrst …*

Note

⑥ Nel linguaggio colloquiale **was** è spesso usato al posto di **etwas**, *qualcosa*, come ci dimostra la frase 10: **was anderes** o **etwas anderes**, *qualcos'altro*.

Übung 1: Übersetzen Sie bitte!

❶ Um wie viel Uhr haben Sie angefangen zu arbeiten? ❷ Sie haben eineinhalb Stunden Mittagspause, von zwölf bis halb zwei. ❸ Seit Tagen tut ihr der Kopf weh, sie braucht dringend Ruhe. ❹ Ich muss was essen; mein Magen hört nicht auf zu knurren. ❺ Ist Ihnen kalt? Soll ich das Fenster schließen?

6 Ho urgentemente bisogno [d']aria fresca e [di] qualcosa da mangiare.
7 – Aria fresca? (*Di quella*) Ce n'è abbastanza [là] fuori con questo (*il*) freddo!
8 Io non esco con questo (*il*) tempo da cani (*da scrofa)*: ho già freddo qui dentro.
9 – Neanche (*anche non*) se ti dico che vado da [-gli] Henkel al (*nel*) "Vecchio Mulino" e che oggi (*da loro*) ci sono i canederli di patata fatti in casa, ripieni di salsiccia di fegato?
10 – Naturalmente questo cambia tutto (*è qualcosa altro*).
11 Perché non l'hai detto subito?
12 Tienimi un posto (*libero*)! (*Vengo*) Ti raggiungo tra dieci minuti (*dopo*).

⑦ Il termine **das Sauwetter** è composto da **das Wetter**, *il tempo* (atmosferico) e di **die Sau**, *la scrofa*. Per via della sua stazza, quest'animale ricorre in parecchie espressioni idiomatiche.

⑧ Per riferirsi ad una coppia di coniugi o di fratelli, o all'intero nucleo famigliare di una persona, basta aggiungere una **-s** finale al cognome della persona stessa: **Henkels sind gute Freunde von uns**, *[Gli] Henkel sono nostri buoni amici.*

⑨ **Bei denen**, *da loro, a casa loro*. Qui **denen** è un pronome dimostrativo. Avete notato che "da" si traduce **bei** + dativo quando non c'è uno spostamento e **zu** + dativo quando lo spostamento invece c'è? **Er geht zu Henkels**, *Va da[-gli] Henkel*, ma **er isst bei Henkels**, *mangia da[-gli] Henkel.*

Soluzioni dell'esercizio 1

❶ A che ora ha iniziato a lavorare? ❷ Hanno un'ora e mezza di pausa pranzo, dalle dodici all'una e mezza. ❸ Da giorni le fa male la testa, ha assolutamente bisogno di calma. ❹ Devo mangiare qualcosa; il mio stomaco non smette di brontolare. ❺ Ha freddo? Devo chiudere la finestra?

78 Übung 2: Ergänzen Sie bitte!

1. Cosa c'è da mangiare oggi? Il mio stomaco brontola già.
   ... . heute .. .. ? Mein Magen ....
2. Restiamo dentro, fuori fa un freddo cane (*scrofa-freddo*).
   Lass uns .... bleiben, ... ist es ....
3. Può tenermi un posto (*libero*), per cortesia?
   Können Sie ... bitte .... ?

Wie ist die Kartoffel nach Deutschland gekommen?,
Com'è arrivata la patata in Germania?
La patata è per i tedeschi quello che il riso è per i cinesi o la pasta per noi italiani. È difficile infatti immaginare la cucina tedesca senza questo prezioso ingrediente. La patata è stata importata in Europa nella metà del XVI secolo dai conquistatori spagnoli che l'avevano scoperta presso gli indiani delle Ande. I suoi bei fiori bianchi o viola, con cui si decoravano i giardini principeschi, attirarono per prima cosa l'interesse dei botanici. Poi, nella metà del XVIII secolo, Federico il Grande ordinò che la si coltivasse in tutta la Prussia al fine di combattere la fame che affliggeva il regno. Da allora la patata è il simbolo della lotta alla fame: infatti è un alimento di base che può essere sostituito solo da pasta o riso.

❹ Perché non ha detto subito che non Le piacciono i canederli? **78**
.... nicht gleich ...... , dass Sie ...... nicht mögen?

❺ Con questo freddo non esco. – Neanche se vengo con te?
Bei dieser Kälte .... nicht .... .
– .... , ... ich mitkomme?

Soluzioni dell'esercizio 2 - Parole mancanti

❶ Was gibt es – zu essen – knurrt schon ❷ – drinnen – draußen – saukalt ❸ – mir – einen Platz freihalten ❹ Warum haben Sie – gesagt – Knödel – ❺ – gehe ich – raus – Auch nicht, wenn –

Se ne ordinate un piatto in Germania, ve le serviranno accompagnate da fagioli verdi, cavoli o carote. Anche se il consumo individuale di patate "semplici", ovvero al vapore o saltate, è diminuito nelle società moderne, quello generale sembra invece rimanere stabile, in quanto si mangiano sempre più patate fritte, patatine nei sacchetti, patate cucinate in altri modi o prodotti a base di patata disidratata. Comunque potete stare tranquilli: le patate non fanno ingrassare, anzi al contrario, sono ricche di principi nutritivi preziosi come la vitamina C. Fate tuttavia attenzione a cosa ci mangiate insieme!

Zweite Welle: neunundzwanzigste Lektion

79 Neunundsiebzigste Lektion

Auf der Autobahn

1 – Bis jetzt **ha**ben wir Glück ge**habt**, **Kin**der.
2 Drückt die **Dau**men ①, dass ② es so **wei**ter geht.
3 Wenn kein Stau ③ kommt, sind wir in fünf **Stun**den am Strand.
4 – Du, Karl, ich weiß, es ist nicht der Mo**ment**, **a**ber kannst du **bit**te an der **nächs**ten **Rast**stätte ④ kurz **an**halten?
5 Ich muss **drin**gend auf Toi**let**te.
6 – Ist das **wirk**lich **nö**tig? Seit wir auf der **Au**tobahn sind, **fah**re ich im Schnitt ⑤ **hun**dert**fünf**zig *.

* Sulle autostrade tedesche non c'è limite di velocità. La parola "limite di velocità" è tuttavia impressionante: **die Geschwindigkeitsbegrenzung**. Questo termine è composto da **die Begrenzung**, *il limite*, e **die Geschwindigkeit**, *la velocità*.

Aussprache
*… **au**to-ba:n **2** druekt … **dau**mën … **3**… stau … strant. **4** … **rast**-sctèttë … **5** … toi**lè**ttë. **6** … **nœ**:tiçh … scnìtt …*

Note

① **Die Daumen drücken** (lett. "premere i pollici"), *incrociare le dita*. Spesso i tedeschi al posto di **ich wünsche dir viel Glück**, (*ti auguro*) *buona fortuna*, preferiscono dire: **ich drücke dir die Daumen**.

② **Dass** ha lo stesso significato della congiunzione **damit**, *al fine*

In (*Sull'*) autostrada

1 – Finora siamo stati fortunati, bambini.
2 Incrociate le dita (*Premete i pollici*) affinché continui così.
3 Se non troviamo coda (*arriva*), tra cinque ore siamo in spiaggia.
4 – (*Tu*), Karl, so [che] non è il momento, ma potresti (*puoi*) per favore fermar[ti] un attimo (*breve*) alla prossima area di servizio?
5 Devo andare di corsa (*urgentemente*) al bagno.
6 – È proprio (*veramente*) necessario? Da quando siamo in autostrada, viaggio ad (*in*) una media [di] 150 [all'ora].

▸ *di, affinché, in modo da*. **Beeilen wir uns, damit / dass wir nicht zu spät kommen**, *Sbrighiamoci, in modo da non arrivare in ritardo* (che non arriviamo troppo tardi).

③ **Der Stau**, *la coda*, forma il plurale con una **-s**, come molti sostantivi che terminano con una vocale (tranne quelli che terminano in **-e**): **die Staus**, *le code*, **die Autos**, *le auto*, ma **die Toiletten**, *le toilette*.

④ **Die Raststätte** è un'area di servizio in autostrada con ristorante e distributore di benzina, un "autogrill". Questo termine è composto da **die Rast**, *il riposo*, e **die Stätte**, *il luogo*. Quando non c'è il ristorante, si parla di area di sosta: **der Rastplatz** o **der Parkplatz**.

⑤ **Im Schnitt** sta per **im Durchschnitt**: **der Durchschnitt**, *la media*. Attenzione alle cinque consonanti di seguito all'interno di questa parola: **ch** di **durch**, *attraverso*, e **sch** di **schnitt**, dal verbo **schneiden (schnitt, geschnitten)**, *tagliare*.

7 Kannst du nicht **war**ten, bis wir an der **Gren**ze sind?

8 – Papa, wir **mü**ssen aber auch mal ⑥!

9 – Es ist zum Ver**rückt**werden ⑦! So**bald** wir auf die **Au**tobahn **ko**mmen, muss **al**le Welt aufs Klo.

10 Könnt ihr nicht ein **ein**ziges Mal zu **Hau**se **da**ran ⑧ **den**ken?

11 – Reg dich doch nicht auf ⑨, **Pa**pa! Wir **kom**men **des**halb nicht **spä**ter an.

12 Lass **Ma**ma **da**nach **fah**ren, die holt die ver**lo**rene Zeit schnell **wie**der auf. □

*7 … **grèn**tsë … 9 … fèa**ruekt**-ve:a d'n! zo**balt** … 10 … **ain**tsìghës … 11 rèk … **auf** … 12 … fèa**lo:**rënë …*

Note

⑥ **Ich muss mal** sta per **ich muss mal auf die Toilette / aufs Klo (gehen)**, *devo andare al bagno / in gabinetto*. Abbiamo già detto che **müssen** esprime un obbligo impellente, una necessità assoluta!

⑦ **Das Verrücktwerden** è l'infinito sostantivato derivante da **verrückt werden**, *diventare pazzi*. L'infinito può essere usato come un sostantivo neutro preceduto dal complemento: **das Fahrradfahren**, *l'andare in bicicletta* , **das Autowaschen**, *il lavare l'auto*, o persino **das Insbettgehen**, *l'andare a letto*, ecc. È una costruzione molto pratica, vedrete!

7 Non puoi aspettare fino alla frontiera (*noi alla frontiera siamo*)?
8 – Ma papà, [ci] dobbiamo [andare] anche noi (*volta*)!
9 – [C']È da diventare pazzi! Non appena arriviamo in (*sulla*) autostrada, tutti devono (*tutto il mondo deve*) andare al gabinetto.
10 Non potete per una volta (*sola*) pensarci (*a questo*) a casa?
11 – Papà non ti agitare! Non arriveremo (*arriviamo*) più tardi per questo.
12 Lascia guidare la mamma dopo, recupererà (*questa recupera*) in fretta il tempo [che abbiamo] perso.

Die Deutschen fahren auf der Autobahn so schnell sie können.

⑧ Qui **daran** traduce "a ciò / questo", in quanto si dice **denken an**, *pensare a*: **ich denke daran (an das)**, *ci penso* (a questo).

⑨ **Sich aufregen** ha più significati: da "emozionarsi", "eccitarsi", "agitarsi", fino a "inquietarsi"; il contesto vi aiuterà a capire come tradurlo. In ogni caso: **regen Sie sich nicht auf, das ist schlecht für das Herz**, *non si agiti, non fa bene al cuore (*è cattivo per il cuore*).*

79 **Übung 1: Übersetzen Sie bitte!**

❶ An vielen Grenzen in Europa muss man nicht mehr anhalten. ❷ Ich habe dir den ganzen Morgen die Daumen gedrückt. ❸ Die Deutschen fahren auf der Autobahn so schnell sie können. ❹ Regen Sie sich nicht auf! Der Stau ist nicht lang. ❺ Sobald Papa vor dem Fernsehapparat sitzt, schläft er ein.

Übung 2: Ergänzen Sie bitte!

❶ Non ti agitare! Siamo stati ancora una volta fortunati.
... . nicht ... ! ... . noch einmal Glück ....

❷ Ci fermiamo alla prossima area di servizio affinché tutti possano andare in bagno.
Wir halten .. ... nächsten .... an, ... alle ... .../.... ... gehen können.

❸ Se continua così, non riusciremo mai a recuperare il tempo perso.
.... das so .... , können wir ... . nie wieder ....

❹ Non appena saremo rientrati dalle vacanze, La chiamo.
...... wir ... ... zurück sind, ... ich Sie .. .

Soluzioni dell'esercizio 1

❶ A molte frontiere in Europa non ci si deve più fermare. ❷ Ho incrociato le dita [per] te tutta la mattina. ❸ I tedeschi viaggiano in autostrada più veloce che possono. ❹ Non si agiti! La coda non è lunga. ❺ Non appena papà si siede davanti al televisore, si addormenta.

❺ Fino alla frontiera è andato tutto bene; dopo ci sono state code su code (*è venuta una coda dopo l'altra*).
... ... ging .... ; ......
kam ... . nach dem anderen.

Soluzioni dell'esercizio 2 - Parole mancanti

❶ Reg dich – auf – Wir haben – gehabt ❷ – an der – Raststätte – damit – auf die Toilette / aufs Klo – ❸ Wenn – weiter geht – die verlorene Zeit – aufholen ❹ Sobald – aus den Ferien – rufe – an ❺ Bis zur Grenze – alles gut – danach – ein Stau –

È da parecchie lezioni che non vi facciamo i complimenti, anche se ve li meritate! Il vostro studio del tedesco procede a un ritmo costante: 30 minuti di apprendimento al giorno e in più il ripasso di una lezione in cui traducete dall'italiano al tedesco. Con questo ritmo, il successo è assicurato!

Zweite Welle: dreißigste Lektion

80 Achtzigste Lektion

Eine positive oder negative Antwort?

1 **Mann**heim, den 8. (**ach**ten) Sep**tem**ber 2010. ①
2 **Ih**re Be**wer**bung ②

---

3 Sehr ge**ehr**te ③ Frau **Spren**ger,
4 wir **freu**en uns, dass Sie sich für ④ **ei**ne **Mit**arbeit in **un**serem Unter**neh**men interes**sie**ren.
5 **Lei**der ist je**doch** die **Stel**le ⑤, für die Sie sich be**wor**ben **ha**ben, inzwischen schon be**setzt**.

Aussprache
*... **po:**ziti:vë ... **ne:**gati:vë...* ***1 mann-**<u>h</u>aim, ... **tsvai**tauz'n**ttse:n**...*
***2** ... bëvèrbuñg* ***3** ... ghëe:atë ... **scprèñ**ga,*

Note

① Quando si scrive la data in una lettera si indica sempre prima la località, seguita da una virgola e poi dal giorno. Generalmente è all'accusativo preceduta dall'articolo **den**. Il giorno e il mese in numero sono sempre seguiti da un punto: **Berlin, den 1. 1. 2005** si legge **Berlin, den ersten ersten zweitausendfünf**. Potete ripassare la data alla lezione 28.

② **Die Bewerbung**, *la candidatura, la domanda d'impiego*, è un sostantivo che si forma a partire dal verbo **sich bewerben für / um** + acc., *fare domanda per...* (frase 5): **sie bewirbt sich für/um diese Stelle**, *ha fatto domanda per questo posto.* ▸

Una risposta positiva o negativa?

1 Mannheim, (*l'*)8 settembre 2010.
2 Sua domanda d'impiego

3 Gentile (*Molto onorata)* Sig.ra Sprenger,
4 siamo lieti [di sapere] che è interessata (*Lei si interessa per*) ad una collaborazione presso (*nel*) la nostra azienda.
5 Purtroppo (*tuttavia*) il posto per il quale ha fatto domanda è (*nel frattempo*) già [stato] occupato.

***4** ... ùntane:mën ... **5** ... iedòcH ... bëvorbën ... ìntsvìscën ...*

③ **Geehrt** è il participio passato di **ehren**, *onorare, rispettare*. Quando ci si rivolge ad un uomo, si scrive **Sehr geehrter Herr Sprenger!** Al posto del punto esclamativo, si può mettere, come nel caso del dialogo, una semplice virgola e proseguire la stesura della lettera in minuscolo.

④ Attenzione! La preposizione deve sempre accompagnare il verbo, come in italiano. Si dice infatti **sich interessieren für**..., *interessarsi a / di...*: **er interessiert sich für Politik**, *lui si interessa di politica*.

⑤ **Die Stelle(-n)** ha più significati: *il luogo, il posto, la zona, la parte*, ecc. In questo caso si tratta di **die Arbeitsstelle**, *il posto di lavoro, l'impiego*. Ricordatevi anche di **die Tankstelle**, *il benzinaio, il distributore di benzina* (lezione 19).

6 Da ⑥ wir **a**ber in **na**her **Zu**kunft **wei**tere **Mit**arbeiter für **ähn**liche **Auf**gaben **su**chen, **möch**ten wir Sie **trotz**dem gern **ken**nen **ler**nen.

7 **Könn**ten Sie uns am **Mitt**woch, dem 15. (**fünf**zehnten) Sep**tem**ber, um 10 (zehn) Uhr zu **ei**nem per**sön**lichen **G**espräch be**su**chen ⑦?

8 Herr Dr. Schulz, der **Lei**ter der Ab**tei**lung Infor**ma**tik, hat **die**sen Ter**min** ⑧ für Sie reser**viert**.

9 Bitte infor**mie**ren Sie uns kurz, ob **Ih**nen **die**ser Ter**min** passt ⑨ **o**der ob Sie **ei**nen **an**deren **vor**ziehen.

***6** … **tsu:**kùnft … **è:n**lìçhë **auf**ga:b'n … **8** … **dòk**to:a sciùlts … **lai**ta … ap**tai**luñg … tèr**mi:n** … **9** … ìnfòr**mi:**rën … **fo:**atsi:ën.*

Note

⑥ In questa frase **da** funge da congiunzione causale: "poiché", "perché" (ha lo stesso significato di **weil**). Da non confondere con l'avverbio **da**, *qui / qua, lì / là*.

⑦ **Besuchen** significa "andare / venire a trovare" e "visitare".

⑧ **Der Termin**, *l'incontro, l'appuntamento ufficiale*: **ein Termin beim Arzt**, *un appuntamento dal dottore.*

⑨ **Das passt mir**, *mi va / sta bene*. Quest'espressione idiomatica si usa anche per riferirsi al vestiario: **meine Hosen passen mir nicht mehr**, *i miei pantaloni non mi vanno / stanno più.*

6 Poiché in [un] prossimo futuro cercheremo (*cerchiamo*) altri collaboratori per incarichi simili, gradiremmo comunque (*nonostante*) conoscerLa.

7 Potrebbe venire da noi per un colloquio (*personale*) mercoledì 15 settembre alle 10 (*ore*)?

8 Il (*Signor*) Dottor Schulz, il direttore del reparto [d']informatica, ha riservato questo appuntamento per Lei.

9 La preghiamo di informarci (*prego informi noi*) al più presto (*brevemente*) se questo appuntamento Le va bene o se preferisce [averne] un altro.

10 Selbstver**ständ**lich über**neh**men wir **Ih**re **Aus**lagen ⑩ für die **Rei**se.

11 Mit **freund**lichen **Grü**ßen ⑪

12 *Ihre Katrin Ziegler* □
(Perso**nal**leiterin)

***10** … **aus**la:g'n … **11** … **ka**tri:n **tsi:g**lə (pèrzo**nal**-laitërin)*

Note

⑩ **Die Auslagen**, *i costi*, *le spese* (rimborsabili).

⑪ **Mit freundlichen Grüßen** (lett. "con amichevoli saluti"), è la formula di chiusura delle lettere ufficiali. Non confondetela ▸

Übung 1: Übersetzen Sie bitte!

❶ Sie haben eine positive Antwort bekommen? Das freut mich! ❷ Bitte informieren Sie mich, ob die Stelle des Mechanikers schon besetzt ist. ❸ Wenn Sie uns besuchen möchten, können wir Ihnen am Donnerstag einen Termin reservieren. ❹ Sehr geehrte Frau Ziegler, da ich eine Reise ins Ausland machen muss, passt mir leider der 15. September nicht. ❺ Ich habe mir jedoch den Freitag reserviert, um Herrn Dr. Schulz zu treffen.

10 Chiaramente (*si capisce da sé*), ci facciamo carico delle (*Sue*) spese di (*per il*) viaggio. 80

11 Cordiali Saluti.

12 *Katrin Ziegler*
(Capo del personale)

▸ con l'espressione confidenziale: **viele Grüße**! Si assomigliano molto, ma si tratta di una convenzione rispettata da tutti.

Soluzioni dell'esercizio 1

❶ Ha ricevuto una risposta positiva? Mi fa piacere! ❷ La prego di informarmi se il posto da meccanico è già occupato. ❸ Se ci vuole venire a trovare, possiamo darle (*riservarLe*) un appuntamento per giovedì. ❹ Gentile Sig.ra Ziegler, poiché devo fare un viaggio all'estero, il 15 settembre non mi va bene. ❺ Tuttavia mi sono presa (*il*) venerdì, per incontrare il Sig. Schulz.

Übung 2: Ergänzen Sie bitte!

1. Perché non fa domanda per il posto di capo reparto?
Warum .... nicht ... ...
...... des Abteilungsleiters?

2. Mi informi al più presto se questo appuntamento Le va bene.
.... mich bitte schnell, ...
dieser Termin ..... .

3. Il direttore del personale vorrebbe conoscerLa.
... . möchte Sie gern ......
....

81 Einundachtzigste Lektion

Ein nicht ganz alltägliches ① Vorstellungsgespräch (1)

1 – **Gu**ten Tag, Herr **Dok**tor Schulz.

Aussprache
*... gants al**tè:k**lìçhës **fo:**ₐsctèlluñgs-ghëscprè:çh*

④ La nostra azienda si fa volentieri carico delle (*Sue*) spese se viene a trovarci.

.... übernimmt gern ....
.... , wenn Sie uns ....

⑤ Sebbene il posto sia già occupato, il Sig. Schulz vorrebbe incontrla per un colloquio personale.

Obwohl ... . schon .... ist,
möchte Herr Schulz Sie .. ..
.... treffen.

Soluzioni dell'esercizio 2 - Parole mancanti

① – bewerben Sie sich – für die Stelle – ② Informieren Sie – ob Ihnen – passt ③ Der Personalleiter – kennen lernen ④ Unser Unternehmen – Ihre Auslagen – besuchen ⑤ – die Stelle – besetzt – zu einem persönlichen Gespräch –

Zweite Welle: einunddreißigste Lektion

Ottantunesima lezione 81

Un colloquio di lavoro non proprio come gli altri (*Un presentazione-colloquio non del tutto ordinario*) (1)

1 – Buongiorno, (*Signor*) Dottor Schulz.

Note

① **Alltäglich** (lett. "di tutti i giorni"), traduce i termini "banale", "comune", "ordinario". **Der Alltag** è *la vita di tutti i giorni, la quotidianità, la routine.*

2 – **Gu**ten Tag, Frau **Spren**ger. Ich **freu**e mich, Sie **ken**nen zu **ler**nen ②.
3 **Set**zen Sie sich **bit**te!
4 Sie **ha**ben **al**so Ele**k**trotechnik stu**diert** und sich auf Infor**ma**tik speziali**siert** ③?
5 – Ja, nach **Ab**schluss **mei**nes **Stu**diums **ha**be ich mich bei dem **größ**ten **deut**schen **IT-Un**ternehmen ④ be**wor**ben.
6 Dort war ich fast fünf **Jah**re **an**gestellt ⑤, ge**nau**er ge**sagt** bis zur Ge**burt mei**ner **Toch**ter.
7 Nach der Ge**burt ha**be ich dann als **Selbst**ständige ⑥ ge**ar**beitet, was mir er**laub**te, mich um **mei**ne **Toch**ter zu **küm**mern.
8 **A**ber jetzt fällt mir **lang**sam ⑦ die **De**cke auf den Kopf, und **au**ßerdem fehlt mir der **Aus**tausch mit den Kol**le**gen **im**mer mehr…

***4** … el**èk**tro-tèçhnìk … ìnfòr**ma:**tìk scpetsiali**zi:ert**? **5** … **ap**sclùss … **sctu:**dìùms … **6** … **an**ghësctèlt. **7** … **zèlpst**-sctèndìghë … **kuemm**ən. **8** … fèlt … dèkë … fe:lt … **aus**tausc…*

Note

② **Kennen**, *conoscere*, è il primo dei due infiniti che compongono il verbo **kennen lernen**, *fare la conoscenza di* (lett: conoscere imparare), il quale, pur non essendo attaccato a **lernen**, si comporta allo stesso modo di una particella separabile: **wir lernen heute den neuen Chef kennen**, *oggi conosciamo il nuovo capo*.

③ Ricordatevi che i verbi terminanti in **-ieren** non prendono il prefisso **ge-** del participio passato e che si dice **sich auf etwas spezialisieren**, *specializzarsi in qualcosa*!

2 – Buongiorno, Signora Sprenger. Sono contento di fare La sua conoscenza (*Lei conoscere a imparare*). **81**
3 Si sieda, prego!
4 Dunque ha studiato elettrotecnica e si [è] specializzata in (*su*) informatica?
5 – Sì, terminati gli studi (*dopo chiusura mio studio*) ho fatto domanda presso la più grande azienda tedesca d'informatica.
6 (*Là*) Sono stata impiegata per cinque anni circa, più esattamente (*detto*) fino alla nascita di mia figlia.
7 Dopo la nascita ho lavorato (*allora*) come libera professionista, cosa che mi ha permesso di occuparmi di mia figlia.
8 Ma adesso comincio a sentirmi in gabbia (*il soffitto mi cade lentamente sulla testa*) e inoltre mi manca sempre di più il rapporto (*lo scambio*) con i colleghi…

④ **Das Unternehmen**, *l'azienda*, *l'impresa*, è neutro. Si tratta dell'infinito sostantivato derivante dal verbo **unternehmen**, *intraprendere*. **IT** sta per "Information Technology". Come abbiamo detto altre volte, i tedeschi non hanno problemi ad usare termini inglesi!

⑤ **Angestellt sein**, *essere impiegato*, **der (die) Angestellte**, *l'impiegato / -a*.

⑥ Qui **selbstständig**, *indipendente*, è il contrario di **angestellt**, *impiegato*. In senso più generale, lo stesso termine significa anche "autonomo": **die Kinder sind selbstständig; man braucht sich nicht mehr um sie zu kümmern**, *i bambini sono indipendenti / autonomi; non occorre più occuparsi di loro* (ecco un'altra occasione per notare che il verbo **sich kümmern** regge la preposizione **um**!).

⑦ L'avverbio-aggettivo **langsam**, *lentamente / lento*, si usa anche in alcune espressioni idiomatiche per dire che qualcosa sta "arrivando" o "cominciando" pian piano: **ich habe langsam Hunger**, *comincio ad avere fame*; **es wird langsam dunkel**, *comincia a diventare buio*.

9 – Ich hab's ⑧! **Lau**ra Busch!
10 – Ver**zei**hung ⑨, was **mei**nen Sie?
11 – Sie sind **Lau**ra Busch, nicht wahr?
12 – Ja, in der Tat, mein **Vor**name ⑩ ist **Lau**ra und Busch ist mein **Mäd**chenname. **A**ber **wo**her **wis**sen Sie das? □

*(**Fort**setzung folgt)*

9** … **lau**ra bùsc! **10** fè*atsai**uñg … **12** … ta:t … **fo:***a*na:më …*

Note

⑧ **Ich hab's** o **ich habe es** (lett. io l'ho) è la forma contratta del modo di dire **ich hab's gefunden!**, *ho trovato!*, *ci sono!*

⑨ Il termine **Verzeihung**, *perdono*, è spesso usato come sinonimo di **Entschuldigung**, *scusa*, sebbene **verzeihen** significhi "perdonare", e **(sich) entschuldigen**, "scusar(-si)".

⑩ Se **der Vorname** vuol dire *il nome*, come si dirà *il cognome*? Ebbene sì! Si dice **der Nachname** "il dopo nome" oppure **der Familienname**, "il nome di famiglia".

Übung 1: Übersetzen Sie bitte!

❶ Verzeihung, ich bin ein bisschen nervös. ❷ Er arbeitet als Selbstständiger, um keinen Chef zu haben. ❸ Nach der Geburt ihres dritten Kindes hat sie eine Frau angestellt. ❹ Unser Personalleiter hat seine Frau bei einem Vorstellungsgespräch kennen gelernt. ❺ Da er Elektrotechnik studiert hat, bewirbt er sich bei einem IT-Unternehmen.

9 – Ci sono (*l'ho*)! Laura Busch!
10 – Scusi, cosa intende dire?
11 – Lei è Laura Busch, (*non*) vero?
12 – Sì, in effetti, [il] mio nome è Laura e Busch è [il] mio cognome da ragazza. Ma come (*da dove*) lo sa?

(segue)

Soluzioni dell'esercizio 1

❶ Scusi, sono un po' nervoso. ❷ Lavora come libero professionista per non avere un capo. ❸ Dopo la nascita del suo terzo bambino ha assunto una donna. ❹ Il nostro direttore del personale ha conosciuto sua moglie ad un colloquio di lavoro. ❺ Poiché ha studiato elettrotecnica, fa domanda di lavoro presso un'azienda di informatica.

Übung 2: Ergänzen Sie bitte!

1 Poiché ha studiato informatica è impiegata in un'azienda d'informatica.
.. sie Informatik .... , ist sie in einem IT-Unternehmen ....

2 Perdona[-mi]! Ho dimenticato il tuo nome. Ah no, ci sono! Ti chiami Julia!
.... ! Ich habe .... vergessen. Ach nein, ...'. ! Du heißt Julia!

3 Terminati i suoi studi ha fatto domanda presso cinque aziende.
Nach .... hat er sich ... . beworben.

4 Quando ha qualcosa da bere dopo il lavoro, non gli manca quasi niente.
Wenn er .... etwas zu trinken hat, ... ihm .... nichts.

82 Zweiundachtzigste Lektion

Ein nicht ganz alltägliches Vorstellungsgespräch (2)

(***Fort****setzung*)

1 – Er**kennst** du mich nicht? Ich bin Jo**ha**nnes.

Aussprache
1 *... io**h**annës.*

5 Non si preoccupi dei suoi affari! Se ne occupa da sola.
. . . . nicht . . ihre Sachen! . . .
. . . . selbst darum.

Soluzione dell'esercizio 2 - Parole mancanti

1 Da – studiert hat – angestellt 2 Verzeihung – deinen Vornamen – ich hab's – 3 – Abschluss seines Studiums – bei fünf Unternehmen – 4 – nach der Arbeit – fehlt – fast – 5 Kümmern Sie sich – um – Sie kümmert sich –

Verzeihen Sie uns bitte die Frage, aber vergessen Sie auch nicht, jeden Tag eine Lektion zu übersetzen? Heute ist die Lektion 32 dran…
Ci perdoni la domanda, ma non si dimentica di tradurre una lezione al giorno, vero? Oggi tocca alla lezione 32…

Zweite Welle: zweiunddreißigste Lektion

Ottantaduesima lezione 82

Un colloquio di lavoro non proprio come gli altri (2)

(seguito)

1 – Non mi riconosci? Sono Johannes.

2 – Jo**han**nes Schulz. Na**tür**lich! Wa**rum ha**be ich dich nicht gleich **wie**der er**kannt** ①?

3 – Wir sind **äl**ter ge**wor**den ② und **ha**ben uns ver**än**dert.

4 – In der Tat! Du scheinst mit **dei**ner Kar**rie**re ③ zu**frie**den zu sein.

5 – Er**in**nerst du dich noch an das **Mär**chen von **Ber**tolt Brecht?

6 – Du meinst die Ge**schich**te von dem **Prin**zen ④, der es **lieb**te, auf einer **Wie**se **na**he dem Schloss zu **lie**gen und von **wei**ßen, sehr **wei**ßen **Schlös**sern mit **ho**hen **Spie**gelfenstern ⑤ zu **träu**men?

7 – Ja, … denn auf **die**ser **Wie**se **blüh**ten die **Blu**men **grö**ßer und **schö**ner als sonst **ir**gendwo.

2 … *ea**kant**.* **3** … *fèa**ènd**at.* **4** … *kar**rie:**rë* … **5** … ***bèr**tòlt brèçht?* **6** … ***prìn**ts'n* … ***vi:**zë **na:**ë* … ***vai**ss'n **sclœs**san* … ***scpi:**g'l-fènstan* … **7** … ***blue:**tën* … ***blu:**mën* … ***ìr**gënt'vo:.*

Note

① **Erkennen** traduce *riconoscere*, nel senso di identificare qualcuno o qualcosa: **ich habe dich auf dem Foto nicht erkannt**, *non ti ho riconosciuto* (identificato) *nella* (sulla) *foto*. **Wieder erkennen**, *riconoscere*, si usa invece quando si rivede qualcuno dopo tanto tempo: **sie haben sich gleich wieder erkannt, obwohl sie sich 5 Jahre nicht gesehen hatten**, *si sono subito riconosciuti, anche se non si vedevano [da] cinque anni.*

② Il verbo **älter werden** o **alt werden** (lett. "più vecchio diventare", "vecchio diventare") significa *invecchiare*. Molti verbi si costruiscono con l'aggettivo + **werden**: **dick** / **dicker werden**, *ingrassare*, **groß** / **größer werden**, *crescere*, **jünger werden**, *ringiovanire*, ecc. (lezione 60, nota 4). ▶

2 – Johannes Schulz! Certo! Perché non ti ho riconosciuto subito? **82**
3 – Siamo invecchiati e cambiati (*abbiamo noi cambiato*).
4 – In effetti! Sembri contento della tua carriera.
5 – Ti ricordi ancora della fiaba di Bertolt Brecht?
6 – Vuoi dire la storia del principe che amava (*esso*) stendersi (*giacere*) su un prato vicino al castello e sognare (*di*) castelli bianchi, molto bianchi con alte finestre a specchio?
7 – Sì, … perché in questo prato i fiori fiorivano più grandi e più belli che in qualsiasi altro posto (*altrimenti qualche parte*).

▸ ③ In tedesco, il termine **die Karriere** è usato nell'accezione di "fare una brillante carriera".

④ **Der Prinz**, *il principe*, è un sostantivo debole, ovvero che prende la desinenza **-en** in tutti i casi, tranne al nominativo.

⑤ **Der Spiegel**, *lo specchio*, **das Fenster**, *la finestra*.

8 – Dann starb **plötz**lich der **al**te **Kö**nig und der Prinz **wur**de sein **Nach**folger.

9 – Und der **jun**ge **Kö**nig stand ⑥ nun oft auf den Ter**ras**sen von **wei**ßen, sehr **wei**ßen **Schlös**sern mit **ho**hen **Spie**gelfenstern…

10 – und **träum**te von **ei**ner **klei**nen **Wie**se, auf der die **Blu**men **grö**ßer und **schö**ner **blüh**ten als **sonst**wo ⑦.

11 – Siehst du, ich **ha**be **da**mals auf **mei**nem **al**ten, **gel**ben **Fahr**rad da**von** ⑧ ge**träumt**, die **spie**gelblanken **Fens**ter der **di**cken Limou**si**nen von **in**nen zu **se**hen.

12 Und **heu**te **träu**me ich **hin**ter den **Fens**tern der Limou**si**ne von **mei**nem **gel**ben **Fahr**rad, auf dem ich die **Vö**gel **sin**gen **hör**te. □

Note

⑥ Approfittiamo di questa lezione per ripassare i verbi di stato: **stehen**, *essere in piedi*, **liegen**, *essere steso*, e **sitzen**, *sedere*, *essere seduto*. Al preterito, la vocale radicale di tutti e tre i verbi diventa **-a**: **ich stand**, **ich lag**, **ich saß**. ▸

Übung 1: Übersetzen Sie bitte!

❶ Träumen Sie auch davon, in der Sonne zu liegen, da, wo die Apfelbäume blühen? ❷ Jeden Samstag wäscht er seine Limousine, bis sie spiegelblank ist. ❸ Irgendwo auf der Welt gibt's ein kleines bisschen Glück für jeden. ❹ Er hat sich gar nicht verändert, obwohl er heute Direktor eines großen Unternehmens ist. ❺ Erinnert ihr euch noch an das weiße Schloss, das wir besichtigt haben?

8 – Poi d'un tratto il vecchio re morì e il principe [ne] divenne il (*suo*) successore.
9 – E il giovane re stava (*ora*) spesso sulle terrazze dei castelli bianchi, molto bianchi con alte finestre a specchio…
10 – e sognava di un piccolo prato in (*su*) cui i fiori fiorivano più alti e più belli che in qualsiasi altro posto.
11 – Vedi, un tempo sulla mia vecchia bicicletta gialla sognavo di vedere dall'interno i finestrini lucidi come specchi (*specchio-lucido*) delle grandi Limousine.
12 E oggi da dietro i finestrini della Limousine sogno (*del*)la mia bicicletta gialla su cui sentivo cantare gli uccelli.

***8** … sctarp … **na:cH**fòlga. **11** … limu**zi:**nën … **12** … **fœ:**g'l **zì**ñgën …*

▸ ⑦ **Sonstwo** è la contrazione di **sonst irgendwo**, *chissà dove, in qualche altro posto, altrove*. **Sonst** significa infatti "altrimenti", e **irgendwo**, *da qualche parte, in qualche posto*.

⑧ Qui bisogna aggiungere **davon** trattandosi del verbo **träumen von**, *sognare di*: **ich träume davon, fließend Deutsch zu sprechen**, *sogno* (di questo) *di parlare tedesco fluentemente*.

Soluzioni dell'esercizio 1

❶ Anche Lei sogna di sdraiarsi al sole, là dove fioriscono i meli? ❷ Tutti i sabati lava la sua Limousine fino a che non brilla come uno specchio. ❸ Da qualche parte, nel (*sul*) mondo, esiste un po' di felicità per ciascuno [di noi]. ❹ Non è cambiato per niente anche se oggi è direttore di una grande azienda. ❺ Vi ricordate ancora del castello bianco che abbiamo visitato?

83 **Übung 2: Ergänzen Sie bitte!**

1. Cerco il mio specchietto (*piccolo specchio*); è di nuovo da qualche parte.
Ich suche …… ……. ……. ; der ist mal wieder ……. .

2. In effetti l'ho riconosciuta subito perché non è cambiata per niente.
.. … … , … …. sie sofort wieder ……. , denn … … …. gar nicht ……… .

3. Sembra essere molto contenta del suo nuovo impiego.
… ……. mit ihrer neuen Stelle sehr ……… .. …. .

4. Ama stendersi su un prato e là sognare di terre lontane.
Er liebt es, … ….. ….. zu liegen und dort … fernen Ländern .. ……. .

83 Dreiundachtzigste Lektion

Genial oder verrückt?

1 – Zu dumm! Es **blei**ben ① uns nur zwei **Ta**ge für **Süd**deutschland, be**vor** ② wir nach Bra**si**lien zu**rück**fliegen.

Aussprache
ghenia:l … 1 … bëfo:a … brazi:liën …

❺ Da quando va a passeggio con la sua bicicletta tutti i giorni è dimagrito (*diventato molto più magro*).

Seit er jeden Tag … …… …….
spazieren fährt, … .. viel dünner …….. .

Soluzioni dell'esercizio 2 - Parole mancanti

❶ – meinen kleinen Spiegel – sonstwo ❷ In der Tat, ich habe – erkannt – sie hat sich – verändert ❸ Sie scheint – zufrieden zu sein ❹ – auf einer Wiese – von – zu träumen ❺ – mit seinem Fahrrad – ist er – geworden

Non dimenticatevi che la lista di tutti i verbi irregolari si trova alla fine del libro. Nel caso non vi ricordiate l'infinito di un verbo in tedesco, guardate tra le parole che iniziano con le stesse consonanti: a cambiare è solo la vocale radicale! Andare a controllare i verbi irregolari è inoltre un utile esercizio che aumenta considerevolmente la possibilità di non dimenticarseli più!

Zweite Welle: dreiunddreißigste Lektion

Ottantatreesima lezione 83

Geniale o pazzo?

1 – [È] Troppo stupido! Ci restano solo due giorni per [vedere] il Sud della Germania prima di ritornare in Brasile.

Note

① Qui **bleiben** è al plurale perché il "vero" soggetto della frase è **zwei Tage** e non **es**. Ricordiamo che l'**es**, in quanto "falso" soggetto, funge solo da elemento introduttivo della frase: **Es fehlen fünf Personen**, *mancano cinque persone* = **fünf Personen fehlen**, *cinque persone mancano*.

2 Das **nächs**te Mal **müs**sen wir uns mehr Zeit **neh**men.

3 Wo**hin sol**len wir **fah**ren? Was **ra**ten ③ Sie uns?

4 – Oh, da muss ich **ei**nen Mo**ment** laut **nach**denken, bevor ich **ant**worten kann: der **Schwarz**wald, der **Bo**densee, **Mün**chen, die **Al**pen, das **Do**nautal… **al**les ist **se**henswert.

5 **A**ber halt! Na**tür**lich! Falls Sie noch nicht die **Schlös**ser von **Lud**wig dem **Zwei**ten be**sich**tigt **ha**ben, dann **müs**sen Sie **un**bedingt **dort**hin ④ **fah**ren.

6 – Sind das nicht die **Schlös**ser von dem **Kö**nig, der **geis**teskrank war?

7 – Das steht ⑤ in den **Schul**büchern, **a**ber dar**ü**ber ⑥ **strei**ten sich die Histo**ri**ker.

***4** … **na:cH**-dèñk'n … **scvarts**-valt, **bo:**dën-ze: … **do:**nau-ta:l … **ze:**ëns-ve:at. **5** … **lu:t**vìçh de:m **tsvai**tën … **6** … **gais**tës-krañk … **7** … **sciu:l**-bue:çhan … hìs**to**:rika.*

Note

② Diversamente dall'italiano, la congiunzione **bevor**, *prima che / di*, non regge né la costruzione infinitiva, né il congiuntivo: **bevor wir nach Hause fahren, müssen wir einkaufen**, (lett. "prima che noi a casa andiamo, dobbiamo noi…"), *prima di andare a casa dobbiamo andare a fare la spesa.*

③ **Raten** vuol dire sia "indovinare", che "consigliare".

④ Ricordatevi che per indicare il luogo verso cui si sta andando si usa **dorthin**, *lì / là*: **er fährt dorthin**, *va lì*, e l'avverbio **dort**, *là*, per il luogo in cui ci si trova: **er wohnt dort**, *abita là.*

⑤ **Stehen**, *stare / essere in piedi*, *trovarsi*, traduce anche "essere o trovarsi scritto": **das steht in der Zeitung**, *c'è sul giornale.*

2 La prossima volta dobbiamo prenderci più tempo. 83
3 Dove dobbiamo andare? Cosa ci consiglia?
4 – Oh, (*là*) devo riflettere un momento ad alta voce prima di poter rispondere (*che io rispondere posso*): la Foresta Nera, il Lago di Costanza (*suolo-lago*), Monaco, le Alpi, la valle del Danubio… tutto merita d'esser visto (*vedere-vale*).
5 Ma aspettate (*stop*)! Certo! Nel caso in cui non abbiate (*avete*) ancora visitato i castelli di Luigi II, (*allora*) dovete assolutamente andarci.
6 – Non sono (*questo*) i castelli del re che era pazzo (*spirito-malato*)?
7 – È scritto (*Questo sta*) nei libri di scuola, ma su questo punto gli storici sono in disaccordo (*si dibattono su questo*).

⑥ Qui **darüber** (**über** + acc.), *di questo*, è retto dal verbo **sich streiten**, e significa “dibattere in merito a / di questo”. Se si usasse **um** (+ acc.) il senso cambierebbe completamente: **die Kinder streiten sich um die Schokolade**, *i bambini si contendono il cioccolato*.

83 **8** Nach**dem** ⑦ Ludwig II. **ho**he **Schul**den ge**macht** **ha**tte, um **sei**ne **Schlö**sser zu finan**zie**ren, **ha**tte er **vie**le **Fein**de **un**ter **sei**nen Mi**nis**tern.

9 **Si**cher ist, dass die **Ba**yern **die**sem „ver**rückt**en" **Kö**nig **ih**re **schöns**ten **Schlö**sser ver**danken**... ⑧

10 ... und wahr**schein**lich auch **ei**nige **O**pern von **Ri**chard **Wag**ner, **des**sen Mä**zen** er war. □

8 *na:cH**de:m** **lu:t**vìçh de:a **tsvai**të ... **sciùl**dën ... finan**tsi:**rën ... **fain**dë ... mi**nìst**an. **9** ... fèa**dañk'n**... **10** ... va:a-**sciain**lìçh ... **rì**çhart **va:g**na ... mè**tse:n** ...*

Note

⑦ **Nachdem**, *dopo che*, allo stesso modo di **bevor**, *prima che / di* non regge la costruzione infinitiva: **nachdem wir das Schloß besichtigt hatten, gingen wir essen**, *dopo* (che noi avevamo visitato) *aver visitato il castello, siamo andati* (andavamo) *a mangiare.* Nella lingua scritta si usano due tempi verbali diversi: il trapassato prossimo e il preterito, in quanto l'azione della frase secondaria si svolge prima di quella della principale.

Übung 1: Übersetzen Sie bitte!

❶ Nach dem Tod seines Vaters wurde Ludwig der Zweite mit 18 Jahren König von Bayern. ❷ In der Zeitung steht, dass sich die Minister über die Arbeitszeiten streiten. ❸ Nachdem sie das Schloss besichtigt hatten, gingen sie im Schlosspark spazieren. ❹ Was können wir für Sie tun? Wir verdanken Ihnen so viel! ❺ Ich rate Ihnen, nicht um Mitternacht in dieses Schloss zu gehen.

8 Dopo aver fatto molti (*alti*) debiti per finanziare i suoi castelli, Luigi II si fece (*ebbe*) molti nemici tra i suoi ministri.

9 [Quel che è] Certo è che i bavaresi devono a questo re "pazzo" i loro castelli più belli...

10 ... e probabilmente anche alcune opere di Richard Wagner, di cui era mecenate.

▸ Ma non temete; nella lingua parlata si usa generalmente lo stesso tempo verbale, ovvero il passato prossimo: **nachdem wir das Schloss besichtigt haben, sind wir essen gegangen**.

⑧ **Jemandem etwas verdanken**, *dovere qualcosa a qualcuno, essere grati a qualcuno per qualcosa*: **er verdankt ihm viel**, *gli deve molto*. Vi ricordiamo che **danken**, *ringraziare*, regge il dativo e non l'accusativo come in italiano: **jemandem für etwas danken**, *ringraziare qualcuno per / di qualcosa*. **Ich danke Ihnen für Ihre Hilfe**, *La ringrazio per il Suo aiuto.*

Soluzioni dell'esercizio 1

❶ Dopo la morte di suo padre, Luigi II divenne re della Baviera a (*con*) 18 anni. ❷ (*Nel*) Sul giornale [c']è scritto che i ministri sono in disaccordo sugli orari di lavoro. ❸ Dopo aver visitato il castello, andarono a passeggiare nel parco (*del castello*). ❹ Cosa possiamo fare per Lei? Le dobbiamo così tanto! ❺ Le consiglio di non andare in quel castello a mezzanotte.

83 Übung 2: Ergänzen Sie bitte!

1. Rifletta prima di rispondere; (*Si*) Prenda tempo.
   .... einen Moment .... , ... Sie antworten; .... Zeit!

2. Ci ha consigliato di visitare i castelli di Luigi II.
   Er hat ... geraten, ... von Ludwig dem Zweiten .. ..

3. Ci restano tre ore prima che il nostro treno parta (*parte*).
   .. .. uns drei Stunden, ... unser Zug abfährt.

Ludwig II. von Bayern, der König der Märchenschlösser,
Luigi II di Baviera, il re dei castelli da fiaba
Luigi II divenne re all'età di 18 anni subito dopo la morte improvvisa di suo padre Massimilano II. Il suo regno durò 22 anni, fino al giugno del 1886 quando, due giorni dopo esser stato dichiarato pazzo e destituito dal potere a favore dello zio Leopoldo, egli annegò in circostanze misteriose insieme al suo psichiatra. Pochi furono i re che come Luigi II seppero risvegliare la fantasia delle persone e suscitare così tante controversie. La sua singolare personalità si scontrava infatti con quella dei conservatori del suo entourage: stando a quanto si racconta, gli si rimproverava, tra le altre cose, di non essersi mai sposato, di preferire la vita notturna, di detestare le cerimonie ufficiali, di amare l'arte più di ogni altra cosa e soprattutto di aver contratto enormi debiti per costruire i suoi castelli. In verità non aveva più debiti di altri sovrani o dei governanti di oggi...

4 Ti consiglio di andarci assolutamente nel caso t'interessassi (*interessi*) di Storia.

... . unbedingt .... zu gehen, ... du dich für Geschichte ....

5 Dopo aver fatto molti debiti, Richard Wagner ebbe la grande fortuna di conoscere Luigi II.

Nachdem er .... gemacht hatte, hatte Richard Wagner ... . , Ludwig den Zweiten ...... zu ....

Soluzioni dell'esercizio 2 - Parole mancanti

1 Denken Sie – nach bevor – nehmen Sie sich – 2 – uns – die Schlösser – zu besichtigen 3 Es bleiben – bevor – 4 Ich rate dir – dorthin – falls – interessierst 5 – viele Schulden – das große Glück – kennen – lernen

Il castello di Neuschwanstein *fu il primo castello che Luigi II fece costruire, ma che non venne mai ultimato (si sistemarono solo 15 delle circa 200 stanze previste!). A lavori appena iniziati, Luigi II decise, dopo essere stato a Parigi, di volersi costruire una sua Versailles: il castello di* Herrenchiemsee, *sul lago di* Chiemsee, *il più grande lago della Baviera (Luigi II non vi soggiornerà che per una settimana!). Nonostante sognasse di possedere un palazzo bizantino, decise di far costruire la "villa reale" di* Linderhof, *l'unico castello che sia mai stato ultimato e in cui egli abbia realmente vissuto. Se Luigi II non ha potuto godere dei suoi castelli, oggi ne sono rimasti incantati decine di milioni di visitatori: vi auguriamo di trovarvi presto tra loro!*

Zweite Welle: vierunddreißigste Lektion.

84 Vierundachtzigste Lektion

Wiederholung

1 Le preposizioni reggenti l'accusativo e / o il dativo

Esistono preposizioni che reggono un solo caso, ovvero un complemento indiretto, il che non costituisce particolari problemi.

• Reggono sempre l'accusativo:
bis, *fino a*, **durch**, *attraverso*, **für**, *per*, **gegen**, *contro*, **ohne**, *senza*, **um**, *intorno*.

• Reggono sempre il dativo:
aus, *da*, **bei**, *presso*, **mit**, *con*, **nach**, *dopo/a*, **seit**, *da*, **von**, *di / da*, **zu**, *verso / presso*.

Purtroppo le cose si complicano quando una preposizione regge sia il dativo, che l'accusativo.

a) Utilizzate nei complementi di luogo **an**, *contro a*, *in riva a*, *su*, **auf**, *sopra*, **hinter**, *dietro*, **in**, *in*, **neben**, *accanto*, **über**, *sopra*, **unter**, *sotto*, **vor**, *davanti*, **zwischen**, *tra*, reggono l'accusativo con il complemento di moto a luogo e il dativo con il complemento di stato in luogo (vedi lezione 49, § 4).

Die Fliege fliegt auf <u>den</u> Apfel,
La mosca si posa (vola) *sulla mela* (va verso la mela).
Die Fliege sitzt auf <u>dem</u> Apfel,
La mosca è posata (seduta) *sulla mela* (si trova già là).

Notate che la questione non è sapere se ci debba essere o meno uno spostamento: si usa l'accusativo per precisare la direzione da raggiungere, rispondendo alla domanda introdotta da **wohin?**, *(verso) dove?*, mentre il dativo si usa, in risposta a **wo?**, *dove?*, per indicare un punto fisso o il luogo occupato da qualcuno o qualcosa.

Die Fliege geht auf dem Apfel spazieren, *La mosca passeggia sulla mela* (si sposta, ma si trova già sulla mela; la domanda corrispondente sarà quindi **wo geht sie spazieren?** e non **wohin...?**).

b) Nei complementi di tempo (in risposta alla domanda introdotta da **wann?** *quando?*), le preposizioni: **an**, *a / di*, **vor**, *prima*, **in**, *in / tra* e **zwischen**, *tra*, reggono il dativo.

An deinem Geburtstag machen wir ein großes Fest,
Al tuo compleanno faremo (facciamo) *una grande festa.*
Vor den Ferien ist kein Termin mehr frei,
Prima delle ferie non si prendono più appuntamenti
(lett: è nessun appuntamento più libero).
Im Oktober fahren wir nach Berlin,
In ottobre andiamo a Berlino.
Zwischen den Osterferien und Pfingsten liegen viele Feiertage,
Tra le vacanze di Pasqua e la Pentecoste ci sono molti giorni festivi.

c) Insieme al verbo, **vor** regge sempre il dativo e **über** sempre l'accusativo, mentre **an**, **auf** e **in** reggono l'accusativo o il dativo. Fate quindi molta attenzione alla preposizione che dipende dal verbo e al caso in cui si trova il complemento.

Erinnerst du dich an <u>ihn</u> ? (accusativo), *Ti ricordi di lui?*
Natürlich, ich hänge an <u>ihm</u> (dativo), *Certo, ci tengo a lui.*

Il paragrafo qui sotto vi aiuterà a memorizzare alcuni dei verbi reggenti una preposizione insieme al caso del complemento!

2 Verbi reggenti una preposizione

a) Ecco l'elenco dei verbi che abbiamo incontrato finora. Attenzione! La preposizione è strettamente connessa (e quindi obbligatoria) al verbo e al caso del complemento; non tralasciatela.

84 *Aspettare*, **warten auf** (+ acc.).
Warten Sie auf mich! *Mi aspetti* (su me)*!*
Sognare, **träumen von** (+ dat.).
Sie träumen von dem Meer, *Sognano (del) il mare.*
Ricordarsi di, **sich erinnern an** (+ acc.).
Erinnern Sie sich an Herrn Schwab? *Si ricorda del Sig. Schwab?*
Occuparsi di, **sich kümmern um** (+ acc.).
Er kümmert sich um alles, *Si occupa di tutto.*
Interessarsi a / di, **sich interessieren für** (+ acc.).
Interessieren Sie sich für Musik? *Si interessa di musica?*
Smettere / finire con / di, **aufhören mit** (+ dat.):
Hört mit eurem Quatsch auf! *Smettetela con le vostre sciocchezze*!
Candidarsi / fare domanda di lavoro per, **sich bewerben um / für** (+ acc.). **Er hat sich um/für eine neue Stelle beworben**, *Ha fatto domanda per un nuovo posto.*
Parlare di, **sprechen von** (+ dat.) o **über** (+ acc.). **Sie sprechen immer von der/über die Arbeit**, *Parlano sempre di lavoro.*
Pensare a, **denken an** (+ acc.).
Denken Sie an uns! *Ci pensi!*
Domandare qualcosa, **fragen nach** (+ dat.). **Fragen wir jemanden* nach der Adresse!** *Chiediamo* (dopo) *l'indirizzo [a] qualcuno!*

* Ricordatevi che in tedesco la persona cui si rivolge una domanda va sempre all'accusativo!

b) Abbiamo anche visto il complemento pronominale formato da **da** (o **dar** se il sostantivo inizia per vocale) + la preposizione retta dal verbo. Esso serve a sostituire il complemento indiretto quando questo non è menzionato nella frase (in particolare nelle interrogative indirette).

Du träumst vom Meer? Ich träume auch davon.
Sogni (del) il mare? Anch'io lo sogno (di questo).
Ich erinnere mich gut an den Garten der Großeltern. Erinnerst du dich auch daran?
Mi ricordo bene del giardino dei nonni. Te ne ricordi anche tu?
Er interessiert sich für Autos. Dafür interessiere ich mich gar nicht,
Si interessa di auto. (Di questo) *Io non me ne interesso per niente.*

Il complemento pronominale non può mai sostituire una persona, in questo caso la preposizione precede il pronome personale.

Sie kümmert sich nicht allein um ihren Sohn, ihre Mutter kümmert sich auch um ihn, 84
Non si occupa da sola di suo figlio, anche sua madre se ne occupa (di lui).

Basta con le preposizioni! Passiamo a un altro argomento.

3 Le congiunzioni subordinative e quelle coordinanti

Per prima cosa ricordatevi che le congiunzioni subordinative sono congiunzioni che legano la proposizione principale alla secondaria. Il verbo coniugato si trova alla fine della subordinata. Le congiunzioni coordinanti, invece, sono quelle che legano due proposizioni principali: **und**, *e*, **aber**, *ma*, **oder**, *o / oppure*, **denn**, *poiché*, ecc. In questo caso il verbo occupa la posizione II.

a) <u>Alcune congiunzioni temporali</u>

• **Bevor**, *prima che*, e **nachdem**, *dopo che*

Con **nachdem** e **bevor** il verbo dev'essere sempre coniugato, in nessun caso reggono una costruzione infinitiva come in italiano:

Bevor wir das Schloss besichtigen, können wir einen Spaziergang im Park machen,
Prima di visitare il castello, possiamo fare una passeggiata nel parco.

Nachdem sie das Schloss besichtigt hatten*, gingen sie essen,
Dopo aver visitato il castello, sono andati a mangiare.

*Ecco il trapassato prossimo. Come in italiano, questo tempo si costruisce con il preterito degli ausiliari **haben**, *avere*, o **sein**, *essere*, + il participio II. Poiché l'azione della subordinata introdotta da **nachdem** si svolge prima di quella della principale, il verbo della subordinata va al trapassato prossimo e quello della principale al preterito.

• **Bis**, *fino a che / quando*, e **seit** (o **seitdem**), *da quando*, sono entrambe congiunzioni, ma **bis** (+ acc.), **bis zu** (+ dat.) e **seit** (+ dat.) possono essere usate anche come preposizioni: "fino a", "da".

84 **Wir warten hier, bis der Regen aufhört**, *Aspettiamo qui fino a che la pioggia non smette.*
Sie müssen bis nächstes Jahr warten, *Devono aspettare fino al prossimo anno.*
Bis zur Raststätte sind es noch 10 km, *Fino all'area di servizio ci sono ancora 10 km.*

Seit(dem) sie mit ihm zusammen ist, hat sie sich sehr verändert, *Da quando è insieme a lui, è molto cambiata.*
Seit wann arbeiten Sie in diesem Unternehmen?, *Da quando lavora in quest'azienda?*
Seit dem 1. Januar, *Dal 1° gennaio.*

• La preposizione **sobald**, *non appena*, è generalmente usata al presente. Come sappiamo, in tedesco, il presente sostituisce il futuro.

Sobald eine Stelle in unserem Unternehmen frei ist, stellen wir Sie ein, *Non appena si libererà un posto* (è libero) *nella nostra azienda, La assumeremo* (assumiamo).

b) Alcune congiunzioni causali

• **Weil**, *perché*; **da**, *poiché, siccome, dato / visto che*, risponde generalmente alla domanda **warum?**, *perché?*, e introduce, come **da**, una ragione piuttosto evidente.

Warum bleibt ihr zu Hause? – Weil draußen ein Sauwetter ist.
Perché restate a casa? – Perché fuori c'è un tempo da cani.

Da ein Sauwetter ist, bleiben wir zu Hause,
Siccome c'è un tempo da cani, restiamo a casa.

• **Denn**, *perché / poiché*, non rimanda il verbo alla fine della frase.

Ludwig II. war der Mäzen von Richard Wagner, denn er liebte seine Opern, *Luigi II era il mecenate di Richard Wagner perché amava le sue opere.*

Notate che la congiunzione **denn** introduce una spiegazione a un'affermazione fatta in precedenza e che può essere sostituita

dall'avverbio **nämlich**, ma attenzione: **nämlich** non occupa mai la posizione I.
Ludwig II. war der Mäzen von Richard Wagner. Er liebte nämlich seine Opern, *Luigi II era il mecenate di Richard Wagner perché adorava le sue opere* (amava, in effetti, sue opere).

c) Le congiunzioni **obwohl**, *sebbene*, e **damit**, *al fine di*

Obwohl e **damit** vogliono l'indicativo!

Obwohl er Karriere gemacht hat, scheint er nicht zufrieden zu sein, *Sebbene abbia* (ha) *fatto carriera, non sembra essere contento.*

Damit wir uns besser kennen lernen, möchte ich Sie ins Restaurant einladen, *Affinché ci si conosca* (conosciamo) *meglio, vorrei invitarLa al ristorante.*

• In una subordinata finale, la congiunzione **damit** può essere sostituita con **dass** (o **so dass**): *così (che), in modo (che).*

Fahren Sie schneller, (so) dass wir ankommen, bevor es dunkel wird, *Vada più veloce, in modo che arriviamo prima che faccia* (diventa) *buio.*

Quando il soggetto della principale è identico a quello della secondaria, **damit** può essere sostituito dalla costruzione **um… zu**.

Was kann man tun, damit man schnell Deutsch lernt?
o
Was kann man tun, um schnell Deutsch zu lernen?,
Cosa si può fare per imparare in fretta il tedesco?

Perché non unire l'utile al dilettevole e applicare le conoscenze appena acquisite leggendo il prossimo dialogo?

1 – **Mahl**zeit! Ist hier noch ein Platz frei? **(78)**
2 – **Si**cher, setz dich, Jo**ha**nnes! Ich **freu**e mich, dich **wie**der zu **seh**en. **(82)**
3 – Nicht **mög**lich, **Tho**mas, du bists! Ich habe dich nicht **wie**der er**kannt**. **(82)**
4 – Das ist ver**ständ**lich, seit **Ab**schluss des **Stu**diums **ha**ben wir uns nicht mehr ge**se**hen! **(80, 81)**
5 – Ja, seit mehr als **fünf**zehn Jahren! Mensch, er**zähl** mal, was machst du?
6 – Ich **ar**beite **i**mmer noch für das Unter**neh**men, bei dem ich schon **da**mals **wäh**rend des **Stu**diums **an**gestellt war, und du? **(80, 81)**
7 – Ich habe mich **selbst**ständig gemacht. **(81)**
8 Sag mal, ist das dein **Ma**gen **o**der **mei**ner, der so knurrt? **(78)**
9 – Das ist **dei**ner, der **knurr**te **da**mals schon **i**mmer, wenn du **Hun**ger **hat**test. **(78, 82)**
10 – Ja, ich muss **un**bedingt was **es**sen.
11 Aber er**zähl** mal **wei**ter, was **ma**chen die **an**deren **Stu**dienkollegen? **Bach**mann, Busch, Schwab? **(79, 81)**
12 – **Bach**mann ist noch ganz der **Al**te, man weiß nie, ob er gen**ial** oder **ein**fach ver**rückt** ist, **(78, 80, 81, 83)**
13 von Busch und Schwab **ha**be ich **lei**der schon **lan**ge nichts mehr ge**hört**. **(78, 79, 80)**
14 – Und **Ka**trin? Er**in**nerst du dich an sie? Wie war doch ihr **Nach**name? **(81, 82)**
15 – **Zieg**ler. **(80)**
16 – Na**tür**lich, **Zieg**ler, du warst der **ein**zige **un**ter uns, der sich nicht für sie interes**sier**te. **(80, 83)**

[La] pausa pranzo (di mezzogiorno)

1 – Buon appetito (*pasto*)! [C']è ancora un posto libero (*qui*)?
2 – Sicuro, siediti Johannes! Sono contento di rivederti.
3 – Non [è] possibile, Thomas, sei tu! Non ti ho riconosciuto.
4 – Si capisce, da quando abbiamo finito di studiare (*dalla fine dello studio*), non ci siamo più visti.
5 – Sì, da più di 15 anni! Ragazzi! Racconta, cosa fai?
6 – Lavoro sempre (*ancora*) per l'azienda in cui ero impiegato (*già*) durante gli studi, e tu?
7 – Mi sono messo per conto mio (*ho me autonomo fatto*).
8 Dì un po', è il tuo o il mio di stomaco che brontola (*così*)?
9 – È il tuo, già allora brontolava sempre quando avevi fame.
10 – Sì, devo assolutamente mangiare qualcosa.
11 Ma continua a raccontare. Cosa fanno gli altri compagni (*colleghi studio*)? Bachmann, Busch, Schwab?
12 – Bachmann è sempre (*ancora*) lo stesso (*il vecchio*), non si capisce (*sa*) mai se sia (*è*) geniale o semplicemente pazzo,
13 di Busch e di Schwab, non ho saputo (*sentito*) più niente (*da tempo*) purtroppo.
14 – E Katrin? Ti ricordi di lei? Come faceva (*era*), già, [di] (*suo*) cognome?
15 – Ziegler.
16 – Certo, Ziegler, tu eri l'unico di (*tra*) noi a non interessarsene (*per lei*).

17 Ich da**ge**gen **ha**be oft an sie ge**dacht**. **(79)**
18 **Scha**de, die ver**lo**rene Zeit kann man nicht **auf**holen. **(79)**
19 Na ja, sie hat sich **si**cher in**zwi**schen ver**än**dert, ist **di**cker ge**wor**den… **(80, 82)**
20 – Das **fin**de ich **ei**gentlich nicht.
21 – Wa**rum**? Siehst du sie noch? **(82)**
22 – **Je**den Tag... **Ka**trin und ich sind ver**hei**ratet und **ha**ben **ei**ne **Toch**ter. **(81)**
23 Komm uns doch mal be**su**chen, wenn du Zeit hast. **(80)**
24 **Ka**trin wird sich **freu**en, dich **wie**der zu **se**hen. **(82)**

Wir werden uns freuen, Sie morgen wieder zu treffen!

---

85 Fünfundachtzigste Lektion

Wie wird das Frühstücksei gegessen ①? (1)

(*Be**nimm**regeln ② zum **Köp**fen **ei**nes **wei**chen Eies*)

1 Das Pro**blem** mag **Ih**nen **lä**cherlich er**schei**nen, **a**ber – **glau**ben Sie uns – es ist **tod**ernst.

Aussprache
*… **frue:**-sctueks-ai … bë**nìm**-re:g'ln … **kœ**pf'n … **vai**çh'n aies.*
***1** … **to:t**-èrnst.*

Note

① Ecco finalmente il passivo! Il passivo d'azione (come in questa frase) si forma con l'ausiliare **werden** + il participio passato del verbo, mentre il passivo di stato si costruisce con l'ausiliare

17 Io, invece, ho pensato spesso a lei.
18 Peccato, non si può recuperare il tempo perduto.
19 Ma sì, nel frattempo è sicuramente cambiata, è diventata più grassa…
20 – Non trovo (*in realtà*).
21 – Perché? La vedi ancora?
22 – Tutti i giorni... Katrin e io siamo sposati e abbiamo una figlia.
23 Ma vieni a trovarci quando hai tempo.
24 Katrin sarà contenta di rivederti.

Noi saremo felici di rivedervi domani!

Zweite Welle: fünfunddreißigste Lektion

Ottantacinquesima lezione 85

Come si mangia (*diventa*) l'uovo a (*della*) colazione (*mangiato*)? (1)

(*Galateo per la "decapitazione" di un uovo à la coque*)

1 Il problema può sembrarLe ridicolo, ma ci creda (*creda-noi*) – è molto serio (*morte-serio*).

▸ **sein**. **Das Ei wird gegessen** (lett. "L'uovo *diventa* mangiato"). Il passivo d'azione indica un' azione ancora in corso nel momento in cui si parla: "l'uovo viene mangiato". In italiano si preferisce sostituire la costruzione passiva con una frase attiva introdotta dal "si" passivante: "si mangia l'uovo".

(2) Nel termine **der Benimm**, sinonimo di **die (guten) Manieren**, *il saper vivere, le (buone) maniere*, ritroviamo l'imperativo della 2ª persona singolare di **sich benehmen**, *comportarsi [bene]*, *sapersi comportare*. **Benimm dich!** *Comportati [bene]!*

85 **2** Durch **schlech**te Ma**nie**ren kann **näm**lich **ei**ne Kar**rie**re bru**tal** be**en**det **wer**den ③ – **o**der das **Ge**genteil!

3 **Stel**len Sie sich zum **Bei**spiel vor, Sie be**glei**ten **Ih**ren **neu**en Chef auf **ei**ner Ge**schäfts**reise.

4 Am **Mor**gen **kom**men Sie na**tür**lich **pünkt**lich zum **Früh**stück, wie es sich ge**hört** ④,

5 und da steht es di**rekt** vor **Ih**nen: das **Früh**stücksei!

6 Für **ei**nen **Au**genblick **se**hen Sie das **strah**lende Ge**sicht** **Ih**res **Soh**nes vor sich, als er das **le**tzte Mal beim „**Ei**eraufschlagen" ⑤ ge**won**nen hat.

7 Die **Spiel**regeln sind **ein**fach: die **Ei**er **wer**den gegenei**nan**der ge**schla**gen ⑥,

8 und **der**jenige ⑦, **des**sen Ei zu**erst** ka**putt** geht ⑧, hat ver**lo**ren.

2 … *ma**ni:**rën* … *bru**ta:l** bë**èn**dët* … **6** … ***sctra:**lëndë* … ***zo:**n's* … ***ai**ə-aufscla:g'n* … **8** … ***de:**ə-ie:nìghë* … *ka**pùtt*** …

Note

③ **Beendet werden**, *essere / venire terminato / finito*, è l'infinito passivo d'azione.

④ Si tratta dell'espressione idiomatica **das gehört sich**, *doversi, convenirsi.* Come potete vedere voi stessi, il suo significato è molto distante da quello di **gehören**, *appartenere*.

⑤ Il plurale di **das Ei** è **die Eier**, *le uova.* **Eier aufschlagen**, *rompere le uova,* può essere sostantivato: in questo caso forma un'unica parola: **das Eieraufschlagen** (lett."l'apertura delle ▸

2 Di fatto, per ragioni di etichetta (*cattive maniere*) una brillante carriera può venire bruscamente interrotta (*brutalmente terminata*) – oppure il contrario!
3 Si immagini per esempio di accompagnare (*Lei accompagna*) il Suo nuovo capo in un viaggio d'affari.
4 La mattina arriva a colazione (*naturalmente*) puntuale, come si conviene,
5 e lì, (*sta esso*) proprio davanti a Lei: l'uovo a (*della*) colazione!
6 Per un momento vede davanti a sé il volto raggiante di Suo figlio, quando l'ultima volta ha vinto al [gioco] di rompere l'uovo.
7 Le regole del gioco sono semplici: le uova vengono sbattute una contro l'altra,
8 e colui il cui uovo si rompe per primo, ha perso.

▸ uova"). Si tratta in realtà di un'apertura non troppo delicata: il verbo **aufschlagen** è infatti composto da **schlagen**, *rompere*, *battere*, preceduto dalla particella **auf** che evoca l'idea di un'apertura (cf. **aufmachen**, *aprire)*.

⑥ Ecco un passivo plurale: **die Eier werden gegeneinander geschlagen**, (lett. "le uova vengono una contro l'altra battute").

⑦ Il pronome dimostrativo **derjenige**, *colui*, *quello* precede sempre il pronome relativo: **derjenige, der**..., *colui che*... Spesso, al posto di **derjenige, diejenige, dasjenige**, si usano i pronomi **der, die, das.**

⑧ Il verbo **kaputt gehen**, *rompersi*, indica l'azione del rompersi. Per descrivere lo stato di qualcosa che è già rotto si usa **kaputt sein**, *essere rotto.* Entrambi possono riferirsi alla condizione di una persona **er geht kaputt** / **er ist kaputt**, *si sfinisce*, *è sfinito*.

85

9 Doch, **Him**mel, wie wird das **wei**che Ei **an**ständig ge**ges**sen? □

*(**Fort**setzung folgt)*

Übung 1: Übersetzen Sie bitte!

❶ Es mag dir lächerlich erscheinen, aber so sind die Regeln. ❷ Er wird nicht eingeladen, er hat wirklich keine Manieren. ❸ Stellen Sie sich vor, Sie haben im Lotto gewonnen! ❹ Wie werden Krabben gegessen, wissen Sie das vielleicht? ❺ Das Problem mit Eiern ist, dass sie leicht kaputt gehen.

Übung 2: Ergänzen Sie bitte!

❶ Vuole un uovo alla coque per colazione? – Volentieri, ma non troppo molle, per cortesia.

Möchten Sie . . . . zum Frühstück?
– Gern, ... nicht zu . . . . . , bitte.

❷ Trovo ridicole [le] regole del sapersi comportare, ma molte persone credono alle buone maniere.

Ich finde . . . . lächerlich, aber viele
Leute . . . . an . . . .

❸ Quando sono in viaggio d'affari con i miei colleghi, si ride molto (*viene molto riso*).

Wenn ich mit meinen Kollegen . . .
. . . . bin, ... viel . . . .

9 Ma, [santo] cielo, come si mangia (*va correttamente mangiato*) l'uovo alla coque? 85
(segue)

9 ... **an**sctèndìçh ...

Soluzioni dell'esercizio 1

❶ Può sembrarti ridicolo, ma le regole sono così. ❷ Non viene invitato, non sa veramente comportarsi. ❸ Immagini [che] ha vinto al lotto! ❹ Come si mangiano i granchi, lo sa forse? ❺ Il problema con le uova, [è] che si rompono facilmente!

❹ Coloro che non arrivano puntuali, non ricevono niente da mangiare.
.... , ... nicht .... kommen, kriegen nichts .. ..

❺ Le regole del gioco sono semplicissime, tutte le carte devono essere giocate.
... . sind ganz .... : alle Karten müssen ....

Soluzioni dell'esercizio 2 - Parole mancanti

❶ – ein weiches Ei – aber – weich ❷ – Benimmregeln – glauben – gute Manieren ❸ – auf Geschäftsreise – wird – gelacht ❹ Diejenigen, die – pünktlich – zu essen ❺ Die Spielregeln – einfach – gespielt werden

86 *In Germania la cottura dell'uovo a colazione è una questione molto seria, sia che si tratti di* weiches Ei / weichgekochtes Ei, *l'uovo alla coque (lett. "uovo molle" o "uovo mollemente cotto"), che di* hartes Ei / hartgekochtes Ei, *l'uovo sodo. Ogni persona ha un tempo di cottura ideale! Proprio per questo motivo, a casa o in albergo, si usa domandare che tipo di cottura si preferisce: tre minuti, tre minuti e mezzo o quattro minuti. Fidatevi,* das ist wirklich nicht lächerlich, *non c'è niente da ridere (lett. "questo è davvero non ridicolo")! Vi hanno mai servito della pasta scotta quando l'avevate espressamente richiesta al dente?*

86 Sechsundachtzigste Lektion

Wie wird das Frühstücksei gegessen? (2)

*(**Fort**setzung)*

1 Zehn Mi**nu**ten **spä**ter zeigt Ihr Chef **im**mer noch **kei**nerlei ① **Ab**sicht, sein Ei **es**sen zu **wol**len.

2 Er scheint **kei**ne **Ei**er zu **mö**gen, **scha**de!

3 Sie ent**schei**den, auch auf Ihr Ei zu ver**zich**ten.

4 Doch **plötz**lich fällt Ihr Blick auf die **vor**nehme **Da**me am **Nach**bartisch, die ge**ra**de ② ihr Ei isst!

Aussprache
***1** … **kain**alai **ap**zìçht … **3** … fèa**tsìçh**tën **4** … **fo:**ane:më … **nacH**ba:a-tìsc …*

Zweite Welle: sechsunddreißigste Lektion

Ottantaseiesima lezione 86

Come si mangia l'uovo a colazione? (2)

(Seguito)

1 Dieci minuti dopo, il Suo capo non mostra ancora la minima intenzione di voler mangiare il suo uovo.
2 Non sembra che ami le uova, peccato!
3 Decide anche Lei di rinunciare (*sul Suo uovo*).
4 Ma d'un tratto il Suo sguardo cade sulla distinta signora al tavolo accanto (*vicino*) che sta mangiando (*il suo*) l'uovo!

Note

① **Keinerlei**, *di nessun genere*, *alcuno*, (*il / la*) *minimo / -a*. Si tratta di un aggettivo invariabile.

② Unito al verbo, **gerade**, *dritto*, *diretto*, serve a costruire la forma gerundiva, ovvero ad esprimere un'azione che si sta svolgendo nel momento in cui si parla: **das Auto wird gerade repariert**, (lett. "l'auto viene dritto riparata"), *si sta riparando la macchina*.

86

5 Zu**erst** wird von ihr ③ die **Scha**le mit dem **Ei**erlöffel **rund**herum **auf**geschlagen,

6 dann wird **vor**sichtig das **Ei**hütchen **ab**gehoben ④,

7 es ⑤ wird ein **biss**chen Salz da**rauf** ge**streut** und…

8 Das **Wass**er läuft **Ih**nen im Mund zu**sam**men, **gie**rig **grei**fen ⑥ Sie nach **Ih**rem Ei…

9 **A**ber da hält Sie im **letz**ten Mo**ment** Ihr Chef zu**rück**, in**dem** ⑦ er sagt:

10 „**War**ten Sie, Herr **Schnei**der! **Lass**en Sie ⑧ uns „**Ei**eraufschlagen" **spie**len!

11 **Wiss**en Sie, ich **pfei**fe ⑨ auf **Knig**ge und **sei**ne Be**nimm**regeln.

12 Ich **lie**be **die**ses Spiel und ich **war**ne Sie, ich ge**win**ne **im**mer!" □

***5** … **scia:**lë … **ai**a-lœff'l … **6** … **fo**azìçhtìçh … **ai**-hue:tçhën apghëho:bën. **7** … zalts … ghë**sctròit** … **8** … **vass**a **lòift** … **ghi:**rìçh **graif'**n … **11** … **pfai**fë … **knìg**gë … **12** … **var**në …*

Note

③ Il complemento d'agente, ovvero colui da cui viene svolta l'azione, è sempre preceduto dalla preposizione **von** (+ dativo). **Von wem wird die Schokolade gegessen?** (lett. "Da chi…"), *Chi mangia il cioccolato?* **Die Schokolade wird von den Kindern gegessen**, *I bambini mangiano il cioccolato* (lett. "Il cioccolato (*diventa*) viene mangiato dai bambini").

④ Il prefisso **ab** evoca l'idea del distacco. Senza la particella separabile, **heben**, significa "alzare, sollevare": **er hebt den Arm**, *alza il braccio*, ma **abheben**, *sollevare, levar via*.

⑤ In tedesco è possibile iniziare la frase passiva con **es**, anche quando il soggetto è già espresso. Il soggetto qui è **ein bisschen Salz**, *un po' di sale*, ma potremmo anche dire: **ein bisschen Salz wird daraufgestreut**, *un po' di sale viene messo sopra.* ▸

5 Per prima cosa, rompe il guscio (*"diventa" da lei rotto*) tutt'intorno con il cucchiaino (*da uovo*),

6 poi solleva con cautela (*"diventa" sollevato*) il cappellino dell'uovo,

7 ci mette (*esso "diventa" spolverato*) un po' di sale e…

8 Le viene l'acquolina (*l'acqua affluisce*) in bocca, avidamente cerca di afferrare (*dopo*) il Suo uovo…

9 Ma (*lì*) all'ultimo momento il Suo capo La ferma, dicendo:

10 "Aspetti, Sig. Schneider! Giochiamo (*lasci noi*) a "rompere le uova" (*giocare*)!

11 Sa, io me ne infischio di Knigge e delle regole del saper vivere.

12 Adoro questo gioco e l'avverto, vinco sempre!"

⑥ **Etwas greifen**, *afferrare qualcosa*, ma in senso figurato: **nach etwas greifen** "voler afferrare qualcosa" (di irragiungibile). L'esempio che segue può aiutarvi a capirne meglio il senso: **nach den Sternen greifen**, *cercare di afferrare le stelle*, "chiedere / volere la luna". Come sempre, la preposizione **nach** indica un movimento.

⑦ La congiunzione **indem** esprime sia la contemporaneità d'azione – in questo caso la sua funzione corrisponde a quella di "mentre" in italiano – che il modo in cui si svolge un'azione; in italiano lo traduciamo con il gerundio: **er warnt seinen Freund, indem er dreimal pfeift**, *avverte il suo amico fischiando tre volte.*

⑧ L'imperativo della 1ª pers. plurale si costruisce in due modi. Posponendo il soggetto al verbo: **essen wir!** *mangiamo!*, o con **lassen** all'imperativo: **lass uns essen!** (lett. "lascia noi mangiare!"). Ma se ci rivolgiamo a più persone: **lasst uns essen!** (voi) e **lassen Sie uns essen!** (forma di cortesia).

⑨ **Pfeifen**, **pfiff**, **gepfiffen**, *fischiare*, ma **auf etwas pfeifen**, *infischiarsene*: **ich pfeife darauf**, *me ne infischio*.

86 **Übung 1: Übersetzen Sie bitte!**

1 Entschuldigen Sie bitte, ich hatte keinerlei Absicht zu gewinnen. 2 Gierig greift er noch einmal nach der Flasche, aber er wird von seinen Freunden zurückgehalten. 3 Wenn man die Absicht hat, ein paar Worte zu sagen, wird mit dem Löffel an ein Glas geschlagen. 4 Zuerst werden die Spaghettis genommen, dann die Tomatensoße, und zuletzt wird Käse daraufgestreut. 5 Mach das nicht noch einmal oder ich vergesse meine guten Manieren.

Übung 2: Ergänzen Sie bitte!

1 Non avevo la minima intenzione di comprare qualcosa, quando, d'un tratto, ho visto questo maglione.
Ich hatte . . . . etwas zu kaufen, als ich . . . . diesen Pullover . . . .

2 Il mio vicino sembra non amare i suoi cani, vengono spesso picchiati (*da lui*).
Mein Nachbar . . . . seine Hunde nicht . . . . , sie werden oft . . . . . . geschlagen.

3 Improvvisamente è arrivata la polizia, ma Thomas ci ha avvertiti fischiando forte.
. . . . ist die Polizei gekommen, aber Thomas . . . uns . . . . , ... er laut . . . .

4 Con precauzione, guarda verso il tavolo accanto dove è seduta una distinta signora.
. . . . sieht sie . . . . , wo . . . . sitzt.

Soluzioni dell'esercizio 1

❶ [Mi] scusi, non avevo la minima intenzione di vincere. ❷ Con avidità, cerca di afferrare ancora (*una volta*) la bottiglia, ma viene trattenuto dai suoi amici. ❸ Quando si ha intenzione di dire qualcosa (*un paio di parole*) si sbatte il cucchiaino contro il bicchiere. ❹ Prima si prendono gli spaghetti, poi la salsa al pomodoro e infine si mette sopra il formaggio. ❺ Non farlo ancora (*una volta*) o dimentico le mie buone maniere.

❺ Mi è venuta l'acquolina in bocca, ma ho deciso di rinunciare al cioccolato.

... . ist mir .. ....
zusammengelaufen, aber ich habe entschieden, ... die Schokolade ..
....

Soluzioni dell'esercizio 2 - Parole mancanti

❶ – keinerlei Absicht – plötzlich – gesehen habe ❷ – scheint – zu mögen – von ihm – ❸ Plötzlich – hat – gewarnt, indem – gepfiffen hat ❹ Vorsichtig – nach dem Nachbartisch – die vornehme Dame – ❺ Das Wasser – im Mund – auf – zu verzichten

Freiherr Adolf (von) Knigge, die Referenz für gute Manieren,
Il Barone Adolf Knigge, la referenza delle buone maniere.
Quando le buone maniere di qualcuno lasciano a desiderare, si dice: er hat Knigge nicht gelesen, *non ha letto Knigge, e tutti capiscono che quella persona "è maleducata". Tuttavia, il povero Barone Knigge (1751 - 1796) si rivolterebbe nella tomba se sapesse che il suo nome è diventato una sorta di riferimento, un sinonimo del nostro galateo, in quanto, contrariamente a quello che credono molti tedeschi, non si è mai interessato a questioni d'etichetta o di saper vivere. Certo, il libro che lo ha reso celebre s'intitola: "Über den Umgang mit dem Menschen", "Il comportamento verso gli altri", ma leggendolo non si impara come comportarsi a tavola, né se si possono indossare le calze bianche sotto l'abito elegante... Knigge dava consigli sul comportamento da tenere con gli altri perché cercava di aiutare la gente del popolo a tener testa agli aristocratici, da lui fortemente criticati (aveva persino eliminato la particella nobiliare* von, *"de", dal suo cognome).*

87 Siebenundachtzigste Lektion

Willkommen auf der Wies'n ①!

1 – Sieh da! Hier in der **Zei**tung steht **ein** Be**richt ü**ber das Okt**o**berfest.
2 Das **We**tter soll ② schon **lan**ge nicht mehr so schön ge**we**sen sein.

Aussprache
... vi:z'n ***1*** *... bërìçht ...*

Note

① **Die Wies'n** è l'abbreviazione in bavarese della parola **die Theresienwiese**, *il prato di Teresa*. Si tratta del luogo in cui si svolge l'Oktoberfest, la famosa Festa della Birra che dal 1810, anno delle nozze tra il principe erede al trono Luigi, nonno di ▸

*Allora perché tanta confusione? La risposta è semplice. Il suo libro, che dalla pubblicazione nel 1788 ha riscosso molto successo, venne riscritto nel XIX secolo da un pastore protestante, la cui intenzione era trasmettere principalmente le regole della buona condotta... riuscendoci perfettamente! È stato solo nel 1999 che, in occasione della riedizione della versione originale, "l'inganno" è stato scoperto, ma era ormai troppo tardi! Da tempo si trovano dei "Knigge" su ogni argomento: se state per andare in vacanza vi consiglieranno di consultare l'*Urlaubsknigge *(guida per le vacanze) o il* Flirtknigge *(l'arte del flirt) per riuscire a conquistare la persona amata, ecc.*

Zweite Welle: siebenunddreißigste Lektion

Ottantasettesima lezione 87

Benvenuti sul "Prato"!

1 – Guarda! (*Qui*) Sul giornale [c']è (*in piedi*) un articolo (*rapporto*) sulla Festa della Birra (*ottobre-festa*).

2 Si dice che non faceva (*più*) così bello da anni (*già lungo*).

▸ Luigi II, e Teresa di Sachsen Hildburghausen, si celebra ogni anno in ottobre. Avremmo anche potuto intitolare il nostro dialogo **Willkommen beim Oktoberfest**, *Benvenuti alla Festa della Birra* (ottobre-festa).

② Per riportare qualcosa che si è sentito dire o che è stato riferito da terzi si ricorre al verbo **sollen**, *dovere*: **es soll morgen regnen**, *ho sentito dire che domani pioverà* (piove) / *domani dovrebbe piovere* (non se ne ha la certezza).

87 **3** „**Gäs**te und **Schau**steller **wur**den ③ beim Okt**o**berfest durch ein **traum**haftes **We**tter ver**wöhnt**", steht hier.

4 – **Da**von habe ich nichts ge**merkt**; als ich dort war, hat es **Bind**fäden ge**regnet** ④.

5 – Man kann nicht **im**mer Glück **ha**ben, aber **ra**te mal, wie **vie**le Per**so**nen da **wa**ren!

6 – **Kei**ne **Ah**nung ⑤, **meh**rere Milli**o**nen ver**mu**tlich.

7 – Ja, mehr als 6,5[1] Milli**o**nen Be**su**cher sind aus der **gan**zen Welt ge**kom**men.

8 **Ins**gesamt **wur**den fast 6 Milli**o**nen Maß ⑥ Bier ge**trun**ken, und 350 000[2] **Brat**hähnchen, 80 000[3] **Schweins**haxen und 80 **O**chsen ge**ge**ssen ⑦.

1. sechs **Ko**mma fünf 2. **drei**hunder**tfünf**zig**tau**send
3. **acht**zig**tau**send

***3 ghès**të ... **sciau**-sctèllª ... fèª**vœ:nt** ... **4** ... ghë**mèrkt** ... **bìnt**-fè:d'n ... **6** ... **a:**nuñg ... mìl**lio:**nën fèª**mu:t**lìçh. **7** ... zèks **kòm**ma fuenf ... **8** ... **bra:t**-h̲è:nçhën, ... **òks**'n ...*

Note

③ Poiché il passivo si forma con **werden**, il preterito passivo si forma con il preterito di **werden**, logico no? **Er wird verwöhnt**, *è viziato*: **er wurde von seiner Mutter sehr verwöhnt**, *era molto viziato da sua madre*. Qui diciamo **von seiner Mutter**, *da sua madre*, perché l'azione viene svolta da una persona, il complemento d'agente; il complemento di causa efficiente, la cosa o l'oggetto che determina l'azione, è invece introdotto dalla preposizione **durch**: **durch das Wetter**, *dal tempo*.

④ **Es regnet Bindfäden**, *Piove a dirotto / a catinelle*. **Der Faden**, *il filo*, e **der Bindfaden**, *lo spago*.

⑤ Letteralmente, **keine Ahnung** significa "nessuna vaga idea". ▶

3 "Durante la Festa della Birra, visitatori (*ospiti*) ed espositori hanno goduto di (*diventavano viziati da*) un tempo magnifico", scrivono (*qui*).

4 – Di questo non me ne sono accorto (*niente*); quand'ero là, ha piovuto a dirotto.

5 – Non si può sempre aver fortuna, ma indovina quante persone c'erano!

6 – Non ne ho idea (*Nessun idea*) probabilmente svariati milioni.

7 – Sì, più di 6,5 milioni di visitatori (*sono*) venuti da tutto il mondo.

8 In tutto sono stati bevuti circa 6 milioni di boccali di birra e mangiati 350.000 polli arrosto, 80.000 stinchi di maiale e 80 buoi.

▸ **Die Ahnung**,"il presentimento", "l'idea vaga" viene da **ahnen**, *presagire*, *intuire*.

⑥ Nella Germania del Sud, il boccale di birra da un litro si chiama **die Maß**. In tedesco standard **das Maß** significa "la dimensione", "la misura": **trinken Sie mit Maßen!**, *beva moderatamente* (con misura)*!*

⑦ Sono forme passive al preterito: **... wurden... getrunken**, *sono stati* (diventati) *bevuti*, e **... wurden ... gegessen**, *sono stati* (diventati) *mangiati*.

87 **9** Und – na **so** was! – 168 000[4] Be**su**cher **ha**ben ver**sucht** ⑧, **ei**nen **Bier**krug als Souve**nir mit**gehen zu **las**sen.
10 A**ber** der Krug **wur**de **ih**nen am **Bier**zelt-**Aus**gang **ab**genommen.
11 Sag mal, wo**her** kommt **ei**gentlich der **Bier**krug, aus dem ich **trin**ke?
12 – Tja, wie du selbst ge**ra**de ⑨ ge**sagt** hast, man kann nicht **im**mer Glück **ha**ben, **a**ber **manch**mal… □

4. **hun**dert**acht**und**sech**zig**tau**send

*9 … bë**zu:**cHa … **bi:**a-kru:k … zuvë**ni:**a … 10 … **bi:**a-tsèlt-**aus**gañg … 12 … **manç**hma:l …*

Note

⑧ Attenzione alle particelle! **Der Besucher**, *il visitatore*, deriva dal verbo **besuchen**, *visitare*, mentre **versuchen** significa “provare” e **suchen** “cercare”.

Übung 1: Übersetzen Sie bitte!

❶ In den Ferien wurde ich von meinen Großeltern immer sehr verwöhnt. ❷ Raten Sie mal, wie viel Liter Bier auf dem letzten Oktoberfest getrunken wurden? ❸ Mehrere Millionen Besucher kommen jedes Jahr zum Oktoberfest nach München. ❹ In der Zeitung stand, dass viele Besucher versuchten, einen Bierkrug mitzunehmen. ❺ Nur einen Nachmittag hat es Bindfäden geregnet; an den anderen Tagen ist das Wetter sehr schön gewesen.

9 E – questa poi! – 168 000 visitatori hanno cercato di prendere (*lasciare andare con*) un boccale di birra per ricordo.

10 Ma il boccale è stato loro ritirato all'uscita del tendone (*della birra*).

11 Di' un po', da dove viene veramente il boccale da cui bevo?

12 – Beh, come hai appena detto tu stesso, non si può sempre essere fortunati, ma qualche volta…

▸ ⑨ Insieme ad un verbo al passato, **gerade**, *dritto*, *diretto*, serve ad esprimere un passato recente, ovvero un'azione che si è appena conclusa: **ich habe gerade mit ihm gesprochen**, *gli ho appena parlato.*

Soluzioni dell'esercizio 1

❶ Durante le vacanze sono sempre stato molto viziato dai miei nonni ❷ Indovini quanti litri di birra sono stati bevuti all'ultima Festa della Birra? ❸ Svariati milioni di visitatori vengono ogni anno a Monaco per la Festa della Birra. ❹ Sul giornale, [c']era scritto che molti visitatori hanno cercato di prendersi un boccale. ❺ Ha piovuto a dirotto solo un pomeriggio; gli altri giorni il tempo era molto bello.

88 **Übung 2: Ergänzen Sie bitte!**

1. Quante persone sono venute a Monaco per partecipare alla Festa della Birra?
   ... . Leute .... nach München .... , um ... . zu feiern?

2. 80 buoi e svariate centinaia di migliaia di polli arrosto sono stati mangiati durante la festa. – Questa poi!
   80 Ochsen und .... hunderttausend Brathähnchen ...... auf dem Fest .... – .. .. !

3. Sa perché non si può sempre essere fortunati? – Non ne ho idea.
   Wissen Sie, ... man ..... immer .... kann? – Keine ....

---

88 Achtundachtzigste Lektion

Unsere Vorfahren, die Affen

1 – Jetzt ist mir **end**lich klar, wa**rum** wir **Män**ner so **viel ar**beiten **müs**sen ①.
2 Hier steht es schwarz auf weiß:

Aussprache
... ***fo:*** *afa:r'n* ... ***af****fën*

❹ Benvenuti a Monaco. Siete viziati dal bel tempo, ieri pioveva ancora a dirotto.

. . . . in München! . . . . durch das schöne Wetter . . . . , gestern hat es noch . . . .

❺ Questa volta sono stati bevuti più di 6 milioni di birra da visitatori che venivano da tutto il mondo.

Dieses Mal . . . . . . mehr als 6 Millionen Liter Bier . . . . , die . . . . kamen, ...

Soluzioni dell'esercizio 2 - Parole mancanti

❶ Wie viele – sind – gekommen – das Oktoberfest – ❷ – mehrere – wurden – gegessen – Na so was ❸ – warum – nicht – Glück haben – Ahnung ❹ Willkommen – Sie werden – verwöhnt – Bindfäden geregnet ❺ – wurden – von den Besuchern – aus der ganzen Welt – getrunken

Zweite Welle: achtunddreißigste Lektion

Ottantottesima lezione 88

Nostre antenate, le scimmie

1 – Ora capisco (*è a me finalmente chiaro*) perché noi uomini dobbiamo lavorare così tanto.

2 (*Qui*) È scritto nero su bianco:

Note

① La regola secondo cui il verbo coniugato va posto alla fine della subordinata vale anche nel caso di una domanda indiretta: **mir ist nicht klar, warum du so viel arbeiten musst**, *non capisco perché devi lavorare così tanto.*

88 **3** **Un**ser ge**ne**tisches **Erb**gut ② ist zu fast 100 Pro**zent** mit dem der Schim**pan**sen **iden**tisch.

4 – Ja und? Ich ver**ste**he dich nicht. Wo ist der Zu**sam**menhang?

5 – Hast du das Experi**ment** mit den **A**ffen ver**ges**sen, das in A**me**rika* **durch**geführt **wor**den ist?

6 Bei **die**sem Experi**ment konn**ten sich die **Af**fen Ro**si**nen ver**die**nen ③.

7 – Ach ja, jetzt er**in**nere ich mich **wie**der, du warst ent**setz**lich scho**ckiert**,

8 weil die Affen**männ**chen wie die **Dum**men ④ ge**ar**beitet **ha**ben, **wäh**rend die **Weib**chen den **gan**zen Tag ge**schla**fen **ha**ben.

9 – Ge**nau**! Und jetzt **wis**sen wir, wa**rum** es **e**wig so **wei**ter gehen wird.

10 – Nicht so schnell! Die Ge**schich**te war **da**mit noch nicht zu **En**de!

3 *… ghe**ne:**tìscës **èrp**-gu:t … pro**tsènt** … scìm**pan**zën **i**dè**n**tìsc.* ***4*** *… tsu**zam**mën-hañg?* ***5*** *… èxperi**mènt** …* ***6*** *… ro**zi:**nën fèa**di:**nën.* ***8*** *… aff'n-**mèn**scën … **vaip**çhën …* ***9*** *… **e:**vìçh …*

Note

② Il termine **das Erbgut**, *patrimonio ereditario / eredità*, è composto da **das Erbe**, *l'eredità*, e **das Gut**, *il bene*. Lo stesso sostantivo può essere usato in ambito biologico per tradurre *patrimonio genetico*.

3 Il nostro patrimonio genetico è quasi identico al 100% a (*con*) quello degli scimpanzé.
4 – E allora? Non (*ti*) capisco. Dov'è il nesso?
5 – Hai dimenticato l'esperimento con le scimmie che è stato condotto negli Stati Uniti*?
6 Nel corso di questo esperimento le scimmie potevano guadagnarsi dell'uvetta.
7 – Ma sì, ora ricordo (*di nuovo*), eri terribilmente scioccato,
8 perché i maschi delle scimmie lavoravano come (*gli*) imbecilli mentre le femmine dormivano tutto il giorno.
9 – Esatto! E adesso sappiamo perché andrà avanti così per sempre.
10 – Non così in fretta! La storia non è ancora finita (*non era ancora alla fine con questo*)!

*Con **Amerika** si intendono generalmente "gli USA". Se dico: **ich bin nach Amerika geflogen**, tutti capiranno che sono andato negli Stati Uniti. Quando si vuole precisare che non si sta parlando degli USA si dice: **Südamerika**, **Mittelamerika**, **Kanada**…

③ **Etwas verdienen** significa "meritarsi qualcosa" o "guadagnarsi qualcosa (meritandoselo)". **Geld verdienen** significa quindi "guadagnare denaro" lavorando, in opposizione a **Geld gewinnen** "vincere del denaro" (alla lotteria ad esempio). Come con molti altri verbi, in tedesco si preferisce usare **verdienen** insieme al pronome riflessivo il quale però non è obbligatorio: **er hat (sich) mit diesem Geschäft Millionen verdient**, *ha guadagnato milioni con quest'affare*.

④ L'aggettivo sostantivato si declina e in quanto nome si scrive con l'iniziale maiuscola! **Der Dumme**, l'[uomo] stupido, **ein Dummer**, *uno stupido, un imbecille*, **die Dummen**, *gli stupidi, gli imbecilli*, ecc.

11 Zwei **For**scherinnen **ka**men auf ⑤ die Idee, die **A**ffen nachts zu be**o**bachten und…

12 sie ent**deck**ten, dass die **Männ**chen so viel **ar**beiteten, **um** bei den **Weib**chen **bes**sere **Chan**cen zu **ha**ben!

13 Die **ließ**en ⑥ sich **näm**lich **ihre Lie**besdienste von den **Männ**chen be**zah**len… !

14 – Das ist es ja! Seit **An**fang der **Mensch**heit hat sich nichts ge**än**dert, und es ⑦ wird sich nichts **än**dern. □

***11** … **fò:**ascia̲rinnën … bëo:bacHt'n … **14** … mènscḫait …*

Note

⑤ **Auf eine Idee kommen** (lett. "su un'idea arrivare") è sinonimo di **eine Idee haben**: **wie bist du denn auf die Idee gekommen?** *come hai avuto / come ti è venuta quest'idea?*

⑥ **Machen lassen** significa "lasciar fare" e "far fare": **lass ihn schlafen!**, *lascialo dormire!*, ma **lass die Eier nicht länger als** ▶

Übung 1: Übersetzen Sie bitte!

❶ Seit Anfang der Menschheit hat sich nichts geändert. ❷ Für dieses Experiment sind zwanzig Affen drei Jahre lang von zehn Forschern beobachtet worden. ❸ Die Affenweibchen haben den ganzen Tag geschlafen, aber in der Nacht haben sie hart gearbeitet. ❹ Eines Tages hat er entdeckt, dass man nicht wie ein Dummer zu arbeiten braucht, um viel Geld zu verdienen. ❺ Stimmt es, dass unser genetisches Erbgut fast dasselbe wie das der Schimpansen ist?

11 Due ricercatrici hanno avuto l'idea di osservare le scimmie di notte e...
12 hanno scoperto, che i maschi lavoravano così tanto per avere migliori possibilità con le femmine!
13 Di fatto queste si facevano pagare dai maschi [per le] loro prestazioni amorose (*servizi d'amore*)...
14 – Ecco (*Ma è questo*)! Dall'inizio dell'umanità non è cambiato niente e niente cambierà.

▸ **drei Minuten kochen!**, *non far bollire le uova per più di tre minuti!*

⑦ Qui **es**, *esso*, è un "falso" soggetto. Il vero soggetto della frase è **nichts**, *niente*. Avremmo potuto anche dire **nichts wird sich ändern**, *non cambierà niente.* Troverete spiegazioni più dettagliate nella lezione di ripasso, § 4.

Soluzioni dell'esercizio 1

❶ Dall'inizio dell'umanità non è cambiato niente. ❷ Per questo esperimento venti scimmie sono state osservate per tre anni da dieci ricercatori. ❸ Le scimmie femmina hanno dormito tutto il giorno, ma la notte hanno lavorato duro. ❹ Un giorno ha scoperto che non c'è bisogno di lavorare come uno scemo per guadagnare dei soldi. ❺ È vero che il nostro patrimonio genetico è quasi identitico (*lo stesso*) a (*come*) quello degli scimpanzé?

89 Übung 2: Ergänzen Sie bitte!

1. Da dove vengono i suoi antenati? – Oh, è una lunga storia che nessuno capisce.
Woher kommen .... ? – Oh, das ist .... , die niemand ....

2. La settimana scorsa abbiamo lavorato (*è stata da noi lavorata*) giorno e notte, (*questo*) deve cambiare!
Letzte Woche ist ... ... Tag und Nacht .... , das muss sich ...... !

3. Non così in fretta! Dov'è il nesso? L'ultima conclusione non mi è chiara.
Nicht so .... ! Wo ist ... . ?
Der ...... Schluss ... ... nicht .... .

89 Neunundachtzigste Lektion

Ein Interview im Radio mit Herrn „Stöffche", dem Apfelwein-König

1 – Zu**erst** **ein**mal „**herz**liche **Glück**wünsche zum Ge**burts**tag", Herr **Rae**der.

Aussprache
*... **int**aviu: ... **ra:**dio ... **sctœf**çhë, ... **apf**'l-vain ... **1** ... **h̲èrts**liçhë **gluek**-vuenscë... **rè:**da.*

4 Chi ha scoperto che tra le scimmie e gli uomini c'è solo il 2% di differenza?
Von wem ... . , dass es zwischen ... . und ... . nur .... Unterschied gibt?

5 Perché vuole guadagnare di più? Quando Le è venuta quest'idea?
Warum wollen Sie .... ? Wann sind Sie ... . gekommen?

Soluzioni dell'esercizio 2 - Parole mancanti
1 – Ihre Vorfahren – eine lange Geschichte – versteht 2 – von uns – gearbeitet worden – ändern 3 – schnell – der Zusammenhang – letzte – ist mir – klar 4 – ist entdeckt worden – den Affen – den Menschen – zwei Prozent – 5 – mehr verdienen – auf diese Idee –

Zweite Welle: neununddreißigste Lektion

Ottantanovesima lezione 89

Un'intervista alla radio con il Sig. "Stöffche", il re del sidro (*mela-vino*)

1 – Prima di tutto (*una volta*) "Buon compleanno (*cordiali auguri di buon compleanno*)" Sig. Raeder! [1]

[1] I dittonghi **ae**, **oe**, **ue** corrispondono rispettivamente ai segni **ä**, **ö**, **ü**; la pronuncia è la stessa. L'origine di queste due forme di scrittura si deve alla macchina da scrivere. Quando fu inventata, non c'erano ancora i tasti delle lettere con la dieresi così si pensò di scriverle in questo modo.

89 **2** Sie sind **näm**lich **ges**tern 75[1] **Jah**re alt ge**wor**den ①, nicht wahr?
3 – Ja, **dan**ke schön, das ist sehr nett von **Ih**nen.
4 – **Sa**gen Sie mal, wo**ran** ② denkt man an so **ei**nem Tag?
5 – Tja, an nichts Be**son**deres, außer dass man dem Leben **dank**bar ist, dass man trotz des **Al**ters **im**mer noch **ei**ne der **größ**ten und **äl**testen **Kel**tereien in **Hes**sen **lei**ten kann.
6 **Se**hen Sie, **un**ser Unter**neh**men ist 1799[2] von **mei**nem **Ur-ur-ur**großvater ③ ge**grün**det **wor**den ④.
7 Heute **wer**den von uns **et**wa 25 Milli**o**nen **Li**ter **Ap**felwein und **Ap**felsaft pro Jahr produ**ziert** ⑤.

1. **fünf**undsiebzig 2. **sieb**zehn**hun**dert**neun**und**neun**zig.

4 *... vo**ran** ... **5** ... **kèl**tërai'n ... **h̲ès**s'n ... **6** ... **u:a-u:a-u:a**-gro:ss-**fa**:ta ghë**gruen**dët **vord**'n. **7** ... produ**tsi:at**.*

Note

① **Geworden** è il participio II di **werden** in tutti i casi, tranne al passivo dove il prefisso **ge-** è omesso! (Vedi nota 4)

② **Denken**, *pensare*, regge la preposizione **an** (+ acc.).
Le interrogative introdotte da un complemento indiretto si formano con **wo** (+ **r** se la preposizione comincia per vocale) + preposizione: **woran denkst du?**, *a cosa pensi?* Attenzione! Se si tratta di persone, la preposizione precede il pronome interrogativo: **an wen?**, *a chi?*

2 Infatti, ha compiuto (*Lei è*) 75 anni ieri (*vecchio diventato*), vero?

3 – Sì, grazie molte, è molto gentile da parte Sua.

4 – [Ci] dica, a cosa si pensa in un giorno come questo (*a un tale giorno*)?

5 – Beh, a niente di speciale, tranne che si è grati alla vita, (*che si malgrado l'età sempre ancora*) per poter ancora dirigere, malgrado l'età, una delle più grandi e antiche cantine della torchiatura dell'Assia (*dirigere può*).

6 Vede, la nostra azienda è stata fondata [nel] 1799 dal mio bis-bis-bisnonno.

7 Oggi produciamo circa 25 milioni di litri di sidro e di succo di mela l'anno.

③ Il prefisso **ur** evoca l'idea di qualcosa di remoto, alle origini: **die Urzeit(en)**, *l'era preistorica*, **uralt**, *antico*, *remoto*. Attenti a non confondere **ur-** (senza **h**) con **die Uhr**, *l'orologio*, o **die Uhrzeit(en)** "l'ora" o "gli orari": **zu Urzeiten kannte man keine Uhrzeiten**, *nell'era preistorica non* (si conoscevano) *c'erano orari*.

④ **Worden** è quindi il participio II di **werden**, ma solo alla forma passiva: **die Firma ist 2002 gegründet worden**, *l'azienda è stata* (è) *fondata* (diventata) *nel 2002*.

⑤ Qui la frase è svolta al passivo; **produziert** infatti è il participio II di **produzieren**: **wie viel wird von Ihnen pro Jahr produziert?** *quanto producete l'anno* (diventa da voi prodotto)*?*

89 **8** **Da**rauf ⑥ darf man stolz sein, **mei**nen Sie nicht?

9 – Ge**wiss**! Wenn ich **rich**tig ver**ste**he, **den**ken Sie nicht da**ran** ⑦, in **Ren**te zu **ge**hen?

10 – Nein, ich **wer**de ⑧ erst **auf**hören zu **ar**beiten, wenn ich mich alt **füh**le.

11 **Heu**te ist das – toi, toi, toi ⑨ – noch nicht der Fall.

12 – **Ei**ne **letz**te **Fra**ge, Herr **Rae**der: wa**rum** **wer**den Sie Herr „**Stöff**che" ge**nannt**?

13 – Ach, die **Ant**wort ist ganz **ein**fach, hier in **Hes**sen **sa**gen wir nicht ***Ap****felwein* wie auf **Hoch**deutsch, **son**dern ***Äp****pelwoi* **o**der ***Stöff****che*…

14 – Herr **Stöff**che, ich **dan**ke **Ih**nen ⑩, dass Sie ge**kom**men sind. □

8 *… sctòlts …* ***9*** *… **rè**ntë …* ***11*** *… tòi, tòi, tòi …* ***13*** *… **è**pp'l-voi …*

Note

⑥ Alcuni aggettivi, così come certi verbi, sono obbligatoriamente seguiti da una preposizione: **stolz sein auf…** (+ acc.), *essere orgogliosi di…* **Worauf sind Sie stolz?** *Di cosa siete orgogliosi* (vedi nota 2)? – **Auf unsern Fußballclub**, *Del nostro club calcistico.* – **Ich bin auch stolz darauf**, *Ne sono fiero anch'io.*

⑦ Nell'espressione **ich denke nicht daran**, *non (ci) penso* (lett. "non penso a ciò"), **daran**, *a questo / ciò*, è obbligatorio, anche quando il verbo regge la costruzione infinitiva: **die Kinder denken nicht daran, ins Bett zu gehen**, *i bambini non pensano* (a ciò) *ad andare a letto.* ▸

8 Si può (*ha il diritto di*) esser[ne] fieri, non crede?

9 – Certo! Se capisco bene (*giusto*), non pensa di andare in pensione?

10 – No, smetterò di lavorare solo quando mi sentirò (*sento*) vecchio.

11 Oggi – tocchiamo ferro – non è ancora il momento (*caso*).

12 – Un'ultima domanda Sig. Raeder: perchè La chiamano Sig. "Stöffche"?

13 – Ah, la risposta è (*totalmente*) semplice, qui in Assia non diciamo "Apfelwein", come in **Hochdeutsch** ("*alto-tedesco*"), ma "Äppelwoi" o "Stöffche"…

14 – Sig. Stöffche, La ringrazio di (*che è*) essere venuto.

⑧ Avete notato che, in questa frase, **werden** è accompagnato da un infinito? Si tratta quindi del futuro! Ricordatevi della perifrasi **werden** + infinito = futuro!

⑨ **toi, toi, toi**, è un'esclamazione di incoraggiamento oltre che un augurio di buona fortuna. Il dittongo **oi** si pronuncia **o+i**: ***toi***, ***toi***, ***toi***.

⑩ Ricordatevi che **danken**, *ringraziare*, vuole il dativo: **ich danke dir / Ihnen**, *ti / La ringrazio*, e che in nessun caso regge la costruzione infinitiva, ma la subordinata introdotta dal **dass**, *che*: **ich danke Ihnen, dass Sie mir geholfen haben**, *La ringrazio per avermi aiutato* (che mi ha aiutato).

89 **Übung 1: Übersetzen Sie bitte!**

① Woran denken Sie? – An nichts Besonderes. ② Am Ende des Jahres werde ich aufhören zu arbeiten. ③ Meine Urgroßmutter hat nicht daran gedacht, Hochdeutsch zu sprechen. ④ Wenn Hessisch gesprochen worden ist, habe ich nicht viel verstanden. ⑤ Mein Vorname ist Hans, aber früher bin ich von allen Hänschen genannt worden.

Übung 2: Ergänzen Sie bitte!

① Da chi è stata fondata l'impresa? – Dal mio bisnonno.
Von wem . . . das Unternehmen . . . .
. . . . . . ? – . . . .

② (*Cordiali auguri di*) Buon compleanno! Quanti anni hai compiuto esattamente?
. . . . zum Geburtstag.
Wie alt . . . . . . eigentlich . . . . ?

③ Ho capito bene che domani da[-rà] un'intervista alla radio?
Habe ich . . . . verstanden, dass Sie
morgen . . . . ein Interview . . . . . ?

④ Ho ancora un'ultima domanda, quanti litri di sidro produce all'anno?
Ich habe noch . . . . , wie viele
Liter Apfelwein . . . . . . von Ihnen jedes Jahr
. . . . ?

Soluzioni dell'esercizio 1

1 A cosa pensa? – A niente di speciale. 2 Alla fine dell'anno smetterò di lavorare. 3 La mia bisnonna non ha [mai] pensato di parlare "Hochdeutsch". 4 Quando si è parlato (*è stato parlato*) "assiano", non ho capito molto. 5 Il mio nome è Hans, ma prima mi chiamavano tutti Hänschen.

5 Le sono molto grata per non pensare (*che non pensa*) di andare in pensione

… … Ihnen sehr ……. , dass … nicht ….. …… , in Rente .. ….. .

Soluzioni dell'esercizio 2 - Parole mancanti

1 – ist – gegründet worden – Von meinem Urgroßvater 2 Herzliche Glückwünsche – bist du – geworden 3 – richtig – im Radio – geben 4 – eine letzte Frage – werden – produziert 5 Ich bin – dankbar – Sie – daran denken – zu gehen

90 **Sprechen Sie Hochdeutsch?**, *Parla Hochdeutsch?*
Il tedesco che si impara all'estero, a scuola, o in tutti quei paesi di cui è la lingua ufficiale (Germania, Austria, Alto Adige, Svizzera tedesca e Liechtenstein) è das Hochdeutsch*, l'"alto tedesco" o "il tedesco standard". Tuttavia tra di loro le persone preferiscono parlare nel proprio dialetto,* Dialekt *o* Mundart*, (lett. "bocca-maniera"). Si tratta di una lingua parlata che non ha una scrittura ufficiale. I* Mundarten *si differenziano soprattutto per la pronuncia (*ich**,** *ad esempio, diventa* ick *a Berlino,* isch *in Sassonia, mentre i Bavaresi dicono semplicemente* i*) e per il vocabolario, in particolare per i termini legati al bere e al mangiare. Quindi la pagnotta, che in*

90 Neunzigste Lektion

Ein perfekter Plan

1 – **Ach**tung, Jungs ①, in ein paar Mi**nu**ten ist es so**weit** ②.
2 Unser **Kön**nen wird **die**ses Mal auf **ei**ne **har**te **Pro**be ge**stellt wer**den ③.
3 – Nur **kei**ne **Pa**nik, Boss! Wir sind **schließ**lich **kei**ne **An**fänger!

Aussprache
... pla:n ***1*** *... iùñgs ...* ***3*** *...* ***pa:****nik, bòss ...*

Note

① **Die Jungs** è l'abbreviazione colloquiale di **die Jungen**, *i ragazzi.*

② Tradotto letteralmente, **soweit** significa "così lontano"; in questo caso si tratta di un'espressione di uso colloquiale: **es ist soweit**, *ci siamo*; **ich bin soweit**, *ci sono*; **wie weit bist du?** *a che punto sei?*

"Hochdeutsch" si dice das Brötchen*, si chiama* die Semmel *in Austria e in Baviera,* der Wecken *nel resto della Germania del Sud e* die Schrippe *a Berlino. Ma non temete! Questi termini s'imparano facilmente quando si è sul posto e poiché tutti, a scuola, studiano l'*Hochdeutsch*, è questo che si parla ovunque. Se non capite, basta dire:* "Entschuldigen Sie, ich bin nicht von hier!"*, "Scusi, non sono di qui!", e il vostro interlocutore capirà che deve parlarvi in* Hochdeutsch: *il dialetto si parla solo in "famiglia".*

Zweite Welle: vierzigste Lektion

Novantesima lezione 90

Un piano perfetto

1 – Attenzione, ragazzi, tra un paio di minuti ci siamo (*questo è*).
2 Questa volta la nostra abilità sarà messa a (*su una*) dura prova.
3 – (*Solo*) Niente panico, capo! Alla fine non siamo principianti!

③ Ecco un futuro passivo per la cui costruzione usiamo **werden** due volte: nel primo caso per formare il passivo, nel secondo, come ausiliare del futuro: **es wird gesungen werden**, *sarà cantato / si canterà.* A dire il vero, questa ripetizione non è molto bella, specie nella subordinata dove il verbo occupa l'ultima posizione: **sie fragt, wann gesungen werden wird**, *domanda quando si canterà*; non esitate ad usare il presente indicativo al posto del futuro.

4 – Ich weiß schon ④, **aber heute ha**ben wir es zum **ers**ten Mal mit so **ho**hen **Tie**ren zu tun.

5 Es **han**delt sich ⑤ **im**merhin um **ei**nige der **wich**tigsten und **reichs**ten Ver**tre**ter aus Poli**tik** und **Wirt**schaft, die im **ers**ten Stock ⑥ ver**sam**melt sind.

6 Es muss höchst professio**nel vor**gegangen **wer**den, wenn **al**les **kla**ppen soll, wie ge**plant**.

7 – Wird schon **al**les schief **ge**hen ⑦!

8 – Mal nicht den **Teu**fel an die Wand!

9 **Al**so, zu**erst** wird 20 Se**kun**den vor **Mit**ternacht von Karl der Strom **ab**gestellt.

10 Von den **an**deren **wer**den die **Tü**ren be**wacht** und die **Gäs**te ⑧ in Schach ge**hal**ten.

11 Erst auf mein **Zei**chen **wer**den die **Ker**zen **an**gezündet ⑨.

***5** … poli**ti:k** … **vìrt**sciaft … sctòk fèa**zamm**'lt … **6** … profèssio**nèl** … **7** … sci:f … **8** … **tòif**'l … vant! **9** … sctro:m … **10** … bë**vacHt** … **ghès**të… sciacH… **11** …**tsai**çh'n … **kèr**ts'n **an**ghëtsuendët.*

Note

④ Notate che in tedesco, "lo so bene" si dice **ich weiß schon**, *già*, e non **gut**, *bene*.

⑤ Ecco un nuovo verbo reggente una preposizione: **sich handeln um** + acc., *trattarsi di*... **Worum handelt es sich bitte?** *Di cosa si tratta, prego?* Ricordatevi che la domanda si costruisce con **wo** + preposizione (lezione 89, nota 2).

⑥ Per dire "il piano" si può usare sia **der Stock**, il cui plurale è **die Stockwerke**!, che **die Etage** (derivante dal francese); la pronuncia dell'ultima sillaba corrisponde a quella di "garage".

4 – Lo so bene (*già*), ma stasera abbiamo (*esso*) a che fare per la prima volta con [dei] pezzi grossi (*così alti animali a fare*). **90**

5 Si tratta pur sempre di alcuni dei più importanti e ricchi rappresentanti della politica e dell'economia, che sono riuniti al primo piano.

6 Si deve agire (*deve essere agito*) [nel modo] più professionale (*il più alto professionale*) se vogliamo che tutto funzioni (*deve andare bene*) come programmato.

7 – Andrà sicuramente tutto (*già*) storto!

8 – Non fare l'uccello del malaugurio (*Non dipingere il diavolo alla parete*)!

9 Allora, Karl staccherà la corrente (*viene staccata da Karl*) venti secondi prima della mezzanotte.

10 Gli altri sorvegliano le porte (*sono sorvegliate dagli altri*) e tengono in pugno gli invitati (*sono tenuti in scacco*).

11 Le candele vengono accese solo al mio segnale.

⑦ **Schief gehen**, *andare storto*, *non riuscire*, è il contrario di **klappen**, *andare / funzionare bene*: **wird schon schief gehen**, oppure **<u>es</u> wird schon schief gehen**, si dice per scongiurare la malasorte. Spesso, parlando, si omette l'**es** iniziale: **(es) ist nicht so schlimm**, *non è così grave*.

⑧ Il singolare di **die Gäste** è **der Gast**, *l'invitato*, *l'ospite*.

⑨ Spesso per impartire un ordine si preferisce usare la costruzione passiva anziché quella attiva: **Kinder, jetzt werden endlich die Hausaufgaben gemacht!** *Bambini, adesso fate finalmente i compiti* (vengono fatti)!

12 Dann wird schnell **hin**tereinander ⑩ mit der **Tor**te in den Saal ge**lau**fen,

13 und **da**bei wird von **al**len aus **vol**lem Hals ⑪ „Zum Ge**burts**tag viel Glück ⑫, Herr Gene**ral**direktor*”
ge**sun**gen!

14 **A**lles klar? □

* Il **Generaldirektor** di un'azienda corrisponde, in italiano, al Direttore Generale o al Presidente.

***12** … **h̲ìn**tə-ai**nan**də … za:l … **13** … h̲als … ghenë**ra:l**-di**rèk**to:ə … ghë**zù**ñgën!*

Note

⑩ Sull'esempio di **hintereinander**, *uno dietro l'altro*, *in fila*, aggiungendo **einander** alla preposizione si ottiene un avverbio: **miteinander**, *l'uno con l'altro*, **gegeneinander**, *uno contro l'altro* (lezione 85).

⑪ **Der Hals** è sia “la gola”, che “il collo”.

Übung 1: Übersetzen Sie bitte!

❶ Es wird sicher klappen, ihr seid schließlich keine Anfänger! ❷ Seit heute Morgen wird das Hotel von der Polizei bewacht. ❸ Von wem wird „Zum Geburtstag viel Glück” gesungen? Von allen? ❹ Wenn professionnel vorgegangen wird, kann nichts schief gehen. ❺ Achtung, keine Panik! Der Strom wird in ein paar Minuten wieder angestellt werden.

12 Poi tutti si precipiteranno (*viene veloce corso*) in fila indiana (*uno dietro l'altro)* con la torta in sala, **90**
13 (*e in ciò è cantato da tutti*) e tutti canteranno a squarciagola (*a piena gola*) "Buon compleanno, Signor Presidente"!
14 Tutto chiaro?

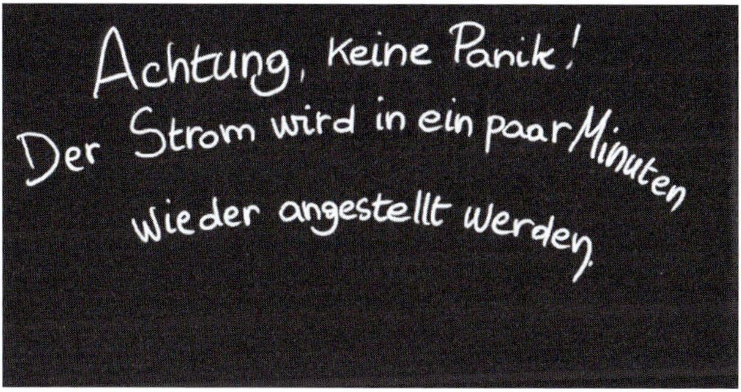

▸ ⑫ La canzone di buon compleanno (**das Geburtstagslied**) è per tutti la stessa: in tedesco, sull'aria di "Tanti auguri a te", si canta **„Zum Geburtstag viel Glück, zum Geburtstag viel Glück, alles Gute zum Geburtstag, zum Geburtstag viel Glück"**.

Soluzioni dell'esercizio 1

❶ Andrà sicuramente bene, alla fine non siete principianti! ❷ L'hotel è sorvegliato dalla polizia da questa mattina. ❸ Chi (*Da chi sarà cantato*) canterà "Tanti auguri a te!"? Tutti? ❹ Se si procede in modo professionale, niente potrà andare storto. ❺ Attenzione, niente panico! La corrente sarà riattaccata tra un paio di minuti.

Übung 2: Ergänzen Sie bitte!

1 Per la prima volta la sua abilità è stata messa a dura prova.

... . wurde .... auf eine ..... Probe .... !

2 A (*In*) che piano abita? Al nono? Allora viviamo l'uno sopra l'altro!

.. .. wohnen Sie? Im neunten? Dann wohnen wir .... !

3 Ci siamo, tutta la famiglia è riunita: si può cantare.

Wir sind ...... , die ganze Familie ist .... : es kann ....

4 Se si stacca la corrente, tutto andrà storto.

Wenn der Strom .... , wird alles ....

91 Einundneunzigste Lektion

Wiederholung

1 Il passivo

In tedesco esistono due forme passive: il passivo di stato e il passivo d'azione. Entrambe si costruiscono con il participio passato, ma con ausiliari diversi, rispettivamente **sein** e **werden**:

a) La forma passiva che indica lo stato, la condizione in cui si trova qualcosa o qualcuno o il risultato di un'azione, si costruisce con l'ausiliare **sein** + participio II.

5 Bene ragazzi, dobbiamo parlarci (*l'uno con l'altro*), sapete già di cosa si tratta, vero?

Also ..... , wir müssen ....
sprechen, ... schon, worum .. ....
.... , nicht wahr?

Soluzioni dell'esercizio 2 - Parole mancanti

1 Zum ersten Mal – sein Können – harte – gestellt 2 In welchem Stock – übereinander 3 – soweit – versammelt – gesungen werden 4 – abgestellt wird – schief gehen 5 – Jungs – miteinander – ihr wisst – es sich handelt –

Complimenti per la tenacia dimostrata: vi siete appena confrontati con uno dei problemi più difficili della lingua tedesca. Se il passivo non vi è ancora del tutto chiaro, lo diventerà man mano che lo rincontrerete, state certi che non mancheranno le occasioni.

Zweite Welle: einundvierzigste Lektion

Novantunesima lezione 91

Al presente: **die Kerzen sind angezündet**, *le candele sono accese.*
Al passato: **die Kerzen waren schon angezündet, als ich in das Zimmer gekommen bin**, *le candele erano già accese quando sono entrato* (venuto) *nella stanza.*

b) Il passivo che esprime un'azione ancora in corso o che sta per compiersi si forma con l'ausiliare **werden** + participio II.
Al presente: **die Kerzen werden um Mitternacht angezündet**, *le*

91 *candele saranno* (diventano) *accese a mezzanotte,* oppure *si* accenderanno le candele a mezzanotte.*
Al passato: **die Kerzen wurden angezündet, als ich in das Zimmer gekommen bin**, *le candele sono state* (diventavano) *accese quando sono entrato nella stanza,* o *si* sono accese le candele quando sono entrato nella stanza...*

* Ricordiamo che in italiano si preferisce usare la costruzione attiva al posto di quella passiva d'azione, prendendo come soggetto della frase il "si" passivante. Al contrario, la forma con il "si" (**man**) è usata solo raramente in tedesco, in ogni caso mai per sostituire **wir** che si usa solo per indicare "tutti". Questa è una delle ragioni per cui in tedesco si preferisce l'uso del passivo.

Wie werden Bratäpfel gemacht?
Come si fanno le mele al forno (arrostite-mele)?
Zuerst werden die Äpfel gewaschen,
Per prima cosa si lavano le mele.
Dann wird in die Mitte ein bisschen Zucker und Butter gesteckt, *Poi si mette un po' di zucchero e di burro al centro.*
Und schließlich werden sie eine halbe Stunde gebacken,
E infine si lasciano cuocere in forno per un'ora.

2 La coniugazione del passivo d'azione

È molto semplice; basta solo ricordarsi che **werden** è un verbo irregolare, che i tempi composti si formano con l'ausiliare **sein** e che il participio II **geworden** perde il prefisso **ge-** e diventa **worden**.

Ich werde von meinem Vater verwöhnt, *Sono* (divento) *viziata da mio padre / Mio padre mi vizia.*
Ich wurde von meinem Vater verwöhnt, *Ero* (diventavo) *viziata da mio padre / Mio padre mi viziava.*
Ich bin von meinem Vater verwöhnt <u>worden</u>, *Sono stata* (diventata) *viziata da mio padre / Mio padre mi ha viziata.*
Ich war von meinem Vater verwöhnt <u>worden</u>, *Ero stata* (ero diventata) *viziata da mio padre / Mio padre mi aveva viziata.*
Ich werde von meinem Vater immer verwöhnt <u>werden</u>, *Sarò* (diventerò) *sempre viziata da mio padre / Mio padre mi vizierà sempre.*

Notate che, in generale, il complemento d'agente, ovvero il soggetto della frase attiva, è preceduto dalla preposizione **von** (+ dativo): **von meinem Vater**, *da mio padre*.
Durch (+ acc.), che potremmo tradurre con "da", "per mezzo di", "grazie a", "a causa di", precede invece il complemento di causa efficiente, ovvero la cosa o il mezzo che determina l'azione:

Er ist durch eine Mail informiert worden,
È stato informato da un'e-mail.

3 L'uso del passivo

Dipende dalle abitudini, ma anche dal contesto. Innanzitutto bisogna chiedersi quale sia l'elemento più importante della frase, ovvero l'informazione fondamentale. In una frase attiva, è il soggetto, ovvero la persona agente che compie l'azione. In una frase passiva, invece, è l'azione che conta, tanto che la persona agente viene spesso omessa (spesso il soggetto dell'azione non è nemmeno noto).

Alla domanda **Was macht der Kellner?** si risponde **Der Kellner bringt den Kaffee**. Invece, alla domanda **Wo bleibt denn der Kaffee?** *Allora dov'è* (rimane) *il caffè?* si risponde piuttosto **Der Kaffee wird gerade gebracht** (lett. "Il caffè viene subito portato"), da chi non importa.

La forma passiva è inoltre adottata per la sua praticità (ebbene sì!), perché, come abbiamo detto, non è importante sapere e quindi dire "da chi" è svolta l'azione.

Machen Sie sich keine Sorgen, die Arbeit wird gemacht,
Non si preoccupi, il lavoro verrà svolto.
Die Rechnungen müssen bezahlt werden,
Le fatture devono essere pagate.

Quando si riportano delle informazioni brevi, l'ausiliare è omesso, come in italiano:
10 Millionen Euro (wurden) gestohlen, *10 milioni di euro (sono stati) rubati / Rubati 10 milioni di euro,*
Affen (wurden) von Forschern getestet, *Scimmie (sono state) testate dai ricercatori / Testate scimmie dai ricercatori.*

91 La forma passiva consente inoltre di impartire un ordine in modo "cortese".
Es* wird in zehn Minuten gegessen!, *Si mangia tra dieci minuti!*
Es werden keine Dummheiten gemacht, Kinder!, *Bambini, non fate sciocchezze!*

* Attenzione! L'**es** che introduce la frase passiva è omesso quando la posizione I è già occupata da un altro elemento. Questo **es**, detto "impersonale " (vedi nota 4), può trovarsi solo all'inizio della proposizione principale (altrimenti è omesso):

4 L'"es" con funzione impersonale

Si tratta dell' **es** la cui unica funzione è quella di occupare la posizione I all'interno della frase; non può mai essere sostituito da **das**. Lo si usa:

a) per introdurre una proposizione quando manca il soggetto (il più delle volte è il caso del passivo).
<u>Es</u> wird am Sonntag nicht gearbeitet = Am Sonntag wird nicht gearbeitet, *La domenica non si lavora.*
Es wurde nicht geraucht, *Non si è fumato,* o *Nessuno ha fumato.*
In quest'ultimo caso non abbiamo altra possibilità che iniziare la frase con l'**es**.

b) per introdurre una proposizione in cui il soggetto è già presente, cosa che serve a sottolinearne l'importanza.
Es kommen viele Leute zum Oktoberfest nach München = Viele Leute kommen zum Oktoberfest nach München.
Le due frasi hanno in effetti lo stesso significato, ma la prima permette di sottolineare meglio il soggetto, un po' come in italiano quando diciamo "Vengono molte persone a Monaco per la Festa della Birra", al posto di: "Molte persone vengono a Monaco per la Festa della Birra".

5 L'uso di "erst" e "nur"

Diversamente da **nur**, *solo / solamente*, che indica qualcosa di definitivo, **erst**, *non... che*, *solo*, esprime una condizione nel tempo.

Sie haben <u>nur</u> zwei Kinder, *Hanno solo due bambini* (non ne avranno altri).
Sie haben <u>erst</u> zwei Kinder, *Non hanno che due bambini* (al momento, forse in futuro ne avranno altri).
Nur wenn du kommst, gehe ich auf das Fest, *Vado alla festa solo se vieni tu.*
Erst wenn du kommst, essen wir, *Mangiamo solo quando arrivi.*
Ich weiß nicht, warum ich so müde bin, ich habe beim Essen nur zwei Maß getrunken!, *Non so perché sono così stanco, durante il pasto ho bevuto solo due boccali di birra!*

Ich habe erst zwei Maß getrunken, ich brauche dringend noch ein drittes!, *Ho bevuto solo due boccali di birra, devo assolutamente berne un terzo!*

Come ci dimostra l'ultimo esempio, **erst** ha spesso valore soggettivo; in questo caso è il contrario di **schon**: **was, du hast schon zwei Maß getrunken? Das ist mehr als genug!**, *cosa, hai già bevuto due boccali di birra? Sono più che sufficienti!*

Per rilassarvi, vi invitiamo a festeggiare il compleanno del Sig. Schulz insieme a noi!

91 Die Rede von Generaldirektor Schulz

1 – Ver**ehr**te* **Gäs**te, **lie**be **Freun**de! **(87, 90)**
2 **Sei**en Sie **herz**lich will**kom**men! **(87)**
3 Ich **dan**ke **Ih**nen, dass Sie trotz des ent**setz**lichen **Wet**ters ge**ko**mmen sind. **(88, 89)**
4 Wie Sie **wis**sen, sind wir hier ver**sam**melt, um **mei**nen Ge**burts**tag zu **fei**ern, der in ein paar Mi**nu**ten be**ginnt**. **(88, 90)**
5 Ich **wur**de **näm**lich vor **sech**zig **Jah**ren in **die**ser Stadt ge**bo**ren. **(87, 88, 89)**
6 Es war an **ei**nem **Sonn**tag, und **au**ßerdem war das **Wet**ter **traum**haft. **(87, 89)**
7 Von **mei**ner **Mut**ter **wur**de mir er**zählt**, dass **mei**ne **Ur**großmutter so**fort** ge**sagt** hat: **(86, 87, 89)**
8 „**Die**ses Kind ist ein **Sonn**tagskind, es wird viel Glück **ha**ben." **(87)**
9 Und **wirk**lich, ich bin vom **Le**ben sehr ver**wöhnt** **wor**den. **(87)**
10 Ich **hat**te zum **Bei**spiel **kei**nerlei **Ab**sicht, Kar**rie**re zu **ma**chen. **(85, 86)**
11 Im **Ge**genteil, ich **ha**be auf Geld und **Ti**tel ge**pfif**fen. **(85, 86)**
12 Und **heu**te **ste**he ich hier vor **Ih**nen als **ei**ner der **wich**tigsten und **reich**sten **Män**ner **die**ser Stadt. **(85, 87, 90)**
13 **Ei**gentlich ver**ste**he ich selbst nicht, wie ich Gene**ral**direktor ge**wor**den bin. **(87, 88, 89)**

* Abbiamo visto che la formula con cui generalmente si comincia una lettera ufficiale è: **Sehr geehrte Damen und Herren**, (*Molto onorati*) *Gentili Signore e Signori*, (vedi lezione 80). Invece, quando ci si rivolge a un pubblico, al posto di **geehrt** si usa **verehrt**; il significato non cambia.

Il discorso del Presidente Schulz — 91

1 – Cari (*Onorati*) invitati, cari amici!
2 Siate (*cordialmente*) i benvenuti!
3 Vi ringrazio di essere venuti nonostante questo tempo orribile.
4 Come sapete, siamo qui riuniti per festeggiare il mio compleanno, che inizierà (*inizia*) tra un paio di minuti.
5 Sono (*ero*) nato esattamente sessant'anni fa in questa città.
6 Era di (*a una*) domenica e, in più, [c']era un tempo magnifico.
7 Mia madre mi ha raccontato che la mia bisnonna ha subito detto:
8 "Questo bambino è un "bambino della domenica", avrà molta fortuna."
9 In effetti sono stato molto viziato dalla vita.
10 Non avevo, per esempio, la minima intenzione di fare carriera.
11 Al contrario, me ne infischiavo (*ho fischiato su*) del denaro e dell'onore (*titoli*).
12 E oggi mi trovo qui (*in piedi*) davanti a voi come uno degli uomini più importanti e ricchi di questa città.
13 In realtà, io stesso non capisco come sono diventato presidente.

14 Für die **Zu**kunft kann ich nur **ho**ffen, dass mich das Glück **wei**ter auf **mei**nem Weg be**glei**tet – toi toi toi! **(85, 89)**
15 In **ei**ner Mi**nu**te ist **Mit**ternacht. **(90)**
16 **Las**sen Sie uns die **Glä**ser **he**ben und auf **un**ser Glück **trin**ken! **(86, 88)**
17 **Him**mel, was ist denn los? Wa**rum** ist der Strom **ab**gestellt **wor**den? **(85, 90)**
18 **Ma**chen Sie **bit**te so**fort** das Licht **wie**der an! **(90)**
19 – Jo**han**nes, **Lieb**ling, ich **ha**be Angst! Wo bist du denn?
20 – Bitte, **blei**ben Sie **ru**hig! **Kei**ne **Pa**nik! **Al**les ist in **Ord**nung! **(90)**

* * *

21 – Wir **wün**schen viel Glück zum Ge**burts**tag, Herr Gene**ral**direktor! **(89, 90)**

92 Zweiundneunzigste Lektion

Der verständnisvolle ① Blumenhändler

1 – Ent**schul**digen Sie, **hät**ten ② Sie schnell mal **ei**ne Marge**ri**te für mich?

Aussprache

*... fè$_a$ **sctènt**nìs-föllë **blu:**mën-hèndl$_a$ **1** ... **hètt**'n ... marghë**ri:**të ...*

Note

① L'aggettivo **verständnisvoll**, *comprensivo*, è composto da **das Verständnis**, *la comprensione*, e **voll**, *pieno*. Non dimenticate che l'aggettivo attributivo precede sempre il nome cui si ▶

14 Per il futuro posso solo sperare che la fortuna continui a sorridermi (*ad accompagnarmi sul mio cammino*), toccando ferro!
15 Tra un minuto sarà mezzanotte.
16 Solleviamo i bicchieri e beviamo alla nostra fortuna!
17 Cielo? Che succede? Perchè la corrente è stata staccata?
18 Riaccendete subito la luce!
19 – Johannes, caro, ho paura! Ma dove sei?
20 – Restate calmi, per favore! Niente panico! È tutto a posto (*in ordine*)!

* * *

21 – [Le] auguriamo buon compleanno, Presidente!

Zweite Welle: zweiundvierzigste Lektion

Novantaduesima lezione 92

Il fioraio comprensivo

1 – Mi scusi, avrebbe subito (*veloce)* una margherita per me?

▸ riferisce e che quando si declina prende almeno una **-e** finale: **der verständnisvolle Freund**, *l'amico comprensivo* (lez. 56, § 1).

② **Hätten** è il congiuntivo II di **haben**, *avere.* Questo tempo verbale si forma a partire dal preterito cui si aggiunge una **-e** finale (se non ce n'è già una). I verbi irregolari aggiungono solo l'Umlaut (sulle vocali **a**, **o**, **u**). Preterito: **sie hatten Lust, ins Kino zu gehen**, *avevano voglia di andare al cinema*; congiuntivo II: **sie hätten Lust, ins Kino zu gehen**, *avrebbero voglia di andare al cinema.*

2 – Ja, wir **ha**ben Marge**ri**ten, **wei**ße und **gel**be, aber nur in **Sträu**ßen.
3 – Wie viel **kos**ten die denn?
4 – **Sie**ben **Eu**ro **ach**tzig.
5 – **Könn**te ③ ich nicht nur **ei**ne **ein**zige **ha**ben, **bit**te? Ich **ha**be nicht ge**nug** Geld.
6 – Das kann ich **lei**der nicht **ma**chen, dann **wä**ren in **ei**nem Strauß nur noch neun.
7 – **Könn**ten Sie mir dann viel**leicht ei**ne Marge**ri**te **lei**hen?
8 Das **wä**re ④ echt nett von **Ih**nen.
9 – **Ih**nen **ei**ne **lei**hen? Wie **mei**nen Sie das? **Blu**men kann man nicht ver**lei**hen ⑤.
10 – Ich **brau**che **a**ber ganz **drin**gend **ei**ne, ich **bit**te Sie!
11 – Na ja, **mei**netwegen ⑥ **neh**men Sie sich **ei**ne.
12 – Ich **dan**ke **Ih**nen **viel**mals:
*Sie liebt mich, von **Her**zen, mit **Schmer**zen, ein **biss**chen, viel, gar nicht...*

***2** ... sctròiss'n. **5** kœntë ... **6** ... vè:r'n ... sctrauss ... **7** ... **lai**ën? **8** ... èçht ... **11** ... **mai**nët-ve:g'n ...*

Note

③ Il congiuntivo II dei verbi modali si forma aggiungendo un Umlaut alla vocale radicale del preterito: **Sie konnten**, *Lei poteva*, **Sie könnten**, *Lei potrebbe* (l'unica eccezione è **sollen**, *dovere*, che non prende l'Umlaut). È proprio l'Umlaut che vi permette di distinguere il congiuntivo II dal preterito.

④ **Das wäre**, *sarebbe*, si forma a partire da **das war**, *era*, cui vengono aggiunte una dieresi e una **-e** finale (vedi nota 2). ▶

2 – Sì, abbiamo margherite, bianche e gialle, ma solo a (*in*) mazzi.
3 – Quanto costano (*allora*)?
4 – 7 euro e 80.
5 – Non potrei aver[ne] una sola, per favore? Non ho abbastanza soldi.
6 – Purtroppo non posso farlo, dopo in un mazzo [ne] resterebbero (*sarebbero*) solo nove.
7 – Allora, forse, potrebbe prestarmi una margherita?
8 Sarebbe davvero gentile da parte sua.
9 – Prestarglie[ne] una? (*Come*) Cosa intende (*questo*)? Non si possono prestare i fiori.
10 – Ma io [ne] ho assolutamente bisogno [di] una, La prego!
11 – Va bene, d'accordo, se ne prenda una.
12 – La ringrazio molto (*Molte volte*):
"M'ama, (*con* [tutto il] *il cuore, con dolore*), un po', molto, per niente..."

⑤ **Etwas <u>ver</u>leihen** significa "prestare qualcosa". **Leihen**, invece, traduce sia "prestare", che "noleggiare", "prendere in prestito": **ich leihe <u>dir</u> Geld**, *ti presto dei soldi* (a te), **ich leihe <u>von</u> dir Geld**, *prendo in prestito dei soldi* (da te).

⑥ **Meinetwegen**, **deinetwegen**, **seinetwegen**, **ihretwegen**, **unsretwegen**, **euretwegen**..., *a causa / per colpa mia / tua / sua (di lui) / sua (di lei) / nostra / vostra, ecc.*, sono tutti avverbi, di cui solo **meinetwegen** viene usato per rispondere positivamente (ma senza troppo entusiasmo...) a una proposta o richiesta; in questo caso significa *d'accordo, per me, per quanto mi riguarda*. **Gehen wir einen trinken?**, *Andiamo a berci una cosa (uno)?* – **Meinetwegen**, *D'accordo, se vuoi*.

92

13 Ach, **se**hen Sie, das **ha**be ich be**fürch**tet: sie liebt mich nicht **wirk**lich.

14 Ich **ho**ffe, Sie sind mir nicht **bö**se ⑦?

15 – Ist schon gut, mein **Jun**ge, ich **wünsch**te ⑧ nur, ich **hät**te das**sel**be ge**macht**, als ich so jung war wie du! □

***13** … bëfuerçhtët … **15** … vuensctë …*

Note

⑦ **Jemandem böse sein**, *essere arrabbiato / avercela con qualcuno*: **seien Sie mir bitte nicht böse!**, *non sia arrabbiato con me, la prego!* Attenzione! L'aggettivo **böse** significa anche "cattivo", "malvagio": **ein böser Mensch**, *un uomo cattivo*.

⑧ **Ich wünschte**, *desidererei*, è il congiuntivo II di **wünschen**, *desiderare, sperare*. Notate che il congiuntivo II dei verbi deboli è identico al preterito: **ich wünschte** significa sia "io speravo", che "io spererei". Per evitare di fare confusione, si ricorre in genere ad un'altra forma del congiuntivo II, ovvero la perifrasi **würde** + infinito che vedremo nella prossima ▶

Übung 1: Übersetzen Sie bitte!

❶ Hättest du ein bisschen Zeit? Wir könnten auf der Wiese Margeriten suchen. ❷ Ich hätte niemals von ihm Geld leihen sollen. ❸ Sie wäre eine sehr gute Händlerin, sie hat noch nie einen Euro zu viel bezahlt. ❹ Könnten Sie mir bitte morgen Ihr Auto leihen? ❺ Ich wünschte, ich hätte auch einen so freundlichen Blumenhändler getroffen.

13 Ah! Vede, [è] quello [che] temevo (*ho io temuto*): non mi ama veramente.

14 Spero [che] non sia arrabbiato (*non è a me arrabbiato?*).

15 – Va bene (*è già bene*), (*mio*) ragazzo, solo avrei desiderato (*spererei io avrei*) aver fatto lo stesso quando avevo la tua età (*così giovane ero come te*)!

▸ lezione. Notate inoltre che il tempo verbale in tedesco non corrisponde sempre a quello in italiano. In questa frase si dice: **ich wünschte** o **ich würde wünschen**, *spererei*, e non **ich hätte gewünscht**, *avrei sperato*.

Soluzioni dell'esercizio 1

❶ Avresti un po' di tempo? Potremmo [andare] a cercare le margherite nel prato. ❷ Non avrei mai dovuto prendere in prestito dei soldi da lui. ❸ Sarebbe una buona commerciante, non ha (*ancora*) mai pagato un euro di troppo. ❹ Per favore, potrebbe prestarmi la Sua auto domani? ❺ Avrei sperato (*spererei*) di incontrare anch'io un fioraio così gentile.

92 Übung 2: Ergänzen Sie bitte!

1. Non avercela con me, (*per favore*), ma purtroppo devo dirti che non ti amo più.
– Va bene.
Sei mir bitte nicht .... , aber ...... muss ich dir sagen, dass ... dich nicht mehr ....
– Ist schon .... .

2. Non avrebbe voglia di regalarmi un grosso mazzo di fiori, Sig. Schulz?
.... nicht Lust, mir ..... großen .... zu schenken, Herr Schulz?

3. Questo costa sessantotto euro, spero che abbiamo abbastanza soldi.
... . achtundsechzig Euro, ..., wir haben ..... Geld.

* **Er liebt mich, er liebt mich nicht...** *M'ama, non m'ama... Sicuramente conoscete già il gioco della margherita, ma sapete qual è il personaggio letterario più famoso che giocava a "sfogliare la margherita"? Si tratta della giovane Margarete (Margherita) nel "Faust" di Goethe, meglio nota come* Gretchen, *il suo soprannome. Una domenica, mentre andava a Messa, la giovane e pia Margarete vede per la prima volta Faust, un uomo anziano, saggio e affascinante; un breve sguardo tra i due basta a far innamorare Faust. Anche* Gretchen *ha il colpo di fulmine, conseguenza del patto concluso tra Faust e il diavolo (lezione 51). Durante la loro prima passeggiata insieme,* Gretchen *sfoglia una margherita e la sua sfortuna è quella di ottenere, come ultimo petalo:* er liebt mich, *m'ama. Sicura così dell'amore di Faust gli si concede, andando incontro da quel momento ad una tragica serie di eventi: avvelena sua madre, seppellisce il fratello ucciso dall'amante, strangola il figlio nato dalla relazione con Faust,*

4 Potresti prestarmi cento euro? – Vorrei averli (*io li avrei*).
. . . . mir hundert Euro . . . . . . ?

– . . . . , ich hätte sie.

5 È stata molto comprensiva, la ringrazio molto.
. . . . sehr . . . . gewesen, ich . . . . vielmals.

Soluzioni dell'esercizio 2 - Parole mancanti
1 – böse – leider – ich – liebe – gut 2 Hätten Sie – einen – Blumenstrauß – 3 Das kostet – ich hoffe – genug – 4 Könntest du – leihen – Ich wünschte – 5 Sie sind – verständnisvoll – danke Ihnen –

il quale nel frattempo l'aveva vigliaccamente abbandonata. Rinchiusa e condannata a morte, Gretchen *impazzisce e respinge Faust che tenta di farla uscire di prigione, ma ritrovando così la retta via, Dio avrà pietà di lei. Da allora* Gretchen *rappresenta l'immagine della giovane donna tedesca pura e innocente, talvolta un po' ingenua... anche se ormai solo di rado porta una* Gretchenfrisur *(la pettinatura di Gretchen), ovvero due belle trecce, e non crede più ciecamente al gioco della margherita.*

Zweite Welle: dreiundvierzigste Lektion

93 Dreiundneunzigste Lektion

Bewahren Sie die Ruhe, wenn möglich!

1 – Was **wür**den ① Sie **ma**chen, wenn…
2 wenn Sie **ei**nen **Nach**barn **hät**ten ②, mit dem Sie sich nicht ver**ste**hen **wür**den ③?
3 wenn **die**ser **Nach**bar ④ die **un**möglichsten **Di**nge **ma**chen **wür**de, um Sie zu **är**gern?
4 wenn er zum **Bei**spiel **sei**nem **Pa**pagei **bei**bringen ⑤ **wür**de, **hun**dertmal pro Tag **Ih**ren **Na**men zu **schrei**en?
5 Sie **den**ken, so **et**was ⑥ **könn**te nie pas**sie**ren? Falsch!
6 **Ei**nem **eng**lischen Ges**chäfts**mann ⑦ ist **die**se Ge**schich**te **wirk**lich pass**iert**.

Aussprache
*bëva:rën … **1** … vuerdën … **3** … èrgan?*

Note

① Ecco qui la forma più usata per costruire il congiuntivo II dei verbi deboli, ovvero la perifrasi **würden** + infinito: **ich würde das nicht machen, du würdest das nicht machen, u.s.w.**, *io non lo farei, tu non lo faresti*, ecc. Dal punto di vista grammaticale, **würden** è il congiuntivo II di **werden**.

② Al condizionale, anche il verbo della proposizione secondaria introdotta da **wenn**, *se*, è al congiuntivo II: **wenn ich Zeit hätte, würde ich dich besuchen**, *se avessi* (avrei) *tempo, ti verrei a trovare.*

Mantenga (*la*) calma, se possibile!

1 – Cosa farebbe se…
2 (*se*) avesse un vicino con cui non va d'accordo (*si capirebbe*)?
3 se questo vicino facesse le cose più impensabili (*impossibili*) per farLa arrabbiare?
4 se, per esempio, insegnasse al suo pappagallo a gridare il Suo nome cento volte al giorno?
5 Pensa [che] una cosa del genere non possa succedere mai? Falso!
6 Questa storia è capitata per davvero ad un uomo d'affari inglese.

③ Considerata la praticità del suo uso, si preferisce ricorrere alla perifrasi **würde** + infinito anche con i verbi forti: **Sie würden verstehen**, *Lei capirebbe*, è di fatto sinonimo di **Sie verständen** (costruzione classica a partire dal preterito **Sie verstanden**, *Lei capiva*, + Umlaut).

④ In quanto sostantivo "maschile debole", **Nachbar** prende una **-n** in tutti i casi, tranne al nominativo singolare (lezione 47, nota 2).

⑤ **Jemandem etwas beibringen,** *insegnare qualcosa a qualcuno*: **wer hat Ihnen Deutsch beigebracht?**, *chi ti ha insegnato il tedesco?*

⑥ **So etwas**, *una cosa simile / del genere*: **ich habe so etwas noch nie gehört**, *non ho mai sentito una cosa simile* (una tale cosa).

⑦ Notate che la frase non inizia con il soggetto: **ein<u>em</u> Geschäftsmann**, è infatti un complemento di termine: *<u>all'</u>uomo d'affari…*

93

7 Und da er ein **Gen**tleman war, ist ihm der **Kra**gen erst nach vier **Jah**ren ge**platzt** ⑧.

8 Nach **ei**ner **schlaf**losen Nacht ist er beim **Nach**barn **ein**gebrochen ⑨, **wäh**rend **die**ser bei der **Ar**beit war,

9 und **oh**ne viel **Fe**derlesen zu **ma**chen, hat er dem **ar**men **Vo**gel, der ihn mit **sei**nem **Na**men be**grüß**te, … den Hals **um**gedreht.

10 Da**nach hat**te er zwar ⑩ **sei**ne **Ru**he, **a**ber die **Ru**he war **teu**er be**zahlt**.

11 Er ist **näm**lich vom Ge**richt** zu einer **Stra**fe von 1 500 **Eu**ro ver**ur**teilt **wor**den. □

*7 … **gièntl**mèn … **kra:**g'n … ghë**platst**. 8 … **ain**ghëbròcH'n … 9 … **fe:**da-le:z'n … bë**grue:ss**të … **ùm**-ghëdre:ët.*

Note

⑧ **Es platzt mir der Kragen**, o **mir platzt der Kragen**, (lett. mi scoppia il colletto) è un'espressione di uso colloquiale corrispondente a "perdere le staffe / la calma", "non farcela più", "andare in collera", "scoppiare".

⑨ **Eingebrochen** è il participio II di **einbrechen**, *irrompere, fare*

Übung 1: Übersetzen Sie bitte!

❶ Mein Vater hat mir das Radfahren beigebracht, und was hat Ihnen Ihr Vater beigebracht? ❷ Wenn ich viel Geld hätte, würde ich mir ein Haus am Meer kaufen. ❸ Wenn dieser verflixte Papagei nicht sofort aufhört zu schreien, drehe ich ihm den Hals um. ❹ Nach einer schlaflosen Nacht platzt vielen Leuten leicht der Kragen. ❺ Du denkst, es ist leicht, in dieses Haus einzubrechen? Falsch!

7 E poiché era un gentiluomo, ha perso le staffe (*il colletto gli è scoppiato*) solo dopo quattro anni.

8 Dopo una notte in bianco (*senza sonno*), ha fatto irruzione dal vicino mentre questo stava lavorando,

9 e senza andare troppo per il sottile, ha torto il collo al povero uccello che lo salutava per (*con suo*) nome...

10 Certo, dopo ha ritrovato (*aveva*) la sua tranquillità, ma la tranquillità gli è costata (*era pagata*) cara.

11 Difatti, il tribunale lo ha condannato a una pena pecuniaria di 1.500 euro.

***11** ...ghërìçht ... sctra:fë ... tauz'nt-fuenf-hundat òiro fèaùrtailt ...*

- *irruzione*, ma anche *scassinare*: **sie sind bei den Nachbarn eingebrochen**, *hanno fatto irruzione dai vicini*. Il suo paradigma è: **brechen, brach, gebrochen**, *rompere*.

(10) Vi ricordate di **zwar..., aber...**, *certo / è vero..., ma...?* **Deutsch ist zwar nicht leicht, aber man kann es lernen**, *Certo, il tedesco non è facile, ma lo si può imparare.*

Soluzioni dell'esercizio 1

❶ Mio padre mi ha insegnato ad andare in bicicletta e a Lei, cosa ha insegnato Suo padre? ❷ Se avessi molti soldi, mi comprerei una casa al mare. ❸ Se questo maledetto pappagallo non smette subito di gridare, gli torco il collo. ❹ Dopo una notte in bianco molte persone perdono facilmente la calma. ❺ Pensi [che] sia facile fare irruzione in questa casa? Falso!

93 **Übung 2: Ergänzen Sie bitte!**

1. Se mantenessero la calma sarebbe meglio, ma purtroppo perdono facilmente le staffe.
   Wenn . . . die Ruhe . . . . , ... besser, aber leider . . . . . . ihnen leicht . . . .

2. Pensa forse [che] non lo farei? Falso! L'ho già fatto altre volte (*sovente*).
   . . . . vielleicht, ... das nicht . . . . . . ? . . . . . . ! Ich habe das . . . . gemacht.

3. Mia madre mi ha insegnato le buone maniere, mio padre come si torce un braccio ad un villano (*cattivo ragazzo*).
   Meine Mutter . . . mir gute Manieren . . . - . . . . , und mein Vater, wie man . . . . den Arm . . . .

④ Il mio vicino è molto simpatico, è un gentiluomo che mantiene sempre la calma. 93

. . . . ist sehr sympathisch, ... ein Gentleman, der immer . . . .

⑤ Se qualcuno facesse irruzione in casa mia, griderei così forte che nessuno riuscirebbe più a dormire.

Wenn jemand bei mir . . . . , ... so laut . . . . , dass niemand mehr . . . .

Soluzioni dell'esercizio 2 - Parole mancanti

① – sie – bewahren würden, wäre das – platzt – der Kragen ② Sie denken – ich würde – machen Falsch – schon oft – ③ – hat – beigebracht – einem bösen Jungen – umdreht ④ Mein Nachbar – er ist – die Ruhe bewahrt ⑤ – einbrechen würde, würde ich – schreien – schlafen könnte

Il condizionale vi sembra difficile? Bewahren Sie bitte die Ruhe! *Non dimenticatevi che prima di poter padroneggiare una lingua occorre vedere le stesse costruzioni più volte. State certi che già dalle prossime lezioni tutto vi sembrerà più chiaro! Se nel frattempo avete voglia di esercitarvi, vi consigliamo di cominciare chiedendovi almeno una volta al giorno* wie wäre es, wenn…, *come sarebbe se…* Wie wäre es, wenn ich heute ein bisschen Deutsch lernen würde? *[E] se imparassi (*imparerei*) un po' di tedesco oggi? Si tratta di una locuzione che può tornarvi utile in tante occasioni, ad esempio quando vorrete proporre:* wie wäre es, wenn wir ein Bier trinken würden?, *e se ci bevessimo una birra?*

Zweite Welle: vierundvierzigste Lektion

94 Vierundneunzigste Lektion

Noch einmal Glück gehabt!

1 – **War**ten Sie, wir **dür**fen noch nicht **ü**ber die **Stra**ße **ge**hen ①, es ist rot!
2 – Ich **ge**he ja ② gar nicht, ich **war**te ja.
3 – Ja, **a**ber ich **wet**te, wenn ich nichts ge**sagt** **hät**te ③, **wä**ren Sie ge**gan**gen.
4 – Na und? Was **wä**re ④ **da**ran schlimm ge**we**sen, es ist kein Auto ge**kom**men.
5 – **Da**rum geht es nicht ⑤.
6 – **Wo**rum geht es denn dann?
7 – Bei Rot darf ⑥ man nicht **ge**hen.

Note

① I tedeschi usano molto più spesso l'espressione **über die Straße gehen**, *attraversare la strada*, rispetto a **die Straße überqueren** (*u:bakve:an*). La stessa espressione è utilizzata anche per dire **über eine Brücke / einen Platz gehen**, *attraversare un ponte / una piazza*, ecc.

② Qui **ja** si traduce "ma" nel senso di "ma vedi bene che..." (lezione 98, §3 b).

③ Per esprimere un fatto incerto, irreale o un desiderio, si usa il congiuntivo II dei verbi ausiliari **sein** o **haben** + participio passato: **wenn ich nichts gesagt hätte, hätten Sie die Straße überquert**, *se non avessi detto niente, avrebbe attraversato la strada.* Ricordatevi che il congiuntivo II si utilizza in entrambe le proposizioni, nella principale e nella secondaria introdotta da **wenn**!

④ **Sein**, *essere*, forma il trapassato prossimo con l'ausiliare **sein**, e non con **haben**, esattamente come in italiano: **ich war gewesen**, *ero stato.* Il congiuntivo II è dunque: **ich wäre gewesen**, *sarei stato.*

Ancora una volta un po' di fortuna (*fortuna avuta*)!

1 – Aspetti, non possiamo ancora attraversare la strada (*sopra la strada andare*), è rosso!
2 – Ma non attraverso (*vado per niente*), aspetto.
3 – Sì, ma scommetto [che] se non avessi detto niente, avrebbe attraversato (*sarebbe andato*).
4 – E allora? Cosa (*sarebbe di questo*) ci sarebbe stato di male, non arrivava nessuna macchina (*è venuta*).
5 – Non si tratta di questo.
6 – Allora di cosa si tratta?
7 – Non si deve attraversare col rosso.

⑤ **Es geht um…** è sinonimo di **es handelt sich um...**, *si tratta di…*; **darum geht es nicht**, *non si tratta di questo*, significa, più esattamente, "non è questo", "il problema è un altro".

⑥ Ricordatevi che **dürfen** significa "potere" nel senso di "avere il permesso (o il divieto)". A seconda del contesto lo si tradurrà con "avere il diritto di", "dovere" o "potere".

8 Ge**setz** ⑦ ist Ge**setz**, und Ver**kehrs**regeln sind Ge**set**ze, sie **müs**sen be**ach**tet **wer**den.

9 **Se**hen Sie, jetzt **dür**fen wir **ge**hen, jetzt ist die **Fuß**gängerampel grün.

10 – Halt! **Vor**sicht! Mann, Sie **wä**ren fast über**fah**ren ⑧ **wor**den!

11 **Ha**ben Sie mir **ei**nen **Schre**cken **ein**gejagt ⑨!

12 Wie **konn**ten Sie denn den **Last**wagen nicht **se**hen?

13 – Der muss bei Rot **durch**gefahren sein!

14 – Scheint so, **a**ber Gott sei Dank hat **we**nigstens Ihr **Schutz**engel die **Au**gen **of**fen ge**hal**ten.

15 An **Ih**rer **Stel**le **wür**de ich ihm ein **herz**liches **Dan**keschön **sa**gen. □

Aussprache

8 *ghë**zèts** … fè**ake:as**-re:g'ln … bë**acH**tët …* ***9*** *… fu:ss-gèñga-amp'l grue:n.* ***10*** *… ue:ba**fa:**rën …* ***11*** *…* ***scrè**k'n* ***ain**ghëia:kt!*

Note

⑦ **Gesetz** è un sostantivo neutro.

⑧ **Über** è sia una particella separabile, che inseparabile. Secondo voi, il verbo **überfahren** (lett. “passare sopra”) è separabile o inseparabile? Due indizi ci aiutano a capire che è inseparabile: il participio passato non è preceduto dal **ge-** e la preposizione **über** non è accentata. Osservate ora la differenza con **durchgefahren** (frase 13), in cui **durch** è una particella separabile: **sieh mal, der fährt bei Rot durch!**, *guarda, attraversa col rosso!* **Vorsicht! Überfahr nicht die Katze!** ▸

8 [La] legge è legge e [il] codice della strada è una legge (*circolazione-regole sono leggi*), deve essere rispettata (*loro devono essere rispettate*).

9 Vede, adesso possiamo andare, ora il semaforo pedonale è verde.

10 – Alt! Attenzione! (*Uomo*) Cavoli, ha rischiato di farsi investire (*sarebbe stato quasi investito*)!

11 Mi ha spaventato a morte!

12 Come ha fatto (*poteva Lei*) [a] non vedere il camion?

13 – Dev'essere passato col rosso.

14 – Sembra di sì (*così*), ma grazie a Dio (*sia grazie*) almeno il Suo angelo custode (*protezione-angelo*) ha tenuto gli occhi aperti.

15 Fossi in Lei (*Al Suo posto*) gli direi (*un*) grazie di cuore .

***12** ... **la:st-**va:g'n ... **13** ... **dùrçh**'ghë**fa:**rën ... **14** ... **sciùts-**èñg'l ...*

- *Attenzione! Non investire* (guida sopra) *il gatto!* Avete notato? Allo stesso modo di **über**, anche la particella **durch** è tanto separabile, quanto inseparabile!

⑨ **Jemandem einen Schrecken einjagen**, *far paura a qualcuno, spaventare a morte, atterrire*. Diversamente da **die Angst**, *paura, angoscia*, **der Schrecken** è uno spavento improvviso ("un colpo al cuore"), o una paura spaventosa, il "terrore". Iniziando la frase con il verbo, si conferisce maggior enfasi ad un'esclamazione: **hab' ich Angst gehabt!**, *[che] spavento che ho preso!*

94 **Übung 1: Übersetzen Sie bitte!**

❶ Erst wenn die Ampel für die Fußgänger grün ist, dürfen wir über die Straße gehen. ❷ Wenn sie nicht geschrien hätte, hätte er nicht den Lastwagen gesehen. ❸ Die Gesetze sind gemacht worden, damit man sie achtet. ❹ An deiner Stelle würde ich nicht bei Rot durchfahren, das ist verboten. ❺ Halten Sie die Augen offen, wenn Sie über die Straße gehen!

Übung 2: Ergänzen Sie bitte!

❶ Aspetta, non possiamo attraversare la strada, il semaforo è rosso!

..... , ... nicht .... gehen, die Ampel ist ... !

❷ Al posto Suo non lo farei.

Wenn ich .. .. wäre, ... ich das nicht ....

❸ Se il suo angelo custode non avesse fatto attenzione, sarebbe stato investito dal camion.

Wenn .... nicht aufgepasst hätte, ... von dem Lastwagen ....

❹ Non rispetta più nessuna legge! Dev'essere diventato pazzo!

.. .. kein Gesetz mehr! .. .... verrückt geworden .... !

Soluzioni dell'esercizio 1

❶ Possiamo attraversare la strada solo quando il semaforo è verde per i pedoni. ❷ Se non avesse urlato, non avrebbe visto il camion. ❸ Le leggi sono state fatte per essere rispettate (*in modo che le si rispettano*). ❹ Fossi in te non attraverserei col rosso, è proibito. ❺ Tenga gli occhi aperti quando attraversa la strada.

❺ Di cosa si tratta, (*per favore?*) – È passato col rosso! - È grave?
...., bitte? – Sie sind ... ... ! – Ist das .... ?

Soluzioni dell'esercizio 2 - Parole mancanti

❶ Warte, wir dürfen – über die Straße – rot ❷ – an Ihrer Stelle – würde – machen ❸ – sein Schutzengel – wäre er – überfahren worden ❹ Er achtet – Er muss – sein ❺ Worum geht es – bei Rot durchgefahren – schlimm

Zweite Welle: fünfundvierzigste Lektion

95 Fünfundneunzigste Lektion

Wenn sie das gewusst hätte…

1 – Herr **O**ber ①, wir **wür**den gern ② **zah**len!
2 – Selbstver**ständ**lich, **zah**len Sie ge**trennt** oder zu**sam**men?
3 – Zu**sam**men.
4 – Gut, ich **bri**nge **Ih**nen die **Rech**nung so**fort**.
5 – Hör mal, es kommt **ü**berhaupt ③ nicht in Frage, dass du schon **wie**der be**zahlst**.
6 **Heu**te bin ich dran ④, das war so **un**ter uns **aus**gemacht ⑤.
7 – Das ist mir neu.

Aussprache
1 … o:ba … 5 … ue:bahaupt … 6 … dran …

Note

① **Herr Ober** si usa per rivolgersi al cameriere di un grande ristorante. Attenzione! **Frau Ober** o **Oberin** non esistono! Se a servire è una donna si dice **hallo** o **bitte**, cercando con un semplice gesto della mano di richiamare la sua attenzione… Lo stesso vale in *birreria / osteria* (**eine Kneipe**), dove però il cameriere è **der Kellner** e la cameriera, **die Kellnerin.** In Germania prima di portare il conto, al bar come al ristorante, è consuetudine chiedere ai clienti se preferiscono un conto separato, **getrennt**, oppure un conto unico, **zusammen**.

② Come sappiamo, **gern** (o **gerne**), *volentieri*, unito al verbo, sostituisce "piacere/amare fare qcs.": **ich esse gern**, *mi piace*

Se l'avesse saputo...

1 – Cameriere, vorremmo pagare (*pagheremmo volentieri*)!
2 – Certo, pagate separatamente o insieme?
3 – Insieme.
4 – Bene, Vi porto subito il conto.
5 – Senti (*volta*), è assolutamente fuori questione (*non viene per niente in questione*) che paghi di nuovo tu.
6 Oggi tocca a me, era così l'accordo tra noi.
7 – Questa mi è nuova!

▸ *mangiare*; il condizionale è: **ich würde gern essen**, *mi piacerebbe mangiare.* **Lieber**, comparativo di **gern**, serve invece ad esprimere una preferenza: **ich würde lieber zu Hause bleiben**, *preferirei restare a casa* (frase 13).

③ **Überhaupt** serve a rafforzare una negazione (allo stesso modo di **gar**): **ich mag ihn nicht**, *non mi piace*; **ich mag ihn überhaupt** (o **gar**) **nicht**, *non mi piace per niente.*

④ L'espressione colloquiale **ich bin dran** è l'abbreviazione di **ich bin an der Reihe**, (lett. "sono alla fila"), *tocca a me.*

⑤ **Etwas ausmachen** (o **abmachen**), *fissare, stabilire qualcosa*, **einen Termin ausmachen**, *fissare un appuntamento*, ma **das Licht ausmachen**, *spegnere la luce*. Avete notato che il significato di un verbo può cambiare completamente a seconda del complemento che lo segue?

8 – **Tu**e nicht so ⑥, als ob du das ver**ges**sen **hä**ttest, du hast doch sonst ein so **gu**tes Ge**dächt**nis!

9 – Ich s**chwö**re dir, ich kann mich an nichts er**in**nern.

10 – **Hä**tte ⑦ ich das ge**wusst**, dann **hä**tte ich nichts ge**ge**ssen und schon gar **kei**nen Cham**pa**gner ge**trun**ken!

11 – Das **wä**re **scha**de ge**we**sen, umso mehr als ⑧ das **E**ssen **wirk**lich ausge**zeich**net war, **fin**dest du nicht?

12 – Hol' ⑨ dich der **Teu**fel!

13 – **Lie**ber nicht, sonst ⑩ **müss**test du al**lein** zu Fuß nach **Hau**se **ge**hen! □

***8** tu:ë ...**h̲è**ttëst ... ghë**dèçht**nìs! **13** ... **muess**tëst ...*

Note

⑥ Dopo **(so) tun, als ob**, *fare come se*, ci vuole il congiuntivo, in quanto si sta introducendo una subordinata ipotetica: **er tut (so), als ob er krank wäre**, *fa come se fosse* (sarebbe) *malato*. Al posto di **als ob** si può usare anche solo **als**, in questo caso il verbo non occupa l'ultima posizione, ma la posizione II subito dopo **als**: **er tut (so), als wäre er krank**.

⑦ Quando si vuole esprimere un desiderio o nel caso di un evento irreale, è possibile omettere **wenn** e iniziare la frase con il verbo: **wenn es nicht so spät wäre, könnten wir noch spazieren gehen.** = **Wäre es nicht so spät, könnten wir noch spazieren gehen**, *se non fosse così tardi, potremmo ancora fare una passeggiata.*

⑧ Ricordatevi delle locuzioni **umso mehr als...**, *tanto più che...* **umso weniger als...**, *tanto meno che...*

⑨ Qui **hol'**, abbreviazione di **hole**, è la 3ª persona singolare del congiuntivo I presente: **der Teufel hole dich!** Il congiuntivo I ▸

8 – Non fare come se l'avessi dimenticato, di solito hai una buona memoria!
9 – Ti giuro, non mi ricordo niente (*posso me a niente ricordare*).
10 – [Se] l'avessi saputo, (*allora*) non avrei mangiato niente e soprattutto [non avrei] bevuto (*già per niente*) champagne!
11 – Sarebbe stato un peccato, tanto più che il mangiare era davvero squisito, non trovi?
12 – [Che] il diavolo ti porti!
13 – Meglio [di] no, altrimenti dovresti andare a casa a piedi da sola!

▸ della 1ª e della 3ª persona singolare si forma con la radice del verbo all'infinito + **e**, tranne nel caso di **sei**, congiuntivo I di **sein** (lezione 94, frase 14). Il congiuntivo I si usa, tra le altre cose, per esprimere un desiderio o formulare una richiesta.

(10) **Sonst** traduce sia "generalmente", "di solito" (frase 8), che "altrimenti", "oltre a ciò", "se no": **komisch, die Rechnung ist sonst nicht so teuer**, *strano, di solito il conto non è così caro*; **ich trinke keinen Champagner mehr, sonst habe ich morgen einen Kater**, *non bevo più champagne, altrimenti domani avrò un bel mal di testa*; **was wünschen Sie sonst?**, *cos'altro desidera?*

95 **Übung 1: Übersetzen Sie bitte!**

❶ Sie geht gern mit ihm aus, umso mehr als er immer Champagner bestellt. ❷ Es wäre wirklich schade, wenn dich der Teufel holen würde. ❸ Könnten wir für nächste Woche einen Termin ausmachen? ❹ Warum bin ich immer dran, wenn bezahlt werden muss? ❺ Bitte tun Sie nicht so, als ob Sie sich nicht erinnern würden!

Übung 2: Ergänzen Sie bitte!

❶ Avevamo fissato un appuntamento per oggi alle 15, ma preferirei venire domani.

... . für heute 15 Uhr einen Termin ...., aber ... . morgen ....

❷ Ha una memoria straordinaria (*eccellente*), si ricorda di tutto.

Sie hat ... . , ... sich .. alles.

❸ Giura di aver visto (*che ha visto*) il diavolo in persona ieri a mezzanotte.

... ., dass sie gestern um Mitternacht ... . in Person ....

❹ Fa come se fosse un novità (*nuovo)* per lui, ma lo sapeva (*l'ha saputo*) da tempo!

.. .., als ob ihm das ... ., aber .. ... das seit langem ....

Soluzioni dell'esercizio 1

❶ Esce volentieri con lui, tanto più che ordina sempre champagne. ❷ Sarebbe davvero un peccato se il diavolo ti portasse. ❸ Potremmo fissare un appuntamento per la prossima settimana? ❹ Perchè tocca sempre a me quando bisogna pagare? ❺ La prego, non faccia come se non si ricordasse!

❺ È fuori questione che paghi il conto ancora Lei, tanto più che non ha mangiato quasi niente.

.. .. nicht .. .. , dass Sie schon wieder ... . bezahlen, ... Sie fast nichts ....

Soluzioni dell'esercizio 2 - Parole mancanti

❶ Wir hatten – ausgemacht – ich würde lieber – kommen ❷ – ein ausgezeichnetes Gedächtnis, sie erinnert – an – ❸ Sie schwört – den Teufel – gesehen hätte ❹ Er tut so – neu wäre – er hat – gewusst ❺ Es kommt – in Frage – die Rechnung – umso mehr als – gegessen haben

Zweite Welle: sechsundvierzigste Lektion

96 Sechsundneunzigste Lektion

Auf Regen folgt Sonnenschein ①

1 – Du, ich **ha**be **ei**ne **gu**te und **ei**ne **schlech**te **Nach**richt, mit **wel**cher soll ich **an**fangen?
2 – **Lie**ber mit der **schlech**ten.
3 – Gut, wie **aus**gemacht **ha**be ich **heu**te **Mor**gen im Ho**tel Ad**lon **an**gerufen, um für Sil**ves**ter und **Neu**jahr ein **Zim**mer zu reser**vie**ren.
4 **Lei**der **wur**de mir ge**sagt**, dass **al**le **Do**ppelzimmer schon be**legt sei**en ②.
5 – Das kann nicht sein! **Pet**ra und Max **ha**ben er**zählt**, sie **hät**ten ③ erst Ende des **Jah**res reser**viert**.
6 – Ja, **a**ber der Herr am Em**pfang** hat mir er**klärt**, dass das Ho**tel die**ses Jahr schon seit **lan**gem für Sil**ves**ter **aus**gebucht sei,
7 und dass man das nie im **Vor**aus **wis**sen **kön**ne ④.

Aussprache
***3** … **a:**dl**ò**n … z**ì**lv**èst**a … **4** … bë**le:kt zai**ën. **7** … **for**aus … **kœ**nnë.*

Note

① **Der Schein,** *il chiarore, lo splendore*, deriva dal verbo **scheinen** che traduce tanto "apparire / sembrare", quanto "brillare / splendere": **die Sonne scheint**, *il sole splende.*

② **Sie seien** è il congiuntivo I (irregolare) di **sie sind**, *essi sono.* In tedesco classico il congiuntivo I o II è usato nel discorso indiretto per riportare le parole, i discorsi di terzi: **er sagt, dass er müde sei**, *dice che è* (sia) *stanco*. Ma state tranquilli, questa ▸

Dopo la pioggia arriva il sereno
(*Sulla pioggia segue sole-chiarore*)

1 – (*Tu*) Ho una buona e una cattiva notizia, da (*con*) quale comincio (*devo cominciare*)?
2 – (*Più volentieri*) Meglio dalla cattiva.
3 – Bene, come stabilito questa mattina ho telefonato all'(*nell'*)hotel Adlon per prenotare una stanza per San Silvestro e Capodanno.
4 Purtroppo mi è stato detto che tutte le stanze matrimoniali sono (*siano*) già prenotate.
5 – Non può essere! Petra e Max hanno raccontato di aver (*che avrebbero*) prenotato solo alla fine dell'anno.
6 – Sì, ma il signore alla reception (*accoglienza*) mi ha spiegato che quest'anno, per San Silvestro, l'hotel è (*sia*) al completo già da (*lungo*) [tempo],
7 e che non si può (*possa*) mai saperlo in anticipo.

▸ regola viene rispettata sempre meno, specie nella lingua parlata dove, al posto del congiuntivo, si usa l'indicativo: **er sagt, er ist krank**, *dice che è malato*.

③ Anche in questo caso, il verbo va al congiuntivo I in quanto si stanno riportando le parole di un'altra persona. Per la 3ª persona plurale si preferisce usare il congiuntivo II, essendo il congiuntivo I identico all'indicativo (**sein**, *essere*, fa eccezione).

④ Ecco il congiuntivo I (regolare) della 3ª persona singolare, formato dalla radice del verbo all'infinito + **e**: **er / sie / es könne**, *egli / ella / esso possa*. Ma attenzione! L'uso del congiuntivo I in tedesco non corrisponde sempre a quello del congiuntivo in italiano. In questa frase lo si utilizza perché si tratta di un discorso indiretto (vedi le due note precedenti).

8 – Das ist **wirk**lich **scha**de, ich **h**abe mich so da**rauf** ⑤ ge**freut,** ein paar **Ta**ge im **Lu**xus zu **schwi**mmen.

9 Weißt du, im **Ad**lon **ste**hen ein **Schwimm**bad und ein **Fit**ness-**Stu**dio **kos**tenlos zur Ver**fü**gung ⑥.

10 Ich **hä**tte ein **biss**chen **Hin**tern ⑦ ver**lie**ren **kön**nen ⑧ und du ein **biss**chen Bauch…

11 Na ja, was soll's! **A**ber sag mal: was ist die **gu**te **Nach**richt?

12 – **All**es ist nicht ver**lo**ren: ich **ha**be **um**gehend **ei**ne Pau**schal**reise nach Gran Ca**na**ria ge**bucht**.

13 Du wirst **se**hen, wir **wer**den in Top-Form ins **neue** Jahr **rut**schen ⑨! □

*8 … **lù**ksùs … **9** … **fit**nèss-**sctu:**dio … fè**afue:**guñg. **10** … **hìn**tan … baucH... **12** … **ùm**ghe:ënt … pau**scia:l**-raizë … **13** … **tòp**-fòrm … **rù**tscën.*

Note

⑤ **Sich freuen auf** (+ acc.), *essere contenti* (alla prospettiva di qualcosa): **ich freue mich auf Ihren Besuch** significa "sono contenta prima ancora della Sua visita" o "sono felice [di sapere] che verrà a trovarci." La sensazione di gioia e l'evento che la provocherà sono quindi "sfasati". Se si è invece contenti per qualcosa che avviene nel momento in cui si parla, si usa **sich freuen über** (+ acc.): **ich freue mich über Ihren Besuch**, *sono contento della Sua visita* (adesso).

⑥ **Zur Verfügung stehen**, *essere / rimanere a disposizione.* **Haben Sie noch Fragen? Wir stehen Ihnen gern zur Verfügung**, *Ha* (ancora) *altre domande? Siamo* (volentieri) *a Sua disposizione.* ▶

8 – È davvero [un] peccato, ero così contenta [alla prospettiva] di nuotare nel lusso [per] un paio di giorni.
9 Sai, all'hotel Adlon la piscina e il centro fitness sono gratuiti (*senza costi a disposizione*).
10 Avrei potuto perdere un po' [di] sedere e tu un po' [di] pancia...
11 Va beh, che vuoi farci (*cosa deve esso*)! Ma di un po': qual è la buona notizia?
12 – Non tutto è perduto: ho subito prenotato un viaggio tutto compreso a Gran Canaria.
13 Vedrai, inizieremo (*scivoleremo nel*) il nuovo anno in gran forma!

⑦ **Der Hintern**, *il didietro, il posteriore, il sedere.*

⑧ Vi ricordate la regola del "doppio infinito" (lezione 76, nota 9)? Ricordatevi che, preceduto da un infinito, il participio II di un verbo modale si trova in ultima posizione nella forma dell'infinito: **er hat nicht schlafen können** (e non **gekonnt**!), *non ha potuto dormire.*

⑨ Quando si vuole augurare buon anno a qualcuno, si può dire sia **Gutes, neues Jahr**, (lett. "Buon nuovo anno"), che **Guten Rutsch ins neue Jahr** (lett. "Buona scivolata nel nuovo anno").

96 **Übung 1: Übersetzen Sie bitte!**

❶ Leider kann man nie im Voraus wissen, was passiert. ❷ Für Neujahr sind alle Einzelzimmer belegt, aber wir haben noch ein Doppelzimmer frei. ❸ Er hat mir erzählt, dass er ins Fitness-Studio geht, um ein bisschen Bauch zu verlieren. ❹ Wie am Telefon ausgemacht, steht Ihnen unser Haus für Silvester zur Verfügung. ❺ Sie schreiben, sie würden uns einen „Guten Rutsch ins Neue Jahr" wünschen.

Übung 2: Ergänzen Sie bitte!

❶ Abbiamo una brutta notizia per Lei, dobbiamo dirgliela subito? – Preferisco più tardi.

Wir haben .... für Sie, sollen wir sie ..... sofort ..... ? – ...... später.

❷ No, non paghiamo per la piscina, al telefono mi ha detto [che] è gratuita.

Nein, wir bezahlen für ... . nicht, Sie haben mir am Telefon gesagt, es sei ....

*L'*Hotel Adlon *si trova a Berlino, di fronte alla Porta di Brandeburgo sulla* Pariser Platz*. Costruito agli inizi del XX secolo, con l'aiuto dell'imperatore Guglielmo II, da* Lorenz Adlon*, l'hotel è da sempre uno degli indrizzi più prestigiosi di Berlino (*Unter den Linden 1*). Quando venne inaugurato, nel 1907, tutte le stanze erano dotate di "corrente elettrica e acqua calda"e pare che alcuni clienti lo preferissero di gran lunga al proprio palazzo! Da qui sono passati tutti i "grandi" della storia: re, zar, maharajah, politici, artisti, scienziati, ecc.: già nel 1929 i giornali berlinesi scrivevano: "Nella hall dell'Hotel Adlon si sente un miscuglio di tutte le lingue delle nazioni ricche". Durante la Seconda Guerra Mondiale l'hotel venne*

Soluzioni dell'esercizio 1

❶ Purtroppo non si può mai sapere in anticipo cosa succede[rà]. ❷ Per Capodanno le camere singole sono già tutte prenotate, ma abbiamo ancora una doppia (*libera*). ❸ Mi ha raccontato di andare (*che va*) in un centro Fitness per perdere un po' di pancia. ❹ Come d'accordo telefonico, casa nostra è a Vostra disposizione per San Silvestro. ❺ Scrivono [che] ci augurano buon anno.

❸ Perchè non hai prenotato, come stabilito, una camera in hotel per me?
Warum .... .. nicht, ... , ein Zimmer im Hotel für mich .... ?

❹ Hanno detto che sono molto contenti di partire presto per Gran Canaria.
... . , dass ... sich sehr darauf .... , bald nach Gran Canaria .. ..

❺ Se avete (*ancora*) [altre] domande, siamo a Vostra disposizione!
.... Sie noch .... , ... Ihnen gern ... . !

Soluzioni dell'esercizio 2 - Parole mancanti

❶ – eine schlechte Nachricht – Ihnen – sagen – Lieber – ❷ – das Schwimmbad – kostenlos ❸ – hast du – wie ausgemacht – reserviert ❹ Sie haben gesagt – sie – freuen würden – zu fliegen ❺ Wenn – Fragen haben, stehen wir – zur Verfügung

adibito ad ospedale militare. Dopo i primi lavori di restauro tornò ad essere albergo, poi divenne un pensionato per apprendisti negli anni '70 prima di ritrovare, nel 1997, il fasto di cui godeva un tempo. Vi consigliamo di andarlo a visitare: ne vale davvero la pena, oltre che per il suo passato glorioso, anche per le splendide scale in marmo, il giardino d'inverno, il ristorante Gourmet... *e naturalmente per la clientela, altrettanto rinomata quanto quella di allora.*

Zweite Welle: siebenundvierzigste Lektion

97 Siebenundneunzigste Lektion

Wenn es doch nur ① schneien würde!

1 – Im **Wet**terbericht **ha**ben sie vo**raus**gesagt, dass es noch **wär**mer **wer**den wird ②.
2 **Scha**de, **Weih**nachten **oh**ne Schnee ist kein **rich**tiges **Weih**nachten!
3 – Tja ③, das **Kli**ma ist nicht mehr so wie es **ein**mal war.
4 Hast du be**merkt**, dass die **Blau**meisen, die **ei**gentlich **Zug**vögel sind, **die**sen **Win**ter hier ge**blie**ben sind?

Aussprache
*... **scnai**ën ... **2** ... **vai:**-nacHtën ... **3** tcia: ... **kli:**ma ... **4** ... **blau**-maizën ...*

Note

① **Doch nur** serve ad esprimere un augurio, un desiderio. In questa frase avremmo potuto usare anche solo uno dei due elementi. **Wenn es doch schneien würde!** o, come in italiano, **Wenn es nur schneien würde!** *Se solo nevicasse!*

② Nel corso della precedente lezione abbiamo imparato che il congiuntivo I si usa nel discorso indiretto e che, parlando, questa regola tende a non essere rispettata. Eccone la prova! In tedesco classico avremmo infatti detto: **..., dass es wärmer werden würde** (e non **wird**).

③ **Tja** sia usa per esprimere riserva o rassegnazione: **Tja, ich gehe nicht nach draußen, es schneit!**, *Beh, non esco, nevica!*

[Se] solo nevicasse!

1 – (*Nel-*) Le previsioni meteo hanno (*pre-*) detto che farà (*diventerà*) ancora più caldo.
2 Peccato, Natale senza neve non è un vero Natale!
3 – Beh, il clima non è più (*così*) come (*esso*) una volta (*era*).
4 Hai notato che le cinciarelle, che in realtà sono uccelli migratori, sono rimaste qui quest'inverno?

5 – Ja, und es wird da**mit** ge**rech**net ④, dass die Er**wär**mung der **Er**de **wei**ter **zu**nimmt.
6 In ein paar **Jah**ren **fei**ern wir **drau**ßen im **Ba**deanzug Heilig**a**bend*!
7 – Umso **bes**ser, das Meer ist dann viel**leicht** auch schon **nä**her, wo doch ⑤ das **Was**ser in den **O**zeanen steigt…
8 – Ja, **un**sere **Zu**kunft sieht **ro**sig aus.
9 Aber wie dem auch sei ⑥, wir **las**sen uns nicht die **Lau**ne ver**der**ben!
10 Wir **wis**sen ja, der Mensch passt sich **al**lem ⑦ an.

* **der Heiligabend**, lett. "la santa sera", è la *vigilia di Natale*. Il 24 dicembre appena scende la sera, ovvero a partire dalle 17, le famiglie si riuniscono intorno all'albero di Natale dove si scambiano i regali, cantano e iniziano a mangiare i deliziosi dolcetti preparati durante l'Avvento, **die Adventszeit** (le quattro settimane che precedono il Natale).

***5** … è**a**vèrmuñg … **6** … **hai**liçh-**a:**b'nt! **7** … **o:**tsea:nën sctaikt… **8** … **ro:**zìçh …*

Note

④ **Rechnen mit** (lett. "calcolare con"), si traduce generalmente con "aspettarsi che", "essere previsto". **Am Sonntag muss auf der Autobahn mit Stau gerechnet werden**, *Domenica è prevista coda sull'autostrada.*

⑤ **Wo… doch…** ha sia lo stesso significato della congiunzione **da**, *poiché*, *perché*: **hören wir auf zu tanzen, wo du doch** ▸

5 – Sì, e ci si aspetta (*esso è con questo calcolato*) che il surriscaldamento terrestre continui ad aumentare (*più lontano aumenta*). **97**

6 Tra qualche anno festeggeremo (*festeggiamo*) Natale (*"Santa-Sera"*) fuori, in costume da bagno.

7 – Tanto meglio, forse il mare sarà (*è*) anche (*già*) più vicino, dato che l'acqua degli (*negli*) oceani si sta alzando (*aumenta*)...

8 – Sì, il nostro futuro si annuncia (*sembra*) roseo.

9 (*Ma*) In ogni caso, non ci lasceremo abbattere (*lasciamo nostro umore guastare*)!

10 Sappiamo bene [che] l'uomo si adatta a tutto.

▸ **keine Lust mehr hast**, *smettiamo di ballare, perché non [ne] hai più voglia*, che dei nostri "visto che", "dato che": **warum ziehst du den dicken Pullover an, wo es doch heute so warm ist?**, *perché ti metti il maglione spesso visto che oggi fa così caldo?*

⑥ Attenzione! In questa frase l'uso di **auch**, *anche*, è assolutamente indispensabile, così come lo è in altre locuzioni: **wer es auch sei**, *chiunque sia*; **was es auch sei**, *qualunque cosa sia, qualsiasi cosa sia*...

⑦ **Sich anpassen** non regge solo il dativo: **er passt sich nie den anderen an**, *non si adatta mai agli altri*, ma anche la preposizione **an** + acc. Ciò significa che, in alcuni casi, **an** è usato due volte: una volta come particella, un'altra come preposizione! **Wir müssen uns <u>an</u> das neue Klima <u>an</u>passen**, *Dobbiamo adattarci al nuovo clima.*

97 **11** Die Ent**wick**lung der **Mensch**heit hat es ge**zeigt**: je **we**niger ⑧ der Mensch **kle**tterte, **des**to **kür**zer **wur**den **sei**ne **Ar**me!
12 **O**der **an**dersrum ge**sagt** : Je mehr er **lau**fen **muss**te, **um**so **län**ger **wur**den **sei**ne **Bei**ne.
13 Die Na**tur** **fin**det **im**mer **ei**ne Strate**gie**, die dem **Men**schen das Über**le**ben er**mög**licht.
14 – Na ja, ich weiß nicht recht ⑨, ich **wür**de ja gern **dei**nen Opti**mis**mus **tei**len, **a**ber stell dir mal den **Weih**nachtsmann in der **Ba**dehose vor! □

***11** … èntv**ì**kluñg … ie: … **klètt**atë, **dès**to … **13** … sctrate**ghi:** … **14** … òpti**mìs**mùs …*

Note

⑧ **Je** (+ comparativo)… **desto** / **umso** (+ comparativo), *più… più… / meno… meno…*: **je mehr ich denke, desto / umso weniger weiß ich**, *più penso, meno so*. La particella **je** (*ie:*), rimanda il verbo al fondo della frase e dopo **desto** o **umso** si ha l'inversione soggetto-verbo. ▸

Übung 1: Übersetzen Sie bitte!

❶ Je wärmer die Erde wird, desto höher steigt das Wasser in den Ozeanen. ❷ Wenn ich Sie recht verstehe, müssen wir damit rechnen, dass das Klima sich in den nächsten Jahren ändert? ❸ Wer sich nicht anpassen kann, hat keine rosige Zukunft. ❹ Warum bist du schlechter Laune, wo doch das Wetter so schön ist? ❺ Tja, wenn es weiter schneit, dann wird der Weihnachtsmann nicht pünktlich kommen.

11 L'evoluzione dell'umanità l'ha dimostrato: meno l'uomo si arrampicava, più le sue braccia si accorciavano! **97**
12 O al contrario (*detto*): quanto più doveva correre, tanto più gli si allungavano le gambe.
13 La natura trova sempre una strategia per permettere all'uomo di sopravvivere.
14 – Ma sì, non lo so proprio (*giusto*), condividerei volentieri il tuo entusiasmo, ma immaginati Babbo Natale in costume da bagno!

⑨ **Recht** è spesso usato al posto di **richtig**, *giusto*, *vero*, *bene*. **Die rechte Hand** è, invece, "la mano destra" (da **rechts**, *[a] destra*). Ricordatevi inoltre di **Recht haben**, *avere ragione*.

Soluzioni dell'esercizio 1

❶ Più la terra si riscalda, più l'acqua degli (*negli*) oceani sale. ❷ Se La capisco bene, dobbiamo aspettarci che il clima cambi nei prossimi anni? ❸ Chi non riesce ad adattarsi, non ha un futuro roseo. ❹ Perché sei di cattivo umore visto che il tempo è così bello? ❺ Beh, se continua a nevicare, Babbo Natale non arriverà puntuale.

Übung 2: Ergänzen Sie bitte!

1 Perché non condividi il mio ottimismo? Ti giuro [che] il futuro sarà bello!
Warum . . . . nicht . . . . . .
. . . . ? Ich schwöre dir, ...
wird schön sein!

2 Bambini, dovete cambiare velocemente (*vostra*) strategia, visto che Babbo Natale arriva tra qualche giorno!
Kinder, ihr solltet schnell . . . .
wechseln, ... der Weihnachtsmann . .
. . . . kommt!

3 Sia come sia, se nevica o se fa caldo, ci adattiamo a ogni clima.
. . . . , ob . . . . oder
. . . . ist, ... uns . . jedes Klima
. . .

98 Achtundneunzigste Lektion

Wiederholung

1 Il congiuntivo

In tedesco, come in italiano, il congiuntivo serve ad esprimere un fatto non certo, una supposizione, un'ipotesi o un desiderio.

I bambini delle elementari imparano che il congiuntivo è **die Möglichkeitsform**, la "forma della possibilità", contrariamente all'indicativo che è **die Wirklichkeitsform**, "la forma della realtà". Questo ci aiuta a comprendere meglio perché il congiuntivo I e II siano usati nel discorso indiretto (almeno

4 La cinciarella appartiene agli uccelli migratori, non resta qui in inverno.

Die Blaumeise gehört zu . . . . , sie bleibt . . . . nicht . . . . . .

5 Più gli uomini mangiano verdura, meno ingrassano, l'ha (*già*) notato?

. . . . . . die Menschen Gemüse essen, ... nehmen sie zu, ... das schon . . . . ?

Soluzioni dell'esercizio 2 - Parole mancanti

1 – teilst du – meinen Optimismus – die Zukunft – 2 – eure Strategie – wo doch – in ein paar Tagen – 3 Wie dem auch sei – es schneit – warm – wir passen – an – an 4 – den Zugvögeln – im Winter – hier 5 Je mehr – desto weniger – haben Sie – bemerkt

Zweite Welle: achtundvierzigste Lektion

Novantottesima lezione 98

secondo le regole classiche della grammatica): chi può essere sicuro di quello che dice un altro? Pertanto risulta anche logico ricorrere al congiuntivo II quando si vuole usare il condizionale: fino a quando una condizione non è soddisfatta è da considerarsi "ipotetica".

a) La formazione dei due congiuntivi

• Il congiuntivo I si forma a partire dalla radice del verbo all'infinito cui si aggiungono le desinenze **-e**, **-est**, **e**, **en**, **et**, **en**.

98 **Gehen**, andare: **ich gehe, du gehest, er gehe, wir gehen, ihr gehet, sie gehen.**
Come sempre, **sein**, *essere*, fa eccezione: **ich sei**, **du sei(e)st**, **er sei**, **wir seien**, **ihr seiet**, **sie seien**.

Notate che ad eccezione di ***sein****, la 1^a e la 3^a persona plurale sono identiche alla 1^a e alla 3^a persona plurale dell'indicativo presente e che alla 3^a persona singolare il verbo termina in* ***-e*** *come alla 1^a.*

• Il congiuntivo II si costruisce in modo diverso a seconda che il verbo sia forte o debole.

• Il congiuntivo II dei verbi forti si forma a partire dal preterito cui vengono aggiunte le stesse desinenze del congiuntivo I (**-e**, **-est**, **-e**, **-en**, **-et**, **-en**).

Gehen, *andare* → radice del preterito **ging** → congiuntivo II: **ich ginge, du gingest, er ginge, wir gingen, ihr ginget, sie gingen.**

Le vocali radicali **a**, **o**, **u**, prendono l'Umlaut e si trasformano in **ä**, **ö**, **ü** (ad eccezione di **sollen**, *dovere*, e **wollen**, *volere*).

Sein, *essere* → radice del preterito **war** → congiuntivo II: **ich wäre, du wärest, er wäre, wir wären, ihr wäret, sie wären.**

• Il congiuntivo II dei verbi deboli è identico al preterito.

Kaufen, *comprare*: **ich kaufte, du kauftest, er kaufte, wir kauften, ihr kauftet, sie kauften.**

Esiste anche un altro congiuntivo II, quello che si costruisce con la perifrasi **würde** + infinito:

ich würde kaufen, **du würdest kaufen**, **er würde kaufen**, **wir würden kaufen**, **ihr würdet kaufen**, **sie würden kaufen.**

Questa formula è talmente pratica che la si usa anche con i verbi forti. Oggi, infatti, non si sentirà dire: **wenn ich Zeit hätte, flöge ich nach Teneriffa…** ma piuttosto: **würde ich … fliegen**, *se avessi tempo andrei a Tenerife.*

Con gli ausiliari **sein** e **haben** si continuano ad usare le forme del congiuntivo II **wäre** e **hätte**, sebbene le si possa sostituire con **würde sein** e **würde haben**.

b) L'uso del congiuntivo I e II

In genere, si ricorre al congiuntivo I quando si vuole impartire un ordine, esprimere un desiderio, ma soprattutto riportare un discorso indiretto. Poiché si tende a sostituirlo con altre forme verbali, questo tempo rischia di scomparire, almeno dalla lingua parlata:

Il congiuntivo I lo troviamo solo:

- in alcune espressioni concessive, quali:
  es sei denn, dass..., *a meno che...* o **wie dem auch sei**, *in ogni caso, sia come sia*;
- nei modi di dire:
  Gott sei Dank!, *grazie a Dio* (sia)*!* o **hol' ihn der Teufel!**, *[che] il diavolo lo porti!*
- in alcune formule o procedure, sebbene il suo uso sia "obsoleto":
  man nehme ein leeres Glas, eine große Serviette, sage „hokuspokus fidipus, dreimal schwarzer Kater", und... das Glas ist voll!, *si prendono* (prende) *un bicchiere vuoto, un tovagliolo grande, si dice "abracadabra* (tre volte gatto nero)" *e... il bicchiere è pieno*!
- di rado, nella lingua scritta dopo una congiunzione finale ("perché", "affinché"):
  noch ein bisschen Schlangenei, damit die Hexensuppe besser schmecke!, *ancora un po' di uovo di serpente affinché la zuppa della strega sia* (gusti) *più saporita* (migliore)*!*

Avrete visto che non si tratta di formule o espressioni di uso quotidiano e che in tutti gli esempi avremmo potuto fare a meno del congiuntivo I: per esprimere il desiderio, avremmo potuto usare **sollen**: **Soll ihn der Teufel holen!**, (lett. "Il diavolo deve prenderlo"), per gli ordini, l'imperativo: **Nehmen Sie...!** *Prenda...!* e negli altri casi, l'indicativo... in poche parole avremmo potuto non usare il congiuntivo I!

98 Attenzione! **Wie dem auch** **<u>ist</u>**, *In ogni caso*, prima di rinunciare definitivamente al congiuntivo I vi consigliamo di leggere attentamente il paragrafo 1c a proposito del discorso indiretto!

Il congiuntivo II si usa soprattutto per formulare un'ipotesi, tanto nella principale, quanto nella secondaria introdotta da **wenn**, *se*.

Wenn er viel Geld hätte, würde er aufhören zu arbeiten,
Se avesse (avrebbe) *molti soldi, smetterebbe di lavorare.*

Wenn du früher gekommen wärest, hättest du mich gesehen,
Se fossi (saresti) *venuto prima, mi avresti visto.*

Notate questa particolarità: poiché il congiuntivo basta già da solo a far capire che si tratta di un'ipotesi e non della realtà, la congiunzione **wenn** può benissimo essere omessa e in questo caso il verbo occupa la posizione I.

Würde die Sonne scheinen, wäre ich glücklich,
[Se] il sole splendesse (splenderebbe) *sarei contento.*

Il congiuntivo II si usa per esprimere:

• un desiderio; spesso è accompagnato da **gern** o **lieber** o **am liebsten**.

Ich würde jetzt gern ein Eis essen, und du? *Mangerei volentieri un gelato adesso, e tu?*
Ich möchte* lieber ein Bier trinken,
Io preferirei bere una birra.

* Tempo fa abbiamo incontrato **ich möchte**, *vorrei*, *mi piacerebbe*. Finalmente lo possiamo analizzare dal punto di vista grammaticale: si tratta della prima persona singolare del congiuntivo II di **mögen**, *piacere* (*amare*); al preterito si dice **ich mochte**, *mi piaceva*, al congiuntivo II, **ich möchte** (con l'Umlaut). Attenti a pronunciare bene la vocale con l'Umlaut (altrimenti si rischia di far confusione).

• un rimpianto; in questo caso si usano gli avverbi rafforzativi **doch** o **nur** (o entrambi).

Hätte ich doch nur mehr Geld!
[Se] solo avessi più soldi!

Wäre ich doch zu Hause geblieben!
[Se solo] fossi rimasto a casa!

• una possibilità.

Wir könnten nach Dresden fahren,
Potremmo andare a Dresda.

• una richiesta cortese.

Würden Sie mir bitte das Salz reichen?,
Mi passerebbe il sale, per favore?

Il congiuntivo II non rischia di cadere in disuso. Nel discorso indiretto gioca infatti un ruolo molto importante, come vedremo nel prossimo paragrafo.

c) Il discorso indiretto

Secondo le regole grammaticali classiche, quando si riportano le parole o i discorsi pronunciati da altri o in prima persona, occorre utilizzare il congiuntivo (I o II). In italiano per il discorso indiretto si usa, invece, l'indicativo o il condizionale. Bisogna stare attenti a non confondersi.

Si utilizzano le forme del congiuntivo presente (I o II) per riportare un discorso pronunciato al presente (indipendentemente dalla principale che può essere al presente o al passato).

Discorso diretto. **Max sagt: „Ich bin in Berlin"**, *Max dice: "Sono a Berlino".*
Discorso indiretto. **Max sagt, dass* er in Berlin sei / wäre**, *Max dice che è a Berlino.*

Discorso diretto. **Gisela hat gesagt: „Ich habe keine Zeit."**, *Gisela ha detto: "Non ho tempo".*
Discorso indiretto. **Gisela hat gesagt, dass* sie keine Zeit habe / hätte**, *Gisela ha detto che non ha tempo.*

98 Si ricorre invece al congiuntivo passato (I o II) per riportare un discorso al passato:
Discorso diretto. **Max sagt: „Ich bin in Berlin gewesen”**, *Max dice: "Sono stato a Berlino".*
Discorso indiretto. **Max sagt, dass* er in Berlin gewesen sei / wäre**, *Max dice che è stato a Berlino.*

Discorso diretto. **Gisela hat gesagt: „Ich habe keine Zeit gehabt”**, *Gisela ha detto: "Non ho avuto tempo".*
Discorso indiretto. **Gisela hat gesagt, dass* sie keine Zeit gehabt habe / hätte**, *Gisela ha detto che non ha avuto tempo.*

* Ricordatevi che la congiunzione **dass** tende ad essere omessa perché appesantisce la frase, in questo caso il verbo occupa la posizione subito dopo il soggetto: **Max sagt, er sei in Form**.

Nel discorso indiretto, il congiuntivo I e II sono intercambiabili. Si può quindi dire: **Peter sagt, er sei müde** o **Peter sagt, er wäre müde**, in entrambi casi capiamo che Peter ha detto **„Ich bin müde**”, "*Sono stanco*". Adesso che sapete tutto, potete anche dire **Peter sagt, er ist müde**: ancora una volta la lingua parlata è riuscita a semplificare le regole tradizionali della grammatica!

d) **als ob**, *come se*.(unica congiunzione che richiede sempre l'uso del congiuntivo)

In genere si tratta del congiuntivo II, il congiuntivo I infatti si incontra raramente e principalmente nella lingua scritta (nei giornali soprattutto).

Er benimmt sich, als ob er der Chef sei / wäre,
Si comporta come se fosse il capo.

Als ob può anche essere sostituito da **als** seguito dal verbo.

Er benimmt sich, als sei/wäre er der Chef,
Si comporta come se fosse il capo.

In particolar modo bisogna ricordarsi della locuzione **(so) tun, als ob**, *fare come se…*

Er tut so, als ob er das zum ersten Mal hören würde,
Fa come se lo sentisse per la prima volta.

2 La correlazione dei comparativi

Vi ricordate di **je ..., desto / umso ...,** *più..., più ...* o *meno..., meno...*?

Quando due comparativi sono in correlazione, si usa la formula: **je** + comparativo + verbo in ultima posizione, **desto** o **umso** + comparativo + inversione. Non è difficile.

Je schneller ihr lauft, desto früher kommt ihr an,
Più veloce correte, prima arrivate.

Je kälter der Winter ist, desto schöner scheint der Sommer,
Più freddo è l'inverno, più bella è l'estate.

Senza l'aggettivo, "più" si traduce **mehr** e "meno", **weniger**.

Je mehr ich trinke, desto weniger Durst habe ich,
Più bevo, meno sete ho.

Ecco una buona occasione per ripassare il comparativo (lezione 63, § 2)!

3 Le "paroline"

Parliamo adesso delle "paroline" come **schon**, *già*, e **ja**, *sì*.

Tutte le "paroline" hanno un significato proprio, il quale non costituisce alcun problema di comprensione. Spesso però questo significato non è l'unico.

a) Vediamo **schon**:

Es ist schon vier Uhr!, *Sono già le quattro!*

Wir haben schon gegessen, *Abbiamo già mangiato.*

98 **Schon** è spesso usato al posto di (o insieme a) **seit**, *da*.

Ich lerne schon zwei Monate Deutsch, *Studio tedesco* (già) *da due mesi* (sottinteso: è già un bel po' di tempo).

E anche in alcune locuzioni:

Ist schon gut, *Va bene,* (lett.: "È già bene").

Ich trinke keinen Alkohol und schon gar keinen Whisky,
Non bevo alcolici e ancor meno il whisky.

Hast du schon wieder Hunger?
Hai ancora (già di nuovo) *fame?*

b) Come sapete, **ja** (accentato) da solo o in posizione I vuol dire "sì", ma lo si può utilizzare anche alla fine di un enunciato e seguito dal punto interrogativo quando si vuole chiedere conferma di quanto è stato appena detto; corrisponde ai nostri: "no?", "vero?", "giusto?":

Kommst du mit? – Ja, natürlich! *Vieni con [noi]? – Sì, certo!*

Du kommst mit, ja? – *Vieni con [noi], vero?*

Usato nella risposta, lo stesso **ja** ha due funzioni diverse: può significare "vede / vedi bene", "sai / sa bene" o conferire enfasi a un'esclamazione, rafforzando il tono di stupore. In questo caso lo possiamo tradurre o con "ma", o con una perifrasi, oppure non tradurlo affatto.

Es ist rot, du musst warten! – Ich warte ja!,
È rosso, devi aspettare! – Ma [vedi bene che] aspetto!

Wir haben ja keine Zeit!
[Sai bene che] non abbiamo tempo!

Es schneit ja! *Ma nevica!*

Mach das ja nicht noch einmal!
Non farlo di nuovo! (sottointeso: ti avverto!)

Non dimentichiamoci di **Na ja!** e **Tja!**, il cui significato dipende fondamentalmente dalla frase. Entrambi vogliono dire “ma sì”, “bene” o “beh”, “va beh”: dipende dall’intonazione.

Könnte ich bitte eine einzige Margerite haben? – Na ja, nimm dir eine!
Potrei avere una margherita per favore? Ma sì, prendine una!

Ich sage Ihnen, das ist kein Problem! – Tja, wenn Sie meinen.
Le dico [che] non è un problema! – Beh, se [lo] dice Lei!

Die *Alte Mühle* ist geschlossen! – Tja, dann essen wir eine Pizza beim Italiener!
Il “Vecchio Mulino” è chiuso! – Va beh! Andiamo a mangiarci (allora mangiamo) *una pizza dall’Italiano!*

Non temete: la maggior parte dei significati di queste parole si comprende dal tono e dai gesti che le accompagnano: **ist schon gut** e **schon gut** vengono detti allo stesso modo di **es ist nicht schlimm**, *non è grave*, con un tono consolatorio o rassegnato, magari accompagnato da un’alzata di spalle; **schon wieder**, con un tono irritato mentre si aggrottano le sopracciglia in segno di disapprovazione.

Es regnet schon wieder!, *Piove di nuovo!*

Invece **es regnet ja!** si dice con gli occhi spalancati… Quando sentite dire **schon gar nicht**, siate certi che si tratta di un’ipotesi fuori questione.

Ich am Sonntag arbeiten? Das schon gar nicht!,
Io, lavorare di domenica? Sicuramente no (questo)*!*

Applichiamo ora quanto appena visto! Ancora una volta il dialogo che vi proponiamo vi darà l’occasione per ripassare i punti più importanti delle ultime sei lezioni.

98 Sie denken, es gibt keine verständnisvollen Polizisten? Falsch! (92, 93)

1 – Du, die **Am**pel war rot! **(94, 95)**
2 – **Wel**che **Am**pel? Ich **ha**be **kei**ne **Am**pel gese**h**en. **(94, 96)**
3 – Das **ha**be ich be**merkt**, **Lieb**ling! **(97)**
4 Ich **wün**schte nur, die Poli**zei** **wä**re nicht di**rekt** **hin**ter uns! **(92)**
5 – Oh nein! Hol sie der **Teu**fel! **(95)**
6 Ich bin **si**cher, wenn ich **an**gehalten **hät**te, **wä**ren sie nicht da ge**we**sen! **(94)**
7 – Mit „**hät**te" und „**wä**re" **kom**men wir nicht **wei**ter, mein Schatz, jetzt **brau**chen wir **drin**gend **un**sere **gu**te, **al**te Strate**gie**! **(92, 94, 97)**
8 – **Gu**ten Tag! Poli**zei**! **Könn**te ich mal **Ih**re Pa**pie**re **se**hen? **(92)**
9 – Selbstver**ständ**lich! Hier **bit**te! Ich **hof**fe, es ist nichts **Schli**mmes. **(92, 94, 95)**
10 – Na ja, Sie sind bei Rot **durch**gefahren! **(94)**
11 – Das kann nicht sein! Ich **schwö**re **Ih**nen, das ist mir noch nie pas**siert**! **(93, 96, 97)**
12 – Wie dem auch sei, Sie **müs**sen mit **ei**ner **ho**hen **Stra**fe **rech**nen. **(93, 96, 97)**
13 – Was heißt das? **(95)**
14 – Das **kos**tet Sie **we**nigstens 250 Euro! **(92, 94)**
15 – **Al**so **die**ses Mal platzt mir **end**gültig der **Kra**gen! **(93)**
16 **Hun**dertmal **ha**be ich dir ge**sagt**, dass Ver**kehrs**regeln ge**nau** be**ach**tet **wer**den **mü**ssen. **(93, 94)**
17 Es kommt über**haupt** nicht in **Fra**ge, dass ich schon **wie**der für dich be**zah**le! **(95)**

Pensa [che] non ci siano (*sono*) poliziotti comprensivi? Falso! 98

1 – (*Tu*) Il semaforo era rosso!
2 – Quale semaforo? Non ho visto nessun semaforo!
3 – L'ho notato, amore!
4 (*Spererei*) Spero solo [che] la polizia non sia (*sarebbe*) dietro di noi!
5 – Oh no! Che il diavolo la porti!
6 Sono sicura [che] se mi fossi (*sarei*) fermata non sarebbero stati lì.
7 – Con gli "avrei" e i "sarei", non andiamo (*più*) lontano, (*mio*) tesoro, ora abbiamo assolutamente bisogno [della] nostra buon vecchia strategia!
8 – Buongiorno! Polizia! Potrei vedere i Suoi documenti?
9 – Certo! Eccoli (*Qui prego*)! Spero non sia (*è*) niente di grave.
10 – Beh, è passata col rosso!
11 – Non può essere! Le giuro [che] non mi è mai successo!
12 – In ogni caso, si aspetti una multa salata (*alta*)
13 – Cosa vuol dire?
14 – Questo Le costerà almeno 250 euro!
15 – Allora stavolta perdo le staffe (*il colletto definitivamente mi scoppia*)!
16 Ti ho detto cento volte che bisogna assolutamente rispettare il codice della strada!
17 È assolutamente fuori questione che paghi (*pago*) ancora io per te!

18 **Au**ßerdem kannst du zu Fuß nach **Hau**se **ge**hen und am **bes**ten schnell, be**vor** ich dir den Hals **um**drehe! **(93, 95)**

19 – **Hö**ren Sie mal, so schlimm ist es nun auch nicht, be**wah**ren Sie die **Ru**he! **(93, 94)**

20 Ein **Gen**tleman sind Sie ja nicht ge**ra**de! **(93)**

21 Und Sie, **hö**ren Sie auf zu **wei**nen: die **Am**pel war ja viel**leicht** noch gelb! **(92, 94, 97)**

22 **Al**so auf **Wie**dersehen und **pa**ssen Sie in **Zu**kunft **bes**ser auf! **(97)**

23 – Oh, ich **dan**ke **Ih**nen **viel**mals! Das ist **wirk**lich sehr nett von **Ih**nen! **(92)**

***

24 – Na, wie war ich? **(92, 97)**

25 – Ich **wür**de **sa**gen, fast zu per**fekt**! **(93)**

26 Du hast mir **wirk**lich **ei**nen **Schre**cken **ein**gejagt, als du ge**sagt** hast, du **wür**dest mir gern den Hals **um**drehen! **(93, 94, 95)**

99 Neunundneunzigste Lektion

Ohne Fleiß kein Preis

1 – Sei es in **ei**nem Jahr **o**der in zwei, ich **wer**de es **scha**ffen!

18 Inoltre puoi andare a casa a piedi e (*meglio*) in fretta prima che ti torca il collo!
19 – Ascolti, non è così grave, stia calmo!
20 Non si sta proprio comportando da gentiluomo!
21 E Lei [Signora], smetta di piangere: forse il semaforo era ancora arancione (*giallo*)!
22 Allora arrivederci, è faccia più (*meglio*) attenzione in futuro!
23 – Oh La ringrazio molto! È molto gentile da parte Sua.

***

24 – Allora, come sono stato?
25 – Direi quasi troppo perfetto!
26 Mi hai spaventato davvero a morte quando hai detto [che] mi torceresti volentieri il collo!

Zweite Welle: neunundvierzigste Lektion

Avete appena terminato l'ultima lezione di ripasso, ma vi aspettano ancora due lezioni prima della fine del libro!
Also, bis morgen!

Novantanovesima lezione 99

Non c'è pane senza pena
(*Senza impegno nessun premio*)

1 – [Che] sia tra uno o due anni, ce la farò!

99 **2** – Klar doch, so **flei**ßig ① und **tüch**tig wie Sie sind!
3 – Na ja, ich weiß nicht, ob ich be**son**ders **tüch**tig bin, **a**ber ich **wer**de nicht **auf**geben, das ist **si**cher!
4 – Wa**rum soll**ten ② Sie? Es **wä**re **wirk**lich dumm jetzt **auf**zugeben, wo ③ das **Schwer**ste **hin**ter **Ih**nen liegt.
5 – Wo**her wi**ssen Sie das?
6 – Es ist ein **o**ffenes Ge**heim**nis, dass der **An**fang das **Schwer**ste ist.
7 Am **An**fang braucht man viel Mut und **Aus**dauer, weil man auf so **vie**le **Din**ge **gleich**zeitig **auf**passen ④ muss.
8 – **Ko**misch ⑤, das ist mir gar nicht **auf**gefallen ⑥.
9 – **Um**so **be**sser! Die **Haupt**sache ist, am Ball zu **blei**ben und nicht die Ge**duld** zu ver**lie**ren.
10 – Ja, mit der Zeit klärt sich **al**les auf.
11 Mir hat es **je**denfalls **gro**ßen Spaß ge**macht**.

Aussprache
*... flaiss ... **2** ... **flai**ssìçh ... **tueçh**tìçh ... **7** ... **dì**ñghë **glaiçh**-tsaitìçh ...*

Note

① **Fleißig** e **tüchtig** sono pressoché sinonimi. Quando una persona è **fleißig** o **tüchtig** (o entrambe le cose) significa che è “diligente”, “costante”, “studiosa”, “laboriosa”, “che si applica con impegno costante / assiduo”... in breve, tutto quello che si può desiderare…

2 – Ma certo, (*così*) studioso e bravo com'è!
3 – Va beh, non so se sono particolarmente bravo, ma non mollerò, questo è sicuro.
4 – Perché dovrebbe? Sarebbe davvero stupido mollare adesso, visto che la [parte] più difficile è alle spalle (*dietro Lei*).
5 – Come (*Da dove*) lo sa?
6 – Che l'inizio è [la parte] più difficile è un (*aperto*) segreto [di Pulcinella].
7 All'inizio si ha bisogno [di] molto coraggio e costanza perché bisogna fare attenzione a tante cose contemporaneamente!
8 – Strano, non me ne sono per niente accorto.
9 – Tanto meglio! L'importante è andare avanti (*restare alla palla*) e non perdere la pazienza.
10 – Sì, con il tempo tutto diventa più chiaro (*si chiarisce*).
11 In ogni caso io mi sono divertito molto (*a me ha esso ogni caso grande divertimento fatto*).

(2) La vocale radicale di **sollen**, *dovere*, non prende l'Umlaut al congiuntivo II; le forme del preterito e del congiuntivo II sono pertanto identiche (lezione 92, nota 3).

(3) Qui **wo** è impiegato come congiunzione avente lo stesso significato di **wo doch**, *visto che*, *poiché* (lezione 97, nota 5).

(4) Dal momento che **aufpassen**, *fare attenzione*, regge la preposizione **auf**, in questa frase **auf** si ripete due volte. **Passen Sie auf Ihr Geld auf!** *Fate attenzione ai Vostri soldi!*

(5) **Komisch**, il cui primo significato è "buffo", "comico", ricorre spesso nelle esclamazioni di stupore col significato di "bizzarro", "strano".

(6) **Es fällt mir auf, dass…** corrisponde alle espressioni: *noto che*, *mi accorgo che*, *mi colpisce che*, *mi rendo conto che…*

99 **12** Und **des**halb **wer**de ich auch **wei**termachen, e**gal** was ⑦ kommt!

13 **Min**destens **ei**ne **hal**be **Stun**de pro Tag…, so**lan**ge bis ich **flie**ßend Deutsch **spre**che! □

***13** … zolañgë … **fli:**ssënt …*

Übung 1: Übersetzen Sie bitte!

❶ Die Hauptsache ist, nicht den Mut zu verlieren und weiterzumachen! ❷ Vielen Dank, allein hätte ich das nie geschafft! ❸ Es ist ein offenes Geheimnis, dass ihr Mann nicht besonders tüchtig ist. ❹ Haben Sie bitte ein wenig Geduld, morgen wird sich alles aufklären. ❺ Sie sollten fleißig jeden Tag eine Lektion lesen und übersetzen!

Übung 2: Ergänzen Sie bitte!

❶ Qualunque cosa accada, non mollerò, questo è sicuro!
Egal … ….. , ich werde nicht …….. , das ist …… !

❷ All'inizio si deve fare attenzione a tante cose, non è davvero facile.
.. …… muss man … so viele Dinge ……… , das ist …….. nicht leicht.

❸ Per andare avanti (*restare alla palla*), si ha bisogno di molto coraggio e costanza.
Man braucht …. … und …….. , um .. …. zu ……. .

12 E perciò andrò (*anche*) avanti, qualunque cosa accada (*viene*)!

13 Almeno mezz'ora al giorno... fino a quando [non] parlerò (*parlo*) tedesco fluentemente!

Note

⑦ Nella lingua parlata, **egal was…** sostituisce la locuzione **was auch…**, *qualunque cosa…* Qui avremmo potuto anche dire: **ich mache weiter, was auch kommt** (lezione 97, nota 6).

Soluzioni dell'esercizio 1

❶ L'importante è non perdere coraggio e continuare! ❷ Grazie mille, da sola non ce l'avrei mai fatta! ❸ Che suo marito non sia [un lavoratore] particolarmente assiduo è un segreto di Pulcinella. ❹ Abbia un po' di pazienza, per favore, domani sarà tutto più chiaro. ❺ Deve leggere e tradurre, con impegno costante, una lezione al giorno!

❹ Sarebbe un peccato non continuare, visto che è molto divertente.

.. .... schade nicht .... , wo es doch .... macht.

❺ Non si è accorto che studiare tedesco è particolarmente difficile.

Es ist ihm nicht ...., dass es .... ist, ... zu lernen.

Soluzioni dell'esercizio 2 - Parole mancanti

❶ – was kommt – aufgeben – sicher ❷ Am Anfang – auf – aufpassen – wirklich – ❸ – viel Mut – Ausdauer – am Ball – bleiben ❹ Es wäre – weiterzumachen – großen Spaß – ❺ – aufgefallen – besonders schwer – Deutsch –

Zweite Welle: fünfzigste Lektion

100 Hundertste Lektion

Als letzte Lektion erzählen wir Ihnen eine wahre Geschichte!

Ende gut, alles gut

1 – **Ha**llo **An**ne, seit mehr als zwei **Jah**ren **ha**ben wir nichts vonei**nan**der ge**hört** – **hof**fentlich hat sich **dei**ne E-Mail-A**dres**se in**zwi**schen nicht ge**än**dert!

2 Wie geht es dir und **dei**nem Mann ①? Lebt ihr **im**mer noch in der Stadt mit dem **höchs**ten **Kirch**turm der Welt?

Aussprache
1 … i:-mè:l …

Per supportare i vostri sforzi abbiamo pensato di riassumere, nell'ultima lezione, i punti più complessi della grammatica tedesca: la costruzione di una subordinata, il superlativo, il passivo, le preposizioni, le particelle, i tempi verbali, e, naturalmente, la declinazione e le congiunzioni! Se avete ancora dei dubbi, non esitate a riguardare quanto spiegato nelle lezioni di ripasso: l'indice grammaticale vi aiuterà a ritrovare la pagina giusta.

Centesima lezione 100

Per l'ultima lezione vi raccontiamo una storia vera!

Tutto è bene quel che finisce bene (*Fine bene, tutto bene*)

1 – Ciao Anne, sono più di due anni che non ci sentiamo (*da più di due anni non abbiamo sentito niente l'una dell'altra*) – spero che nel frattempo il tuo indirizzo e-mail non sia (*ha sé*) cambiato.

2 Come state tu e tuo marito? Vivete ancora nella città con il campanile (*chiesa-torre*) più alto del mondo?

Note

① Ricordatevi che in quest'espressione, **es geht** è invariabile e che la persona cui ci si riferisce è sempre al dativo: **wie geht es Ihrer Frau, Herr Schneider?**, *come sta Sua moglie, Sig. Schneider?*

100 **3** Die **schö**ne Zeit, die ich mit euch vor drei **Jah**ren ver**bracht ha**be, ist mir **un**vergesslich ge**blie**ben.

4 **Um**so mehr als ich **eu**retwegen be**gon**nen **ha**be, Deutsch zu **ler**nen.

5 Da**für möch**te ich mich bei euch **heu**te **herz**lich be**dan**ken, denn, **oh**ne es zu **wis**sen, wart ihr **mei**nes **Glü**ckes Schmied ②!

6 Und das kam so: Im Mai **letz**ten **Jah**res **ha**be ich am Abend schnell noch Brot **ho**len **wo**llen, be**vor** die Ge**schäf**te **schlie**ßen.

7 Ich **ha**be vor der **Bä**ckerei ge**parkt** und beim ③ **Aus**steigen ist es pas**siert**!

8 Ein **ar**mer **Rad**fahrer, der ge**ra**de in **die**sem Mo**ment** vor**bei**fuhr ④, **mach**te **ei**nen **Sal**to **ü**ber sein **Lenk**rad!

9 Ich bin **fürch**terlich er**schro**cken und zu dem auf der **Stra**ße **lie**genden ⑤ Mann ge**lau**fen.

*5 … **glue**kës scmi:t …*

Note

② **Jeder ist seines Glückes Schmied** traduce il veritiero proverbio: *ciascuno è artefice* (fabbro) *della propria fortuna*.

③ Come quasi tutte le preposizioni, anche **bei** ha più funzioni. In questa frase ha il valore temporale di "durante", "al momento di"; in italiano si preferisce tradurlo con il gerundio o con una costruzione impersonale introdotta da "quando", "mentre", ecc.: **beim Radfahren muss man vorsichtig sein**, *quando si va in bicicletta, bisogna essere prudenti*; **ich bin gerade beim Kochen**, *sto cucinando.*

3 Il bel tempo che ho trascorso con voi tre anni fa è (*a*) per me indimenticabile (*rimasto*).
4 Tanto più che [è] grazie a voi [che] ho iniziato a studiare tedesco.
5 Oggi vorrei ringraziarvi di cuore per questo, perché, senza saperlo, siete stati gli artefici della mia fortuna!
6 Ecco come è successo (*E questo arriva così*): una sera di (*a*) maggio, (*del*)l'anno scorso, volevo andare velocemente a prendere (*ancora*) il pane prima che i negozi chiudessero (*chiudono*).
7 Ho parcheggiato davanti alla panetteria ed [è stato] mentre scendevo [che] è successo!
8 Un povero ciclista che passava proprio in quel momento ha fatto un capitombolo oltre il (*suo*) manubrio!
9 [Mi] Sono terribilmente spaventata e [sono] corsa dall'uomo steso (*giacente*) sulla strada.

④ **Vorbeifahren**, *passare davanti*, in macchina, in bicicletta, in treno… Il verbo sottoindende che il passaggio è veloce, cosa che viene anche spiegata dall'avverbio **vorbei**, *passato*, *finito*. **Alles ist vorbei**, *È tutto finito*.

⑤ **Liegend** è il participio presente di **liegen**, *giacere*, *essere steso*. In tedesco il participio presente è spesso usato come aggettivo e, in quanto tale, va declinato.

10 Und stell dir vor! Ich **wur**de von **ei**nem Schwall **deut**scher **Schimpf**wörter em**pfan**gen! (**Glück**licherweise ver**stand** ich nur „Mist” und „Idi**o**tin”!)

11 To**tal** über**rascht** fiel mir nichts **an**deres ein (6) als „Noch **ein**mal Glück ge**habt**!” zu **sa**gen (das war der **Ti**tel einer **Lek**tion in **mei**nem **Deutsch**buch…).

12 Er **muss**te **dar**aufhin **herz**haft **la**chen und das war der **An**fang von **un**serer **Lie**besgeschichte.

13 Für **un**seren **nächs**ten Urlaub haben wir vor, die *Roman**ti**sche **Stra**ße* von **Würz**burg nach **Füs**sen ent**lang** zu **ra**deln (7) – 350 **Ki**lometer!

14 **Augs**burg ist **an**scheinend nicht weit von Ulm ent**fernt**, wir **könn**ten **ei**nen **Ab**stecher **ma**chen und euch be**su**chen.

15 Ich **wür**de mich sehr **freu**en, euch **wie**derzusehen.

16 Lass schnell von dir **hö**ren!

Liebe **Grü**ße an euch **bei**de!

Deine **Mi**riam □

*13 … **vuerts**-bùrk … 14 … **auks**bùrk … ùlm …*

Note

(6) Ricordatevi che **einfallen**, significa *pensare*, *venire in mente*: **was fällt Ihnen ein, wenn Sie das Wort „Glück” hören?**, *cosa Le viene in mente, quando sente la parola “fortuna”?* ▸

10 E immaginati! Ho ricevuto (*Sono stata accolta da*) una cascata di insulti (*oltraggio-parole*) in tedesco! (Fortunatamente ho capito solo "sfortuna" e "idiota"!) 100

11 Completamente esterrefatta (*sorpresa*) non mi è venuto altro da dire che: "Ancora una volta abbiamo avuto fortuna!" (*La fortuna ancora una volta...*) (era il titolo di una lezione del (*in*) mio libro di tedesco...).

12 Deve averlo fatto (*Là ha dovuto*) ridere di cuore e questo è stato l'inizio della nostra storia d'amore.

13 Per le nostre prossime vacanze abbiamo in mente di percorrere in bicicletta la "Strada Romantica" da Würzburg fino a Füssen (*lungo*) – 350 kilometri!

14 Apparentemente Ausburg non è lontana da Ulm, potremmo fare una scappata e venirvi a trovare.

15 Sarei molto felice (*mi rallegrerei*) di rivedervi.

16 Fatti sentire presto!

Cari saluti a tutti e (*voi*) due!

(*Tua*) Miriam

▸ Attenzione all'espressione **Was fällt Ihnen ein!**: se pronunciata con tono di rimprovero significa: "*che cosa Le prende?*".

⑦ **Radeln** sta per **Rad fahren**, *andare in bici*. Qui, **entlang** funge da particella separabile: **wir fahren mit dem Rad den Rhein entlang**, *percorriamo il Reno in bicicletta*, ma in genere è più usata come preposizione (o avverbio): **entlang des Rheins** o **dem / den Rhein entlang gibt es viele Burgen**, *lungo il Reno ci sono molti castelli*.

100 **Übung 1: Übersetzen Sie bitte!**

❶ Weißt du noch, wo der höchste Kirchturm der Welt steht? ❷ Wenn man genug Zeit hat, kann man die ganze „Romantische Straße" entlang radeln. ❸ Warum kommen Sie nicht zu einem Glas Wein vorbei? ❹ Glücklicherweise geht es ihm heute viel besser als gestern. ❺ Die wunderschönen Tage, die wir hier verbracht haben, werden uns unvergesslich bleiben.

Übung 2: Ergänzen Sie bitte!

❶ Hanno in mente di andare a trovare i loro amici a Ulm prima di continuare per Würzburg.
... . , ihre Freunde in Ulm .. .. , ... sie nach Würzburg weiterfahren.

❷ Se percorrete la "Strada Romantica" in bicicletta, passate davanti al castello di Neuschwanstein.
Wenn Sie die Romantische Straße .... , fahren Sie am Schloss Neuschwanstein ....

❸ Non ho più sentito niente di Miriam da tempo, spero stia bene.
... . schon lange nichts mehr ... Miriam ...... , ich hoffe, ... ihr ... .

Soluzioni dell'esercizio 1

❶ Ti ricordi (*Sai ancora*) dove si trova il campanile più alto del mondo? ❷ Se si ha abbastanza tempo, si può percorrere tutta la "Strada Romantica" in bicicletta. ❸ Perché non passa a prendere (*per*) un bicchiere di vino? ❹ Fortunatamente oggi sta molto meglio di ieri. ❺ I giorni meravigliosi che abbiamo trascorso qui resteranno per noi indimenticabili.

❹ Scendendo dal treno ha fatto un capitombolo oltre la (*sua*) valigia, ma fortunatamente non gli è successo niente.
.... aus dem Zug machte er .... über seinen Koffer, aber .... ist ... nichts passiert.

❺ Era completamente esterrefatta (*sorpresa*) quando l'uomo seduto sulla strada l'ha accolta con una cascata di insulti in tedesco.
Sie war total ...., als der ... ... Mann sie mit einem Schwall .... empfing.

Soluzioni dell'esercizio 2 - Parole mancanti

❶ Sie haben vor – zu besuchen, bevor – ❷ – entlang radeln – vorbei ❸ Ich habe – von – gehört – es geht – gut ❹ Beim Aussteigen – einen Salto – glücklicherweise – ihm – ❺ – überrascht – auf der Straße sitzende – deutscher Schimpfwörter –

Eccoci finalmente alla fine del libro! Non possiamo che farvi i nostri complimenti. Vorremmo tuttavia invitarvi a completare la seconda ondata, ovvero la fase attiva del vostro apprendimento, traducendo dall'italiano al tedesco i dialoghi dalla lezione 51 alla lezione 100. Quest'esercizio di traduzione vi permetterà di consolidare quanto assimilato. Nella speranza che il percorso fatto insieme sia stato per voi piacevole quanto lo è stato per noi, vi diciamo con dispiacere...

auf Wiedersehen!

INDICE GRAMMATICALE

Le prime cifre si riferiscono alle lezioni, i numeri tra parentesi alle note esplicative, quelli in neretto alle lezioni di ripasso. La lettera **G** seguita da un numero rimanda al paragrafo corrispondente dell'appendice grammaticale.

APPENDICE GRAMMATICALE

Indice

⌘ ⌘ ⌘

1 I sostantivi

Un sostantivo può essere preceduto dall'articolo il quale, generalmente, ce ne indica il genere: **der** (maschile), **die** (femminile), **das** (neutro). In tedesco, come in italiano, non esiste una regola fissa che permetta di determinare il genere di un sostantivo. Un oggetto può quindi essere maschile, femminile o neutro: **der Tisch**, *il tavolo*, **die Reise**, *il viaggio*, **das Buch**, *il libro*.

Al contrario:

- le persone e gli animali sono maschili o femminili a seconda del sesso; i più piccoli o i cuccioli sono neutri: **der Mann**, *l'uomo*, **der Onkel**, *lo zio*, **die Frau**, *la donna*, **die Großmutter**, *la nonna*, **der Stier**, *il toro*, **die Kuh**, *la mucca*, ma **das Kind**, *il bambino*, **das Kalb**, *il vitello;*
- i nomi dei giorni, dei mesi e delle stagioni sono tutti maschili: **der Sonntag**, *la domenica*, **der Mai**, *il [mese di] maggio*, **der Winter**, *l'inverno;*
- i nomi degli alberi, dei frutti e dei fiori sono generalmente femminili: **die Eiche**, *la quercia*, **die Birne**, *la pera*, **die Rose**, *la rosa* (ma: **der Baum**, *l'albero*, **der Apfel**, *la mela*, **der Pfirsich**, *la pesca*...);
- i nomi di città e paesi sono neutri, eccetto **die Schweiz**, *la Svizzera*, **die Türkei**, *la Turchia*, **der Libanon**, *il Libano*, **der Iran** e **der Irak**...

Alcune desinenze possono aiutarvi a determinare il genere di un sostantivo, ad esempio:

- i nomi terminanti in **-er** che derivano dal verbo e quelli terminanti in **-ling** o **-ismus** sono tutti maschili:
  löschen, *spegnere* → **der Feuerlöscher**, *l'estintore*,
  der Liebling, *l'amato / l'amata,*
  der Optimismus, *l'ottimismo.*

- i nomi terminanti in **-ung**, **-heit**, **-keit**, **-schaft** sono tutti femminili:
  die Wohnung, *l'appartamento*,
  die Freiheit, *la libertà*,
  die Freundlichkeit, *la gentilezza, la cortesia, la piacevolezza*,
  die Wirtschaft, *l'economia* (la scienza).

- i nomi terminanti in **-chen**, **-lein** e gli infiniti sostantivati (§ 11 h) sono tutti neutri:
  das Mädchen, *la ragazza*,
  das Tischlein, *il tavolino*,
  das Essen, *il mangiare, il pasto.*

In tedesco tutti i sostantivi si scrivono con l'iniziale maiuscola.

2 Gli articoli

L'articolo precede sempre il nome cui si riferisce. (Se non è seguito dal sostantivo è un pronome).
Come in italiano, in tedesco gli articoli si distinguono in:
determinativi **der**, **die**, **das** (m. *il / lo / l'*, f. *la / l'*, n. *il / lo / la / l'*) e indeterminativi **ein**, **eine**, **ein** (m. *un / uno*, f. *una / un'*, n. *un / una / un'*).
Diversamente dall'italiano, in tedesco esistono anche gli articoli indeterminativi con valore negativo, i cosidetti articoli negativi: **kein**, **keine**, **kein** (m. *nessuno / alcuno / non uno*, f. *nessuna / alcuna / non una / un'*, n. *nessuno / -a / alcuno / -a / non uno / una / un'*).
Le singole forme dell'articolo dipendono:

1. dal genere del sostantivo (maschile, femminile o neutro),
2. dal numero (singolare o plurale),
3. dal caso grammaticale del sostantivo (questa particolarità in italiano non esiste).

Il tedesco possiede quattro casi, ciascuno dei quali corrisponde alla funzione svolta dal sostantivo all'interno della frase.

3 I quattro casi

Il sostantivo si trova

- al nominativo quando è il soggetto della frase,
- all'accusativo quando è complemento oggetto,
- al dativo quando è complemento di termine,
- al gentivo quando è complemento di specificazione.

Generalmente è il verbo a determinare il caso del sostantivo e spesso i verbi in italiano reggono gli stessi casi di quelli in tedesco, ossia sono accompagnati dal complemento oggetto, di termine o di specificazione:

- **Er kennt den Weg** (accusativo) **gut**, *Conosce bene la strada* (complemento oggetto).
- **Das Buch gehört meinem Freund** (dativo), *Il libro appartiene al mio amico* (complemento di termine).
- **Der Freund meiner Schwester** (genitivo) **ist nett**, *L'amico di mia sorella* (complemento di specificazione) *è gentile.*

Ma attenzione alle eccezioni:

- **helfen**, *aiutare*, in tedesco regge il complemento di termine: **Kann ich dir helfen?** *Posso aiutarti* (a te)*?*
- **fragen**, invece, l'accusativo: **Fragen Sie Ihren Lehrer!** *Chieda [al] suo professore!* (Lezione 63, § 4)

4 La declinazione

L'insieme dei quattro casi grammaticali si chiama "declinazione"e si applica soprattutto agli articoli:

singolare

	maschile	femminile	neutro
nom.	**der/ein Tisch**	**die/eine Reise**	**das/ein Buch**
acc.	**den/einen Tisch**	**die/eine Reise**	**das/ein Buch**
dativo	**dem/einem Tisch**	**der/einer Reise**	**dem/einem Buch**
genitivo	**des/eines Tisch(e)s**	**der/einer Reise**	**des/eines Buch(e)s**

plurale

nom.	**die/keine**	**Tische/Reisen/Bücher**
acc.	**die/keine**	**Tische/Reisen/Bücher**
dativo	**den/keinen**	**Tische<u>n</u>/Reisen/Bücher<u>n</u>**
genitivo	**der/keiner**	**Tische/Reisen/Bücher**

Attenzione! Il sostantivo prende la desinenza in due casi:

- **-s** o **-es** al genitivo singolare – maschile e neutro;
- **-n** al dativo plurale, ad eccezione di quei sostantivi che terminanao già per **-n** o **-s**: **die Autos**, **den Autos**.

In tutti gli altri casi il sostantivo resta invariato. Tuttavia alcuni sostantivi maschili prendono una **-n** o **-en** in tutti i casi, tranne che al nominativo. Tali sostantivi sono detti "maschili deboli" o della seconda declinazione.
Esempi:

- **der Name**, *il nome*, **den Namen**, **dem Namen**, **des Namen**,
- **der Präsident**, *il presidente*, **den Präsidenten**, **dem Präsidenten**, **des Präsidenten**.

5 Il plurale dei sostantivi

Esistono diverse regole per la formazione del plurale di un sostantivo, ma in genere lo si ottiene aggiungendo:

1. un **"Umlaut"**: **der Bruder**, *il fratello* → **die Brüder**
2. un **"Umlaut"** + **-e**: **die Hand**, *la mano* → **die Hände**
3. una **-e**: **der Hund**, *il cane* → **die Hunde**
4. **-er**: **das Kind**, *il bambino* → **die Kinder**
5. un **"Umlaut"** + **-er**: **das Rad**, *la ruota, la bici* → **die Räder**
6. una **-n**: **das Auge**, *l'occhio* → **die Augen**
7. **-en**: **die Wohnung**, *l'appartamento* → **die Wohnungen**
8. o restando invariati: **das Zimmer**, *la stanza* → **die Zimmer**.

Poiché non esiste una regola fissa, vi consigliamo d'imparare ciascun sostantivo insieme all'articolo e al suo plurale, in questo modo, eviterete di fare errori!

6 Gli articoli indeterminativi, partitivi e negativi

- Gli articoli indeterminativi **ein**, **eine**, **ein** non hanno plurale: **ein Mann**, *un uomo*, **Männer**, *[degli] uomini*.
- Gli articoli negativi hanno invece una forma plurale: **kein Mann**, *nessun uomo*, **keine Männer**, *nessun uomo* (in italiano rimane invariato).
- Il partitivo non esiste in tedesco: **Am Sonntagmorgen essen die Deutschen Brötchen mit Marmelade oder Honig**, *La domenica mattina, i tedeschi mangiano [dei] panini con [della] marmellata o [del] miele.*

- **kein**, **keine**, **kein** si usano come articoli partitivi negativi: **Die Italiener essen morgens keine Brötchen, sondern Croissants**, *Al mattino, gli italiani non mangiano i panini, ma i cornetti.*

7 Gli aggettivi dimostrativi

Gli aggettivi dimostrativi **dieser**, **diese**, **dieses**, *questo*, *questa*, *questo / a* (neutro), si declinano come gli articoli determinativi: **Geben Sie diesem Mann kein Geld mehr!**, *Non dia più denaro a quest'uomo!*
jener, **jene**, **jenes**, *quello*, *quella*, *quello / a* (neutro)..., non si usano quasi più nella lingua parlata (così come **dieser**, **diese**, **dieses**), infatti si preferisce sostituirli con gli articoli determinativi.
In tedesco classico si dice:
<u>Dieser</u> Mann ist mein Großvater und <u>jener</u> Mann unser Nachbar, *<u>Quest'</u> uomo è mio nonno e <u>quell'uomo</u> il nostro vicino.*
Nella lingua parlata, invece:
<u>Der</u> Mann (da) ist mein Großvater und <u>der</u> Mann (dort) unser Nachbar.

8 Gli aggettivi possessivi

Al singolare, si declinano come gli articoli indeterminativi **ein**, **eine**, **ein**, al plurale, come la negazione **keine**. Allo stesso modo degli articoli, le forme dell'aggettivo possessivo dipendono dal genere, dal numero e dal caso del sostantivo.

- singolare:

ich → mein / meine: **mein Bruder**, *mio fratello*, **meine Schwester**, *mia sorella*
du → dein / deine: **dein Bruder**, *tuo fratello*, **deine Schwester**, *tua sorella*
er → sein / seine: **sein Bruder**, *suo fratello* (di lui), **seine Schwester**, *sua sorella* (di lui)
sie → ihr / ihre: **ihr Bruder**, *suo fratello* (di lei), **ihre Schwester**, *sua sorella* (di lei)
es → sein / seine: **sein Bruder**, *suo fratello*, **seine Schwester**, *sua sorella*

- plurale:

wir → unser / unsere: **unser Bruder**, *nostro fratello*, **unsere Schwester**, *nostra sorella*
ihr → euer / eu(e)re: **euer Bruder**, *vostro fratello*, **eure Schwester**, *vostra sorella*

sie → ihr / ihre: **ihr Bruder**, *loro fratello*, **ihre Schwester**, *loro sorella*

Attenzione! L'aggettivo possessivo **sein** ci indica che il possessore è maschile o neutro: **sein Auto** , *la sua macchina* (di lui); quando il possessore è femminile si usa l'aggettivo **ihr**: **ihr Auto**, *la sua macchina* (di lei).

9 L'aggettivo

a) L'aggettivo può essere "predicativo", ovvero, venire subito dopo il verbo **sein, bleiben** e **werden**. L'aggettivo predicativo è invariabile:
Herr Müller ist nett, *Il Sig. Müller è gentile,*
seine Frau ist nett, *sua moglie è gentile,*
und sein Sohn und seine Tochter sind auch nett, *e anche suo figlio e sua figlia sono gentili.*

b) Anche l'aggettivo usato come avverbio è invariabile:
Fahren Sie bitte nicht so schnell!, *Non guidi così veloce, per favore!*
Kinder, grüßt nett die Nachbarn! *Bambini, salutate gentilmente i vicini!*

c) Quando l'aggettivo precede il sostantivo cui si riferisce è detto "attributivo" e va declinato (prende almeno la desinenza **-e**):

der nette Mann, ein netter Mann, *l' / un uomo gentile,*
die nette Frau, eine nette Frau, *la / una donna gentile,*
das nette Kind, ein nettes Kind, *il / un bambino gentile.*

Per ripassare la declinazione dell'aggettivo vi rimandiamo allo schema della lezione 56, § 1.

d) L'aggettivo sostantivato:
l'aggettivo diventa un nome quando è preceduto dall' articolo (determinativo, indeterminativo o dall'aggettivo possessivo…), ma non è seguito da nessun sostantivo e in quanto nome, va scritto con l'iniziale maiuscola: **der Alte**, *il vecchio / l'anziano*, **die Schöne**, *la bella.*

Attenzione! L'aggettivo sostantivato si declina come l'aggettivo attributivo (vedi precedente paragrafo).

10 I pronomi

a) I pronomi personali si usano principalmente per i primi tre casi, ovvero: nominativo, accusativo e dativo; nella lingua parlata le forme del genitivo sono cadute in disuso:

nom.	**ich**	**du**	**er**	**sie**	**es**	**wir**	**ihr**	**sie**	**Sie**
acc.	**mich**	**dich**	**ihn**	**sie**	**es**	**uns**	**euch**	**sie**	**Sie**
dat.	**mir**	**dir**	**ihm**	**ihr**	**ihm**	**uns**	**euch**	**ihnen**	**Ihnen**

b) I pronomi riflessivi si usano solo all'accusativo e al dativo (quando nella frase non compare nessun altro complemento oggetto). I pronomi riflessivi sono identici ai pronomi personali tranne alla 3ª persona singolare e plurale, che è sempre **sich**:

acc.	**mich**	**dich**	**sich**	**sich**	**sich**	**uns**	**euch**	**sich**	**sich**
dat.	**mir**	**dir**	**sich**	**sich**	**sich**	**uns**	**euch**	**sich**	**sich**

Er wäscht sich, *Si lava.*
Waschen Sie sich die Hände im Bad! *Si lavi le mani in bagno!*
Ich möchte mir die Hände waschen, *Vorrei lavarmi le mani.*

c) I pronomi dimostrativi

- I pronomi **der, die, das** sono identici agli articoli determinativi, tranne al genitivo e al dativo plurale:

	singolare			plurale
	masc.	femm.	neutro	
nom.	**der**	**die**	**das**	**die**
acc.	**den**	**die**	**das**	**die**
dat.	**dem**	**der**	**dem**	**denen**
gen.	**dessen**	**deren**	**dessen**	**deren**

Kennst du die Beiden? Denen gehört die halbe Stadt, *Conosci quei due? [È] a loro* (a questi) *che appartiene mezza città.*

- **dieser**, **diese**, **dieses**, *questo*, *questa*, *questo/a* neutro, e **jener**, **jene**, **jenes**, *quello*, *quella*, *quello/a* neutro, sono identici ai pronomi dimostrativi (come abbiamo visto al § 7):

Dieser ist mein Freund, aber jenen dort habe ich nie gesehen, *Questo è il mio amico, ma quello là non l'ho mai visto.*

• **derselbe**, **dieselbe**, **dasselbe**, *lo stesso, la stessa, lo stesso/la stessa* neutro, e **derjenige**, **diejenige**, **dasjenige**, sono generalmente seguiti dal pronome relativo e si declinano, nella prima parte della parola, come gli articoli determinativi, nella seconda, come gli aggettivi:

Er hat denselben Pullover wie du, *Ha lo stesso pullover che hai tu.*
Sie wohnt in demselben Haus wie ich, *Abita nella mia stessa casa.*
Diejenigen, die zu spät kommen, kriegen nichts mehr, *Coloro che arrivano troppo tardi non ricevono più niente.*

d) I pronomi interrogativi
• **wer?**, *chi?* si declina come l'articolo determinativo maschile. **was?**, *cosa? / che cosa?* è invariabile ed è usato solo al nominativo e all'accusativo:

nom.: **Wer sind Sie?** *Chi è?* / **Was machen Sie?** *Cosa fa?*
acc.: **Wen zeichnen Sie?** *Chi disegna?* **Was zeichnen Sie?** *Cosa disegna?*
dat.: **Wem gehört das neue Auto?** *A chi appartiene la macchina nuova?*
gen.: **Wessen Papiere sind das?** *Di chi sono questi documenti?*

• **welcher**, **welche**, **welches**, *il quale, la quale, il quale / la quale* (neutro), possono fungere anche da pronomi interrogativi. Si declinano come gli articoli determinativi (il genitivo è quasi scomparso):

Welcher König hat Neuschwanstein bauen lassen? *Quale re ha fatto costruire il castello di Neuschwanstein*?
Welchen Film haben Sie gestern gesehen? *Che film ha visto ieri?*
Ich habe zwei Stück Kuchen. Welches möchtest du? *Ho due pezzi di torta. Quale vuoi tu?*

e) I pronomi relativi sono identici agli articoli **der**, **die**, **das** (vedi pagina a lato e tavola della lezione 77 §1):

Der Film, den ich sehen möchte, spielt im Kino Panorama, *il film che vorrei vedere, lo danno al cinema Panorama.*
Die Freunde, mit denen wir in Urlaub fahren, kennen wir schon lange, *Gli amici con cui andiamo in vacanza, li conosciamo già da tempo.*

f) I pronomi indefiniti

- **einer**, **eine**, **eines**, *qualcuno, [l']uno / -a* o **keiner**, **keine**, **kein(e)s**, *alcuno / -a / -e, nessuno / -a* si declinano come gli articoli determinativi:

Einer von uns Beiden muss das machen, *Uno di noi due deve farlo,*
Ich habe kein(e)s von diesen Büchern gelesen, *Non ho letto nessuno di questi libri.*

- **man**, *si*, è usato solo al nominativo e mai al posto del pronome "noi":

Man hat das noch nie gesehen, *Questo non si è mai visto.*

Al dativo e all'accusativo si usano **einem** e **einen**:
Liebe macht einem das Leben leichter, *[L']amore ci* (a qualcuno) *facilita la vita* (rende la vita più facile).
Mit seinen Fragen kann er einen verrückt machen, *Con le sue domande può far* (qualcuno) *diventare pazzi.*

g) I pronomi possessivi **meiner**, **deiner**, **seiner**... *il mio, il tuo, il suo...* si formano a partire dall'aggettivo possessivo (vedi § 8) a cui si aggiungono le desinenze dell'articolo determinativo:

Dein Pullover ist sehr schön, <u>meiner</u> ist nicht so schön, *Il tuo pullover è molto bello, il mio non è così bello.*
Mit <u>eurem</u> Auto könnt ihr überall parken, mit <u>unserem</u> ist das nicht möglich, *Con la vostra macchina potete parcheggiare ovunque, con la nostra non è possibile.*

11 I verbi

a) I verbi deboli o regolari. Un verbo è "debole" o "regolare" quando la vocale radicale resta invariata.
- **hören**, *sentire, ascoltare*

Indikativ (presente: lez.14, § 1, passato prossimo: lez. 49, § 2, futuro: lez. 56, § 2, preterito: lez: 70, § 1):

presente	preterito	passato pross.	trapassato pross.	futuro
ich höre	**hörte**	**habe gehört**	**hatte gehört**	**werde hören**
du hörst	**hörtest**	**hast gehört**	**hattest gehört**	**wirst hören**
er/sie/es hört	**hörte**	**hat gehört**	**hatte gehört**	**wird hören**

wir hören	**hörten**	**haben gehört**	**hatten gehört**	**werden hören**
ihr hört	**hörtet**	**habt gehört**	**hattet gehört**	**werdet hören**
sie hören	**hörten**	**haben gehört**	**hatten gehört**	**werden hören**
Sie hören	**hörten**	**haben gehört**	**hatten gehört**	**werden hören**

Imperativo:

Hör(e)!, *Ascolta!* **Hören wir!**, *Ascoltiamo!* **Hört!**, *Ascoltate!* **Hören Sie!**, *Ascolti / Ascoltate* (forma di cortesia)*!*

Konjunktiv (lez. 98, § 1):

presente				**passato**	
Konj. I	Konj. II			Konj. I	Konj. II
ich höre	**hörte**	=	**würde hören**	**habe gehört**	**hätte gehört**
du hörest	**hörtest**	=	**würdest hören**	**habest gehört**	**hättest gehört**
er/sie/es höre	**hörte**	=	**würde hören**	**habe gehört**	**hätte gehört**
wir hören	**hörten**	=	**würden hören**	**haben gehört**	**hätten gehört**
ihr höret	**hörtet**	=	**würdet hören**	**habet gehört**	**hättet gehört**
sie hören	**hörten**	=	**würden hören**	**haben gehört**	**hätten gehört**

b) I verbi forti o irregolari. Un verbo è "forte" o "irregolare" quando la vocale radicale cambia al presente, al preterito oppure al participio passato.
Ecco ora un esempio, ma sappiate che i verbi irregolari si imparano a memoria! Alla fine dell'indice grammaticale troverete una lista dei verbi irregolari più usati in tedesco. Per la regola del cambio della vocale radicale vi rimandiamo alle lezioni 21, § 1 (presente), 63, § 1 (participio passato), e 70, § 2 (preterito).

• **sehen**, *vedere*, **sah**, **gesehen**

Indikativ

presente	preterito	passato pross.	trapassato pross.	futuro
ich sehe	**sah**	**habe gesehen**	**hatte gesehen**	**werde sehen**
du siehst	**sahst**	**hast gesehen**	**hattest gesehen**	**wirst sehen**
er/sie/es sieht	**sah**	**hat gesehen**	**hatte gesehen**	**wird sehen**
wir sehen	**sahen**	**haben gesehen**	**hatten gesehen**	**werden sehen**
ihr seht	**saht**	**habt gesehen**	**hattet gesehen**	**werdet sehen**
sie sehen	**sahen**	**haben gesehen**	**hatten gesehen**	**werden sehen**
Sie sehen	**sahen**	**haben gesehen**	**hatten gesehen**	**werden sehen**

Imperativo:

Sieh!, *Guarda!* **Sehen wir!**, *Guardiamo!* **Seht!**, *Guardate!*, **Sehen Sie!**, *Guardi / Guardate* (forma di cortesia)*!*

Vi ricordiamo che, molto spesso, insieme all'imperativo si usa il rafforzativo "**mal** (*volta*)": **Sieh mal! Seht mal! Sehen Sie mal!**

Konjunktiv *(congiuntivo)* (lezione 98, § 1)

presente			passato	
Konj. I	Konj. II		Konj. I	Konj. II
ich sehe	**sähe**	= **würde sehen**	**habe gesehen**	**hätte gesehen**
du sehest	**sähest**	= **würdest sehen**	**habest gesehen**	**hättest gesehen**
er/sie/es sehe	**sähe**	= **würde sehen**	**habe gesehen**	**hätte gesehen**
wir sehen	**sähen**	= **würden sehen**	**haben gesehen**	**hätten gesehen**
ihr sehet	**sähet**	= **würdet sehen**	**habet gesehen**	**hättet gesehen**
sie sehen	**sähen**	= **würden sehen**	**haben gesehen**	**hätten gesehen**

c) I verbi deboli irregolari. Sono detti "verbi misti", perché possiedono le caratteristiche tanto dei verbi deboli (prendono le stesse desinenze al preterito e la **-t** finale al participio passato), quanto dei verbi forti (la vocale radicale cambia).
I verbi "misti" sono riassunti alla lezione 70, § 3.

d) **Sein**, **haben**, **werden**

• **sein**, *essere*

Indikativ

presente	preterito	passato pross.	trapassato pross.	futuro
ich bin	**war**	**bin gewesen**	**war gewesen**	**werde sein**
du bist	**warst**	**bist gewesen**	**warst gewesen**	**wirst sein**
er/sie/es ist	**war**	**ist gewesen**	**war gewesen**	**wird sein**
wir sind	**waren**	**sind gewesen**	**waren gewesen**	**werden sein**
ihr seid	**wart**	**seid gewesen**	**wart gewesen**	**werdet sein**
sie sind	**waren**	**sind gewesen**	**waren gewesen**	**werden sein**
Sie sind	**waren**	**sind gewesen**	**waren gewesen**	**werden sein**

Come in italiano, **sein** forma i tempi composti prendendo come ausiliare se stesso e non **haben**, *avere*: **er ist zufrieden gewesen, weil er ein gutes Geschäft gemacht hat.**

Imperativo:

Sei froh!, *Sii contento / -a!* **Seien wir froh!**, *Siamo contenti / -e!* **Seid froh!**, *Siate contenti / -e!* **Seien Sie froh!**, *Sia / Siate contento / -a / -i* (forma di cortesia)*!*

Konjunktiv *(congiuntivo)* (lezione 98, § 1)

presente				passato	
Konj. I	Konj. II			Konj. I	Konj. II
ich sei	**wäre**	=	**würde sein**	**sei gewesen**	**wäre gewesen**
du seiest	**wärest**	=	**würdest sein**	**seiest gewesen**	**wärest gewesen**
er/sie/es sei	**wäre**	=	**würde sein**	**sei gewesen**	**wäre gewesen**
wir seien	**wären**	=	**würden sein**	**seien gewesen**	**wären gewesen**
ihr seiet	**wäret**	=	**würdet sein**	**seiet gewesen**	**wäret gewesen**
sie seien	**wären**	=	**würden sein**	**seien gewesen**	**wären gewesen**

• **haben**, *avere*

Indikativ:

presente	preterito	passato pross.	trapassato pross.	futuro
ich habe	**hatte**	**habe gehabt**	**hatte gehabt**	**werde haben**
du hast	**hattest**	**hast gehabt**	**hattest gehabt**	**wirst haben**
er/sie/es hat	**hatte**	**hat gehabt**	**hatte gehabt**	**wird haben**
wir haben	**hatten**	**haben gehabt**	**hatten gehabt**	**werden haben**
ihr habt	**hattet**	**habt gehabt**	**hattet gehabt**	**werdet haben**
sie haben	**hatten**	**haben gehabt**	**hatten gehabt**	**werden haben**
Sie haben	**hatten**	**haben gehabt**	**hatten gehabt**	**werden haben**

Ad eccezione della 2ª e della 3ª persona singolare che possono trarvi in inganno, la **b** della radice scompare; non dimenticatelo: **du hast**, *tu hai*, **er / sie / es hat**, *egli / ella / esso / -a ha*! La coniugazione di **haben** non è complicata; l'imperativo si forma regolarmente:

Imperativo:

Hab(e) Geduld!, *Abbi pazienza!* **Haben wir Geduld!**, *Abbiamo pazienza!* **Habt Geduld!**, *Abbiate pazienza*! **Haben Sie Geduld**, *Abbia pazienza / Abbiate pazienza* (forma di cortesia)*!*

Konjunktiv (lezione 98, § 1)

presente				passato	
Konj. I	Konj. II			Konj. I	Konj. II
ich habe	**hätte**	=	**würde haben**	**habe gehabt**	**hätte gehabt**
du habest	**hättest**	=	**würdest haben**	**habest gehabt**	**hättest gehabt**
er/sie/es habe	**hätte**	=	**würde haben**	**habe gehabt**	**hätte gehabt**
wir haben	**hätten**	=	**würden haben**	**haben gehabt**	**hätten gehabt**
ihr habet	**hätten**	=	**würdet haben**	**habet gehabt**	**hättet gehabt**
sie haben	**hätten**	=	**würden haben**	**haben gehabt**	**hätten gehabt**

• **werden**, *diventare*, è anche usato come ausiliare par la formazione del futuro e del passivo.

Indikativ

presente	preterito	passato pross.	trapassato pross.	futuro
ich werde	**wurde**	**bin geworden**	**war geworden**	**werde werden**
du wirst	**wurdest**	**bist geworden**	**warst geworden**	**wirst werden**
er/sie/es wird	**wurde**	**ist geworden**	**war geworden**	**wird werden**
wir werden	**wurden**	**sind geworden**	**waren geworden**	**werden werden**
ihr werdet	**wurdet**	**seid geworden**	**wart geworden**	**werdet werden**
sie werden	**wurden**	**sind geworden**	**waren geworden**	**werden werden**

Alla forma futura **werden** si ripete due volte. Il futuro si costruisce infatti con **werden** + infinito! Non preoccupatevi; in realtà non si trovano quasi mai due **werden** vicini. Da una parte perché l'uso del futuro è piuttosto raro e dall'altra perché quando si utilizza questa perifrasi, l'infinito è in ultima posizione: **die Menschen werden immer größer werden!**, *gli uomini saranno* (diventeranno) *sempre più alti!*

Imperativo:

Werde nicht frech!, *Non essere* (diventare) *sfacciato!*, **Werdet nicht frech! ,Werden Sie nicht frech!**

Konjunktiv (lezione 98, § 1)

presente			**passato**	
Konj. I	Konj. II		Konj. I	Konj. II
ich werde	**würde**	**= würde werden**	**sei geworden**	**wäre geworden**
du werdest	**würdest**	**= würdest werden**	**seiest geworden**	**wärest geworden**
er/sie/es werde	**würde**	**= würde werden**	**sei geworden**	**wäre geworden**
wir werden	**würden**	**= würden werden**	**seien geworden**	**wären geworden**
ihr werdet	**würdet**	**= würdet werden**	**seiet geworden**	**wäret geworden**
sie werden	**würden**	**= würden werden**	**seien geworden**	**wären geworden**

e) I tempi composti

Quando si usa **haben** e quando **sein**?

Il passato prossimo si forma con l'ausiliare **sein**, *essere*, o **haben**, *avere* + participio passato. Generalmente, con i verbi transitivi (quelli che reggono il complemento oggetto), riflessivi, modali e i verbi di stato si usa **haben**. A parte qualche eccezione*, l'ausiliare **sein** è usato con i verbi di moto o, più generalmente, con quelli che esprimono un cambiamento di stato o di luogo.

*sein, haben, werden

f) I modali
I sei verbi di "modo" sono: **müssen**, *dovere, essere obbligati*, **sollen**, *dovere*, **können**, *potere*, **wollen**, *volere*, **dürfen**, *avere il permesso di, potere*, **mögen**, *volere, desiderare*.
In tedesco, questi verbi sono detti di modo perche possono "modificare" il significato di un verbo all'infinito:
Wollen Sie mitkommen? V*uole venire con [noi]?*
Wir müssen heute bis 19 Uhr arbeiten, *Oggi dobbiamo lavorare fino alle 19.*

Il verbo modale occupa la posizione II mentre l'infinito si trova generalmente alla fine della frase, tranne, per esempio, nel caso di una subordinata:
Das ist das Kleid, das ich haben will, *Questo è il vestito che voglio (avere).*

Attenzione! L'infinito usato come complemento indiretto di un verbo modale non è mai preceduto dalla preposizione **zu**!

Per ulteriori spiegazioni sulla loro coniugazione, il loro significato e il loro uso vi rimandiamo alla lezione 35, § 1 e 2.

g) Il participio I e II
Il participio I è il participio presente.
In genere si forma aggiungendo una **-d** all'infinito: **weinen**, *piangere* → **weinend**, *piangente*; In italiano è spesso tradotto con una relativa o con il gerundio: *piangendo*:
Das Kind kommt weinend nach Hause, *Il bimbo è arrivato a casa piangendo.*

Il participio II è il participio passato.
schmücken, *decorare* → **geschmückt**, *decorato*
Wer hat den Weihnachtsbaum geschmückt? *Chi ha decorato l'albero di Natale?*

Entrambi i participi possono essere usati come aggettivi:
Er gibt dem weinenden Kind Schokolade, *Dà del cioccolato al bambino che piange* (piangente).
der geschmückte Weihnachtsbaum, *l'albero di Natale decorato.*

h) I verbi sostantivati
L'infinito di un verbo, così come il participio I e II, può essere trasformato in sostantivo. Basta scriverlo con l'iniziale maiuscola:

lachen, *ridere* → **Sein Lachen gefällt mir**, *Mi piace la sua risata (il suo ridere).*
lachend, *ridente* → **Der zuletzt Lachende lacht am besten** (lett. "Il per ultimo ridente ride meglio"), *Ride bene chi ride ultimo.*
angestellt, *impiegato* → **Die Angestellten der Firma...**, *Gli impiegati dell'impresa...*

12 Il passivo

Poiché l'uso del passivo è stato spiegato in modo dettagliato nel corso della lezione 91, § 1, qui ne riassiumiamo solo i punti più importanti.

- Il passivo di stato (**sein** + participio passato) è usato per descrivere uno stato, la condizione in cui si trova qualcosa o qualcuno:

Der Baum ist geschmückt, *L'albero è decorato.*

- Il passivo d'azione (**werden** + participio passato) è invece usato per indicare un'azione che si sta svolgendo nel momento in cui se ne parla:

Der Baum wird geschmückt, *L'albero viene decorato;*
oppure quando si vuole sottolineare un'azione (e non il soggetto):
Der Baum ist von mir allein geschmückt worden, *L'albero è stato decorato da me solo.*

Notate che, alla forma passiva, il participio passato di **werden** è **worden** (senza **ge-** !)

Ecco qui la coniugazione del verbo **schmücken**, *decorare*, al passivo (indicativo):

presente	preterito	futuro
ich werde geschmückt	**wurde geschmückt**	**werde geschmückt werden**
du wirst geschmückt	**wurdest geschmückt**	**wirst geschmückt werden**
er/sie/es wird geschmückt	**wurde geschmückt**	**wird geschmückt werden**
wir werden geschmückt	**wurden geschmückt**	**werden geschmückt werden**
ihr werdet geschmückt	**wurdet geschmückt**	**werdet geschmückt werden**
sie werden geschmückt	**wurden geschmückt**	**werden geschmückt werden**

passato prossimo	trapassato prossimo
ich bin geschmückt worden	**war geschmückt worden**
du bist geschmückt worden	**warst geschmückt worden**
er/sie/es ist geschmückt worden	**war geschmückt worden**

wir sind geschmückt worden	**waren geschmückt worden**
ihr seid geschmückt worden	**wart geschmückt worden**
sie sind geschmückt worden	**waren geschmückt worden**

La forma passiva del congiuntivo si costruisce con **werden** al congiuntivo (vedi 11 d) più il participio passato: **sei geschmückt (worden)**, **wäre geschmückt (worden)**, ecc.

13 La frase condizionale

Si tratta, in generale, di una frase ipotetica, irreale che esprime una condizione (**wenn...**, *se...*) e una conseguenza (**dann...**, *allora...*):
Wenn es morgen regnet, **(dann) bleibe ich zu Haus**, *Se domani piove,*(allora) *rimango a casa.*

Per descrivere un fatto irreale, un desiderio o una supposizione si usa la forma presente del "Konjunktiv II" in entrambe le proposizioni:
Wenn es regnen würde, (dann) würde ich zu Haus bleiben, *Se piovesse* (pioverebbe)*, resterei a casa* (ma non sta piovendo...!).
Per descrivere un fatto irreale al passato si usa la forma passata del "Konjunktiv II" in entrambe le proposizioni:
Wenn es geregnet hätte, (dann) wäre ich zu Haus geblieben, *Se avesse* (avrebbe) *piovuto,* (allora) *sarei rimasto a casa* (ma non ha piovuto...!).
Per ulteriori spiegazioni, vi rimandiamo alla lezione 98, § 2b.

14 I verbi separabili e inseparabili

Un verbo può essere preceduto da una "particella", in genere un prefisso o una preposizione, il cui significato è noto o facilmente deducibile.
La particella è sempre unita al verbo all'infinito. In alcuni casi la particella modifica leggermente il significato del verbo:
gehen, *andare* → **weggehen**, *andarsene.*
sprechen, *parlare* → **aussprechen**, *pronunciare.*
In altri casi, lo cambia totalmente:
fangen, *afferrare* → **anfangen**, *iniziare.*
kommen, *venire* → **bekommen**, *ottenere, ricevere.*

Esistono due tipi di particelle: quelle "separabili" che, come ci indica il nome, si separano dal verbo quando questo è coniugato:
Ich gehe weg, *Me ne vado,*

e quelle "inseparabili", anche dette "prefissi", che non si separano mai dal verbo:
Er bekommt einen Brief, *Riceve una lettera.*

Come si riconosce una particella separabile da una inseparabile? Spesso è la pratica che ci aiuta a capirlo. Le spiegazioni qui sotto possono tuttavia esservi d'aiuto:

1 la particella separabile è quella su cui cade l'accento; quella inseparabile, invece, non è mai accentata.
2 in genere, una particella separabile esiste anche da sola in quanto preposizione o avverbio avente un significato noto o deducibile. Le particelle inseparabili, in genere, non hanno un senso compiuto e non sono che sillabe*.
3 esistono cinque particelle che possono essere separabili o inseparabili a seconda del loro uso: concreto (separabile), figurato (inseparabile): **wieder**, **um**, **durch**, **über** e **unter**.

Unterbrechen Sie mich nicht! *Non mi interrompa!*
Das Boot geht unter! *Le barca affonda* (lett. "va giù").

*A scuola, le particelle inseparabili si studiano a memoria: **be- emp- ent- er- ge- miss- ver- zer**. E ancora: **hinter-** e **wider-**.

Quando il verbo è al participio passato, capire se una particella è separabile oppure inseparabile è davvero un gioco da ragazzi: se la particella e il verbo di base sono separati dal prefisso **ge-** del passato, è separabile: **Der Film hat schon angefangen**, *Il film è già cominciato*; se non lo sono, è inseparabile (quando il verbo è inseparabile il prefisso **ge-** è omesso): **Ich habe heute keine E-Mail bekommen**, *Oggi non ho ricevuto nessuna e-mail*

Per spiegazioni più dettagliate vi rimandiamo alla lezioni 21, § 1b e 49, § 2b.

15 I verbi transitivi e intransitivi

Un verbo è detto transitivo quando può reggere un complemento oggetto:

Er kennt diese Stadt sehr gut, *Conosce questa città molto bene.*
Die Kellnerin bringt das Bier, *La cameriera porta la birra.*

Un verbo è intransitivo quando non ammette il complemento oggetto in quanto l'azione è incentrata sul soggetto:

Kommen Sie! *Venga/Venite!*
Wir gehen nach Hause, *Andiamo a casa.*

Solo i verbi transitivi hanno la forma passiva:
Das Bier wird von der Kellnerin gebracht, *La birra viene portata dalla cameriera.*

Avete altre domande sul passivo? Riferitevi al § 12 e/o alla lezione 98.

16 I complementi di stato in luogo e moto a luogo
(lezione 49, § 4)

Un complemento è detto "di stato in luogo" quando indica il luogo, la posizione in cui si trova qualcuno o qualcosa.
Risponde alla domanda **wo?**, *dove?*

Wo wohnen Sie? – In Ulm. *Dove abita? – A Ulm.*
Wo steht die Weinflasche? – Auf dem Tisch, *Dov'è* (in posizione verticale) *la bottiglia di vino? – Sul tavolo.*

Un complemento è invece di "moto a luogo" quando indica uno spostamento o una direzione. Risponde alla domanda **wohin?** o **wo… hin?**, *(verso) dove?*

Wohin gehen Sie? / Wo gehen Sie hin? – Ins Kino. *Dove va? – Al cinema.*
Wohin stelle ich die Flasche? / Wo stelle ich die Flasche hin? – Auf den Tisch, *Dove metto la bottiglia? – Sul tavolo.*

Quando si usano i complementi di luogo occorre tener conto:
- della preposizione: **bei**, *presso*, ci indica che non c'è movimento; il luogo rimane lo stesso; **zu** e **nach**, invece, si usano esclusivamente per introdurre uno spostamento con meta:

Sie hat bei Freunden gegessen, *Ha mangiato da amici.*
Sie ist zu Freunden gefahren, *È andata da amici,*
Er ist nach Hamburg gefahren, *È andato ad Amburgo.*
L'unica eccezione alla regola è: **er ist zu Hause gelieben**, *è rimasto a casa.*

• del caso retto dalle cosidette preposizioni "miste"*:
il dativo nel caso di un complemento di stato in luogo,
er ist schon im (= in dem) Büro, *è già in ufficio* (**wo?**);
l'accusativo nel caso di un complemento di moto a luogo,
er fährt ins Büro, *va in ufficio* (**wohin?**).
* Sono nove: **an**, *a, su, contro, in riva a*, **auf**, *su*, **in**, *in*, **über**, *sopra,* **unter**, *sotto*, **vor**, *davanti*, **hinter**, *dietro*, **neben**, *a fianco di, vicino a*, e **zwischen**, *tra*.

17 I verbi reggenti un complemento + preposizione

In tedesco alcuni verbi sono accompagnati da una preposizione fissa reggente un solo caso, altri invece reggono più preposizioni. Questa particolarità costituisce un punto difficile della grammatica tedesca, in quanto bisogna fare molta attenzione ad usare la preposizione corretta! E come dice il proverbio: **wer die Wahl hat, hat die Qual!** (lett. "chi ha la scelta, ha il tormento!"), *non si ha che l'imbarazzo della scelta.* Il miglior consiglio rimane quello di imparare ciascun verbo insieme alla preposizione.
Ecco alcuni esempi:

a) Verbi + preposizione reggente l'accusativo:
denken an, *pensare a*, **bitten um**, *chiedere* (per) *qualcosa*, **danken für**, *ringraziare per / di*, **sich erinnern an**, *ricordarsi di*, **lachen über**, *ridere di*, *burlarsi di*, **schreiben an**, *scrivere a*, **sich verlieben in**, *innamorarsi di*, **warten auf**, *aspettare* (su) *qualcosa o qualcuno*, ecc.

b) Verbi + preposizione reggente il dativo:
abhängen von, *dipendere da*, **anfangen / aufhören mit**, *iniziare a*, *terminare di/con*, **fragen nach**, *chiedere* (**dopo**) qualcosa, **sich beschweren bei**, *lamentarsi con* (presso), **teilnehmen an**, *prendere parte a*, **sich fürchten vor**, *aver paura di*, **zweifeln an**, *dubitare di*, ecc.

c) Verbi reggenti due preposizioni:
sich erkundigen bei jemandem (dativo) **nach etwas** (dativo), *informarsi di qualcosa presso qualcuno*.
Er erkundigt sich bei dem Verkäufer nach den Öffnungszeiten, *Si informa presso il negoziante degli orari di apertura.*
sich unterhalten mit jdm (dativo) **über etwas** (acc.), *discutere di qualcosa con qualcuno*:

Wir haben uns die ganze Nacht mit unseren Freunden über Politik unterhalten, *Abbiamo discusso tutta la notte di politica con i nostri amici.*

d) Verbi che cambiano significato a seconda della preposizione:
sich freuen auf, *essere contenti di* (in prospettiva di…),
sich freuen über, *essere contenti di* (di quello che sta succedendo).

Sie freut sich auf den Sommer, *È felice dell'arrivo dell'estate*,
Sie freut sich über den Sommer, *È contenta che l'estate sia arrivata.*

kämpfen um, *battersi per* (contendersi la posta in gioco),
kämpfen für / gegen / mit, *lottare, combattere, battersi per / contro / con*:

Sie kämpfen um eine Flasche Champagner,
Si contendono una bottiglia di champagne,
Wir kämpfen für mehr Gerechtigkeit,
Ci battiamo per avere più giustizia,
Heinrich Böll hat gegen den Krieg gekämpft,
Heinrich Böll ha sempre lottato contro la guerra,
Sie kämpfen mit unehrlichen Mitteln,
Combattono con scarsi mezzi.

e) Frasi interrogative con il complemento indiretto:
- Se la domanda riguarda una persona, la preposizione precede il pronome interrogativo **wer** declinato nel caso retto dalla preposizione.

An wen denken Sie? *A chi pensa?*
Auf wen warten Sie? *Chi aspetta?*
Von wem sprechen Sie? *Di chi parla?*
Vor wem fürchten sich die Kinder?
Di chi hanno paura i bambini?

Nella risposta, la preposizione precede il nome della persona o il pronome personale.
Ich denke an Ludwig II., denken Sie auch an ihn?, *Penso a Luigi II, anche Lei ci pensa (a lui)?*
Wir sprechen von Frau Krumbach, und Sie, sprechen Sie auch von ihr?, *Parliamo della Sig. Krumbach, ne parla anche Lei (di lei)?*

- Se la domanda riguarda una cosa, la preposizione viene unita a **wo**. Nel caso inizi per vocale si interpone una **-r** tra **wo** e la preposizione stessa:

Woran denken Sie? *A cosa pensa?*
Worauf warten Sie? *Cosa aspetta?*
Wovon sprechen Sie? *Di cosa parla?*
Wovor fürchten sich die Kinder? *Di cosa hanno paura i bambini?*

Nella risposta, la preposizione viene unita a **da**:
Ich denke an das Wochenende, und Sie, denken Sie auch daran?, *Penso al week-end, ci pensa anche Lei (a questo)?*
Wir sprechen von dem Streik, und Sie, sprechen Sie auch davon?, *Parliamo dello sciopero, ne parla anche Lei (di questo)?*

Altre domande? Alla Lezione 84, § 2 trovate tutte le risposte…

18 Le congiunzioni

Le congiunzioni servono a legare due elementi o due proposizioni (lezione 84, § 3).
a) Le congiunzioni coordinanti: **und**, *e*, **aber**, *ma*, **oder**, *o, oppure*, **denn**, *perché*, si "inseriscono" tra due elementi o due frasi senza cambiarne la struttura:

Wir essen (und) danach sehen wir fern,
Mangiamo (e) *dopo guardiamo la televisione.*
Er wartet, (aber) seine Freundin kommt nicht,
Aspetta, (ma) *la sua fidanzata non arriva.*

b) Le congiunzioni subordinanti
- di tempo: **als**, *quando*, **bevor**, *prima che*, **bis**, *fino a*, **nachdem**, *dopo che*, **seit**, *da*, **sobald**, *non appena*, **solange**, *fintanto che*, **während**, *mentre*, **wenn**, *quando* (lezione 63, § 3)
- causali: **weil**, *perché*, **da**, *poiché*
- concessive: **obwohl**, **obgleich**, *sebbene*, *benché*
- finali: **damit**, **dass**, *affinché*, *al fine di…*

Bisogna considerare due cose importanti (le congiunzioni subordinanti uniscono, come ci suggerisce il loro nome, due subordinate).

Il verbo occupa l'ultima posizione,

Ich habe in Heidelberg gewohnt, als ich Kind war,
Quand'ero piccolo ho abitato a Heidelberg.

Si usano sempre con l'indicativo,
Macht Ordnung, bevor Papa kommt!,
Mettete in ordine prima che arrivi papà!
Iss dein Müsli, damit du groß und stark wirst!,
Mangia i cereali, che diventi grande e forte.
Sie trinkt ein Bier, obwohl sie kein Bier mag,
Beve la birra sebbene a lei non piaccia.

19 Le proposizioni relative

Le proposizioni relative sono subordinate introdotte da un pronome relativo; il verbo si trova in ultima posizione. Il pronome relativo concorda nel genere e nel numero con il sostantivo o il pronome da cui è preceduto:
Die Frau, die ich um 17 Uhr treffe, arbeitet mit mir,
La signora che incontro alle 17 lavora con me.
Der Mann, der im Café wartet, ist ihr Freund,
Il signore che aspetta nel caffè è il suo fidanzato.
Warum sind die Kinder, die dort spielen, noch nicht zu Hause?
Perché i bambini che giocano laggiù non sono ancora tornati a casa?
Diejenigen, die nach Hause wollen, können jetzt gehen,
Quelli che vogliono tornare a casa, possono andare adesso.

Attenzione! Il pronome relativo non deve solo concordare nel genere e nel numero con l'elemento che lo precede; ma anche essere declinato nel caso corrispondente alla funzione svolta all'interno della relativa:
Die Frau, der sie die Stadt zeigt, ist Spanierin, *La signora, a cui mostra la città, è spagnola.*
Der Mann, den sie getroffen habe, kommt aus Berlin, *L'uomo che ha incontrato viene da Berlino.*
Die Kinder, mit denen sie spielt, sind glücklich, *I bambini con cui gioca sono felici.*
Diejenigen, deren Arbeit zu Ende ist, dürfen gehen, *Coloro, il cui lavoro è terminato, possono andare.*

Per la tavola completa dei pronomi relativi e ulteriori esempi vi rimandiamo alla lezione 77, § 1.

20 Alcune espressioni impersonali

Si tratta di espressioni usate alla 3ª persona singolare aventi come soggetto **es**:
es gibt, *c'è*, **es dreht sich um.../es handelt sich um**, *si tratta di*, **es hängt davon ab**, *dipende da*, **es schmeckt**, *è buono*, **es regnet**, *piove*, **es schneit**, *nevica*, **es tut mir Leid**, *mi dispiace*, ecc.

Ricordatevi soprattutto della domanda **Wie geht es Ihnen / dir?**, *Come sta / stai?* (lett. "Come va esso a Lei / te?")
e della risposta **es geht mir...**, *sto...* (lett. "esso va a me"), cui si aggiunge un avverbio: **(sehr) gut**, *(molto) bene*, **schlecht**, *male*, **ausgezeichnet**, *benissimo*, **miserabel**, *malissimo*, **blendend**, *fantasticamente...*

Le nostre spiegazioni sulla grammatica tedesca terminano qui. Se non avete trovato le spiegazioni che stavate cercando, vi consigliamo di consultare l'indice grammaticale a pag. 582.

⌘ ⌘ ⌘

LISTA DEI VERBI IRREGOLARI

I verbi irregolari che trovate in questa lista (sono solo i principali) sono stati ordinati in base alle loro tre forme base (paradigma): infinito, preterito e participio passato della 1ª pers. singolare. Per i verbi irregolari alla 2ª e alla 3ª pers. singolare abbiamo riportato, tra parentesi, la voce verbale alla 3ª pers. singolare.
Prestate particolare attenzione alla coniugazione dei modali e a quella di **wissen**, *sapere*, entrambi irregolari al presente (lez. 35, § 1).

anbieten, bot an, angeboten, *offrire*
bleiben, blieb, geblieben, *rimanere*
beißen, biss, gebissen, *mordere*
beginnen, begann, begonnen, *iniziare*
bekommen, bekam, bekommen, *ottenere, ricevere, avere*
benehmen, sich ~ (benimmt), benahm, benommen, *comportarsi*
beschließen, beschloss, beschlossen, *decidere*
besitzen, besaß, besessen, *possedere*
betrügen, betrog, betrogen, *tradire, ingannare*
bewerben (bewirbt), bewarb, beworben, *candidarsi*
binden, band, gebunden, *attaccare, legare, unire*

bitten, bat, gebeten, *domandare, pregare, supplicare*
brennen, brannte, gebrannt, *bruciare*
brechen (bricht), brach, gebrochen, *rompere*
denken, dachte, gedacht, *pensare*
dürfen (darf), durfte, gedurft, *avere il permesso di, potere*
einladen (lädt ein), lud ein, eingeladen, *invitare*
entkommen, entkam, entkommen, *sfuggire, scappare*
empfangen (empfängt), empfing, empfangen, *ricevere, accogliere*
empfehlen (empfiehlt), empfahl, empfohlen, *consigliare*
entscheiden, entschied, entschieden, *decidere*
erkennen, erkannte, erkannt, *riconoscere*
erscheinen, erschien, erschienen, *apparire, sembrare*
erschrecken (erschrickt), erschrak, erschrocken, *spaventarsi*
essen (isst), aß, gegessen, *mangiare*
fahren (fährt), fuhr, gefahren, *andare (in auto/treno/bici...)*
fallen (fällt), fiel, gefallen, *cadere*
fangen (fängt), fing, gefangen, *afferrare, prendere, catturare*
finden, fand, gefunden, *trovare*
fliegen, flog, geflogen, *volare, andare in aereo*
fliehen, floh, geflohen, *fuggire*
fließen, floss, geflossen, *scorrere*
frieren, fror, gefroren, *gelarsi, avere freddo*
geben (gibt), gab, gegeben, *dare*
gefallen (gefällt), gefiel, gefallen, *piacere*
gelingen, gelang, gelungen, *riuscire*
gelten (gilt), galt, gegolten, *essere valido, valere*
geschehen (geschieht), geschah, geschehen, *succedere, accadere*
gewinnen, gewann, gewonnen, *vincere*
gießen, goss, gegossen, *versare, innaffiare*
graben (gräbt), grub, gegraben, *scavare*
greifen, griff, gegriffen, *afferrare*
haben (hat), hatte, gehabt, *avere*
halten (hält), hielt, gehalten, *tenere, fermare*
hängen, hing, gehangen, *pendere*
hauen, haute, gehauen, *picchiare, battere*
heben, hob, gehoben, *sollevare*
heißen, hieß, gehießen, *chiamarsi*
helfen (hilft), half, geholfen, *aiutare*
kennen, kannte, gekonnt, *conoscere*
klingen, klang, geklungen, *suonare*
kommen, kam, gekommen, *venire*

können (kann), konnte, gekonnt, *potere*
kriechen, kroch, gekrochen, *strisciare*
laden (lädt), lud, geladen, *caricare*
lassen (lässt), ließ, gelassen, *lasciare*
laufen (läuft), lief, gelaufen, *correre*
leiden, litt, gelitten, *soffrire*
lesen (liest), las, gelesen, *leggere*
liegen, lag, gelegen, *situato, essere disteso, trovarsi*
lügen, log, gelogen, *mentire*
meiden, mied, gemieden, *evitare*
messen (misst), maß, gemessen, *misurare*
mögen (mag), mochte, gemocht, *piacere, volere*
müssen (muss), musste, gemusst, *essere obbligati, dovere*
nehmen (nimmt), nahm, genommen, *prendere*
nennen, nannte, genannt, *chiamare*
pfeifen, pfiff, gepfiffen, *fischiare*
raten (rät), riet, geraten, *indovinare, consigliare*
reißen, riss, gerissen, *rompere, strappare*
riechen, roch, gerochen, *avere l'odore di*
rufen, rief, gerufen, *chiamare, gridare*
schaffen, schuf, geschaffen, *creare, riuscire*
scheinen, schien, geschienen, *sembrare, splendere*
schlafen (schläft), schlief, geschlafen, *dormire*
schlagen (schlägt), schlug, geschlagen, *picchiare, battere*
schließen, schloss, geschlossen, *chiudere*
schmelzen (schmilzt), schmolz, geschmolzen, *fondere, sciogliere*
schneiden, schnitt, geschnitten, *tagliare*
schreiben, schrieb, geschrieben, *scrivere*
schreien, schrie, geschrien, *gridare*
schweigen, schwieg, geschwiegen, *tacere*
schwimmen, schwamm, geschwommen, *nuotare*
schwören, schwor, geschworen, *giurare*
sehen (sieht), sah, gesehen, *vedere*
sein (ist), war, gewesen, *essere*
senden, sandte, gesandt, *spedire, inviare*
singen, sang, gesungen, *cantare*
sitzen, saß, gesessen, *sedere, essere seduti*
sollen (soll), sollte, gesollt, *dovere*
spinnen, spann, gesponnen, *filare, essere "svitato"*
sprechen (spricht), sprach, gesprochen, *parlare*
springen, sprang, gesprungen, *saltare*
stechen (sticht), stach, gestochen, *pungere*

stehen, stand, gestanden, *stare (in piedi)*
stehlen (stiehlt), stahl, gestohlen, *rubare*
steigen, stieg, gestiegen, *salire*
sterben (stirbt), starb, gestorben, *morire,*
streiten, stritt, gestritten, *litigare, contendersi*
tragen (trägt), trug, getragen, *portare*
treffen (trifft), traf, getroffen, *incontrare*
treten, trat, getreten, *entrare, andare, dare un calcio*
trinken, trank, getrunken, *bere*
tun, tat, getan, *fare*
unterhalten (unterhält), unterhielt, unterhalten, *discutere*
unterscheiden, unterschied, unterschieden, *distinguere*
verbieten, verbot, verboten, *proibire, interdire*
verderben (verdirbt), verdarb, verdorben, *rovinare, guastare*
vergehen, verging, vergangen, *passare, trascorrere*
vergessen (vergisst), vergaß, vergessen, *dimenticare*
verleihen, verlieh, verliehen, *prestare, donare*
verlieren, verlor, verloren, *perdere*
verschwinden, verschwand, verschwunden, *sparire*
versprechen (verspricht), versprach, versprochen, *promettere*
verstehen, verstand, verstanden, *comprendere, capire*
verzeihen, verzieh, verziehen, *perdonare*
wachsen (wächst), wuchs, gewachsen, *crescere*
waschen (wäscht), wusch, gewaschen, *lavare*
werben (wirbt), warb, geworben, *pubblicizzare, attirare*
werden (wird), wurde, geworden, *diventare*
wiegen, wog, gewogen, *pesare*
wissen (weiß), wusste, gewusst, *sapere*
wollen (will), wollte, gewollt, *volere*
ziehen, zog, gezogen, *tirare*
zwingen, zwang, gezwungen, *costringere, obbligare*

⌘ ⌘ ⌘

LESSICI

Il lessico che trovate qui sotto è composto da circa 2000 vocaboli. I numeri accanto alla parola in tedesco rimandano alla lezione in cui tale parola è stata utilizzata.
Di ciascun sostantivo abbiamo indicato, tra parentesi, il genere, *(m)* maschile, *(f)* femminile, *(n)* neutro e la forma plurale *(pl.)*. Ad es.:
Bild *(n)* (-er) = das Bild, die Bilder,
Stadt *(f)* (¨-e) = die Stadt, die Städte.
I verbi irregolari sono contrassegnati da un asterisco (*); le particelle separabili sono separate dal verbo da un apostrofo.

Lessico tedesco-italiano

A

Abend *(m)* (-e) 2, 12, 26, 53, 71	sera, serata
Abendessen *(n)* (-) 47	cena,cenare
aber 3, 4, 6, 10, 13, 19, 40, etc.	ma
ab'fahren* 16, 27, 30	partire (treno/auto)
ab'hauen *(fam.)* 55	svignarsela, tagliare la corda
ab'heben* 86	sollevare, levare via
ab'holen 20	andare/venire a prendere
ab'nehmen* 87	ritirare
Abschied nehmen* 12	congedarsi
Abschluss *(m)* (¨-e) 81	termine, chiusura, conclusione
Absicht *(f)* (-en) 86	intenzione
Abstecher *(m)* (einen ~ machen) 100	fare una scappata, un salto
ab'stellen 74, 90	spegnere
ab'stürzen 62	precipitare, scendere velocemente
Abteilung *(f)* (-en) 80	reparto, dipartimento
Abteilungsleiter (*m*) 80	capo reparto
ach 5, 10, 26, 44	ah, oh
achten 94	rispettare
Achtung *(f)* 16, 69, 90	attenzione, rispetto
Acker *(m)* (-) 59	campo coltivato
Affe *(m)* (-n) 88	scimmia
ahnen 87	presagire, intuire
ähnlich 80	simile
Ahnung *(f)* (-en) 87	idea (vaga), presentimento
Akzent *(m)* (-e) 75	accento
alle 23, 39	tutti
alle Welt 79	tutti
allein 2, 57	solo
allerdings 74	tuttavia
alles 18, 24, 31, 34, 38, 52, 62, etc.	tutto

Allgemeinbildung *(f)* 68	cultura generale
Alltag *(m)* 73, 81	vita quotidiana, quotidianità, routine
alltäglich 81	banale, comune, ordinario
Alpen *(pl.)* 83	Alpi
als 57, 58, 71, 73, 75	quando, di (*comparativo*)
als 72	come
also 9, 12, 19, 49, 59, 61, etc.	allora, quindi
alt 22, 36, 41, 48, 68, 78, 82	vecchio, anziano
älter werden/alt werden 82	invecchiare
Altstadt *(f)* (¨-e) 33	città vecchia
am (= an dem) 20, 22, 25, 51	a
am Ball bleiben 99	non mollare, andare avanti
am Ende 68, 72	alla fine
am Ende sein 67	essere sfinito
Amerika 39, 88	America, USA
Ampel *(f)* (-n) 94	semaforo
an 16, 24, 54, 69	a, davanti, presso, contro, in riva a
an'bieten* 37, 62, 72	offrire
ander- 34, 40, 55, 59, 67, 75, 80	altro
andere (das) 38	altro, altra cosa
ändern (sich ~) 39, 88, 96, 100	cambiar(si ~), mutare, modificare
anders 39, 88	altro, diverso, differente
Anfang *(m)* (¨-e) 99, 100	inizio
an'fangen* 45, 52, 55, 58, 60, 73, etc.	iniziare
Anfänger *(m)* (-) 90	principiante
Angebot *(n)* (-e) 62	offerta
an'gehen* 54	riguardare, concernere
angestellt sein 81	essere assunti/impiegati
Angestellte (der/*m*, die/*f*) (-n) 81	impiegato(a)
Angst *(f)* (¨-e) 76, 90	paura
Angst haben 59	avere paura
an'halten* 29, 79	fermar(si)
an'kommen* 20, 46, 59, 79	arrivare
Ankunft *(f)* 30	arrivo
Ankunftszeit *(f)* (-en) 30	ora d'arrivo
an'machen 43	accendere
Annonce *(f)* (-n) 50	annuncio
an'rufen* 11, 66, 96	chiamare al telefono, telefonare
anscheinend 100	apparentemente
an'sehen* 10, 76	guardare, vedere
anständig 85	correttamente
an'stellen 74, 81	accendere, assumere
anstrengend 26, 66	faticoso, pesante
Anstrengung *(f)* (-en) 66	sforzo
Antwort *(f)* (-en) 68, 80, 89	risposta
antworten 11, 58, 83	rispondere
Anzeige *(f)* (-n) 50	annuncio
an'zeigen 94	indicare, annunciare
an'ziehen* 38	indossare
Anzug *(m)* (¨-e) 13, 38	abito
an'zünden 90	accendere, dar fuoco
Apfel *(m)* (¨-) 24, 55, 89	mela

Apfelkuchen *(m)* (-) 27	torta di mele
Apfelsaft *(m)* (¨-e) 24, 89	succo di mela
Apfelwein *(m)* (-e) 33, 89	sidro
Appetit *(m)* 78	appetito
Arbeit *(f)* (-en) 78	lavoro
arbeiten 25, 81	lavorare
Arbeiter *(m)* (-) 33	lavoratore
Arbeitsstelle *(f)* (-n) 80	posto di lavoro, impiego
Arbeitszeit *(f)* (-en) 78	orario di lavoro
ärgerlich 69	arrabbiato, in collera
ärgern 93	far arrabbiare, irritare
Argument *(n)* (-e) 61	argomento
Arm *(m)* (-e) 53	braccio
arm 53, 93	povero
Arzt *(m)* (¨-e) 50	medico, dottore
au 26, 32, 55	ahi, oh
auch 6, 27, 40, 53, 58, 65, etc.	anche
auch nicht 78	neanche
auf 29, 43, 50, 51, 52, 54, 55	su, sopra
auf alle Fälle 76	in tutti i casi,
auf eine Idee kommen* 88	arrivare a un'idea, avere l'idea
auf Wiederhören 61	a risentirci, arrivederci (al tel.)
auf Wiedersehen 12	arrivederci
Aufgabe *(f)* (-n) 80	incarico, compito, impiego
auf'geben* 99	rinunciare, abbandonare, mollare
aufgeregt 18	eccitato, agitato
auf'holen 79	recuperare, riguadagnare
auf'hören (zu) 51, 55, 89	smettere, terminare (di)
auf'klären 99	chiarire
auf'machen (= öffnen) 20, 74	aprire
auf'passen (auf) 76, 99	fare attenzione (a)
aufs Klo müssen 79	dover (andare) al gabinetto
auf'schlagen* 85	rompere, battere
auf'stehen* 30, 55, 71	alzarsi
auf'wachen 71	svegliarsi
Auge *(n)* (-n) 54, 75	occhio
Augenblick *(m)* (-e) 47, 53, 85	momento, attimo, istante
August *(m)* 22	agosto
aus (+ *dat.*) 3, 15, 18, 48, 55, 71	di/da (provenienza, origine), fuori da
Ausdauer *(f)* 99	perseveranza, costanza
Ausfahrt *(f)* (-en) 48	uscita
aus'geben* 20	spendere
aus'gehen* 95	uscire
ausgezeichnet 27, 95	eccellente, squisito
Auskunft *(f)* (¨-e) 15	indicazione, informazione
Auslagen *(f)* 80	costi/spese rimborsabili
aus'machen 43, 54, 96	spegnere, fissare (appuntamento)
aus'sehen* 18, 66	aver l'aria, sembrare
außer 39, 64	tranne, eccetto
außerdem 50, 78, 81	inoltre, in più
außergewöhnlich 64	straordinario, fuori dal comune
Aussicht *(f)* (-en) 50	vista

Aussprache *(f)* (-n) 1	pronuncia
aus'steigen* 33	scendere (treno, auto)
Austausch *(m)* 81	scambio
Auto *(n)* (-s) 32, 40, 48, 52, 55, 79	auto, automobile
Autobahn *(f)* (-en) 15, 52, 79	autostrada
Automechaniker *(m)* (-) 67	meccanico
auwa 32, 55	ahia

B

Baby *(m)* (-s) 35	neonato, bébé
Bach *(m)* (¨-e) 5	ruscello
Bäckerei *(f)* (-en) 100	panetteria
Bad *(n)* (¨-er) 50	bagno
Badeanzug *(m)* 97	costume da bagno
Bahn *(f)* (-en) 15, 20	via, strada, treno
Bahnhof *(m)* (¨-e) 20, 33	stazione
bald 12, 16, 26	presto
Balkon *(m)* (-s) 50	balcone
Bankier *(m)* (-s) 67	banchiere
Bär *(m)* (-en) 53	orso
Bärenhunger *(m)* 53	fame da lupi
barock 41	barocco
Baskenmütze *(f)* (-n) 72	berretto basco
Bauch *(m)* (¨-e) 96	ventre, pancia
bauen 57	costruire
Bauer *(m)* (-n) 75	contadino
Bayer *(m)* (-n) 75, 83	Bavarese (abitante della Baviera)
bayerisch 75	bavarese
bedanken (sich ~) für 100	ringraziare per/di
bedeutend 51	importante
beeindruckend 74	impressionante
beendet werden 85	essere finito/terminato
begeistern 73	entusiasmare
begrüßen 93	salutare
bei (+ *dativo*) 34, 51, 54, 60, 65, 78	a, presso, da
beide 100	entrambi
beim (+ *verbo sostantivato*) 59	gerundio, mentre
Bein *(n)* (-e) 58, 60, 97	gamba
Beispiel *(n)* (-e) 75, 85	esempio
beißen* 32	mordere
bekommen* 33, 58	ottenere, ricevere
belegt 96	occupato
bemerken 97	notare
Benimm *(m)* 85	saper vivere, buone maniere
Benutzung *(f)* (-en) 96	utilizzo, uso
Benzin *(n)* 29	benzina
Benzinuhr *(f)* (-en) 29	indicatore della benzina
beobachten 88	osservare
Berg *(m)* (-e) 46, 54	montagna
Bericht *(m)* (-e) 87	rapporto, messaggio
Berliner *(m)* (-) 64	Berlinese
Berlinerin *(f)* (-nen) 64	Berlinese

berühmt 51, 72	celebre, famoso
Bescheid sagen (*o* geben) 58	informare, far sapere
beschließen* 71	decidere
besetzt 80	occupato
besichtigen 33, 41, 83	visitare
Besichtigung *(f)* (en) 33	visita
besitzen* 51	possedere, avere
Besitzer *(m)* (-) 48, 53, 93	proprietario, possessore
besser 18, 40, 54, 62, 75	migliore, meglio
Beste (das ~) 27, 62	il meglio, la cosa migliore
beste 71	il (la) migliore
besuchen 80, 87, 100	visitare, andare/venire a trovare
Besucher *(m)* (-) 87	visitatore
betrunken 34	ubriaco, sbronzo
Bett *(n)* (-en) 56, 71	letto
Beute *(f)* (-n) 36	preda
bevor (+ *indic.*) 29, 83, 100	prima (che)
bewahren 93	mantenere, custodire, proteggere
Beweis *(m)* (-e) 92	prova
Bewerbung *(f)* (-en) 80	candidatura, domanda d'impiego
bezahlen 9, 93	pagare
Bibliothek *(f)* (-en) 56	biblioteca
Bier *(n)* (-e) 8, 9, 33	birra
Biergarten *(m)* (¨) 75	biergarten, birreria all'aperto
Bierkrug *(m)* (¨-e) 87	boccale
Bierzelt *(n)* (-e) 87	tendone della birra
Bild *(n)* (-er) 54	immagine, foto, quadro
billig 40	conveniente, a buon mercato
Binde *(f)* (-n) 54	fascia, benda, cravatta
binden* 54	legare, unire, vincolare
Bindfaden *(m)* (¨) 87	spago
Bindfäden regnen 87	piovere a dirotto/a catinelle
bis (zu + *dativo*) 12, 45, 60, 61, 69, 74	a, fino, fino a
bis bald 12, 16	a presto
bis jetzt 79	finora
bis morgen 12	a domani
bis später 78	a più tardi, a dopo
bisschen (ein ~) 18, 36	un po', un pochino
bitte 4, 5, 9, 12, 45, 80, 81	per favore, per cortesia, prego
bitten 30, 62	pregare (di ~)
blau 72	blu
Blaumeise *(f)* (-n) 97	cinciarella
bleiben 11, 22, 26, 30, 48, 55, 97, etc.	restare, rimanere
blockieren 48	bloccare
blond(e) 36, 72	biondo(a)
blühen 82	fiorire
Blume *(f)* (-n) 82, 92	fiore
Boden *(m)* (¨) 83	suolo, pavimento
Bodensee *(m)* 83	Lago di Costanza
Boss *(m)* (-e) 90	boss, capo
Brasilien *(n)* 37, 43, 83	Brasile
Brathähnchen *(n)* (-) 87	pollo arrosto

Bratwurst *(f)* (¨-e) 4, 9	salsiccia arrosto
brauchen 24, 39, 50, 57, 65, 78	bisognare, necessitare, occorrere
bravo 13	bravo
brechen 93	rompere
Brief *(m)* (-e) 39	lettera
bringen* 8, 22, 23, 46, 68	portare
Brot *(n)* (-e) 4, 24, 100	pane
Brötchen *(n)* (-) 4	panino, pagnotta
Brücke *(f)* (-n) 94	ponte
Bruder *(m)* (¨) 23, 33, 58	fratello
buchen 62, 96	riservare, prenotare, registrare
Bundesregierung *(f)* (-en) 64	governo federale
Bundesrepublik *(f)* (-en) 64	repubblica federale
Bundestag *(m)* (-e) 64	parlamento
Büro *(n)* (-s) 6, 25, 49, 52	ufficio

C

Champagner *(m)* (-) 24, 44, 95	Champagne
charmant 42	affascinante
Chef *(m)* (-s) 30, 31, 43, 47, 85	capo, padrone
China *(n)* 39	Cina
chinesisch 73	cinese
Computer *(m)* (-) 25	computer
Currywurst *(f)* (¨-e) 4	salsiccia al curry

D

da (*cong.*) 80, 93	poiché, perché, dato/visto che,
da 6, 36, 44, 58, 73, 83	là, qui, in questo (caso)
Dach *(n)* (¨-er) 81	tetto
dagegen 60, 67, 71	invece, al contrario
dahin 37	verso là
damals 74, 82	allora, all'epoca
Dame *(f)* (-n) 33, 51	dama, signora, donna
damit 58, 66, 69	al fine di, affinché, in modo che
danach 51, 79	dopo (*avverbio*)
Dank *(m)* 29	grazie
dankbar 92	riconoscente
danke 5, 6, 27	grazie
danken jdm (*dativo*) für + *acc.* 61	ringraziare qcn. per/di
dann 15, 16, 29, 33, 52, 53, etc..	poi, allora
daran 74, 79	di questo, ci, a questo
daran denken* 79	pensarci
daraufhin 93	lassù, di conseguenza
darin 13	dentro, all'interno
darüber 75, 83	di questo, a questo
darum 94	di questo
darunter 74	al di sotto, sotto
das 3, 10, 13	quello(a) (neutro), questo(a), ciò
das ist mir egal 66	non m'importa, mi è indifferente
das lohnt sich 41	vale la pena, merita
das nächste Mal 83	la prossima volta
das passt mir 80	mi va/sta bene (abito)

dass (= damit) 79	poiché, affinché
dass 31, 34, etc.	che
dasselbe 30 (8), 48, 92	lo stesso (neutro), la stessa cosa
Daumen *(m)* (-) 79	pollice
davon 78, 87	di questo
dazu 75	con questo, insieme
Deckel *(m)* (-) 57	coperchio
dein, e 11, 18, 23	tuo, tua, tuoi, tue
denken* 46, 54, 57, 73, 74, 79	pensare
denn (= weil) 82	poiché, perché
denn 10, 13, 19, 20, 22, 29, etc.	dunque, ma, allora, poi
der 3, 32	il, colui
derjenige, der 85	colui che
derselbe 30 (8), 48	lo stesso *(m)*
deshalb 10, 65, 79, 99	perciò, per questo, quindi
deutsch (*agg.*) 50, 51	tedesco
Deutsch 1, 50	tedesco (lingua)
Deutscher, e 50, 51, 67	Tedesco(a) (abitante)
Deutschland *(n)* 25	Germania
Dezember *(m)* 44,	dicembre
Dialekt *(m)* (-e) 89	dialetto
dich (*accusativo*) 20, 39, 22	te, ti
Dichter *(m)* (-) 51	poeta, scrittore
dick 82	grosso, spesso, grasso
dick/dicker werden* 82	ingrassare
die 3, 6, 13	la, le, queste, quelle
die Daumen für jdn drücken 79	incrociare le dita per qcn.
Dienst *(m)* (-e) 25, 30	servizio
Dienstag *(m)* 25, 30, 61	martedì
dieselbe 30 (8), 48	la stessa *(f)*
Ding *(n)* (-e) 93, 99	cosa
Diplom *(n)* (-e) 65	diploma
dir (*dativo)* 6, 37	ti, a te
direkt 85	diretto
doch 19, 40, 96	sì (con un'interrogativa negativa)
doch 30, 47	ma, già, però
doch 40, 79	ma, allora
Doktor *(m)* (-en) 47	Dottore
Dom *(m)* (-e) 33	duomo, cattedrale
Donautal *(n)* 83	valle del Danubio
Donner *(m)* (-) 25	tuono
Donnerstag *(m)* 25	giovedì
Doppelzimmer *(n)* (-) 96	camera doppia / matrimoniale
dort 10, 36, 39, 41, 43, etc.	là
dorthin 37, 83	laggiù, ci (movimento)
draußen 61, 78, 97	fuori, all'esterno
dreimal 9, 72	tre volte
drin 13	all'interno, dentro
dringend 69, 78, 79, 92	urgente, urgentemente
drinnen 78	all'interno
dritte 3	terzo
drücken 66, 79	spingere, premere, opprimere

du 8, 9	tu
dumm 10, 88	stupido, scemo
Dummer *(m)* 88	l'imbecille, lo stupido
Dunkel *(n)*, Dunkelheit *(f)* (-en) 76	oscurità, buio
dunkel 33, 45	scuro, buio, oscuro
durch 61, 64, 79	attraverso
durch 86, 91	da, per mezzo di (compl. di causa efficiente)
durch'fahren* 88, 94	attraversare, passare (senza fermarsi)
Durchschnitt *(m)* 79	media
dürfen* 32, 33, 34, 37, 47, 61, 72	avere il permesso, potere, dovere
Durst *(m)* (¨-e) 19	sete

E

echt 92	veramente, davvero
egal sein* (jdm ~) 48	essere uguale, indifferente (~ a qcn.)
egal, was kommt* 99	non importa cosa accadrà/succederà
Ehe *(m)* 66	matrimonio, vita coniugale
Ehemann *(m)* 66	marito, sposo
eher 31	piuttosto
ehren 80	onorare, rispettare
Ehrenbürger *(m)* (-) 72	cittadino d'onore
eigentlich 22, 34, 65, 87, 97	in realtà, di fatto, infatti, esattamente
Eihütchen *(n)* (-) 86	cappellino dell'uovo
ein 69	uno, un
ein bisschen (von) 18, 36, 60, 65, 69, 96	un po' (di)
ein einziges Mal 79	una volta sola
ein paar 60, 90	un paio di, qualche
ein wenig 30, 60	un po' (di)
ein, -e 2, 3, 11	un, una
ein'brechen* 93	irrompere, scassinare, fare irruzione
einfach 31, 71, 73, 85, 89	semplice(mente), facile
einfach nicht 93	veramente/semplicemente no
Einfahrt *(f)* (-en) 48	entrata
ein'fallen* 100	venire in mente, pensare
Einfluss *(n)* (¨-e) 51	influenza, influsso
Eingang *(m)* (¨-e) 15	entrata
Einheit *(f)* (-en) 64	unità
einige 62, 69	alcuni(e)
ein'kaufen 24, 48	fare la spesa, comprare
ein'kaufen fahren 48	andare a fare la spesa, (in auto)
ein'kaufen gehen 24, 48	andare a fare la spesa, (a piedi)
ein'laden* 23, 75, 95	invitare
einmal 9, 11, 22, 52, 60, 62	una volta
eins 21, 38	un, uno, una cosa
ein'schlafen* 71	addormentarsi
ein'steigen* 16	salire (treno, aereo)
einundreißig 17	trentuno
einverstanden 58	d'accordo
Eiskonditormeister *(m)* (-) 57	mastro gelataio
Eistorte *(f)* (-n) 57	torta gelato
eklig 75	disgustoso

Elektronik *(f)* 81	elettronica
E-Mail-Adresse *(f)* 100	indirizzo e-mail
Empfang *(m)* (¨-e) 96	accoglienza (reception)
empfangen* 100	accogliere, ricevere
empfehlen* 65	consigliare, raccomandare
Ende *(n)* (-n) 13, 48, 60, 67, 68, 76, 100	fine
endlich 43	infine, finalmente, alla fine
Engel *(m)* (-) 72	angelo
England *(n)* 25	Inghilterra
Engländer *(m)* (-) 67	Inglese
englisch 67	inglese
entdecken 88	scoprire
entfernt 100	lontano
entkommen* 43	scappare, fuggire
entlang 100	lungo
Entschädigung *(f)* (-en) 93	risarcimento, indennizzo, rimborso
entscheiden 86	decidere
entschuldigen 5, 15, 45, 52	scusare, perdonare
entschuldigen Sie 67	scusi, mi scusi
Entschuldigung *(f)* (-en) 5, 81	scusa, perdono, mi scusi
enttäuscht 96	deluso
Entwicklung *(f)* 97	evoluzione, sviluppo
Erbe *(n)*, Erbe *(m)* (-n) 88	eredità, erede
Erbgut *(n)* (¨-er) 88	patrimonio genetico, bene ereditario
Erdbeere *(f)* (-n) 57	fragola
Erde *(f)* 97	terra
erfahren* 89	apprendere, sentire, sapere
Erfahrung *(f)* (-en) 89	esperienza
erfinden* 57, 68	inventare
ergänzen 1	completare
erkennen* 72, 82	riconoscere
erklären 71, 95, 96	spiegare, dichiarare
erklären für 83	dichiararsi a favore
erlauben 34, 81	permettere
erlaubt 34	permesso
erleben 64	vivere (qcs.), vedere, conoscere, fare esperienza di qcs.
ermöglichen 97	rendere possibile, permettere
eröffnen 65	aprire, inaugurare
erscheinen* 85	sembrare, apparire
Erschöpfung *(f)* (-en) 60	esaurimento
erschrecken* 100	avere paura
erst 52, 74, 75, 90	solo, non… che (temporale)
erst, zuerst 53	per prima cosa
erstaunlich 74	stupefacente
erste 1, 15, 46, 49, 51, 73	primo(a)
ersticken 58	soffocare
ertragen* 93	sopportare
Erwärmung *(f)* 97	surriscaldamento
erwidern 58	replicare
es 6	esso(a) *(n)*
es geht (um) 94	si tratta (di)

es gibt* 15, 19, 41, 50, 67, etc.	c'è, ci sono
es handelt sich um (+ *accusativo*) 94	si tratta di
es ist soweit 90	esserci, ci siamo
es ist zu (+ *verbo inf.*) 79	è da (+ *verbo inf.*)
Essen *(n)* (-) 27, 95	il mangiare, pasto
essen* 8, 19, 23, 47, 53, 57, etc.	mangiare
Etage *(f)* (-n) 90	piano
etwa 89	circa
etwas (unter sich) ausmachen 95	mettersi d'accordo, convenire, organizzare qualcosa
etwas 8, 19, 23, 61, 66, 69	qualcosa
Euro *(m)* (-s) 9	euro
Europa *(n)* 37	Europa
Experiment *(n)* (-e) 88	esperimento, studio

F

Faden *(m)* (¨) 54, 87	filo
fahren* 16, 20, 34, 37, 40, 46, etc.	andare (in treno, in auto, in bici), partire, guidare
Fahrrad *(n)* (¨-er) 34, 40, 48, 82	bicicletta
Fahrrad fahren 34	andare in bicicletta
Fahrt *(f)* (-en) 62	tragitto, viaggio
Fahrzeug *(m)* (-e) 48	veicolo, mezzo di trasporto
Fall *(m)* (¨-e) 76, 89	caso
fallen* 24, 43, 53, 55, 62, 64	cadere
fallen* auf (+ *accusativo*) 81	cadere su, posarsi
falls 57, 83	nel caso in cui, in caso
falsch 93	falso
Familie *(f)* (-n) 23, 39	famiglia
fangen* 45	afferrare
fantastisch 18, 27, 42, 62	fantastico
Farbe *(f)* (-n) 74	colore
fast 57, 64, 71, 81, 87	quasi, circa
Feder *(f)* (-n) 74	piuma
Federlesen machen 93	andare per il sottile
fehlen (jemandem) 81	mancare a qcn.
fehlen 65	mancare
feiern 23, 64, 66	festeggiare
Feld *(n)* (-er) 58, 59	campo
Felsen *(m)* (-) 68	rupe
Fenster *(n)* (-) 53, 82	finestra
Ferien *(pl.)* 13, 37, 39, 46, 50	vacanze, ferie
Ferienende *(n)* (-n) 12	fine delle vacanze
Ferienwohnung *(f)* (-en) 50	appartamento delle vacanze
fern 55	lontano
Fernsehapparat *(m)* (-e) 74	televisore
fern'sehen* 55	guardare la TV
fertig 13	finito(a)
Fest *(n)* (-e) 22	festa
festlich 38	da cerimonia, delle feste
Film *(m)* (-e) 53, 55, 72, 76	film
Filmmuseum *(n)* (-museen) 74	museo del cinema

finanzieren 83	finanziare
finden* 26, 36, 50, 52, 58, 71, 76	trovare
Firma *(f)* (Firmen) 47, 48, 75	società, ditta, impresa
Fitness-Studio *(n)* (-s) 96	centro fitness
Flasche *(f)* (-n) 44, 58	bottiglia
Fleisch *(n)* 26, 74	carne, polpa
fleischfarben 74	color carne
fleißig 99	studioso, diligente
flexibel 78	flessibile
fliegen* 25, 43, 62	volare, prendere l'aereo, andare in aereo
fließen* 73	scorrere
fließend 73, 99	fluentemente, correntemente
Flug *(m)* (¨-e) 62	volo
Flughafen *(m)* (¨) 62	aeroporto
Flugzeug *(n)* (-e) 62	aereo
Fluss *(m)* (¨-e) 26	fiume
flüstern 45	sussurrare, mormorare
folgen jdm (*dativo*) 36, 75, 88	seguire qcn.
Forscher *(m)* (-) 88	ricercatore
Fortsetzung *(f)* (-en) 37, 59, 82	seguito, continuazione, proseguimento
Fortsetzung folgt 36, 58, 81	a seguire, segue
Fortuna *(f)* 54	fortuna, buona sorte
Foto *(n)* (-s) 3	foto
Frage *(f)* (-n) 62, 67, 68, 89, 95	domanda, questione
fragen jdn (*acc.*) nach (+ *dativo*) 38, 39, 58, 68, 73, etc.	chiedere qcs. a qcn.
Frankfurt 50	Francoforte
Frankreich *(n)* 30	Francia
Franzose *(m)* (-n) 67	Francese
Frau *(f)* (-en) 3, 6, 37, 38, 40, 58, etc.	donna, signora, moglie
Frau X 6, 80	Signora X
frech 48	sfacciato
frei 2, 12, 32, 64, 78	libero, liberamente
freihalten* 78	lasciare libero
Freitag 25	venerdì
freitagabends 30	venerdì sera (il ~)
Fremdsprache *(f)* (-n) 73	lingua straniera
freuen (sich ~) 20, 26, 80, 81, 100	rallegrare (~ si), essere contento
Freund *(m)* (-e) 3, 23, 40, 48	amico, fidanzato
Freundin *(f)* (-nen) 3, 23	amica, fidanzata
freundlich 40	amichevole, gentile
freundliche Grüße 80	cari saluti
Frieden *(m)* (-) 55	pace
frisch 78	fresco
Friseursalon *(m)* (-s) 65	salone da parrucchiere
frisieren 65	pettinare
Frisör *(n)* (-e) 50	parrucchiere
froh 53, 94	contento
früh 30	presto
früher 69	prima

Frühstück *(n)* 4	colazione
funktionieren 25	funzionare
für (+ *acc.*) 2, 15, 22, 26, 30, 38, etc.	per
Furche *(f)* (-n) 59	solco
fürchterlich 100	orribilmente, spaventosamente
Fuß *(m)* (¨-e) 33, 74	piede
Fußgänger *(m)* (-) 33	pedone
Fußgängerampel *(f)* (-n) 94	semaforo pedonale
Fußgängerzone *(f)* (-n) 33	zona pedonale
Futur *(n)* 55	futuro

G

ganz 37, 45, 67, 69, 76, 81	completamente, interamente
gar 73	assolutamente, affatto
gar keins *(n)* 73	nessuno
gar nicht 76, 94, 99	proprio per niente, niente affatto
gar nichts 74	niente di niente
garantieren 75	garantire, assicurare
Garderobe *(f)* (-n) 56	vestiario, guardaroba
Garten *(m)* (¨) 22, 23	giardino
Gartenfest *(n)* (-e) 23	festa in giardino
Gartenzwerg *(m)* (-e) 68	nano da giardino
Gast (¨-e) 87	ospite, visitatore
geben* 15, 16, 22, 40, 43, 47	dare
gebildet 70	colto
geboren 51	nato(a)
Geburt *(f)* (-en) 22, 65, 81	nascita
Geburtstag *(m)* (-e) 22, 38, 89	compleanno
Geburtstagsfest *(n)* (-e),	festa di compleanno
Geburtstagsparty *(f)* (-s) 20, 22, 27	festa di compleanno
Geburtstagslied *(n)* (-er) 90	canzone di buon compleanno
Gedächtnis *(n)* (-se) 95	memoria
geehrt- 80	onorato
Gefahr (in ~) 61	pericolo (in ~)
gefährlich 32	pericoloso
gefallen* 40, 53	piacere
gefüllt 78	ripieno
Gegenteil *(n)* 85	contrario
gegenüber (von) 33	di fronte (a)
Geheimnis *(n)* (-se) 65, 97	mistero, segreto
gehen* 6, 10, 15, 24, 37, etc.	andare
gehören (+ *dativo*) 74	appartenere a
Geist *(m)* 83	spirito, fantasma
geisteskrank 83	pazzo
gelb 82, 92	giallo
Geld *(n)* (-er) 9, 10, 39, 52, 92	soldi, denaro
gelegen (liegen*) 50	situato, disteso
Gelegenheit *(f)* (-en) 38	occasione
geliebt 18	amato, preferito
genau 20, 55, 81, 88	esatto, esattamente
Generaldirektor *(m)* (-en) 90	direttore generale, presidente
Generation *(f)* (-en) 51	generazione

genial 83	geniale
Gentleman *(m)* 93	gentiluomo, gentleman
genug 10, 46, 61, 69, 78, 92	abbastanza, a sufficienza
genug haben 46	averne abbastanza
gerade (+ *verbo al passato*) 87	appena ~
gerade (+ *verbo al presente*) 86	gerundio
gerade 15, 47, 86	dritto, esatto
geradeaus 15, 47	sempre dritto
Gericht *(n)* (-e) 93	tribunale
gern 8, 12, 19, 57, 62, 80	volentieri
Geschäft *(m)* (-e) 10, 100	negozio, affare
Geschäftsmann *(m)* (¨-er) 93	uomo d'affari
Geschäftsreise *(f)* (-n) 85	viaggio d'affari
geschehen mag (was auch ~) 97	checché ne sia, qualunque cosa accada
geschehen* 76	succedere, accadere
Geschichte *(f)* (-n) 41, 64, 82, 93	storia
geschlossen (schließen*) 10	chiuso
Geschrei *(n)* 55, 93	urla, grida
Geschwister *(n)* 23	fratelli, sorelle, fratello e sorella
gesegnete Mahlzeit 78	buon (*benedetto*) appetito
Geselle *(m)* (-n) 57	compagno
Gesetz *(n)* (-e) 94	legge
Gesicht *(n)* (-er) 54	viso, volto, faccia
Gespräch *(n)* (-e) 5, 80	conversazione
gestern 36, 71, 73	ieri
gestorben (sterben*) 51	morto
Gesundheit *(f)* 65	salute
Getränk *(n)* (-e) 8, 33	bevanda
getrennt 95	separato(a)mente
gewinnen* 58, 62, 86	vincere
gewiss 88	certo
gewöhnlich 64	abituale, comune
gierig 86	vorace, avido
gießen* 54	versare, innaffiare
Glas *(n)* (¨er) 33, 89	bicchiere
glauben (an + *accusativo*) 20, 45	credere (in, a)
glauben 74, 76, 97	credere
gleich 6, 15, 16, 47, 55, 58, etc.	subito
gleichzeitig 64	allo stesso tempo
Gleis *(f)* (-e) 16	binario
Glück *(n)* 1, 22, 29, 38, 65	fortuna, felicità
Glück haben 79	avere fortuna, essere fortunato
glücklich 75	fortunato, felice
glücklich machen 17	rendere felice
Glückwunsch *(m)* (-e) 89	augurio, congratulazioni
golden 54	d'oro
Goldtaler *(m)* (-) 58	tallero d'oro
gothisch 63	gotico
Gott *(m)* (¨-er) 29, 46, 48	Dio
Gott sei Dank 29	grazie a Dio
Grad *(m)* (-e) 57	grado

Graf *(m)* (-en) 68, 86	conte
gratulieren jdm (*dat.*) zu (+ *dat.*) 38	fare gli auguri a qcn., complimentarsi con qcn. per
greifen* 86	afferrare
Grenze *(f)* (-n) 79	frontiera
Grieche *(m)* (-n) 68	Greco
Grillfest *(n)* (-e) 23	barbecue
Grillfleisch *(n)* 24	carne da fare alla griglia
groß 1, 27, 36, 40, 50, 59, 72	grande, alto
groß werden* 51	diventare alto/grande, crescere
Großmarkt *(m)* (¨-e) 48	supermercato
Großmutter *(f)* (¨) 39	nonna
grün 94	verde
Grund *(m)* (¨-e) 48	ragione, motivo
gründen 89	fondare
Gruß *(m)* (¨-e) 18	saluto
grüßen 18, 58	salutare
gucken (*fam.*) 36, 43	guardare
günstig 38	favorevole, conveniente
gut 1, 6, 8, 18, 23, 24, 26,	buono, bene, bello
gut gehen* 59	andare bene, funzionare
gute Nacht 17, 43, 53	buona notte
guten Abend 2, 50, 53, 66	buona sera
guten Appetit 78	buon appetito
guten Morgen 6	buongiorno
guten Tag 1, 8, 12, 38, 40, 47, 61, 81	buongiorno

H

haben* 2, 24, 38, 46	avere
halb 52	metà, mezzo
halbe Stunde 48	mezz'ora
hallo 11, 12, 20, 37, 55	ciao
Hals *(m)* (¨-e) 93	gola, collo
halt 24, 31, 58, 83	stop, alt
halten* 29, 32, 78	fermare, tenere
Hamburg 20	Amburgo
Hand *(f)* (¨-e) 54	mano
Handy *(n)* (ys, ies) 11	cellulare
hängen* (an + *dativo*) 54	pendere, essere sospeso (a)
hart 88, 90	duro(-amente), brusco(-amente)
Hase *(m)* (-n) 58, 59, 60	lepre, coniglio
Hasenfrikassée *(n)* 70	fricassea di coniglio
hässlich 36, 42	brutto
Haupt *(n)* (¨-er) 27	testa, capo
haupt- 27	principale, centrale
Hauptbahnhof *(m)* (¨-e) 27	stazione centrale
Haupteingang *(m)* (¨-e) 27	ingresso principale
Hauptrolle *(f)* (-n) 72	ruolo principale
Hauptsache *(f)* 99	la cosa principale, l'importante
Hauptspeise *(f)* (-n) 27	portata/piatto principale, primo
Hauptstadt *(f)* (¨-e) 64	capitale
Haus *(n)* (¨-er) 11, 25, 46, 53, 58	casa

hausgemacht 78	fatto in casa, casereccio
Hausmeister *(m)* (-) 69	custode, portiere
heben* 86	sollevare
Heiligabend *(m)* 97	Natale, "Santa-Sera"
heiraten 38	sposarsi
heiß 9	caldo
heißen* 3, 5, 57	chiamarsi
helfen* jdm (*dat.*) 59, 69	aiutare qcn.
hell 33, 50	chiaro, luminoso
her 37, 47	verso qui (movimento)
heraus 46	fuori
her'bringen* 37	portare qui
Herr *(m)* (-en) 5, 46, 51, 89	signore
Herr Ober 95	cameriere
herrlich 46, 50	magnifico, meraviglioso(-amente), splendido
herum'fahren* 52	fare un giro in macchina, girare
herunter 43	in basso, verso il basso
Herz *(n)* (-en) 18, 54, 79	cuore
herzlich 18, 46, 51, 89	cordiale, di cuore
heute 1, 10, 26, 51, 55, 64, etc.	oggi, adesso
hier 5, 11, 12, 16, 17, 27, etc.	qui, ecco
hierher 37	qui, verso qui (chi parla)
hierhin 45	qui, verso qui
Hilfe *(f)* (-n), Hilfe! 45	aiuto, aiuto!
Himbeere *(f)* (-n) 57	lampone
Himmel *(m)* (-) 24, 43, 85	cielo
hin- 31	ci (movimento verso una meta)
hin'gehen* 31, 37	andarci, andare verso
hinter 54, 82	dietro
Hintern *(m)* (-) 96	didietro, posteriore, sedere
Historiker *(m)* (-) 83	storico
Hitze *(f)* (-n) 22	calore, gran caldo
hitzefrei 22	congedo, vacanza per il gran caldo
Hitzewelle *(f)* (-n) 22	ondata di calore
hoch 54, 57	alto
Hochdeutsch *(n)* 89	alto tedesco
höchst- 100	il più alto
höchstwahrscheinlich 94	con ogni probabilità, molto probabile
Hochzeitstag *(m)* 66	anniversario di matrimonio
Hof *(m)* (¨-e) 20, 52	corte, cortile, fattoria
hoffen 25, 45, 92	sperare
hoffentlich 45, 100	speriamo, si spera che
höflich 52, 58	educatamente, educato(a), cortese
Höflichkeit *(f)* (-en) 52	cortesia
hoh- 82	alto
hohes Tier *(n)* (-e) 90	pezzo grosso
holen 24, 44, 100	andare/venire a prendere
Hölle *(f)* (-n) 67	inferno
hören (an + *dativo*) 75	sentire, capire/riconoscere (da)
hören 36, 43, 50, 54, 73, 82	sentire, ascoltare

Hose *(f)* (-n) 13, 80	pantaloni
Hotel *(n)* (-s) 4, 62	hotel, albergo
Hund *(m)* (-e) 32	cane
hundert 21	cento
Hunger *(m)* 19, 53	fame
I	
ICE *(m)* 20	Intercity (IC)
ich bin dran (= an der Reihe) 95	tocca a me
Idee *(f)* (-n) 2§	idea
identisch 88	identico
Idiot/Idiotin 100	idiota
Igel *(m)* (-) 58, 59, 60	riccio
im Augenblick 53	per il momento
im Durchschnitt 79	in media
im Gang 76	in corso
im Gegenteil 66, 69	al contrario
im Schnitt 79	in media
immer (+ *compar.*) 60	sempre più
immer 6, 19, 29	sempre
immer noch	sempre, ancora (continuità)
immer noch kein 75	ancora non/nessuno
in 10	in
in der Tat 81, 82	in effetti
in naher Zukunkt 80	in un prossimo futuro
in Ordnung 52	in ordine, bene
inbegriffen 62, 96	compreso, incluso
indem 86	mentre (+ *verbo o gerundio*)
Informatik *(f)* 80, 81	informatica
informieren 80	informare
Inhalt *(m)* (-e) 57	contenuto
insgesamt 87	in tutto, in totale
interessant 36, 62	interessante
interessieren 57	interessare
Internet *(n)* 73	internet
Interview *(n)* (-s) 89	intervista
inzwischen 48, 80, 100	nel frattempo
irgend- 76	quasiasi, qualunque
irgendwo 82	da qualche parte
Italien *(n)* 30, 43	Italia
Italiener *(m)* (-) 67	Italiano
italienisch 73	italiano
IT-Unternehmen *(n)* 81	ditta d'informatica
J	
ja 2, 8, 15, 26, 27, 32, 43	sì, vero?, no?, ma, bene
Jacke *(f)* (-n) 13	giacca
Jahr *(n)*, (-e) 17, 46, 51, 57, 62, etc.	anno
Jahrhundert *(n)* (-e) 68	secolo
je (+ *compar.*)... desto/umso (+ *compar.*) 97	più... più, meno... meno
je/jeweils 92	ogni volta / ogni, per (= pro)

jedenfalls 99	in ogni caso, comunque
jeder, e, es 30, 46, 65	ogni
jedes Mal 76	ogni volta
jedes Mal, wenn 76	ogni volta/ tutte le volte che
jedoch 80	tuttavia
jemand 34, 45	qualcuno
jemandem böse sein 92	avercela con qcn.
jemandem etwas bei'bringen* 93	insegnare qcs. a qcn.
jemanden zu etwas ernennen* 72	nominare qcn. a qcs.
jemanden zu etwas machen 72	fare di qcn. qcs.
jetzt 19, 37, 40, 44, 48, etc.	adesso, ora
jung 51, 82	giovane
Junge *(m)* (-n) 7	ragazzo
jünger werden* 82	ringiovanire
Jungs 90	ragazzi
Juni *(m)* 46	giugno
Jura *(f)* 51	diritto, legge, giurisprudenza

K

Kabelfernsehen *(n)* 73	televisione via cavo
Kaffee *(m)* (-s) 4, 8	caffè (bevanda)
Kaffeekanne *(f)* (-n) 8	caffettiera
Kaiser *(m)* (-) 68	imperatore
Kakao *(m)* 57	cacao
Kalender *(m)* (-) 25	calendario, agenda
kalt 78	freddo
Kälte *(f)* 78	il freddo
Kamm *(m)* (¨-e) 68	pettine
kämmen 68	pettinare
Kännchen *(n)* (-) 8, 9	piccolo bricco
Kapital *(n)* 65	capitale
kaputt gehen 85	rompersi
kaputt sein 85	essere rotto/sfinito
Karriere *(f)* (-n) 19, 82, 85	carriera
Kartoffel *(f)* (-n) 24, 78	patata
Käse *(m)* 4, 67	formaggio
Käsefreund *(m)* (-e) 73	amante dei formaggi
Kasse *(f)* (-n) 24	cassa
Kater *(m)* (-) 54	gatto, mal di testa dopo una sbronza, postumi di una sbronza
Katze *(f)* (-n) 54	gatta
Kauf *(m)* (¨ -e) 40	acquisto
kaufen 19, 40, 48, 73	comprare
kaum 46	appena
kein, e 9, 12, 15, 19, 26, 27, etc.	nessuno/a, alcuno/a
keine Ursache 15	non c'è di che
keinerlei 86	minimo
Kelterei *(f)* (-n) 89	cantina (della pressatura)
kennen lernen 66, 80, 81	fare (la) conoscenza (di)
kennen* 17, 32, 36, 38, 41, 69, 73	conoscere
Kerze *(f)* (-n) 90	candela
Kilo *(n)* (-s) 9	chilo

Kilogramm *(n)* 57	chilogrammo
Kilometer *(m)* (-) 29	chilometro
Kind *(n)* (-er) 6, 13, 39, 48, 53, 79	bambino
Kirchturm *(m)* 100	campanile
kitzeln 76	fare il solletico
klappen 90	riuscire, andar bene
klar (*avv. colloquiale.*) 39	chiaro, chiaramente
klar 31, 88, 90	chiaro
Klasse *(f)* 40	classe, lusso
Klassik *(f)* 51	classicismo
Kleid *(n)* (-er) 74	vestito da donna, (pl.) vestiti in gen.
Klima *(n)* 97	clima
klingeln 50, 62, 71, 72, 93	suonare, sembrare, avere l'aria di
Klo *(n)* (-s) 45, 79	gabinetto
Klosett *(n)* 45	gabinetto
Kneipe *(f)* (-n) 16, 19	caffè, bar, birreria, osteria
Knödel *(m)* (-) 78	canederli
knurren 78	brontolare, gorgogliare, ringhiare
Koch *(m)* (¨-e) 59, 67	cuoco
kochen 59, 67	far bollire/cuocere, bollire/cuocere, cucinare
Köchin *(f)* (-nen) 59	cuoca
Koffer *(m)* (-) 13	valigia
Kollege *(m)* (-n) 6, 81	collega *(m)*
Kollegin *(f)* (-nen) 6	collega *(f)*
Köln 20, 33	Colonia
Kölnerin *(f)* (-nen) 64	abitante (donna) di Colonia
komisch 76, 99	bizzarro, strano
kommen* 6, 11, 13, 16, 24, 26, etc.	venir, arrivare
kompliziert 88	complicato
komponieren 68	comporre
Konditor *(m)* (-en) 57	pasticcere
König *(m)* (-e) 52, 82, 83, 89	re
konkret 73	concreto, concretamente
Können *(n)* (= know how) 90	il saperci fare, capacità, abilità
können* 26, 29, 38, 41, 43, etc.	potere
kontrollieren 30	controllare
Konzert *(n)* (-e) 53	concerto
Kopf *(m)* (¨-e) 54, 59, 72, 74, 81	testa
köpfen 85	mozzare la testa, decapitare
kosten 50, 65, 92	costare
kostenlos 96	gratuitamente, gratis
köstlich 27, 61	buono, delizioso, squisito
Krabbe *(f)* (-n) 13	granchio
Kragen *(m)* (-) 93	colletto
krank 95	malato
krank machen 17	far ammalare
Krawatte *(f)* (-n) 54	cravatta
Krieg *(m)* (-e) 72	guerra
kriegen 40	ricevere, avere, prendere, riuscire, ottenere
Krimi (= Kriminalfilm) *(m)* (-s) 76	film poliziesco

Krimi (= Kriminalroman) *(m)* (-s) 76	romanzo poliziesco
krumm 58	storto
Kuba 62	Cuba
Küche *(f)* (-n) 50, 61	cucina
Kugel *(f)* (-n) 57	sfera, palla, pallina
Kuh *(f)* (¨-e) 63	mucca
kühl 44	fresco, freddo
Kühlschrank *(m)* (¨-e) 44	frigorifero
Kult *(m)* (-e) 40	culto
Kunde *(m)* (-n) 25, 65	cliente
kurz 34, 60, 79, 80	corto, (in) breve, brevemente
Kuss *(m)* (¨-e) 16	bacio
Küste *(f)* (-n) 50	costa (lungo il mare)

L

lächeln 54	sorridere
Lachen *(n)* 58	risata, riso (*sostantivo*)
lachen 37, 54, 58, 76	ridere
lächerlich 85	ridicolo
Laden *(m)* (¨) 9	negozio
Lampe *(f)* (-n) 43	lampada
Land *(n)* (¨-er) 57, 73	paese
lang(e) 22, 29, 41, 22, 29, 45	a lungo, lungo
lange 53, 64, 75, 76, 93	da tempo
langsam (+ *verbo*) 81	cominciare a, iniziare a
langsam 81	lentamente
langweilig 76	noioso, faticoso
lassen* (+ *verbe*) 26	far fare, lasciare "fare"
lassen* 12, 32, 52, 55, 59, 76, 79	lasciare
Lastwagen *(m)* (-) 94	camion
laufen* 18, 19, 32, 58, 59, 60	camminare, correre, andare
Laune *(f)* (-n) 31, 65, 97	umore
laut 34, 36, 58, 83	forte, rumoroso, ad alto volume, chiassoso
Leben *(n)* 6, 51, 71, 74	vita
leben 13, 73, 75, 94	vivere
lebendig 13	vivente
Lebensart *(f)* (-en) 75	modo di vivere, stile di vita
Lebenswerk *(n)* (-e) 51	capolavoro, opera di tutta una vita
Leberwurst *(f)* (¨-e) 78	salsiccia di fegato
lebhaft 53	vivace, vispo
Lederhose *(f)* (-n) 75	pantaloncini di pelle
ledig 36, 41	celibe
leer 53	vuoto
legen 54, 56	posare, mettere
leicht 71, 72, 75	facile
Leid *(n)* (-en) 51	dolore, sofferenza, male
Leid (tut mir ~) 32, 46	desolato (mi dispiace)
leider 12, 32, 57, 80, 92, 96	purtroppo
leihen* 92	prestare, prendere in prestito
leise 34	basso, lieve, leggero, dolce, appena udibile, silenzioso

leisten 74	fare, compiere
leiten 89	dirigere, condurre
Leiter *(m)* (-) 80	direttore
Lektion *(f)* (-en) 1	lezione
lenken 46	guidare, dirigere
Lenkrad *(n)* 100	manubrio, volante
lernen 1, 41, 50, 73	imparare, apprendere, studiare
Lesen *(n)* 27	lettura
lesen* 27, 73	leggere
letzt- 40, 45, 62, 76	ultimo, scorso
Leute *(pl.)* 48, 65, 69	gente (la ~)
Licht *(n)* (-er) 43, 54	luce
lieb 18	caro, gentile
Liebe *(f)* 74	amore
lieben 18, 33, 82	amare
lieber 62, 96	più volentieri
Liebesdienst *(m)* (-e) 88	compiacenza, prestazione amorosa
Liebesgeschichte *(f)* 100	storia d'amore
Liebhaber *(m)* (-) 67, 72	amante
Liebling *(m)* 26, 66	amore (appellativo di persona amata)
liegen* 40, 44, 50, 54, 82, etc.	trovarsi, essere situato/steso
Limousine *(f)* (-n) 82	limousine
links 15, 33	a sinistra
Liter *(n)* (-) 57, 89	litro
logisch 76	logico
lohnen 41	ricompensare, pagare
Londoner *(m)* (-) 64	Londinese
los (+ *verbo di modo*) 71	partire, andare via
los! 55, 71	dai! vai! andiamo! sbrigati! sbrighiamoci!
los'fahren* 55, 59, 71	partire (in auto)
los'fliegen* 55, 62	partire (in aereo)
los'gehen* 55	partire (a piedi)
los'laufen* 60	partire correndo
Lösung *(f)* (-en) 72	soluzione
Luft *(f)* (¨-e) 78	aria
Lüge *(f)* (-n) 69	bugia, menzogna
Lust haben (zu) 26, 71	aver voglia (di)
lustig 23, 58, 68	divertente, buffo
Luxus *(m)* 50, 96	lusso (di ~)

M

machen 8, 9, 17, 26, 34, 37, 55	fare, rendere
machen lassen* 88	far fare
Mädchen *(n)* (-) 36	ragazza
Mädchenname *(m)* (-n) 81	nome da ragazza
Magen *(m)* 53, 78	stomaco
Mahlzeit *(f)* 78	pasto
Mahlzeit! 78	buon appetito!
Mai *(m)* 22	maggio
Mal *(n)* 11, 43, 60, 95	volta
mal 11, 13, 15, 19, 22, 24, etc.	un po', allora

mal müssen 79	doverci andare (in bagno)
malen 90	dipingere
Mami 18	mamma
man 17, 29, 34, 46, 60, etc.	si (impersonale)
manchmal 87	talvolta, di tanto in tanto
Manieren (gute) 85	buone maniere
Mann *(m)* (¨-er) 3, 48, 72, 75, 100	uomo, marito
Männchen *(n)* (-) 88	maschio
Mantel *(m)* (¨) 56, 74	mantello, cappotto
Märchen *(n)* (-) 58, 82	fiaba, racconto
Margerite *(f)* (-n) 92	margherita
März *(m)* 51	marzo
Maschine *(f)* (-n) 25	macchina, apparecchio
Maß *(f)* 87	boccale di birra
Maß *(n)* 87	misura, dimensione
Mauer *(f)* (-n) 64	muratore
Mauerfall *(m)* 64	caduta del muro
Mäuschen *(n)* (-) 18	topolino
Mäzen *(m)* (-e) 83	mecenate
Medizin *(f)* 51	medicina
Meer *(n)* (-e) 24, 50, 97	mare
mehr 22, 83	più (di)
mehr... als 82	più... di
mehrere 87	parecchi
mein, meiner 5	mio, il mio
meine 11, 32	mia, mie
meine Damen 33, 51	(mie) signore
meine Herren 33, 51	(miei) signori
meinen 26, 67, 73, 81, 82, 96	credere, pensare, voler dire,
meiner, meine 32	il mio, la mia, le mie
meinetwegen 92	per me, d'accordo, a causa mia
Meinung *(f)* (-en) 67	opinione, avviso
Meister *(m)* (-) 24	maestro
melden 47	annunciare
melken* 63	mungere
Mensch *(m)* (-en) 17, 46, 97	essere umano, uomo, persona
Mensch! 17, 22	ragazzi! cavoli!
Menschenfreund *(m)* 73	filantropo
Menschheit *(f)* 88, 97	umanità
merken 76, 87	notare
Meter (*n* ou *m*) (-) 57	metro
Methode *(f)* (-n) 73	metodo
mich (*accusativo di* ich) 11, 45	me, a me
Milch *(f)* 4, 57	latte
Milchkaffee *(m)* (-s) 5	caffelatte
Million *(f)* (-en) 87	milione
Minister *(m)* (-) 83	ministro
minus 57	meno
Minute *(f)* (-n) 16, 45, 48, 76, 90	minuto
mir (*dativo di* ich) 37, 43, 47	me, a me
Missverständnis *(n)* (-se) 32	malinteso, fraintendimento
Mist *(m)* 9	letame

Mist! 9, 43	che sfortuna!
mit (+ *dativo*) 4, 12, 37, 64	con
Mitarbeit *(f)* 80	collaborazione
mit'bringen* 23, 46	portare con sé
mit'kommen* 12, 59	accompagnare, venire con
mit'kriegen 76	comprendere, capire, rendersi conto
mit'nehmen* 26, 71	prendere con sé
Mittag *(m)* 35, 44	mezzogiorno
Mittagessen *(n)* (-) 47	pranzo
Mittagspause *(f)* (-n) 78	pausa di mezzogiorno, pausa pranzo
Mitte *(f)* (-n) 25	mezzo, centro
Mittel *(n)* (-) 73	mezzo
Mitternacht *(f)* 44, 90	mezzanotte
Mittwoch *(m)* 25, 80	mercoledì
mögen 8, 23, 33, 50, 51, 57	piacere, amare, desiderare
möglich 13, 61, 93	possibile
Moment (im ~) 12, 47, 58	momento (al ~)
Moment *(m)* (-e) 79, 83, 86	momento
Monat *(m)* (-e) 17, 40, 49, 69	mese
Mond *(m)* (-e) 7, 25	luna
Montag *(m)* 25	lunedì
Morgen *(m)* (-) 6, 11, 48, 58	mattino
morgen 11, 12, 30, 54	domani
Mücke *(f)* (-n) 43	zanzara
müde 17, 82	stanco
müde machen 17	stancare, affaticare
Mühle *(f)* (-n) 78	mulino
München 18	Monaco
Münchner *(m)* (-) 64	Monacense, abitante di Monaco
Mund *(m)* (¨er) 53, 86	bocca
Mundart *(f)* (-en) 89	dialetto
Museum *(n)* (Museen) 74	museo
Musik *(f)* 13	musica
Musikfreund *(m)* 73	amante della musica
Müsli *(n)* 4	müsli, cereali
müssen, 28, 30, 31, 33, 37, 83, 79	essere obbligati, dovere, bisognare
Mut *(m)* 99	coraggio
mutig 74	coraggioso
Mutter *(f)* (¨) 18	madre
Mutti 18	mamma
Mütze *(f)* (-n) 72	berretto

N

na 39, 53	allora, dai
na ja 75	ma sì, va beh, bene
na so was! 87	questa poi! ma come? ma guarda!
na und? 88, 94	e allora?
nach (+ *datif*) 20, 38, 46, 52, 81	dopo
nach 11, 25, 50	a, in, verso (con movimento)
nach 16, 40	per, alla volta di (destinazione)
nach 62	riguardo a

nach Haus(e) 11	a casa (con movimento)
Nachbar *(m)* (-n) 93	vicino
nachdem (+ *indic.*) 83	dopo che
nach'denken* 53, 83	riflettere
Nachfolger *(m)* (-) 82	successore
nach'fragen 73	domandare, chiedere, informarsi
nach'kommen* 78	raggiungere, seguire
Nachmittag *(m)* (-e) 25	pomeriggio
Nachname /Familienname *(m)* (-n) 81	cognome, nome di famiglia
Nachricht *(f)* (-en) 11, 12, 96	messaggio
nach'sehen* 44	guardare, verificare, controllare
Nachspeise *(f)* (-n) 27	dessert, dolce
nächster/nächste 18, 61, 79	prossimo(a)
Nacht *(f)* (¨-e) 35, 43, 93	notte
Nachtisch *(m)* 27, 61	dessert, dolce
nachts 88	di notte
nackt 74	nudo
nah(e) 37, 80	vicino
nahe (bei + *dativo*) 82	presso (a)
Name *(m)* (-n) 5, 61, 69, 93	nome
nämlich 57, 62, 65, 85	infatti, cioè, siccome
Nase *(f)* (-n) 54	naso
Nase voll haben (die ~) 54	averne le scatole piene
Nationalität *(f)* (-en) 67	nazionalità
Natur *(f)* 97	natura
natürlich 9, 19, 20, 44, 52, 78, etc.	naturalmente, certo
neben 37	a lato, accanto
nee (*fam.*) 55, 71	no
negativ(e) 80	negativo (a)
nehmen* 4, 8, 20, 26, 27, 39, 54, 83	prendere
nein 5, 6, 23, 26, 27, 29	no
nennen* 68	chiamare, nominare
nervös 31	nervoso
nett 18, 23, 37, 89, 92	gentile
neu 40	nuovo
Neujahr *(n)* 96	Nuovo Anno
nicht 5	non
nicht ein einziges Mal 71	nemmeno una volta
nicht mal/nicht einmal 71, 76	nemmeno, neanche
nicht wahr? 40, 75, 81	vero?
nicht... mehr 22, 52, 54, 71, 95	non... più
nichts 10, 19, 24, 46	niente
nicken 59	abbassare la testa (per approvare), annuire, fare sì con la testa
nie(mals) 53, 62, 69, 93	mai
niemand 39, 45, 48, 52	nessuno
noch 6, 13, 16, 24, 29, 30, etc.	ancora
noch nicht 6, 38, 47, 83	non ancora
normalerweise 46	normalmente
nötig 79	necessario
Nougatpraline *(f)* (-n) 57	cioccolatino al nougat
Null *(f)* (-en) 29	zero

nun 82	allora, adesso
nur 13, 31, 37, 46, 52, etc.	solo, solamente, non... che
nützen 60	servire a

O

oben (*adv.*) (an + *datif*) 59	in alto
Objekt *(n)* (-e) 40	oggetto
obwohl (+ *ind.*) 72	benché, sebbene
Ochs *(m)* (-en) 87	bue
oder 4, 17, 23, 71, 75	oppure, o
öffnen 29	aprire
oft 72	spesso
oh 5	oh
Ohr *(n)* (-en) 76	orecchio
okay 24	OK
Oktoberfest *(m)* 87	festa della birra, Oktoberfest
Öl *(n)* 44	olio
Olivenöl *(n)* 44	olio d'oliva
Onkel *(m)* (-) 39, 48	zio
Oper *(f)* (-n) 11, 68, 83	opera, l'Opera
Orangensaft *(m)* (¨-e) 24	succo d'arancia
Orchester *(n)* (-) 23	orchestra
Ordnung *(f)* 66	ordine
Organisation *(f)* (-en) 23	organizzazione
Ostdeutschland 64	Germania dell'Est
Osten *(m)* 41	Est, orientale
Ozean *(m)* 97	oceano

P

paar (ein ~) 60, 90	qualche, un paio
Paar *(n)* (-e) 60	coppia
Paket *(n)* (-e) 24	pacchetto
Panik *(f)* 90	panico
Papa *(m)* (-s) 48, 55, 71	papà
Papagei *(m)* (-s) 73, 93	pappagallo
Papi 18	papà, papi, papino
parken 48	parcheggiare
Parkplatz *(m)* (¨-e) 52	parcheggio
Partie *(f)* (-n) 37	partito (un buon partito)
Party *(f)* (-s) 37	festa, serata
passen 80	andare bene
passieren/geschehen* 46, 52, 76, etc.	succedere, accadere
Pause *(f)* (-n) 45	pausa
Pazifist *(m)* (-en) 72	pacifista
Pech *(n)* 39	sfortuna, scarogna
perfekt 90	perfetto
Person *(f)* (-en) 2, 61, 65	persona
Personalleiterin (-nen) 80	capo del personale
persönlich 30, 69, 80	personale(mente)
pfeifen auf (+ *accusativo*) 86	infischiarsene di
pfeifen* 86	fischiare
Pferd *(n)* (-e) 63, 68	cavallo

Philosophie *(f)* 51	filosofia
Pizza *(f)* (-s *ou* Pizzen) 26	pizza
Plan *(m)* (¨-e) 39, 90	piano, progetto
planen 90	progettare, pianificare
Platz *(m)* (¨-e) 11, 37, 45, 59, 78	piazza, posto
platzen 93	scoppiare
plötzlich 82, 86	improvvisamente, d'un tratto
Politik *(f)* 80, 90	politica
Polizei *(f)* 48, 53	polizia
Polizeiwagen *(m)* (-) 48	auto della polizia
Polizist *(m)* (-en) 67	poliziotto
Portion *(f)* (-en) 27	porzione
positiv(e) 80	positivo(a)
Postkarte *(f)* (-n) 18	cartolina postale
praktisch 29	pratico, praticamente
Preis *(m)* (-e) 38, 62, 96	premio, prezzo
Preußen *(n)* 70	Prussia
prima 20	super, che bello
Prinz *(m)* (-en) 82	principe
Privatsekretär *(m)* (-e) 68	segretario personale
pro 17	per, ogni, a
Probe *(f)* (-n) 90	prova
probieren 75	provare, assaggiare
Problem *(n)* (-e) 22, 39	problema
produzieren 89	produrre
Professor *(m)* (-en) 18	professore (università)
Programm *(n)* (-e) 74	programma
Prozent *(n)* (-e) 88	per cento
pst! 45	schhh!
Psychologe *(m)* (-n) 70	psicologo
Punkt *(m)* (-e) 52, 96	punto
pünktlich 6, 52	puntuale
Pünktlichkeit *(f)* 52	puntualità
Puppe *(f)* (-n) 56	bambola

Q

Quatsch *(m)* 55	sciocchezze, stupidaggini
Quatsch! 76	ma no!, schiocchezze!

R

Rad *(n)* (¨-er) 34, 62	ruota, bici
radeln, Rad fahren 100	andare in bici
Radio *(n)* (-s) 74, 89	radio
Radiosendung *(f)* (-en) 51	trasmissione, programma radio
Rast *(f)* 79	riposo, sosta
Rastplatz/Parkplatz *(m)* 79	area di sosta (senza ristorazione)
Raststätte *(f)* (-n) 79	area di sosta
Rat *(m)* (Ratschläge) 31, 41, 49	consiglio
raten* 72, 83, 87	indovinare, consigliare
rauchen 72	fumare
rauchig 72	rauco, fumoso
raus (= heraus) 46, 71	fuori, esci!, esca!

raus'gehen* 46, 78	uscire
rechnen 61	calcolare, contare
rechnen mit 97	aspettarsi qcs.
Rechnung *(f)* (-en) 61, 95	calcolo, fattura, conto, nota
Recht *(n)* 73	diritto, ragione
Recht haben 73	avere ragione
rechts 15	a destra
Rede *(f)* 36	discorso
reden 36, 69	parlare, discutere
reden über (+ *acc.*) 36	parlare di
Regen *(m)* (-) 13, 26, 46	pioggia
Regenjacke *(f)* (-n) 13	impermeabile
Regenschirm *(m)* (-e) 26	ombrello
Regenwetter *(n)* 48, 54	tempo da pioggia
Regisseur *(m)* (-e) 72	regista
regnen 26, 36, 45, 46, 48	piovere
reich 36, 65	ricco
Reihe *(f)* (-n) 45	fila
rein (= herein/hinein) 52	entrare
Reise *(f)* (-n) 41, 62, 80	viaggio
Reisebüro *(n)* (-s) 62	agenzia di viaggi
Rente *(f)* (-n) 89	pensione
reparieren 25	riparare
reservieren 61, 66, 80, 96	riservare, prenotare
Restaurant *(n)* (-s) 27, 36, 66	ristorante
Rezept *(n)* (-e) 57	ricetta
richtig 68, 73, 74, 90, 97	bene (giusto), vero
Rivalin *(f)* (-nen) 74	rivale, rivali
Roman *(m)* (-e) 51	romanzo
romantisch 100	romantico
rosig, rosa 97	roseo, rosa
Rosine *(f)* (-n) 88	uvetta
rot 34, 94	rosso
Rückreise *(f)* (-n) 13	viaggio di ritorno
rufen* 11, 12, 48, 58, 59	chiamare, gridare, urlare
Ruhe *(f)* 45, 93	silenzio, calma
ruhig 60, 90	con calma, tranquillamente
rum'fahren* 52	girare in macchina
rund (*agg.*) 57, 83	rotondo
rundherum 86	tutt'intorno
runter (= herunter) 43	in basso, verso il basso
runter'fallen* 43	cadere
runter'gehen* 43	scendere
runter'gucken* 43	guardare in basso
Rutsch *(m)* 96	scivolata
rutschen 96	scivolare

S

Saal *(m)* (Säle) 90	sala
Saft *(m)* (¨-e) 24	succo
sagen 11, 18, 19, 22, 29, 36, etc.	dire
Sahne *(f)* 8, 57	panna

Salto *(m)* (-s) 100	capitombolo, “volo”, “salto”
Samstag 22, 25, 48	sabato
Sand *(m)* 54	sabbia
Sandale *(f)* (-n) 34	sandalo
satt 27	sazio
Sau *(f)* (¨-e) 78	scrofa
Sauwetter *(n)* 78	tempo da cani
Saxofon *(n)* 34	sassofono
Schachtel *(f)* (-n) 57	scatola
schade 11, 61, 62, 86, 95, 97	peccato
schaffen (es ~) 29, 99	riuscire (a fare qcs.), ~ci,
Schale *(f)* (-n) 86	guscio
schauen 9, 38	guardare, vedere
Schauspielerin *(f)* (-nen) 72	attrice
Schausteller *(m)* (-) 87	espositore
scheinen* 31, 75, 76, 82	sembrare, avere l’aria, splendere
schicken 39, 90	spedire, inviare
Schicksal *(n)* 54	destino, sorte
schief gehen* 90	andare storto, di traverso, male
Schiff *(n)* (-e) 68	barca
Schild *(n)* (-er) 48	cartello
Schimpanse *(m)* (-n) 88	scimpanzé
schimpfen 100	insultare
Schimpfwort *(n)* (¨-er) 100	insulto, parolaccia, ingiuria
schlafen* 17, 43, 50	dormire
schlaflos 93	insonne
Schlafzimmer *(n)* (-) 50	camera da letto
schlagen* 85	picchiare, battere, colpire
Schlägerei *(f)* (-en) 76	rissa
Schlagsahne *(f)* 8	panna montata
Schlange *(f)* (-n) 24, 45	serpente, coda (fila)
Schlange stehen 24	fare la coda, essere/stare in coda
schlau 62	furbo
schlecht 3, 79, 96	male, cattivo
schließen* 10, 13, 61, 71	chiudere
schließlich 52, 62, 90	infine, finalmente, alla fine
schlimm 69, 94	grave
Schloss *(n)* (¨-er) 82, 83	castello
Schlosspark *(m)* (-s) 83	parco del castello
Schluss *(m)* (¨-e) 29	fine *(n)*
schmecken 27	avere (un buon) sapore, esser buono
Schmied *(m)* 100	fabbro
Schmusekätzchen *(n)* (-) 18	coccolino
Schnäppchen *(n)* (-) 62	buona occasione, superofferta
Schnaps *(m)* 30, 58	acquavite, grappa
Schnee *(m)* 97	neve
schneiden* 79	tagliare
schneien 97	nevicare
schnell 11, 132, 16, 43, 44, etc.	rapido(-amente), veloce, presto
Schokolade *(f)* (-n) 57	cioccolato
schon 17, 19, 24, 29, 45, etc.	da, già
schön 3, 18, 46, 50, 57, 58, 82	bello

schon lange 53	già da tempo
schon wieder 95	ancora, di nuovo
Schrank *(m)* (¨-e) 44	armadio
Schreck *(m)* (-s) 94	spavento
Schrecken (einen) einjagen 94	spaventare a morte, terrorizzare
schreiben* 39	scrivere
schreien* 45, 60, 93	gridare, urlare (improvvisamente)
Schriftsteller *(m)* (-) 72	scrittore
Schritt *(m)* (-e) 60, 64	passo
Schulbuch *(n)* (¨-er) 83	testo scolastico, libro di scuola
Schuld *(f)* (-en) 83	debito
Schule *(f)* (-n) 51, 71	scuola
Schüler *(m)* (-) 22	scolaro
schütteln 59	scuotere la testa (in segno di disapprovazione)
Schwan *(m)* (¨-e) 74	cigno
Schwanenfedermantel *(m)* 74	cappotto in piume di cigno
Schwarzwald *(m)* 83	Foresta nera
Schwein *(n)* (-e) 63, 75	maiale, porco
Schweinefleisch *(n)* 75	carne di maiale
Schweinerei *(f)* (-en) 75	porcheria
Schweinshaxe *(f)* (-n) 75, 87	stinco di maiale
Schweiz *(f)* 67, 68	Svizzera
schwer 57, 71, 99	pesante, difficile
Schwester *(f)* (-n) 23	sorella
schwierig 48, 71, 73	difficile
Schwimmbad *(n)* (¨-er) 96	piscina
schwimmen* 96	nuotare
schwören* 41	giurare
See *(m)* (-n) 83	lago
sehen* 10, 18, 31, 33, 37, 41, etc.	vedere, guardare
sehr 3, 6, 50, 51	molto
Seide *(f)* 54	seta
seiden (*adj.*) 54	in/di seta
sein 2, 38, 40, 46	essere
seit 29, 44, 79	da (che)
seit langem 62, 76	da tempo
Seite *(f)* (-n) 50, 97	lato, pagina
Sekt *(m)* 24	spumante
Sekunde *(f)* (-n) 90	secondo
selb- 48	stesso
selbst 61, 94	se stesso, in persona
selbst wenn/auch wenn 76, 94	anche se/quand'anche
Selbstmord *(m)* 76	suicidio
selbstständig 81	autonomo, indipendente
selbstverständlich 61, 80, 95	naturalmente, si capisce da sé, certo
Sendung *(f)* (-en) 74	trasmissione, programma
Sessel *(m)* (-) 55	poltrona
setzen (sich ~) 45, 55	sedersi
setzen 44, 56	posare, mettere, sedere
Shorts *(pl.)* 34	pantaloncini
sich 47	sé

sich an etwas (+ *acc.*) gewöhnen 75	abituarsi a
sich an etwas/jdn erinnern 74	ricordarsi di qcs. o qcn.
sich ändern 39	cambiare, modificarsi
sich anpassen 97	adattarsi
sich anstrengen 66	sforzarsi
sich anziehen* 59	vestirsi
sich aufregen 79	innervosirsi, agitarsi
sich beeilen 71	sbrigarsi
sich benehmen* 85	comportarsi bene
sich bewegen 64	muoversi, mettersi in moto
sich bewerben* (bei) 80, 81	fare domanda (presso), candidarsi
sich denken* 75	immaginarsi, credersi
sich drehen um (+ *accusativo*) 57	trattarsi di, concernere
sich einleben 75	adattarsi, ambientarsi, acclimatarsi
sich einschreiben* 96	iscriversi
sich entschuldigen 81	scusarsi
sich erinnern (an + *acc.*) 74, 82, 95	ricordarsi (di)
sich etwas anschauen 67	guardarsi qcs., vedersi qcs.
sich finden* 68	trovarsi
sich fragen (ob) 76	chiedersi (se), domandarsi (se)
sich freuen (dass) 20, 26, 80, 81	rallegrarsi, essere contenti (che)
sich fühlen 89	sentirsi
sich gedulden 47	pazientare, avere pazienza
sich handeln um (+ *accusativo*) 69	trattarsi di
sich in Acht nehmen* 69	essere prudenti, badare a se stessi
sich interessieren (für) 80	interessarsi (di/a)
sich kümmern um (+ *accusativo*) 81	occuparsi di
sich langweilen 76	annoiarsi
sich setzen 37, 45, 55, 81	sedersi
sich spezialisieren auf (+ *accusativo*) 81	specializzarsi (in)
sich streiten über/um (+ *accusativo*) 83	litigare (per) qcs., discutere, essere in disaccordo su qcs.
sich teilen 64	dividersi (in)
sich totlachen 58	morire dal ridere
sich unterhalten* 37	discutere, chiacchierare, intrattenersi
sich verabreden 52	prendere un appuntamento con qcn.
sich verstecken 59	nascondersi
sich verstehen* 93	capirsi, intendersi, andare d'accordo
sich vorstellen (+ *dat.*) 62, 73, 85, 100	immaginarsi qcs.
sich vorstellen (+ *accusativo*) 62	presentarsi
sich wagen an (+ *accusativo*) 90	osare, arrischiarsi a
sich waschen* 71	lavarsi
sicher 6, 26, 41, 42, 44, 62, 83	sicuramente, sicuro
sieh da! 87	tieni! guarda!
Silvester 96	San Silvestro (la notte di ~)
singen* 82	cantare
sitzen bleiben 60	restare seduti
sitzen* 25, 43, 45, 55, 61, 68	essere suduti, sedere
Sitzung *(f)* (-en) 25	riunione, seduta
Smoking *(m)* 38	smoking
so 16, 31	così
so etwas 93	una cosa simile/del genere

so tun* als ob 95	fare come se
so… wie 60	tanto... quanto
sobald 79	non appena
Socke *(f)* (-n) 34	calzino
sofort 8, 43, 48, 55, 95	immediatamente, subito
sogar 37, 50, 62, 96	persino
sollen 28, 31, 36, 40, 48, 83, 87	dovere
sondern (*dopo neg.*) 30, 54, 65, 72, 89	ma, al contrario, bensì
Sonnabend *(m)* 25	sabato
Sonne *(f)* 25, 62	sole
sonnig 50	soleggiato
Sonntag *(m)* 10, 58	domenica
sonst 71, 74, 82, 95	se no, altrimenti, generalmente, oltre a questo
sonst irgendwo 82	qualsiasi parte, altrove
sonstwo 82	chissà dove
Sorge *(f)* (-n) 52	preoccupazione
Souvenir *(n)* (-s) 87	souvenir, ricordo
soviel 88	altrettanto
sowieso 48	comunque, in ogni caso
Spanien *(n)* 50	Spagna
Spanier *(m)* (-) 50	Spagnolo (abitante)
Spanisch 50	spagnolo (lingua)
spannend 76	avvincente
sparen 10, 96	risparmiare
Spaß machen 99	divertire, piacere
spät 6, 30, 43, 48, 55, 61	tardi
spätestens 71	al più tardi
spazieren gehen 26, 34, 58	passeggiare
Spaziergang *(m)* (¨-e) 26	passeggiata
Speise *(f)* (-n) 27	piatto, portata, alimento
Speisekarte *(f)* (-n) 8	menu
Spiegel *(m)* (-) 82	specchio
spiegelblank 82	lucido (pulito) come uno specchio
spielen 34, 74	giocare
Spielregel *(f)* (-n) 85	regole del gioco
Spinne *(f)* (-n) 55	ragno, arpia
spinnen* 55	essere pazzo, filare, tessere
Sprache *(f)* (-n) 73	lingua
sprechen* (von) 36, 37, 47, 50, 62, 67	parlare (di)
Stadt *(f)* (¨-e) 9, 10, 40, 41, 43, 64	città
Stadtbesichtigung *(f)* (-en) 33	visita della città
Stadttor *(n)* (-e) 68	porta della città
Stamm *(m)* (¨-e) 55	tronco
stammen (aus) 68	provenire (da), essere originario di
Station *(f)* (-en) 10, 15	stazione
Statistik *(f)* 62	statistica
Stätte *(f)* (-n) 79	luogo, posto
Stau *(n)* (-s) 79	coda (imbottigliamento)
stehen* 24, 44, 53, 55, 56, 82	essere in piedi, stare
stehen* 83, 87	essere scritto, esserci, stare
steigen* 97	salire

Stelle *(f)* (-n) 19, 80	posto (di lavoro), luogo, zona, parte
stellen 44, 52, 56	mettere, posare
sterben* 51	morire
Stern *(m)* (-e) 27	stella
still sein 45	essere calmo, fermo
Stimme *(f)* (-n) 72, 75	voce
stimmen 27, 40, 57	essere esatto, essere vero, andare bene
stimmt 24, 40	giusto, esatto
stimmt nicht 66	non è giusto, essere sbagliato
stinkreich 36	ricchissimo
Stock *(m)* (*pl.* Stockwerke) 90	piano
stören 34	disturbare
Strafe *(f)* 93	multa, pena pecuniaria
strahlend 85	raggiante
Strand *(m)* (¨-e) 79	spiaggia
Straßburg 51	Strasburgo
Straße *(f)* (-n) 15, 34, 100	strada, via
Strauß *(m)* (¨e) 92	mazzo
Streiche machen 68	mandare all'aria (piani), mettersi contro
streicheln 32	accarezzare
streuen 54, 86	cospargere, spargere
Strich *(m)* (-e) 61	tratto
Strom *(m)* 90	corrente
Stück *(n)* (-e) 4, 45, 57	pezzo, (teatro/musica)
Stück *(n)* (ein ~) 64	pezzo, fetta, un po' di
Student *(m)* (-en) 18	studente
studieren 25, 51, 81	studiare
Studium *(n)* (Studien) 81	studio
Stuhl *(m)* (¨-e) 55	sedia
Stunde *(f)* (-n) 17, 19, 78	ora (durata)
Sturm *(m)* (¨-e) 46	tempesta
stürzen 62	precipitare
suchen 19, 38, 69, 87	cercare
Süden *(m)* 50	sud
super 30	super
Supermarkt *(m)* (¨-e) 19, 36	supermercato
süß 32	dolce, carino
Symbol *(n)* (-e) 64	simbolo

T

Tag *(m)* (-e) 1, 17, 30, 46, 54, 57, 83	giorno
tanken 19	fare benzina
Tankstelle *(f)* (-n) 19, 80	distributore di benzina, benzinaio
Tante *(f)* (-n) 39, 48	zia
Tasse *(f)* (-n) 5, 8	tazza
tatsächlich 96	veramente, di fatto
tausend 18, 21	mille
Taxi *(n)* (-s) 13	taxi
Tee *(m)* (-s) 4	tè
teilen 64	dividere, separare

Telefon *(n)* (-e) 5	telefono
Telefongespräch *(n)* (-e) 5	conversazione telefonica, telefonata
telefonieren 25	telefonare
Termin *(m)* (-e) 25, 80	termine, appuntamento
Terminkalender *(m)* (-) 25	agenda
Terrasse *(f)* (-n) 82	terrazza
teuer 23, 40, 53, 57, 93	caro (costoso)
Teufel *(m)* (-) 90	diavolo
Theater *(n)* (-) 26	teatro
Theologie *(f)* (-n) 51	teologia
theoretisch 29	teoricamente
tief 58	profondo(-amente)
Tier *(n)* (-e) 73	animale
Tierfreund *(m)* (-e) 73	amico degli animali
Tisch *(m)* (-e) 56, 61, 66	tavolo
Titel *(m)* (-) 100	titolo
tja 87	beh, già
Tochter *(f)* (¨) 81	figlia
todernst 85	molto serio, serissimo
toi! toi! toi! 89	tocchiamo ferro/legno!
Toilette *(f)* (-n) 45, 79	toilette, bagno
Tomate *(f)* (-n) 10	pomodoro
Ton *(n)* (¨-e) 13	suono
Top-Form (in ~) 96	in gran forma
tot 57, 58	morto
tot umfallen* 60	cadere morto
total 27, 37, 60, 76	completamente, totalmente
Tourist *(m)* (-en) 38	turista
tragen* 34, 38, 39, 72, 74	portare, indossare
Trapez *(n)* (-e) 56	trapezio
Traum *(m)* (¨-e) 53	sogno
träumen 82	sognare
traumhaft 53, 87	fantastico, da sogno, magnifico
treffen* 25, 58	incontrare, (si ~)
trennen 95	separare
Trennung *(f)* (-en) 64	separazione
trinken* 4, 8, 23, 33	bere
trotzdem 80	malgrado, nonostante, anche se
tschüs(s) 12, 16	ciao, arrivederci
tüchtig 99	studioso, diligente
tun* 32	fare
Tür *(f)* (-en) 16, 44	porta
Turm *(m)* (¨-e) 63	torre
tut mir Leid 32, 47	mi dispiace
typisch 33	tipico

U

U-Bahn *(f)* (-en) 15	metro
über 36, 54, 57, 59, 74	sopra, su, oltre
über die Straße gehen 94	attraversare la strada
über eine Brücke gehen 94	attraversare un ponte
überall 44, 89	ovunque

übergeschnappt 37	pazzo, folle
überhaupt/gar nicht 95	per niente
Überlegung *(f)* (-en) 65	riflessione
übermorgen 62	dopo domani
übernehmen* 80	farsi carico di
überqueren 34	attraversare
überraschen 76	sorprendere
überrascht 100	sorpreso, esterrefatto
übersetzen 1	tradurre
überzeugen 61	convincere, persuadere
überzeugend 61	convincente
Übung *(f)* (-en) 1	esercizio
Ufer *(n)* (-) 68	riva, sponda
Uhr *(f)* (-en) 16, 47, 61, 78	ora, orologio
um 16, 33	intorno a
um 61	a (+ *ora*)
um Gottes willen! 43	per l'amor di Dio!
um wie viel Uhr 16	a che ora?
um… zu (+ *verb. inf.*) 50, 52, 65	per, al fine di (+ *verbo*)
umdrehen 93	storcere, torcere
umfallen* 60	cadere, rovesciarsi
Umlaut *(m)* (-e) 33	dieresi, inflessione
umso besser 99	tanto meglio
umso mehr als 95	tanto più che
Umwelt *(f)* 40	ambiente
umweltfreundlich 40	ecologico
unbedingt 41, 83	assolutamente
unbekannt 69	sconosciuto
und 3, 6, etc.	e
Ungarn *(n)* 68	Ungheria
ungefähr 29, 57	all'incirca
Uni *(f)* / Universität *(f)* 18	università
unmöglich 93	impossibile
Unrecht *(n)* 73	torto, ingiustizia
Unrecht haben 73	aver torto
unten (*avv.*) 59	in basso
unter (+ *dat.*) 69, 75	tra
unter 59	sotto, giù
Untergrund *(m)* 15	sotterraneo
unterhalten* (sich ~) 37	chiacchierare, discutere, intrattenersi
Unterkunft *(f)* (¨-e) 62	pernottamento
Unternehmen *(f)* (-) 80, 89	impresa
unterscheiden* 67	distinguere, differenziare
Unterschied *(m)* (-e) 29, 30, 67	differenza
Unterschrift *(f)* (-en) 80	firma
unvergesslich 100	indimenticabile
Ur- Urgroßvater 89	bis-bisnonno
uralt 89	vecchissimo, antico
Urlaub *(m)* 37, 51	vacanza
Ursache *(f)* (-n) 15	causa, ragione
Urzeit *(f)* (-en) 89	preistoria

V

Vater *(m)* (¨) 18, 37, 71	padre
Vati 18	papà, papino
verabredet sein 52	avere un appuntamento con qcn.
Verabredung *(f)* (-en) 47	appuntamento
verändern 82	cambiare, trasformare
verbieten* 34	proibire
Verbot *(n)* (-e) 48	divieto, interdizione
verboten 34	proibito, interdetto
Verbotsschild *(n)* (-er) 48	cartello di divieto
verbringen* 37, 39, 46	passare, trascorrere
verdanken (jdm etwas) 83	ringraziare, essere grati a qcn. per qcs., dovere qcs. a qcn.
verderben 50, 97	guastare
verdienen 20, 31, 88	guadagnare
Vereinigte Staaten 70	Stati Uniti
Vereinigung *(f)* (-en) 64	unificazione
verflixt *(agg.)* 29	maledetto
verflixt! 29	maledizione!
Verfügung *(f)* (-en) 96	disposizione
Vergangenheit *(f)* (-en) 64	passato
vergehen* 16	passare, trascorrere
vergessen 10, 24, 95	dimenticare
Vergnügen *(n)* 1, 60	piacere, gioia, divertimento
vergnügt 60	divertito, piacevole (-mente)
vergöttern 72	idolatrare
verheiratet 38	sposato(a)
verkaufen 40, 48	vendere
Verkäuferin *(f)* (-nen) 62	venditrice, commessa
verleihen* 72, 92	prestare, noleggiare, conferire
verletzen 58	ferire
verlieren 54, 96	perdere
verloren(e) 79	perduto(a), perso
vermieten 50	affittare, dare in affitto
vermutlich 87	probabilmente, presumibilmente
verrückt 32, 34, 83	pazzo
verrückt werden 79	impazzire
versammeln 90	riunire
versprechen 54	promettere
Verstand *(m)* 60	intelletto, ragione, mente, cervello
verständlich 61	comprensibile
Verständnis *(n)* 32, 92	comprensione, accordo
verständnisvoll 92	comprensivo
verstehen* 27, 39, 45, 54, 59, etc.	comprendere
verstopfen 52	intasare
versuchen 61, 66, 87	provare, tentare
vertraulich 69	riservato, confidenziale, personale
Vertreter *(m)* (-) 25, 90	rappresentante
verurteilen 93	condannare
Verwandte *(pl.)* 39	famigliari, parenti
verwechseln (mit) 74	confondere con
verwirrt 60	confuso

verwöhnen 87	viziare
verzeihen* 69, 81	perdonare
Verzeihung *(f)* 81	perdono, scusa, mi scusi
verzichten (auf) 75, 86	rinunciare (a)
Vesper *(n)* 47	merenda, pasto serale, vespro
Vesperbrot *(n)* (-e) 47	spuntino, merenda
viel *(avv. e agg.)* 1, 15, 18, 41, 51, 57	molto
viele Grüße 80	tanti saluti
vielleicht 29, 62, 69	forse
vier 10	quattro
viereinhalb 78	quattro e mezza
vierte 4	quarto
Viertel *(n)* 52	quarto
Viertelstunde *(f)* 47, 71	quarto d'ora
vierundzwanzig Uhr 44	mezzanotte (le ventiquattro)
vierzehn 16, 47	quattordici
vierzig 9, 10, 21	quaranta
Vogel *(m)* (¨) 82, 93	uccello
voll 25, 54, 92	pieno
Vollpension *(f)* 62	pensione completa
vom (= von dem) 47, 55	da, di (provenienza)
von 3, 33, 47, 82	di (appartenenza o provenienza)
vor 44, 68	davanti, prima
voraussagen 97	predire, annunciare
vorbei 22	finito, passato
vorbeifahren 100	passare (davanti)
Vorfahr *(m)* (-en) 88	antenato
vorgehen* 90	procedere
vorhaben (zu) 89	avere intenzione (di), avere in mente
Vormittag *(m)* 25	mattino, mattinata
vorn 45	davanti
Vorname *(m)* (-n) 81	nome
vornehm 86	distinto
Vorsicht *(f)* 13, 43, 94	attenzione, prudenza
vorsichtig 86	con prudenza, prudente, con cautela
Vorspeise *(f)* (-n) 27	antipasto
vorstellen 37, 51	presentare
Vorstellungsgespräch *(n)* 81	colloquio di presentazione
Vorteil *(m)* (-e) 78	vantaggio
vorziehen* 80	preferire
Vorzimmer *(n)* 47	anticamera

W

Wagen *(m)* (-) 40, 48, 53	macchina
Wahl *(f)* (-en) 31	scelta
wahr 37	vero
wahrscheinlich 48, 83	probabilmente, presumibilmente
Wald *(m)* (¨-er) 65	foresta, bosco
Wand *(f)* (¨-e) 54, 90	parete, muro (interno)
wann? 11, 22, 29, 38, 39, 44, etc.	quando?
warm 97	caldo, tiepido
warnen 86	avvertire

warten 13, 15, 16, 31, 36, etc.	aspettare
warten auf (+ *accusativo*) 59	aspettare, attendere qcn. o qcs.
was (= etwas) 78	cosa, qualcosa
was 1, 16, 19, 22, 26, 27, etc.	ciò, cosa che
was 4, 8, 10, 22, etc.	cosa, che
was anderes 78	altro
was für ein(e) 22	che (tipo/genere di…)
was ist los? 55, 71	che succede?
Wasser *(n)* 97	acqua
WC 45	WC
wechseln 75	cambiare
wecken (jemanden) 71, 76	svegliare qcn.
Wecker *(m)* (-) 71	sveglia
weder... noch 34, 67	né... né
Weg *(m)* (-e) 38	strada, via, tragitto
weg 52	partito(a), via
weg'fahren* 52	andarsene via in auto
weg'fliegen* 43	andarsene via in aereo
weg'gehen* 52	andarsene
weg'laufen* 73	scappare, correre via
weh'tun 78	fare male
Weibchen *(n)* (-) 88	femmina
weiche Ei (das ~) 85	uovo alla coque
Weihnachten *(n)* 97	Natale
Weihnachtsmann 97	Babbo Natale
weil 57, 66, 76	perché
weiß 82, 92	bianco
Weißbier *(n)* 75	birra bianca
Weißwurst *(f)* (¨-e) 75	salsiccia bianca (di carne di vitello)
weit (von) 15, 29, 55, 69	lontano (da)
weit von 55	lontano da
weitere 80	altri
weiter'fahren* 20	continuare ad andare
weiter'gehen* 33, 79	continuare ad andare
weiter'machen 99	continuare
welche 68	quale, la quale
welcher, e, es 20, 61	(il) quale, (la) quale , (il/la) quale
Welt *(f)* (-en) 54, 57, 64, 67, 73, 87	mondo
Weltgeschichte *(f)* 64	storia del mondo
wenig 30, 65	poco (di)
wenigstens 57	minimo, almeno
wenn 4, 32, 38, 39, 52, 65, 73	se, quando (ogni volta che)
wer? 39	chi?
wer 3, 9, 33	chi, colui che
werben* um (+ *acc.*) 80	cercare di ottenere qcs.
werden* + *infinito* 23, 55	futuro
werden* 22, 48, 51, 60, 64, etc.	diventare
Werk *(n)* (-e) 51	opera
Wert *(m)* (-e) 41	valore
Westdeutschland 64	Germania dell'Ovest
wetten 58	scommettere
Wetter *(n)* 46, 58, 61, 87	tempo atmosferico

Wetterbericht *(m)* 97	bollettino meteo, previsioni del tempo
Wettlauf *(m)* 58	corsa, gara
wichtig 73	importante
wie 5, 6, 13, 40, 46, 48, 53, etc.	come, quanto
wie 60	come (*comparativo*)
wie alt bist du? 22, 32	quanti anni hai?
wie bitte? 27	come prego?
wie es sich gehört 85	come si deve, come conviene
wie gefällt dir …? 76	come trovi, ti piace…?
wie geht's? 6, 18, 66	come va?
wie lange? 62	quanto tempo
wie spät ist es? 78	che ora è?
wie viel (*sing*) 16, 44, 50, 61	quanto
wie viele (*pl.*) 61, 62	quanti
wieder (+ *verbo*) 96	ri-, re-
wieder 54, 60, 64	di nuovo
Wiederaufbau *(f)* 64	ricostruzione
wiederaufbauen 64	ricostruire
wiedererkennen 82	riconoscere
wiederholen 65	ripetere
Wiederholung *(f)* (-en) 7	ripasso, revisione, ripetizione
wieder'sehen 100	rivedere
wiegen 57	pesare
Wiese *(f)* (-n) 82, 87	prato
Wille *o* Willen *(m)* 43, 65	volontà, volere
willkommen 51, 87	benvenuto
winken 37	fare segno, un cenno
Winter *(m)* 97	inverno
wirklich 27, 37, 39, 40, 62, 69, etc.	veramente, realmente, davvero
Wirtschaft *(f)* 90	economia
wissen* 9, 22, 30, 31, 36, 38, etc.	sapere
Witwe *(f)* (-n) 68	vedova
wo 11, 13, 19, 36, 43	dove
wo... (doch) 97, 99	visto che
Woche *(f)* (-n) 18, 25, 61	settimana
Wochentag *(m)* (-e) 25	giorno della settimana
woher 36, 48, 68, 81	da dove (provenienza)
wohin 36, 41, 43, 44, 52, 83	dove (+ meta)
wohl 37	bene
wohnen 37, 43, 75	abitare
Wohnung *(f)* (-en) 50	appartamento
Wohnzimmer *(n)* (-) 49, 50	salotto, salone
wollen* 27, 31, 32, 33, 36, 38, etc.	volere
womit 96	con cui/cosa
Wort *(n)* (¨-er) o (-e) 58	parola, vocabolo
wozu? 19, 73	a quale scopo? perché? a che pro?
Wunder *(n)* (-) 50	miracolo
wunderbar 54	meraviglioso
Wundermittel *(n)* (-) 73	mezzo/metodo miracoloso, ricetta miracolosa
wunderschön 50	magnifico, meraviglioso

wünschen 8, 38, 61, 92	augurare, desiderare
Wurst *(f)* (¨-e) 4	salsiccia, salame
Würstchen *(n)* (-) 4	salsiccia piccola
Wut *(f)* 60	ira, collera
wüten 60	essere in collera
wütend 60	furioso, furibondo

Z

Zahl *(f)* (-en) 17	numero, cifra,
zählen 60	contare
zahlen 9, 24, 60, 95	pagare
Zahn *(m)* (¨-e) 50	dente
Zahnarzt *(m)* (¨-e) 50	dentista
Zauberflöte *(f)* 68	flauto magico
zeigen 13, 37	mostrare
Zeit *(f)* (-en) 12, 16, 38, 39, 46, 52, etc.	tempo (cronologico), epoca, periodo
Zeitung *(f)* (-en) 43, 83, 87	giornale
Zerstörung *(f)* 64	distruzione
ziehen* 38, 54	tirare
ziemlich (+ *agg.*) 31, 76	piuttosto, abbastanza
Zigarette *(f)* (-n) 37	sigaretta
Zigarettenschachtel *(f)* (-n) 92	pacchetto di sigarette
Zimmer *(n)* (-) 2, 18, 50, 96	camera, stanza
zischen 21	sibilare, fischiare
zögern 64	esitare
Zone *(f)* (-n) 33	zona
zu 11, 19, 23, 37, 45, 69	a (senza movimento), da, per, verso
zu 22, 25, 26, 27, 43	troppo
zu 78	a (con movimento)
zu Ende sein 67	essere finito, terminato
zu Fuß 33	a piedi
zu Haus(e) 11, 26, 79	a casa (senza movimento)
zu viel 83	troppo
zuerst 33, 52, 74, 86	dapprima, prima, in primo luogo
zufrieden 82	soddisfatto, contento
Zug *(m)* (¨-e) 16	treno
Zugvogel *(m)* (¨) 97	uccello migratorio
Zukunft *(f)* 80, 97	avvenire, futuro
zukünftig 38	futuro *(agg.)*
zum Beispiel 75	per esempio
zum Schluß 33	alla fine
zumachen (= schließen*) 74	chiudere
zunehmen 97	aumentare
zurück 12, 25, 43, 47, 48, 55	di ritorno
zurück sein 47, 58	ritornare
zurückfliegen* 83	rientrare, ritornare in aereo
zurückhalten* 32, 86	tenere (indietro), trattenere
zurückkommen* 25, 47	ritornare
zurückrufen* 12	richiamare
zusammen 9, 95	insieme, in tutto
zusammen laufen* 86	affluire

Zusammenhang *(m)* (¨-e) 88	nesso, rapporto, relazione
zuverlässig 52	affidabile
Zuverlässigkeit *(f)* 52	affidabilità
zuviel 23	troppo
zwar…, aber 75	certo…, ma
zwei 4, 11, 21	due
zweimal 9	due volte
zweite 2, 45, 74	secondo(a)
zweites Mal 76	seconda volta
zwicken 45	pizzicare, infastidire
zwischen 29, 67	tra
zwölf 16, 17, 21, 44	dodici
zwölf Uhr mittags 44	dodici del mattino, mezzogiorno
zwölf Uhr nachts 44	dodici della sera, mezzanotte

Lessico italiano-tedesco

A

a	bei (+ dat.) 34, 51, 54, 60, 65, 78
a (+ ora)	um 16, 33, 61
a (con movimento)	nach 11, 25, 50
a (fino a)	bis (zu + dat.) 12, 45, 60, 61, etc.
a (senza movimento)	zu 11, 19, 23, 37, 45, 69
a buon mercato	günstig 38
a casa (con movimento)	nach Haus(e) 11
a casa (senza movimento)	zu Haus(e) 11, 26, 79
a causa mia	meinetwegen 92
a destra	rechts 15
a fianco di	neben 37
a dopo	bis später 78
a lui/gli	ihm (dativo di er) 37
a lungo	lange 53, 64, 75, 76, 93
a piedi	zu Fuß 33
a presto	bis bald 12, 16
a quale scopo?	wozu? 19, 73
a sinistra	links 15, 33
abbandonare	auf'geben* 99
abbassare la testa (per approvare)	nicken 59
abbastanza	genug 10, 46, 61, 69, 78, 92,
abile	geschickt 90
abilità	Geschicklichkeit (f) (-en) 90, Können (n) (= know how) 90
abitante (donna) di Colonia	Kölnerin (f) (-nen) 64
abitare	wohnen 37, 43, 75
abito	Anzug (m) (¨-e) 13, 38
abituale	gewöhnlich 64
abituarsi a qcs.	sich an etwas (+ acc.) gewöhnen 75
accadere (succedere)	passieren/geschehen* 46, 52, 76, 93, 100
accanto	neben 37
accarezzare	streicheln 32
avvincente	spannend 76
accendere	an'machen 43, an'stellen 7
accendere (dar fuoco)	an'zünden 90
accento	Akzent (m) (-e) 75
accoglienza (reception)	Empfang (m) (¨-e) 96
accogliere	empfangen* 100
accompagnare	mit'kommen* 12, 59
accordo (d'~)	einverstanden 58, meinetwegen 92
acqua	Wasser (n) 97
acquavite	Schnaps (m) 30, 58
acquisto	Kauf (m) (¨-e) 40
adattarsi	sich anpassen 97, sich einleben 75
addormentarsi	ein'schlafen* 71
adesso	jetzt 19, 37, 40, 44, 48, etc., nun 82
adesso (oggi)	heute 1, 10, 26, 51, 55, 64, etc.
aereo	Flugzeug (n) (-e) 62
aeroporto	Flughafen (m) (¨) 62

affare	Geschäft (m) (-e) 10, 100
affascinante	charmant 42
affaticare	müde machen 17
affatto	gar 73
afferrare	fangen* 45, kriegen 40
afferrare (venire a sapere)	mit'kriegen 76, greifen* 86
affidabile	zuverlässig 52
affidabilità	Zuverlässigkeit (f) 52
affittare	vermieten 50
affluire	zusammen laufen* 86
agenda	Terminkalender (m) (-) 25
agenzia di viaggi	Reisebüro (n) (-s) 62
agitarsi	sich aufregen 79
agitato	aufgeregt 18
agosto	August (m) 22
ahi	au 26, 32, 55
ahia	au 26, 32, 55, auwa 32, 55
aiutare qcn.	helfen* jdm (dat.) 59, 69
aiuto	Hilfe (f) (-n), Hilfe! 45
al contrario	im Gegenteil 66, 69
al momento	im Moment 12, 47, 58, im Augenblick 53
al più tardi	spätestens 71
alcuni	ein paar 60, 90, einige 62, 69
all'interno	drinnen 78
alla fine	schließlich 52, 62, 90
allora	na 39, 53, dann 15, 16, 29, 33, nun 82 denn 10, 13, 19, 20, 22, 29, etc.
allora (dunque)	also 9, 12, 19, 49, 59, 61, etc.,
allora (all'epoca)	damals 74, 82, früher 69
almeno	wenigstens 57
Alpi	Alpen (pl.) 83
alt	halt 24, 31, 58, 83
alto (statura)	groß 1, 27, 36, 40, 50, 59, 72
alto	hoch 54, 57, hoh- 82
alto tedesco	Hochdeutsch (n) 89
altra cosa	andere (das) 38, was anderes 7
altri(e)	weitere 80
altrimenti	sonst 71, 74, 82, 95
altro	ander - 34, 40, 55, 59, 67, 75, 80, anders 39, 88
altrove	sonst irgendwo 82
alzare	heben* 86
alzarsi	auf'stehen* 30, 55, 71
amante	Liebhaber (m) (-) 67, 72
amante dei formaggi	Käsefreund (m) (-e) 73
amante della musica	Musikfreund (m) 73
amare	lieben 18, 33, 82, mögen 23
amato	geliebt 18
ambientarsi	sich anpassen 97, sich einleben 75
ambiente	Umwelt (f) 40
Amburgo	Hamburg 20

America	Amerika 39, 88
amica	Freundin (f) (-nen) 3, 23
amichevole	freundlich 40
amico	Freund (m) (-e) 3, 23, 40, 48
amico degli animali	Tierfreund (m) (-e) 73
amore	Liebe (f) 74
amore (appellattivo di persona amata)	Liebling (m) 26, 66
anche	auch 6, 27, 40, 53, 58, 65, etc.
ancora	noch 6, 13, 16, 24, 29, 30, etc.
ancora (continuità)	immer noch?
ancora (di nuovo)	schon wieder 95
ancora nessuno	immer noch kein 75
andarci (verso qcs.)	hin'gehen* 31, 37
andare	gehen* 6, 10, 15, 24, 37, etc.
andare (correndo)	laufen* 18, 19, 32, 58, 59, 60
andare (in treno, in macchina, in bici)	fahren* 16, 20, 34, 37, 40, 46, etc.
andare a comprare (a piedi)	ein'kaufen gehen 24, 48
andare a comprare (in auto)	ein'kaufen fahren 48
andare a passeggio	spazieren gehen 26, 34, 58
andare a trovare	besuchen 80, 87, 100
andare bene	passen 80
andare bene (funzionare)	gut gehen* 59, klappen 90
andare in aereo	fliegen* 25, 43, 62
andare in bici	Fahrrad fahren 34, radeln, Rad fahren 100
andare per il sottile	Federlesen machen 93
andare storto	schief gehen* 90
andare a prendere	holen 24, 44, 100 ab'holen 20
andarsene	vergehen* 16, weggehen* 52
andarsene via (in macchina)	wegfahren* 52
andiamo!	los! 55, 71
angelo	Engel (m) (-) 72
animale	Tier (n) (-e) 73
anniversario di matrimonio	Hochzeitstag (m) 66
anno	Jahr (n), (-e) 17, 46, 51, 57, 62, etc.
annoiarsi	sich langweilen 76
annunciare	melden 47, voraussagen 97 an'zeigen 94
annuncio	Annonce (f) (-n) 50, Anzeige (f) (-n) 50
antenato	Vorfahr (m) (-en) 88
anticamera	Vorzimmer (n) 47
antipasto	Vorspeise (f) (-n) 27
apparentemente	anscheinend 100
apparire	erscheinen* 85
appartamento	Wohnung (f) (-en) 50
appartamento delle vacanze	Ferienwohnung (f) (-en) 50
appartenere a	gehören (+ dat.) 74
appena (a malapena)	kaum 46
appena	gerade (+ verbo al passato) 87
appendere (a)	hängen* (an + dat.) 54
appetito	Appetit (m) 78

appuntamento	Termin (m) (-e) 25, 80
aprire	auf'machen, öffnen 20, 29, 74 eröffnen 65
area di servizio	Raststätte (f) (-n) 79
area di sosta (senza ristorazione)	Rastplatz/Parkplatz (m) 79
argomento	Argument (n) (-e) 61
aria	Luft (f) (¨-e) 78
armadio	Schrank (m) (¨-e) 44
arpia	Spinne (f) (-n) 55
arrischiarsi (a)	sich wagen an (+ acc.) 90
arrivare	an'kommen* 20, 46, 59, 79, kommen* 6, 11, 13, 16, 24, 26, etc.
arrivederci	auf Wiedersehen 12, tschüs(s) 12, 16
arrivederci (al tel.)	auf Wiederhören 61
arrivo	Ankunft (f) (¨-e) 30
ascoltare	hören 36, 43, 50, 54, 73, 82
aspettare	warten 13, 15, 16, 31, 36, etc.,
aspettare qcn. o qcs.	warten auf (+ acc.) 59
aspettarsi qcs.	rechnen mit 97
assaggiare	probieren 75
assicurare	garantieren 75
assolutamente	unbedingt 41, 83
attenzione!	Vorsicht (f) 13, 43, 94, Achtung (f) 16, 69, 90
attenzione	Achtung (f) 16, 69, 90
atterrire	Schrecken (einen) einjagen 94
attraversare	überqueren 34, durch'fahren* 88, 94
attraversare la strada	über die Straße gehen 94
attraversare un ponte	über eine Brücke gehen 94
attraverso	durch 61, 64, 79
attrice	Schauspielerin (f) (-nen) 72
augurare	wünschen 8, 38, 61, 92
aumentare	zunehmen 97
auto	Auto (n) (-s) 32, 40, 48, 52, 55, 79
autonomo	selbstständig 81
autostrada	Autobahn (f) (-en) 15, 52, 79
aver bisogno di	brauchen 24, 39, 50, 57, 65, 78
avercela con qcn.	jemandem böse sein 92
avere	haben* 2, 24, 38, 46
avere (ricevere)	kriegen 40
avere (un buon) sapore	schmecken 27
avere fortuna	Glück haben 79
avere il permesso (di)	dürfen* 32, 33, 34, 37, 47, 61, 72
avere intenzione (di)	vorhaben (zu) 89
avere paura	Angst haben 59, erschrecken* 100
avere ragione	Recht haben 73
avere torto	Unrecht haben 73
avere un appuntamento	verabredet sein 52
avere un'idea	auf eine Idee kommen* 88
avere voglia (di)	Lust haben (zu) 26, 71
averne abbastanza	genug haben 46
averne le scatole piene	Nase voll haben (die ~) 54

avido	gierig 86
avvertire	warnen 86

B

Babbo Natale	Weihnachtsmann 97
bacio	Kuss (m) (¨-e) 16
bagno	Bad (n) (¨-er) 50
balcone	Balkon (m) (-s) 50
bambino	Kind (n) (-er) 6, 13, 39, 48, 53, 79
bambola	Puppe (f) (-n) 56
banale	alltäglich 81
banchiere	Bankier (m) (-s) 67
barbecue	Grillfest (n) (-e) 23
barca	Schiff (n) (-e) 68
barocco	barock 32
basso (volume)	leise 34
battere	schlagen* 85
Bavarese	Bayer (m) (-n) 75, 83
bavarese	bayerisch 75
bello	schön 3, 18, 46, 50, 57, 58, 82
benché	obwohl 72
benda	Binde (f) (-n) 54
bene	na 39, 53, gut 1, 6, 8, 18, 23, 24 in Ordnung 52, ja 2, 8, 15, 26, etc.
bene (avv.)	wohl 37, gut 1, 6, 8, 18, 23, 24, 26,
bene ereditario	Erbgut (n) (¨-er) 88
benvenuto	willkommen 51, 87
benzina	Benzin (n) 29
bere	trinken* 4, 8, 23, 33
Berlinese	Berliner (m) (-) 64
Berlinese	Berlinerin (f) (-nen) 64
berretto	Mütze (f) (-n) 72
berretto basco	Baskenmütze (f) (-n) 72
bevanda	Getränk (n) (-e) 8, 33
bianco	weiß 82, 92
biblioteca	Bibliothek (f) (-en) 56
bicchiere	Glas (n) (¨er) 33, 89
bici	Rad (n) (¨-er) 34, 62,
bicicletta	Fahrrad (n) (¨-er) 34, 40, 48, 82
biergarten	Biergarten (m) (¨) 75
binario	Gleis (f) (-e) 16, Bahn (f) (-en) 15, 20
biondo(a)	blond(e) 36, 72
birra	Bier (n) (-e) 8, 9, 33
birra bianca	Weißbier (n) 75
birreria	Kneipe (f) (-n) 16, 19
bis-bisnonno	Ur- Urgroßvater 89
bisognare	müssen, 28, 30, etc.
bizzarro	komisch 76, 99
bloccare	blockieren 48
blu	blau 72
bocca	Mund (m) (¨er) 53, 86
boccale di birra	Bierkrug (m) (¨-e) 87,

bollire	kochen 59, 67
bosco	Wald (m) (¨-er) 65
boss	Boss (m) (-e) 90
bottiglia	Flasche (f) (-n) 44, 58
braccio	Arm (m) (-e) 53
Brasile	Brasilien (n) 37, 43, 83
bravo	bravo 13
breve	kurz 34, 60, 79, 80
brevemente	kurz 34, 60, 79, 80
bricco	Kännchen (n) (-) 8, 9
brontolare (stomaco)	knurren 78
bruscamente	hart 88, 90
brusco	hart 88, 90
brutto	hässlich 36, 42
buccia	Schale (f) (-n) 86
bue	Ochs (m) (-en) 87
bugia	Lüge (f) (-n) 69
buio (agg)	dunkel 33, 45
buio (nome)	Dunkel (n), Dunkelheit (f) (-en) 76
buon appetito!	guten Appetit 78, Mahlzeit!, gesegnete Mahlzeit 78
buon mercato (a)	billig 40
buona notte	gute Nacht 17, 43, 53
buona sera	guten Abend 2, 50, 53, 66
buone maniere	Manieren (gute) 85, Benimm (m) 85
buongiorno	guten Morgen 6, guten Tag 1, 8, 12, 38,
buono	gut 1, 6, 8, 18, 23, 24, 26,
buono (sapore)	köstlich 27, 61

C

c'è	es gibt* 15, 19, 41, 50, 67, etc.
cacao	Kakao (m) 57
cadere	fallen* 24, 43, 53, 55, 62, 64 , runter'fallen* 43, um'fallen* 60,
cadere morto	tot um'fallen* 60
caduta del muro	Mauerfall (m) 64
caffè (bevanda)	Kaffee (m) (-s) 4, 8
caffè (luogo)	Café (n) (-s) 16, 19
caffelatte	Milchkaffee (m) (-s) 5
caffettiera	Kaffeekanne (f) (-n) 8
calcolare	rechnen 61
calcolo	Rechnung 61, 95
caldo	heiß 9, warm 97
calendario	Kalender (m) (-) 25
calma	Ruhe (f) 45, 93
calore	Hitze (f) (-n) 22
calzino	Socke (f) (-n) 34
cambiare	verändern 82, sich ändern 39, wechseln 75
cambiare (modificare)	ändern (sich ~) 39, 88, 96, 100
camera	Zimmer (n) (-) 2, 18, 50, 96
camera da letto	Schlafzimmer (n) (-) 50

camera doppia	Doppelzimmer (n) (-) 96
cameriere (ristorante)	Herr Ober, Kellner 95
camion	Lastwagen (m) (-) 94
camminare	laufen* 18, 19, 32, 58, 59, 60
campanile	Kirchturm (m) 100
campo	Feld (n) (-er) 58, 59
campo arato	Acker (m) (-) 59
candela	Kerze (f) (-n) 90
candidatura	Bewerbung (f) (-en) 80
cane	Hund (m) (-e) 32
canederli	Knödel (m) (-) 78
cantare	singen* 82
canzone di buon compleanno	Geburtstagslied (n) (-er) 90
capire	mit'kriegen 76, verstehen 27, 39, 45, 54, 59, ecc.
capire da (riconoscere)	hören (an + dat.) 75
capitale	Hauptstadt (f) (¨-e) 64
capitale (denaro)	Kapital (n) 65
capitombolo	Salto (m) (-s) 100
capo del personale (f)	Personalleiterin (-nen) 80
capo reparto (m)	Abteilungsleiter (m) 80
cappellino dell'uovo	Eihütchen (n) (-) 86
cari saluti	freundliche Grüße 80
carino	süß 32
carne	Fleisch (n) 26, 74
carne alla griglia	Grillfleisch (n) 24
carne di maiale	Schweinefleisch (n) 75
caro(a)	lieb 18
caro (costoso)	teuer 23, 40, 53, 57, 93
carriera	Karriere (f) (-n) 19, 82, 85
cartello	Schild (n) (-er) 48
cartello di divieto	Verbotsschild (n) (-er) 48
cartolina postale	Postkarte (f) (-n) 18
casa	Haus (n) (¨-er) 11, 25, 46, 53, 58
caso	Fall (m) (¨-e) 76, 89
cassa	Kasse (f) (-n) 24
castello	Schloss (n) (¨-er) 82, 83
cattedrale	Dom (m) (-e) 33
causa	Grund (m) (¨-e) 48, Ursache (f) (-n) 15
cavallo	Pferd (n) (-e) 63, 68
cavoli!	Mensch! (m) 17, 22
celebre	berühmt 51, 72
celibe	ledig 36, 41
cellulare	Handy (n) (ys, ies) 11
cena	Abendessen (n) (-) 47
cenare	abendessen 47
cento	hundert 21
centro fitness	Fitness-Studio (n) (-s) 96
cercare	suchen 19, 38, 69, 87
cereali	Müsli (n) 4
cerimonia (da -)	festlich 38
certo	gewiss 88

certo... ma	zwar…, aber 75
Champagne	Champagner (m) (-) 24, 44, 95
che (cong.)	dass 31, 34
che (tipo/genere di…)	was für ein(e) 22
che ora è?	wie spät ist es? 78
che sfortuna!	verflixt! 29, Mist! 9, 43
che succede?	was ist los? 55, 71
chi?	wer? 39
chiacchierare	unterhalten* (sich) 37
chiamare	nennen* 68, rufen* 11, 12, 48, 58, 59
chiamare (~ si)	heißen* 3, 5, 57
chiamare al telefono	an'rufen* 11, 66, 96
chiarire	auf'klären 99
chiaro	hell 33, 50, klar 31, 88, 90
chiaro	klar (avv. colloquiale) 39
chiedere (riguardo a)	fragen nach 73
chiedere qcs. a qcn.	fragen jdn (acc.) nach (+ dat.) 38, 39, 58, 68, 73, etc.
chiedersi (se)	sich fragen (ob) 76
chilo	Kilo (n) (-s) 9, Kilogramm (n) 57
chilometro	Kilometer (m) (-) 29
chissà dove	sonstwo 82
chiudere	schließen* 10, 13, 61, 71, zumachen (= schließen*) 74
chiuso	geschlossen (schließen 80, 87,) 10
chiusura	Abschluss (m) (¨-e) 81
ci (movimento verso una meta)	hin- 31
ci siamo!	es ist soweit 90
ci sono	es gibt* 15, 19, 41, 50, 67, etc.
ciao	hallo 11, 12, 20, 37, 55, tschüs(s) 12, 16
ciascuno	jeder, e, es 30, 46, 65
cibo	Speise (f) (-n) 27
cielo	Himmel (m) (-) 24, 43, 85
cifra	Zahl (f) (-en) 17
cigno	Schwan (m) (¨-e) 74
Cina	China (n) 39
cinciarella	Blaumeise (f) (-n) 97
cinese	chinesisch 73
cinquanta	fünfzig 9, 21
cinque	fünf 9, 19
ciò che, cosa che	was 1, 16, 19, 22, 26, 27, etc.
cioccolatino al nougat	Nougatpraline (f) (-n) 57
cioccolato	Schokolade (f) (-n) 57
circa	etwa 89, ungefähr 29, 57
circa (quasi)	fast 57, 64, 71, 81, 87
città	Stadt (f) (¨-e) 9, 10, 40, 41, 43, 64
città vecchia	Altstadt (f) (¨-e) 33
cittadino d'onore	Ehrenbürger (m) (-) 72
classe	Klasse (f) 40
classicismo	Klassik (f) 51
cliente	Kunde (m) (-n) 25, 65
clima	Klima (n) 97

coccolino	Schmusekätzchen (n) (-) 18
coda (fila d'attesa)	Schlange (f) 45
coda (imbottigliamento)	Stau (n) (-s) 79
cogliere	pflücken 89
cognome	Nachname/Familienname (m) (-n) 81
col rosso (semaforo)	Rot (bei ~) 34
colazione	Frühstück (n) 4
collaborazione	Mitarbeit (f) 80
collega (f)	Kollegin (f) (-nen) 6
collega (m)	Kollege (m) (-n) 6, 81
collera	Wut (f) 60
colletto	Kragen (m) (-) 93
collo	Hals (m) (¨-e) 93
colloquio di presentazione	Vorstellungsgespräch (n) 81
Colonia	Köln 20, 33
color carne	fleischfarben 74
colore	Farbe (f) (-n) 74
colpire	schlagen* 85
colui che	derjenige, der 85
come	wie 5, 6, 13, 40, 46, 48, 53, etc.
come (nel ruolo di)	als 72
come prego?	wie bitte? 27
come si conviene	wie es sich gehört 85
come va?	wie geht's? 6, 18, 66
comico	komisch 76, 99, lustig 23, 58, 68
compagno	Geselle (m) (-n) 57
compiere	leisten 74
compleanno	Geburtstag (m) (-e) 22, 38, 89
completamente	total 27, 37, 60, 76
completare	ergänzen 1
completo	belegen 96
complicato	kompliziert 88
comporre	komponieren 68
comportarsi bene	sich benehmen* 85
comprare	kaufen 19, 40, 48, 73, ein'kaufen 24, 48
comprendere	verstehen* 27, 39, 45, 54, 59, etc.
comprensibile	verständlich 61
comprensione	Verständnis (n) 32, 92
comprensivo	verständnisvoll 92
compreso (incluso)	inbegriffen 62, 96
computer	Computer (m) (-) 25
comune	gewöhnlich 64
comunque	sowieso 48
con	mit (+ dat.) 4, 12, 37, 64
con calma	ruhig 60, 90
con il quale	womit 96
concernere	an'gehen* 54, sich drehen um (+ acc.) 57
concerto	Konzert (n) (-e) 53
concretamente	konkret 73
concreto	konkret 73
condannare	verurteilen 93

conferire	verleihen* 72, 92,
confidenziale	vertraulich 69
confondere	verwechseln (mit) 74
confuso	verwirrt 60
congedarsi	Abschied nehmen* 12
congratularsi (con qcn. per qcs.)	gratulieren jdm (dat.) zu (+ dat.) 38,
congratulazioni	Glückwunsch (m) (-e) 89
coniglio	Hase (m) (-n) 58, 59, 60
conoscere	kennen* 17, 32, 36, 38, 41, 69, 73
consigliare	raten* 72, 83, 87, empfehlen* 65
consiglio	Rat (m) (Ratschläge) 31, 41, 49
contadino	Bauer (m) (-n) 75
contare	rechnen 61, zählen 60
conte	Graf (m) (-en) 68, 86
contemporaneamente	gleichzeitig 64
contendersi qcs.	sich streiten um (+ acc.) 83
contento	froh 53, 94, zufrieden 82
contenuto	Inhalt (m) (-e) 57
continuare	weiter'fahren* 20, weiter'gehen* 33, 79, weiter'machen 99
continuazione	Fortsetzung (f) (-en) 37, 59, 82
conto	Rechnung 61, 95
contrario	Gegenteil (n) (-e) 85
controllare	kontrollieren 30
conversazione	Gespräch (n) (-e) 5, 80
conversazione telefonica	Telefongespräch (n) (-e) 5
convincente	überzeugend 61
convincere	überzeugen 61
coperchio	Deckel (m) (-) 57
coperta	Decke (f) (-n) 54
coppia	Paar (n) (-e) 60
coraggio	Mut (m) 99
coraggioso	mutig 74
cordiale	herzlich 18, 46, 51, 89
corrente (n)	Strom (m) 90
correntemente	fließend 73, 99
correre	laufen* 18, 19, 32, 58, 59, 60
correttamente	anständig 85
corsa	Wettlauf (m) (¨e) 58
corte	Hof (m) (¨-e) 20, 52
cortile	Hof (m) (¨-e) 20, 52
corto	kurz 34, 60, 79, 80
cosa (oggetto)	Ding (n) (-e) 93, 99
cosa, ciò, ciò che	was 4, 8, 10, 22, …
così	so 31
cospargere	streuen 54, 86
costa (lungo il mare)	Küste (f) (-n) 50
costare	kosten 50, 65, 92
costi/spese rimborsabili	Auslagen (f) 80
costoso	teuer 23, 40, 53, 57, 93
costruire	bauen 57
costume da bagno	Badeanzug (m) 97

cravatta	Binde (f) (-n) 54, Krawatte (f) (-n) 54
credere (in, a)	glauben (an + acc.) 20, 45, 74, etc.
crescere	groß werden* 51
Cuba	Kuba 62
cucina	Küche (f) (-n) 50, 61
cucinare	kochen 59, 67
culto	Kult (m) (-e) 40
cultura generale	Allgemeinbildung (f) 68
cuoca	Köchin (f) (-nen) 59
cuocere	kochen 59, 67
cuoco	Koch (m) (¨-e) 59, 67
cuore	Herz (n) (-en) 18, 54, 79
custode	Hausmeister (m) (-) 69

D

d'accordo	meinetwegen 92
d'oro	golden 54
da (già)	schon 17, 19, 24, 29, 45, etc.
da	seit 29, 44, 79
da (complemento d'agente)	von (+ dat.) 86
da (appartenenza o provenienza)	von 3, 33, 47, 82
da (con movimento)	zu (+ dat) 11, 19, 23, 37, 45, 69, 78
da (provenienza, origine)	aus (+ dat.) 3, 15, 18, 48, 55, 71
da dove (provenienza)	woher 36, 48, 68, 81
da tempo	schon lange 53, seit langem 62, 76
dama	Dame (f) (-n) 33, 51
dapprima	zuerst 33, 52, 74, 86
dare	geben* 15, 16, 22, 40, 43, 47,
dare in prestito	verleihen* 72, 92,
dato che	da (cong.) 80, 93
davanti	an 16, 24, 54, 69, vor 44, 68, vorn 45
davvero	echt 92
debito	Schuld (f) (-en) 83
decapitare	köpfen 85
decidere	beschließen* 71, entscheiden 86
delizioso	köstlich 27, 61
deluso	enttäuscht 96
denaro	Geld (n) (-er) 9, 10, 39, 52, 92
dente	Zahn (m) (¨-e) 50
dentista	Zahnarzt (m) (¨-e) 50
dentro	darin, drin 13,
desiderare	mögen 8, 23, 33, 50, 51, 57 wünschen 8, 38, 61, 92
dessert	Nachspeise (f) (-n) 27, Nachtisch (m) 27, 61
destino	Schicksal (n) 54
destrezza	Geschicklichkeit (f) (-en) 90
di (comparativo)	als 57, 58, 71, 73, 75
di classe	große Klasse (f) 40
di fatto	eigentlich 22, 34, 65, 87, 97
di fronte (a)	gegenüber (von) 33
di notte	nachts 88

di nuovo	schon wieder 95
di questo	darum 94, davon 78, 87, daran 74, 79
di seta	seiden (adj.) 54
di solito	sonst 71, 74, 82, 95
dialetto	Dialekt (m) (-e) 89, Mundart (-en) 89
diavolo	Teufel (m) (-) 90
dicembre	Dezember (m) 44,
dichiarare	erklären 71, 83, 95, 96
dieresi	Umlaut (m) (-e) 33
dietro (avv.)	hinter 54, 82
differenza	Unterschied (m) (-e) 29, 30, 67
differenziare	unterscheiden* 67
difficile	schwierig 48, 71, 73, schwer 57, 71, 99
diligente	tüchtig 99
dimenticare	vergessen 10, 24, 95
Dio	Gott (m) (¨-er) 29, 46, 48
dipingere	malen 90
diploma	Diplom (n) (-e) 65
dire	sagen 11, 18, 19, 22, 29, 36, etc.
direttore	Leiter (m) (-) 80
Direttore Generale	Generaldirektor (m) (-en) 90
dirigere	leiten 89, lenken 46
diritto	Jura 51, Recht (n) 73
discorso	Rede (f) 36
discorso (conversazione)	Gespräch (n) (-e) 5, 80
disgustoso	eklig 75
disposizione (a)	Verfügung (f) (-en) 96
distinguere	unterscheiden* 67
distinto	vornehm 86
distributore di benzina	Tankstelle (f) (-n) 19, 80
distruzione	Zerstörung (f) 64
disturbare	stören 34
ditta	Firma (f) (Firmen) 47, 48, 75
ditta d'informatica	IT-Unternehmen (n) 81
diventare	werden* 22, 48, 51, 60, 64, etc.
diverso	anders 39, 88
divertente	lustig 23, 58, 68
divertimento	Vergnügen (n) 1, 60
divertire	Spaß machen 99
dividersi (~ in)	sich teilen 64
divieto	Verbot (n) (-e) 48
dolce	Nachspeise (f) (-n) 27, Nachtisch (m) 27, 61
dolce (zuccherato)	süß 32
dolce (dolcemente)	leise 34
dolore	Leid (n) (-en) 51
domanda	Frage (f) (-n) 62, 67, 68, 89, 95
domanda d'impiego	Bewerbung (f) (-en) 80
domandare	fragen jdn (*acc*) nach (+ *dat.*) 38, 39, 58, 68, 73, etc.
domani	morgen 11, 12, 30, 54
domani (a ~)	bis morgen 12

domenica	Sonntag (m) 10, 58
donna	Frau (f) (-en) 3, 6, 37, 38, 40, etc.
dopo	nach (+ dat.) 20, 38, 46, 52, 81, danach 51, 79
dopo che	nachdem (+ indic.) 83
dopo domani	übermorgen 62
dormire	schlafen* 17, 43, 50
Dottore	Doktor (m) (-en) 47
dove	wo 11, 13, 19, 36, 43
dove (+ direzione)	wohin 36, 41, 43, 44, 52, 83
dover andare (in bagno)	mal müssen 79, aufs Klo müssen 79
dovere	dürfen* 32, 33, 34, 37, 47, 61, 72, müssen 28, 30, 31, 33, 37, 83, 79, sollen 28, 31, 36, 40, 48, 83, 87
dovere a	verdanken (+ dat.) 83
dovere qcs. a qcn	verdanken (jdm etwas) 83
dritto (giusto)	gerade 15, 47, 86
due	zwei 4, 11, 21
due volte	zweimal 9
dunque	doch 30, 47, mal 11, 13, 15, etc., also 9, 12, 19, 49, 59, 61, etc.,
duro	hart 88, 90

E

e	und 3, 6 …
è da (+ verbo inf.)	es ist zu (+ verbo inf.) 79
eccellente	ausgezeichnet 27, 95
eccetto	außer 39, 64
ecco	hier 5, 11, 12, 16, 17, 27, etc.
ecologico	umweltfreundlich 40
economia	Wirtschaft (f) 90
educato	höflich 52, 58
educatamente	höflich 52, 58
educazione	Höflichkeit (f) (-en) 52
egli	er 3, 32
elettronico	Elektronik (f) 81
entrambi	beide 100
entrare	rein' (= herein/hinein) gehen 52
entrata	Einfahrt (f) (-en) 48, Eingang (m) (¨-e) 15
entusiasmare	begeistern 73
epoca	Zeit (f) (-en) 12, 16, 38, 39, etc.
epoca (all'~)	damals 74, 82
era preistorica	Urzeit (f) (-en) 89
eredità, ereditiere	Erbe (n), Erbe (m) (-n) 88
eroicamente	heroisch 93
esaminare	sich etwas anschauen 67
esattamente	eigentlich 22, 34, 65, 87, 97, genau 20, 55, 81, 88
esatto	direkt 85, stimmt 24, 40, genau 20, 55, 81, 88
esempio	Beispiel (n) (-e) 75, 85

esercizio	Übung (f) (-en) 1
esitare	zögern 64
esperienza	Anschauung (f) (-en) 67, Erfahrung (f) (-en) 89
esperimento	Experiment (n) (-e) 88
espositore	Schausteller (m) (-) 87
essere	sein 2, 38, 40, 46
essere alla fine	am Ende sein 67
essere appeso (a)	hängen* (an + datif) 54
essere arrabbiato	wüten 60
essere assunto	angestellt sein 81
essere buono (avere un buon sapore)	schmecken 27
essere contento	freuen (sich ~) 20, 26, 80, 81, 100
essere contento/felice (di)	sich freuen (dass) 20, 26, 80, 81
essere dell'avviso	meinen 26, 67, 73, 81, 82, 96
essere esatto	stimmen 27, 40, 57
essere finito	beendet werden 85, zu Ende sein 67
essere grato per	verdanken (jdm etwas) 83
essere in piedi	stehen* 24, 44, 53, 55, 56, 82
essere in testa a	an der Spitze sein 66
essere indifferente (~ a qcn)	egal sein* (jdm ~) 48
essere obbligato (a)	müssen, 28, 30, 31, 33, 37, 83, 79
essere originario di	stammen (aus) 68
essere pazzo	spinnen* 55
essere prudenti	sich in Acht nehmen* 69
essere rotto/sfinito	kaputt sein 85
essere scritto	stehen* 83, 87
essere seduti	sitzen* 25, 43, 45, 55, 61, 68
essere sfinito (a pezzi)	kaputt sein 85 am Ende sein 67
essere steso/allungato	liegen*, 40, 44, 50, 54, 82, 99, 100
essere umano	Mensch (m) (-en) 17, 46, 97
essere vero	stimmen 27, 40, 57
esso(a)	es (n)6
Est (orientale)	Osten (m) 41
euro	Euro (m) (-s) 9
Europa	Europa (n) 37
evoluzione	Entwicklung (f) 97

F

fabbro	Schmied (m) 100
facile	leicht 71, 72, 75, einfach 31, 71, 73, 85, 89
faccia	Gesicht (n) (-er) 54
falso	falsch 93
fame	Hunger (m) 19, 53
fame da lupi	Bärenhunger (m) 53
famiglia	Familie (f) (-n) 23, 39
famigliari	Verwandte (pl.) 39
fantasma	Geist (m) 83
fantastico	fantastisch 18, 27, 42, 62
far "fare"	lassen* (+ verbo) 26

far bollire	kochen 59, 67
far cuocere	kochen 59, 67
far fare	machen lassen* 88
farcela	schaffen (es ~) 29, 99
fare	tun* 32, machen 8, 9, 17, 26, etc.
fare (compiere)	leisten 74
fare (la) conoscenza (di)	kennen lernen 66, 80, 81
fare ammalare	krank machen 17
fare attenzione (a)	auf'passen (auf) 76, 99,
fare benzina	tanken 19
fare come se	so tun*, als ob 95
fare domanda (presso)	sich bewerben* (bei) 80, 81
fare gli auguri a qcn.	gratulieren jdm (dat.) zu (+ dat.) 38
fare il solletico	kitzeln 76
fare la coda	Schlange stehen 24
fare la spesa	ein'kaufen 24, 48
fare male	weh'tun 78
fare no con il capo	schütteln 59
fare qcs. di qcn.	jemanden zu etwas machen 72
fare un giro	herum'fahren* 52
fare un segno	winken 37
fare una scappata	Abstecher (m) (einen ~ machen) 100
farsi carico di	übernehmen* 80
fascia	Binde (f) (-n) 54
faticoso	langweilig 76, anstrengend 26, 66
fatto in casa	hausgemacht 78
fattura	Rechnung (f) 61, 95
felice	glücklich 75, zufrieden 8
felicità	Glück (n) 1, 22, 29, 38, 65
femmina	Weibchen (n) (-) 88
ferie	Ferien (pl.) 13, 37, 39, 46, 50, Urlaub (m) 37, 51
ferire	verletzen 58
firma	Unterschrift (f) (-en) 80
fermare	halten* 29, 32, 78
fermare (~ si)	an'halten* 29, 79
fermo	still 45
festa	Fest (n) (-e) 22, Party (f) (-s) 37
festa della birra	Oktoberfest (m) 87
festa di compleanno	Geburtstagsfest (n) (-e), Geburtstagsparty (f) (-s) 20, 22, 27
festa in giardino	Gartenfest (n) (-e) 23
festeggiare	feiern 23, 64, 66
festoso (da festa)	festlich 38
fetta	Stück (n) (-e) 64
fiaba	Märchen (n) (-) 58, 82
fidanzata	Freundin (f) (-nen) 3, 23
fidanzato	Freund (m) (-e) 3, 23, 40, 48
figlia	Tochter (f) (¨) 81
fila	Reihe (f) (-n) 45
filantropo	Menschenfreund (m) 73
filare (tessere)	spinnen* 55

film	Film (m) (-e) 53, 55, 72, 76
film poliziesco	Krimi (= Kriminalfilm) (m) (-s) 76
filo	Faden (m) (¨) 54, 87
filosofia	Philosophie (f) 51
finalmente	endlich 43, schließlich 52, 62, 90
finanziare	finanzieren 83
fine	Ende (n) (-n) 13, 48, 60, 67, 68, 76, etc. Abschluss (m) (¨-e) 81, Schluss (m) (¨-e) 29
fine (alla ~)	am Ende 68, 72, zum Schluß 33
fine delle vacanze	Ferienende (n) (-n) 12
finestra	Fenster (n) (-) 53, 82
finito	vorbei 22
fino a	bis (zu + dat.) 12, 45, 60, 61, etc.
finora	bis jetzt 79
fiore	Blume (f) (-n) 82, 92
fiorire	blühen 82
fischiare	pfeifen* 86
fiume	Fluss (m) (¨-e) 26
flauto magico	Zauberflöte (f) 68
flessibile	flexibel 78
fluente (agg.)	fließend 73, 99
fluire	fließen* 73
fondare	gründen 89
foresta	Wald (m) (¨-er) 65
Foresta nera	Schwarzwald (m) 83
forma del futuro	werden* (+ infinito) 23, 55
formaggio	Käse (m) 4, 67
forse	vielleicht 29, 62, 69
forte (ad alto volume/rumoroso)	laut 34, 36, 58, 83
fortuna	Glück (n) 1, 22, 29, 38, 65
fortuna (dea)	Fortuna 54
foto	Bild (n) (-er) 54
foto	Foto (n) (-s) 3
fragola	Erdbeere (f) (-n) 57
fraintendimento	Missverständnis (n) (-se) 32
Francese	Franzose (m) (-n) 67
Francia	Frankreich (n) 30
Francoforte	Frankfurt 50
fratelli (fratello e sorella, sorelle)	Geschwister (n) 23
fratello	Bruder (m) (¨) 23, 33, 58
frattempo (*nel*)	inzwischen 48, 80, 100
freddo	kalt 78, Kälte (f) 78, kühl 44
fresco	frisch 78
fricassea di coniglio	Hasenfrikassée (n) 70
frigorifero	Kühlschrank (m) (¨-e) 44
frontiera	Grenze (f) (-n) 79
fumare	rauchen 72
fumoso	rauchig 72
funzionare	funktionieren 25
funzionare (andare bene)	gut gehen* 59

fuori	draußen 61, 78, 97, heraus 46, aus 3, 15, 18, 48, 55, 71,
fuori dal comune	außergewöhnlich 64
fuori!	raus (= heraus)! 46, 71
furbo	schlau 62
furioso	wütend 60
furore	Wut (f) 60
futuro (agg.)	zukünftig 38
futuro (n)	Zukunft (f) 80, 97, Futur (n) 55

G

gabinetto	Toilette (f) (-n) 45, 79 Klo (n) (-s) 45, 79, Klosett (n) 45
gamba	Bein (n) (-e) 58, 60, 97
gara	Wettlauf (m) (¨e) 58
garantire	garantieren 75
gatta	Katze (f) (-n) 54
gatto	Kater (m) (-) 54
generalmente	sonst 71, 74, 82, 95
generazione	Generation (f) (-en) 51
geniale	genial 83
gente	Leute (pl.) 48, 65, 69
gentile	freundlich 40, nett 18, 23, 37, 89, 92
gentiluomo	Gentleman (m) 93
Germania	Deutschland (n) 25
Germania dell'Est	Ostdeutschland 64
Germania dell'Ovest	Westdeutschland 64
gerundio	indem 86 gerade (+ verbo presente) 86
gettare (spargere)	streuen 54, 86
già	schon 17, 19, 24, 29, 45, etc.
giacca	Jacke (f) (-n) 13
giallo	gelb 82, 92
giardino	Garten (m) (¨) 22, 23
giocare	spielen 34, 74
gioiosamente	vergnügt 60
gioioso	vergnügt 60
giornale	Zeitung (f) (-en) 43, 83, 87
giorno	Tag (m) (-e) 1, 17, 30, 46, 54, etc.
giorno della settimana	Wochentag (m) (-e) 25
giovane	jung 51, 82
giovedì	Donnerstag (m) 25
girare	um'drehen 93
giugno	Juni 46
giurare	schwören* 41
giusto (esatto)	richtig 68, 73, 74, 90, 97, stimmt 24, 40
gola	Hals (m) (¨-e) 93
gotico	gothisch 63
governo federale	Bundesregierung (f) (-en) 64
grado	Grad (m) (-e) 57
granchio	Krabbe (f) (-n) 13

grande	groß 1, 27, 36, 40, 50, 59, 72
grasso	dick 82
gratuitamente	kostenlos 96
grave	schlimm 69, 94
grazie	Dank (m) 29, danke 5, 6, 27
grazie a Dio	Gott sei Dank 29
Greco	Grieche (m) (-n) 68
gridare	rufen* 11, 12, 48, 58, 59 schreien* 45, 60, 93
grida	Geschrei (n) 55, 93
grosso	groß 1, 27, 36, 40, 50, 59, 72
guadagnare (denaro)	verdienen 20, 31, 88
guadagnare (vincere)	gewinnen* 58, 62, 86
guarda!	sieh da! 87
guardare	gucken (fam.) 36, 43, an'sehen* 10, 76, schauen 9, 38, nach'sehen* 44
guardare la TV	fern'sehen* 55
guardaroba	Garderobe (f) (-n) 56
guardarsi qcs.	sich etwas anschauen 67
guastare (rovinare)	verderben 50, 97
guerra	Krieg (m) (-e) 72
guidare (veicolo)	fahren* 16, 20, 34, 37, 40, 46, etc. lenken 46
guscio	Schale (f) (-n) 86

H

hotel	Hotel (n) (-s) 4, 62

I

IC	ICE (m) 20
idea	Idee (f) (-n) 2§
idea (vaga)	Ahnung (f) (-en) 87
identico	identisch 88
idiota	Idiot/Idiotin 100
idolatrare	vergöttern 72
ieri	gestern 36, 71, 73
il (m)	der
il, la (n)	das 3, 10, 13
imbecille	Dumme (m) 88
immaginarsi (pensare)	sich denken* 75, sich vorstellen 62, 73, 100
immaginarsi qcs.	sich vor'stellen (+ datif) 62, 73, 100
immagine	Bild (n) (-er) 54
immediatamente	sofort 8, 43, 48, 55, 95
imparare	lernen 1, 41, 50, 73, erfahren* 8
impazzire	verrückt werden* 79
imperatore	Kaiser (m) (-) 68
impermeabile	Regenjacke (f) (-n) 13
impiegato(a)	Angestellte (der/m, die/f) (-n) 81
impiego	Arbeitsstelle (f) (-n) 80
impiego (compito)	Aufgabe (f) (-n) 80

importante	bedeutend 51, wichtig 73
impossibile	unmöglich 93
imprecare	schimpfen 100
impresa	Unternehmen (f) (-) 80, 89,
impressionante	beeindruckend 74
improvvisamente	plötzlich 82, 86
improvviso	plötzlich 82, 86
in	in 10
in basso	unten (avv.) 59
in corso	im Gang 76
in effetti	nämlich 62, 65, 85, tatsächlich 96, in der Tat 81, 82
in lungo e in largo	weit und breit 94
in media	im Durchschnitt 79, im Schnitt 79
in modo che, affinché	dass (= damit) 79
in ogni caso	jedenfalls 99
in ordine	in Ordnung 52
in persona	selbst 61, 94
in primo luogo	zuerst 33, 52, 74, 86
in questo caso	da 6, 36, 44, 58, 73, 83
in realtà	eigentlich 22, 34, 65, 87, 97
in riva a	an 16, 24, 54, 69
in tutti i casi	auf alle Fälle 76
in tutto	insgesamt 87, zusammen 9, 95
inaugurare	eröffnen 65
incluso	inbegriffen 62, 96
incominciare	an'fangen* 45, 52, 55, 58, 60, etc.
incontrare	treffen* 25, 58
incrociare le dita per qcn.	die Daumen für jdn drücken 79
indennizzo	Entschädigung (f) (-en) 93
indicare	informieren 80, an'zeigen 94 zeigen 13, 37
indicatore della benzina	Benzinuhr (f) (-en) 29
indicazione	Beweis (m) (-e) 92 Auskunft (f) (¨-e) 15
indietro	zurück 12, 25, 43, 47, 48, 55
indimenticabile	unvergesslich 100
indipendente	selbstständig 81
indirizzo e-mail	E-Mail-Adresse (f) 100
indossare	an'ziehen* 38
indovinare	raten* 72, 83, 87
infatti	nämlich 62, 65, 85
inferno	Hölle (f) (-n) 67
informarsi	nach'fragen 73
infischiarsene (di)	pfeifen auf (+ acc.) 86
influenza	Einfluss (n) (¨-e) 51
informare	informieren 80
informatica	Informatik (f) 80, 81
informazione	Auskunft (f) (¨-e) 15
Inghilterra	England (n) 25
ingiuria	Schimpfwort (n) (¨-er) 100
ingiustizia	Unrecht (n) 73

Inglese	Engländer (m) (-) 67
inglese	englisch 67
ingrassare	dick/dicker werden* 82
iniziare	an'fangen* 45, 52, 55, 58, 60, etc.
iniziare a	langsam (+ verbo) 81
inizio	Anfang (m) (¨-e) 99, 100
inoltre	außerdem 50, 78, 81
insegnare qcs. a qcn.	jemandem etwas bei'bringen* 93
insieme	zusammen 9, 95
insonne	schlaflos 93
insultare	schimpfen 100
intasare	verstopfen 52
intendersi	sich verstehen* 93
intenzione	Absicht (f) (-en) 86
interamente	ganz 37, 45, 67, 69, 76, 81
interessante (prezzo)	günstig 38, interessant 36, 62
interessare	interessieren 57
interessarsi (di/a)	sich interessieren (für) 80
internet	Internet (n) 73
interno (dall'~)	von innen 82
intero	ganz 37, 45, 67, 69, 76, 81
intervista	Interview (n) (-s) 89
intorno a	um 33
intuire	ahnen 87
intrattenersi	sich unterhalten* 37
invecchiare	älter werden/alt werden 82
invece	dagegen 60, 67, 71
inventare	erfinden* 57
inverno	Winter (m) 97
inviare	schicken 39, 90
invitare	ein'laden* 23, 75, 95
io	ich 2, 4, 8, 10, 48, 59
irritare	ärgern 93
irrompere	ein'brechen* 93
iscriversi	sich ein'schreiben* 96
istante	Augenblick (m) (-e) 47, 53, 85
istruito	gebildet 70
Italia	Italien (n) 30, 43
Italiano	Italiener (m) (-) 67
italiano	italienisch 73

L

là	da 6, 36, 44, 58, 73, 83 dort 10, 36, 39, 41, 43, etc.
la (art. femm. singolare)	die (f) 3, 6, 13
la prossima volta	das nächste Mal 83
la stessa cosa	dasselbe 48, 92
La/Vi/ti prego	bitte 4, 5, 9, 12, 45, 80, 81
Lago di Costanza	Bodensee (m) 83
lampada	Lampe (f) (-n) 43
lampone	Himbeere (f) (-n) 57
lasciare	lassen* 12, 32, 52, 55, 59, 76, 79

lassù, in seguito a ciò	daraufhin 93
lato	Seite (f) (-n) 50, 97
latte	Milch (f) 4, 57
lavarsi	sich waschen* 71
lavorare	arbeiten 25, 81
lavoratore (n)	Arbeiter (m) (-) 33
lavoro	Arbeit (f) (-en) 78
le (art. femm. plurale)	die 3, 6, 13
legare	binden* 54
legge	Gesetz (n) (-e) 94
leggere	lesen* 27, 73
leggero	leise 34
lentamente	langsam 81
lepre	Hase (m) (-n) 58, 59, 60
letame	Mist (m) 9
lettera	Brief (m) (-e) 39
letto	Bett (n) (-en) 56, 71
lettura	Lesen (n) 27
levare via	ab'heben* 86
lezione	Lektion (f) (-en) 1
lì	da 6, 36, 44, 58, 73, 83
lì (movimento)	dorthin 37, 83
liberamente	frei 2, 12, 32, 64, 78
libero	frei 2, 12, 32, 64, 78
libro scolastico	Schulbuch (n) (¨-er) 83
limousine	Limousine (f) (-n) 82
lingua	Sprache (f) (-n) 73
lingua straniera	Fremdsprache (f) (-n) 73
litigare (in merito a)	sich streiten über (+ acc.) 83
litro	Liter (n) (-) 57, 89
logico	logisch 76
Londinese	Londoner (m) (-) 64
lontano	entfernt 100, fern 55
lontano (da)	weit (von) 15, 29, 55, 69
luce	Licht (n) (-er) 43, 54
lucido come uno specchio	spiegelblank 82
Luigi II	Ludwig der Zweite 83
luna	Mond (m) (-e) 7, 25
lunedì	Montag (m) 25
lungo (il ~ la)	entlang 100
lungo(a)	lang(e) 22, 29, 41, 22, 29, 45
luogo	Stätte (f) (-n) 79, Stelle (f) (-n) 19, 80
lusso (di ~)	Luxus (m) 50, 96

M

ma	aber 3, 4, 6, 10, 13, 19, 40, etc.,
ma (al contrario)	sondern (dopo neg.) 30, 54, 65, etc.
ma (però)	doch 40, 79
ma no	Quatsch! 76
ma sì	na ja 75
macchina	Auto (n) (ε) 32, 40, 48, 52, 55, 79, Wagen (m) (-) 40, 48, 53

macchina (apparecchio)	Maschine (f) (-n) 25
macchina della polizia	Polizeiwagen (m) (-) 48
madre	Mutter (f) (¨) 18
maggio	Mai (m) 22
magnificamente	herrlich 46, 50
magnifico	herrlich 46, 50
mai	nie(mals) 53, 62, 69, 93
maiale	Schwein (n) (-e) 63, 75
mal di testa (da sbronza)	Kater (m) (-) 54
malato	krank 95
male	schlecht 3, 79, 96
male (n)	Leid (n) (-en) 51
maledetto	verflixt (agg.) 29
malgrado	trotzdem 80
mamma	Mami 18, Mutti 18
mancare	fehlen 65
mancare a qcn.	fehlen (jemandem) 81
mandare all'aria i piani	Streiche machen 68
mangiare	essen* 8, 19, 23, 47, 53, 57, etc.
mangiare (cibo)	Essen (n) (-) 27, 95
mano	Hand (f) (¨-e) 54
mantello	Mantel (m) (¨) 56, 74
mantello con le piume di cigno	Schwanenfedermantel (m) 74
mare	Meer (n) (-e) 24, 50, 97
margherita	Margerite (f) (-n) 92
marito	Mann (m) (¨-er) 3, 48, 72, 75, 100, Ehemann (m) 66
martedì	Dienstag (m) 25, 30, 61
marzo	März (m) 51
maschile	Männchen (n) (-) 88
mastro	Meister (m) (-) 24
mastro gelataio	Eiskonditormeister (m) (-) 57
mattinata	Vormittag (m) 25
mattino	Morgen (m) (-) 6, 11, 48, 58 Vormittag (m) 25
mazzo	Strauß (m) (¨e) 92
meccanico	Automechaniker (m) (-) 67
mecenate	Mäzen (m) (-e) 83
media	Durchschnitt (m) 79
medicina	Medizin (f) 51
medico	Arzt (m) (¨-e) 50
meglio	besser 18, 40, 54, 62, 75
mela	Apfel (m) (¨-) 24, 55, 89
memoria	Gedächtnis (n) (-se) 95
meno	minus 57
meno (ora)	vor 44, 68
meno... meno	je (+ compar.)... umso (+ compar.) 97
menu	Speisekarte (f) (-n) 8
menzogna	Lüge (f) (-n) 69
meraviglioso	herzlich 18, 46, 51, 89, wunderbar 54,
mercoledì	Mittwoch (m) 25, 80
merenda	Vesperbrot (n) (-e) 47

mese	Monat (m) (-e) 17, 40, 49, 69
messaggio	Nachricht (f) (-en) 11, 12, 96
metà	Mitte (f) (-n) 25
metaforicamente	bildlich 54
metodo	Methode (f) (-n) 73
metodo miracoloso	Wundermittel (n) (-) 73
metro	Meter (n o m) (-) 57
metropolitana	U-Bahn (f) (-en) 15
mettere	stellen 44, 52, 56, setzen 44, 56, legen 54, 56
mettersi d'accordo	etwas (unter sich) ausmachen 95
mezz'ora	halbe Stunde 48
mezzanotte	zwölf 16, 17, 21, 44, Mitternacht (f) 44, 90, vierundzwanzig Uhr 44, zwölf Uhr nachts 44
mezzo	Mittel (n) (-) 73
mezzo(a)	halb 52
mezzogiorno	zwölf 16, 17, 21, 44, Mittag (m) 35, 44, zwölf Uhr mittags 44
mi dispiace	tut mir Leid 32, 46, 47
mi è indifferente	das ist mir egal 66
mi scusi	entschuldigen Sie 67
migliore	besser 18, 40, 54, 62, 75
migliore (il, la)	der (die) beste 71 (das) 27, 62
milione	Million (f) (-en) 87
mille	tausend 18, 21
minimo(a)	keinerlei 86
ministro	Minister (m) (-) 83
minuto	Minute (f) (-n) 16, 45, 48, 76, 90
miracolo	Wunder (n) (-) 50
mistero	Geheimnis (n) (-se) 65, 97
misura	Maß (f) 87
modificare	ändern (sich ~) 39, 88, 96, 100
modo di vivere	Lebensart (f) (-en) 75
moglie	Frau (f) (-en) 3, 6, 37, 38, 40, etc.
molto	sehr 3, 6, 50, 51, viel (agg. e avv.) 1, 15, 18, 41, etc.
molto probabilmente	höchstwahrscheinlich 94
molto ricco	stinkreich 36
molto serio	todernst 85
molto vecchio	uralt 89
momento	Moment (m) (-e) 79, 83, 86
Monacense	Münchner (m) (-) 64
Monaco	München 18
mondo	Welt (f) (-en) 54, 57, 64, 67, 73, 87
montagna	Berg (m) (-e) 46, 54
mordere	beißen* 32
morire	sterben* 51
morire dal ridere	sich totlachen 58
morto	gestorben (sterben*) 51, tot 57, 58
mostrare	zeigen 13, 37
mucca	Kuh (f) (¨-e) 63

mulino	Mühle (f) (-n) 78
multa	Strafe (f) (-n) 93
mungere	melken* 63
muoversi	sich bewegen 64
muro	Mauer (f) (-n) 64, Wand (f) (¨-e) 54, 90
museo	Museum (n) (Museen) 74
museo del cinema	Filmmuseum (n) (-museen) 74
musica	Musik (f) 13

N

nano da giardino	Gartenzwerg (m) (-e) 68
nascere	auf'kommen* 68
nascita	Geburt (f) (-en) 22, 65, 81
nascondersi	sich verstecken 59
naso	Nase (f) (-n) 54
Natale (giorno di Natale)	Weihnachten (n) 97
Natale (vigilia)	Heiligabend (m) 97
nato	geboren 51
natura	Natur (f) 97
naturalmente	natürlich 9, 19, 20, 44, 52, 78, etc., selbstverständlich 61, 80, 95
nazionalità	Nationalität (f) (-en) 67
né... né	weder... noch 34, 67
neanche	auch nicht 78
neanche una volta	nicht ein einziges Mal 71
necessario	nötig 79
necessità	Not (f) (¨-e) 95
negativo (a)	negativ(e) 80
negozio	Laden (m) (¨) 9, Geschäft (m) (-e) 10, 100
nel caso in cui	falls 57, 83
nelle vicinanze (di)	nah(e) 37, 80, nahe (bei + dat.) 82,
nemmeno	nicht mal/nicht einmal 71, 76,
neonato	Baby (m) (-s) 35
nervoso	nervös 31
nessuno (proprio ~)	gar keins (n) 73
nessuno	niemand 39, 45, 48, 52
nessuno(a)	kein(e) 9, 12, 15, 19, 26, 27, etc.
neve	Schnee (m) 97
nevicare	schneien 97
niente	nichts 10, 19, 24, 46
niente di niente	gar nichts 74
no	nee (fam.) 55, 71, nein 5, 6, 23, etc.
noioso	ärgerlich 69, langweilig 76
nome	Name (m) (-n) 5, 61, 69, 93 Vorname (m) (-n) 81
nome da ragazza	Mädchenname (m) (-n) 81
nome di famiglia	Nachname/Familienname (m) (-n) 81
nominare qcn a qcs.	jemanden zu etwas ernennen* 72
non (negazione verbo)	nicht 5
non ancora	noch nicht 6, 38, 47, 83
non appena	sobald 79

non c'è di che	keine Ursache 15
non è giusto	stimmt nicht 66
non è vero?	nicht wahr? 40, 75, 81
non si tratta di questo	darum geht* es nicht 94
non...più	nicht... mehr 22, 52, 54, 71, 95
non… che (temporale)	erst 52, 74, 75, 90
nonna	Großmutter (f) (¨) 39
nono	neunte 9
nonostante	doch 40, 79, trotzdem 80 obwohl 72
normalmente	normalerweise 46
notare	bemerken 97, merken 76, 87
notte	Nacht (f) (¨-e) 35, 43, 93
nudo	nackt 74
numero	Zahl (f) (-en) 17
nuotare	schwimmen* 96
nuovo	neu 40
nuovo (di ~)	wieder 54, 60, 64
Nuovo Anno	Neujahr (n) 96

O

o, oppure	oder 4, 17, 23, 71, 75
occasione	Gelegenheit (f) (-en) 38,
occhio	Auge (n) (-n) 54, 75
occuparsi (di)	sich kümmern um (+ accusativo) 81
occupato	besetzt, belegt 80, 96,
oceano	Ozean (m) 97
offerta	Angebot (n) (-e) 62
offerta eccezionale	Schnäppchen (n) (-) 62
offrire	an'bieten* 37, 62, 72
oggetto	Objekt (n) (-e) 40
oggi	heute 1, 10, 26, 51, 55, 64, etc.
ogni	jeder, e, es 30, 46, 65
ogni volta	jedes Mal 76
ogni volta che	jedes Mal, wenn 76
ogni volta/per (= pro)	je/jeweils 92
oh	oh 5
oh (ah)	ach 5, 10, 26, 44
OK	okay 24
olio	Öl (n) 44
olio d'oliva	Olivenöl (n) 44
ombrello	Regenschirm (m) (-e) 26
ondata di calore	Hitzewelle (f) (-n) 22
onorare	ehren 80
onorato	geehrt- 80
opera	Werk (n) (-e) 51, Oper (f) (-n) 11, 68, 83
opera di tutta una vita	Lebenswerk (n) (-e) 51
opinione	Meinung (f) (-en) 67
oppresso	bedrückt 66
opprimere	drücken 66, 79
ora	Uhr (f) (-en) 16, 47, 61, 78
ora (a che ~)	um wie viel Uhr 16

ora (durata)	Stunde (f) (-n) 17, 19, 78
ora d'arrivo	Ankunftszeit (f) (-en) 30
orario di lavoro	Arbeitszeit (f) (-en) 78
orchestra	Orchester (n) (-) 23
ordinario	alltäglich 81, gewöhnlich 64
ordine	Ordnung (f) 66
orecchio	Ohr (n) (-en) 76
organizzazione	Organisation (f) (-en) 23
orologio	Uhr (f) (-en) 16, 47, 61, 78
orribile	fürchterlich 100
orribilmente	fürchterlich 100
orso	Bär (m) (-en) 53
osare	sich wagen an (+ acc.) 90
oscurità	Dunkel (n), Dunkelheit (f) (-en) 76
oscuro	dunkel 33, 45
ospite	Gast (¨- e) 87
osservare	beobachten 88
osteria	Kneipe (f) (-n) 16, 19
ottenere	bekommen* 33, 58, kriegen 40
otto	acht 17, 21, 52
ovunque	überall 44, 89

P

pacchetto di sigarette	Zigarettenschachtel (f) (-n) 92
pacco	Paket (n) (-e) 24
pace	Frieden (m) (-) 55
pacifista	Pazifist (m) (-en) 72
padre	Vater (m) (¨) 18, 37, 71
padrone	Chef (m) (-s) 30, 31, 43, 47, 85
paese	Land (n) (¨-er) 57, 73
pagare	bezahlen 9, 93, zahlen 9, 24, 60,
pagina	Seite (f) (-n) 50, 97
pancia	Bauch (m) (¨-e) 96, Magen (m) 53, 78
pane	Brot (n) (-e) 4, 24, 100
panetteria	Bäckerei (f) 100
panico	Panik (f) 90
panino	Brötchen (n) (-) 4
panna	Sahne (f) 8, 57, Schlagsahne (f) 8
pantaloncini	Shorts (pl.) 34
pantaloncini in pelle	Lederhose (f) (-n) 75
pantalone	Hose (f) (-n) 13, 80
pantofola	Pantoffel (m) (-n) 44
papà (papi)	Papa (m) (-s) 48, 55, 71, Papi 18, Vati 18
pappagallo	Papagei (m) (-s) 73, 93
parcheggiare	parken 48
parcheggio	Parkplatz (m) (¨-e) 52
parco del castello	Schlosspark (m) (-s) 83
parecchi	mehrere 87
parenti	Verwandte (pl.) 39
parlamento federale	Bundestag (m) (-e) 64
parlare	reden 36, 69

parlare (di)	sprechen* (von) 36, 37, 47, 50, 62, reden über (+ acc.) 36
parola	Wort (n) (¨-er) o (-e) 58
parolaccia	Schimpfwort (n) (¨-er) 100
parrucchiere	Frisör (n) (-e) 50
partire	fahren* 16, 20, 34, 37, 40, 46, etc. los (+ verbo modalità) 71
partire (a piedi)	los'gehen* 55
partire (in aereo)	los'fliegen* 55, 62
partire (in macchina)	los'fahren* 55, 59, 71
partire (treno/macchina)	ab'fahren* 16, 27, 30
partire correndo	los'laufen* 60
partito (un buon partito)	Partie (f) (-n) 37
partito(a)	weg 52
passare (davanti)	vorbei'fahren 100
passare (tempo)	vergehen* 16
passare col rosso	durch'fahren* 88, 94
passato	vorbei 22, Vergangenheit (f) (-en) 64
passeggiata	Spaziergang (m) (¨-e) 26
passeggiatore della domenica	Sonntagsspaziergänger (m) (-) 70
passo	Schritt (m) (-e) 60, 64
pasticcere	Konditor (m) (-en) 57
pasto	Speise (f) (-n) 27, Mahlzeit (f) 78,
pasto serale	Vesperbrot (n) (-e) 47, Vesper (n) 47
patata	Kartoffel (f) (-n) 24, 78
patrimonio	Erbgut (n) (¨-er) 88
paura	Angst (f) (¨-e) 76, 90
pausa	Pause (f) (-n) 45
pausa di mezzogiorno	Mittagspause (f) (-n) 78
pavimento	Boden (m) (¨) 83
pazientare	sich gedulden 47
pazzo	geisteskrank 83, übergeschnappt verrückt 32, 34, 83
peccato	schade 11, 61, 62, 86, 95, 97
pedone	Füßgänger (m) (-) 33
pena	Not (f) (¨-e) 95
pena pecuniaria	Strafe (f) (-n) 93
pensare	meinen 26, 67, 73, 81, 82, 96 denken* 46, 54, 57, 73, 74, 79
pensione	Rente (f) (-n) 89
pensione completa	Vollpension (f) 62
per	für (+ acc.) 2, 15, 22, etc.
per (+ verbo)	um… zu (+ verbo inf.) 50, 65
per (attraverso)	durch 61, 64, 79
per (destinazione)	nach 16, 40
per (durata)	lange 53, 64, 75, 76, 93
per (senza movimento)	zu 11, 19, 23, 37, 45, 69
per cento	Prozent (n) (-e) 88
per esempio	zum Beispiel 75
per favore	bitte 4, 5, 9, 12, 45, 80, 81
per l'amore di Dio!	um Gottes willen! 43
per me	meinetwegen 92

per niente	gar nicht 76, 94, 99, überhaupt/gar nicht 95
per prima cosa	erst, zuerst 33, 52, 53, 74, 86
perché	denn (= weil) 82, da (cong.) 80, 93, weil 57, 66, 76, wozu? 19, 73
perciò	deshalb 10, 65, 79, 99
perdere	verlieren 54, 96
perdonare	verzeihen* 69, 81
perdono	Entschuldigung (f) (-en) 5, 81, Verzeihung (f) 81
perduto(a)	verloren(e) 79
perfetto	perfekt 90
pericolo (in ~)	Gefahr (in ~) 61
pericoloso	gefährlich 32
periodo	Zeit (f) (-en) 12, 16, 38, 39, 46, 52, etc.
permesso	erlaubt 34
permettere	erlauben 34, 81, ermöglichen 97
pernottamento	Unterkunft (f) (¨-e) 62
però	jedoch 80
perseveranza	Ausdauer (f) 99
persino	sogar 37, 50, 62, 96
persona (n)	Person (f) (-en) 2, 61, 65 Mensch (m) (-en) 17, 46, 97
personale	vertraulich 69 persönlich 30, 69, 80
personalmente	persönlich 30, 69, 80
persuadere	überzeugen 61
pesante	schwer 57, 71, 99
pesare	wiegen 57
pettinare	frisieren 65, kämmen 68
pettine	Kamm (m) (¨-e) 68
pezzo	Stück (n) (ein ~) 64
pezzo (teatro)	Stück (n) (-e) 4, 45, 57
pezzo grosso	hohes Tier (n) (-e) 90
piacere (verbo)	mögen 8, 23, 33, 50, 51, 57 gefallen* 40, 53
piacere	Vergnügen (n) 1, 60
pianificare	planen 90
piano	Etage (f) (-n) 90, Stock (m) (pl. Stockwerke) 90
piano (progetto)	Plan (m) (¨-e) 39, 90
piatto	Speise (f) (-n) 27
piazza	Platz (m) (¨-e) 11, 37, 45, 59, 78
piede	Fuß (m) (¨-e) 33, 74
piena forma (in ~)	Top-Form (in ~) 96
pieno	voll 25, 54, 92
pioggia	Regen (m) (-) 13, 26, 46
piovere	regnen 26, 36, 45, 46, 48
piovere a catinelle	Bindfäden regnen 87
piscina	Schwimmbad (n) (¨-er) 96
più (di)	mehr 22, 83, über 36, 54, 57, 59, 74
più (sempre ~)	immer (+ compar.) 60

più lontano	weiter 20
più vecchio, più vecchia	älter 82
più volentieri	lieber 62, 96
più... che	mehr... als 82
più... più	je (+ compar.)... desto (+ compar.) 97
piuma	Feder (f) (-n) 74
piuttosto	ziemlich (+ agg.) 31, 76
pizza	Pizza (f) (-s o Pizzen) 26
pizzicare	zwicken 45
po' (di)	wenig 30, 65
poeta	Dichter (m) (-) 51
poi	dann 15, 16, 29, 33, 52, 53, etc.
poiché (perché)	da (cong.) 80, 93
politica	Politik (f) 80, 90
polizia	Polizei (f) 48, 53
poliziotto	Polizist (m) (-en) 67
pollice	Daumen (m) (-) 79
pollo arrosto	Brathähnchen (n) (-) 87
polpa	Fleisch (n) 26, 74
poltrona	Sessel (m) (-) 55
pomeriggio	Nachmittag (m) (-e) 25
pomodoro	Tomate (f) (-n) 10
ponte	Brücke (f) (-n) 94
porcheria	Schweinerei (f) (-en) 75
porta	Tür (f) (-en) 16, 44
porta della città	Stadttor (n) (-e) 68
portare	bringen* 8, 22, 23, 46, 68,
portare (abiti)	tragen* 34, 38, 39, 72, 74
portare (via con sé)	mit'nehmen* 26, 71
portare con sé	mit'bringen* 23, 46
portata principale	Haupteingang (m) (¨-e) 27
porzione	Portion (f) (-en) 27
posare	stellen 44, 52, 56, setzen 44, 56, legen 54, 56
positivo(a)	positiv(e) 80
possedere	besitzen* 51
possibile	möglich 13, 61, 93
posteriore (n)	Hintern (m) (-) 96
posto	Platz (m) (¨) 11, 37, 45, 59, 78, Stelle (f) (-n) 19, 80
posto (al Suo/Vostro ~)	an Ihrer Stelle 94
posto	Stelle (f) (-n) 19, 80,
posto (impiego)	Stelle (f) (-n) 19, 80 Arbeitsstelle (f) (-n) 80
potere	dürfen* 32, 33, 34, 37, 47, 61, 72 können* 26, 29, 38, 41, 43, etc.
povero	arm 53, 93
pranzo	Mittagessen (n) (-) 47
pratico	praktisch 29
praticamente	praktisch 29
prato	Wiese (f) (-n) 82, 87
precipitare	ab'stürzen 62

preda	Beute (f) (-n) 36
predire	voraus'sagen 97
preferire	vor'ziehen* 80
pregare	bitten 30, 62
prego	bitte 4, 5, 9, 12, 45, 80, 81
preistoria	Urzeit (f) (-en) 89
premere	drücken 66, 79
prendere	nehmen* 4, 8, 20, 26, 27, 39, etc. kriegen 40
prendere in prestito	leihen* 92
prendere l'aereo	fliegen* 25, 43, 62
prendere un appuntamento	sich verabreden 52
prenotare	buchen 62, 96
preoccupazione	Sorge (f) (-n) 52
presagire	ahnen 87
presentare	vor'stellen 37, 51
presentarsi	sich vor'stellen (+ acc.) 62
presentimento	Ahnung (f) (-en) 87
presidente (azienda)	Generaldirektor (m) (-en) 90
presso (senza movimento)	bei (+ dat.) 34, 51, 54, 60, 65, 78,
prestare	verleihen* 72, 92, leihen* 92
prestazione amorosa	Liebesdienst (m) (-e) 88
presto	bald 12, 16, 26, früh 30
presumibilmente	vermutlich 87
previsioni meteo	Wetterbericht (m) 97
prezzo	Preis (m) (-e) 38, 62, 96
prima	früher 69, vor 44, 68, eher 31
prima (~ che)	bevor (+ indic.) 29, 83, 100
primo	Hauptspeise (f) (-n) 27
primo(a)	erste 1, 15, 46, 49, 51, 73
principale	Haupt- 27
principale (cosa)	Hauptsache (f) 99
principe	Prinz (m) (-en) 82
principiante	Anfänger (m) (-) 90
pro	pro 17
probabilmente	wahrscheinlich 48, 83,
problema	Problem (n) (-e) 22, 39
procedere	vor'gehen* 90
procurarsi qcs.	werben* um (+ acc.) 80
produrre	produzieren 89
professore (università)	Professor (m) (-en) 18
profondamente	tief 58
profondo	tief 58
progetto	Plan (m) (¨-e) 39, 90
programma	Programm (n) (-e) 74
programma (emissione)	Sendung (f) (-en) 74,
programmare	ein'stellen 74
proibire	verbieten* 34
proibito	verboten 34
promettere	versprechen 54
pronto(a)	fertig 13
pronuncia	Aussprache (f) (-n) 1

proprietario	Besitzer (m) (-) 48, 53, 93
prossimo(a)	nächster/nächste 18, 61, 79
prova	Probe (f) (-n) 90
	Beweis (m) (-e) 92
provare	versuchen 61, 66, 87
provenire (da)	stammen (aus) 68
prudente	vorsichtig 86
prudentemente	vorsichtig 86
Prussia	Preußen (n) 70
psicologo	Psychologe (m) (-n) 70
pubblicizzare qcn.	werben* um (+ acc.) 80
punta	Spitze (f) (-n) 66
punto	Punkt (m) (-e) 52, 96
punto di vista	Standpunkt (m) (-e) 96
puntuale	pünktlich 6, 52
puntualità	Pünktlichkeit (f) 52
purtroppo	leider 12, 32, 57, 80, 92, 96

Q

qua	da 6, 36, 44, 58, 73, 83
quadro	Bild (n) (-er) 54
qualche parte	irgendwo 82
qualcosa	etwas 8, 19, 23, 61, 66, 69,
	was (= etwas) 78
qualcuno	jemand 34, 45
quale	welcher, welche, welches 20, 61, 68
qualsiasi	irgend- 76
qualunque	irgend- 76
qualunque cosa accada	egal, was kommt* 99,
	was auch geschehen mag 97
quand'anche	selbst wenn/auch wenn 76, 94
quando	als 57, 58, 71, 73, 75
quando (ogni volta che)	wenn 4, 32, 38, 39, 52, 65, 73
quando?	wann? 11, 22, 29, 38, 39, 44, etc.
quanti anni hai?	wie alt bist du? 22, 32
quanti?	wie viele (pl.) 61, 62,
quanto tempo	wie lange 62
quanto?	wie viel (sing.) 16, 44, 50, 61
quarto	Viertel (n) 52
quarto d'ora	Viertelstunde (f) 47, 71
quasi (circa)	fast 57, 64, 71, 81, 87
quello	der 3, 32
quello(a) (neutro)	das 3, 10, 13
questa(e), questi	die 3, 6, 13
questa poi!	na so was! 87
questione	Frage (f) (-n) 95
questo	der 3, 32
questo(a) (neutro),	das 3, 10, 13
qui	hier 5, 11, 12, 16, 17, 27, etc.
	da 6, 36, 44, 58, 73, 83
quindi	deshalb 10, 65, 79, 99
quinto	fünfte 5

quotidiano	alltäglich 81
quotidianità	Alltag (m) 73, 81

R

racconto	Erzählung (f) 72
radio	Radio (n) (-s) 74, 89
ragazza	Mädchen (n) (-) 36
ragazzi	Jungs 90
Ragazzi!	Mensch! 17, 22
ragazzo	Junge (m) (-n) 7
raggiante	strahlend 85
raggiungere	nach'kommen* 78
ragione	Recht (n) 73, Verstand (m) 60 Grund (m) 48, Ursache (f) 15
ragno	Spinne (f) (-n) 55
rallegrarsi	freuen (sich ~) 20, 26, 80, 81, 100
rallegrarsi (di)	sich freuen (dass) 20, 26, 80, 81
rapidamente	schnell 11, 132, 16, 43, 44, etc.
rapido	schnell 11, 132, 16, 43, 44, etc.
rappresentante	Vertreter (m) (-) 25, 90
rauco	rauchig 72
re	König (m) (-e) 52, 82, 83, 89
recuperare	auf'holen 79
regista	Regisseur (m) (-e) 72
registrare	buchen 62, 96
regole del gioco	Spielregel (f) (-n) 85
rendere	machen 8, 9, 17, 26, 34, 37, 55
rendere felice	glücklich machen 17
rendere possible	ermöglichen 97
reparto (dipartimento)	Abteilung (f) (-en) 80
replicare	erwidern 58
Repubblica federale	Bundesrepublik (f) (-en) 64
restare	bleiben 11, 22, 26, 30, 48, 55, etc.
restare seduto	sitzen bleiben 60
revisione	Wiederholung (f) (-en) 7
ri-, re-	wieder (+ verbo) 96
riccio	Igel (m) (-) 58, 59, 60
ricco	reich 36, 65
ricercatore	Forscher (m) (-) 88
ricetta	Rezept (n) (-e) 57
ricetta miracolosa	Wundermittel (n) (-) 73
ricevere	bekommen* 33, 58 kriegen 40, mit'kriegen 76
ricevuta	Rechnung 61, 95
richiamare (al telefono)	zurück'rufen* 12
riconoscere	erkennen* 72, 82, wieder erkennen 82
ricopensare	lohnen 41
ricordare	zurück'rufen* 12
ricordarsi (di qcn o qcs.)	sich an etwas/jdn erinnern 74
ricordarsi (di)	sich erinnern (an + acc.) 74, 82, 95
ricostruire	wiederaufbauen 64
ricostruzione	Wiederaufbau (f) 64

ridere (nome)	Lachen (n) 58
ridere (verbo)	lachen 37, 54, 58, 76
ridicolo	lächerlich 85
rientrare in aereo	zurück'fliegen* 83
riflessione	Überlegung (f) (-en) 65
riflettere	nach'denken* 53, 83
riguardare (concernere)	an'gehen* 54
riguardo a (chiedere)	nach 62
ringhiare	knurren 78
ringiovanire	jünger werden* 82
ringraziare di/per	bedanken (sich ~) für 100
ringraziare qcn per	danken jdm (dat. für + acc.) 61
rinunciare (a)	verzichten (auf) 75, 86
riparare	reparieren 25
ripasso	Wiederholung (f) (-en) 7
ripetere	wiederholen 65
ripieno	gefüllt 78
riposo	Rast (f) 79
risata	Lachen (n) 58
riservare	reservieren 61, 66, 80, 96, buchen 62, 96
riservato	vertraulich 69
risparmiare	sparen 10, 96
rispettare	ehren 80, achten 94
rispetto	Achtung (f) 16, 69, 90
rispondere	antworten 11, 58, 83 erwidern 58
risposta	Antwort (f) (-en) 68, 80, 89
rissa	Schlägerei (f) (-en) 76
ristorante	Restaurant (n) (-s) 27, 36, 66
ritirare	ab'nehmen* 87
ritornare	zurück sein 47, 58, zurück'kommen* 25, 47
ritorno (di ~)	wieder 54, 60, 64,
riunione	Sitzung (f) (-en) 25
riunire	versammeln 90
riuscire a	schaffen (es ~) 29, 99
riva	Ufer (n) (-) 68
rivale	Rivalin (f) (-nen) 74
rivedere	wieder'sehen 100
rivolgere la parola a qcn.	an'sprechen* 37
romantico	romantisch 100
romanzo	Roman (m) (-e) 51
romanzo poliziesco	Krimi (= Kriminalroman) (m) (-s) 76
rompere	auf'schlagen* 85, brechen 93
rompere (~si)	kaputt gehen 85
rosa	rosig, rosa 97
rosso	rot 34, 94
rotondo	rund (adj.) 57, 83
routine	Alltag (m) 73, 81
rovesciarsi	um'fallen* 60
rumoroso	laut 34, 36, 58, 83
ruolo principale	Hauptrolle (f) (-n) 72

ruota	Rad (n) (¨-er) 34, 62
ruotare intorno a	sich drehen um (+ acc.) 57
rupe	Felsen (m) (-) 68
ruscello	Bach (m) (¨-e) 5

S

sabato	Sonnabend (m) 25, Samstag 22, 25, 48
sabbia	Sand (m) 54
sala	Saal (m) (Säle) 90
salame	Wurst (f) (¨-e) 4
salire	steigen* 97
salire (treno, aereo)	ein'steigen* 16
salone	Wohnzimmer (n) (-) 49, 50
salone da parrucchiere	Friseursalon (m) (-s) 65
salsiccia	Wurst (f) (¨-e) 4
salsiccia al curry	Currywurst (f) (¨-e) 4
salsiccia arrosto	Bratwurst (f) (¨-e) 4, 9
salsiccia di fegato	Leberwurst (f) (¨-e) 78
salsiccia bianca	Weißwurst (f) (¨-e) 75
salsiccia piccola	Würstchen (n) (-) 4
salto pericoloso	Salto (m) (-s) 100
salutare	begrüßen 93, grüßen 18, 58
salute	Gesundheit (f) 65
saluto	Gruß (m) (¨-e) 18
sandalo	Sandale (f) (-n) 34
San-Silvestro (a ~)	Silvester 96
saper vivere	Benimm (m) 85, (gute) Manieren 85
saperci fare	Können (n) (= know how) 90
sapere	erfahren* 89, wissen* 9, 22, 30, 31, 36, 38, etc.
sassofono	Saxofon (n) 34
sazio	satt 27
sbrigarsi	sich beeilen 71
sbrigati!	los! 55, 71
scambio	Austausch (m) 81
scappare via	weg'laufen* 73
scassinare	ein'brechen* 93
scatola	Schachtel (f) 57
scelta	Wahl (f) (-en) 31
scendere	runter'gehen* 43
scendere (treno, auto)	aus'steigen* 33
schhh!	pst! 45
scimmia	Affe (m) (-n) 88
scimpanzé	Schimpanse (m) (-n) 88
sciocchezza	Quatsch (m) 55
sciocchezze!	Quatsch! 76
scivolare	rutschen 96
scivolata	Rutsch (m) 96
scolaro	Schüler (m) (-) 22
scommettere	wetten 58
sconosciuto	unbekannt 69
scoppiare	platzen 93

scoprire	entdecken 88
scrittore	Schriftsteller (m) (-) 72, Dichter (m) (-) 51
scrivere	schreiben* 39
scrofa	Sau (f) (¨-e) 78
scuola	Schule (f) (-n) 51, 71
scusa	Entschuldigung (f) (-en) 5, 81, Verzeihung (f) 81
scusare	entschuldigen 5, 15, 45, 52
scusarsi	sich entschuldigen 81
sdraiato	liegend 40, 44, 50, 54, 82, 99, 100,
sé	sich 47
se (ogni volta che)	wenn 4, 32, 38, 39, 52, 65, 73
seduta	Sitzung (f) (-en) 25
se no	sonst 71, 74, 82, 95
sebbene	obwohl (+ ind.) 72
secolo	Jahrhundert (n) (-e) 68
seconda volta	zweites Mal 76
secondo	zweite 2, 45, 74
secondo (tempo)	Sekunde (f) (-n) 90
sedere	setzen 44, 56
sedersi	sich setzen 37, 45, 55, 81
sedia	Stuhl (m) (¨-e) 55
segretario privato	Privatsekretär (m) (-e) 68
segreto	Geheimnis (n) (-se) 65, 97
seguire (a ~)	Fortsetzung folgt 36, 58, 81
seguire qcn.	folgen jdm (dat.) 36, 75, 88
seguito	Fortsetzung (f) (-en) 37, 59, 82
sei	sechs 21
semaforo	Ampel (f) (-n) 94
semaforo pedonale	Fußgängerampel (f) (-n) 94
sembrare	klingeln 50, 62, 71, 72, 93 aus'sehen* 18, 66, scheinen* 31, 75, 76, 82
semplice	einfach 31, 71, 73, 85, 89
semplicemente	einfach 31, 71, 73, 85, 89
semplicemente no	einfach nicht 93
sempre	immer 6, 19, 29
sempre dritto	geradeaus 15, 47
sentire	hören 36, 43, 50, 54, 73, 82
sentire (apprendere)	erfahren* 89
sentire (da)	hören (an + dat.) 75
sentirsi	sich fühlen 89
separatamente	getrennt 95
separato	getrennt 95
separazione	Trennung (f) (-en) 64
separare	teilen 64, trennen 95
sera	Abend (m) (-e) 2, 12,26, 53, 71
serata	Abend (m) (-e) 2, 12, 26, 53, 71
serpente	Schlange (f) (-n) 24
servire	brauchen 24, 39, 50, 57, 65, 78
servire a	nützen 60

servizio	Dienst (m) (-e) 25, 30
sesto	sechste 6
seta	Seide (f) 54
sete	Durst (m) (¨-e) 19
settimana	Woche (f) (-n) 18, 25, 61
sfacciato	frech 48
sfinimento	Erschöpfung (f) (-en) 60
sfortuna	Pech (n) 39
sforzarsi	sich anstrengen 66
sforzo	Anstrengung (f) (-en) 66
sfuggire	entkommen* 43
si (impersonale)	man 17, 29, 34, 46, 60, etc.
sì	ja 2, 8, 15, 26, 27, 32, 43
sì (dopo un'interrogativa negativa)	doch 19, 40, 96
si tratta di	es handelt sich um (+ acc.) 94 es geht (um) 94,
sibilare	zischen 21
siccome	nämlich 62, 65, 85, denn (= weil) 82
sicuramente	sicher 6, 26, 41, 42, 44, 62, 83
sicuro	sicher 6, 26, 41, 42, 44, 62, 83
sidro	Apfelwein (m) (-e) 33, 89
sigaretta	Zigarette (f) (-n) 37
signora	Frau (f) (-en) 3, 6, 37, 38, 40, 58, etc.
Signora X	Frau X 6, 80
signore (mie)	meine Damen 33, 51
Signore	Herr (m) (-en) 5, 46, 51, 89, mein Herr 38
signori (miei)	meine Herren 33, 51
silenzio	Ruhe (f) 45, 93
simbolo	Symbol (n) (-e) 64
simile	ähnlich 80
situato	gelegen (liegen*) 50
smettere (~ di)	auf'hören (zu) 51, 55, 89
smoking	Smoking (m) 38
società (ditta)	Firma (f) (Firmen) 47, 48, 75
soddisfatto	zufrieden 82
sofferenza	Leid (n) (-en) 51
soffiare	pfeifen* 86, zischen 21
soffitto	Decke (f) (-n) 54
soffocare	ersticken 58
sognare	träumen 82
sogno	Traum (m) (¨-e) 53
sogno (da ~)	traumhaft 53, 87
solamente	nur 13, 31, 37, 46, 52, etc.
solco	Furche (f) (-n) 59
sole	Sonne (f) 25, 62
soleggiato	sonnig 50
sollevare	heben* 86, ab'heben* 86
solo	allein 2, 57
solo (solamente)	nur 13, 31, 37, 46, 52, etc.
solo (temporale)	erst 52, 74, 75, 90
soluzione	Lösung (f) (-en) 72

storia d'amore	Liebesgeschichte (f) 100
storia del mondo	Weltgeschichte (f) 64
storia, Storia	Geschichte (f) (-n) 41, 64, 82, 93
storico	Historiker (m) (-) 83
storto	krumm 58
strada	Bahn (f) (-en) 15, 20
strano	komisch 76, 99
straordinario	außergewöhnlich 64
Strasburgo	Straßburg 51
studente	Student (m) (-en) 18
studi	Studium (n) (Studien) 81
studiare (università)	studieren 25, 51, 81
studiare (imparare)	lernen 1, 41, 50, 73
studio (esperimento)	Experiment (n) (-e) 88
studioso	fleißig 99, tüchtig 99
stupefacente	erstaunlich 74
stupido	dumm 10, 88
su	über 36, 54, 57, 59, 74,
subito	gleich 6, 15, 16, 47, 55, 58, etc., sofort 8, 43, 48, 55, 95
succedere (accadere)	passieren/geschehen* 46, 52, 76, etc.
successore	Nachfolger (m) (-) 82
succo	Saft (m) (¨-e) 24
succo d'arancia	Orangensaft (m) (¨-e) 24
succo di mela	Apfelsaft (m) (¨-e) 24, 89
sud	Süden (m) 50
suicidio	Selbstmord (m) 76
suolo	Boden (m) (¨) 83
suonare	klingeln 50, 62, 71, 72, 93
suonare (all'orecchio)	klingeln 50, 62, 71, 72, 93, scheinen* 31, 75, 76, 82, erscheinen* 85
suono	Ton (n) (¨-e) 13
supemercato	Supermarkt (m) (¨-e) 19, 36
super	super 30, prima 20
superofferta	Schnäppchen (n) (-) 62
supermercato	Großmarkt (m) (¨-e) 48,
surriscaldamento	Erwärmung (f) 97
sussurrare	flüstern 45
sveglia	Wecker (m) (-) 71
svegliare qcn	wecken (jemanden) 71, 76
svegliarsi	auf'wachen 71
svignarsela	ab'hauen (fam.) 55
sviluppo	Entwicklung (f) 97
Svizzera	Schweiz (f) 67, 68
T	
tagliare	schneiden* 79, teilen 64
tagliare la corda	ab'hauen (fam.) 55
tallero d'oro	Goldtaler (m) (-) 58
talvolta	manchmal 87
tanti saluti	viele Grüße 80
tanto	soviel 88
tanto meglio	umso besser 99

tanto più che	umso mehr als 95
tanto… quanto	so… wie 60
tardi	spät 6, 30, 43, 48, 55, 61
tavolo	Tisch (m) (-e) 56, 61, 66
taxi	Taxi (n) (-s) 13
tazza	Tasse (f) (-n) 5, 8
tè	Tee (m) (-s) 4
teatro	Theater (n) (-) 26
tedesco	deutsch (agg.) 50, 51
tedesco (lingua)	Deutsch 1, 50
Tedesco, Tedesca (abitante)	Deutscher, e 50, 51, 67
telefonare	telefonieren 25
telefono	Telefon (n) (-e) 5
televisione	Fernsehapparat (m) (-e) 74
televisione via cavo	Kabelfernsehen (n) 73
tempesta	Sturm (m) (¨-e) 46
tempo (atmosferico)	Wetter (n) 46, 58, 61, 87
tempo (cronologico)	Zeit (f) (-en) 12, 16, 38, 39, etc.
tempo da cani	Sauwetter (n) 78
tempo da pioggia	Regenwetter (n) 48, 54
tendone della birra	Bierzelt (n) (-e) 87
tenere	bewahren 93, halten* 29, 32, 78
tenere libero	frei'halten* 78,
teologia	Theologie (f) (-n) 51
teoricamente	theoretisch 29
terminare (di)	auf'hören (zu) 51, 55, 89
termine	Abschluss (m) (¨-e) 81 Termin (m) (-e) 25, 80
terra	Erde (f) 97
terrazza	Terrasse (f) (-n) 82
terzo	dritte 3
testa	Kopf (m) (¨-e) 54, 59, 72, 74, 81, Haupt (n) (¨-er) 27
tetto	Dach (n) (¨-er) 81
tiepido	warm 97
tipico	typisch 33
tirare	ziehen* 38, 54
titolo	Titel (m) (-) 100
tocca a me	ich bin dran (= an der Reihe) 95
tocca (tocchiamo) ferro/legno	toi! toi! toi! 89
toilette	Toilette (f) (-n) 45, 79,
topolino	Mäuschen (n) (-) 18
torre	Turm (m) (¨-e) 63
torta di mele	Apfelkuchen (m) (-) 27
torta gelato	Eistorte (f) (-n) 57
torto	Unrecht (n) 73
totalmente	total 27, 37, 60, 76
tra	zwischen 29, 67
tra (due)	unter (+ dat.) 69, 75
tradurre	übersetzen 1
tragitto	Fahrt (f) (-en) 62
tranne	außer 39, 64

tranquillamente	ruhig 60, 90
trapezio	Trapez (n) (-e) 56
trascorrere	vergehen* 16 verbringen* 37, 39, 46
trasferimento	Fahrt (f) (-en) 62
trasmissione	Sendung (f) (-en) 74,
trasmissione radio	Radiosendung (f) (-en) 51
trattarsi di	sich handeln um (+ acc.) 69
trattenere	zurück'halten* 32, 86
tratto	Strich (m) (-e) 61
tre volte	dreimal 9, 72
treno	Zug (m) (¨-e) 16, Bahn (f) (-en) 15, 20
tribunale	Gericht (n) (-e) 93
tronco	Stamm (m) (¨-e) 55
troppo	zu 22, 25, 26, 27, 43, zuviel 23, 83
trovare	finden* 26, 36, 50, 52, 58, 71, 76
trovarsi	sich finden* 68, liegen*
tuono	Donner (m) (-) 25
turista	Tourist (m) (-en) 38
tutt'intorno	rund herum 86
tuttavia	allerdings 74, trotzdem 80
tutti	alle 23, 39, alle Welt 79
tutto	alles 18, 24, 31, 34, 38, 52, 62
tutto (interamente)	ganz 37, 45, 67, 69, 76, 81

U

ubriaco	betrunken 34
uccello	Vogel (m) (¨) 82, 93
uccello migratore	Zugvogel (m) (¨) 97
ufficio	Büro (n) (-s) 6, 25, 49, 52
ultimo	letzt- 40, 45, 62, 76
umanità	Menschheit (f) 88, 97
umore	Laune (f) (-n) 31, 65, 97
un pezzo di	Stück (n) (ein ~) 64
un po'	bisschen (ein ~) 18, 36 ein wenig 30, 60
un po' (di)	ein bisschen (von) 18, 36, 60, 65, Stück (n) (ein ~) 64
un(a)	ein(e) 2, 3, 11
una volta	einmal 9, 11, 22, 52, 60, 62
una volta sola	ein einziges Mal 79
Ungheria	Ungarn (n) 68
unificazione	Vereinigung (f) (-en) 64
unire	binden* 54
unità	Einheit (f) (-en) 64
università	Uni (f) / Universität (f) 18
uno, una cosa	eins 21, 38
uomo	Mann (m) (¨-er) 3, 48, 72, 75, 100
uomo (essere umano)	Mensch (m) (-en) 17, 46, 97
uomo d'affari	Geschäftsmann (m) (¨-er) 93
uovo alla coque	weiche Ei (das ~) 85
urgente	dringend 69, 78, 79, 92

urgentemente	dringend 69, 78, 79, 92
urlare	rufen* 11, 12, 48, 58, 59, schreien* 45, 60, 93
urla	Geschrei (n) 55, 93
uscire	aus'gehen* 95, raus'gehen* 46, 78
uscita	Ausfahrt (f) (-en) 48
utilizzo	Benutzung (f) (-en) 96
uvetta	Rosine (f) (-n) 88

V

va beh	tja 87, na ja 75
vacanza	Urlaub (m) 37, 51
vacanza per il gran caldo	hitzefrei 22
vacanze	Ferien (pl.) 13, 37, 39, 46, 50, Urlaub (m) 37, 51
vale la pena	das lohnt sich 41
valere	lohnen 41
valigia	Koffer (m) (-) 13
valle del Danubio	Donautal (n) 83
valore	Wert (m) (-e) 41
vantaggio	Vorteil (m) (-e) 78
vecchio	alt 22, 36, 41, 48, 68, 78, 82
vecchissimo	uralt 89
vedere	an'sehen* 10, 76, schauen 9, 38, sehen* 10, 18, 31, 33, 37, 41, etc.
vedova	Witwe (f) (-n) 68
veicolo	Fahrzeug (m) (-e) 48
veloce	schnell 11, 132, 16, 43, 44, etc.
velocemente	schnell 11, 132, 16, 43, 44, etc.
vendere	verkaufen 40, 48
venditrice	Verkäuferin (f) (-nen) 62
venerdì	Freitag 25
venire	kommen* 6, 11, 13, 16, 24, 26, etc.
venire (in treno, in auto, in bici)	fahren* 16, 20, 34, 37, 40, 46, etc.
venire a prendere	holen 24, 44, 100 ab'holen 20
venire a sapere	erfahren* 89
venire a trovare	besuchen 80, 87, 100
venire in mente	ein'fallen* 100
venti	zwanzig 9, 20
veramente	eigentlich 22, 34, 65, 87, 97 wirklich 27, 37, 39, 40, 62, 69, etc.
veramente (davvero)	echt 92
veramente (in effetti)	tatsächlich 96
verde	grün 94
verificare	nach'fragen 73, nach'sehen* 44
vero	richtig 68, 73, 74, 90, 97, wahr 37 echt 92
versare	gießen* 54
verso (senza movimento)	zu 11, 19, 23, 37, 45, 69
verso il basso	herunter 43, runter
verso là	dorthin 37, 83

vespro	Vesper (n) 47
vestiario	Garderobe (f) (-n) 56
vestirsi	sich an'ziehen* 5
vestito	Kleid (n) (-er) 74
via	Weg (m) (-e) 38
	Straße (f) (-n) 15, 34, 100
via!	los! 55, 71
viaggio	Reise (f) (-n) 41, 62, 80
viaggio d'affari	Geschäftsreise (f) (-n) 85
viaggio di ritorno	Rückreise (f) (-n) 13
vicino	nah(e) 37, 80
vicino di casa	Nachbar (m) (-n) 93
visione	Anschauung (f) (-en) 67
visita	Besichtigung (f) (en) 33
visita della città	Stadtbesichtigung (f) (-en) 33
visitare (far visita)	besuchen 80, 87, 100
visitare	besichtigen 33, 41, 83
visitatore (città)	Besucher (m) (-) 87
visitatore (ospite)	Gast (¨-e) 87
viso	Gesicht (n) (-er) 54
vista	Aussicht (f) (-en) 50
visto che	da (cong.) 80, 93
vita	Leben (n) 6, 51, 71, 74
vita di città	Stadtleben (n) 75
vita di tutti i giorni	Alltag (m) 73, 81
vita quotidiana	Alltag (m) 73, 81
vivace	lebhaft 53
vivente	lebendig 13
vivere	leben 13, 73, 75, 94
vivere (qcs.)	erleben 64
viziare	verwöhnen 87
vocabolo	Wort (n) (¨-er) o (-e) 58
voce	Stimme (f) (-n) 72, 75
volante	Lenkrad (n) 100
volare	fliegen* 25, 43, 62
volare via	weg'fliegen* 43
volentieri	gern 8, 12, 19, 57, 62, 80
volere	wollen* 27, 31, 32, 33, 36, 38, etc.
	mögen 8, 23, 33, 50, 51, 57
volere dire (significare)	meinen 26, 67, 73, 81, 82, 96
volo	Flug (m) (¨-e) 62
volontà	Wille o Willen (m) 43, 65
volta	Mal (n) 11, 43, 60, 95
vuoto	leer 53

W

WC	WC 45
würstel	Wurst (f) (¨-e) 4

Z

zanzara	Mücke (f) (-n) 43
zero	Null (f) (-en) 29

zia	Tante (f) (-n) 39, 48
zio	Onkel (m) (-) 39, 48
zona	Stelle (f) (-n) 19, 80 Zone (f) (-n) 33
zona pedonale	Fußgängerzone (f) (-n) 33

MISTO
Carta da fonti gestite in maniera responsabile
FSC® C006037
FSC www.fsc.org

Impaginazione: Assimil Italia s.a.s. - Via degli Alpini, 3/C - 10034 - Chivasso
Stampa: Vincenzo Bona S.p.A. - Strada Settimo, 370/30 - 10156 - Torino

Stampato in Italia - Gennaio 2014